En bonne forme

Eighth edition

Simone Renaud
formerly of San José State University

Dominique van Hooff
San José State University

Houghton Mifflin Company   Boston   New York

Acknowledgments

With this revision, *En bonne forme* will continue to appeal to those who believe in the importance of a comprehensive grammar review and appreciate its pairing with contemporary literary works. The new readings, with more up-to-date content, the *Français en couleurs,* the cartoon and illustration, and the communicative activities in the chapters will make French come alive for you. We believe that learning a new language should be fun and exciting and this program should be an attractive challenging tool.

The authors would like to thank the following colleagues who reviewed the manuscript for this edition:

Carolyn P. Bilby, Bellevue Community College, Bellevue, Washington; Sylvie Blum-Reid, University of Florida (RLL); Nathalie Ciesco, University of Florida; Annie D. Trégouët, Ph.D., University of Florida; Hélène Vilavella-Collins, Senior Lecturer, University of Washington

Publisher: Rolando Hernández
Development Manager: Glenn A. Wilson
Executive Marketing Director: Eileen Bernadette Moran
Associate Marketing Manager: Claudia Martínez
Development Editor: Florence Kilgo
Senior Manufacturing Coordinator: Karen Fawcett

Cover design: Harold Burch

Cover image: © Harold Burch, Harold Burch Design, NYC

Credits for photos and text are found on page 533, which constitutes an extension of the copyright page.

Printed in the U.S.A.

Library of Congress Control Number: 2006925535

ISBN 10: 0-618-66583-8
ISBN 13: 978-0-618-66583-9

3 4 5 6 7 8 9 -DOC- 10 09 08 07

Preface

En bonne forme, Eighth Edition, is a complete intermediate program designed for students who have completed an introductory course at the university level or two to three years of French at the high school level. It will also serve as a useful reference text for those who wish to review their skills and strengthen previous French study.

Based on the conviction that a solid knowledge of French grammar is essential, *En bonne forme* introduces each grammar topic by way of one or more excerpts of French or francophone literature. These reading selections **(Lectures)**, at the beginning of each chapter, illustrate the grammar topic.

The core of the chapter is the grammar section **(Grammaire)**. It consists of a thorough explanation of each grammar topic with reinforcement exercises after each major step. **Suppléments de grammaire** consist of a selection of idiomatic expressions that appear in the **Lecture** or are related to the grammar topic. Each item is followed by reinforcement exercises. The fourth major feature, the **Synthèse** section, contains contextualized activities, communicative activities in pairs and groups and topics for written composition. *En bonne forme* provides ample opportunity to improve all four skills—reading, writing, listening, and especially speaking.

Organization of the Text

En bonne forme contains twenty-two chapters, written entirely in French with a preliminary chapter in English. The **Preliminary chapter** reviews introductory-level material and introduces French grammatical terminology.

The twenty-two chapters are structured as follows:

Vocabulaire

    Vocabulaire élémentaire

    Vocabulaire actif

    Vocabulaire supplémentaire

    Français en couleurs

    Dessin humoristique ou illustration

Lecture

    précédée de

        Préparation à la lecture

        Biographie

    suivie de

        Mots et structures

        Questions sur la lecture

        Opinions

Grammaire avec exercices

Suppléments de grammaire avec exercices

Synthèse

  Applications

  Activités orales

  Rédactions

Vocabulaire   **Vocabulaire élémentaire** lists basic words from the **Lecture** that belong to the French beginners' level and reinforce acquired knowledge. It also contains cognates with slight differences in spelling or meaning. **Vocabulaire actif** contains high-frequency vocabulary appropriate for the intermediate level. It is recommended that you memorize these words because they are important in understanding the **Lecture** stories and will appear in numerous exercises. **Vocabulaire supplémentaire** presents additional words related to the topic of the reading and selected to help you express your opinions or answer other open-ended activities in the chapter. Low-frequency words are glossed in the margin of the text for recognition only.

Français en couleurs   In this section, we introduce a "colorful" vocabulary pertinent to the chapter theme. The words or phrases selected are examples of colloquial French. They include popular or slang words from Canada and francophone countries in Africa and from the language of teenagers. It is meant to inform, and to show how lively, versatile, and poetic a language can become.

NEW: Dessin humoristique ou illustration   An illustration, a cartoon, or a map related to the topic of the text has been added next to each **Français en couleurs** feature. This new feature provides an opportunity for discussion and an added departure point for the practice of new vocabulary.

Lecture   The reading selections in *En bonne forme* consist of twenty-six literary texts by contemporary writers from France, Canada, West and North Africa, and the Caribbean. They have been selected for their interest, their themes, and their wide variety of styles and genres. In addition, each provides many examples of the chapter grammar topic used in context before the topic itself is presented.

  In the previous edition, new literary excerpts by French or francophone writers were introduced to elicit critical thinking debates on such topics as racial prejudices, immigration and integration into French society, bilingualism, and interracial marriage. The authors of these texts are from diverse francophone countries: Bernard Dadié from Côte d'Ivoire, Azouz Begag from Algeria, Maryse Condé from Guadeloupe.

  In this edition, we have added seven new texts that present socio-cultural themes, in several instances with a twist of humor. Among these new texts, some deal with hypochondria (Benoît Duteurtre), gastronomy (Romain Gary, of Polish descent; Nancy Huston, from British Columbia), sports (Roch Carrier, from Quebec), the generation gap (Jean-Marie Le Clézio, from Mauritius), cross-cultural adoption (Eric-Emmanuel Schmitt, who lives in Brussels).

  Each literary selection follows the **Préparation à la lecture,** which provides condensed cultural information organized around the main **Lecture** themes. A concise biography of the author precedes the text.

  After the **Lecture,** the **Mots et structures** activities test your reading skills by asking you to look at the text closely in order to identify grammar and vocabulary structures. The **Questions**

sur la lecture draw out an examination of the events, the meanings of the story, the motives, actions and feelings of the characters, and the intentions of the author. **Opinions** activities bring you a step further. You are invited to express your own opinions and relate personal experiences pertinent to the **Lecture**'s themes. This activity stimulates classroom discussion and promotes interaction.

Grammaire Grammar explanations provide thorough coverage of all important grammar topics. These are often presented in **Tableaux-Résumés,** summary tables that will help you assimilate the concepts. Wherever the grammar is complex, or when too many "exceptions" occur, which is frequent in French, explanations have been simplified and you will learn the essential, basic rules. Also, look for the marker in the margin that indicates the differences between the two languages. Exercises after each major step provide immediate reinforcement of that point.

Suppléments de grammaire This section presents idiomatic expressions and lexical items or structures related to the grammar topic that are problematic for English-speaking students. Each point is again followed by exercises that reinforce correct usage.

Synthèse The culminating point of the chapter, this set of activities reinforces the use of the grammatical structures acquired in the chapter. These activities may be done orally or in writing. They include the following:

> **Applications** These exercises blend grammatical correctness with free expression. They apply several grammar points in one contextualized exercise and are often followed by open-ended questions that invite you to express personal opinions using the structures you have just practiced.

> **Activités** This section strengthens your ability to communicate creatively. In groups of two or three, you discuss selected topics, or conduct a survey among your classmates, and give a report to the class. Several *jeux de rôle* (role-plays) are also suggested. The choice of topics ranges from the personal (food preferences, celebration of certain holidays, clothing fads) to the general (the environment, the use of computers). The new reading selections tackle sensitive issues (bilingualism, attitudes toward foreigners, colonialism). Additional vocabulary, chosen to facilitate exchanges, is often supplied.

> **Rédactions** The **Mini-rédactions** topics help you practice writing short (e-mail type) messages. They are a useful warm-up activity for the **Rédactions**, which provide an opportunity to show that you have assimilated the chapter material and demonstrate that you are able to express yourself creatively in French.

The book concludes with three appendices, a French-English glossary, and an index.

Appendice A builds on the knowledge and skills acquired in the previous chapters to present what makes up "complex sentences." In addition, it contains information about the use of conjunctions, with or without the subjunctive. It is an essential feature to enhance your speaking and writing ability and to bring you to an advanced level of proficiency in French.

Appendice B includes regular and irregular verb conjugations.

Appendice C lists the vocabulary for numbers in French. The French-English glossary lists all active vocabulary from the **Vocabulaire actif** section and all terms from the **Vocabulaire supplémentaire.**

Student Activities Manual and Audio CDs

Each chapter of the *Student Activities Manual* is divided into three parts. The first is completely aural. Using the CDs, you listen to a reading of the chapter literary text, respond to questions about the text, complete a true-false exercise, and perform a series of quick grammatical transformations.

The second part practices both aural and writing skills. Each lesson covers one or more aspects of French pronunciation and enables you to practice, methodically and accurately, each sound in the French language. The first section, the **leçon de phonétique,** one of the original features of the program, has met with continuous success. It is followed by an exercise on sound discrimination followed by either a dictation or the reading of a poem, and a comprehension activity. Make sure to go to the lab, or to acquire the CDs, so that you can train your ear to listen and understand.

The third part reinforces writing skills, with activities progressing from structured drills through contextualized activities, to open-ended situations in which you describe illustrations or create dialogues.

NEW: Online Study Center

You can access this new feature at **www.college.hmco.com/students.** On this website, you will find items that will help you improve your grade, ace the test, and serve as helpful general resources as you progress:

ACE practice tests

Web search activities

Vocabulaire supplémentaire anglais-français

Additional grammar explanations in English

Changements orthographiques dans certains verbes

Constructions des verbes suivis d'un infinitif

Verbes et expressions suivis de l'indicatif ou du subjonctif

Temps et constructions rares

Les Etats américains et les provinces et territoires canadiens

Changement des expressions de temps dans le discours indirect

Icons in your textbook will direct you to the Online Study Center. A "General Resources" icon, next to the **Vocabulaire supplémentaire** title, reminds you that this vocabulary list is available from English into French online. The same icon, next to the **Grammaire** head, steers you to additional grammar explanations in English. Finally, an "Improve Your Grade" icon, next to the **Synthèse** section title, directs you to online web search activities.

Table des matières

Chapitre Préliminaire

This preliminary chapter will help you remember a few, very basic points of grammar that a teacher of second-year French will expect you to know—for example, the articles **(le, la, les, un, une, des)**, the verb **être (je suis, tu es,** etc.), the interrogative expression **est-ce que,** and so on. If a grammatical point seems familiar, but not clear, look it up in the chapter where it is described. Cross-references appear throughout the book to enable you to view the interrelationships between different grammatical structures.

The other aim of this preliminary chapter is to present the French grammatical terms used in the book. We have translated these terms because we believe you should be familiar with them before you begin your work in chapter 1.

THE SENTENCE AND ITS PARTS — LA PHRASE

When we speak or write, we use words **(les mots)** organized into a sentence **(une phrase)**. A phrase is **un groupe de mots;** a clause is **une proposition.**

NOUNS — LES NOMS

Nouns are easy to recognize because they represent people **(des personnes)** or inanimate objects **(des choses)**. The most important point to remember is that in French, nouns have gender. They are either feminine **(le féminin)** or masculine **(le masculin)**. One usually learns gender by memorization. Some words are grouped according to their endings; for example, **-tion** and **-té** are almost always feminine (*la* **nation,** *la* **liberté**); **-ment** and **-eau** are masculine (*le* **département,** *le* **tableau**). The easiest way to master the idea of gender is by learning nouns with their article: **le, un** for a masculine noun; **la, une** for a feminine noun.

Plurals are most commonly formed by the addition of **-s** to the singular; there are, however, a number of other ways to indicate plural (see pages 128–130). In spoken language, since the final **-s** is not pronounced, it is the article **(les, des)** that indicates the plural (*les* **parents,** *des* **familles**). Consequently, in French, nouns must be accompanied by an article or another determining word. The article is omitted only in very special cases (see pages 155–156).

ARTICLES — LES ARTICLES

There are three kinds of articles:

1 Definite articles **(les articles définis):** *the*

> *masc.* **le (l')**   *fem.* **la (l')**   *pl.* **les**

❷ Indefinite articles **(les articles indéfinis)**: *a, an, one, some*

> *masc.* **un**   *fem.* **une**   *pl.* **des**

❸ Partitive articles **(les articles partitifs)**: *some*

> *masc.* **du, (de l')**   *fem.* **de la, (de l')**

The partitive article is used with certain verbs when one speaks about a *part* of something, a *piece* of something: some + singular noun (see page 153)

>   Je mange **du** pain.   Je bois **de la** limonade.

You should remember these three facts about French articles:

❶ Agreement **(l'accord)**: articles agree **(s'accordent)** with the nouns they modify in gender and number.

❷ Elision **(l'elision)**: the dropping of a letter occurs when **le** or **la** is followed by a word that begins with a vowel: **l'étudiant, l'histoire, de l'eau.**

❸ Contraction **(la contraction)** of **le** or **les** occurs with the prepositions **à** and **de**.

> de + le = du   à + le = au
> de + les = des   à + les = aux

DETERMINING WORDS — LES DÉTERMINANTS

There are other kinds of determining words besides the article:

❶ A possessive adjective **(un adjectif possessif)** (chap. 17): *my, your,* etc.

> *masc.* **mon**   *fem.* **ma**   *pl.* **mes**
>   **votre**   **votre**   **vos**

❷ A demonstrative adjective **(un adjectif démonstratif)** (chap. 19): *this, these*

> *masc.* **ce**   *fem.* **cette**   *pl.* **ces**

③ An interrogative adjective **(un adjectif interrogatif)** (chap. 10): *which?*

> *masc.* **quel**   *fem.* **quelle**   *pl.* **quels, quelles**

Like the article, these words agree in gender and number with the nouns they modify.

ADJECTIVES — LES ADJECTIFS

The most common adjectives—**les qualificatifs**—describe the noun: **joli, beau, grand,** etc. The agreement between noun and adjective is the main issue confronting you as you study the adjective. Many adjectives are identical in their masculine and feminine forms; that is, both genders end in **-e: rapide, pratique, calme,** etc. For most adjectives, however, the feminine is indicated by the ending **-e,** while the masculine has no **-e.**

This final **-e** may or may not affect the pronunciation of the two genders.

> *fem.* grand**e,** aimé**e**   *masc.* grand, aimé

The adjective also agrees in number with the noun. Usually this agreement is shown by the addition of an **-s,** which is silent (see page 134).

> **les** étudiant**s** intelligent**s**

Where is the adjective placed? In French, most adjectives come *after* the noun.

> une robe **bleue**   un voyage **intéressant**

A few short common adjectives, however, are placed *before* the noun (see pages 136–138).

> un **bon** dîner   une **petite** maison

PRONOUNS — LES PRONOMS

The most common pronoun is the personal pronoun **(le pronom personnel)**, a word that takes the place of a noun. Personal pronouns do not represent only people; they also refer to things.

> **Il** or **elle** signifies *it*, as well as *he* or *she*.
> **Le** or **la** signifies *it*, as well as *him* or *her.*

Before you study the different forms of these pronouns, you should consider the function of the nouns they replace, because the pronouns have different forms for different functions (chap. 11).

FUNCTIONS OF NOUNS AND PRONOUNS

1 Subject **(le sujet).** A noun or pronoun can be the subject of the verb.

Le **professeur** parle.   **Il** parle.

Subject pronouns **(les pronoms sujets)** are as follows:

> **je, tu, il, elle, nous, vous, ils, elles, on**

2 Direct object **(l'objet direct).** A noun or pronoun can be a direct object.

Vous visitez **le musée?**   Vous **le** visitez?

The noun is a direct object when it receives the action of the verb; in a sense, it completes the verb's meaning.

The direct object pronoun **(le pronom objet direct)** comes *before* the verb in French; in English it comes *after.*

Je **le** visite.   *I visit **it.***

Its forms are the following:

> **me, te**
> **le, la, les** (*like the articles*)
> **nous, vous** (*like the subject pronouns*)

3 Indirect object **(l'objet indirect).** A noun is the indirect object when the preposition **(la préposition)** à (*to*) stands between the verb and the noun object.

Je parle **à Jeanne.**

The forms of the indirect object pronoun **(le pronom objet indirect)** are identical to those of the direct object, except in the third person singular and plural:

> | **me, te, nous, vous** | *to me, to you, to us, to you* |
> |---|---|
> | **lui** | *to him, to her* |
> | **leur** | *to them* |

This pronoun also comes *before* the verb.

Il **me** parle.   Je **lui** montre la maison.

4 The object of a preposition **(l'objet d'une préposition).** A noun or a pronoun can be the object of a preposition: **de, chez, avec, sans,** etc.

Vous habitez **avec votre sœur?**   *Do you live **with your sister?***
Vous habitez **avec elle?**   *Do you live **with her?***

The pronoun as object of a preposition *follows* the verb and the preposition. It is called **pronom disjoint** or **pronom tonique;** its forms are as follows:

> **moi, toi**   *me, you*
> **lui**   *him*
> **eux**   *them (masc. pl.)*
> **elle, nous, vous, elles**   *her, us, you, them (fem. pl.)*
>   *(like the subject pronouns)*

OTHER CATEGORIES OF PRONOUNS

1 Possessive pronouns **(les pronoms possessifs)** (chap. 17)

> **le mien** (*mine*), **la vôtre** (*yours*), etc.

2 Relative pronouns **(les pronoms relatifs)** (chap. 18)

The two most common relative pronouns are **qui** and **que. Qui** is the subject form for people and things. **Que** is the direct object form.

Voilà un livre **qui** paraît intéressant. (*sujet*)	*Here is a book **that** seems interesting.*
L'examen **que** vous voulez passer est bien difficile. (*objet direct*)	*The exam **that** you wish to take is really difficult.*

3 Demonstrative pronouns **(les pronoms démonstratifs)** (chap. 19)

> **celui-ci** (*this one*), **celle-là** (*that one*)

Two very common and useful expressions are **c'est**...(*it is...*) and **ça** (*that*) (see page 430).

4 Interrogative pronouns **(les pronoms interrogatifs)** (chap. 10)

> **qui** (*who, whom*), **qu'est-ce qui** (*what*), **avec quoi** (*with what*), **lequel** (*which one*), etc.

5 Indefinite pronouns **(les pronoms indéfinis)** (see page 6)

> **quelque chose** (*something*), **chacun** (*everyone*)

ADVERBS — LES ADVERBES

An adverb usually modifies a verb; sometimes it modifies an adjective or another adverb. Here are six common short adverbs:

assez	*enough*	**beaucoup**	*much, many*
bien	*well*	**plus**	*more*
très	*very*	**trop**	*too, too much, too many*

Many adverbs end in **-ment,** corresponding to *-ly* in English (see page 139): **rapidement, complètement,** etc.

PREPOSITIONS — LES PRÉPOSITIONS

A preposition accompanies a noun or an infinitive. Here are a few common prepositions:

à	*at, to, in*	Nous sommes **à** l'université.
avec	*with*	Il voyage **avec** sa mère.
chez	*at the home (office) of*	Tu habites **chez** tes parents.
dans	*into, in*	Elle est **dans** la classe.
de	*from, of, about*	C'est la classe **de** français.
pour	*in order to, to*	Ils vont à la bibliothèque **pour** lire.

De is also used to express possession.

> le livre **de** Marie   *Mary's book*

Choosing between **à** and **de** before an infinitive requires practice (see pages 296–298).

> J'ai un exercice **à** écrire.   J'ai envie **de** dormir.

VERBS — LES VERBES

Unlike English, French verbs in their infinitive form are not preceded by a preposition.

> **être** *to be*   **aller** *to go*

The endings of the infinitive identify the group to which the verb belongs. French verbs are divided into three groups of regular verbs: the first **(le premier groupe)** consists of verbs ending in **-er (parler, manger, danser);** the second **(le deuxième groupe)** includes verbs ending in **-ir (finir, choisir)** that possess the infix **-iss-** in the plural **(nous fin*iss*ons, vous fin*iss*ez, ils fin*iss*-sent).** A third small group **(le troisième groupe)** contains the regular verbs ending in **-dre (vendre, attendre).** All other verbs are irregular. Their infinitives end in **-ir, -oir,** or **-re (dormir, pouvoir, mettre,** etc.), and their conjugation **(la conjugaison)** must be memorized.

When a verb is conjugated, the ending **(la terminaison)** changes according to the subject.

je parle	**-e**	nous parlons	**-ons**

Le temps is the time of the verbal action, the tense. One speaks in the present **(le présent),** in the past **(le passé),** or in the future **(le futur).** In French there is one present tense, but there are two futures and several pasts!

The present tense is always a simple one-word form. For the other tenses, there are two possible forms. **Le temps simple** means that the verb consists of one word: [je] **parlais. Le temps composé** means that the verb is composed of two words: [j']**ai parlé.** The first word is called an auxiliary verb **(l'auxiliaire);** it is always a form of either **être** or **avoir.** The other word is the past participle **(le participe passé).**

> Je **suis allée.**   J'**ai vu.**

Here are some facts you may remember about verbs from your first year:

1 The present tense of the verb **être** (*to be*)

je **suis**	nous **sommes**
tu **es**	vous **êtes**
il, elle **est**	ils, elles **sont**

2 The present tense of the verb **avoir** (*to have*)

j'**ai**	nous **avons**
tu **as**	vous **avez**
il, elle **a**	ils, elles **ont**

3 The present tense of the verb **aller** (*to go*)

je **vais**	nous **allons**
tu **vas**	vous **allez**
il, elle **va**	ils, elles **vont**

4 The forms and endings of the present tense of first-group verbs (those like **parler**)

-e	je **parle**	**-ons**	nous **parlons**
-es	tu **parles**	**-ez**	vous **parlez**
-e	il, elle **parle**	**-ent**	ils, elles **parlent**

Note: The endings **-e, -es, -ent** are silent; **-ons, -ez** are pronounced and occur in practically all French verbs.

⑤ The past tense **(le passé composé)** of first-group verbs (chap. 2)

This tense is usually formed with the verb **avoir** + the past participle of the conjugated verb, which always ends in **-é.**

j'**ai parlé**	nous **avons mangé**
tu **as regardé**	vous **avez aimé**
il, elle **a dîné**	ils, elles **ont étudié**

Note: A few past tense verbs are formed with the verb **être** (chap. 2).

je **suis allé** il **est arrivé**

⑥ The gerund **(le gérondif)** is a widely used construction and an easy one to remember. It is made of **en** plus the **-ant** form of the verb: **en chantant, en parlant.** It means *while, by, in doing something.*

Laurent est tombé **en courant.** *Laurent fell while running.*

The other forms and uses of participles **(les participes)** are explained in chapter 22.

REFLEXIVE VERBS — LES VERBES PRONOMINAUX

There are many reflexive verbs; in the infinitive form, they are always preceded by the reflexive pronoun **se** or **s'** (chap. 12).

se regarder **s'**aimer

In conjugating reflexive verbs, one has to remember to put *two* pronouns (the subject and the object) *before* the verb.

je **me**	tu **te**	il **se**	elle **se**
nous **nous**	vous **vous**	ils **se**	elles **se**

Je me lave. *I wash myself.*

One important fact to remember about French reflexive verbs is that many of them do not have a reflexive meaning.

Il **se** regarde.	*He looks at himself.*	BUT: Elle **se moque de moi.**	*She makes fun of me.*
Nous **nous** aimons.	*We love each other.*	Vous **vous en allez?**	*Are you leaving?*

PASSIVE VOICE — LE PASSIF

The passive construction is formed with the verb **être,** conjugated in different tenses, + the past participle (see page 461).

Cette règle **est expliquée** à la page 200.	*This rule **is explained** on page 200.*
L'orchestre **a été dirigé** par un génie.	*The orchestra **was conducted** by a genius.*

MOOD — LE MODE

Three moods are presented in this book—the indicative **(l'indicatif),** the imperative **(l'impératif),** and the subjunctive **(le subjonctif).** As in English, the mood most frequently used is the indicative. It implies facts **(les actions réelles).** The imperative is the mood used to give a command. The subjunctive is more frequently used in French than in English. It implies wishes, doubts; it also follows expressions of necessity (chap. 16).

Je **veux que** vous **sachiez** tous ces verbes.	*I **want** you **to know** all these verbs.*
Il est possible qu'il pleuve.	***It is possible** that it **will rain.***
Il faut que vous **alliez** chez le docteur.	*You **must go** to the doctor.*

POSITIVE STATEMENTS, NEGATIVE STATEMENTS, QUESTIONS

There are three types of sentences:

1 A positive statement **(une phrase affirmative ou énonciative)**

Il fait beau.

2 A negative statement **(une phrase négative)**

Il ne fait pas beau.

3 A question **(une phrase interrogative)**

Est-ce qu'il fait beau?

NEGATION — LA NÉGATION

Negation in French always consists of two words. **Ne** is usually the first; the second varies.

ne...pas	*not*	**ne...personne**	*nobody*
ne...plus	*no more, no longer*	**ne...rien**	*nothing*
ne...jamais	*never*		

Remember: The negative expression surrounds the verb (chap. 9).

Il **ne** fait **pas** beau.   Elle **ne** mange **rien.**

INTERROGATION — L'INTERROGATION

To ask a question, one usually uses one of the following ways:

1 Raising the voice at the end of a sentence

Vous êtes allé à Paris.   Vous êtes allé à Paris?

2 Beginning the sentence with the expression **est-ce que**

Est-ce que vous êtes allé à Paris?

The interrogative form of the verb, which consists of the inversion of the subject and the verb, can be simple:

Etes-vous prêt?   **Ont-ils** des enfants?

or complex:

Ses parents lui **ont-ils acheté** une voiture?

This last form is usually avoided in everyday conversation.

OTHER INTERROGATIVE WORDS

Other words that indicate interrogation **(les mots interrogatifs)** are divided into adjectives, pronouns, and adverbs. Here are the most common ones:

1 The adjective **quel** (*which, what*) placed *before* a noun

Quel temps fait-il?   De **quelle** femme parles-tu?

2 The pronoun **qui** (*who*) always refers to people.

Qui parle?   **Avec qui** sort-elle?

3 The pronoun **qu'est-ce que** (*what*): **qu'est-ce que** + subject + verb

Qu'est-ce que vous dites?   **Qu'est-ce que** vous faites?

4 The adverbs **quand** (*when*), **où** (*where*), **comment** (*how*), **pourquoi** (*why*), **combien** (*how much, how many*)

Quand arrivent-ils?   **Pourquoi** pleurez-vous?

INDIRECT DISCOURSE — LE DISCOURS INDIRECT

Indirect discourse **(le discours indirect)** (chap. 20) is reported dialogue: He says *that*..., I ask them *if*...

Il dit **qu'**il est malade.   Je leur demande **si** le film est fini.

CONJUNCTIONS — LES CONJONCTIONS

A conjunction can be of two types: coordinating or subordinating.

1 Coordinating conjunctions **(les conjonctions de coordination)** connect words, phrases, or clauses. The principal coordinating conjunctions are **et** (*and*), **mais** (*but*), **ou** (*or*), **donc** (*so, therefore*). These conjunctions do not cause the subjunctive to be used in the sentence, although they may link two subjunctive verbs.

2 Subordinating conjunctions **(les conjonctions de subordination)** are used in complex sentences (sentences that contain a principal clause and one or more dependent clauses). Subordinating conjunctions are easily recognizable because they can be grouped into this simple list:

> **comme** *as, since*   **quand** *when*   **si** *if*   **que** *that*

and any expressions including **que.**

> **parce que** *because*   **pendant que** *while*   **pour que** *in order that*

The subjunctive is used after many of these conjunctions.

> Elle lit **jusqu'à ce que** nous **arrivions.** Information on the complex sentence **(la phrase complexe)** and conjunctions are found in Appendix A and the student website.

PREPOSITION OR CONJUNCTION?

In English, some words (*before, until,* etc.) can function as prepositions or as conjunctions. In French, however, a preposition and a conjunction are always different words.

> *before noon*   **avant** = preposition
> *before I came*   **avant que** = conjunction

A preposition is followed by a noun, a pronoun, or an infinitive.

> **pour** *l'art*   **pour** *lui*   **pour** *dormir*

A conjunction is followed by a conjugated verb, never by a noun or an infinitive alone.

> **pour que** *je dorme*

LEVEL OF LANGUAGE

Grammar usage is closely linked to the level of language. In this book you will find frequent references to the following:

1 Literary language **(langue littéraire)**: the refined and elegant French of good writers.

2 Spoken language **(langue parlée)** contrasted with written language **(langue écrite)**: expressions that are appropriate to speech but not to writing; or occasionally, the reverse—expressions used primarily in letters or papers.

3 Common language **(langue courante)**: the idiom of everyday speech. These expressions are the most important ones to lively, idiomatic usage.

4 Familiar language **(langue familière)**: expressions that are commonly used in speech, but that are in some cases on the borderline of vulgarity.

PRONUNCIATION

You will find pronunciation rules and practice in each chapter of the Student Activities Manual.

ABBREVIATIONS

The following abbreviations and symbols are used in the text:

adjectif	*adj.*	objet indirect	*O.I.*
adverbe	*adv.*	participe	*part.*
chapitre	*chap.*	pluriel	*pl.*
conditionnel	*cond.*	possessif	*poss.*
conjonction	*conj.*	préposition	*prép.*
démonstratif	*dém.*	présent	*prés.*
familier (ère)	*fam.*	singulier	*s., sing.*
féminin	*f., fém.*	subjonctif	*subj.*
futur	*fut.*	sujet	*suj.*
littéralement	*litt.*	versus	*vs.*
masculin	*m., masc.*	=	équivalent de
objet	*obj.*	≠	contraire de
objet direct	*O.D.*	→	se change en

TESTING YOURSELF

A test on the facts described in this chapter is provided in the *Cahier de travail et de laboratoire.*

Le présent et l'impératif:

L'école élémentaire

Le présent

Formes

  Verbes du 1ᵉʳ groupe: **parler** (*to speak*),
    étudier (*to study*)

  Verbes du 2ᵉᵐᵉ groupe: **finir** (*to finish*)

  Verbes du 3ᵉᵐᵉ groupe: **vendre** (*to sell*)

  Verbes irréguliers

Emplois

  Expressions utiles

L'impératif

Formes

Emplois

Vocabulaire élémentaire

Noms

ami(e) friend
après-midi (*m.* ou *f.*) afternoon
arbre (*m.*) tree
chanson (*f.*) song
ciel (*m.*) sky
eau (*f.*) water
école (*f.*) school
écolier (-ière) elementary school
  student
élève (*m.* ou *f.*) student
enfant (*m.* ou *f.*) child
frère (*m.*) brother

maître (*m.*), **maîtresse** (*f.*) schoolteacher
mot (*m.*) word
mur (*m.*) wall
oiseau (*m.*) bird
pays (*m.*) country
punition (*f.*) punishment
soir (*m.*) evening
sortie (*f.*) exit, time when school
  finishes
tête (*f.*) head

Adjectifs, adverbes, expressions

aussi (*adv.*) too, also
autre (*adj.*) other
avant (*prép.*) before
ça y est (*expr.*) that's it

chez (*prép.*) at the house of
parce que (*conj.*) because
premier (-ière) (*adj.*) first
toujours (*adv.*) always

Verbes

appeler to call
chanter to sing
chercher to look for
descendre to come down, to go down
donner to give
entendre to hear
faire to do, to make
jouer to play
se lever to stand up, to get up
manger to eat
marcher to walk

parler to speak
penser to think
porter to carry
regarder to look at
répondre to answer
rire to laugh
sauver to save
savoir to know
venir to come
voir to see

● Vocabulaire actif

autour de around
balayer to sweep
barrière (*f.*) fence
bavard(e) talkative
cacher to hide
cauchemar (*m.*) nightmare
chacun(e) (*pron.*) every one
chahut (*m.*) rumpus
chahuter to kick up, to tease
chance (*f.*), **avoir de la ~** luck, to be
   lucky
chaque (*adj.*) every
cour (*f.*) school yard
craie (*f.*) chalk
crier to shout
se débarrasser de to get rid of
directeur (-trice) school principal
effrayé(e) scared
empêcher to prevent
s'en aller to leave
encre (*f.*) ink
se fâcher to get mad
falaise (*f.*) cliff
lourd(e) heavy
mêlé(e) à mingled, mixed with
se mêler de to get involved in

moyen (*m.*) way
nettoyer to clean
nombreux (-euse) numerous
obliger to force
oublier to forget
parmi among
peser to weigh
plein(e) full
poche (*f.*) pocket
porteur (-euse) carrier
(être) pressé(e) to be in a hurry
rejoindre to join again, to go back to
rentrer chez soi to return home
respirer to breathe
réussir to succeed
rêver to dream
sable (*m.*) sand
sortir to get out, to pull out
sourire to smile
sursauter to jump
tendre to hand out
tranquillement quietly
se trouver to be
vitres (*f. pl.*) windows
vivre to live

● Vocabulaire supplémentaire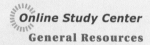
Online Study Center
General Resources

apprendre par cœur to memorize
bureau (*m.*) desk, office
calcul (*m.*) simple math
calcul (*m.*) **mental** sums
cancre (*m.*) bad student, dunce
cantine (*f.*) cafeteria
colle (*f.*) detention
copier to crib
devoir (*m.*) duty

devoirs (*m. pl.*) homework
emploi (*m.*) **du temps** schedule
s'ennuyer to get bored
être distrait(e) to be distracted
faire des compliments to congratulate
faire des études to go to college
inspecteur (-trice) supervisor
instituteur (-trice), instit' elementary
   school teacher

matière (*f.*) subject
note (*f.*) **bonne ou mauvaise** grade,
  good or bad
porte-plume (*m.*) penholder
professeur (*m.*) high school, university
  teacher; professor
professeur des écoles secondary school
  teacher

pupitre (*m.*) desk
récréation (*f.*), **récré** break
retenue (*f.*) detention
rêver to dream
tableau (*m.*) blackboard
taquiner to tease
tricher to cheat

Français en couleurs

Dans la langue des écoliers et des lycéens, **un dico** est un dictionnaire, **un bouquin,** un livre. **Bouquiner,** c'est lire. Un maître sévère ou
méchant, c'est **une vache.** Un élève qui rêve **est dans la lune.**

En Afrique,[1] les enfants appellent le directeur de l'école
un dirécole. Un intellectuel (au Tchad), **un alphabète**
(au Burkina Faso), c'est une personne qui sait lire et
écrire: **un maître de langues,** c'est un interprète, un
traducteur. **Un cow-boy** est un garçon vif, intelligent.
Tous les crayons ou les stylos sont des **bics** et le verbe
machiner peut remplacer n'importe quel verbe. **Je
pense dans ma tête** veut dire je réfléchis. **Un tome
deux** au Cameroun, c'est un élève qui redouble (répète
la même classe). **Un mercenaire** est un élève qui
passe les examens à la place des autres en se faisant
payer!
Pour tous, Français ou Africains, les mots **truc, machin**
peuvent désigner n'importe quel objet, si on oublie un
mot.

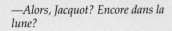

—*Alors, Jacquot? Encore dans la
lune?*

[1] Ces termes sont présentés dans *Tu fais l'avion par terre, Dico
franco-africain,* par Pascal Krop, ed. Lattès.

● **Lecture 1** ●

Préparation à la première lecture

La Côte d'Ivoire: Situation géographique et politique   Ce pays est situé en Afrique Occidentale. Il est bordé au sud par l'Océan Atlantique, à l'ouest par le Libéria et la Guinée, au nord par le Mali et le Burkina Faso, à l'est par le Ghana. On y parle plus de soixante langues et dialectes. La Côte d'Ivoire a fait longtemps partie de l'empire colonial français, jusqu'à son indépendance en 1954. Elle devient alors une république et depuis cette date, il existe une étroite collaboration économique et culturelle entre la Côte d'Ivoire et la France.

La langue officielle et les écoles en Côte d'Ivoire   A l'époque où Bernard Dadié va à l'école élémentaire, le français est la langue du colonisateur, la langue imposée et dispensée *(given out)* dans l'enseignement. Les écoles de Côte d'Ivoire suivent le modèle des écoles françaises: les enfants vont à l'école de huit heures à midi, rentrent chez eux pour déjeuner, et reviennent l'après-midi de deux heures à quatre heures et demie. Les garçons et les filles vont à des écoles séparées. Ils sont obligés de parler français, même entre eux.

Bernard Dadié (1916–)   est né à Assinie, en Côte d'Ivoire, pays francophone d'Afrique Occidentale (voir la carte de l'Afrique francophone à la fin du livre). Il fait des études dans son pays et au Sénégal. A Dakar, il travaille plusieurs années à l'Institut d'Afrique Noire. Il est emprisonné en 1950 à cause de ses idées politiques. Il représente la première génération d'écrivains africains de langue française. Auteur de contes, de romans, de nouvelles, de chroniques et de pièces de théâtre, il s'intéresse aux légendes africaines.

Climbié   C'est un roman autobiographique publié quatre ans avant l'indépendance. Climbié est un double de l'auteur. Dadié raconte la vie d'un enfant ivoirien à l'époque de la colonisation. Il souffre de la rigidité du système scolaire français et des humiliations imposées par les maîtres. Les punitions sont cruelles.

Le symbole

Autour de Climbié, porteur du «Symbole», des élèves [...] chantent [...]

«Tu parles Agni,[1] je te donne le symbole.
Ah! Ah! Je te donne le symbole.
Tu parles Agni, je te donne le symbole,
5   Ah! Ah! Je te donne le symbole.»
[...]

«Tu parles Baoulé,[1] je te donne le symbole,
Ah! Ah! Je te donne le symbole.»

[...] [L]e Directeur sourit.
10 [...]

C'est la sortie de l'école. [...] [C]hacun peut parler son dialecte. Mais Climbié pour avoir parlé° N'zima,[1] dans l'école (même) se trouve porteur du symbole. Il ne peut pas se fâcher, les élèves qui le chahutent sont trop nombreux. [...]

15 Climbié rentre seul chez lui, abandonné par ses propres° amis, effrayé par la présence du symbole qu'il a en poche,° parmi les billes et les toupies.°

Ce midi-là,° il ne mange pas, tellement° il est pressé de se débarrasser de ce petit cube. [...] S'il n'y réussit pas[2] avant la sortie du soir, il restera° à
20 nettoyer la cour, à balayer seul toutes les salles de classe. Et le symbole est au fond° de sa poche.

Climbié marche, la tête pleine d'idées, cherchant le moyen de se débarrasser au plus tôt° de ce petit cube, si lourd parce qu'il est le symbole même° de l'enseignement dispensé. Le symbole! Vous ne savez pas ce que
25 c'est! Vous en avez de la chance![3] C'est un cauchemar! Il empêche de rire, de vivre dans l'école, car toujours on pense à lui. [...]

Cet après-midi, Climbié (fut)° le premier élève à rejoindre l'école. [...] Les autres viennent, un par un, groupe par groupe, bavards. [...]

Mais ça y est! Akroman [...] vient de répondre° en N'zima à un de ses
30 frères venu à la barrière. Climbié sans rien dire° se lève et lui tend le cube. L'autre sursaute. Climbié sourit et s'en va jouer aussi. Il respire enfin. ●

---

pour... = **parce qu'il a parlé à l'école même** right inside the school

own

en poche= **dans sa poche / billes, toupies** marbles, tops

Ce... At noon time / so much / (*futur*) he will stay

au fond in the bottom

au... as soon as possible
le symbole même... the very symbol

est

vient... just answered
sans... without saying anything

---

[1] **Agni, Baoulé** et **N'zima:** sont des dialectes locaux.
[2] **S'il n'y réussit pas** = If he does not succeed in doing it (i.e., in getting rid of it)
[3] **Vous en avez de la chance:** The word **en** is redundant.

Compréhension du texte

Mots et structures

1. Trouvez les mots apparentés (des mots qui ressemblent aux mots anglais et qui ont le même sens) utilisés dans le texte. Exemple: le symbole, *symbol*.
2. Relevez les mots qui sont du vocabulaire de l'école.

Questions sur la lecture

1. Quelle chanson chantent les élèves autour de Climbié?
2. Pourquoi Climbié rentre-t-il seul chez lui?
3. Que fait le Directeur? Comment interprétez-vous cette expression?
4. Le cube est-il vraiment lourd? Expliquez.
5. Pourquoi est-ce que Climbié ne mange pas, ce midi-là?
6. Qu'est-ce que Climbié doit faire, s'il ne se débarrasse pas du symbole?
7. Quels verbes indiquent que le cube est une punition cruelle pour l'enfant?
8. Comment Akroman devient-il à son tour porteur du symbole.
9. Pourquoi est-ce que Climbié «respire»?

Opinions

1. Que pensez-vous de cette façon d'enseigner le français et d'exclure les dialectes?
2. Dans le texte, les enfants sont cruels entre eux, ils se chahutent. Donnez des exemples de scènes semblables parmi les enfants dans votre entourage.
3. Que pensez-vous de la punition par le «symbole»?

● Lecture 2 ●

Préparation à la deuxième lecture

Dans le poème «Page d'écriture», Prévert montre toute sa sympathie pour l'enfant rêveur, inattentif à la leçon d'un maître sans imagination. L'instituteur ne comprend rien au pouvoir magique de la poésie sur l'esprit créatif et libre de ses élèves. Prévert se moque gentiment d'un enseignement rigide. Il encourage la liberté de rêver, l'innocence, la fantaisie.

Jacques Prévert (1900–1977)   est le poète du vingtième siècle le plus populaire de France. A l'âge de quinze ans, Prévert quitte sa famille et vit de petits métiers (*jobs*). Il commence par écrire des pièces de théâtre. Au cinéma, Prévert collabore à des films qui sont maintenant des «classiques» (*Le crime de Monsieur Lange* de Jean Renoir en 1935, *Quai des brumes* de Marcel Carné en 1938 et *Les enfants du paradis* en 1943). Il devient célèbre en 1945 lorsqu'il publie *Paroles*. Le livre se vend à des millions d'exemplaires. Jacques Prévert a de nombreux amis parmi les chanteurs.

Prévert est un grand poète de l'amour et de la tendresse. Il s'indigne devant le spectacle de la misère sociale, de la guerre, des enfants malheureux, des amoureux séparés.

Page d'écriture

Deux et deux quatre
quatre et quatre huit
huit et huit font seize...
Répétez! dit le maître
5 Deux et deux quatre
quatre et quatre huit
huit et huit font seize.
Mais voilà l'oiseau-lyre°   oiseau... lyrebird
qui passe dans le ciel
10 l'enfant le voit
l'enfant l'entend
l'enfant l'appelle:
Sauve-moi
joue avec moi
15 oiseau!
Alors l'oiseau descend
et joue avec l'enfant
Deux et deux quatre...
Répétez! dit le maître
20 et l'enfant joue
l'oiseau joue avec lui...
Quatre et quatre huit
huit et huit font seize
et seize et seize qu'est-ce qu'ils font? [...]
25 Et l'enfant a caché° l'oiseau   a... hidden (passé
dans son pupitre   composé)
et tous les enfants
entendent sa chanson
et tous les enfants
30 entendent la musique
et huit et huit à leur tour° s'en vont   à... too
et quatre et quatre et deux et deux
à leur tour fichent le camp°   fichent... = (fam.) s'en
et un et un ne font ni une ni deux°   vont
35 et un à un s'en vont également.   ne font ni une ni deux
Et l'oiseau-lyre joue   = n'hésitent pas
et l'enfant chante
et le professeur crie [...]
Mais tous les autres enfants
40 écoutent la musique
et les murs de la classe
s'écroulent tranquillement.
Et les vitres redeviennent sable

45 l'encre redevient eau
les pupitres redeviennent arbres
la craie redevient falaise
le porte-plume redevient oiseau.   ●

Compréhension du texte

Mots et structures

1. Trouvez les mots apparentés. Exemple: la musique, *music*.
2. Relevez les mots qui sont du vocabulaire de l'école et de la classe.

Questions sur la lecture

1. Qu'est-ce que le maître est en train d'enseigner?
2. Qu'est-ce que les élèves répètent?
3. Que dit l'enfant à l'oiseau qui passe dans le ciel?
4. Qu'est-ce que les enfants entendent, quand l'oiseau est dans le pupitre?
5. Quel est l'effet de la musique?

Opinions

1. Quelles matières scolaires vous intéressent? vous ennuient?
2. Etes-vous toujours attentifs en classe? Pourquoi ou pourquoi pas?
3. A quoi pensez-vous quand vous vous ennuyez?

Grammaire: *Le présent*

Online Study Center   General Resources

● Formes

Le système verbal français se compose de trois groupes de verbes réguliers et d'un grand nombre de verbes irréguliers. Au présent, les terminaisons suivantes sont identiques.

tu	-s	vous	-ez
nous	-ons	ils, elles	-ent

VERBES DU 1ᴱᴿ GROUPE: PARLER (*TO SPEAK*), ÉTUDIER (*TO STUDY*)

❶ Les verbes du 1ᵉʳ groupe ont l'infinitif en **-er.** Voici les terminaisons du présent et la conjugaison des verbes **parler** et **étudier.**

-e	je **parle**	j'**étudie**	-ons	nous **parlons**	nous **étudions**
-es	tu **parles**	tu **étudies**	-ez	vous **parlez**	vous **étudiez**
-e	il, elle **parle**	il, elle **étudie**	-ent	ils, elles **parlent**	ils, elles **étudient**

Voici d'autres verbes de ce groupe: **chanter** (*to sing*), **continuer** (*to continue*), **donner** (*to give*).

Remarques:

- Quatre-vingt-dix pour cent (90%) des verbes français sont des verbes du 1er groupe. Ils sont tous réguliers sauf **aller:**

je **vais**	nous **allons**
tu **vas**	vous **allez**
il, elle **va**	ils, elles **vont**

- Les terminaisons **-e, -es, -ent** ne s'entendent pas. C'est la consonne ou la voyelle qui précède qu'on entend: donne, chante, étudie, continuent.

2 Changements orthographiques

Dans certains verbes du 1er groupe, on remarque des changements orthographiques:

a. verbes en **-cer:** c→ç devant **-ons**

   commencer (*to begin*)

   je commence   MAIS: nous commençons[1]

   - *Autres verbes:* **annoncer** (*to announce*), **prononcer** (*to pronounce*), **remplacer** (*to replace*)

b. verbes en **-ger:** g→ge devant **-ons**

   voyager (*to travel*)

   je voyage   MAIS: nous voyageons[2]

   - *Autres verbes:* **changer** (*to change*), **manger** (*to eat*), **nager** (*to swim*)

c. verbes en **-yer:** y→i devant **-e, -es, -ent**

   payer (*to pay*)

   je **paie**   MAIS: nous payons
   ils pa**ient**   vous payez

   - *Autres verbes:* **employer** (*to employ*), **envoyer** (*to send*), **essayer** (*to try*)

d. verbes en **é** + consonne + **er:** é→è devant **-e, -es, -ent**

   préférer (*to prefer*)

   je préf**è**re   MAIS: nous préférons
   ils préf**è**rent   vous préférez

   - *Autres verbes:* **espérer** (*to hope*), **exagérer** (*to exaggerate*), **répéter** (*to repeat*)

   Voir dans le Student Website, Grammar References, pour le détail des conjugaisons.

e. certains verbes en **e** + consonne + **er:** e→è devant **-e, -es, -ent**

   lever (*to lift up, raise*)

   je l**è**ve   MAIS: nous levons
   ils l**è**vent   vous levez

   - *Autres verbes:* **acheter** (*to buy*), **enlever** (*to remove*), **geler** (*to freeze*), **peser** (*to weigh*)

---

[1] La lettre ç (cé cédille) + **-ons** est prononcée /sɔ̃/.
[2] Le groupe **-geons** est prononcé /ʒɔ̃/.

f. certains verbes où on redouble la consonne:

verbes en **e** + **l** + **er**: l→**ll** devant **-e, -es, -ent**
  appeler (*to call*)
  j'app**ell**e   MAIS: nous app**e**lons
  ils app**ell**ent   vous app**e**lez

verbes en **e** + **t** + **er**: t→**tt** devant **-e, -es, -ent**
  jeter (*to throw*)
  je je**tt**e   MAIS: nous je**t**ons
  ils je**tt**ent   vous je**t**ez

- *Autres verbes:* **épeler** (*to spell*), **rappeler** (*to call back, to recall*); **projeter** (*to plan*), **rejeter** (*to reject*)

E x e r c i c e

A. Mettez le verbe entre parenthèses au présent.

Les enfants (chahuter) en allant à l'école. Un des enfants (regarder) les oiseaux qui (passer) dans le ciel. Arrivés dans la cour, des enfants (chanter) des chants africains, d'autres (jouer) aux billes. La directrice (appeler) les enfants qui (arrêter) leur chahut et l'(écouter): «Vous (crier) trop! Assez! Vous n'(être) pas pressés de retourner à l'école?» Akroman, un des écoliers, répond en dialecte: «Non, nous (cacher) notre joie de rentrer! En fait, nous (préférer) jouer au foot!» La directrice (obliger) l'enfant à faire des excuses: «Voici ta punition: ce soir, tu ne (rentrer) pas chez toi avec les autres, tu (nettoyer) la salle de classe et tu (balayer) la cour.» Et elle (donner) le symbole à Akroman parce qu'il (utiliser) son dialecte. Les écoliers (aller) dans leurs salles de classe. Ils (être) tristes. Un peu plus tard, l'heure de la récréation (arriver) et (sauver) les enfants.

    Après les cours du matin, Bernard (demander) à son ami Akroman: «Tu (ne pas manger) à la cantine aujourd'hui?» Akroman répond: «Non. Le symbole (se trouver) dans ma poche. Et ce soir, je (rester) à l'école pour nettoyer et balayer. Mais, je (s'en aller) déjeuner à la maison à midi. Tu m'(accompagner)?» Bernard dit à Akroman: «Non, pas possible, je (rester) déjeuner à la cantine. Mais ce n'est pas grave. Le cube (changer) de poche tous les jours.» Akroman soupire (*sighs*): «Mais le symbole (peser) lourd dans ma poche. Et si je (être) obligé de le garder une semaine?» «Écoute, dit Bernard, j'(avoir) une idée: Nous, tous les élèves, nous (former) un groupe: nous (nettoyer) la classe et (balayer) la cour avec toi. Ainsi, nous (obliger) la directrice à retirer sa punition.» Mais la directrice (arriver): «Qu'est-ce que vous (comploter)?»

VERBES DU 2ᵉᵐᵉ GROUPE: FINIR (*TO FINISH*)

1 Les verbes du 2ᵉᵐᵉ groupe ont leur infinitif en **-ir** et le groupe de lettres **-iss-** inséré dans les trois personnes du pluriel. Voici les terminaisons et la conjugaison du présent du verbe **finir**:

-is	je **finis**	-issons	nous **finissons**
-is	tu **finis**	-issez	vous **finissez**
-it	il, elle **finit**	-issent	ils, elles **finissent**

2 Ce groupe contient:

   a. des verbes qui correspondent à des verbes anglais en *-ish*.

     finir, punir, démolir, fleurir, polir, etc.

   b. des verbes dérivés d'adjectifs.

blanchir (*to turn white, to bleach*)	**maigrir** (*to lose weight*)
brunir (*to turn brown, to tan*)	**pâlir** (*to turn pale*)
grandir (*to grow*)	**rougir** (*to turn red, to blush*)
grossir (*to gain weight*)	**vieillir** (*to grow old*)
jaunir (*to turn yellow*)	

   c. d'autres verbes comme **choisir** (*to choose*), **obéir** (*to obey*), **réfléchir** (*to reflect*), **remplir** (*to fill*).

Attention: Tous les verbes en **-ir** et **-iss-** sont réguliers. Les autres verbes en **-ir** sont irréguliers (voir "Verbes irréguliers" à la page suivante).

Exercice

B. Complétez les phrases avec un verbe de la liste suivante, conjugué au présent.

brunir	choisir	démolir	fleurir	grandir
jaunir	obéir	pâlir	punir	réfléchir
réussir	rougir			

   1. Entre dix et quinze ans, les enfants _____.
   2. Les roses ne _____ pas dans le sable du désert.
   3. L'instit' dit aux élèves: «Vous _____ avant d'écrire.»
   4. Tu es un bon élève: tu _____ à tous tes examens.
   5. Sur ce manuscrit ancien, l'encre _____.
   6. Les écoliers disciplinés _____ aux ordres du professeur.
   7. C'est l'automne, les arbres _____, _____ et _____.
   8. Le directeur dit au professeur: «Vous _____ les élèves chahuteurs.»
   9. Les bulldozers _____ les maisons pour construire un supermarché de luxe.
  10. Climbié _____ un autre élève et lui donne le symbole.

VERBES DU 3ᵉᵐᵉ GROUPE: VENDRE (*TO SELL*)

Le 3ᵉᵐᵉ groupe contient un petit nombre de verbes réguliers. Leur infinitif est en **-dre**. Le **-d** (ou **-ds**) apparaît aux trois personnes du singulier et n'est pas prononcé. Le **-d** est prononcé aux trois personnes du pluriel. Voici les terminaisons et la conjugaison du présent du verbe **vendre:**

-ds	je **vends**	**-dons**	nous **ven***d***ons**
-ds	tu **vends**	**-dez**	vous **ven***d***ez**
-d	il, elle **vend**	**-dent**	ils, elles **ven***d***ent**

Voici d'autres verbes de ce groupe: **attendre** (*to wait*), **confondre** (*to confuse*), **correspondre** (*to exchange mail*), **entendre** (*to hear*), **perdre** (*to lose*), **rendre** (*to give back*), **répondre** (*to answer*).

(**Attention:**) **Prendre** (*to take*) et ses dérivés **comprendre** (*to understand*), **apprendre** (*to learn*) et **surprendre** (*to surprise*) sont irréguliers.

Exercice ● ○

C. Dans les phrases suivantes, mettez les verbes entre parenthèses au présent.

1. Climbié (perdre) son devoir, le maître le punit.
2. (Entendre)-vous la voix de l'inspecteur dans la salle de classe?
3. Tu (répondre) toujours aux questions par des questions.
4. Le cancre (confondre) souvent le rêve et la réalité.
5. Elle (attendre) l'inspiration pour écrire la composition.
6. Le directeur (rendre) le rapport de l'inspecteur aux professeurs.
7. Le marchand (vendre) un oiseau exotique à l'enfant.
8. Elle lui (tendre) un chèque de 100 euros.
9. Qui (descendre) l'escalier?
10. Nous (correspondre) par courrier électronique.

VERBES IRRÉGULIERS

Tous les autres verbes de la langue française sont irréguliers.

1 Leur infinitif peut être en **-ir** (sans **-iss-**)   **dormir** (*to sleep*)
                        en **-oir**   **voir** (*to see*)
                        en **-re**   **mettre** (*to put, place*)

2 Voici les terminaisons et la conjugaison des verbes **dormir, voir** et **mettre:**

-s	je **dors**	je **vois**	je **mets**
-s	tu **dors**	tu **vois**	tu **mets**
-t	il, elle **dort**	il, elle **voit**	il, elle **met**
-ons	nous **dormons**	nous **voyons**	nous **mettons**
-ez	vous **dormez**	vous **voyez**	vous **mettez**
-ent	ils, elles **dorment**	ils, elles **voient**	ils, elles **mettent**

Dans les tableaux 4, 5 et 6 des pages suivantes, vous trouvez la liste des principaux verbes irréguliers.

❸ **avoir / être**

Voici les deux verbes irréguliers les plus importants:

avoir (*to have*)		**être** (*to be*)	
j'**ai**	nous **avons**	je **suis**	nous **sommes**
tu **as**	vous **avez**	tu **es**	vous **êtes**
il, elle **a**	ils, elles **ont**	il, elle **est**	ils, elles **sont**

❹ **Les verbes en -ir** (sans **-iss-**)

courir (*to run*)	je cours	nous courons	
dormir (*to sleep*)	je dors	nous dormons	
mourir (*to die*)	je meurs	nous mourons	ils meurent
partir (*to leave*)	je pars	nous partons	
sortir (*to go out*)	je sors	nous sortons	
servir (*to serve*)	je sers	nous servons	
mentir (*to lie*)	je mens	nous mentons	
sentir (*to feel, to smell*)	je sens	nous sentons	
tenir (*to hold, to keep*)	je tiens	nous tenons	ils tiennent
venir (*to come*)	je viens	nous venons	ils viennent

(**Attention:**) On conjugue les verbes **ouvrir** (*to open*), **couvrir** (*to cover*), **offrir** (*to offer*) et **souffrir** (*to suffer*) avec les terminaisons du 1er groupe.

j'**ouvre**	tu **offres**	il, elle **souffre**
nous **couvrons**	vous **offrez**	ils, elles **souffrent**

❺ **Les verbes en -oir**

apercevoir (*to see in the distance*)	j'aperçois	nous apercevons	ils aperçoivent
devoir (*to owe, must*)	je dois	nous devons	ils doivent
pouvoir (*to be able*)	je peux[1]	nous pouvons	ils peuvent
recevoir (*to receive*)	je reçois	nous recevons	ils reçoivent
falloir (*to be necessary*)	il faut		
pleuvoir (*to rain*)	il pleut		
voir (*to see*)	je vois	nous voyons	ils voient
savoir (*to know*)	je sais	nous savons	ils savent
valoir (*to be worth*)	je vaux[1]	nous valons	ils valent
	ça vaut		
vouloir (*to want*)	je veux[1]	nous voulons	ils veulent

---

[1] je peux, je vaux, je veux: on a **-x** à la place du **-s**.

(**Remarque:**) Le verbe **valoir** (*to be worth*) est plus souvent employé à la 3ème personne du singulier qu'aux autres personnes. Les deux verbes **falloir** (*to be necessary*) et **pleuvoir** (*to rain*) s'emploient seulement à la 3ème personne du singulier.

6 Les verbes en **-re**

boire (*to drink*)	je bois	nous buvons		ils boivent
conduire (*to drive*)	je conduis	nous conduisons		
construire (*to build*)	je construis	nous construisons		
connaître (*to know*)	il connaît	nous connaissons		
convaincre (*to convince*)	je convaincs[1]	nous convainquons		
croire (*to believe*)	je crois	nous croyons		ils croient
dire (*to say*)	je dis	nous disons	vous dites[2]	ils disent
écrire (*to write*)	j'écris	nous écrivons		
faire (*to make, to do*)	je fais	nous faisons	vous faites[2]	ils font[3]
lire (*to read*)	je lis	nous lisons		
mettre (*to put*)	je mets	nous mettons		
plaire (*to please*)	je plais	nous plaisons		
	ça plaît			
prendre (*to take*)	je prends[4]	nous prenons		ils prennent
rire (*to laugh*)	je ris	nous rions		
suivre (*to follow*)	je suis	nous suivons		
vivre (*to live*)	je vis	nous vivons		

(**Remarque:**) Les verbes en **-aindre** (**craindre**, *to fear*), **-eindre** (**peindre**, *to paint*) et **-oindre** (**joindre**, *to join*) présentent les alternances suivantes:

> **-ains, aint/aignons, aignez, aignent**
> **-eins, eint/eignons, eignez, eignent**
> **-oins, oint/oignons, oignez, oignent**

Tu **crains** la visite de l'inspecteur; nous **craignons** ses remarques.

Vous **peignez** votre maison? —Oui, je la **peins** en rose, c'est plus gai.

Je me **joins,** nous nous **joignons** au groupe d'enfants.

---

[1] elle convainc: on a **-c** à la place du **-t**.
[2] vous **dites**, vous **faites** (vous **êtes**): on a **-tes** à la place de **-ez**.
[3] ils **font** (ils **vont**, ils **sont**): on a **-ont** à la place de **-ent**.
[4] il **prend**: on a **-d** à la place du **-t**.

Exercices

D. Refaites les phrases en remplaçant les sujets des verbes par les sujets entre parenthèses.

1. Elle aperçoit l'institutrice, elle court vers elle. (je, nous, elles)
2. J'écris des lettres et je reçois des réponses. (elle, ils, vous)
3. Ils dorment et ils font des rêves. (tu, elle, vous)
4. Je lis un livre, je prends des notes. (il, nous, ils)
5. Il sourit, il connaît la réponse. (je, on, elles)
6. Tu sors de la classe, tu dis au revoir au maître. (vous, ils, nous)
7. Nous ne conduisons pas quand nous buvons. (je, tu, elles)
8. Elle sait la leçon, elle veut répondre à la question. (il, vous, ils)
9. Ils poursuivent des études et ils doivent travailler dur. (je, nous, on)
10. Vous ne souffrez plus, vous partez en vacances. (tu, nous, il)
11. Il surprend les critiques, il ne peint pas un beau tableau. (je, tu, vous)
12. Elles viennent à l'école tous les jours, elles font des progrès. (je, tu, vous)
13. Tu te joins à cette troupe de clowns, tu vas bien rire. (elle, nous, ils)

E. Combinez chaque phrase de la colonne de gauche avec une phrase de la colonne de droite et mettez les verbes entre parenthèses au présent.

Modèle: 1. Le petit garçon *arrive* à la maison à midi et demi.
F. Sa maman ne l'*attend* pas.

1. Le petit garçon (arriver) à la maison à midi et demi.
2. Les élèves (chahuter) le porteur de symbole.
3. Tu (ne manger pas)?
4. Les enfants (rentrer) chez eux après l'école.
5. C'(être) la sortie de l'école.
6. Vous (aller) répéter la leçon de calcul.
7. Le petit cube (peser) lourd.
8. Les parents (venir) voir le directeur.

A. Ils (pouvoir) parler dans leur dialecte.
B. «Deux et deux (faire) quatre.»
C. L'enfant qui (avoir) le cube (pleurer).
D. Nous (courir) vers la barrière.
E. La punition leur (sembler) injuste.
F. Sa maman (ne l'attendre pas).
G. L'enfant qui a le symbole (traîner) le pas.
H. Le symbole t'(empêcher) de vivre.

7 La négation du verbe au présent

En français, on emploie deux mots, **ne ... pas,** qui entourent le verbe. Voici la formule:

$$ \text{sujet} + \frac{\textbf{ne}}{\textbf{n'}} + \text{verbe} + \textbf{pas} + \text{complément} $$

Nous **ne** faisons **pas** la dictée.   Vous **n'**allez **pas** à la cantine.

8 Les verbes pronominaux

Les verbes pronominaux se composent surtout de verbes du 1er groupe et de verbes irréguliers. Ces verbes sont étudiés en détail au chapitre 12. Voici la conjugaison de deux de ces verbes. Remarquez la place des pronoms.

se dépêcher (*to hurry*)	**se souvenir** (*to remember*)
je me dépêche	je me souviens
tu te dépêches	tu te souviens
il, elle se dépêche	il, elle se souvient
nous nous dépêchons	nous nous souvenons
vous vous dépêchez	vous vous souvenez
ils, elles se dépêchent	ils, elles se souviennent

À la forme négative, la négation entoure le verbe.

Nous **ne** nous dépêchons **pas.**　　Il **ne** se souvient **pas.**

(**Remarque:**) Pour la différence de construction entre **se rappeler** et **se souvenir,** voir chapitre 3, Suppléments de grammaire.

E x e r c i c e

F. Dans les phrases suivantes, mettez le verbe entre parenthèses au présent.

1. L'enfant (se fâcher) quand son ami lui tend le symbole.
2. La craie (ne pas se trouver) près du tableau.
3. Les enfants (se souvenir) de la leçon.
4. Nous (s'en aller).
5. Vous (se débarrasser) de vos devoirs pour aller jouer?
6. Tu (se disputer) avec tes camarades?
7. Nous (s'écrouler) de fatigue après une journée à l'école.
8. Ils (se regarder) d'un air effrayé.
9. Il (ne pas se presser) de rentrer chez lui.
10. Les amis (se rejoindre) dans la cour de récréation.

Emplois

En anglais, il y a trois formes du présent: *regular present (Bernard goes to elementary school), present progressive (Bernard is going...)* et *emphatic present (Bernard does go...).* En français, il y a un seul présent: **Bernard va à l'école élémentaire.**

Comme en anglais, on emploie le présent en français:

1 pour exprimer une vérité générale.

La Côte d'Ivoire **se trouve** en Afrique Occidentale.

2 pour exprimer une habitude.

Tous les jours, le soleil **se lève** à l'est et **se couche** à l'ouest.

(**Remarque:**) Souvent, en anglais, c'est le futur qui exprime une habitude.

*Often, on Sundays, he **will stay** in bed all   day and **read** a book.*   Souvent, le dimanche, il **reste** au lit toute   la journée et **lit** un livre.

3 pour présenter une action qui a lieu au moment où on parle.

En ce moment, nous **expliquons** la leçon de grammaire.

4 pour exprimer un futur proche.

Nous **sortons** ce soir.   Ils **arrivent** lundi.

EXPRESSIONS UTILES

1 Les expressions suivantes accompagnent souvent un verbe au présent:

d'habitude	usually
en général	generally
en ce moment	at the present time
à l'heure qu'il est	
à l'heure actuelle	at this very moment
toute la journée	all day long
tous les jours	every day
le lundi, le mardi	on Mondays, on Tuesdays

D'habitude, je reste à la maison le dimanche.   *Usually I stay home on Sundays.*

2 L'expression **être en train de** + **l'infinitif** signifie *to be doing something, to be in the process of doing something.*

Elle ne répond pas, elle **est en train de réfléchir.**

3 On forme des questions au présent avec les expressions courantes qui suivent:

combien	how many, how much
comment	how
est-ce que	*(simple question)*
où	where
pourquoi	why
quand	when

Est-ce que vous parlez Agni?

Quand vient l'inspecteur?

L'école élémentaire se trouve **où?**

(**Remarque:**) Pour l'ordre des mots après les adverbes interrogatifs, voir chapitre 10, Les adjectifs interrogatifs.

E x e r c i c e

G. Faites des phrases au présent.

1. Décrivez trois habitudes quotidiennes: Tous les jours, je...
2. Ecrivez trois vérités générales: La terre tourne autour du soleil...
3. Décrivez trois actions actuelles. Qu'est-ce que vous êtes en train de faire en ce moment?
4. Faites la liste de trois actions que vous allez faire demain, mais utilisez le présent: Demain, j'arrête de manger du chocolat...
5. Utilisez trois verbes au présent pour décrire ce que vous faites à la cafétéria.
6. Posez trois questions au présent à un(e) camarade sur sa routine matinale.

Grammaire: *L'impératif*

Online Study Center   General Resources

Formes

Répète!	**Finis!**	**Prends!**
Répétez!	**Finissez!**	**Prenez!**
Répétons!	**Finissons!**	**Prenons!**

1 On conjugue l'impératif comme le présent, mais le sujet (**tu, vous, nous**) n'est pas exprimé. Au singulier (**tu**), la forme est la même que la 1ère personne du présent (**je**), sans pronom sujet.

Je répète: **Répète!**   Je finis: **Finis!**   Je prends: **Prends!**

2 Au singulier, forme polie (**vous**), et au pluriel (**vous**), l'impératif est comme le présent de la 2ème personne du pluriel, sans pronom sujet.

Vous répétez: **Répétez!**   Vous finissez: **Finissez!**

3 A la 1ère personne du pluriel (**nous**), la forme de l'impératif est la même que la 1ère personne du pluriel du présent, sans pronom sujet.

Nous répétons: **Répétons.** (*Let's repeat.*)   Nous finissons: **Finissons!** (*Let's finish!*)

4 La négation **ne ... pas** entoure le verbe à l'impératif.

N'écrivez **pas!**   Ne répète **pas!**

5 A l'impératif du verbe pronominal, on emploie un pronom après le verbe (voir page 272).

Regarde-**toi!**   Souvenez-**vous!**   Dépêchons-**nous!**
Look at yourself!   *Remember!*   *Let's hurry!*

A la forme négative, le pronom précède le verbe.

Ne te perds **pas!**   **Ne vous** dépêchez **pas!**   **Ne nous** fâchons **pas!**
Don't get lost!   *Do not hurry!*   *Let's not get angry!*

6 Impératifs irréguliers

aller	Va!	Allons!	Allez!
avoir	Aie!	Ayons!	Ayez!
être	Sois!	Soyons!	Soyez!
savoir	Sache!	Sachons!	Sachez!
vouloir			Veuillez!

N'**ayez** pas peur!   **Soyez** patiente!   **Sachez** que je ne plaisante pas!   **Veuillez** écouter!

Remarques:

- L'impératif des verbes **avoir, être, savoir, vouloir** est semblable au subjonctif présent (voir page 361).
- **Sachez** et **veuillez** ne sont pas employés dans la langue courante et familière.
- On ajoute un **-s** à **va** dans: **Vas-y!**

Emplois

1 L'impératif sert à:

   a. donner un ordre direct: **Sortez!**
   b. exprimer une interdiction: **Ne fumez plus!**
   c. présenter une suggestion: **Allons au cinéma!**

Remarques: Il y a deux possibilités en français pour dire *Let us go.*

- On a l'impératif du verbe **aller,** à la forme **nous,** si on invite plusieurs personnes à participer à une action ensemble.
   Allons au cinéma!   *Let's go to the movies!*
- On emploie le verbe **laisser** à l'impératif, 2ème personne, avec l'infinitif du verbe **aller,** si on exprime une requête, une demande de permission.
   Laissez-nous aller au cinéma.   *Let us go (Allow us to go) to the movies.*

2 Les impératifs suivants sont employés comme interjections: **Tiens, Allons, Voyons.**

   a. **Tiens** indique l'étonnement.
      Tiens, il est déjà midi! *Hey, it's already noon!*

   b. **Allons, Voyons** expriment une exhortation.
      Allons, ne vous découragez pas.   *Come on, don't get discouraged.*
      Voyons, allez un peu plus vite!   *Come on, hurry up!*

   c. **Allons-y!** veut dire *Let's go! Let's get started!*

3 L'impératif de **vouloir** est surtout employé dans la formule écrite: **Veuillez agréer l'assurance de ma considération distinguée.** En anglais, on traduit cette formule par *Sincerely yours.*

Exercices

H. L'impératif dans la classe: que dit le professeur aux élèves en classe?

> Modèle: (être) attentifs
> ***Soyez*** *attentifs!*

1. (ouvrir) le livre
2. (se lever et aller) au tableau
3. (écrire, *négatif*) dans le cahier d'exercices
4. (répéter) la phrase
5. (lire) le paragraphe
6. (chercher) la réponse
7. (réfléchir) avant de parler
8. (faire attention) aux explications grammaticales
9. (répondre) aux questions
10. (poser) une question
11. (finir) la lecture à la maison
12. (corriger) l'orthographe
13. (écouter) la cassette
14. (regarder) la vidéo
15. (prendre) le livre
16. (s'asseoir, *négatif*) immédiatement
17. (copier, *négatif*) les réponses sur vos camarades
18. (envoyer) un courriel au professeur
19. (avoir) de la patience
20. (apprendre) les conjugaisons

I. Que dit un enfant à son copain?

> Modèle: venir jouer avec moi
> ***Viens*** *jouer avec moi!*

1. regarder mes billes
2. pleurer (*négatif*)
3. me donner ton crayon
4. sourire au maître
5. être poli
6. répéter ton poème
7. crier (*négatif*)
8. écouter la chanson

J. Que dit le directeur à ses collègues?

> Modèle: aller déjeuner au restaurant
> ***Allons déjeuner*** *au restaurant!*

1. mes amis, chercher un moyen d'inspirer nos élèves
2. faire respecter la grammaire française
3. ignorer les efforts des élèves (*négatif*)
4. les encourager quand ils réussissent
5. punir les élèves qui oublient leurs livres (*négatif*)
6. trouver une solution
7. obliger les écoliers à parler français
8. donner des prix

Suppléments de grammaire

1 **depuis** + le présent

a. On emploie le présent avec **depuis** et une expression de temps pour dire qu'une action a commencé dans le passé et continue encore dans le présent au moment où on parle.

Il est à l'hôpital **depuis** lundi.   *He has been in the hospital **since** Monday.*

Anne attend l'autobus **depuis** une heure.   *Anne has been waiting for the bus **for** an hour.*

La formule est:

> présent + **depuis** + expression de temps

Depuis a deux sens (*meanings*):

> *since* + date
> *for* + length of time

• La traduction en anglais est *has / have been.* En français, le verbe est au présent.

b. On peut aussi employer les expressions suivantes pour indiquer *for* + *length of time.*

Il y a une heure qu'Anne attend l'autobus.

Voilà une heure qu'Anne attend l'autobus.   *Anne has been waiting for the bus **for an hour.***

Ça fait une heure qu'Anne attend l'autobus.

Les questions qui correspondent à ces réponses ont deux formes. Si on veut connaître *la date précise,* on dit:

Depuis quand est-il à l'hôpital?   *How long has he been in the hospital?*

Depuis lundi.   *Since Monday.*

Si on veut connaître *la durée,* on dit:

Depuis combien de temps attend-elle?   *How long has she been waiting?*

Depuis une heure.   *For an hour.*

Exercice

K. Avec le vocabulaire suggéré, faites d'abord une question avec **Depuis quand** ou avec **Depuis combien de temps.** Ensuite, donnez la réponse à la question.

Modèle: Frédéric (étudier) le piano (l'âge de trois ans)
Depuis quand est-ce que Frédéric étudie le piano?
Frédéric étudie le piano depuis l'âge de trois ans.

1. elle (prendre) des leçons de violon (trois ans)
2. nous (jouer) au tennis (dix heures du matin)

3. tu (chercher) ton pull vert (trois jours)
4. elles (dormir) (dix minutes)
5. vous (travailler) à cette banque (lundi)
6. il (prendre) l'autobus pour rentrer à la maison (toujours)

2 aller / s'en aller

Voici la conjugaison de ces deux verbes:

je **vais**	nous **allons**	je **m'en vais**	nous **nous en allons**
tu **vas**	vous **allez**	tu **t'en vas**	vous **vous en allez**
il, elle **va**	ils, elles **vont**	il, elle **s'en va**	ils, elles **s'en vont**

a. On emploie **aller** avec le sens de *to go.*

Vous **allez** à la cantine à midi?

b. On emploie **aller à** avec le sens de *to fit.*

Ce tee-shirt **va** bien à ce garçon.

c. On emploie **aller** avec l'infinitif d'un autre verbe pour exprimer un futur proche (*to be going to*) (voir page 317). **Aller** + **aller** est fréquent.

Tu **vas faire** tes devoirs avant de jouer.

Je **vais aller** en Europe cet été.

d. On emploie **s'en aller** pour dire *to leave, to go away* (voir chapitre 2, Supplément de grammaire 4).

Ils préparent leur voyage. Ils **s'en vont** samedi.

E x e r c i c e

L. Complétez les phrases suivantes avec la forme correcte du verbe **aller** ou **s'en aller.**

1. Miriam _____ à l'école du village ivoirien.
2. Tu _____ rentrer seul chez toi?
3. Nous _____. C'est la sortie de l'école.
4. Vous avez le symbole? Vous _____ nettoyer le tableau.
5. Ce jean est trop grand. Il ne vous _____ pas.
6. Tous les jours les deux petites filles _____ à midi.

3 on

a. **On** remplace une personne indéfinie et signifie *one.*

   On doit parler français dans la cour de l'école.

b. **On** peut aussi remplacer **vous, ils, les gens** (*you, they, people*).

   En Côte d'Ivoire, **on** parle plusieurs dialectes.

c. Dans la conversation familière, **on** a le sens de **nous.**

   Mon copain et moi, **on** répète nos tables de multiplication.

d. Le verbe est toujours à la troisième personne du singulier, mais on accorde l'adjectif et le participe passé avec la personne ou les personnes que **on** représente (voir chapitre 2, Accord du participe passé).

   Suzanne dit: **On** est bien conten**tes,** maman et moi.

   Hier, **mon papa et moi, on** est all**és** au stade.

e. Souvent, **on** est utilisé à la place d'un passif (voir page 463).

   On vend des billes au magasin de jouets.

Exercice

M. Remplacez les expressions en italique par **on.** Attention: changez aussi la forme du verbe.

1. En France, *les gens prennent* le repas (*meal*) principal à midi.   2. Papa et moi, *nous nous levons* à sept heures.   3. *Une personne chante* quand il fait beau.   4. A cette école, *les enfants travaillent* beaucoup.   5. En Amérique, *les gens boivent* beaucoup de lait.   6. A la maison, *nous nous couchons* à dix heures.   7. *Vous achetez* des toupies dans un supermarché?   8. *Les gens ne mangent pas* d'escargots (*snails*) comme dessert.

Synthèse

 **Online Study Center** Improve Your Grade

Applications

I. L'élève idéal et le cancre.   Avec l'aide du vocabulaire suivant, faites la description de l'élève idéal et du cancre.

rêver, être dans la lune, faire ses devoirs, apprendre ses leçons, écouter le professeur, bavarder, chahuter, apprendre par cœur, répéter ses tables de multiplication, regarder par la fenêtre, oublier ses livres, recevoir des punitions, être en retenue, rester après l'école, avoir des bonnes / mauvaises notes

II. **Rêves d'évasion.** Charles et Pauline s'ennuient dans la classe de maths. Ils rêvent. Mettez les verbes entre parenthèses au présent.

1. Les murs de la classe (s'écrouler). 2. Les deux enfants (s'en aller) en rêve dans un pays imaginaire où il (ne pas y avoir) d'école. 3. Ils (se trouver) sur une falaise et ils (regarder) les gens qui (s'amuser) sur le sable, au bord de l'eau. 4. Ils (se mêler) à un groupe d'enfants joyeux, ils (construire) des châteaux de sable, ils (courir), ils (crier).
5. L'après-midi, une maman (ouvrir) un grand sac et (sortir) une quantité de bonnes choses à manger. 6. Tous les enfants (se régaler) et Charles et Pauline (adorer) leurs amis.
7. Mais tout à coup ils (entendre) une voix qui (dire): 8. «Vous (ne pas faire) attention. Vous (rêver)?» 9. Charles et Pauline (sursauter). 10. Ils (retourner) à la réalité.
11. Ils (redevenir) deux petits écoliers. 12. Ils (dire) au maître: «Ne nous (punir, *impératif*) pas!» 13. «Maintenant, nous (ouvrir) nos yeux, nos oreilles, et nous (écouter) la leçon.»

III. **A chaque pays ses habitudes.** Dites ce qu'on fait dans chaque pays.

1. En France on: dépenser beaucoup d'argent pour manger / aimer le pain, les gâteaux, le beurre, le fromage / boire du vin aux repas / conduire vite / prendre des vacances en août / ne pas respecter le code de la route (*traffic rules*) 2. En Angleterre on: prendre le thé plusieurs fois par jour / ne pas pouvoir sortir sans parapluie / adorer la reine et la famille royale / aimer beaucoup les animaux / s'amuser à écouter de la musique rock 3. En Côte d'Ivoire, on: manger du millet, des fruits exotiques / pouvoir souvent sortir sans parapluie / devoir se protéger du soleil aux heures chaudes / adorer danser et chanter / s'habiller parfois avec des vêtements colorés, dans les villages / écouter les légendes que les griots[1] transmettre / porter des masques pour des cérémonies religieuses / parler et comprendre plusieurs dialectes. Et aux Etats-Unis, qu'est-ce qu'on fait?

Activités Orales

1. **Sondage.** Dans beaucoup de familles d'immigrés, aux Etats-Unis et au Canada, les parents parlent la langue de leur pays d'origine, mais les enfants ne comprennent pas cette langue, parce qu'ils apprennent et parlent l'anglais à l'école. Faut-il enseigner la langue d'origine de la famille aux enfants? Faites un sondage et donnez à la classe un rapport oral des réponses que vous obtenez.
2. **Débat.** Dans certains États, aux Etats-Unis, on enseignait (*they used to teach*) dans la langue du pays d'origine des enfants, en même temps qu'ils apprenaient l'anglais (c'est l'éducation bilingue) pour faciliter la transition. Depuis quelque temps, on conseille d'enseigner tous les cours en anglais et de laisser les enfants se débrouiller (*manage by themselves*). Formez deux groupes, pour ou contre cette méthode, et organisez un débat.

---

[1] **griots:** Traveling poet-musicians, depositaries of oral culture, in Africa

3. **Travail à deux.**   Avec un(e) camarade, comparez l'expérience des enfants dans une école de style traditionnel ou français colonial, et dans une école américaine d'aujourd'hui. Faites deux listes pour comparer les horaires (*schedules*), l'éducation, la discipline, les jeux (*games*), les matières enseignées, l'atmosphère, etc. Quelle forme d'enseignement préférez-vous? Pourquoi?

4. **Discussion.**   Dans tous les pays du monde, il y a des élèves qui se comportent mal (*misbehave*). Par exemple les auteurs de graffiti, les vandales, les élèves insolents qui sont souvent en retard (*late for school*), qui bavardent en classe ou ne font pas leurs devoirs. Quelles punitions vous paraissent justifiées dans chacun de ces cas? Discutez avec deux ou trois camarades.

Rédactions

1. La mère d'un élève envoie un mél (courriel) au maître pour lui dire qu'elle n'est pas d'accord sur sa méthode et ses punitions.
2. Un inspecteur donne des conseils à un professeur médiocre.
3. Racontez un rêve qui se passe à l'école: le maître ou la maîtresse vous donne des devoirs impossibles, ou vous pose des questions difficiles, vos camarades chahutent, etc. Mais tout se termine bien.
4. Imaginez que vous avez l'occasion de passer une année à l'étranger dans le pays de votre choix. Vous ne parlez pas très bien la langue. Quelles difficultés rencontrez-vous? Que faites-vous pour vous faire comprendre?

Le passé composé:

L'amour et ses complications

Vocabulaire élémentaire

Noms

cadavre (*m.*) corpse
chambre (*f.*) bedroom
chapeau (*m.*) hat
cœur (*m.*) heart
contraire (*m.*) opposite
lait (*m.*) milk

main (*f.*) hand
manteau (*m.*) coat
pluie (*f.*) rain
sucre (*m.*) sugar
tasse (*f.*) cup
voix (*f.*) voice

Adjectif

chaud(e) warm, hot

Verbes

célébrer to celebrate
ignorer not to know

se marier to get married
tourner to turn, to stir

Vocabulaire actif

aîné(e) older
allumer to light
assurance (*f.*) self-confidence
(au) dehors outside
cendre (*f.*) ash
cendrier (*m.*) ashtray
châle (*m.*) shawl
construire to build (to start)
convenir to suit
cuiller (cuillère) (*f.*) spoon
deuil (*m.*) mourning
don (*m.*) gift
épouser to marry
être (*m.*) being, person
faire signe to wave
fauteuil (*m.*) armchair

foi (*f.*) faith
fumée (*f.*) smoke
hériter to inherit
mort (*f.*) death
noces (*f. pl.*) wedding ceremony
pardonner to forgive
parole (*f.*) word
piété (*f.*) devotion
pleurer to cry
pleuvoir to rain
prier to pray
quarantième fortieth
recevoir to receive, to welcome
reposer to put down
serrer (*here*) to hold tight

Vocabulaire supplémentaire   *Online Study Center*
General Resources

L'amour/La rupture

dispute (*f.*) fight
se disputer to have a fight

être amoureux (-euse) de quelqu'un to
   be in love with someone

faire la cour à quelqu'un to court, to woo someone
fiançailles (*f. pl.*) engagement
fiancé(e) fiancé, betrothed
lune (*f.*) **de miel** honeymoon
se marier avec to marry
rompre to break off

rupture (*f.*) breaking off (of an engagement)
tomber amoureux (-euse) de quelqu'un to fall in love with someone
vivre d'amour et d'eau fraîche to live on love alone
voyage (*m.*) **de noces** honeymoon trip

Le deuil

décédé(e) deceased
défunt(e) deceased
enterrement (*m.*) funeral

mort(e) dead man, dead woman
veuf (*m.*), **veuve** (*f.*) widower, widow

Divers

Il fait beau. The weather is nice.
Il fait mauvais. The weather is bad.
imperméable (*m.*), **imper** raincoat

Quel temps fait-il? What is the weather like?
se reposer to rest

Français en couleurs

—*Tu sais, Albert, quelquefois les ruptures brutales font moins mal.*

On abrège beaucoup d'expressions de tous les jours. Le petit déjeuner, c'est **le p'tit déj'.** Au café, on commande **un crème** pour un café avec de la crème, ou **un noir** pour un café noir. On prend **un pot,** une boisson. Attention, **avoir du pot** c'est avoir de la chance. **Un pote,** c'est un ami, un copain. On peut aller prendre un pot avec un pote!

La langue favorite des ados (adolescents) français, c'est le verlan. Pour parler verlan, on prononce les mots **à l'envers** (*from right to left*). Ainsi, un copain devient **un painco,** c'est bizarre devient **c'est zarbi,** un truc, c'est **un keutru.** T'es fou, c'est **t'es ouf.**

L'expression **casser sa pipe** veut dire **mourir** en France, mais **avoir une mauvaise expérience,** au Canada.

• Lecture 1

Préparation à la première lecture

Le petit déjeuner En France, le petit déjeuner est généralement très simple. On prend une tasse ou un bol de café noir, ou bien du café au lait préparé avec du lait chaud. Les enfants préfèrent un chocolat. Si on prend son petit déjeuner dans un café, on commande «un noir» ou «un crème».

Beaucoup de personnes ne prennent pas le temps de manger le matin. Mais quand on a le temps, alors, on mange une tranche° de pain grillé (on dit aussi un toast) avec du beurre ou de la confiture,° ou des biscottes° ou pour les enfants des céréales. Le dimanche, on va à la pâtisserie ou à la boulangerie acheter des croissants frais ou des brioches.° Les Français ne mangent pas de fruits et ne boivent pas de jus d'orange pour le petit déjeuner.

slice

jam / Melba toast

rolls

La cigarette Les Français, les jeunes surtout, fument beaucoup.

La campagne antitabac n'est pas populaire; les Français fument partout, dans les bureaux, au restaurant, dans la rue.

Jacques Prévert   (voir: chapitre 1, page 9)

Déjeuner du matin

Il a mis le café
Dans la tasse
Il a mis le lait
Dans la tasse de café
5 Il a mis le sucre
Dans le café au lait
Avec la petite cuiller
Il a tourné
Il a bu le café au lait
10 Et il a reposé la tasse
Sans me parler
Il a allumé
Une cigarette
Il a fait des ronds°
15 Avec la fumée
Il a mis les cendres

Dans le cendrier
Sans me parler
Sans me regarder
20 Il s'est levé
Il a mis
Son chapeau sur sa tête
Il a mis
Son manteau de pluie
25 Parce qu'il pleuvait
Et il est parti
Sous la pluie
Sans une parole
Sans me regarder
30 Et moi j'ai pris
Ma tête dans ma main
Et j'ai pleuré. •

a fait... made smoke rings

Compréhension du texte

Mots et structures

1. Relevez les mots qui sont apparentés ou très proches de l'anglais. Exemples: café, sucre.
2. Répondez par des phrases complètes. Où trouve-t-on les objets suivants?

    Modèle: Le café?

    Le café est dans la tasse.

    Le lait? Le sucre? La petite cuiller? Les cendres? Le chapeau? La tête?

Questions sur la lecture

1. Nous sommes à quel moment de la journée? Quel temps fait-il dehors?
2. Combien de personnes est-ce qu'il y a dans le poème? Qui sont ces personnes? Qui parle dans le poème?
3. Quels gestes a faits l'homme? Décrivez et mimez ces gestes.
4. Trouvez trois actions faites par l'homme qui montrent son détachement, son indifférence.
5. Que fait la femme à la fin du poème? Pourquoi? Donnez un autre titre au poème.

Opinions

1. Décrivez votre petit déjeuner. Que mangez-vous? Que faites-vous pendant le petit déjeuner?
2. Etes-vous une personne qui parle au petit déjeuner? Si oui, de quoi parlez-vous? Sinon, pourquoi ne parlez-vous pas?
3. Le temps qu'il fait influence souvent l'humeur (*mood*) des gens. Quel temps vous rend joyeux, quel temps vous rend triste?

● Lecture 2 ●

Préparation à la deuxième lecture

Le Sénégal est un pays d'Afrique Occidentale. Bordé à l'ouest par l'Océan Atlantique, il a pour voisins, au nord la Mauritanie, à l'est le Mali et au sud, la Guinée et la Guinée-Bissau. Sa capitale est Dakar. Il a fait partie, pendant longtemps, de l'empire colonial français, avec un statut spécial: les habitants de quatre de ses provinces étaient «citoyens» français et le Sénégal a été représenté par quatre députés au gouvernement français. Indépendant depuis 1956, ce pays garde avec la France des relations économiques et culturelles importantes.

La polygamie Comme dans beaucoup de pays musulmans, la polygamie est une tradition encore vivante. Quand l'épouse principale refuse de divorcer, le concubinage est accepté.

Mariama Bâ (1929–1981)   est née à Dakar au Sénégal. Elle a été élevée par ses grands-parents dans un milieu musulman traditionnel. Son père était ministre de la santé en 1956 au Sénégal. Elle a enseigné comme institutrice pendant douze ans. Elle et son mari, le député (*congressman*) O. Diop, ont eu neuf enfants et ont divorcé. En 1980, elle a obtenu le prix Noma pour son premier roman, *Une si longue lettre,* qui a été traduit en douze langues. Dans ce roman épistolaire, Bâ traite du thème de l'amitié entre les femmes africaines, de l'amour, de la polygamie et de l'exploitation des femmes. Elle est morte l'année suivante avant la parution de son second roman, *Le chant écarlate.*

Dans cet extrait d'*Une si longue lettre,* Modou, le mari de Ramatoulaye, l'a quittée et a pris une femme plus jeune. Ramatoulaye a choisi de ne pas divorcer et d'accepter la situation humiliante du concubinage.

Mais Modou est mort subitement. Après les quarante jours de deuil que la tradition impose aux épouses, Tamsir, le frère aîné de Modou, vient rendre visite à la veuve de son frère.

Une demande en mariage

J'ai célébré hier, comme il se doit,° le quarantième jour de la mort de Modou. Je lui ai pardonné. [...] J'ai célébré le quarantième jour dans le recueillement.° Des initiés ont lu le Coran. Leurs voix ferventes sont montées vers le ciel. [...]

comme... as is expected

respectful meditation

5 Après les actes de piété, Tamsir est venu s'asseoir dans ma chambre dans le fauteuil bleu [...]. En penchant° sa tête au dehors, il a fait signe à Mawdo; il a aussi fait signe à l'Imam de la Mosquée de son quartier. L'Imam et Mawdo l'ont rejoint. Tamsir parle [...] «Après ta «sortie»° je t'épouse. Tu me conviens comme femme... En général, c'est le petit° frère 10 qui hérite de l'épouse laissée par son aîné. Ici, c'est le contraire. Tu es ma chance. Je t'épouse.» [...]

En penchant... Tilting his head

(*here*) coming out of mourning (*here*) younger

Quelle déclaration d'amour pleine de fatuité° dans une maison que le deuil n'a pas encore quittée! Quelle assurance [...]! Je regarde Tamsir droit dans les yeux. Je regarde Mawdo. Je regarde l'Imam. Je serre mon châle 15 noir [...]:

conceit

«—As-tu jamais° eu de l'affection pour ton frère? Tu veux déjà construire un foyer neuf sur un cadavre chaud. Alors que l'on prie pour Modou, tu penses à de futures noces... Tu oublies que j'ai un cœur, une raison,° que je ne suis pas un objet que l'on se passe de main en main.° Tu 20 ignores ce que se marier signifie pour moi: C'est un acte de foi et d'amour, un don total de soi à l'être que l'on a choisi et qui vous a choisi.» ●

ever

(*here*) mind / **on se passe**... one passes around

Compréhension du texte

Mots et structures

1. Relevez les mots du texte qui appartiennent au vocabulaire de la religion.
2. Trouvez dans la liste le mot qui n'est pas à sa place.

   Modèle: l'instituteur, le directeur, l'inspecteur, le fumeur

   le fumeur

   a. l'Imam, le Coran, la Mosquée, la chambre, la prière
   b. la piété, l'insolence, l'arrogance, l'assurance
   c. la mort, le deuil, le fauteuil bleu, le cadavre
   d. l'épouse, le mari, le petit frère, le foyer

Questions sur la lecture

1. Depuis combien de jours Modou est-il mort?
2. Qu'est-ce que Ramatoulaye a pardonné à Modou?
3. Qu'est-ce que les initiés ont lu et pourquoi?
4. Qui a rendu visite à Ramatoulaye? Que veut cette personne?
5. Quelles autres personnes sont venues chez Ramatoulaye avec Tamsir?
6. Pourquoi Ramatoulaye a-t-elle refusé la proposition de Tamsir?
7. Comment Ramatoulaye définit-elle le mariage?

Opinions

1. Que pensez-vous des raisons que donne Tamsir pour se marier?
2. Expliquez ce que se marier signifie pour vous.

Grammaire: *Le passé composé*

Online Study Center

General Resources

● Formes

Le passé composé est un temps formé avec le présent de l'auxiliaire **avoir** ou **être** et le participe passé du verbe conjugué.

Il **a parlé** de son voyage.   Suzanne **est arrivée** par le train de six heures.

verbes avec **avoir**		*verbes avec* **être**	
j'ai parlé	nous **avons parlé**	je **suis arrivé(e)**	nous **sommes arrivés(ées)**
tu **as parlé**	vous **avez parlé**	tu **es arrivé(e)**	vous **êtes arrivé(e)(s)**
il **a parlé**	ils **ont parlé**	il **est arrivé**	ils **sont arrivés**
elle **a parlé**	elles **ont parlé**	elle **est arrivée**	elles **sont arrivées**

LE PARTICIPE PASSÉ

1 Le participe passé se termine en **-é** pour tous les verbes du 1er groupe (**-er**).

>aim**é**   arriv**é**   chant**é**   parl**é**

Les verbes qui ont des changements orthographiques au présent sont réguliers au passé composé. Leur participe passé est:

>achet**é**   appel**é**   commenc**é**   jet**é**   pay**é**   préfér**é**   voyag**é**

2 Le participe passé se termine en **-i** pour les verbes du 2ème groupe (**-ir: -iss-**).

>fin**i**   grand**i**   obé**i**   pâl**i**   roug**i**

3 Le participe passé se termine en **-u** pour les verbes du 3ème groupe (**-dre**).

>entend**u**   répond**u**   vend**u**

Exercice

A. Récrivez les phrases suivantes au passé composé.

1. Nous réfléchissons avant de faire notre déclaration d'amour.   2. Ils ne finissent pas leur petit déj.   3. Vous vendez des châles africains?   4. Tamsir n'entend pas la voix de sa belle-sœur.   5. On attend l'arrivée de l'Imam.   6. Tu ne réponds pas à ma question.   7. Il rencontre des Sénégalais pendant son voyage.   8. Jacques oublie d'aller à la poste.   9. Véronique paie très cher son manteau italien.   10. Vous commencez vos préparatifs pour la noce.   11. Ils obligent leurs enfants à parler poliment au professeur.   12. Tu quittes ta famille pour aller vivre dans un appartement?   13. Mes amis choisissent une petite chapelle pour se marier.   14. Ramatoulaye élève ses neuf enfants sans l'aide de son mari.   15. Je regarde ma fille droit dans les yeux et je crie.   16. Nous célébrons les fêtes du Ramadan.

4 Les verbes irréguliers ont aussi des participes passés irréguliers.

a. avoir / être
>avoir→ **eu**   être→ **été**

Voici la conjugaison complète de ces deux verbes; ils ont tous les deux l'auxiliaire **avoir** au passé composé.

avoir		être	
j'**ai eu**	nous **avons eu**	j'**ai été**	nous **avons été**
tu **as eu**	vous **avez eu**	tu **as été**	vous **avez été**
il, elle **a eu**	ils, elles **ont eu**	il, elle **a été**	ils, elles **ont été**

b. les verbes en **-ir** (sans **-iss-**)

ir → u

courir	**couru**	tenir	**tenu**	venir	**venu**

ir → i

dormir	**dormi**	sortir	**sorti**	mentir	**menti**
partir	**parti**	servir	**servi**	sentir	**senti**

ir → ert / ir → ort

couvrir	**couvert**	offrir	**offert**	mourir	**mort**
ouvrir	**ouvert**	souffrir	**souffert**		

Remarque: Les verbes **venir, partir, sortir, mourir** sont conjugués avec l'auxiliaire **être** (voir «Choix de l'auxiliaire» à la page suivante).

c. Les verbes en **-oir**

oir → u

apercevoir	**aperçu**	devoir	**dû**	falloir	**fallu**
décevoir	**déçu**	vouloir	**voulu**	pleuvoir	**plu**
recevoir	**reçu**	savoir	**su**	valoir	**valu**
pouvoir	**pu**	voir	**vu**		

Attention: Pour avoir le son /s/ dans aperçu, **déçu** et **reçu,** il faut ajouter une cédille au **c** devant **u.**

d. Les verbes en **-re**

re→ u

boire	**bu**	lire	**lu**	convaincre	**convaincu**
connaître	**connu**	plaire	**plu**	vivre	**vécu**
croire	**cru**				

re→ ri

rire	**ri**	sourire (*to smile*)	**souri**	suivre	**suivi**

re→ is

mettre	**mis**	prendre	**pris**
admettre (*to admit*)	**admis**	comprendre (*to understand*)	**compris**
permettre (*to permit*)	**permis**	surprendre (*to surprise*)	**surpris**
promettre (*to promise*)	**promis**		
remettre (*to put back*)	**remis**		

re→ it

conduire	**conduit**	dire	**dit**
construire	**construit**	écrire	**écrit**
traduire (*to translate*)	**traduit**	décrire (*to describe*)	**décrit**
produire (*to produce*)	**produit**	faire	**fait**

Attention: A la forme négative, la négation entoure l'auxiliaire (voir chapitre 9, La négation).

Il a compris.
Il **n'**a **pas** compris.

Exercice ● ○

B. Dans les phrases suivantes, mettez le verbe entre parenthèses au passé composé.

1. Hier, il (pleuvoir) toute la journée et les enfants (mettre) leur imper pour aller à l'école. Paul, qui (ne pas encore réussir) à obtenir son permis de conduire, (conduire) son petit frère Sylvain à l'école sur sa moto. Sylvain (demander) à Paul: «Tu (perdre) la tête pendant l'examen? Tu (faire) des erreurs? Tu (ne pas obtenir) ton permis?» Paul (ne pas apprécier) le commentaire. Il (répondre): «Oui, je (être) déçu. Tu (comprendre) ma déception. Mais toi aussi tu (être) puni: Je te (promettre) de te donner dix euros et de t'emmener faire une balade dans la voiture des parents avec mon nouveau permis. Alors, attention à ce que tu dis!»

2. Le mois dernier, Aïcha (recevoir) une invitation au mariage de son ami Rachid. Elle (être) si heureuse de cette nouvelle qu'elle (ne pas dormir) cette nuit-là. Vendredi, elle (prendre) sa voiture, (quitter) Paris sous la pluie et (conduire) de Paris à Nice pour assister au mariage. A son retour, elle (faire) le récit du mariage à sa mère: «Je (vivre) une semaine de rêve! Avec mes amis, nous (danser), nous (courir) sur la plage, nous (rire) comme des fous, nous (souffrir) un peu de la chaleur, nous (boire) beaucoup de champagne et nous (ne pas être) malades! Je (rencontrer) un garçon charmant, Hamid, et il me (plaire). Je le (convaincre) de venir me voir à Paris.»

3. Zoé (voir) une femme dans le métro et la (reconnaître): c'était une étudiante étrangère de son ancienne école. Zoé lui (faire) signe: «C'est moi, Zoé! Tu te rappelles? Tu (ne pas vieillir)!» Mais la femme (mettre du temps) à répondre. «Pardon. Un accident (détruire) ma mémoire.» Zoé (reprendre): «Zoé... du lycée Pasteur!» La femme (sourire): «Oui! Bien sûr! A l'occasion, tu (traduire) pour moi les explications du prof!» Les deux femmes (prendre) note de leurs numéros de téléphone et (promettre) de se revoir.

CHOIX DE L'AUXILIAIRE

1 **Avoir.** La majorité des verbes forment leur passé composé avec l'auxiliaire **avoir.**

2 **Etre.** Les verbes suivants forment toujours leur passé composé avec l'auxiliaire **être.**

aller	je **suis allé(e)**
arriver	je **suis arrivé(e)**
entrer	je **suis entré(e)**
mourir	je **suis mort(e)**
naître	je **suis né(e)**
partir (repartir)	je **suis parti(e) (reparti[e])**
rester	je **suis resté(e)**
tomber	je **suis tombé(e)**
venir (devenir, revenir)	je **suis venu(e) (devenu[e], revenu[e])**

3 Les six verbes suivants changent de forme. Leur passé composé est formé avec **être** s'ils sont intransitifs (s'ils n'ont pas de complément d'objet direct); il est formé avec **avoir** s'ils sont transitifs (s'ils ont un complément d'objet direct). Remarquez le changement de sens.

descendre	Je **suis descendu(e)** à la cave.	*I went down to the cellar.*
	J'**ai descendu** l'escalier.	*I went down the stairs.*
	J'**ai descendu** ma valise.	*I took down my suitcase.*
monter	Je **suis monté(e)** au grenier.	*I went up to the attic.*
	J'**ai monté** l'escalier.	*I went up the stairs.*
	J'**ai monté** ma valise.	*I took up my suitcase.*
passer	Je **suis passé(e)** par Paris.	*I came by way of Paris.*
	J'**ai passé** trois jours à Paris.	*I spent three days in Paris.*
rentrer	Je **suis rentré(e)** à la maison.	*I returned home.*
	J'**ai rentré** mes plantes.	*I took my plants inside.*
retourner	Je **suis retourné(e)** en Chine.	*I went to China again.*
	J'**ai retourné** le bifteck.	*I turned over the steak.*
sortir	Je **suis sorti(e)**.	*I went out.*
	J'**ai sorti** mon chien.	*I took my dog out.*

4 Tous les verbes pronominaux se conjuguent avec l'auxiliaire **être** (voir chapitre 12, page 274).

Je me promène.	Je me **suis** promené(e).
Il ne s'endort pas.	Il ne s'**est** pas endormi.

Exercice

C. Mettez les verbes des phrases suivantes au passé composé.

1. Jules sort avec Marion.   2. Ils passent de bonnes vacances.   3. Christian descend du bus.   4. Georges, tu reviens de Tombouctou?   5. Michelle sort un cube de sa poche.   6. Il passe tous les jours devant la statue de la Liberté.
7. Je descends mes bagages toute seule du troisième étage.   8. Le cuisinier (*cook*) retourne délicatement l'omelette.   9. Albert monte prendre un café avec Jean-Paul.
10. Les petites filles rentrent leur bicyclette au garage.   11. Maman monte mon petit déjeuner.   12. Vous rentrez à une heure du matin?   13. Roland va à la bibliothèque ce matin et il y retourne ce soir.   14. Franck boit trop de bière: il devient agressif.
15. Gérard arrive à San Francisco mardi. Il reste deux jours à l'hôtel Méridien. Il repart jeudi.   16. Alain se trompe de livre.   17. Grand-père s'endort dans son fauteuil.   18. La veuve n'accueille pas son beau-père avec amabilité.

Accord du participe passé

FORMES

Le participe passé s'accorde comme un adjectif (voir chapitre 6, L'accord des adjectifs). Cet accord s'entend rarement. C'est généralement un changement orthographique.

1 Au masculin singulier, l'accord ne se voit pas.
  arrivé, parti, vu, compris

2 Au masculin pluriel, on ajoute un **-s,** sauf s'il y en a déjà un.
  arrivé**s,** parti**s,** vu**s,** compris

3 Au féminin singulier, on ajoute un **-e.**
  arrivé**e,** parti**e,** vu**e,** compris**e**/kɔ̃pʀiz/[1]

4 Au féminin pluriel, on ajoute **-es.**
  arrivé**es,** parti**es,** vu**es,** compris**es** /kɔ̃pʀiz/[1]

RÈGLES DE L'ACCORD

1 Accord avec **être**
  Quand l'auxiliaire est **être,** le participe passé s'accorde avec le sujet comme un adjectif.
    Il est **arrivé.** Elle est **sortie.** Nous sommes **entrés (entrées).** Je suis **venu(e).**

2 Accord avec **avoir**
  Quand l'auxiliaire est **avoir,** il faut considérer l'objet direct du verbe.

  a. Si l'objet direct est placé après le verbe, il n'y a pas d'accord.
    Pauline a **acheté** ces fleurs au marché.

  b. Si l'objet direct est placé devant le verbe, le participe s'accorde avec cet objet direct.
    Est-ce que Robert est ici? Je ne l'ai pas **vu.**
    Voici des fruits magnifiques: nous **les** avons **cueillis** dans notre jardin.
    Où est ma montre? Je **l'**ai **perdue.**
    Regardez ces belles fleurs: je **les** ai **coupées** ce matin.

  c. L'objet direct qui demande un accord peut être:

    • **les, la** ou **l'** (*sing.*)

---

[1] Même les Français ont des difficultés pour accorder les participes passés. Les accords les plus importants sont ceux qu'on entend.
La leçon? Je l'ai **apprise, comprise, refaite,** etc....

- **quelle** + nom féminin singulier
  quels + nom masculin pluriel
  quelles + nom féminin pluriel

  Quelle robe est-ce qu'elle a **mise** pour le bal?
  Quels exercices est-ce que vous avez **faits?**
  Quelles fleurs est-ce qu'il a **achetées?**

- **que**

  La prière **que** quelqu'un a **faite**...

(**Attention:**) Il n'y a *jamais* d'accord avec **en**.

Des fleurs? J'**en** ai **acheté**.

❸ Les verbes pronominaux

a. Pour la majorité des verbes pronominaux, le participe passé s'accorde aussi avec le sujet.
Elle s'est assi**se**.
Ils se sont aim**és**.
Les deux amies se sont rencontr**ées**.

b. Il n'y a pas d'accord pour quelques verbes courants:

se dire	ils ou elles se sont **dit** adieu	**se plaire**	ils ou elles se sont **plu**
s'écrire	ils ou elles se sont **écrit**	**se téléphoner**	ils ou elles se sont
se parler	ils ou elles se sont **parlé**		**téléphoné**

c. Les règles détaillées de l'accord du participe passé des verbes pronominaux sont expliquées au chapitre 12, page 278.

E x e r c i c e

D. Dans les phrases suivantes, mettez les verbes en italique au passé composé. Attention à l'accord du participe passé!

1. Vous admirez mes fleurs? Je les *cueille* dans la prairie.   2. Jeanne d'Arc *entend* des voix: elle ne les *ignore* pas.   3. La jeune femme *se repose* dans sa chambre.   4. Bernard *épouse* la jeune fille qu'il *choisit*.   5. Juliette *ouvre* la porte; sa mère la *ferme*.   6. Quelle déclaration d'amour il *fait* à sa cousine!   7. Les voix ferventes *montent* vers le ciel. 8. Ma sœur ne *comprend* pas la raison que je lui *donne*.   9. Les époux *s'installent* dans l'appartement.   10. La mère et la fille *se téléphonent*.   11. Le veuf ne *se remarie* pas après son deuil.   12. Mariama *s'exerce* à écrire sur un ordinateur.   13. La petite Sénégalaise n'*entre* pas dans l'église.   14. Quels quartiers *visitez*-vous quand vous *faites* un séjour à Paris?

● Emplois

DIFFÉRENTES FONCTIONS DU PASSÉ COMPOSÉ

Le passé composé a trois sens en anglais:

> Il a plu: *It rained, it did rain, it has rained.*

On emploie le passé composé:

1 pour exprimer une action isolée, unique, comme une sorte de point dans le temps.

> Hier, je **suis allé** au marché.

2 pour exprimer plusieurs actions successives, toutes courtes et enchaînées.

> Il **s'est levé,** il **a mis** son chapeau et il **est parti.**

3 pour exprimer une action qui a duré un certain temps, mais qui est terminée.

> Elle **a habité** trois ans à Paris.

4 pour exprimer une action qui s'est répétée un certain nombre de fois, mais qui est terminée.

> Nous **sommes allés** six fois au marché aux fleurs.

On peut représenter les fonctions du passé composé par les dessins suivants:

1. une action-point   •
2. plusieurs actions-points   • • •
3. une durée terminée   ⊢⊣
4. une répétition terminée | • • • |

E x e r c i c e

E. Mettez les phrases suivantes au passé composé. Identifiez les actions ou les durées qu'elles représentent. Est-ce une action-point, plusieurs actions-points, une durée terminée, une répétition terminée?

L'homme arrive au café. Il commande un café-crème. Il reste deux heures à attendre son amie. Il ne fume pas pendant son attente. Il lui téléphone plusieurs fois. Il lit le journal pendant dix minutes. Il commande encore trois cafés. Il repart.
Je passe l'après-midi à la bibliothèque. Je consulte plusieurs livres pour mon rapport. Je lis quelques pages, je trouve des idées, je prends des notes. Mon amie Christine arrive. Nous parlons pendant dix minutes. Les autres étudiants protestent trois ou quatre fois. Nous sortons et allons prendre un café.

EXPRESSIONS ADVERBIALES AVEC LE PASSÉ COMPOSÉ

1 **Place de certains adverbes**

Les adverbes suivants se placent entre l'auxiliaire et le participe passé: **bien, mal, déjà, souvent, beaucoup, trop, assez.**

Il a **bien** travaillé.	*He worked **well**.*
J'ai **mal** dormi.	*I slept **badly**.*
Vous avez **déjà** fini?	*Have you **already** finished?*
Ils sont **souvent** allés en Europe.	*They **often** went to Europe.*
Mes parents ont **beaucoup** voyagé.	*My parents have traveled **a lot**.*
Tu as **trop** mangé.	*You ate **too much**.*
Ils ont **assez** couru.	*They have run **enough**.*

2 **Expressions adverbiales de temps**

Voici des adverbes et des expressions adverbiales qu'on emploie souvent dans des phrases au passé:

hier	yesterday
avant-hier	the day before yesterday
la semaine dernière **la semaine passée**	last week
lundi (mardi) dernier	last Monday (Tuesday)
le mois dernier	last month
l'année dernière	last year
il y a trois (huit) jours	three (eight) days ago

Exercice

F. Mettez les phrases suivantes au passé composé. Placez l'adverbe dans les phrases.

Modèle: Elle chante (bien).
Elle a bien chanté.

1. Tu finis tes devoirs (déjà).
2. Vous comprenez (bien).
3. Il parle au téléphone (trop).
4. Nous nous promenons dans ce parc (souvent).
5. La mère de Suzanne entend (mal).
6. Vous buvez (assez).
7. Elles lisent ce poème (déjà).
8. Tamsir ne pleure pas (beaucoup) à la mort de son frère.

Suppléments de grammaire

1 **combien de temps** + passé composé

On emploie cette expression avec le passé composé pour poser une question sur la durée d'une action terminée. On utilise aussi le passé composé dans la réponse.

Combien de temps est-ce que vous **avez dormi?**   *How long* $\begin{cases} did\ you\ sleep? \\ have\ you\ slept? \end{cases}$

J'ai dormi neuf heures.   *I slept nine hours.*
J'ai dormi pendant neuf heures.   *I slept for nine hours.*

(**Remarque:**)   L'emploi de **pendant** n'est pas obligatoire (voir chapitre 18, page 413).

E x e r c i c e

G. Avec le vocabulaire suggéré, faites des questions et des réponses. Suivez le modèle.

Modèle: Paul / regarder la télé / toute la soirée
Combien de temps est-ce que Paul a regardé la télé?
Il a regardé la télé toute la soirée.

1. Jérôme / rester au cinéma / quatre heures
2. Jacqueline / se reposer dans la chambre / une heure
3. vous / vivre en France / deux ans
4. la jeune fille / lire sa leçon / dix minutes
5. ma sœur / voyager en Algérie / cinq mois
6. Christophe / faire de la recherche / plusieurs mois
7. les cosmonautes / naviguer dans l'espace / cinq jours
8. le grand-père / fumer / toute sa vie

2 **venir de** + infinitif

On emploie l'expression **venir de** au présent + l'infinitif du verbe pour indiquer qu'une action est arrivée récemment.

Il **vient de partir** au marché.   *He **has just left** for the market.*

(**Attention:**)   Le verbe **venir** est au présent, la formule a un sens passé.

Exercice

H. Répétez les phrases suivantes avec **venir de.** Suivez le modèle.

Modèle: Elle a fini ses commissions.
*Elle **vient de finir** ses commissions.*

1. L'avion est arrivé.   2. Nous sommes rentrés de voyage.   3. Le président a signé sa déclaration.   4. Les électeurs ont voté.   5. Tu as lu ce livre?   6. Elle a écrit sa rédaction.   7. J'ai bu mon café au lait.   8. Vous avez acheté une voiture?

3 **sans** (*without*)

a. On emploie **sans** avec l'infinitif quand, en anglais, il y a la forme *-ing* du verbe.
Il est parti **sans** me **parler, sans** me **regarder.**   *He left **without speaking** to me,*
***without looking** at me.*

b. On emploie **sans** avec un nom sans article, si le nom est indéfini.
Elle est sortie **sans** chapeau.
Vous travaillez **sans** imagination.

c. On emploie un article avec le nom qui suit **sans** pour dire **sans un seul, sans une seule** (*without a single one*).
Il est parti **sans une parole.**
Nous avons travaillé toute l'année **sans un jour de vacances.**

Exercice

I. Traduisez les phrases suivantes en français.

1. She talks without crying.   2. Are you going out without a coat?   3. Don't leave without saying good-bye!   4. Repeat without stopping!   5. She recited the poem without a single mistake.

4 **quitter / s'en aller / partir / laisser / sortir** (*to leave*)

a. On emploie **s'en aller**[1] et **partir** seuls ou avec un complément de lieu ou de temps pour traduire *to leave, to go away, to depart.*
Je **m'en vais.**   Tu **pars?**
Elle **s'en va** au marché.   Ils **partent** demain pour Paris.

---

[1] **S'en aller** a deux formes au passé composé: *he left* se traduit par **il s'est en allé** ou **il s'en est allé.** Ces formes ne sont pas courantes. Il est plus simple de traduire *he left* par il **est parti.**

b. On emploie **quitter** avec un objet direct, représentant une personne ou un endroit, pour traduire *to leave*, et souvent *to leave forever*.

Tu veux me **quitter?**   Elle **a quitté** la ville.

c. On emploie **laisser** avec un objet direct, personne ou chose, pour traduire *to leave behind, to forget.*

J'**ai laissé** mes amis.   Tu **as laissé** tes livres au restaurant?

d. On emploie **sortir** pour traduire *to go out, to leave a room.*

Tu **sors?**   Le professeur **est sorti** de la classe.

E x e r c i c e

J. Dans les phrases suivantes, mettez le verbe qui convient au temps nécessaire: **s'en aller, partir, laisser, quitter, sortir.**

1. Nous sommes entrés dans le musée à deux heures et nous _____ à six heures.
2. Mme Robert a divorcé: elle _____ son mari.   3. J'ai perdu mon livre.—Tu l' _____ dans l'autobus?   4. Mes amis passent l'automne en Europe. Ils _____ le 25 septembre.   5. Quand vous êtes allés en vacances, vous _____ votre chien chez des amis?   6. Stéphanie n'a pas réussi à apprendre l'informatique; elle _____ son job.
7. Nous _____ tous les jours pour faire une petite promenade.   8. Restez encore quelques minutes.—Non, je _____.

Synthèse

Online Study Center **Improve Your Grade**

Applications

I. Tamsir est tombé amoureux.   Dans l'histoire suivante, mettez les verbes au passé composé.

Tamsir (écouter) les reproches de Ramatoulaye silencieusement. Ses paroles le (toucher). Il (penser): «Je (manquer) de sagesse et de respect envers mon frère décédé.» Il (comprendre) son égoïsme (*selfishness*) et son insensibilité envers Ramatoulaye. Il (se dire): «Je (être) très maladroit. Je (aimer) toujours ma belle-sœur. Elle (être) fidèle à mon frère, même après qu'il la (quitter)». Tamsir (partir) avec l'Imam qui lui (dire) d'être patient. Tamsir (revenir) et il (décider) de faire la cour à Ramatoulaye. Il lui (rendre) souvent visite mais il (ne plus parler) de ses droits à lui. Il lui (apporter) des fleurs, lui (offrir) des cadeaux. Finalement, Ramatoulaye (tomber) amoureuse de lui. Ils (se marier) et l'Imam (bénir) leur union.

II. Un voyage éclair. Mme Vavite a fait un voyage rapide en Europe. Racontez son voyage.

1. *En Angleterre:* rester deux jours / voir la tour de Londres / visiter Buckingham / boire du thé
2. *En France:* passer trois jours / monter à la tour Eiffel / prendre le train / s'arrêter à Marseille / repartir le lendemain
3. *En Italie:* traverser Pise / photographier la tour penchée / avoir une indigestion de pâtes à Florence
4. *En Espagne:* ne pas aller
5. *En Suisse:* admirer les montagnes / manger du fromage et du chocolat / acheter une montre (*watch*)
6. *En Allemagne:* arriver / perdre sa montre / acheter une Mercedes / s'écrouler de fatigue / rentrer aux Etats-Unis

III. A votre tour. Racontez les grandes lignes d'un voyage vécu ou imaginaire dans un autre pays.

IV. Un week-end catastrophique ou formidable? Vous demandez à un ami qui n'a pas d'énergie ce qu'il a fait ce week-end. Il vous répond. Ecrivez ses réponses au passé composé en utilisant le vocabulaire suggéré.

—Qu'est-ce que tu as fait ce week-end?

pleuvoir	regarder un peu la télé	s'ennuyer
ne pas sortir	faire la sieste	être content quand lundi arriver
rester à la maison	ne pas s'amuser	

Ensuite vous posez la même question à un ami énergique. Il vous répond.

se lever tôt	sortir	déjeuner
prendre un petit déjeuner	faire du jogging	téléphoner à un ami
copieux	passer au supermarché	aller tous les deux au cinéma
ranger sa chambre	écrire une rédaction	étudier ses leçons

Activités Orales

1. Travail à deux. Discutez avec un(e) camarade ce que vous prenez, ce qu'on prend en France et aux Etats-Unis pour le petit déjeuner.

le chocolat	le pain grillé	le jus d'orange
le thé	la biscotte	le pamplemousse (*grapefruit*)
les céréales	la confiture	le croissant
les œufs (*eggs*)	le miel (*honey*)	la brioche
les crêpes américaines (*pancakes*)		

2. Dialogue. L'homme du poème (Déjeuner du matin) est revenu. Il veut se réconcilier avec son amie. Que dit-il? Que répond-elle? Imaginez le dialogue et jouez la scène avec un(e) camarade.

3. Jeu de rôle.   Deux étudiants miment en silence une scène de rupture semblable à la scène décrite par Jacques Prévert mais les actions et les objets sont différents. Par exemple: boire un verre de vin, allumer une pipe, faire des ronds avec le doigt sur la nappe, mettre une casquette, un anorak, sortir sous la pluie avec un parapluie, sangloter, etc.

Un étudiant commente oralement la scène et les gestes des acteurs et redit le poème avec le nouveau vocabulaire et les verbes au passé composé.

Rédactions

1. L'homme du poème de Prévert envoie un message à un ami pour lui raconter sa rupture avec son amie.
2. Ramatoulaye écrit à son amie et lui explique pourquoi elle a refusé d'épouser Tamsir.
3. **Votre champion.**   Avez-vous un champion ou une championne favori(te)? Y a-t-il un chanteur ou une chanteuse, un acteur ou une actrice, un personnage de la vie moderne que vous admirez énormément? Racontez sa vie et ses exploits: Où est-il (elle) né(e)? Quelles études a-t-il (elle) faites? A-t-il (elle) eu des débuts difficiles? Qu'est-ce qu'il (elle) a accompli ou inventé? Quels sont les moments importants de sa carrière? Pour quelles actions l'admirez-vous?
4. **Lettre de rupture.**   Pendant les vacances, un jeune homme (ou une jeune fille) a fait la connaissance d'une autre personne pour qui il(elle) a eu le coup de foudre. Il(Elle) doit écrire une lettre de rupture à son (sa) fiancé(e) pour expliquer comment les événements se sont passés et les raisons de leur séparation. Rédigez la lettre.

3
chapitre

L'imparfait:
Les fêtes

L'imparfait

Formes

Emplois

Différentes fonctions de l'imparfait

Le passé composé et l'imparfait ensemble

Vocabulaire élémentaire

Noms

anniversaire (*m.*) birthday
barbe (*f.*) beard
bête (*f.*) animal
chant (*m.*) song
chaussures (*f. pl.*) shoes
cheminée (*f.*) fireplace, chimney,
   smokestack
fête (*f.*) holiday, party
feu (*m.*) fire
gens (*m. pl.*) people

jeu (*m.*) game
joie (*f.*) joy
messe (*f.*) mass
minuit midnight
oreille (*f.*) ear
perle (*f.*) pearl
riz (*m.*) rice
sœur (*f.*) sister
souliers (*m. pl.*) shoes

Adjectifs

décoré(e) decorated
fou, folle crazy
rouge red

rose pink
vert(e) green

Verbes

contempler to contemplate
croire à to believe in

découvrir to discover
déposer to put down

Adverbe

ensuite next

Vocabulaire actif

à mesure que as
avoir envie to desire, to feel like
avoir lieu to take place
balancer to swing

bande (*f.*) (*here*) strip
bâton (*m.*) **d'encens** incense stick
se boucher les oreilles to put one's
   fingers in one's ears

bruit (*m.*) noise
brûler to burn
cadeau (*m.*) present
caserne (*f.*) military barracks
comblé(e) gratified, fulfilled
connaissance (*f.*) acquaintance
cortège (*m.*) parade
cri (*m.*) shout
déballer to unwrap
dînette (*f.*) doll's dish set
doré(e) golden
dressé(e) erected
étroit(e) narrow (limited)
évoquer to recall
feu d'artifice (*m.*) fireworks
file (*f.*) line
fonctionnaire (*m. ou f.*) civil servant
fort(e) strong, loud
mener une vie to lead a life
mesquin(e) petty
se mettre à to begin
mince thin (slim)

monde (*m.*) world, group, crowd
muet(te) speechless
passer un moment to spend some time
pétard (*m.*) firecracker
poupée (*f.*) doll
prendre garde to be aware
   (to watch out)
profiter to take advantage
rappeler to remind (to call to mind)
rassembler to gather
réjouissances (*f. pl.*) festivities
se rendre to go
ressembler à to look like, to sound like
réunis (*m. pl.*) assembled
seigneur (*m.*) lord
solde (*f.*) soldier's salary
somptueux (-euse) magnificent
suivi(e) de followed by
tas (*m.*) heap, pile
vacarme (*m.*) loud noise
vêtu(e) de dressed in
zélé(e) zealous

● Vocabulaire supplémentaire   *Online Study Center*

General Resources

âne (*m.*) donkey
bœuf (*m.*) ox
bûche (*f.*) **de Noël** yule log (dessert)
cloche (*f.*) bell
coutume (*f.*) tradition
crèche (*f.*) manger
défilé (*m.*) parade
dinde (*f.*) **farcie aux marrons** turkey
   stuffed with chestnuts
étable (*f.*) stable
fêter to celebrate

foie gras (*m.*) goose liver pâté
huître (*f.*) oyster
lapin (*m.*) rabbit
œufs (*m. pl.*) eggs
poisson (*m.*) fish
poule (*f.*) hen
réveillon (*m.*) Christmas Eve
   (New Year's Eve) dinner
santon (*m.*) ornamental figure
sapin (*m.*) **de Noël** Christmas tree

Français en couleurs

Comme tous les enfants du monde, les petits Français ont leur langue **bébé: un joujou**, un jouet, **une toto**, une auto, **un nounours** (de **ours**: bear), une peluche, **un dada**, un cheval. **On fait risette** à sa **nounou** (on sourit à sa nourrice). La famille se compose de **pépé, mémé, tonton, tata** (grand-père, grand-mère, oncle, tante). On fait ou on reçoit **des bisous** (baisers), et le soir on **fait dodo** (on dort). Mais attention en Louisiane, **un bal fais dodo** est un bal où on danse tard le soir.

Au Canada, **un petit monstre** est un enfant turbulent. Pour désigner un enfant, on dit aussi **un môme** ou **un moutard, un gamin.** Parmi les ados (adolescents), pour s'amuser on organise **une boum** (une fête), **une zouk** dans les îles des Caraïbes, ou **on va en boîte** (dans une discothèque). En général, on **s'éclate** ou on **prend son pied** (on s'amuse beaucoup).

● Lecture

Préparation à la lecture

Fêtes et coutumes en France   Noël est la fête la plus importante. La crèche représente la scène de la Nativité. Dans les maisons et dans les rues on dresse des sapins décorés de guirlandes et de boules de couleurs. Le 24 décembre, les familles se réunissent pour un grand repas, le réveillon, qui a lieu en général après la messe de minuit. On prépare un menu spécial: foie gras, huîtres, dinde aux marrons accompagnés d'un bon vin et de champagne et, au dessert, la bûche de Noël. Les enfants se couchent tôt. Ils ne doivent pas voir le père Noël, qui descend dans la cheminée et dépose des jouets dans leurs chaussures.

Le Nouvel An, le jour de l'An (1ᵉʳ janvier)   On réveillonne le 31 décembre. A minuit, tout le monde s'embrasse et crie: «Bonne année». Les grands-parents offrent des «étrennes» (petite somme d'argent) à leurs petits-enfants.

Pâques°   Les enfants cherchent des œufs en chocolat dans les parcs et les jardins. On mange aussi des poules remplies d'œufs, des lapins, des cloches et des poissons en chocolat.

Easter

Le 14 juillet   C'est la fête nationale qui commémore la Révolution française et plus précisément la prise de la Bastille en 1789. On va admirer les défilés militaires, la retraite aux flambeaux[1] et les feux d'artifice. On danse sur toutes les places des villes et des villages.

Le Viêt Nam   Le pays actuel est l'ancienne province du Tonkin qui faisait partie de l'Indochine Française. Cette colonie, formée en 1867, se composait de plusieurs provinces: le Tonkin, l'Annam, le Laos, le Cambodge, la Cochinchine. Après une guerre d'indépendance qui a commencé à la fin de la deuxième guerre mondiale, la défaite de Diên Biên Phu en 1954 a marqué la fin de la présence française. Le pays a été divisé en deux: le Nord-Viêt Nam, communiste, et le Sud-ViêtNam, aidé par les Etats-Unis. Une autre guerre, entre le Nord et le Sud, a duré jusqu'en 1973. Les accords de Paris ont unifié le pays sous le régime communiste. Des milliers de sud-vietnamiens se sont réfugiés en France, aux Etats-Unis ou dans d'autres pays du monde.

La fête du Têt   Le Viêt Nam est riche en traditions et coutumes. La plus importante est la célébration du Têt, le Nouvel An vietnamien. Il se célèbre entre la fin du mois de janvier et le début du mois de février. Cette fête familiale dure une semaine. Pendant cette période on paie ses dettes, on évite les conflits, on achète de nouveaux vêtements et on répare sa maison. On mange des repas copieux et on fait exploser des pétards.

---

[1] C'est un défilé qui a lieu la nuit: les gens portent des lampions (*lanterns*).

Suzanne Prou (1920–1995) est née à Grimaud, dans le sud de la France et a fait ses études à Aix-en-Provence. Elle écrit depuis l'âge de six ans. Ecrire pour elle est une passion. Suzanne Prou a écrit de nombreux romans et des livres pour enfants. Les personnages principaux de ses romans sont des femmes indépendantes, dominatrices, comme les femmes de son milieu familial. Elle peint l'atmosphère quotidienne de la vie bourgeoise, provinciale ou coloniale.

Le texte suivant est un extrait de *La petite Tonkinoise* (1986). Suzanne Prou raconte son enfance de petite fille française élevée en Indochine, colonie dominée par la culture française. Elle évoque les fêtes et les traditions des Français qui se mêlent aux traditions des Vietnamiens.

Les fêtes en Indochine

Amesure que l'hiver avançait la température devenait plus fraîche. Vers l'époque de° Noël on allumait du feu dans les cheminées, non que ce fût bien nécessaire,° mais parce que cela rappelait la France, les traditions de la métropole.[1] Et le 24 décembre nous déposions, ma sœur et moi, nos souliers devant le tas de cendres chaudes. Nos parents se rendaient à la messe de minuit avec leurs amis et connaissances, réveillonnaient ensuite et buvaient du champagne. Au matin, Nicole et moi nous allions découvrir les cadeaux du Père Noël auquel° ma sœur croyait encore. Nous étions des enfants comblées: poupées, dînettes, jeux divers[2] s'étalaient° autour de nos chaussures, et nous passions un moment de joie folle à déballer nos cadeaux . . . avec des exclamations et des rires. Une année je reçus° une bicyclette; c'était un objet dont j'avais le plus envie.° [...] Ma sœur contemplait son tricycle [. . .]

[. . .] L'après-midi du 25 décembre nous allions voir l'arbre de Noël dressé dans la salle d'honneur de la caserne;° il y avait des chants, de la musique, et un grand Père Noël vêtu de rouge se promenait parmi nous en agitant° sa barbe blanche. Nous recevions encore des cadeaux.

C'était un temps de profusion. Toute° fête était prétexte pour offrir des présents, chacun de nos [. . .] désirs était comblé. Après le premier de l'an nous attendions les poissons du premier avril[3] et les œufs de Pâques; on célébrait en grande pompe° chaque fête, chaque anniversaire, avec de

Vers. . . Around the time of / **non**. . . not that it was really necessary

in whom
were spread

(*passé simple*) I received
dont... which I most wanted

la salle. . . reception hall of the military compound / **en**. . . while shaking / = **Chaque** (Any)

en. . . lavishly

---

[1] **la métropole:** Under the French colonial empire, "la métropole" represented France; the colonized countries such as Vietnam, at the time part of "Indochine," were called "les colonies."
[2] Notez l'absence d'article dans une liste de mots. Voir page 156.
[3] **Le 1er avril:** c'est le jour des farceurs (*jokers*). On peut raconter des histoires fantaisistes à ses amis pour plaisanter. Les enfants s'amusent à accrocher dans le dos des adultes des «poissons d'avril», poissons découpés dans du papier.

sompteux goûters[1]; et les boys[2] participaient aux réjouissances en apportant des présents originaux: pour mes dix ans, je reçus un dragon en pâte de riz° rose et vert, orné de perles dorées [. . .]

en. . . made out of rice cake

25 Je crois que notre petit monde était composé de gens qui avaient mené° en France une vie un peu étroite: la solde des jeunes officiers était mince; ils se retrouvaient infiniment plus riches qu'ils ne l'avaient jamais été,° [. . .] ils se retrouvaient seigneurs, servis par des domestiques nombreux et zélés, courant de fête en fête [. . .]

avaient... (*plus-que-parfait*) had led (a life)

plus. . . richer than they had ever been

30 Les indigènes[3] aussi avaient le sens de la fête [. . .] Les matins de jour de l'an [. . .] tous les boys réunis au bas du perron° lisaient à notre famille rassemblée un compliment [. . .] après quoi° ils allumaient une bande de pétards et tout le jardin se mettait à crépiter° si fort que je me bouchais les oreilles. Pour le 14 Juillet il y avait une retraite aux flambeaux et un feu

au. . . at the foot of the outside stairs / **après.** . . after which / to crackle

35 d'artifice, un cortège de bêtes monstrueuses, animaux et dragons [. . .]. Et même les enterrements indigènes ressemblaient à des manifestations de réjouissance: le corbillard° multicolore, décoré de fleurs de papier, allait, suivi de femmes vêtues de blanc [. . .] On brûlait des bâtons d'encens [. . .] Le cortège passait, coloré, bruyant, emplissant° la rue de son vacarme qui

hearse

filling

40 évoquait si peu les tristes files noires des enterrements de chez nous.

Le premier jour de l'année vietnamienne était aussi célébré longuement; on le préparait plusieurs jours durant° [. . .] ●

plusieurs. . . for many days

Compréhension du texte

Mots et structures

1. Relevez tous les mots de vocabulaire du texte qui rappellent les fêtes et les célébrations.
2. Répondez par **vrai** ou **faux**.
   a. Dans la caserne, il n'y avait pas de décorations de Noël.
   b. L'histoire se passe en été.
   c. A Pâques, les enfants mangeaient des lapins en chocolat.
   d. Les parents se rendaient à la messe de minuit sans leurs enfants.
   e. La vie des jeunes officiers dans les colonies était financièrement difficile.

Questions sur la lecture

1. Où se passe l'histoire? A quelle époque de l'histoire du Viêt Nam?
2. Qui sont les personnages du récit?
3. A quelle saison allumait-on du feu dans les cheminées? Pourquoi?
4. Comment les adultes célébraient-ils la fête de Noël?
5. Quels cadeaux recevaient les fillettes?

---

[1] **goûters:** here, children's birthday party. The **goûter** in France is a snack that children usually eat in the middle of the afternoon, often after coming back from school.
[2] **boys:** les serviteurs, domestiques indigènes
[3] **Les indigènes:** Natives (of the colony)

6. Pourquoi les fonctionnaires, ou les militaires français, devenaient-ils des «seigneurs» en Indochine?
7. Quelles fêtes célébrait-on dans la famille de la narratrice?
8. Quelles fêtes ou quels événements étaient célébrés différemment par les indigènes?
9. Pourquoi est-ce que les enterrements indigènes ressemblent à des manifestations de réjouissance?

Opinions

1. D'après le texte, quelle image Suzanne Prou donne-t-elle de la vie coloniale en Indochine? Pourquoi les jeunes officiers français étaient-ils favorisés? Comment se comportaient les «indigènes»?
2. Est-il normal de vouloir respecter les coutumes de son pays quand on vit à l'étranger? Connaissez-vous d'autres exemples?

Grammaire: *L'imparfait*

 *Online Study Center*   General Resources

● Formes

L'imparfait est régulier pour tous les verbes excepté le verbe **être**. On forme l'imparfait avec la première personne du pluriel du présent. On enlève la terminaison **-ons** et on ajoute les terminaisons de l'imparfait: **-ais, -ais, -ait, -ions, -iez, -aient.**

❶ Voici la conjugaison des verbes du 1er groupe:

parler	nous parlons	parl-
je **parlais**	nous **parlions**	
tu **parlais**	vous **parliez**	
il, elle **parlait**	ils, elles **parlaient**	

a. Les verbes en **-cer** et **-ger** ont les changements orthographiques suivants:

c → ç devant **a**

je commen**çais**	MAIS:	nous commen**cions**
tu commen**çais**		vous commen**ciez**
il, elle commen**çait**		
ils, elles commen**çaient**		

g → ge devant **a**

je voya**geais**	MAIS:	nous voya**gions**
tu voya**geais**		vous voya**giez**
il, elle voya**geait**		
ils, elles voya**geaient**		

b. Les verbes en **-ier** qui ont la racine en **i** conservent le **i** à toutes les personnes. Il y a deux **i (ii)** aux formes **nous** et **vous**.

j'étud**iais** MAIS: nous étud**iions**
tu étud**iais** vous étud**iiez**
il, elle étud**iait**
ils, elles étud**iaient**

On conjugue sur ce modèle: **apprécier** (*to appreciate*), **oublier** (*to forget*), **pacifier** (*to pacify*), **remercier** (*to thank*), **télégraphier** (*to telegraph*), **vérifier** (*to check, ascertain*).

2 Voici la conjugaison des verbes du 2ème groupe.

finir	nous finissons	finiss-
je **finissais**	nous **finissions**	
tu **finissais**	vous **finissiez**	
il, elle **finissait**	ils, elles **finissaient**	

(**Remarque:**) Il y a **-iss-** dans l'imparfait de tous les verbes du 2ème groupe.

3 Voici la conjugaison des verbes du 3ème groupe.

attendre	nous attendons	attend-
j'**attendais**	nous **attendions**	
tu **attendais**	vous **attendiez**	
il, elle **attendait**	ils, elles **attendaient**	

4 avoir / être

L'imparfait d'**avoir** est régulier. L'imparfait d'**être** est formé sur la racine **ét-;** les terminaisons sont régulières.

avoir		être	
j'**avais**	nous **avions**	j'**étais**	nous **étions**
tu **avais**	vous **aviez**	tu **étais**	vous **étiez**
il, elle **avait**	ils, elles **avaient**	il, elle **était**	ils, elles **étaient**

5 L'imparfait des verbes irréguliers se forme comme l'imparfait des verbes réguliers. Voici l'imparfait de quelques verbes irréguliers.

boire	buvons	je buvais	nous buvions
croire	croyons	je croyais	nous croyions
voir	voyons	je voyais	nous voyions
connaître	connaissons	je connaissais	nous connaissions
dire	disons	je disais	nous disions
faire	faisons	je faisais	nous faisions
lire	lisons	je lisais	nous lisions
rire	rions	je riais	nous riions
écrire	écrivons	j'écrivais	nous écrivions

Remarques:

- La forme du présent et la forme de l'imparfait des verbes suivants se ressemblent pour **nous** et pour **vous.** A l'imparfait le son /j/ est un peu plus prononcé.

croire	croyons	**croyions**	croyez	**croyiez**
voir	voyons	**voyions**	voyez	**voyiez**
rire	rions	**riions**	riez	**riiez**

- La syllabe **fai-** dans l'imparfait de **faire** est prononcée /fə/.
  je **faisais** /fəzɛ/   nous **faisions** /fəzjɔ̃/

6 Verbes impersonnels

pleuvoir	il pleut	**il pleuvait**	**plaire**	ça plaît	**ça plaisait**
falloir	il faut	**il fallait**	**valoir**	ça vaut	**ça valait**

7 Verbes pronominaux
L'imparfait des verbes pronominaux se forme comme l'imparfait des verbes réguliers. Voici la conjugaison de **se laver.**

je **me lavais**	nous **nous lavions**
tu **te lavais**	vous **vous laviez**
il, elle **se lavait**	ils, elles **se lavaient**

Exercice

A. Imaginons Suzanne Prou s'adressant à sa fille aujourd'hui. Dans ses réflexions, qui suivent, mettez le verbe qui manque à l'imparfait. Suivez le modèle.

Modèle: Aujourd'hui, je fête Noël avec vous, mes enfants; avant je *fêtais* Noël avec mes parents.

1. Que les choses changent! Maintenant, mes enfants nagent dans une piscine, alors que moi je _____ dans le Mékong, en Indochine.   2. De nos jours, la majorité des enfants naissent à l'hôpital, mais dans l'ancien temps ils _____ toujours dans la maison familiale.   3. Toi, ma fille, aujourd'hui tu écoutes des CD. Mais, quand tu étais jeune, tu _____ des disques.   4. Aujourd'hui, les autres élèves et toi finissez de lire les explications de grammaire avant de faire les exercices; les autres années, vous _____ vos exercices avant de lire les explications.   5. De nos jours (*Today*), les enfants vont à l'école en voiture et pendant la guerre ils _____ à pied.   6. Vous, les enfants, vous sortez beaucoup avec vos copains, mais quand vous étiez plus jeunes, vous _____ rarement.   7. Aujourd'hui à Pâques, nous faisons un bon repas et les invités m'apportent des fleurs, mais quand j'étais petite les boys m'_____ des œufs en chocolat.   8. Maintenant les Français célèbrent Halloween, la fête anglo-saxonne; avant ces dernières années, les Français ne _____ jamais cette fête.   9. Aujourd'hui la France n'a plus d'empire colonial, alors qu'autrefois elle _____ un vaste empire colonial.   10. Les indigènes connaissent maintenant les traditions de ma famille, mais avant notre arrivée, ils ne _____ pas nos traditions.   11. Aujourd'hui, je ne vois plus les bandes de pétards qu'allumaient les boys. Petite fille, quand je _____ ces bandes de pétards, j'étais émerveillée mais tout effrayée par le bruit.   12. Maintenant tu accueilles les boys qui nous rendent visite avec joie, mais quand tu étais petite tu les _____ très mal.   13. Aujourd'hui, vous décorez le sapin de Noël, mais c'est nous, quand nous étions petits, qui _____ le sapin chez mes parents.   14. Tu ne crois plus au Père Noël, mais jusqu'à l'âge de dix ans, tu _____ qu'il descendait dans les cheminées.   15. Tu déballes tes cadeaux calmement maintenant. Quand tu étais plus jeune, tu les _____ avec des exclamations et des cris de joie. C'était merveilleux de voir ta joie.   16. Aujourd'hui, on ne reçoit pas souvent des étrennes, mais quand ta grand-mère était petite elle _____ un peu d'argent pour le Nouvel An et une orange pour Noël!   17. Maintenant, nous réveillonnons avec nos amis, mais quand nous habitions au ViêtNam, nous _____ avec notre famille.   18. Et aujourd'hui, nous envoyons nos vœux de bonne année par courrier électronique (*e-mail*); quand nous n'avions pas d'ordinateur, nous les _____ par la poste.

Emplois

DIFFÉRENTES FONCTIONS DE L'IMPARFAIT

Il y a trois formes en anglais pour traduire l'imparfait.

> Je **pensais**   *I would think, I used to think, I was thinking*

Remarque: On peut aussi traduire l'imparfait *I thought,* mais cette traduction contient l'idée de *I would think, I used to think* ou *I was thinking.*

1 On emploie l'imparfait pour raconter des souvenirs d'enfance, ou des actions habituelles qui se sont répétées dans une période de temps illimité (*without limits*).

> Quand Suzanne **était** petite, elle **vivait** en Indochine: son père **était** militaire; il **avait** des domestiques. La famille **célébrait** les fêtes françaises et vietnamiennes.

Ces actions sont souvent accompagnées d'adverbes.

autrefois	formerly	**souvent**	often
à l'époque	in those days	**toujours**	always
le dimanche, le lundi	on Sundays, Mondays	**de temps en temps**	from time to time
tous les jours	every day	**quelquefois**	sometimes
parfois	sometimes	**généralement**	generally
rarement	rarely	**d'habitude**	usually

> **Parfois,** quand l'hiver avançait, la température devenait plus fraîche. **A l'époque** de Noël, nous allumions souvent du feu dans la cheminée.

2 On emploie l'imparfait pour faire la description physique et morale d'une personne, ou pour décrire un lieu, une époque ou le temps.

> Laurent **avait** dix ans. Il n'**était** pas grand. Il **avait** les yeux bleus et les cheveux bruns. Il **portait** toujours des jeans. Il **souriait** souvent et **obéissait** généralement à son père.
>
> Hier, à la plage, il **faisait** un temps superbe: le soleil **brillait;** il n'y **avait** pas de vent; le ciel **était** clair et bleu.

3 Certains verbes comme **être, avoir, penser, croire, savoir, espérer,** parce qu'ils expriment un état mental ou physique sont plus fréquemment employés à l'imparfait qu'au passé composé.

> J'**étais fatigué:** je **pensais** que j'allais mourir.
> Je **savais** que c'**était** la fin.

Quand ces verbes sont employés au passé composé, ils ont un sens différent; ils expriment un choc, un changement soudain, ou donnent l'idée que l'action est terminée.

> Quand j'ai lu la critique de ce film, j'**ai pensé** que c'était un bon film. Quand je suis allé le voir, j'**ai su** que c'était une erreur.

④ On emploie l'imparfait pour indiquer les actions progressives. Souvent deux actions ont lieu (*take place*) en même temps. Dans ce cas, on utilise des conjonctions.

pendant que while	**quand** **lorsque** } when	**tandis que** **alors que** } whereas	

Suzanne **déballait** ses cadeaux **pendant que** sa sœur **regardait** les feux d'artifice qui **avaient** lieu dans le jardin.

Nous **écoutions** de la musique pendant que notre sœur **découpait** des poupées dans du papier.

Exercices

B. Refaites les phrases à l'imparfait pour dire ce que ces personnes avaient l'habitude de faire dans le passé.

Modèle : Suzanne habite en France. Quand elle était petite, elle (habiter) au Viêt Nam.
*Suzanne habite en France. Quand elle était petite, elle **habitait** au Viêt Nam.*

1. Nous mangeons du caviar et des huîtres au réveillon. Autrefois, nous (manger) de la dinde farcie aux marrons.
2. Mes grands-parents m'envoient une carte pour le jour de l'An. Quand j'étais enfant, ils (m'envoyer) des étrennes.
3. Maintenant que tu es grand, tu ne cours pas dans les rues pour aller voir la retraite aux flambeaux. Autrefois tu (courir).
4. Elle mène une existence trop étroite. Quand elle vivait à Paris, elle (mener) une vie plus amusante.
5. Ramatoulaye réfléchit longuement à ses responsabilités de mère de famille. Avant sa séparation, elle (ne pas réfléchir) autant.
6. Maintenant, vous faites des cadeaux originaux. Avant, vous (faire) des cadeaux sans imagination.
7. Elle ne prend pas garde à son régime. Quand elle était plus jeune, elle (prendre garde) à ne pas grossir.
8. Cette année, nous décorons l'arbre de Noël avec des lumières électriques. Chez ma grand-mère nous le (décorer) avec des bougies.
9. Le jeune officier vit dans une belle villa. En France il (vivre) dans une caserne.
10. Aujourd'hui il y a un enterrement: une foule triste remplit la rue. Hier il y (avoir) un défilé pour Mardi gras: une foule gaie et colorée (remplir) la même rue.

C. Mettez les phrases suivantes à l'imparfait.

1. En Indochine, il fait toujours chaud. Le soleil brille et le ciel est bleu. Il pleut parfois, à l'époque des moussons (*monsoon*). Quelquefois, la température devient plus fraîche et on allume du feu dans la cheminée: ce n'est pas une nécessité, mais cela rappelle la France.
2. Twang est un jeune Vietnamien. Il a les cheveux bruns et les yeux noirs. Il s'habille toujours selon la tradition: il porte une sorte de pyjama noir. Il va à l'école française et il parle français et vietnamien. Il aime jouer avec ses amis: ils nagent dans la rivière et ils vont regarder les défilés de dragons pour la fête du Têt.

D. Dans les phrases suivantes, mettez les verbes entre parenthèses au temps qui convient, passé composé ou imparfait.

1. Je (ne pas voir) la retraite aux flambeaux. Je (croire) qu'elle (avoir lieu) demain.
2. Quand le père de Suzanne (acheter) une dînette, il (ne pas penser) qu'elle (vouloir) une bicyclette.
3. Vous (brûler) de l'encens? Vous (penser) que je (ne pas être) allergique à la fumée?
4. Quand Nicole (entendre) les pétards, elle (croire) qu'elle (aller) mourir de peur.
5. On (savoir) que des Français (mener) une bonne vie en Indochine.
6. La petite fille (voir) que ses parents (déposer) des cadeaux dans ses chaussures.

LE PASSÉ COMPOSÉ ET L'IMPARFAIT ENSEMBLE

Dans un récit, on emploie le passé composé et l'imparfait alternativement. Voici des situations possibles.

1 Une action soudaine (*au passé composé*) est accompagnée par une description (*à l'imparfait*) ou par une action progressive.

> J'**ai vu** le père Noël: il **portait** un sac plein de jouets.
>
> Ma sœur et moi nous **sommes allées** découvrir nos cadeaux: ils se **trouvaient** autour de nos chaussures.
>
> Le jeune boy **s'est arrêté**: le cortège de dragons **entrait** dans la rue.

(**Remarque:**) Souvent il y a **qui, que** ou **parce que** entre les deux parties de la phrase.

> J'**ai vu** le père Noël *qui* **agitait** sa barbe blanche.

2 Une description, une habitude (*à l'imparfait*) est interrompue par une action soudaine (*au passé composé*).

> Hier, je **dormais** sur mon canapé: le chat **a sauté** sur moi!
>
> J'**écrivais** tous mes devoirs avec un stylo; un jour j'**ai acheté** un ordinateur.

❸ Le verbe qui suit la conjonction **que** après un verbe au passé (**je pensais que, il a cru que**) n'est jamais au passé composé.

> Nous avons vu sur le calendrier que la fête de Pâques **approchait**.

> Je savais que l'enfant **allait** se mettre à crier.

Tableau-résumé
Emplois du passé composé et de l'imparfait

Passé composé	*Imparfait*
1. Action-point •	Actions habituelles →
2. Plusieurs actions-points • • •	Actions progressives →
3. Durée limitée ⊢⊣	Description →
4. Répétition limitée | • • • |	Habitude →

Passé composé et imparfait ensemble

1. Action soudaine et description • →
2. Description et action soudaine → •
3. Habitude et action soudaine → •

Exercice

E. Dans les phrases suivantes, mettez les verbes au temps qui convient, imparfait ou passé composé.

1. Quand elle (être) petite, Nicole (découper) des bicyclettes dans le magazine que sa mère (recevoir) de France.
2. Quand je (rencontrer) Suzanne, je (voir) qu'elle (ressembler) à sa sœur.
3. La petite fille (demander) à sa grand-mère quand Pâques (aller) arriver.
4. Je (ne pas aller) au défilé du 14 juillet parce que je (ne pas avoir envie) de voir des soldats et des tanks.
5. Quand les parents d'Antoinette (vivre) en Indochine, ils (réveillonner) avec leurs amis pour Noël et pour le Nouvel An. Un jour, la guerre (commencer) et ils (cesser) de faire la fête.
6. Quand vous (ne pas avoir) d'argent, vous (ne pas acheter) beaucoup de cadeaux de Noël pour vos enfants parce que vous (vouloir) garder votre argent pour les anniversaires.
7. Quand j'(être) enfant, on ne me (faire) pas de cadeau pour Pâques. Mais une année je (trouver) une dizaine de poules en chocolat dans le jardin.
8. Mes amis provençaux (mettre) des santons dans leur crèche. Un jour, leur chien (sauter) dans la crèche et (tout casser).
9. Autrefois, les Français (ne pas fêter) Halloween. Mais il y a quelques années cette fête (commencer) à devenir populaire.

Suppléments de grammaire

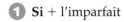

1 **Si** + l'imparfait

Si + l'imparfait dans une phrase interrogative signifie *What if ..., Suppose ..., How about ...?*

      Si nous **allions** au ciné ce soir?   *How about a movie tonight?*

      Si tu **te dépêchais** un peu?   *What if you hurried a bit?*

E x e r c i c e

F. Refaites les phrases suivantes avec **si** et l'imparfait.

    Modèle: On va au cinéma ce soir?
              Si on allait au cinéma ce soir?

    1. Nous achetons une nouvelle voiture? 2. Vous prenez un peu de repos? 3. Tu mets de l'argent à la banque? 4. On va voir grand-mère dimanche? 5. Je te raconte une histoire?

2 rappeler / se rappeler / se souvenir de

    a. **rappeler** (*to recall, to remind someone of something, somebody*) a la construction suivante: Une chose, une personne **rappelle** + une chose, une personne (un nom ou un pronom objet direct) + à quelqu'un (nom ou pronom objet indirect).

        Le feu dans la cheminée **rappelle** la France aux militaires qui vivent en Indochine.

        A fire in a fireplace reminds the servicemen who live in Indochina of France.

        Cette petite fille me **rappelle** sa mère.

        This little girl reminds me of her mother.

    b. **se rappeler** (*to remember*) est suivi d'un nom objet direct.

        L'auteur **se rappelle** son enfance aux colonies.

    c. **se souvenir** (*to remember*) a le même sens que **se rappeler** mais est suivi de **de**.

        Elle **se souvient de** son enfance.

(Remarques:)

  • Pour l'emploi des pronoms personnels avec ces verbes, voir page 252.

      Je me **rappelle** mon enfance: je me **la rappelle.**

      Je me **souviens de** mon enfance: je m'**en souviens.**

  • **Rappeler, se rappeler, se souvenir** peuvent être suivis de **que** et d'une proposition.

      Rappelez-moi **que** j'ai un rendez-vous chez le dentiste!

      Je me **rappelle qu'**il faut acheter des cadeaux.

      Il **se souvient qu'**il y a un goûter d'anniversaire chez sa cousine.

Exercice

G. Dans les phrases suivantes, mettez le verbe qui convient, **rappeler, se rappeler** ou **se souvenir,** au temps indiqué.

1. Le premier novembre, jour des Morts, est un jour qui nous _____ des souvenirs tristes. (*présent*)
2. Les parents de Nicole _____ les fêtes qu'ils célébraient en France. (*imparfait*)
3. Ma mère _____ toujours de mon anniversaire. (*présent*)
4. Les boys _____ qu'il y avait un feu d'artifice. (*passé composé*)
5. Vous ne _____ jamais qu'il ne faut pas fumer chez moi! (*présent*)

3 **depuis quand** + imparfait

On emploie **depuis quand** + *l'imparfait* pour indiquer qu'une action a commencé dans le passé et a continué jusqu'à une interruption.

> **Depuis quand** est-ce que le cortège **défilait** quand tu **as allumé** des pétards?
> *How long had the parade **been marching** when you **lit** firecrackers?*

Comme au présent, on utilise **depuis quand** pour dire *since when* (*date or precise time*) et **depuis combien de temps** pour dire *how long* (*for what length of time*) avec l'imparfait au sens d'action progressive (*had been marching*). Le verbe qui suit **quand** est toujours au passé composé. La formule est:

> **Depuis quand**
> **Depuis combien de temps** } + imparfait, **quand** + passé composé

Dans la réponse on emploie l'imparfait + **depuis.**

> Le cortège **défilait depuis** vingt minutes **quand** j'ai allumé des pétards.
> *The parade **had been marching for** twenty minutes **when** I lit firecrackers.*

A la place de **depuis**, on peut aussi employer les expressions suivantes: **Il y avait ... que** et **ça faisait ... que.**

> **Il y avait** vingt minutes **que** le cortège **défilait** quand j'ai allumé des pétards.
> **Ça faisait** vingt minutes **que...**

Exercice

H. Faites des questions avec **depuis quand** et **depuis combien de temps** et des réponses avec **depuis, il y avait** ou **ça faisait.** Variez la forme des réponses.

Modèle: ils / regarder la télé / tu / téléphoner / huit heures du soir
> —**Depuis quand** est-ce qu'ils regardaient la télé quand tu as téléphoné?
> —*Ils regardaient la télé **depuis huit heures du soir** quand j'ai téléphoné.*

1. Rosalie / se promener dans la forêt / il / se mettre à pleuvoir / midi
2. Germaine / conduire sa nouvelle voiture / elle / avoir un accident / février

3. nous / se parler / on / couper la communication / dix minutes
4. les rois mages / marcher / ils / apercevoir l'étoile de Bethléem / plusieurs jours
5. les Vietnamiens / défiler dans les rues d'Hanoï / la fête du Têt / se terminer / une semaine
6. les Français / mener une bonne vie en Indochine / le mouvement pour l'indépendance / commencer / cinquante ans

Synthèse

 *Online Study Center*   **Improve Your Grade**

Applications

I. Que faisiez-vous?   Dimanche, je m'ennuyais; j'ai téléphoné à plusieurs personnes. Personne ne répondait. Dites ce que chaque personne faisait.

Modèle: Philippe (être) dans son jardin, (prendre) un bain de soleil, (écouter) de la musique.
*Philippe **était** dans son jardin, **prenait** un bain de soleil, **écoutait** de la musique.*

1. Georges (faire) du yoga, (ne pas répondre) au téléphone, (méditer).
2. Charles et sa petite amie (se trouver) à la bibliothèque, (réviser) leurs cours pour une composition, (ne pas s'amuser).
3. Mes cousins (réfléchir) à leurs problèmes de maths, (étudier) des théorèmes, (faire) des calculs.
4. Caroline (se sentir) déprimée, (ne vouloir) parler à personne, (pleurer) dans son lit.
5. Vous, Sophie et Juliette, vous (préparer) une fête pour l'anniversaire de votre maman, (nettoyer) la maison, (balayer) partout.
6. Toi, tu (participer) à un défilé, (admirer) le cortège, (allumer) des pétards.

Que faisaient d'autres personnes, au lieu de répondre au téléphone?

II. La vie dans les colonies.   Les enfants des Français qui vivaient dans les colonies et les enfants des domestiques vietnamiens avaient des vies et des activités totalement différentes. Décrivez les activités de chaque groupe avec les suggestions suivantes. Donnez aussi les activités communes aux deux.

mettre leurs souliers devant la cheminée
attendre le père Noël
se boucher les oreilles aux feux d'artifice
lire un compliment aux maîtres
offrir des présents aux enfants
préférer les gâteaux de pâte de riz
obéir à leurs maîtres
recevoir des cadeaux originaux

découper des fleurs en papier
chercher des œufs en chocolat dans le jardin
manger d'énormes goûters
participer à toutes les fêtes
allumer des pétards
se réunir pour fêter le Têt
aller à l'école française

III. L'enfance de nos grands-parents. Votre grand-père ou votre grand-mère vivait peut-être dans un autre Etat ou dans un autre pays. Racontez leur enfance.

vivre	danser
habiter	écouter les histoires qu'on lui raconte
aller à l'école à pied (en skis)	lire
travailler dans une ferme	ne pas avoir de voiture
(dans un magasin)	jouer à des jeux de société, etc.
ne pas regarder la télé	

Activités orales

1. Sondage. Faites un sondage parmi vos camarades pour savoir où ils habitent, avec qui. Interviewez trois camarades chacun. Demandez-leur de décrire cette maison ou cet appartement, de donner le nombre de pièces, de dire s'ils ont une pièce préférée et laquelle, de dire s'ils habitaient dans une maison différente quand ils étaient jeunes, de décrire cette maison.

une pièce	la salle à manger	le bureau (*study*)
le séjour, le living	(*dining room*)	le grenier (*attic*)
(*living room*)	la cuisine (*kitchen*)	la cave (*cellar*)
un meuble	la chambre (*bedroom*)	le sous-sol (*basement*), etc.
(*piece of furniture*)	la salle de bains (*bathroom*)	

Ensemble, organisez les résultats pour la classe entière.

2. Travail en groupe. Posez des questions à un ou deux de vos camarades, pour savoir combien de personnes vivaient dans leur famille quand ils étaient petits, s'il y avait des réunions familiales ou des fêtes, quelles activités ils avaient avec leurs parents, leurs frères ou leurs sœurs.

le beau-père (*father-in-law; stepfather*)	le grand-père	le neveu
la belle-mère (*mother-in-law; stepmother*)	la grand-mère	la nièce
le beau-frère	l'oncle	le cousin
la belle-sœur	la tante	la cousine

3. Autrefois et aujourd'hui. Par groupe de deux faites une comparaison entre la vie quotidienne autrefois et aujourd'hui.

Modèle: *Autrefois on faisait la cuisine au feu de bois.*
Aujourd'hui on fait la cuisine dans un four électrique.

courrier transporté à cheval / téléphone, courrier électronique
voyager par diligence (*stagecoach*) / train, avion, voiture etc.

Rédactions

1. Un adolescent français qui a assisté à la fête du Têt au Viêt Nam en fait la description pour un cousin de France.
2. Votre arrière-grand-mère vous raconte comment se passait la fête nationale de son pays dans son enfance.

3. **Souvenirs d'enfance.**   Quand vous étiez enfant, dans quel Etat ou pays viviez-vous? Quel était le climat de chaque saison? Quelles activités intéressantes aviez-vous à chaque saison? Alliez-vous au bord de la mer, à la piscine, dans une rivière ou dans un lac? Faisiez-vous du ski en hiver? Avez-vous déménagé? Avez-vous voyagé en Europe, dans un autre Etat, dans un autre pays?

4. **Fêtes de fin d'année.**   Décrivez l'atmosphère dans votre famille à la fin de l'année, quand vous étiez enfant: les décorations, les coutumes, les activités. Comment célébriez-vous les fêtes de votre religion? Faisiez-vous un réveillon ou un grand repas, avec des mets spéciaux? Receviez-vous des cadeaux originaux?

Le plus-que-parfait:

L'école secondaire

Le plus-que-parfait

Formes

Emplois

Choix des temps du passé dans un récit

Vocabulaire élémentaire

Noms

boucher (-ère.) butcher
dizaine (*f.*) about ten
doigt (*m.*) finger
honte (*f.*) shame
lendemain (*m.*) day after

lèvre (*f.*) lip
portefeuille (*m.*) wallet
roman (*m.*) novel
semaine (*f.*) week
vieillard (*m.*) old man

Adjectifs

honnête honest
malhonnête dishonest
meilleur(e) better

Verbes

s'arrêter to stop
avoir honte to be ashamed
plagier to plagiarize
plaisanter to joke
perdre to lose

rendre to give back
rougir to blush
tenter to try
voler to rob

Adverbes et expressions

avant (*prép., adv.*) before
devant (*prép., adv.*) in front of
tandis que (*conj.*) while

Vocabulaire actif

s'abattre to fall upon
au beau milieu right in the middle
au coin at the corner
se baisser to bend down
bout (*m.*) bit
buffle (*m.*) buffalo
conduire to lead
ficelle (*f.*) string
fier (fière) proud
fierté (*f.*) pride
fixer dans les yeux to stare at
frapper to hit
fumiste (*m.* ou *f.*) phony
glisser to slip

grand-place (*f.*) main village square
grave serious
il était une fois once upon a time
    there was
ivre intoxicated
jubiler to gloat
manie (*f.*) queer habit
mentir to lie
méprise (*f.*) error
mériter to deserve
mésaventure (*f.*) misfortune
minutieusement meticulously
morceau (*m.*) piece
n'importe quoi just anything

oser to dare
par terre on the ground
petit malin (*m.*) crafty one
peu importe never mind, it does
  not matter
pouffer de rire to giggle
ramasser to pick up

retentir to ring
se retrouver to find oneself
secouer to shake
sonnerie (*f.*) bell
soupçon (*m.*) suspicion
survenir to occur, to happen
traîner to lie about, to be left around

● Vocabulaire supplémentaire

General Resources

amende (*f.*) fine
avocat(e) lawyer
calomniateur (-trice), calomnieux
  (-euse) slanderous
calomnie (*f.*) slander
calomnier to slander
coupable guilty
culpabilité (*f.*) guilt
faire un procès to sue
injuste unjust

injustice (*f.*) injustice
juge (*m.* ou *f.*) judge
juré (*m.*) jury member
jury (*m.*) jury
mensonge (*m.*) lie
menteur (-euse) liar
peine (*f.*) punishment
poursuivre en justice to sue
procès (*m.*) lawsuit, court action
procès-verbal (P.-V.) (*m.*) ticket

Français en couleurs

Les ados français ont plusieurs noms pour désigner leur lycée: **la boîte, le bahut.** Un étudiant est **un potache. Il potasse, il bosse** (*studies hard*) sur ses **bouquins,** il est **calé** (*smart*) et reçoit **des méganotes** (*good grades*). Ou bien **il sèche les cours** (*skips classes*), et se fait **coller** aux examens (*flunks*) ou **se plante.** Il peut être **le chouchou du prof** (*the teacher's pet*) ou **un fayot, un lèche-bottes** (*boot-licker*). **Une colle** (*detention*) est une punition. **Une collante** est une convocation à un examen. **Un pion** est un surveillant. **Un rasboul** est un raciste. Un mot verlan important dans la société actuelle, c'est le mot **Beur:** un Arabe, un immigré du Maghreb qui vit en France. Le féminin, c'est une **Beurette.** Beur, Beurette, qui ont été longtemps du vocabulaire acceptable, deviennent péjoratifs. L'organisation «Harlem Désir» qui lutte contre le racisme avait comme symbole une main noire avec la formule **Touche pas à mon pote.**

Au Rwanda, **un cow-boy** est un garçon vif, intelligent, et au Cameroun **voir flash** c'est comprendre, se rappeler.

FRANCE
ITALIE
ESPAGNE
PORTUGAL
Mer
Méditerranée
OCÉAN
ATLANTIQUE
Alger
Tanger
Azazga
Tunis
Rabat
Tizi-
Ouzou
TUNISIE
Casablanca
Fès
Marrakech
MAROC
ALGÉRIE
LIBYE
SAHARA
OCCIDENTAL
Sahara
Tamanrasset
MAURITANIE
MALI
NIGER

● Lecture   ●

Préparation à la lecture

L'école secondaire   Autrefois, les jeunes Français qui finissaient l'école primaire à l'âge de dix ou onze ans allaient au lycée, où les études duraient sept ans: de la sixième (*sixth grade*) à la première (*eleventh grade*), plus une année terminale avant de passer le bac. Chaque année, les élèves suivaient des cours dans toutes les matières. Des notes de zéro à vingt déterminaient le classement: du premier (A) au dernier (F). Les mauvais élèves devaient redoubler (répéter la même classe). Dans le système actuel, les jeunes Français vont d'abord, de onze à quatorze ans, dans un collège d'enseignement général ou secondaire (CEG ou CES). Les cours du lycée commencent en seconde (*tenth grade*) à quinze ans, et on peut alors choisir une spécialité (lettres, maths, sciences ou autre).

Les immigrés   L'Algérie est un pays d'Afrique du Nord devenu un département français en 1830. Ses habitants se composaient de musulmans (Arabes, Kabyles) et d'immigrés d'origine européenne, surtout des Espagnols, et des Français venus de France et installés dans ce pays. On appelle les enfants de ces immigrés nés en Algérie, les «pieds-noirs». Malgré (*In spite of*) leurs origines, leurs religions et leurs coutumes différentes, tous ces groupes coexistaient plus ou moins paisiblement (*peacefully*).

Après une guerre longue et douloureuse pour les deux communautés, l'Algérie a obtenu son indépendance en 1962. Les habitants d'origine européenne ont dû quitter le pays et laisser toutes leurs possessions. Ils n'avaient souvent aucun lien avec la France ni d'autres pays d'Europe. Certains se sont installés dans le sud de la France. Beaucoup de musulmans d'Afrique du Nord sont aussi venus vivre et travailler en France. Ils forment cinq pour cent de la population. Les enfants d'immigrés ont plus de difficultés à réussir que les enfants français «de souche» (*originally from France*). Ils vivent dans des conditions économiques et sociales parfois défavorables (logement moins confortable, pauvreté, préjugés).

Azouz Begag (1957–)   est né à Lyon. Ses parents sont des Algériens musulmans émigrés en France. *Le Gône du Chaâba* est son premier roman, un récit autobiographique dont Christophe Ruggia a fait un très beau film en 1998. Un «gône» c'est un enfant, dans le dialecte lyonnais. Le «Chaâba» c'est un bidonville (*shantytown*). Azouz a passé là une partie de son enfance et raconte sa vie d'enfant des rues, obligé de vivre à la fois avec les coutumes du pays de ses parents et avec les lois françaises. C'était un enfant doué (*gifted, intelligent*), mais il a souffert des préjugés raciaux de ses camarades et de ses maîtres. Il vient d'être nommé «Ministre délégué à la Promotion de l'égalité des chances» par le nouveau premier ministre du gouvernement français, Dominique de Villepin (juin 2005).

Dans le texte «Une humiliation mémorable» on a l'exemple de deux types de professeur. Madame Valard est décrite comme une personne qui n'avait pas de sympathie pour les Arabes, ou même les enfants en général: elle insultait Azouz, ne lui faisait pas confiance, l'humiliait et le punissait injustement, sans l'écouter. Monsieur Loubon, qui pourtant était un «pied-noir», comprenait l'enfant, l'encourageaìt et fut certainement une des raisons de son succès à l'école et comme romancier plus tard.

Une humiliation mémorable

Cette humiliation, je ne peux pas l'oublier. Lorsque Mme Valard avait rendu la dissertation° que nous avions faite une semaine avant, à la maison, elle s'était arrêtée devant moi, m'avait fixé dans les yeux avec un rictus° au coin des lèvres [...]:

5 —Vous n'êtes qu'un fumiste. Vous avez très mal copié Maupassant.[1] J'avais d'abord rougi, consterné par cette accusation, puis j'avais tenté de me défendre, tandis qu'autour de moi on pouffait de rire.

—M'dame,° j'ai pas copié[2] Maupassant. Je ne savais pas qu'il avait écrit cette histoire. C'est le maître de mon ancienne° école qui m'a raconté
10 cette histoire [...].

Et elle, trop heureuse d'avoir reconnu Guy de Maupassant, même plagié, m'avait couvert de honte° devant toute la classe en me criant:

—Et en plus vous mentez! Je vous avais mis un sur vingt pour le papier et l'encre, mais je vous mets zéro. C'est ce que vous méritez.

15 C'était pourtant M. Grand qui m'avait raconté la mésaventure survenue à un pauvre vieil homme, dans un village, il y avait de cela quelques dizaines d'années. Le bougre° avait une manie, celle de ramasser tous les petits bouts de n'importe quoi qui traînaient par terre, dans l'espoir d'en avoir tôt ou tard l'usage. Un matin, au beau milieu de la
20 grand-place du village, il s'était baissé pour glaner° un morceau de ficelle par terre [...]. Furtivement, il l'avait glissé dans sa poche, mais à cet instant précis, assis devant sa boutique, le boucher l'avait minutieusement observé. Le lendemain, une grave nouvelle secouait le village: le clerc,° en revenant du bourg° voisin, avait perdu son portefeuille et on disait que
25 c'était probablement sur la grand-place. Le boucher avait tout vu et tout compris. A cause de la ficelle, le vieillard avait été conduit en prison.

= **rédaction**	
grin	
= **Madame**	
former	
couvert... put to shame	
The guy	
to collect	
lawyer's assistant	
village	

[1] **Guy de Maupassant** (1850–1893): il a écrit des contes, des nouvelles et des romans, *Une vie, Bel-Ami.*

[2] **J'ai pas copié:** Dans la langue familière, le «ne» de la négation est souvent absent.

En fait, la même méprise qui s'était abattue sur le vieux m'avait frappé par la main de Mme Valard. Je n'avais rien volé à M. Maupassant, mais j'avais été condamné sur des soupçons. Depuis ce jour, tous les
30   élèves m'avaient considéré comme un petit malin, pour ne pas dire un malhonnête.

[...]

[*Plus tard, au lycée, Azouz a eu un professeur, M. Loubon, qui le comprend, l'encourage. Un jour, M. Loubon a donné un sujet libre de rédaction à écrire à la*
35   *maison. Azouz a décidé d'écrire une histoire sur le racisme.*]

Pendant plusieurs jours, je construisis mon roman. Il était une fois un enfant arabe. Lui et sa famille venaient juste d'arriver à Lyon. L'enfant [...], le jour de la rentrée scolaire [...] s'était retrouvé tout seul au milieu de dizaines de garçons et de filles qui se connaissaient tous, qui riaient et
40   plaisantaient ensemble. Lorsque la sonnerie avait retenti, l'enfant avait regardé les écoliers entrer dans la cour et, après avoir hésité° un instant,   **après avoir**... after hesitating
avait décidé de retourner à la maison, auprès de sa mère.

[...]

[*Azouz est absent pendant quelques jours. Quand il revient au lycée, un*
45   *copain lui dit: «... Le prof a rendu les rédactions».*]

—Et alors? lui dis-je.

—Eh ben,° t'as eu dix-sept sur vingt. La meilleure note de la classe. Le   **= Eh bien**
prof nous a même lu ta rédaction [...] comme exemple.

Par Allah! Allah Akbar![1] Je me sentais fier de mes doigts. J'étais enfin
50   intelligent. La meilleure note de toute la classe, à moi, Azouz Begag, le seul Arabe de la classe. Devant tous les Français! J'étais ivre de fierté. J'allais dire à mon père que j'étais plus fort que tous les Français de la classe. Il allait jubiler. ●

Compréhension du texte

Mots et structures

1. Relevez les mots (noms, verbes, adjectifs) qui indiquent les différentes émotions du petit garçon (par exemple: humiliation, rougi, etc.)
2. Quel mot n'appartient pas à la série?
   a. rédaction, dissertation, composition, multiplication
   b. copier, plagier, condamner, mentir, calomnier
   c. l'Algérie, le Sénégal, l'Indochine, la Côte d'Ivoire
   d. avoir un rictus, rire, fixer dans les yeux, plaisanter, jubiler

---

[1] **Par Allah! Allah Akbar!:** Les musulmans jurent (*swear*) par Allah, comme les chrétiens disent: Mon Dieu!

Questions sur la lecture

1. De quoi est-ce que Mme Valard accuse Azouz?
2. Est-ce qu'Azouz a vraiment copié l'histoire de Maupassant? Qu'est-ce qu'il ne savait pas quand il a écrit l'histoire de la ficelle? Qui lui avait raconté l'histoire?
3. Quelle manie avait le vieil homme dans l'histoire de Maupassant?
4. De quoi l'a-t-on soupçonné? Pourquoi? Que lui est-il arrivé?
5. Dans la rédaction d'Azouz sur le racisme, qu'est-ce que l'enfant arabe a fait le jour de la rentrée des classes, et pourquoi?
6. Pourquoi est-ce que le père d'Azouz va jubiler?

Opinions

1. Que pensez-vous de l'attitude de Mme Valard et du comportement de M. Loubon? Comment pouvez-vous les expliquer?
2. Quels sentiments éprouve Azouz en face de chaque professeur et qu'est-ce qu'il apprend à la suite de chaque expérience?
3. Quelle différence y a-t-il entre un «plagiat» et ce qu'Azouz a fait en racontant l'histoire de la ficelle de Maupassant?
4. Grâce aux ressources qu'on trouve sur Internet, beaucoup d'étudiants peuvent copier leurs devoirs. Utilisez-vous cette méthode? Vous paraît-elle honnête? Est-ce similaire au plagiat? Donnez votre opinion.

Grammaire: *Le plus-que-parfait*

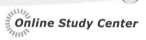

Online Study Center

General Resources

Formes

1 Le plus-que-parfait est formé avec l'imparfait de l'auxiliaire **avoir** ou **être** et le participe passé.

> Devant ses accusations, j'**avais tenté** de me défendre.

> Il s'**était baissé** pour ramasser un morceau de ficelle.

verbes avec **avoir**	verbes avec **être**	verbes pronominaux
j'**avais donné**	j'**étais parti(e)**	je m'**étais promené(e)**
tu **avais pris**	tu **étais venu(e)**	tu t'**étais trompé(e)**
il **avait fait**	il **était entré**	il s'**était assis**
elle **avait vu**	elle **était arrivée**	elle s'**était regardée**
nous **avions choisi**	nous **étions sortis(ies)**	nous nous **étions perdus(ues)**
vous **aviez écouté**	vous **étiez descendu(e)(s)**	vous vous **étiez regardé(e)(s)**
ils **avaient reçu**	ils **étaient montés**	ils s'**étaient mariés**
elles **avaient chanté**	elles **étaient rentrées**	elles s'**étaient amusées**

2 Le choix de l'auxiliaire et l'accord du participe passé suivent les mêmes règles qu'au passé composé (voir chapitre 2, Passé composé, "Choix de l'auxiliaire").

3 Le verbe pronominal se conjugue avec l'auxiliaire **être** à l'imparfait.

La même méprise **s'était abattue** sur le vieil homme de l'histoire et sur Azouz.

4 Ne confondez pas un plus-que-parfait conjugué avec **être** et l'imparfait du verbe **être** accompagné d'un participe passé adjectif.

Elle **était restée** après l'école parce qu'elle **était punie.**

5 A la forme négative, **ne...pas** entoure l'auxiliaire.

L'enfant **n'**avait **pas** copié le sujet de la rédaction.

Exercices

A. Dans les phrases suivantes, qui racontent les ennuis d'Azouz, mettez les verbes dans les groupes entre parenthèses au plus-que-parfait. Suivez le modèle.

Modèle: On a conduit le vieillard en prison. (Le boucher a tout vu et tout compris.)
*Le boucher **avait** tout **vu** et tout **compris.***

1. Azouz a écrit une rédaction. (Son maître lui a raconté l'histoire.)
2. Dans l'histoire, un vieil homme s'est baissé. (Il a vu un bout de ficelle par terre.)
3. Les autorités ont arrêté le vieil homme. (Il a ramassé le bout de ficelle par terre.)
4. Le juge a condamné le vieil homme. (On l'a soupçonné de voler un portefeuille.)
5. Mme Valard a donné un zéro à Azouz. (Il a plagié Maupassant.)
6. Azouz est rentré chez lui. (Personne ne lui a parlé.)
7. Il a dit à son père: «Le prof m'a donné une punition.» (Je n'ai pas pouffé de rire pendant la classe.)
8. L'après-midi, Azouz est arrivé en classe en retard. (Il a manqué l'autobus.)
9. Plus tard, Azouz est allé chez le docteur. (Il ne s'est pas senti bien pendant la classe.)
10. Le lendemain, dans son autre classe, le professeur a donné à Azouz la meilleure note de la classe. (Azouz a fait du très bon travail.)
11. Le père d'Azouz a jubilé. (Son fils a reçu la meilleure note!)

B. Dans les phrases suivantes, mettez les verbes entre parenthèses au plus-que-parfait.

1. Jean et Suzanne ont divorcé la semaine dernière: ils (se marier) il y a un mois!
2. Le café vous a paru amer (*bitter*): vous (ne pas mettre) assez de sucre.
3. Il a rougi parce qu'on lui (faire honte).
4. Maupassant a écrit l'histoire de la ficelle qui (arriver) à un paysan de son village.
5. Il n'avait pas souvent l'usage de tous les petits bouts de n'importe quoi qu'il (ramasser).
6. Le pauvre homme a glissé dans sa poche le billet de vingt euros qu'il (trouver) par terre.

7. Le prof m'a mis un zéro parce que je (ne rien comprendre).
8. Le vieux monsieur est d'abord allé chez le boucher. Sa femme lui (donner) une longue liste de commissions.
9. Il va maintenant au lycée. Il a perdu l'ami qu'il (rencontrer) à l'école élémentaire.
10. Les écoliers ont pouffé de rire parce que Mme Valard (accuser) Azouz d'être un fumiste.

Emplois

Le plus-que-parfait correspond au *past perfect* en anglais: *he had made; she had said.*

> D'abord j'**ai rougi** parce que je **m'étais senti** coupable.
>
> *First I blushed because I had felt guilty.*

On emploie le plus-que-parfait pour indiquer qu'une action a lieu avant une action principale déjà passée.

> **(action principale)**   **(action passée avant)**
>
> Paul **est rentré** à 9 heures; il **était parti** à 7 heures.

> **(action principale)**   **(action passée avant)**
>
> Gabrielle et son mari **sont allés** vivre dans la province d'Alberta; ils **s'étaient mariés** au Québec.

(**Remarque:**) Le français est plus strict que l'anglais. En anglais on peut dire:

> *Paul returned at nine o'clock; he left at seven.*

Voici des modèles de phrases où l'emploi du plus-que-parfait est fréquent.

❶ Dans deux phrases juxtaposées (placées l'une à côté de l'autre).

> M. Loubon comprenait bien Azouz: il **avait habité** en Algérie.
>
> Francine était heureuse: elle **avait épousé** un prof de lycée.

❷ Après un pronom relatif (**qui, que,** etc.).

> Il a rapporté à la police le portefeuille **qu'il avait trouvé.**
>
> La prof a mis un zéro à la rédaction **que nous avions copiée.**

❸ Après la conjonction **parce que.**

> L'enfant était consterné **parce que les élèves s'étaient moqués** de lui.

❹ Après **que** ou **si** dans un discours indirect (voir page 449 et dans le Student Wesbsite Grammar References)

> Le prof a demandé aux élèves **si** quelqu'un **avait compris la leçon.**

❺ Après la conjonction **si** dans un système conditionnel (voir page 338).

> **Si j'avais copié,** j'aurais certainement mérité une punition.

6 Après les conjonctions de temps.

> | lorsque | | aussitôt que | | une fois que | |
> |---|---|---|---|---|---|
> | **quand** | } after | **dès que** | } as soon as | **depuis que** | } once, after, since |
> | **après que** | | | | | |

> **Aussitôt qu'il avait reçu** sa note, il **s'était** senti fier de lui.
>
> **Une fois que** Pauline **avait fini** ses devoirs, elle se promenait sur la place du village.

(Attention:) Le verbe qui suit la conjonction de temps est au plus-que-parfait; le verbe principal est au plus-que-parfait ou à l'imparfait, jamais au passé composé.

E x e r c i c e

C. Dans les phrases suivantes, mettez les verbes entre parenthèses au plus-que-parfait.

1. Aussitôt qu'elle (arriver) au bureau de police, Régine (demander) si on (trouver) le voleur qui (entrer) dans sa maison et (prendre) son appareil photo, sa caméra (*movie camera*) et sa machine à écrire.
2. Serge a eu une vie ennuyeuse et un travail sans avenir. Il (ne pas s'intéresser) aux études.
3. Une fois que les enfants (s'amuser) dans le parc, (courir) et (jouer), on leur donnait un goûter.
4. Le professeur a répété ses explications trois fois: les étudiants (ne pas avoir l'air) de comprendre les deux premières fois.
5. Quand ma voiture est tombée en panne, j'ai compris que je (avoir raison) de prendre une bonne assurance.
6. L'inspecteur était fatigué; il (interroger) le prisonnier pendant deux heures sans succès.
7. Quand Robert (corriger) vingt dissertations, il se sentait déprimé.

Choix des temps du passé dans un récit

1 *Le passé composé*, seul dans une phrase, est employé:

a. pour exprimer une action soudaine ou une série d'actions successives.

> Le prof **est entré, s'est assis, a commencé** à parler.

b. pour exprimer une action qui a duré, mais qui s'est terminée.

> Josette **a attendu** une heure chez le boucher.

c. pour exprimer une action qui s'est répétée plusieurs fois, mais qui s'est terminée.

> J'**ai lu** trois fois ce conte de Maupassant.

2 *L'imparfait*, seul dans une phrase, est employé:

a. pour décrire un décor, une atmosphère, une personne ou un animal.

> Il **faisait** chaud, le soleil **brillait**; il n'y **avait** pas de vent.
>
> C'**était** un enfant arabe: il **avait** la peau brune, des yeux noirs, et ses cheveux **étaient** frisés.

b. pour décrire une habitude, sans limite de temps (*actions habituelles*).

> Tous les jours, avant d'entrer en classe, les enfants **riaient** et **plaisantaient** dans la cour.

c. pour indiquer des actions qui sont en train de se faire (*progressives*).

> Le boucher **observait** la rue pendant qu'il **servait** les clients.

3 *Le plus-que-parfait* est rarement employé seul dans une phrase.

4 *Passé composé, imparfait et plus-que-parfait* ensemble:

On peut avoir une succession des trois temps du passé: passé composé, imparfait, plus-que-parfait. Chaque temps exprime un aspect particulier de l'action passée.

a. Le passé composé a une valeur d'action soudaine ou d'action achevée.
b. L'imparfait a une valeur de description, d'habitude, d'action progressive.
c. Le plus-que-parfait a une valeur d'action passée avant l'action principale.

> J'**ai rencontré** M. Grand au supermarché; il **était** content de me voir. Il n'**avait** pas **oublié** que j'**avais été** son élève à l'école élémentaire.

5 Adverbes et expressions de temps suivis du plus-que-parfait.

Les expressions suivantes sont souvent employées avec le plus-que-parfait.

avant	before	**la semaine d'avant**	the week before
avant-hier	the day before yesterday	**la semaine précédente**	
		le week-end d'avant	the preceding weekend
avant-hier soir	the night before last		
la veille **le jour d'avant**	the day before	**le mois précédent**	the month before

> Mon père a retrouvé son portefeuille: **la semaine précédente** il l'**avait perdu** à la poste.
>
> Azouz a décidé d'écrire une dissertation sur le racisme: **le mois précédent,** la maîtresse **avait écrit** sur sa copie «Fumiste»!

E x e r c i c e

D. L'évêque bienfaiteur. Dans l'histoire suivante, mettez les verbes entre parenthèses au temps qui convient: imparfait, passé composé ou plus-que-parfait.

Victor Hugo est un des grands écrivains français qui (défendre) le peuple contre les injustices sociales de son époque. Dans la saga des *Misérables,* il (raconter) les aventures d'un homme du peuple, Jean Valjean, qui (voler) un pain parce qu'il (avoir) faim. Un juge injuste le (condamner) à vingt ans de bagne (*hard labor*). A sa libération, Jean Valjean (ne pas pouvoir) trouver de travail et il (ne pas posséder) d'argent. Il (se rendre) chez l'évêque de Digne, Monseigneur Bienvenu, qui lui (offrir) l'hospitalité. L'évêque (être) un homme plein de compassion et de charité. Il (savoir) combien Jean Valjean (souffrir) et il (comprendre) qu'il (devoir) lui donner une chance. Mais le jour de son départ, Jean Valjean, désespéré, (décider) de voler son hôte. Il (voler) des chandeliers de valeur que l'évêque lui (montrer). Plus tard, la police (arrêter) Jean Valjean et le (accuser) d'avoir volé l'évêque. Les policiers (vouloir) le conduire en prison mais l'évêque leur (répondre) que ce (être) une méprise et que les chandeliers (être) des cadeaux qu'il (faire) à Jean Valjean. Jean Valjean (être) très surpris et touché par la générosité de l'évêque. Jusqu'alors (*Until then*), personne ne le (bien traiter). Il (décider) de devenir honnête pour le reste de sa vie.

Suppléments de grammaire

1 **venir de** à l'imparfait + infinitif

L'expression **venir de** à l'imparfait accompagnée d'un infinitif est une autre façon d'exprimer le plus-que-parfait récent: *I had just done, he had just left.*

> Azouz et sa famille **venaient d'**arriver à Lyon.

> *Azouz and his family **had just arrived** in Lyon.*

E x e r c i c e s

E. Refaites les phrases suivantes en utilisant l'expression **venir de** à l'imparfait suivie de l'infinitif du verbe en italique.

Modèle: Elle *était rentrée.*
Elle **venait de** rentrer.

1. Le prof de français *avait rendu* les rédactions.
2. J'*avais construit* un magnifique château de cartes quand mon petit frère est entré...
3. La sonnerie *avait retenti* quand l'enfant a décidé de rentrer chez lui.
4. Aïcha et Jasmina *avaient fini* de lire le roman de Maupassant quand elles ont vu le film *Bel-Ami.*

F. Traduisez les phrases suivantes.

1. A hurricane (**un ouragan**) had just fallen upon the village when we arrived.
2. The little girl had just bent over to pick up something lying on the floor when the boy pushed her.
3. I had just lost 1,000 euros in the lottery when I received your present.
4. We had just returned home when the telephone rang.

2 Expressions avec **avoir**

Certaines expressions idiomatiques sont formées avec le verbe **avoir** et un nom sans article. Voici une liste d'expressions avec **avoir** qui sont fréquentes.

avoir besoin de	to need	**avoir l'intention de**	to intend
avoir bon caractère	to have a good disposition	**avoir mauvais caractère**	to have a bad disposition
avoir bonne mine	to look healthy	**avoir mauvaise mine**	to look sick
avoir chaud	to be hot	**avoir peur**	to be afraid
avoir envie de	to feel like	**avoir raison**	to be right
avoir faim	to be hungry	**avoir soif**	to be thirsty
avoir froid	to be cold	**avoir sommeil**	to be sleepy
avoir l'air	to look, seem, appear	**avoir tort**	to be wrong
		avoir (dix, quinze) ans	to be (ten, fifteen) years old

Remarques:

- Presque toutes ces expressions s'emploient seulement avec un nom de personne comme sujet. A la place d'**avoir chaud, froid, raison, tort,** si le sujet est un objet inanimé, une chose, on dit:

  La soupe **est chaude.**

  La glace **est froide.**

  Cette phrase **est juste, exacte, fausse, incorrecte.**

- **Avoir besoin de, avoir l'air** peuvent aussi avoir un nom de chose comme sujet.

  Cette **maison a besoin d'**un nouveau toit.

  Votre **bifteck a l'air** excellent.

- Il n'y a pas d'article devant le mot qui suit **avoir,** excepté dans les expressions **avoir l'air** et **avoir l'intention.**

Elle **a eu peur.**	*She **got** scared.*
Il **a eu l'air** content.	*He **looked** happy.*
Nous **avions l'intention** de vous écrire, mais...	*We **meant** to write to you but...*

E x e r c i c e s

G. Mettez l'expression avec **avoir** qui convient dans les phrases suivantes.

1. Je ne peux pas garder les yeux ouverts: _____.   2. Tu trembles parce que tu _____ ou parce que tu _____?   3. Quand on marche vite sous le soleil, bientôt on _____ et on _____.   4. Il n'a rien mangé depuis hier: il _____.   5. Le prof est irritable. Il _____ vacances.   6. Quand je lui ai dit que sa rédaction était excellente, il _____ content.   7. Tu bois du café? Tu _____. C'est mauvais pour le cœur.   8. Elle était pâle et maigre. Elle _____ malade.   9. Ce jeune homme n'a pas beaucoup d'amis; oui, il est toujours de mauvaise humeur et il _____.   10. Mes voisins ne sont pas gentils avec leurs animaux. J'_____ les dénoncer à la Société protectrice des animaux.   11. Le voleur était propre et bien habillé. Il n'_____ pas _____ malhonnête.

H. Traduisez les phrases suivantes.

1. My grandson is fifteen years old.   2. Do you need a computer?   3. She does not have a good disposition.   4. You look healthy.   5. Your father is right.

3 **revenir, retourner, rentrer** (*to come back, to return*)

a. Le verbe **revenir** signifie *to come back, to return* quand l'action s'oppose à **partir, aller.**

Elle est partie en ville à 10 heures et elle **est revenue** à 11 heures.

Chaque année, les oiseaux migrateurs vont dans le sud en hiver et **reviennent** dans le nord au printemps.

b. Le verbe **retourner** signifie *to go back again, to return to* quand l'action s'oppose à **aller une fois** ou **rester,** or to go back regularly.

Je suis allée une fois en Grèce et j'aimerais y **retourner.**

L'enfant n'est pas resté à l'école: il est **retourné** chez lui.

c. Le verbe **rentrer** signifie **revenir, retourner à la maison** (*to go, to return home*)

Quand est-ce qu'ils **rentrent** de vacances?

Exercice

I. Dans les phrases suivantes, mettez le verbe qui convient. (Il y a parfois deux solutions.)

Modèle: Tous les ans, le père Noël _____ distribuer des cadeaux aux enfants.
Tous les ans le père Noël revient distribuer des cadeaux aux enfants.

1. Mes grands-parents aiment passer leurs vacances en Corse: Ils y _____ tous les étés.
2. Quand j'étais enfant, je _____ de l'école tous les jours à quatre heures et demie. Mes parents _____ du travail plus tard.
3. Quand sa mère était à l'hôpital, il est allé la voir une fois et il n'est plus _____.
4. Pierre _____ de France: il a rapporté des tas de fromages!
5. Si tu _____ avant moi, commence à préparer le dîner, s'il te plaît.
6. Après son humiliation, Azouz ne voulait plus _____ dans la classe de Mme Valard.
7. Chaque fois que je _____ au Maroc, où j'ai vécu, je suis enchantée par la beauté de ce pays.
8. Vous partez déjà? Quand _____ -vous nous voir?

Synthèse

Online Study Center **Improve Your Grade**

Applications

I. Aïcha rentre en Algérie. Aïcha est venue vivre en France quelque temps, mais un jour a décidé de rentrer en Algérie. Mettez les verbes entre parenthèses au plus-que-parfait.

Quand j'ai rencontré Aïcha, elle venait d'arriver en France. Jusqu'alors elle (vivre) dans un petit village en Algérie. Elle (voyager) très peu. Elle (aller) à l'école du village et elle (apprendre) seulement l'arabe. Elle (quitter) sa famille et (venir) vivre en France. D'abord elle (habiter) dans un bidonville, puis elle (trouver) du travail comme domestique dans une famille de professeurs qui la (traiter) bien. Mais elle (avoir) des difficultés avec la langue, elle (ne pas s'habituer) au climat et elle (se sentir) triste loin de sa famille, de son village. Elle (décider) de rentrer. Elle (devoir) attendre d'avoir assez d'argent pour payer son billet d'avion.

II. Changement d'attitude. Gilbert, qui était mauvais élève le trimestre dernier, est maintenant devenu bon élève. Expliquez pourquoi en mettant au plus-que-parfait les verbes qui sont au présent.

Le trimestre dernier, Gilbert a reçu des mauvaises notes. Pourquoi?

Il s'amuse en classe. Il ne fait pas attention. Il oublie ses livres à la maison. Il pouffe de rire constamment en classe. Il chahute avec ses camarades. Il copie ses rédactions. Il raconte des histoires au maître pour expliquer son absence.

Mais pendant le trimestre qui vient de finir, il a reçu des bonnes notes. Pourquoi? Il écoute les explications du professeur. Il répond aux questions. Il ne plagie pas. Il décide de bien travailler. Il ne regarde pas la télé tous les soirs. Il se met à être sérieux.

III. **Une bonne raison.**   Combinez chaque phrase de la colonne de gauche avec une phrase de la colonne de droite et mettez le deuxième verbe au plus-que-parfait. La phrase de la colonne de droite est une explication logique de la phrase de gauche.

> **Modèle:** Tu as eu mal à l'estomac?   manger trop de gâteau au chocolat
> *Tu avais mangé* trop de gâteau au chocolat!

1. Elle a mal dormi.
2. Je suis arrivé en retard au bureau.
3. Nous avons perdu le match de foot.
4. Le vieux monsieur est allé en prison.
5. Tu as eu mal à la tête toute la matinée.
6. Il a raté son examen.
7. Trois camarades ont reçu une colle.

A. chahuter en classe
B. boire trop de café
C. oublier de mettre son réveil
D. lire la nuit avec un mauvais éclairage
E. l'équipe adverse avoir plus d'entraînement
F. voler un livre
G. ne pas étudier sérieusement

IV. **Un jeune homme étourdi.**   Dans le récit suivant, mettez les verbes entre parenthèses au temps qui convient pour chaque action: passé composé, imparfait, plus-que-parfait.

Un jour, Jean-François (décider) _____ d'aller faire du ski pendant le week-end. Il (prendre) _____ la voiture de sa cousine. Il (partir) _____ tôt le samedi matin et (arriver) _____ à midi à la montagne. Il (faire) _____ du ski tout l'après-midi. Quand il (s'arrêter) _____ il (aller) _____ dîner et (trouver) _____ un motel pour dormir. Le lendemain, quand il (se réveiller) _____ il (s'apercevoir) _____ qu'il (neiger) _____ toute la nuit. Il (écouter) _____ la radio: on (annoncer) _____ que les routes (être) _____ bloquées. Toute la journée, il (neiger) _____. Jean-François (rester) _____ au motel. Mais il (ne pas avoir) _____ assez d'argent pour passer une autre nuit au motel et il (ne pas posséder) _____ de carte de crédit. De plus, il (ne pas avoir) _____ de chaînes pour la voiture. Il (téléphoner) _____ à sa mère: elle (être) _____ furieuse parce que Jean-François (partir) _____ sans la prévenir (*inform*). Après plusieurs coups de téléphone, la mère de Jean-François (trouver) _____ un ami qui (connaître) _____ des gens dans cette station (*resort*). Les Cholet (inviter) _____ Jean-François à rester dans leur chalet (*cabin*). Ils lui (prêter) _____ de l'argent pour acheter des chaînes et de l'essence (*gas*) pour la voiture. Enfin, le lundi, il (s'arrêter) _____ de neiger. Jean-François (pouvoir) _____ partir et il (rentrer) _____ chez lui. Quand il (rendre) _____ la voiture à sa cousine, elle (éclater) _____ de rire: elle-même (aller)

_____ faire du ski la semaine précédente et (acheter) _____ des chaînes qui (se trouver) _____ dans le coffre (*trunk*) de la voiture. Jean-François (se sentir) _____ stupide parce qu'il (ne pas penser) _____ à regarder dans le coffre.

Activités Orales

1. **Jeu de rôle.** Jouez avec un (e) camarade une scène d'interview avec l'écrivain Azouz Begag. Le journaliste pose des questions à Monsieur Begag sur sa vie, ses expériences d'enfant arabe dans une école française, son succès de romancier.

   lieu et date de naissance / les parents / vie familiale / école élémentaire / lycée / camarades de classe / expériences difficiles ou plaisantes / maîtres ou professeurs qui l'ont aidé ou découragé / choix de la profession de romancier / projets d'avenir / cinéma / autre livre

2. **Discussion.** Discutez avec deux ou trois camarades des difficultés d'adaptation, des appréhensions qu'on peut avoir dans une situation nouvelle, une école nouvelle, un pays étranger. Parlez chacun d'expériences que vous avez vécues.

   rougir quand on vous parle / s'isoler / rester dans un coin / attendre qu'on vous parle / rire / plaisanter avec vos nouveaux camarades / se mêler aux conversations

3. **Jeu de rôle.** Jouez une scène avec deux camarades. On vous a injustement accusé(e). Vous comparaissez devant le juge. Un étudiant joue le rôle du juge, l'autre de l'accusé(e), un autre est un témoin (*witness*).
   voler quelque chose / comparaître devant le juge / accuser / se défendre / nier / dénoncer / admettre / condamner / un alibi / mentir / être innocent(e) / faire de la prison / payer une amende

Rédactions

1. Un inspecteur envoie un mél (courriel) à Mme Valard pour critiquer sa méthode d'enseignement et son attitude envers Azouz.
2. Le père envoie un mél à un ami pour lui dire que son fils a reçu la meilleure note en rédaction.
3. Plagier, c'est une façon malhonnête de copier, pour en tirer de l'argent. Mais on peut apprendre beaucoup en imitant un grand écrivain ou un grand peintre. Développez ces idées et donnez des exemples pour illustrer les deux points de vue.
4. Dans la littérature française, le cas le plus célèbre d'injustice est celui du *Comte de Monte Cristo,* dans le roman d'Alexandre Dumas. Si vous la connaissez, racontez son histoire. Sinon, connaissez-vous des cas d'injustice célèbres, de personnes condamnées sur des soupçons et ensuite réhabilitées, ou qui se sont vengées? Racontez un de ces cas.

Le passé simple:

Les transports parisiens

Le passé simple
Formes
  Verbes réguliers
  Verbes irréguliers
Emplois

Vocabulaire élémentaire

Noms

arrière (*m.*) back seat
autoroute (*f.*) freeway
bande (*f.*) bunch, gang
chat (*m.*) cat
chien (*m.*) dog
corps (*m.*) body
fenêtre (*f.*) window
gare (*f.*) train station
jambes (*f. pl.*) legs

pantalon (*m.*) pants, trousers
paquet (*m.*) package
pied (*m.*) foot
poils (*m. pl.*) animal hair, human body
  hair
sol (*m.*) ground
veste (*f.*) jacket
voiture (*f.*) car
wagon (*m.*) train car

Adjectifs

droit(e) right, straight
noir(e) dark, black

seul(e) alone
vide empty

Verbe

dormir to sleep

Vocabulaire actif

aboiement (*m.*) barking
allonger to stretch
atelier (*m.*) workshop
bagnole (*f.*) (*fam.*) car
berger (*m.*) **allemand** German shepherd
boutonneux (-euse) full of pimples
chiffres (*m. pl.*) numbers
compteur (*m.*) meter
conduite (*f.*) driving habit
contourner to go around
cuisse (*f.*) thigh
se dresser to sit up
écarter to set, to push aside
épousseter to wipe out, to dust
étui (*m.*) holster
faire face to face
fauve (*adj.*) fawn-colored

fouiller to search
grogner to growl
s'installer to take place
lancer (*here*) to start
maintenir to maintain
mettre en marche to start
nettoyage (*m.*) cleaning
pareil (-le) equal, similar, same
parvenir to succeed
se plonger dans to get absorbed in
pourboire (*m.*) tip, gratuity
pressing (*m.*) dry cleaning
remettre to put back
siège (*m.*) seat
se soulever to get up
usine (*f.*) factory

● Vocabulaire supplémentaire

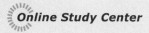

Online Study Center

General Resources

Les animaux de compagnie (*pets*)

aboyer to bark
animalerie (*f.*) pet shop
caresser to pet
chaton (*m.*) kitten
châtrer to neuter
chatte (*f.*) female cat
chenil (*m.*) kennel
chienne (*f.*) female dog
chiot (*m.*) puppy
cochon (*m.*) **d'Inde** guinea pig
croc (*m.*) tooth
dresser to train
fourrière (*f.*) pound
gémir to whine
griffer to scratch

gueule (*f.*) mouth
hamster (*m.*) hamster
lécher to lick
litière (*f.*) litter box
miauler to meow
mordre to bite
petits (*m. pl.*) (**avoir des**) (to have) babies
queue (*f.*) tail
ronronner to purr
serpent (*m.*) snake
souris (*f.*) mouse
SPA (société protectrice des animaux) (*f.*) SPCA

Le hold-up

braquage (*m.*) holdup
cambriolage (*m.*) burglary
cambrioler to burglarize
(se) faire braquer to be the victim of a holdup

vol (*m.*) **à l'arraché** snatching
vol (*m.*) **à la tire** pickpocketing
vol (*m.*) **à l'étalage** shoplifting
voleur (-euse) thief

Le métro (*subway*)

billet (*m.*) ticket
correspondance (*f.*) change, transfer point
guichet (*m.*) booth

portillon (*m.*) gate
quai (*m.*) platform
rame (*f.*) train
ticket (*m.*) ticket

Français en couleurs

Dans la langue familière, on appelle un chien **un clebs, un clébard.** Ce qui n'est pas beau est **moche.** On appelle un homme **un type, un gars, un mec.** Une femme, c'est **une meuf** (en verlan), **une nana, une souris.** Si elle n'est pas jolie, c'est **un boudin. Une minette** est une femme jeune et jolie.

Dans la langue des **loubards** (les mauvais garçons, les délinquants), on se fait **flinguer** (*one gets shot at*), **étendre** ou **buter** avec un **flingue,** un **pétard.** Les policiers, les **flics,** les **poulets** interviennent. Alors, il peut y avoir du **rififi,** c'est-à-dire une bataille. Les mauvais garçons vont en **tôle,** au **trou** (en prison). Ou bien ils **se tirent** (s'échappent) dans **une bagnole, une tire.**

—*Mais oui, mais oui, chérie, toi aussi tu me manques. Maintenant laisse-moi parler à Médor.*

● Lecture ●

Préparation à la lecture

Les transports   Le métro parisien, qui fut inauguré en 1900, est un modèle de transport urbain que beaucoup de grandes villes étrangères ont imité (Moscou, Buenos Aires). D'usage très facile, il est très rapide aux heures de pointe. Ses quatorze lignes sont désignées par un numéro et par le nom de la dernière station sur cette ligne. Les correspondances sont nombreuses et bien indiquées. Les «bouches» (entrées) du Métro furent initialement décorées dans le style de l'époque, l'Art Nouveau. Plusieurs stations ont été ensuite refaites dans un style contemporain (Franklin-Roosevelt, Nation). La station du Louvre ressemble à un petit musée et celle de la Défense est une véritable petite ville commerçante.

Les noms des stations prirent souvent le nom de la place ou de la rue sur laquelle la station s'ouvre. Partout le nom de ces stations donne des leçons d'histoire: Mirabeau, Wagram, Bir-Hakeim; ou de littérature: Voltaire, Goncourt, Anatole France. Leurs noms nous font souvent rêver: Plaisance, Gaîté, Jasmin. A l'intérieur des stations, on joue de la musique de chambre, on peut assister à des scènes de mimes ou de théâtre, ou voir des expositions d'art. Il y a aussi beaucoup de mendiants (*beggars*) qui «font la manche» (*pass a hat around*) et il faut aussi faire attention aux pickpockets.

Le RER (Réseau Express Régional) relie les habitants des banlieues au centre de la ville.

Le roman policier   Cette forme de littérature est très populaire et appréciée. Dans un bon «polar» il y a de l'action, des flics, des flingues, du sang, et l'assassin est toujours pris.

Didier Daeninckx (1949–   )   est né à Saint-Denis dans la banlieue parisienne. Il a commencé sa carrière comme ouvrier imprimeur (*printer*) puis comme journaliste et enfin comme romancier et scénariste (*script writer*). Il est l'auteur de nombreux romans policiers qui ont obtenu un grand succès auprès des lecteurs. Le destin des membres de sa famille et sa propre histoire lui fournissent la matière de ses œuvres. Les événements politiques, les détails autobiographiques et la fiction se mélangent harmonieusement dans ses romans.

Son deuxième roman, *Meurtres pour mémoire*, parut en 1984 et reçut en 1985 le grand Prix de littérature policière. Il fut adapté pour la télévision. L'histoire se passe au début des années soixante à la fin de la guerre d'Algérie. Le narrateur, qui est aussi le personnage principal, est un détective de la police judiciaire. Il est en train d'enquêter sur un meurtre et se trouve d'abord dans le métro. Puis, il prend un taxi pour aller interroger un témoin.

Les transports parisiens

Le wagon était vide. Je demeurai° seul jusqu'à la station «Vincennes». Là, une bande de loubards prit possession des lieux.° Un grand type boutonneux s'approcha de moi. Il s'assit lourdement sur le siège qui me faisait face et allongea les jambes en posant ses chaussures à moins d'un centimètre de ma cuisse. Pour toute réponse j'écartai le pan droit de ma veste° pour laisser apparaître l'étui de mon revolver et la crosse° noire. Immédiatement, les deux pieds rejoignirent le sol. Le gars se leva, un peu nerveux. J'entendis quelques bribes° de conversation: «c'est un flic, il a un flingue». Ils se décidèrent à descendre à la station suivante, «Nation», et je retrouvai ma tranquillité.

*

[...] Je marchai jusqu'à la station Saint-Michel et m'installai à l'arrière d'un taxi aux fauteuils défoncés.° Un berger allemand dormait sur le siège placé devant moi. Ses paupières° se soulevaient par intermittence et son corps était agité de tics nerveux. Je fouillai dans ma poche, mais à peine avais-je sorti un paquet de cigarettes que la bête se mit à grogner. Son maître donna de la voix.°

—Il n'aime pas tellement qu'on fume dans sa bagnole. Moi c'est pareil. Vous allez où?

—A Courvilliers, rue de la Gare. Ça se trouve après Aulnay-sous-Bois.

—Eh bien ça fait une drôle de trotte.°

Il mit en marche son compteur à affichage digital.° Je me plongeai dans l'observation attentive de la transformation des chiffres rouges [...]. A intervalles réguliers, le chauffeur tentait de lancer la conversation sur les tares de conduite comparées° des Arabes et des Africains. Désespéré par mon silence il essaya de nouer° un contact antisémite sans plus de succès. [...]

Le chien se dressa sur son siège à la hauteur du Parc des Expositions et s'ébroua.° L'habitacle° fut instantanément rempli de poils gris et fauves. Le chauffeur tapota° le dos de son animal affectueusement et parvint à le maintenir immobile. La voiture quitta l'autoroute pour contourner les immenses ateliers de l'usine Hotch, puis se dirigea vers le quartier de la gare.

—Voilà, vous êtes arrivé. Ça fait 62 francs plus 20 francs[1] de retour.

Je fouillai mes poches et lui remis le compte exact.

—Eh bien vous n'êtes pas bien généreux. Et le pourboire? C'est pour qui?

Je me penchai à sa fenêtre en époussetant ma veste et mon pantalon.

—Pour le pressing! J'en aurai besoin pour me payer un nettoyage...

Le taxi repartit dans un crissement de pneus.° Il tourna vers la bretelle de l'autoroute,° mais j'entendais encore les vociférations° du chauffeur et les aboiements du berger. ●

---

[1] Environ 12, 50€, ou $15.60 au taux de conversion actuel.

Glossary (margin):

= restai

prit... occupied the place

le pan... my right coattail / **grip**

pieces

sunken

eyelids

donna... spoke loudly

une drôle... quite a long ride / **affichage...** digital display

les tares... = la comparaison des mauvaises façons de conduire / **nouer...** *(here)* créer / **s'ébrouai** shook itself / passenger space / patted

dans un... screeching as he sped away
la bretelle... the access ramp of the freeway
= **cris de rage**

Compréhension du texte

Mots et structures

A. Lisez attentivement le texte et dites où se trouvent les objets, les animaux et les personnes suivants:

> **Modèle:** les loubards
>> *Les loubards sont dans un wagon du métro.*

le grand type boutonneux / les chaussures du grand boutonneux / le revolver / le berger allemand / un paquet de cigarettes / le chauffeur de taxi / le compteur à affichage digital / les poils gris et fauves

B. Qui prononce les phrases suivantes?

«C'est un flic, il a un flingue.» / «Il n'aime pas tellement qu'on fume dans sa bagnole.» / «A Courvilliers, rue de la Gare...» / «Eh bien ça fait une drôle de trotte.» / «...ça fait 62 francs plus 20 francs de retour.» / «Et le pourboire?» / «J'en aurai besoin pour me payer un nettoyage...»

Questions sur la lecture

1. Qui est monté dans la voiture à la station Vincennes?
2. Quelles sont les actions qui montrent l'attitude agressive du «grand type boutonneux»?
3. Comment le détective répond-il?
4. Quelle est la réaction du type et comment l'expliquez-vous?
5. Qu'y a-t-il sur le siège à côté du chauffeur? Décrivez cet animal.
6. Pourquoi le chien se met-il à grogner? Que pense le chauffeur de la cigarette?
7. De quoi le chauffeur veut-il parler avec son client? Quelle est la réponse du client?
8. Que fait le chien et quel est le résultat de son action?
9. Pourquoi le client ne donne-t-il pas de pourboire? Que va-t-il faire de cet argent?
10. Quelles sont les réactions du chauffeur et du chien?

Opinions

1. Avez-vous jamais été «braqué(e)» ou intimidé(e) dans un transport public? Si oui, racontez la scène; sinon, pouvez-vous imaginer les raisons d'un «braquage»?
2. Que pensez-vous du port d'arme personnelle pour se protéger en cas de situation dangereuse?
3. Que faites-vous si quelqu'un essaie d'engager une conversation raciste?
4. Pourquoi donne-t-on des pourboires? Vous est-il arrivé de ne pas donner de pourboire? Quand et pourquoi?
5. Quelles joies peut vous donner un animal de compagnie? Quels inconvénients peut-il aussi apporter?

Grammaire: *Le passé simple*    *Online Study Center* General Resources

Dans la langue écrite seulement, et dans un style littéraire, on emploie un autre temps pour le passé: **le passé simple.**

Formes

VERBES RÉGULIERS

Le passé simple est formé sur le radical du verbe. Pour trouver le radical, on supprime la terminaison de l'infinitif **-er, -ir, -re** et on ajoute les terminaisons du passé simple, qui sont régulières.

Retenez surtout les formes de la troisième personne: **il** donn**a**, **ils** fin**irent**, etc. Ces personnes sont employées plus souvent que les autres.

1 Verbes du 1er groupe

donner (*radical:* donn)			
-ai	je **donnai**	**-âmes**	nous **donnâmes**
-as	tu **donnas**	**-âtes**	vous **donnâtes**
-a	il, elle **donna**	**-èrent**	ils, elles **donnèrent**

Remarques:

- Il y a un **-a** à toutes les personnes, sauf à la troisième personne du pluriel.
- Les verbes en **-ger** ont leur passé simple en **-gea:** il voya**gea** (MAIS: **ils** voya**gèrent**). Les verbes en **-cer** ont leur passé simple en **-ça:** il commen**ça** (MAIS: ils commen**cèrent**). (Voir dans le Student Website Grammar References)

2 Verbes du 2ème groupe

finir (*radical:* fin)			
-is	je **finis**	**-îmes**	nous **finîmes**
-is	tu **finis**	**-îtes**	vous **finîtes**
-it	il, elle **finit**	**-irent**	ils, elles **finirent**

Remarques:

- Il y a un **-i** à toutes les personnes.
- Les trois personnes du singulier du passé simple sont identiques à celles du présent. C'est le sens de la phrase qui indique le temps.

❸ Verbes du 3ᵉᵐᵉ groupe

entendre (*radical:* entend)			
-is	j'**entendis**	-îmes	nous **entendîmes**
-is	tu **entendis**	-îtes	vous **entendîtes**
-it	il, elle **entendit**	-irent	ils, elles **entendirent**

(**Remarque:**) Il y a un **-i** à toutes les personnes.

E x e r c i c e ● ○

A. Dans les phrases suivantes, trouvez l'infinitif du verbe en italique et conjuguez-le au passé composé.

Dans le taxi.   1. Je *m'arrêtai* au coin de la rue et *attendis* un taxi.   2. Un chauffeur *s'arrêta* dans un crissement de pneus, et je *montai*.   3. Le chauffeur me *demanda* où j'allais: «A Courvilliers», lui *répondis*-je.   4. Nous *partîmes*. D'abord nous *restâmes* silencieux, puis le chauffeur *engagea* la conversation sur les Arabes et les Juifs.   5. Je ne lui *répondis* pas et pendant le reste du trajet nous ne *parlâmes* pas. 6. Finalement nous *arrivâmes* à Courvilliers. «C'est combien?» lui *demandai*-je. 7. «C'est quinze euros.» Je *fouillai* dans ma poche et ne *trouvai* pas de monnaie pour lui donner un pourboire.   8. Il *rougit* et j'*entendis* une insulte.   9. Je *regardai* encore dans ma poche et *trouvai* un paquet de chewing-gum que je lui *donnai*. 10. Il *accepta* et *sembla* moins mécontent.

VERBES IRRÉGULIERS

❶ **avoir** et **être**
Voici la conjugaison du passé simple des verbes **avoir** et **être**.

avoir		être	
j'**eus**	nous **eûmes**	je **fus**	nous **fûmes**
tu **eus**	vous **eûtes**	tu **fus**	vous **fûtes**
il, elle **eut**	ils, elles **eurent**	il, elle **fut**	ils, elles **furent**

2 D'autres verbes irréguliers

On peut classer ces verbes en trois catégories.

a. La première catégorie se compose de verbes qui ont un passé simple identique au participe passé (pour le son) et qui ont un **-i** à toutes les personnes.

	participe passé	passé simple	
dire	dit	il **dit**	ils **dirent**
dormir	dormi	il **dormit**	ils **dormirent**
mentir	menti	il **mentit**	ils **mentirent**
mettre[1]	mis	il **mit**	ils **mirent**
partir	parti	il **partit**	ils **partirent**
prendre[2]	pris	il **prit**	ils **prirent**
rire	ri	il **rit**	ils **rirent**
sentir	senti	il **sentit**	ils **sentirent**
sortir	sorti	il **sortit**	ils **sortirent**
sourire	souri	il **sourit**	ils **sourirent**

b. La deuxième catégorie se compose de verbes qui ont un passé simple identique au participe passé (pour le son) et qui ont un **-u** à toutes les personnes.

	participe passé	passé simple	
boire	bu	il **but**	ils **burent**
connaître[3]	connu	il **connut**	ils **connurent**
courir	couru	il **courut**	ils **coururent**
croire	cru	il **crut**	ils **crurent**
devoir	dû	il **dut**	ils **durent**
falloir	fallu	il **fallut**	
lire	lu	il **lut**	ils **lurent**
plaire	plu	il **plut**	ils **plurent**
pleuvoir	plu	il **plut**	
pouvoir	pu	il **put**	ils **purent**
recevoir[4]	reçu	il **reçut**	ils **reçurent**
savoir	su	il **sut**	ils **surent**
valoir	valu	il **valut**	ils **valurent**
vivre	vécu	il **vécut**	ils **vécurent**
vouloir	voulu	il **voulut**	ils **voulurent**

---

[1] Autres verbes conjugués ainsi: **promettre, permettre, remettre.**
[2] Autres verbes conjugués ainsi: **apprendre, comprendre, surprendre.**
[3] Autres verbes conjugués ainsi: **reconnaître, paraître.**
[4] Autres verbes conjugués ainsi: **apercevoir, décevoir.**

c. La troisième catégorie se compose de verbes qui ont un passé simple formé sur un radical différent du participe passé. La majorité de ces verbes contient un **-i** à toutes les personnes, un verbe contient un **-u** et deux verbes contiennent **-in**.

	participe passé		passé simple	
conduire[1]	conduit	MAIS:	il **conduisit**	ils **conduisirent**
convaincre	convaincu	MAIS:	il **convainquit**	ils **convainquirent**
couvrir	couvert	MAIS:	il **couvrit**	ils **couvrirent**
écrire[2]	écrit	MAIS:	il **écrivit**	ils **écrivirent**
faire	fait	MAIS:	il **fit**	ils **firent**
naître	né	MAIS:	il **naquit**	ils **naquirent**
offrir	offert	MAIS:	il **offrit**	ils **offrirent**
ouvrir	ouvert	MAIS:	il **ouvrit**	ils **ouvrirent**
souffrir	souffert	MAIS:	il **souffrit**	ils **souffrirent**
voir	vu	MAIS:	il **vit**	ils **virent**
mourir	mort	MAIS:	il **mourut**	ils **moururent**
tenir[3]	tenu	MAIS:	il **tint**	ils **tinrent**
venir[4]	venu	MAIS:	il **vint**	ils **vinrent**

Exercices

B. Dans les phrases suivantes, trouvez l'infinitif du verbe en italique et mettez-le au passé composé.

1. Le chien de Mathieu *naquit* dans un chenil.
2. Les parents de Mathieu lui *offrirent* ce chien pour son anniversaire.
3. Mathieu ne *sut* jamais bien s'occuper de lui.
4. C'est le papa de Mathieu qui *apprit* au chien à obéir.
5. Malgré cela, le chien *devint* très agressif et un jour il *mordit* le chat.
6. Enfin, il *ouvrit* la porte du jardin et *disparut*.
7. Mathieu et ses parents *cherchèrent* le chien, mais ne *réussirent* pas à le trouver.
8. Et puis, un jour, le chien *revint,* mais avec un autre chien!
9. Mathieu *promit* de mieux s'occuper de ses animaux.
10. Les deux chiens et Mathieu *devinrent* amis.
11. Mathieu plus tard *s'inscrivit* à l'Ecole Vétérinaire pour devenir véto.
12. Il *fit* des heures de travail de nuit à la SPA pour aider à payer ses études.

---

[1] Autres verbes conjugués ainsi: **construire, produire, traduire.**
[2] Autres verbes conjugués ainsi: **décrire, prescrire, transcrire.**
[3] Autres verbes conjugués ainsi: **contenir, obtenir, retenir.**
[4] Autres verbes conjugués ainsi: **devenir, parvenir, revenir.**

C. Dans les phrases suivantes, mettez les verbes entre parenthèses au passé simple.

1. Quand j'(apprendre) que mon oncle préféré se trouvait dans un camp de prisonniers, je (être) bouleversée et je (comprendre) ce qu'était la guerre.

2. Quand d'Artagnan (apercevoir) les hommes du cardinal, il (descendre) de son cheval, (tirer) son épée et (se mettre) en garde. Mais les hommes du cardinal étaient nombreux et d'Artagnan (être) vite débordé [*overwhelmed*]. Ses amis Athos, Aramis et Porthos (arriver), (courir) vers lui et (se joindre) à lui. Ils (se battre) tous vaillamment et (vaincre) leurs ennemis. Ainsi (commencer) une longue amitié entre les trois Mousquetaires, qui en réalité (être) toujours quatre et (devenir) inséparables.

3. Quand Roméo (voir) Juliette allongée sur le tombeau, il (croire) qu'elle était morte. Il (savoir) qu'il ne pouvait pas supporter cette douleur. Il (se tuer). Juliette (se réveiller), (vouloir) rejoindre son amant et (boire) le poison. Ils (se trouver) réunis dans la mort.

Emplois

1 Le passé simple est le temps de la narration historique ou littéraire, employé surtout dans la langue écrite.

> En 1535 le navigateur français Jacques Cartier **explora** le fleuve Saint-Laurent. Il **crut** trouver une route vers l'Orient, mais **s'arrêta** à cause des rapides qu'il **nomma** les rapides Lachine.

> *In 1535 the French navigator Jacques Cartier **explored** the St. Lawrence River. He **thought** he had found a route to the Orient, but stopped because of the rapids that he **named** the Lachine Rapids.*

(**Remarque:**) Le passé simple est très rarement utilisé dans le langage parlé, mais quelque-fois, un conférencier (*lecturer*) ou un homme d'Etat qui parle dans un style littéraire l'utilise dans un discours.

Aujourd'hui, je vais vous parler d'un écrivain qui **vécut** au dix-septième siècle et qui **fit** beaucoup parler de lui.

2 Le passé simple a exactement la même valeur que le passé composé.

a. Il a la valeur d'action soudaine, de durée limitée, de répétition limitée.

Napoléon **naquit** en 1769.　　Napoléon **est né** en 1769.
Il **fut** empereur pendant dix ans.　　Il **a été** empereur pendant dix ans.
Il **gagna** plusieurs batailles.　　Il **a gagné** plusieurs batailles.

b. Il s'emploie en relation avec un imparfait ou un plus-que-parfait.

Quand les Etats-Unis **déclarèrent** la guerre à l'Allemagne en 1941, les pays d'Europe **avaient combattu** seuls pendant deux ans. La guerre **avait commencé** pour eux en 1939. Le monde entier **souffrait** des conséquences de cette guerre quand elle **se termina** enfin en 1945.

❸ Dans le même récit, on peut utiliser ces deux temps, avec des effets différents. Le passé composé sert à rapporter (*recall*) un dialogue, à écrire une lettre familière, à décrire des actions qui se sont passées récemment, ou des actions anciennes qui ont un résultat présent visible. Le passé simple donne au récit un caractère littéraire, soigné: c'est le temps des actions historiques, lointaines, sans rapport avec le présent.

Action historique, sans rapport avec le présent.

Pendant son règne, Napoléon **fit** construire l'Arc de Triomphe.

Action ancienne, qui a un résultat présent, visible.

Pendant la visite de l'Arc de Triomphe, le guide nous a dit que c'est Napoléon qui **l'a fait** construire.

Tableau-résumé
Le passé composé et le passé simple

passé composé	*passé simple*
un dialogue écrit	un récit de caractère littéraire
une lettre familière	une narration soignée
des actions récentes	des actions historiques

Exercices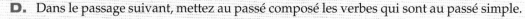

D. Dans le passage suivant, mettez au passé composé les verbes qui sont au passé simple.

Napoléon *naquit* en Corse en 1769. Il *alla* à l'Ecole Militaire et *devint* général à 26 ans. Il *fit* beaucoup de guerres et *conquit* de nombreux pays. Il *se maria* avec Joséphine et *se couronna* lui-même empereur en 1804. Quand il *vit* que Joséphine et lui ne pouvaient pas avoir d'enfant, il *obtint* un divorce, puis, *épousa* Marie-Louise en 1810. Ils *eurent* un fils, qui *devint* le roi de Rome.

E. Dans le passage suivant, mettez au passé simple les verbes qui sont au passé composé.

Napoléon *est devenu* le héros de beaucoup de jeunes Français de son époque. De tous temps les experts *ont admiré* ses plans de batailles. Il *a ravagé* l'Europe par ses guerres de conquête. Il *a mis* les membres de sa famille à la tête de plusieurs pays d'Europe. Il *a créé* le Code civil et *a fait* passer des lois qui existent encore. Il *a fondé* les lycées d'Etat. Une coalition des pays d'Europe l'*a vaincu* et il *est parti* en exil à l'île de Sainte-Hélène, où il *est mort* en 1821.

F. Ecrivez l'histoire suivante en mettant les verbes entre parenthèses au passé simple. (Attention, il y a un plus-que-parfait.)

La famille Garcia. Les grands-parents de Manuel (venir) d'Espagne en 1920, et (s'installer) dans la grande ville d'Oran. Les parents de Manuel et Manuel lui-même (naître) dans ce pays. Ils (ne jamais avoir) de contact avec l'Espagne. Manuel (aller) à l'école française avec de jeunes musulmans qui (devenir) ses amis. Il (grandir) avec eux et (partager) leurs jeux et les fêtes de leurs familles. Il (apprendre) à les aimer comme ses frères. Quand la guerre de l'indépendance (éclater), il (se sentir) très malheureux. Il (ne pas comprendre) la violence, la rancœur. Il (voir) ses frères se battre entre eux et ses parents et lui (espérer) longtemps une réconciliation. Mais après des années de combat, les accords d'Evian (avoir) lieu et le général de Gaulle (déclarer) l'indépendance de l'Algérie. Il (faut) reconnaître l'autonomie de ce pays et Manuel et sa famille (devoir) quitter l'Algérie. Ils (ne pas pouvoir) emporter leurs possessions, sauf une valise, et (partir). Ils (venir) dans le sud de la France et (recommencer) leur vie. Petit à petit Manuel (s'habituer), mais il (ne jamais oublier) le beau pays où il (passer) son enfance.

Suppléments de grammaire

1 Les verbes dérivés de **mener** et **porter: emmener, emporter** (*to take*) / **amener, apporter** (*to bring*) / **ramener, rapporter** (*to bring back*)

a. On **emmène, amène, ramène** une personne, un animal.

Le matin, Jacques **emmenait** son fils à l'école, le soir il le **ramenait** à la maison.

—Paul, venez dîner ce soir! **Amenez** votre petite amie!

b. On **emporte, apporte, rapporte** un objet inanimé.

—Suzanne, tu vas en vacances à Tahiti? **Emporte** ton bikini, et **rapporte**-moi un collier de fleurs!

—Gérard, viens dîner ce soir.—J'**apporte** quelque chose?—Si tu veux, **apporte** une bouteille de vin!

(Attention:) **Porter** signifie *to carry* ou *to wear*. **Mener** signifie *to lead*.

Exercices

G. Complétez les phrases avec un des verbes suivants: **emmener, amener, ramener; emporter, apporter, rapporter.**

1. Quand il est allé en Mauritanie, Gabriel _____ des vêtements légers. Il (ne pas) _____ son petit frère avec lui. Il _____ des tissus africains pour sa mère et _____ un jeune Mauritanien qui voulait faire des études à Paris.

2. Quand Françoise va au parc avec son bébé, elle _____ des jouets, un goûter, un livre. Le matin, elle _____ sa petite fille de cinq ans à l'école et la _____ le soir à la maison.

3. Est-ce que vos parents vous _____ dans les parcs quand vous étiez enfant?

H. Faites des phrases complètes avec les groupes de mots entre parenthèses et un des verbes étudiés.

Modèle: Je vais au stade pour voir un match. (une chaise pliante, mon petit frère)
J'emporte une chaise pliante, j'emmène mon petit frère.

1. Vous allez à la plage. (des lunettes de soleil, un parasol, de la crème solaire, votre petite amie, les enfants de votre sœur, un ballon, un Frisbee)
2. C'est l'anniversaire de votre meilleur(e) ami(e). Que faites-vous pour lui (elle)? (cinéma, fleurs, champagne, restaurant)
3. Vous êtes invité(e) à ma surprise-partie. Qui est-ce que vous amenez? Qu'est-ce que vous apportez? (votre petit(e) ami(e), votre chien (non!), une bouteille de coca, des CD)
4. Vous êtes allé(e) en vacances dans une île tropicale. Qu'est-ce que vous avez rapporté? (une papaye, un collier de fleurs, des coquillages)

2 servir / se servir

Le verbe **servir** a plusieurs constructions et des sens différents.

a. **Servir** peut être suivi d'un nom objet direct: *to serve, to wait on.*

Ma mère **sert** le dîner.   L'esclave **sert** son maître.

b. **Servir à** peut être suivi d'un infinitif: *to be used for.*

A quoi ça **sert?**   *What can it **be used for?***
Ce couteau **sert à** couper le pain.   *This knife **is used for** cutting bread.*

c. **Servir de** peut être suivi d'un nom: *to be used as.*

Mon salon **sert de** chambre d'amis.
Le bureau **sert de** chaise au professeur.

d. **Se servir** employé seul signifie *to help oneself.*

Servez-vous!
Un invité **se sert** le premier.

e. **Se servir de** suivi d'un nom signifie **employer, utiliser.**

Pour écrire, elle **se sert d'**un vieux stylo.

Exercice

I. Dans les phrases suivantes, employez la forme correcte du verbe **servir, servir à, se servir (de),** au temps nécessaire, à la forme affirmative ou négative.

1. Pour épousseter les poils de chien sur votre veston vous _____ une brosse?
2. Dans le taxi, le compteur digital _____ indiquer le prix de la course.
3. Au restaurant, le garçon nous _____ bien _____, alors je lui ai laissé un bon pourboire.
4. Devant un si bon dîner, Paul s'assit à table, et il _____ le premier.
5. Puis-je _____ votre dictionnaire?
6. Gérard est un artiste, son garage lui _____ d'atelier.
7. Un chien tenait compagnie à ce chauffeur de taxi, il lui _____ protecteur contre les braqueurs.
8. Vous _____ avant vos invités? Ce n'est pas poli.
9. Le flic _____ son flingue pour intimider les loubards et ils sont descendus à la station suivante.
10. Mon père s'est mis en colère. Pourquoi? Je _____ son rasoir pour me raser les jambes.

③ connaître / savoir

Le verbe **connaître** signifie *to know, to be acquainted with, to be familiar with*; il est toujours suivi par un nom ou un pronom.

Il **connaît** bien **la France.**	*He **knows France** well.*
Connaissez-vous **ce monsieur?**	*Do you **know this gentleman?***
Je ne **connais personne.**	*I don't **know anybody.***

Le verbe **savoir** signifie *to know something, to know how (if, when, where).* On utilise **savoir** avec:

a. un infinitif.

Elle ne **sait** pas **se servir** d'un ordinateur.	*She doesn't **know how to use** a computer. (She never learned how to.)*
Savez-vous **faire du surf?**	*Do you **know how to surf?** (Did you learn how to?)*

b. une conjonction (**comment, si, quand, où,** etc.) + un verbe conjugué.

Sais-tu **si** Denis et Gaby vont se marier?   Je ne **sais** pas **quand** ils arrivent.

c. un nom ou un pronom pour signifier *to know after learning* ou *to know as a science, a language.*

Cet élève ne **savait** pas sa **leçon.**	**Sait**-il le **latin?**
Il ne **la savait** pas.	**Le sait**-il?

Exercice

J. Complétez les phrases suivantes avec le verbe **savoir** ou le verbe **connaître** au temps indiqué entre parenthèses. (**p.s.** = passé simple; **imp.** = imparfait; **p.c.** = passé composé; **prés.** = présent; **inf.** = infinitif)

1. Gilberte _____ (**p.s.**) Philippe dans un disco.   2. Quand elle le vit, elle _____ (**p.s.**) qu'elle allait l'aimer toute sa vie.   3. Ils se marièrent et _____ (**p.s.**) des moments de bonheur extraordinaires.   4. Philippe, qui _____ (**imp.**) bien les États-Unis, emmena sa femme dans ce pays.   5. Gilberte, elle, ne _____ (**imp.**) personne et bientôt, elle s'ennuya.   6. Elle _____ (**imp.**) que si elle restait à la maison, ce serait terrible pour son mariage.   7. Elle ne _____ (**imp.**) pas la langue, elle ne _____ (**imp.**) pas quoi faire de toute la journée.   8. Enfin, elle alla à des cours du soir, apprit l'anglais, finit par _____ (**inf.**) d'autres personnes.   9. Maintenant elle _____ (**prés.**) qu'elle a vaincu cette époque difficile.   10. Elle désire partager son expérience avec d'autres femmes. Comme elle _____ (**prés.**) bien écrire, elle va raconter sa vie dans un livre.   11. Dans une soirée, elle _____ (**p.c.**) un éditeur qui lui a déjà offert un contrat.   12. Qui _____ (**prés**)? Elle va peut-être devenir célèbre, et tout le monde voudra la _____ (**inf.**).

Synthèse

Online Study Center   **Improve Your Grade**

Applications

I. Un peu d'histoire. Dans les phrases suivantes, mettez les verbes entre parenthèses au passé simple. Ensuite, identifiez le ou les personnage(s) historique(s) que les phrases décrivent.

1. Ils (quitter) _____ leurs îles, (naviguer) _____ sur des bateaux fragiles et (aborder [*to land*]) _____ dans d'autres îles plus au nord, qui sont maintenant des paradis pour touristes. _____
   (a) les Athéniens   (b) les Polynésiens   (c) les Esquimaux
2. Ils (envahir) _____ la Gaule, (vaincre) _____ le chef gaulois Vercingétorix, (construire) _____ des routes, des villes, des ponts (*bridges*), (installer) _____ en France une civilisation riche et active dont on trouve encore des traces. _____
   (a) les Romains   (b) les Huns   (c) les Celtes
3. Cette jeune femme (réunir) _____ les habitants de Lutèce que les Huns menaçaient, (prier) _____ avec eux, et, dit-on, (protéger) _____ la ville de l'invasion. Les Parisiens la (choisir) _____ comme patronne de la ville de Paris et (construire) _____ pour elle une statue sur un des ponts de la Seine. _____
   (a) Catherine Deneuve   (b) la reine Margot   (c) Sainte Geneviève

4. Cette jeune femme (entendre) _____ des voix, (partir) _____ trouver le roi, (lever) _____ une armée, (défendre) _____ Orléans contre les Anglais, (être) _____ capturée et (mourir) _____ sur un bûcher (*stake*). _____
   (a) Marie-Antoinette   (b) Marie Curie   (c) Jeanne d'Arc

5. Ce roi de France (avoir) _____ un règne très long, (être) _____ célèbre pour le nombre de ses maîtresses et de ses enfants illégitimes, (faire) _____ construire Versailles et (vider) _____ les caisses (*coffers*) de l'Etat par ses guerres. Il (prononcer) _____ la phrase célèbre: «L'Etat, c'est moi!» _____
   (a) Napoléon   (b) Charlemagne   (c) Louis XIV

II. **Le métro parisien.** Dans les phrases suivantes, mettez les verbes entre parenthèses au passé simple.

A la fin du XIXème siècle, qui (recevoir) _____ le nom de «Belle Epoque», la circulation dans les rues de Paris (devenir) _____ très difficile et même dangereuse. Une équipe d'architectes (proposer) _____ un projet de train souterrain qui très vite (remplacer) _____ le système obsolète de voitures tirées par des chevaux. Le métro parisien (naître) _____ en 1900. On (se préoccuper) _____ beaucoup de la décoration des «bouches» du métro. On (engager) _____ des artistes, Guimet et d'autres, qui (dessiner) _____ plusieurs de ces portes. Les Parisiens (adopter) _____ tout de suite ce moyen de transport qui (faciliter) _____ leur vie. Les stations (prendre) _____ des noms historiques ou littéraires, de batailles célèbres, d'écrivains et de musiciens, ou simplement on leur (donner) _____ des noms poétiques.

III. **Une injustice célèbre: l'Affaire Dreyfus.** Dans l'histoire suivante, mettez les verbes au temps qui convient, passé simple, imparfait, plus-que-parfait.

L'Affaire Dreyfus (commencer) en 1894. Auparavant, la France (perdre) la guerre contre la Prusse en 1870 et les autorités françaises (penser) qu'il y (avoir) trahison. En effet, on (s'apercevoir) que quelqu'un (voler) des documents militaires confidentiels. On (accuser) faussement d'espionnage le capitaine Dreyfus, officier juif, et les autorités le (envoyer) en prison à l'île du Diable. Il y (avoir) en France à cette époque de très forts sentiments anti-sémites. Avant son départ, on (dégrader) publiquement Alfred Dreyfus qui (protester) de son innocence. Le capitaine et sa famille (être) désespérés. Mais, Emile Zola, écrivain célèbre, (rester) convaincu que le capitaine Dreyfus (ne pas commettre) le crime dont on le (accuser) et il (décider) de le défendre dans la presse. Emile Zola (écrire) en 1898 une lettre adressée publiquement dans le journal l'Aurore au président de la République, Félix Faure, intitulée «J'accuse ... !» Dans l'article, il (dénoncer) l'incompétence des juges et il (proclamer) l'innocence de Dreyfus. Zola (comprendre) que l'on (utiliser) le capitaine Dreyfus comme «bouc émissaire» (*scapegoat*). Grâce à (*Thanks to*) l'influence d'Emile Zola et de quelques autres hommes honnêtes, le gouvernement (ordonner) la révision du jugement de Dreyfus. On (découvrir) que le capitaine (être) innocent et, finalement, on le (libérer) en 1906 et on le (réhabiliter) dans ses fonctions militaires.

Activités Orales

1. **Un polar.**   Quel est votre polar préféré? Racontez une histoire de détective (Sherlock Holmes, Agatha Christie, Grisham, ou autre) au passé simple, et présentez-la à la classe au passé composé.

   commettre un meurtre, un crime / le meurtrier, le criminel / l'arme du crime / un revolver, un poignard (*knife*), le poison / l'autopsie / la blessure / blesser (*to wound*), le sang (*blood*), le corps (*body*), un indice (*clue*) / un alibi / un motif / une preuve (*proof*) / une empreinte (*fingerprint*) digitale / l'ADN (*masc.*) (*DNA*)

2. Vous allez avec des amis à la SPA chercher un chien ou un chat ou un autre animal de compagnie. Imaginez l'entrevue avec l'employé(e) de la SPA et jouez la scène avec deux camarades.

3. Prenez un plan de Paris et imaginez une visite de la ville par le métro, par l'autobus ou un autre moyen de transport (taxi, bicyclette).

Rédactions

1. Imaginez une courte conversation avec un chauffeur de taxi avec qui vous n'êtes pas d'accord.

2. Racontez un hold-up, une scène que vous avez vue à la télévision ou dans un film.

3. **Mes ancêtres.**   Avez-vous jamais pensé au voyage que vos ancêtres firent pour arriver dans le pays où vous vivez maintenant? Imaginez ce voyage, soit par bateau venant d'un pays d'Europe, d'Asie, d'Amérique du Sud ou du Mexique, soit par charrette à travers les plaines et les montagnes. Faites des recherches, inventez, et racontez cette histoire fabuleuse.

4. **Biographie.**   Ecrivez la biographie de votre héros favori ou de votre héroïne favorite historique. Où est-ce qu'il (ou elle) naquit? Où passa-t-il son enfance? Où vécut-il? Quels furent les événements marquants de son enfance? Ecrivit-il un livre? Fut-il mêlé à des moments historiques intéressants? Est-ce qu'il se battit pour le progrès? Eut-il une grande histoire d'amour? Quand et dans quelles circonstances mourut-il? Employez les temps du passé qui conviennent pour une biographie historique.

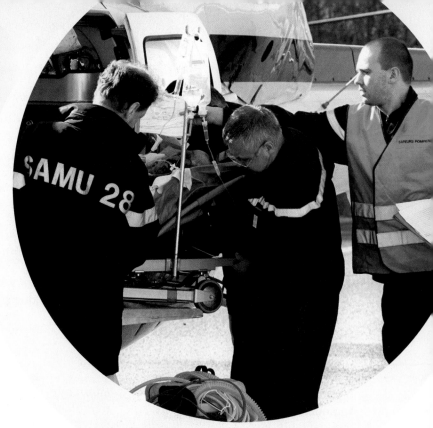

Le nom et l'adjectif:

La santé

Le nom

Le genre des noms de personnes
Le genre des noms de choses
Le pluriel des noms

L'adjectif

Le féminin des adjectifs
Le pluriel des adjectifs
L'accord des adjectifs
La place des adjectifs

Vocabulaire élémentaire

Noms

alcool (*m.*) alcohol
blouse (*f.*) (*here*) scrubs
bouche (*f.*) mouth
carnet (*m.*) notebook
glace (*f.*) mirror; *also* ice cream
joue (*f.*) cheek
miroir (*m.*) mirror
odeur (*f.*) smell
oto-rhino-laryngologie (*f.*) nose and
   throat specialty

rayon (*m.*) **de lumière** ray of light
rhume (*m.*) cold
salive (*f.*) saliva
salle (*f.*) **d'attente** waiting room
santé (*f.*) health
soleil (*m.*) sun
système (*m.*) **immunitaire** immune
   system
visage (*m.*) face
vitre (*f.*) windowpane

Adjectifs

déplorable deplorable, terrible
douloureux (-euse) painful
épouvantable awful

mourant(e) dying
tremblant(e) trembling, shaking

Verbes

affronter to face
aller bien to be in good health
aller mieux to feel better
assurer to ensure, to provide
composer le numéro to dial the number

envahir to invade
interdire to forbid
traverser to cross
respirer to breathe
se réveiller to wake up

Expressions

à la campagne in the country
à lunettes with glasses

en pleine forme shipshape

Vocabulaire actif

accrocher to hang
amaigri thinned down
angoisse (*f.*) anxiety, anguish
annoncer (*here*) to indicate
avaler to swallow
boucher to plug
cabinet (*m.*) **de consultation** doctor's office
débâcle (*f.*) collapse
décrocher (*here*) to pick up the phone
dégagé(e) clear
dépression, déprime (*f.*) depression
se diriger vers to go towards
drap (*m.*) sheet
écran (*m.*) screen
enflé(e) swollen
épuisé(e) exhausted

gorge (*f.*) throat
grelotter to shiver
lampe (*f.*) **torche** flashlight
mal (*m.*) (**les maux,** *pl.*) (*here,*) illness; evil
menton (*m.*) chin
oreiller (*m.*) pillow
panne (*f.*) breakdown
raccrocher to hang up
raisonnement (*m.*) argument
reculer to step back
scotché(e) glued
selon (*prép.*) according to
sournois(e) sly
sueur (*f.*) sweat
tâter to feel
teint (*m.*) complexion
tordu(e) torn

Vocabulaire supplémentaire

Online Study Center
General Resources

La maladie—la visite chez le médecin

ausculter to examine
avoir la nausée to feel nauseated, nauseous
avoir quelque chose to be ill
cachet (*m.*) pill
chirurgien (*m.*) surgeon
comprimé (*m.*) pill
faire des analyses to run tests
faire une cure to have a treatment, to take the waters at a spa
goutte (*f.*) drop
grippe (*f.*) flu
guérir to recover
maison (*f.*) **de repos, de santé** convalescent home

médicament (*m.*) medicine
opération (*f.*) surgery
ordonnance (*f.*) prescription
passer une radio to have an X-ray
pastilles (*f. pl.*) cough drops
pilules (*f. pl.*) pills
piqûre (*f.*) shot, injection
pouls (*m. s.*) pulse
prescrire to prescribe
radio (*f.*) X-ray(s)
se sentir bien, mal to feel good, bad
tension (*f.*) high blood pressure
thermomètre (*m.*) thermometer
tousser to cough
toux (*f.*) cough

Français en couleurs

Quand on se fait mal, on crie **Aïe!** ou bien **Ouille! Ouille! Ouille!** Cette expression indique aussi dans la langue quotidienne que quelque chose ne va pas, va attirer des ennuis. Un **bobo**, dans le langage enfantin, c'est une petite blessure; mais les adultes emploient aussi ce mot. Si on est très malade on va voir **le toubib** (mot arabe passé dans la langue courante) et si c'est grave on peut finir **à l'hosto** (l'hôpital).

Si on est très fatigué, **on est sur les genoux, sur les rotules, on est atomisé, on n'est pas dans son assiette, on est crevé. Crever** s'emploie pour **mourir** en parlant des animaux et veut dire aussi *to blow a tire.* **Avoir la crève**, c'est avoir un gros rhume, une mauvaise grippe. **Un coup de pompe**, c'est un moment de fatigue passagère. **C'est douleur, c'est l'enfer,** décrivent des situations extrêmes, pénibles.

Mais si on est en bonne santé, alors, **on a la pêche, on est en pleine forme, en bonne forme.**

Notez qu'en Afrique, **la pharmacie,** c'est le bistrot.

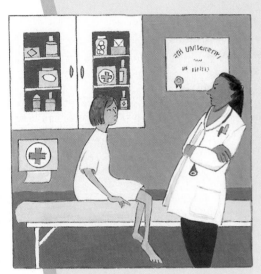

—*Mais bien sûr, Madame, VOTRE diagnostic m'intéresse!*

● Lecture ●

Préparation à la lecture

La Sécurité Sociale (sécu)   C'est le nom du système d'assurance médicale national qui protège tous les Français. Créée en 1945, la Sécurité Sociale a connu de nombreuses transformations et évolutions jusqu'à nos jours. Ce système est en constant déficit, ce qui inquiète beaucoup les Français. «Le trou de la sécu°» est un fréquent sujet de conversation. La Sécurité Sociale rembourse, en moyenne, 70% des frais médicaux. Comme de nombreux Français bénéficient d'une assurance maladie complémentaire ou mutuelle, leurs frais° médicaux sont pratiquement inexistants. C'est sans doute pour cette raison qu'en France on va plus souvent chez le médecin (environ sept fois par an) et qu'on achète plus de médicaments qu'ailleurs en Europe. De nos jours, la plupart des consultations se font dans le cabinet du médecin, mais une visite sur cinq se fait encore à domicile. En France on va aussi souvent chez le pharmacien, qui donne des conseils et aide à résoudre des problèmes de santé bénins.

> **le trou**... the hole in the Social Security budget
>
> frais expenses

Le Sida (*AIDS*)   Depuis son apparition à la fin des années 70, plus de 120 000 personnes ont été infectées par le virus du Sida en France métropolitaine. C'est une équipe de chercheurs français, celle du professeur Montagnier, qui a, la première, isolé le virus de cette terrible maladie. Bien qu'on annonce partout des progrès dans le traitement du Sida grâce à de nouvelles thérapies, la maladie continue à faire des ravages:° huit décès° sur dix concernent les hommes, la plupart entre vingt-cinq et quarante-cinq ans. Cependant la part de contamination et de décès chez les femmes est en hausse.°

> **faire**... to be destructive / death
>
> **en hausse** on the rise

Benoît Duteurtre (1960–)   est né en 1960 en Normandie. Il est l'arrière-petit-fils de René Coty, qui fut président de la République française de 1954 à 1958. Il a fait des études de musique à l'université. Il a écrit des articles pour différents journaux connus (*Paris Match, le Figaro, le Monde de la musique*), des romans et des nouvelles et même une comédie musicale. *Le Voyage en France,* paru en 2001 chez Gallimard, a obtenu un grand succès et a reçu le Prix Médicis.

Traduit dans une dizaine de langues, Benoît Duteurtre continue à publier des romans. Il est également producteur à France Musique où il anime chaque samedi matin son émission, *Etonnez-moi Benoît.*

Dans *Le Voyage en France,* le personnage principal est David, un jeune Américain qui n'a jamais connu son père, un Français. David adore la France et vient y faire un voyage pour découvrir l'endroit où ont vécu, et peint, ses artistes favoris, les impressionnistes. Il va vivre des aventures multiples, avant de rencontrer le narrateur... Le texte que vous allez lire est le début du roman. Le narrateur (vous avez deviné, c'est le père de David) est un «Français moyen»,° d'âge moyen, un peu hypocondriaque.

> **Français**... average French person

Un «grand» malade

Je me suis réveillé, tremblant [...]. Quand j'ai ouvert les yeux sous l'oreiller [...] [i]l faisait chaud mais je grelottais entre les draps trempés de sueur.° [...] D'un pas mal assuré,° je me suis dirigé vers le miroir où j'ai reculé devant mon visage amaigri, mon teint livide. J'ai relevé le menton pour chercher avec effroi les ganglions annonçant l'effondrement prochain du système immunitaire.° Débâcle généralisée? Sida? Simple petit rhume? Cancer de la gorge [...]?

La matinée fut déplorable. Toutes les cinq minutes, je retournais devant la glace pour discerner° [...] si j'étais ou si je n'étais pas mourant, si j'avais l'air épuisé ou en pleine forme [...]. Plus précisément, je pensais à ma gorge douloureuse, enflée, envahie par cette tumeur qui allait boucher la trachée, m'interdire de manger, de boire puis de respirer. [...]

Ce matin, il faut affronter l'épouvantable maladie. Tordu par l'angoisse, je tâte encore ma gorge devant la glace [...]. Je prends ma température qui semble parfaitement normale, preuve que le mal est sournois, probablement incurable. A huit heures trente, j'ouvre mon carnet de téléphone et patiente° encore une demi-heure avant de composer le numéro du seul médecin de mon entourage [...] reconverti dans la création de sites Internet. Il soigne encore quelques clients pour arrondir ses fins de mois,° mais, dès qu'il décroche, quelques mots évasifs me signalent que toute son attention est scotchée sur l'écran de son PC. Impossible de me recevoir ce week-end. [...] Avant de raccrocher, il ajoute que l'hôpital Lariboisière assure, vingt-quatre heures sur vingt-quatre, un service d'urgences d'oto-rhino-laryngologie.

Dans le hall plane° une bonne odeur d'alcool médical. [...]

Des gens attendent [...] sur des chaises en plastique. [...]

L'employé [...] m'apprend° que l'ordinateur est en panne. Il me donne un ticket afin que je revienne° le voir, quand mon numéro s'affichera° dans la salle d'attente. [...] Confiant,° je tâte ma gorge enflée [...]. [J]e me rappelle avoir lu, dans un journal français, que notre système de santé est le meilleur du monde et j'éprouve° une vague fierté. [...]

Un jeune homme à lunettes me pousse dans son cabinet de consultation [...]. Sans un mot, il me fait asseoir dans un fauteuil de dentiste, accroche autour de son crâne une sorte de lampe torche et dirige vers moi un faisceau éblouissant.° Refusant d'ouvrir la bouche sans rien dire, j'entreprends de lui expliquer mes symptômes le plus clairement possible (selon un raisonnement qui conduit logiquement à l'hypothèse du cancer). Mon analyse ne l'intéresse pas. Après avoir plongé plusieurs ustensiles dans mon larynx, l'interne ressort de la cavité en affirmant que je n'ai absolument rien—peut-être un peu trop bu, un peu trop fumé ces derniers jours. [...]

---

trempés... drenched in sweat / **D'un pas...** Staggering

annonçant... indicating the imminent collapse of my immune system
pour... to detect

attend

pour arrondir... to supplement his monthly income

floats

m'apprend (here) informs me / **afin que...** (subj. de revenir) so that I will come back / **s'affichera** (fut. de s'afficher) shows / Full of trust
j'éprouve I feel

faisceau... blinding beam of light

—Comment ça, rien?

Le toubib en blouse blanche s'épanouit° en répétant:

—Votre gorge est impeccable. [...] Vous devez faire un peu de déprime. Profitez donc du soleil! Et si ça ne va pas mieux, revenez la semaine prochaine. [...]

Je marche en titubant° vers le hall d'accueil. Un rayon de lumière traverse les vitres et vient se poser sur ma joue—comme s'il m'appelait, lui aussi, pour un dimanche à la campagne. Je me répète cette phrase: «Profitez donc du soleil!» L'interne a peut-être raison. Avalant ma salive, je sens pour la première fois ma gorge dégagée. ●

s'épanouit lights up, smiles

en titubant staggering

Compréhension du texte

Mots et structures

A. Reconstituez l'ordre des phrases et des actions dans le texte:
1. Je marche en titubant vers le hall d'accueil. Je sens pour la première fois ma gorge dégagée.
2. Un jeune homme à lunettes me pousse dans son cabinet de consultation. Mon analyse n'intéresse pas l'interne.
3. Dans le hall plane une bonne odeur d'alcool médical. Des gens attendent sur des chaises en plastique.
4. Je me suis réveillé tremblant. Toutes les cinq minutes, je retournais devant la glace pour discerner si j'étais ou si je n'étais pas mourant.
5. Ce matin, il faut affronter l'épouvantable maladie.
6. «Votre gorge est impeccable», me dit le toubib.
7. Il soigne encore quelques clients, mais quelques mots évasifs me signalent que toute son attention est scotchée sur l'écran de son PC.
8. Je me rappelle que notre système de santé est le meilleur du monde.

B. Relevez les noms et les adjectifs qui appartiennent au lexique médical.

Questions sur la lecture

1. Décrivez les premiers symptômes du narrateur quand il se réveille.
2. Quelles maladies pense-t-il avoir contractées?
3. Quelles actions montrent qu'il croit être gravement malade?
4. Pourquoi le médecin à qui il téléphone ne veut-il pas le recevoir tout de suite? Quel conseil lui donne-t-il?
5. Expliquez ce qui se passe dans la salle d'attente et les émotions du narrateur.
6. Pourquoi le narrateur est-il fier du système de santé français?
7. Faites le portrait de l'interne qui examine le narrateur. Comment va-t-il examiner le malade?
8. Au début de l'auscultation, qui parle le premier et pourquoi?
9. Quel est le diagnostic de l'interne? Pourquoi le narrateur avait-il mal à la gorge?
10. Quel conseil lui donne l'interne? Que fait le malade et comment se sent-il?

Opinions

1. Que faites-vous lorsque vous tombez malade? Comment réagissez-vous?
2. Les symptômes du narrateur sont (pour lui) réels. Quels traits de caractère est-ce qu'ils indiquent?
3. Faites le portrait d'un hypocondriaque.
4. La «déprime» est une condition qui affecte presque tout le monde, un jour ou l'autre. Comment faites-vous pour vous «remonter le moral»?

Grammaire: *Le nom*

Online Study Center   General Resources

Le genre des noms de personnes

Un nom de personne a un genre, masculin ou féminin, déterminé par le sexe.

un garçon   **une** fille
un homme   **une** femme

1 Pour certains noms masculins terminés par un **-e,** on change simplement l'article pour obtenir un nom féminin.

un artiste   **une** artiste   **un** pianiste   **une** pianiste
un camarade   **une** camarade   **un** secrétaire   **une** secrétaire

2 On ajoute souvent un **-e** au nom masculin pour obtenir un nom féminin.

un ami   **une** amie   **un** gérant   **une** gérante (*manager*)
un employé   **une** employée   **un** avocat   **une** avocate

(**Exception:**)   **un** enfant   **une** enfant (sans **-e**)

Placé après une voyelle, ce **-e** n'est pas prononcé. Placé après une consonne, il n'est pas prononcé, mais la consonne qui précède est prononcée, parfois redoublée. Remarquez les changements orthographiques dans le tableau suivant:

-er → -ère	un boulanger	une boulangère (*baker*)
	un infirmier	une infirmière (*nurse*)
-on → -onne	un patron	une patronne (*owner, boss, manager*)
-ien → -ienne	un mécanicien	une mécanicienne (*mechanic*)
	un informaticien	une informaticienne (*computer scientist, technician*)
-an → -anne	un paysan	une paysanne (*peasant*)

3 Les noms masculins en **-eur** ont leur féminin en **-euse**.

un coiff**eur**   une coiff**euse**   un vend**eur**   une vend**euse**

4 Les noms masculins en **-teur** ont leur féminin en **-trice**.

un ac**teur**   une ac**trice**   le direc**teur**   la direc**trice**
un institu**teur**   une institu**trice**

Exceptions: le chan**teur**   la chan**teuse**   le men**teur**   la men**teuse** (*liar*)

5 Certains noms masculins ont leur féminin en **-esse**. Il y a beaucoup de noms apparentés (*cognates*) dans cette catégorie.

le prince   la princ**esse**   le duc   la duch**esse**   le dieu   la dé**esse**
le comte   la comt**esse**   le tigre   la tig**resse**

6 Certains noms sont toujours masculins, même pour désigner une femme.

un bébé   un peintre   un mannequin (*model*)
un médecin   un ingénieur (*engineer*)   un professeur
un chef   un docteur

Remarques:

- Si on veut préciser, on dit une **femme peintre**, une **femme médecin**.
- Les jeunes Français disent «**la prof**» pour une **femme professeur**.
- Les mots **écrivaine** (*writer*) et **auteure** (*author*) ont été récemment créés et deviennent populaires.
- Certains noms de profession masculins deviennent féminins si on ajoute l'article **la: la ministre, la juge, la guide**. Il existe un féminin familier pour **le docteur: la doctoresse**, mais les femmes médecins préfèrent qu'on les appelle **Madame le docteur**.

7 Certains noms sont toujours féminins, même pour désigner un homme.

une personne   une vedette (*movie star*)   une victime

8 Certains noms ont un mot spécial pour le féminin.

le mâle   la femelle   le roi   la reine
le garçon   la fille   le garçon (*waiter*)   la serveuse (*waitress*)
un homme   une femme   un monsieur (*gentleman*)   une dame (*lady*)

9 **La famille.** Remarquez les noms des membres d'une famille.

le mari   la femme   le neveu   la nièce
l'époux   l'épouse   le grand-père   la grand-mère
le père   la mère   le petit-fils (*grandson*)   la petite-fille
le fils   la fille   le parrain (*godfather*)   la marraine (*godmother*)
le frère   la sœur   le jumeau (*twin*)   la jumelle
l'oncle   la tante

10 Les noms d'animaux suivent les mêmes règles.

>   le chien   la chienne   le chat   la chatte

Il y a parfois un nom spécial pour le féminin.

>   le coq (*rooster*)   la poule (*hen*)
>   le taureau (*bull*)   la vache (*cow*)
>   le cheval (*horse*)   la jument (*mare*)

Quand l'animal a seulement un nom d'espèce, on ajoute **mâle** ou **femelle**.[1]

>   une souris (*mouse*) **mâle**   un poisson **femelle**

11 Les prénoms français ont des formes masculines et des formes féminines qui suivent les règles précédentes.

Dominique	Dominique	Christian	Christiane
René	Renée	Jean	Jeanne
André	Andrée	Julien	Julienne
Simon	Simone	Jules	Juliette

Exercices

A. Complétez les phrases avec le nom du genre opposé au nom en italique.

1. M. Dupont est *infirmier*. Sa femme aussi est _____.
2. Les Renault sont *le patron* et _____ du café de la Gare.
3. Préférez-vous *une avocate* ou _____ pour vous défendre?
4. Au musée il y a *un guide* et _____.
5. Johnny Halliday est *un chanteur* connu en France. Son ex-épouse, Sylvie Vartan, est _____ connue aux Etats-Unis.
6. Mme Merle est *informaticienne*. Son mari n'est pas _____.
7. *Le marquis* et _____ de Carrabas sont en voyage.
8. Qui voulez-vous voir dans ce cabinet: *le docteur* Henri Malraux ou sa femme, _____ Suzanne Malraux?
9. Pour leur mariage, mes amis ont engagé *un musicien* et _____.
10. Connaissez-vous *le duc* et _____ de Belfort?
11. Christiane est *une amie* fidèle. Mais le frère de Christiane n'est pas _____ fidèle.
12. Ma mère est *une personne* remarquable. Mon père aussi est _____ remarquable.

---

[1] Les noms-adjectifs «mâle» et «femelle» ne s'emploient que pour les animaux. Employés pour des personnes, ces mots sont considérés comme grossiers (*rude*) ou péjoratifs (*derogatory*). Dites: homme ou femme (noms), masculin ou féminin (adjectifs).

B. Complétez les phrases suivantes avec un nom du genre opposé du nom en italique.

> **Modèle:** J'ai un *frère* et deux _____.
> J'ai un frère et deux **sœurs**.

1. Mon _____ et ma *tante* viennent dîner. 2. Avez-vous vu le film *Cousin*, _____? 3. Lassie est un *chien*. Non, c'est une _____. 4. Comment dit-on quand, au restaurant, le *garçon* est une _____?—On dit: «Mademoiselle, s'il vous plaît.» 5. Le *boulanger* fait le pain et la _____ est derrière le comptoir. 6. Mon *prof* de philo est un *homme*, et ma _____ de latin est une _____. 7. Allez-vous chez un *coiffeur* ou une _____? 8. Azouz Begag n'est pas *instituteur*, mais Mme Valard était _____. 9. La *sœur* jumelle de *Simone* s'appelle *Pierrette*, et le _____ de S_____ s'appelle P_____. 10. Dans cette ferme, il y a un *cheval* et une _____, un *taureau* et des _____, des *poules* et un _____, un *chat* et une _____.

C. Quelle est l'activité ou la profession des personnes suivantes?

1. Caroline de Monaco, c'est _____.
2. Michael Jackson, c'est _____.
3. Mariâma Ba, c'est _____.
4. Julia Roberts, c'est _____.
5. Picasso, c'est _____.
6. Céline Dion, c'est _____.
7. Tom Cruise, c'est _____.
8. Elizabeth II, c'est _____.

Le genre des noms de choses

1 Pour les noms de choses, quelquefois la terminaison permet d'identifier le genre du nom. Le tableau suivant présente certaines terminaisons courantes du masculin ou du féminin, avec des exceptions.

Masculin	Exceptions courantes	Féminin	Exceptions courantes
-able le sable (*sand*)	la table	**-ade** la promenade (*walk*) la limonade	
-age le garage	la plage la cage la page une image		
-ail le travail		**-aille** la trouvaille (*interesting finding*)	

(cont.)

Masculin	**Exceptions courantes**	**Féminin**	**Exceptions courantes**
-aire		**-aine**	
le dictionnaire	la grammaire	la douzaine	
-al		**-ance**	
le journal		la connaissance	
		la correspondance	
-ant		**-ence**	
le restaurant		la science	le silence
-eau		**-ée**	
le manteau	une eau	une allée	le lycée
le tableau	la peau (*skin*)	une idée	le musée
		-eur	
		la longueur	le bonheur
		la largeur	le malheur
		la hauteur	l'honneur
		(*mots abstraits formés sur des adjectifs*)	
-c, -r, -g		**-esse**	
le banc		la promesse	
le bar			
le rang			
-euil		**-ice**	
le fauteuil		la justice	un artifice
		la police	le supplice
		-ie	
		la boucherie	le génie
		la folie	un incendie
			le parapluie
-et		**-ette**	
le jardinet		la cigarette	le squelette
		-ique	
		la politique	
-ier		**-té**	
le cahier		la liberté	un été
		-ion	
		la réunion	un avion
		la télévision	le camion
			un million
-isme		**-tion**	
le communisme		la conversation	

(cont.)

Masculin	Exceptions courantes	Féminin	Exceptions courantes
-ment		**-tude**	
un appartement		la certitude	
le gouvernement			
		-ture	
		la nature	
-oir		**-oire**	
le devoir		une histoire	le laboratoire
			le répertoire
-a, -o, -ou		**-on**	
le cinéma		la leçon	le poisson
le piano		la maison	le soupçon
le trou			

2 Certaines catégories de noms ont le même genre. Les noms d'arbres (**le peuplier, l'oranger**) sont masculins, et aussi les noms de métaux et de couleurs (**l'or, l'argent, le bleu**), les noms de langues (**le français**), les noms de jours et de saisons (**le jeudi, le printemps**). Les noms de sciences (**la physique, la chimie**) sont féminins.

3 Deux mots—**après-midi, interview**—sont masculins ou féminins. On a le choix: **un après-midi** ou **une après-midi, un interview** ou **une interview.**

4 Quelques mots ont deux genres et ont un sens différent au masculin et au féminin.

le crêpe (*crepe fabric*)	la crêpe (*pancake*)
le livre (*book*)	la livre (*pound*)
le manche (*handle*)	la manche (*sleeve*)
le mort (*dead man*)	la mort (*death*)
le poêle (*heating stove*)	la poêle (*frying pan*)
le poste (*job*)	la poste (*post office*)
le tour (*tour*)	la tour (*tower*)

5 Les noms de pays ont un genre: **le Maroc, la Belgique.** Voir chapitre 7, "Emplois spéciaux de l'article défini", page 155 et dans le Student Website.

E x e r c i c e s

D. Dans les phrases suivantes, mettez l'article qui convient (**le, la, l', un, une**) devant les noms entre parenthèses.

1. Quelle saison préférez-vous? (printemps, automne ou hiver?)
2. Nous étudions (géographie, espagnol, leçon).
3. Calculez (longueur, hauteur, temps).
4. C'est [un, une] (invention, histoire, malheur) extraordinaire.
5. Ne mettez pas les fleurs sur (ordinateur, piano, table).
6. (lycée, pharmacie, laboratoire) sont dans la même rue.
7. Elle se pose des questions sur (amour, vieillesse, mort).
8. J'entends [un, une] (oiseau, bruit, chanson).
9. J'aime (mer, sable, plage, eau, soleil).
10. Mettez (paquet, salade, gâteau) sur la table.
11. (château de Versailles, tour Eiffel, musée du Louvre) sont des sites magnifiques.
12. La constitution promet (justice, liberté, égalité) pour tous.
13. C'est [un, une] (après-midi, jeudi, quinzaine) superbe.
14. Il y a [un, une] (image, dictionnaire, cahier) sur le bureau.
15. Elle étudie (catéchisme, grammaire, politique).
16. Il y a [un, une] (parapluie, mannequin, squelette) dans le placard?
17. Son frère a [un, une] (garage, maison, appartement).
18. Le docteur prescrit [un, une] (médicament, piqûre, promenade au soleil).
19. Je fais signe à (employé, toubib, interne).
20. Le médecin examine (gorge, visage, larynx) du malade.

E. Dans les phrases suivantes, mettez l'article qui convient (**un, une, le, la, du**) devant le nom.

1. _____ crêpe de cette robe est très délicat.
2. Pour la Chandeleur on fait des crêpes: on prend _____ manche de _____ poêle dans une main et on fait sauter ___ crêpe en l'air.
3. Pendant _____ tour du château, les touristes visitent _____ tour.
4. Gabriel vient d'obtenir _____ poste à _____ poste: il trie (*sorts out*) le courrier.

Le pluriel des noms

1 Pour former le pluriel de la plupart des noms on ajoute un **-s** au singulier.

Remarques:

- Les noms terminés en **-s, -x** ou **-z** ne changent pas: le **pas**, les **pas**; le **nez**, les **nez**; la **voix**, les **voix**.
- Certains noms d'origine anglaise ont leur pluriel en **-s** ou **-es**: un match, des matchs *ou* des matches; un sandwich, des sandwichs *ou* des sandwiches. *Mais* on dit des **toasts**, des **sports**.

2 Voici un tableau des terminaisons d'autres pluriels particuliers.

Terminaisons	Singulier	Pluriel	Exceptions communes
-ail → -ails	le chandail (*sweater*)	les chandails	les travaux (*works*)
	le détail	les détails	les vitraux (*stained-glass windows*)
-al → -aux	le cheval	les chevaux	les bals
	le journal	les journaux	les festivals
			les récitals
-au → -aux	le tuyau (*hose, pipe*)	les tuyaux	les landaus (*baby carriages*)
-eau → -eaux	le château	les châteaux	
	le manteau	les manteaux	
-eu → -eux	le jeu (*game*)	les jeux	les pneus (*tires*)
	le neveu	les neveux	
-ou → -ous	le clou (*nail*)	les clous	les bijoux (*jewels*)[1]
	le sou (*cent*)	les sous	les cailloux (*stones*)
			les choux (*cabbages*)
			les genoux (*knees*)
			les hiboux (*owls*)
			les joujoux (*toys*)
			les poux (*lice*)

[1] Seuls ces sept noms en **-ou** ont leur pluriel en **-oux**.

3 Quelques noms courants ont un pluriel irrégulier.

un monsieur	des messieurs	un bonhomme	des bonshommes
madame	mesdames	un jeune homme	des jeunes gens
mademoiselle	mesdemoiselles		

4 Les noms propres ne prennent pas de **-s.**

les Dupont   les Renaud

5 Dans les noms composés qui sont formés avec des noms et des adjectifs, les noms et les adjectifs s'accordent en nombre.

les grands-parents   les petits-enfants

> **Remarque:** Le pluriel de grand-mère est grand-mères ou grands-mères.

6 Quand les noms composés sont formés avec des verbes, les verbes sont invariables; le nom qui suit reste au singulier si son emploi est généralement au singulier.

les gratte-ciel (*skyscrapers*)   les lave-vaisselle (*dishwashers*)

7 Quand les noms composés sont formés avec des mots invariables (préposition, nom toujours singulier), ces mots restent invariables.

les après-midi   les hors-d'œuvre

8 La prononciation des pluriels suivants est irrégulière.

un œuf   des œufs /ø/   un bœuf   des bœufs /bø/   un œil   des yeux /jø/

Exercices

F. Complétez les phrases suivantes en mettant au pluriel les noms donnés en italique.

1. Elle achète un *chapeau*. On achète des _____ au marché.
2. Vous avez un *cheval*? Oui, nous possédons plusieurs _____.
3. Il oublie ce *détail*. Ces _____ sont très importants.
4. J'ai un *pneu* crevé (*flat*). Les _____ de ma voiture sont usés.
5. Avez-vous un *sou*? Oui, j'ai des _____.
6. *Monsieur* et *madame*. _____ et _____.
7. «J'ai mal à l'*œil*», dit-il. Il a toujours mal aux _____.
8. Sais-tu ta *leçon*? Je sais toujours mes _____.
9. Ce jeune *homme* est sérieux; ces jeunes _____ aussi sont sérieux.
10. Ma *grand-mère* est gentille; les _____ sont toujours gentilles.
11. Cléopâtre avait un *nez* remarquable. Connaissez-vous des _____ remarquables?
12. Mon *travail* est plus difficile que tes _____.
13. Elle a un *caillou* blanc et quatre _____ noirs.
14. Le Monopoly est un *jeu* de société. Il déteste les _____ de société.
15. Le fer est un *minéral*; notre corps utilise des _____.
16. Cendrillon n'allait jamais au *bal*. Finalement, elle est allée à trois _____.

G. Complétez les phrases suivantes en mettant au singulier les noms donnés en italique.

1. Il y avait des *clous* sur la route. J'ai marché sur un _____.
2. Au cimetière, les *croix* sont différentes. J'ai vu une _____ bretonne.
3. En France, il y a beaucoup de *festivals* de théâtre en été. Je préfère le _____ d'Avignon.
4. La chanson dit: «Savez-vous planter les *choux*?» Beaucoup de personnes n'aiment pas le _____.
5. On sert les *hors-d'œuvre* au début d'un repas. La salade de tomates est un _____.
6. Les *printemps* sont souvent pluvieux en France. Cette année, le _____ a été superbe.
7. Marie adore ses *neveux*. Son _____ favori habite à la Martinique.
8. Robert Desnos a écrit un poème qui parle de *hiboux*. Le _____ est un oiseau qui dort le jour et chasse la nuit.

H. Trouvez dans la liste suivante le nom qui convient pour compléter les phrases suivantes; mettez-le au pluriel ou au singulier selon le cas et répondez oralement aux questions.

un bijou	un lave-vaisselle	un oiseau
un château	un manteau	un porte-monnaie
un général	un match	un sandwich
un gratte-ciel	un métal	un vitrail
un journal		

1. Il achète le _____, il le lit tous les jours. A quoi servent les _____?
2. L'aigle (*eagle*) est un _____. Connaissez-vous d'autres _____?
3. On trouve des _____ magnifiques dans la cathédrale de Notre-Dame de Paris. En général que représente-t-on sur un _____?
4. Ils ne lavent plus eux-mêmes les plats et les assiettes, ils ont acheté un _____. Quels sont les avantages des _____?
5. Le _____ Eisenhower fut aussi président. Connaissez-vous d'autres _____?
6. Elle ne regarde jamais les _____ de football. Et vous, y a-t-il un _____ que vous aimez regarder?
7. La reine Elizabeth d'Angleterre possède des _____ magnifiques. Et vous, avez-vous un _____ préféré?
8. Nous faisons un pique-nique. Je prépare les _____. Que peut-on mettre dans un _____?
9. Le long de la Loire, on trouve beaucoup de _____. Qui vivait dans les _____? Connaissez-vous un _____?
10. Le fer (*iron*) et le cuivre (*copper*) sont des _____ communs. Connaissez-vous un _____ rare? un _____ cher? un _____ utile?
11. L'Empire State Building est un _____ connu. Où se trouve ce _____? A quoi servent les _____?
12. J'ai perdu mon _____. Je n'ai plus de sous. Dans quel magasin trouve-t-on des _____?
13. L'hiver, elle aime ce _____ confortable. A quoi servent les _____?

Grammaire: *L'adjectif*

Online Study Center   General Resources

Le féminin des adjectifs

1 Un grand nombre d'adjectifs sont semblables au féminin et au masculin; ils se terminent par un **-e.**

jeune   rapide   facile   ordinaire   magnifique

2 Pour beaucoup d'adjectifs dont le masculin n'a pas de **-e** final, on ajoute un **-e** pour former le féminin.

grand   grand**e**   bleu   bleu**e**
vert   ver**te**   général généra**le**

3 D'autres adjectifs changent d'orthographe ou de terminaison au féminin. Certains changements sont identiques aux changements des noms.

Terminaisons				Exceptions communes	
masculin féminin	masculin	féminin		masculin	féminin
-er → -ère	cher	chère (*expensive, dear*)			
-ier → -ière	dernier	dernière (*last*)			
-eur → -euse	travailleur (*hard-working*)	travailleuse		meilleur supérieur inférieur intérieur	meilleure supérieure inférieure intérieure
-teur → -teuse	menteur	menteuse			
→ -trice	créateur	créatrice			
-en → -enne	européen	européenne			
-ien → -ienne	canadien	canadienne			
-on → -onne	bon	bonne			
-el → -elle	naturel	naturelle			
-eil → -eille	pareil	pareille			
-et → -ette	coquet	coquette		complet secret	complète secrète
-f → -ve	neuf (*brand-new*) bref (*concise*) actif sportif	neuve brève active sportive			
-x → -se	amoureux heureux (*happy*) jaloux (*jealous*)	amoureuse heureuse jalouse		doux faux	douce fausse (*false*)

4 Les cinq adjectifs suivants sont tout à fait irréguliers au féminin, et ils ont aussi une deuxième forme au masculin devant un mot qui commence par une voyelle ou un **h** muet.

masculin	féminin	masculin (deuxième forme)
beau	belle	bel
fou (*crazy*)	folle	fol
mou (*soft*)	molle	mol
nouveau	nouvelle	nouvel
vieux	vieille	vieil

un **beau** bateau   une **belle** pomme   un **bel** homme

5 Voici d'autres féminins irréguliers à retenir:

masculin	féminin	
blanc	blanche	(*white*)
favori	favorite	(*favorite*)
frais	fraîche	(*fresh, cool*)
grec	grecque	(*Greek*)
long	longue	(*long*)
public	publique	(*public*)
sec	sèche	(*dry*)
turc	turque	(*Turkish*)

E x e r c i c e s

I. Utilisez chacun des adjectifs proposés dans une phrase à la forme affirmative ou négative:

Modèle: La Joconde (*Mona Lisa*) de Léonard de Vinci est une peinture _____ (mystérieux / mineur / célèbre).
*La Joconde de Léonard de Vinci est une peinture **mystérieuse**. La Joconde n'est pas une peinture **mineure**. La Joconde est une peinture **célèbre**.*

1. *Les Misérables* de Victor Hugo est une œuvre _____ (français / intéressant / existentialiste).
2. La tour Eiffel est une construction _____ (laid / belge / impressionnant).
3. La crème au chocolat est une crème _____ (délicieux / apprécié / salé).
4. La fusée Ariane est une fusée _____ (rapide / cher / performant).
5. Ma chambre est une pièce _____ (clair / frais / bien rangé).
6. Mon médecin est une personne _____ (dynamique / actif / cultivé).
7. Québec est une ville _____ (ancien, ravissant, suisse).
8. Le brie est un fromage avec une pâte _____ (mou / blanc / épicé).

J. Donnez le féminin des adjectifs en italique dans les groupes suivants.

Un malade imaginaire   1. Il y avait un vent *frais*, une brise _____, ce jour-là.
2. Soudain, je sentis que mon front était *sec*, ma gorge était _____.   3. Je ressentis dans tout mon corps un mal *fou*, une souffrance _____.   4. Je traversai à la hâte le jardin *public*, puis la place _____.   5. J'entrai dans mon hôpital *favori*, puis ma salle d'urgence _____.   6. Un *vieil* homme et une _____ femme étaient assis dans la salle d'attente. Je les connaissais bien: eux aussi étaient des habitués des urgences.
7. J'ai attendu pendant un *long* moment. L'attente m'a paru _____.   8. Enfin, une infirmière qui portait un corsage *blanc* sous sa blouse _____ se dirigea vers moi. Elle aussi je la connaissais bien: elle me sourit et d'un air amical me fit signe de la suivre.
9. En sortant de l'hôpital, tout joyeux d'avoir survécu, je suis allé dans un restaurant *grec* et j'ai mangé une baklava, une bonne pâtisserie _____.

Le pluriel des adjectifs

1 Le pluriel des adjectifs se forme comme le pluriel des noms. On ajoute généralement un **-s** au masculin et au féminin.

2 Voici un tableau d'autres terminaisons communes au masculin pluriel.

Terminaisons	Singulier	Pluriel	Exceptions	
-s → -s	gros	gros		
-x → -x	faux	faux		
	vieux	vieux		
-eau → -eaux	nouveau (*new*)	nouveaux		
-eu → -eux	hébreu	hébreux	bleu	bleus
-al → -aux	spécial	spéciaux	final	finals
	général	généraux	fatal	fatals
	idéal	idéaux		

E x e r c i c e

K. Dans les phrases suivantes, mettez au singulier le groupe nom-adjectif qui est au pluriel.

1. En France, les *journaux provinciaux* sont très importants. «Le Courrier de l'Ouest» est un _____.
2. Certaines décisions sont quelquefois des *choix heureux*. Votre décision de vous marier est un _____.
3. Les *voix douces* des enfants me charment, la _____ de votre fille en particulier.
4. Quand on a la fièvre, le docteur recommande de prendre des *boissons fraîches*. Voici une _____.
5. Je n'aime pas les *jeunes gens jaloux*. Guillaume est un _____.
6. Pour devenir docteur, il faut avoir des *connaissances spéciales*. L'anatomie est une _____.
7. Cet auteur écrit des *livres confus*. Sa grammaire française est un _____.
8. Elle a les *yeux bleus*. Son frère a un _____ et un _____ vert.

L'accord des adjectifs

1 L'adjectif s'accorde en genre et en nombre avec le nom qu'il modifie.

un garçon intelligent — des garçons intelligent**s**
une fille intelligen**te** — des filles intelligen**tes**
une mère et une fille intelligen**tes**

Remarques:

- Après **c'est,** l'adjectif ne s'accorde pas.

    C'est **intéressant,** cette histoire.   C'est **grand,** Montréal!

- Après **quelqu'un de, quelque chose de, personne de, rien de,** l'adjectif ne s'accorde pas.

    Mme Loiseau est **quelqu'un d'important.**

2 Si l'adjectif modifie deux ou plusieurs noms singuliers de genres différents, l'adjectif est toujours au masculin pluriel.

    un père et une fille intelligen**ts**

3 Les adjectifs de couleurs communs s'accordent en genre et en nombre.

masculin	féminin	masculin pluriel	féminin pluriel
blanc	blanche	blancs	blanches
bleu	bleue	bleus	bleues
gris	grise	gris	grises
noir	noire	noirs	noires
vert	verte	verts	vertes

4 Les adjectifs suivants ne s'accordent pas.

    a. Les adjectifs qui sont aussi des noms de plantes ou de fruits

       orange   **cerise** (*cherry*)   **marron** (*chestnut*)   **fuchsia**   **lavande**
       les murs **orange**   des robes **cerise**   une blouse **marron**

    b. Les adjectifs formés de deux mots

       bleu marine (*navy blue*)   **vert foncé** (*dark green*)   **rose clair** (*light pink*)
       des yeux **bleu clair**   une robe **vert foncé**

Remarque: Un adjectif de couleur devient un nom de couleur si on l'emploie avec un article masculin.

       le bleu (*the color blue*)   **le vert** (*the color green*)

5 Voici des adjectifs pour décrire la couleur des cheveux.

       brun / **brune** (*dark hair*)   **roux** / **rousse** (*red hair*)   **blond** / **blonde**
       châtain (*chestnut brown*)

Remarques:

- **Châtain** (*chestnut brown*) ne s'accorde pas.
- **Une brune, une blonde, une rousse** = *a brunette, a blond, a redhead.*
- Si on emploie un article, l'adjectif devient un nom de personne. **Un grand brun, un petit blond** = *a tall brown-haired man, a short blond.*

⑥ Les adjectifs **chic** et **snob** ont une seule forme au singulier et au pluriel. (**Snob** s'accorde au pluriel quand c'est un nom.)

> Mon frère porte toujours une cravate **chic** quand il sort.
> Ces femmes sont **chic** et pas **snob**.
> Les **snobs** vivent dans les quartiers **chic**.

Exercices

L. Complétez les phrases suivantes en mettant le groupe de mots entre parenthèses au pluriel.

1. (travail forcé) Les criminels sont condamnés aux _____.
2. (examen final) Ce semestre, j'ai plusieurs _____.
3. (beau nez grec) Va au musée d'Héraklion, tu verras des quantités de _____.
4. (caillou bleu) L'aquarium est rempli de _____.
5. (vieux rail) Sur la ligne du TGV, on ne met pas de _____.
6. (genou propre) Quand l'enfant joue dans la terre rouge, il n'a plus les _____.
7. (joli tableau) Dans son salon, ma tante met de _____ aux murs.
8. (nouveau pas) Elle apprend les _____ d'une danse.

M. Complétez les phrases suivantes avec la forme correcte de l'adjectif entre parenthèses.

1. Il a pris des décisions (final).
2. Claire s'achète des robes (chic).
3. Robert porte des cravates (orange).
4. Le professeur dit quelque chose d'(intéressant).
5. Nous n'aimons pas les garçons (snob).
6. Les jeunes filles (roux) ont la peau (clair).
7. Ce ne sont pas des travaux (spécial).
8. Jacqueline s'est fait teindre les cheveux. Maintenant, ils sont (châtain).
9. Nos voisins ont une fille et un fils (sportif).
10. Ce jour-là, Renée portait une robe (bleu clair) et des chaussures (marron).

La place des adjectifs

① Les adjectifs se placent généralement *après* le nom.

> un voyage **extraordinaire**   une ordonnance **simple**

Dans la langue écrite surtout, certains adjectifs peuvent être placés avant le nom pour produire un effet spécial, emphatique.

> Ils ont fait un **excellent** voyage.   C'est une **splendide** pharmacie.

2 On place *avant* le nom les adjectifs courts et courants suivants:

autre	gentil	haut	long	nouveau	vieux
bon	grand	jeune	mauvais	petit	vilain
beau	gros	joli	meilleur	premier	vrai

une **autre** nuit   une **jolie** fille

un **bon** vin   le **premier** jour

(**Attention:**) **Haut, long, faux** et **vrai** peuvent se placer avant ou après le nom.

une **longue** histoire   une robe **longue**   un **faux** numéro   une réponse **fausse**

3 Si un nom est déterminé par deux adjectifs, un qui se place avant, l'autre qui se place après, on met chacun à sa place.

une **petite** maison **blanche**   un **joli** chapeau **français**

Si les deux adjectifs se placent après, ils peuvent être simplement juxtaposés ou séparés par **et.**

un film **italien sensationnel**   un manteau **chaud et élégant**

Si les deux adjectifs précèdent le nom, l'ordre est généralement fixe, pour certains adjectifs communs.

un **joli petit** chien   son **premier grand** bal

un **beau grand** garçon   un **bon gros** chien

Mais on peut aussi placer les deux adjectifs après le nom, avec **et.**

une princesse **jeune et jolie**   un monsieur **vieux et gentil**

4 Certains adjectifs changent de place et de sens. Comparez les groupes suivants:

	avant le nom	après le nom
ancien	*former*	*ancient*
	une **ancienne** pharmacie	une horloge **ancienne**
brave	*fine, good*	*brave*
	un **brave** garçon	un soldat **brave**
certain	*particular*	*sure*
	un **certain** docteur Spock	une preuve **certaine**
cher	*dear*	*expensive*
	mon **cher** ami	un bijou **cher**
dernier	*final*	*previous*
	son **dernier** voyage	la semaine **dernière**
		(cont.)

	avant le nom	**après le nom**
grand	*famous*	*tall*
	un **grand** compositeur	un homme **grand**
même	*same*	*very*
	la **même** robe	ce jour **même**
pauvre	*unfortunate*	*penniless*
	ma **pauvre** amie	des amis **pauvres**
propre	*own*	*clean*
	sa **propre** ordonnance	des cheveux **propres**
sale	*nasty*	*dirty*
	une **sale** histoire	des mains **sales**
seul	*only*	*single, lonely*
	un **seul** jour	un ami **seul**

Exercices

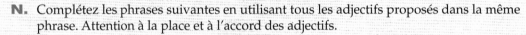

N. Complétez les phrases suivantes en utilisant tous les adjectifs proposés dans la même phrase. Attention à la place et à l'accord des adjectifs.

Modèle: Il porte une blouse (grand, blanc).
Il porte une grande blouse blanche.

1. C'est un docteur (jeune, américain).
2. Léopold Senghor est un écrivain (grand, sénégalais).
3. Allez dans la salle d'attente (petit, jaune).
4. Elle a un chien (grand, gris).
5. C'est un hôpital (beau, moderne).
6. C'est de la crème (frais, supérieur).
7. Vous avez un rhume (simple, petit).
8. Vous avez un garçon (gentil, petit).
9. Regardez les ballons (gros, orange)!
10. Je n'ai pas lu cette comédie (mauvais, italien).
11. Tu as une robe (joli, mexicain).
12. Allons à ce restaurant (français, bon)!
13. C'est une maladie (nouveau, incurable).
14. Cette ville a des services (médical, déplorable).
15. Ce sont des pastilles (efficace, nouveau).
16. Les clientes du médecin sont des dames (vieux, québécois).

O. Complétez les phrases suivantes en répétant le nom en italique avec un des adjectifs de la liste suivante. Certains adjectifs peuvent être employés plus d'une fois.

ancien   brave   cher   dernier   pauvre   propre   sale

1. Le docteur remplit son *ordonnance* personnelle. Il remplit sa _____.
2. Le musée d'Orsay était autrefois une gare. C'est une _____ gare.
3. Ce *millionnaire* a des chagrins d'amour et beaucoup de malheurs dans sa vie. C'est un _____.
4. Votre *voiture* coûte plus de 20 000 dollars? C'est une _____.
5. Cet *homme* a des qualités: il est gentil, généreux. C'est un _____.
6. Après ce *repas*, c'est fini, il n'y en a plus: c'est le _____.
7. Vous n'avez pas donné de bain à votre *chien* depuis des mois: vous avez un _____.
8. Cette pièce, qui était autrefois une *salle de bains*, est maintenant un placard: c'est une _____.
9. J'ai des *cousins* qui n'ont pas du tout d'argent. Ce sont des _____.
10. Cette *affaire* est très difficile, pleine de complications: c'est une _____.
11. Un médecin se lave les *mains* avant d'examiner son malade. Il doit avoir les _____.
12. La *semaine* qui a précédé, j'ai eu trois examens. Quel travail j'ai eu, la _____.

Suppléments de grammaire

LES ADVERBES EN -MENT

1 Un grand nombre d'adverbes de manière sont formés d'adjectifs + le suffixe **-ment**: **rapidement, honnêtement.** Ils correspondent aux adverbes qui se terminent en *-ly* en anglais: *rapidly, honestly.*

Remarques:

- On ajoute **-ment** au féminin de l'adjectif: **naïvement, effectivement.**
- Les adjectifs terminés par une voyelle perdent le **-e** du féminin: **vraiment, joliment.**
- Les adjectifs en **-ent** et **-ant** ont des adverbes en **-emment** et **-amment** (la prononciation est /amã/): étonnant → **étonnamment.**
- Certains adverbes ont une terminaison en **-ément: énormément, précisément.**

Attention: N'ajoutez pas **-ment** à l'adverbe **vite**: vous parlez **rapidement** = vous parlez **vite.**

2 L'adverbe n'est jamais placé entre le sujet et le verbe comme en anglais. Il est placé après le verbe ou devant l'adjectif.

Je le vois **rarement.**   *I **rarely** see him.*
Ce n'est pas **vraiment** beau.   *It is not **really** beautiful.*

Exercice

P. Formez des adverbes en **-ment** avec les adjectifs indiqués entre parenthèses et placez-les dans les phrases.

1. Ne parlez pas (nerveux, grossier, sec).
2. Il faut raisonner (intelligent, patient, précis).
3. Ils se sont parlé (simple, nerveux, récent).
4. Elle marche (gracieux, lourd, mou).
5. Ils s'aiment (passionné, fou, jaloux).
6. Tu travailles (courant, silencieux, brave).
7. Tu me blesses (horrible, cruel, énorme).

PLURIELS ET SINGULIERS

1 Certains mots français sont toujours employés au pluriel.

les fiançailles (*betrothal*)　　les mathématiques (*math*)
les mœurs (*mores, habits*)　　les environs (*surroundings*)
les frais (*expenses*)

2 Certains mots français généralement employés au pluriel changent de sens quand ils sont employés au singulier.

les vacances (*vacation*)　　la vacance (*vacancy*)
les devoirs (*homework*)　　le devoir (*duty*)
les ciseaux (*scissors*)　　le ciseau (*chisel*)

3 Certains mots français au pluriel correspondent à des mots anglais singuliers.

les renseignements (*information*)
les gens (*people*)
les nouilles (*pasta*)
les échecs (*chess*)

4 Certains mots français singuliers correspondent à des mots anglais pluriels.

la vaisselle (*dishes*)
le mode d'emploi (*directions*)

Exercice

Q. Dans les phrases suivantes, mettez le mot qui convient, au singulier ou au pluriel. Choisissez un mot de la liste ci-dessous.

les vacances / la vacance / les devoirs / le devoir / les renseignements / les gens / les échecs / les environs / la vaisselle / le mode d'emploi

1. Pendant _____, Georges a travaillé dans un grand magasin, parce qu'il y avait _____ au département «chaussures».
2. Le _____ d'un écolier, c'est d'abord de faire _____.
3. Robert ne sait pas lire _____ sur le lave-vaisselle, alors il ne fait pas _____.
4. Tu ne joues pas au bridge? Non, mais je joue _____.
5. Avez-vous _____ sur ce village, la campagne et _____?

Synthèse

Online Study Center **Improve Your Grade**

Applications

I. Les qualités et les défauts. Trouvez dans la liste suivante un groupe de trois qualités ou défauts qui décrivent la personne ou la chose présentée dans chaque phrase. Attention: certaines phrases peuvent être négatives.

élégant, coûteux, extravagant
léger, délicieux, gras
original, plein d'action, ennuyeux
intelligent, loyal, jaloux
amoureux, passionné, déprimé
travailleur, étourdi, brillant

économique, pas cher, luxueux
affectueux, égoïste, fidèle
optimiste, organisé, paresseux
belliqueux, libéral, malhonnête
immense, menacé de destruction, mystérieux

Modèle: Cette étudiante réussit à ses examens: elle est _____, _____, _____.
Elle est travailleuse, elle n'est pas étourdie, elle est brillante.

1. Les films de Steven Spielberg sont _____, _____, _____.
2. Marie vient de se fiancer: elle est _____, _____, _____.
3. Cette jeune femme est un cadre (*manager*) parfait: elle est _____, _____, _____.
4. Jules et Jim sont des maris excellents: ils sont _____, _____, _____.
5. Claire aussi est une épouse idéale: elle est _____, _____, _____.
6. La cuisine nouvelle est _____, _____, _____.
7. La forêt d'Amazonie est _____, _____, _____.
8. Ces hommes politiques sont _____, _____, _____.
9. Cette actrice s'achète des vêtements _____, _____, _____.
10. Il cherche une voiture _____, _____, _____.

II. Nouvelles conditions de vie.   Vous venez d'arriver dans une nouvelle université. Vous vous renseignez sur les qualités de votre nouvel environment. Formulez des questions avec le vocabulaire ci-dessous. Ajoutez d'autres adjectifs.

Modèle: *Est-ce que tu connais un restaurant **sympa?***
*Est-ce que la bibliothèque est **calme?***

un coiffeur (une coiffeuse)	travailleur	compatissant
un dentiste	amusant	doux
la piscine	instructif	grand
le prof de philo	intéressant	bon
la bibliothèque	appétissant	exotique
des restaurants	propre	gentil
les cours de maths		
la cité universitaire		
le resto U		

III. La valise perdue.   Vous avez perdu votre valise. Vous la cherchez. Vous allez aux «objets trouvés». Faites la description de son contenu. Voici des suggestions.

Modèle: *Dans ma valise il y avait **des chaussures noires, des jeans neufs,** etc.*

des jeans	un appareil photo	des livres
des tee-shirts	une trousse de toilette	un parapluie
des sous-vêtements (*underwear*)	(*toiletries kit*)	un pull
des chaussettes (*socks*)		des sandales
un carnet de téléphone		un imper

grand	petit	neuf	usagé	vieux	long
bleu	vert	rouge	mexicain	court	

Activités Orales

1. **Travail à deux.** Vous aidez un(e) camarade à composer une lettre à placer dans la rubrique «Courrier du cœur» pour trouver la personne de ses rêves, le compagnon ou la compagne idéal(e): vous décrivez votre ami(e) avec des adjectifs flatteurs et vous décrivez la personne qu'il (elle) désire rencontrer.

   Modèle: *Jeune homme, beau, athlétique, brillant désire rencontrer la compagne idéale: elle est jolie, intelligente, sportive, douce, patiente.*

2. **Recherche.**   Avec deux camarades, faites une recherche sur les maladies anciennes qui autrefois dévastaient les populations et qui, grâce aux découvertes scientifiques, ont presque disparu de la planète. Faites une liste des maladies qui sont encore destructrices mais qui disparaîtront peut-être un jour.

   le choléra / la peste (*plague*) / la tuberculose / la variole (*smallpox*) / la poliomyélite / la grippe / le rhume / le Sida / le cancer

3. **Sondage.** Demandez à trois ou quatre camarades comment on peut se soigner avec des remèdes non-traditionnels et lesquels ils connaissent. Partagez votre liste avec les autres étudiants de la classe.

le repos (*rest*)	le bouillon de poule (*chicken soup*)	l'homéopathie
faire une cure	la méthode Coué (*denial method*)	l'acuponcture
suivre un régime	le massage	l'aromathérapie
la relaxation	faire du yoga	faire de la méditation
les herbes chinoises	la thalassothérapie (*seawater spa*)	
les remèdes de bonnes femmes (*old remedies*)		

Rédactions

1. L'interne qui a examiné le narrateur raconte à un collègue la visite de ce «malade imaginaire».
2. Vous envoyez un mél à un(e) ami(e) pour lui donner des conseils sur les façons de soigner par les «médecines douces» son rhume, son mal au dos ou sa déprime.
3. **Visite chez le médecin.** Avez-vous été malade récemment? Racontez vos symptômes et votre visite chez le médecin. Comment est-ce que vous vous êtes guéri(e)?
4. **Votre famille.** De combien de personnes se compose votre famille? Décrivez chaque personne avec un ou plusieurs adjectifs.

Modèle: *Ma grand-mère n'est pas vieille. Elle est petite et sportive. Elle a les cheveux gris, etc.*

7
chapitre

L'article:

Bien manger

Vocabulaire élémentaire

Noms

arrivée (*f.*) arrival
assiette (*f.*) plate
bateau (*m.*) boat
datte (*f.*) date (fruit)
festin (*m.*) feast, large meal
figue (*f.*) fig
fromage (*m.*) cheese

journée (*f.*) entire day
noix (*f.*) walnut
ouest (*m.*) west
tempête (*f.*) storm
toit (*m.*) roof
vent (*m.*) wind

Adjectifs

dur(e) hard
triomphal(e) triumphant

Verbes

arriver à destination to finally arrive
divorcer to divorce

Vocabulaire actif

anchois (*m. pl.*) anchovies
asperge (*f.*) asparagus
autobus (*m.*) bus (in town)
autocar (*m.*) bus (between towns)
baisser to lower
betterave (*f.*) beet
bienfaisant(e) salutary
cadet(te) younger
chou (*m.*) cabbage
concombre (*m.*) cucumber
enfiler to slip into
errer to wander
estragon (*m.*) tarragon
étalage (*m.*) display, stand
état (*m.*) condition
étrange strange
étranger (-ère) foreign

faire nuit noire to be pitch-dark
faire son chemin to gain ground
fournisseur (*m.*) merchant
garde-manger (*m.*) larder
gigot (*m.*) **d'agneau** leg of lamb
gonfler to inflate
gouttière (*f.*) gutter
interminable endless
langue (*f.*) tongue
poireau (*m.*) leek
prélever to take from
rôti (*m.*) roast
sale (*here*) poor
tout au long during the whole
tuile (*f.*) tile, red ceramic shingle
victuailles (*f. pl.*) provisions

● Vocabulaire supplémentaire

Online Study Center
General Resources

addition (*f.*) bill
amuse-bouche (*m.*) hors d'oeuvre
canard (*m.*) duck
carte (*f.*) **des vins** wine list
entrée (*f.*) dish between first course
   and main dish
hors-d'œuvre (*m.*) first course

oie (*f.*) goose
pâté (*m.*) **de foie** liver paté
plat (*m.*) **du jour** today's special
plat (*m.*) **de résistance** main course
produit (*m.*) **bio** organic produce
saucisse (*f.*) sausage
saucisson (*m.*) salami

Divers

casseroles (*f. pl.*) pots and pans
féculents (*m. pl.*) legumes
légumes (*m. pl.*) vegetables

ragoût (*m.*) casserole
restes (*m. pl.*) leftovers

Français en couleurs

—*Désolé, mais vous ne pouvez commander ce plat que si vous me donnez la prononciation correcte!*

Bouffer dans la langue populaire, c'est manger. **La bouffe, la bousti-faille** (ce dernier mot est un peu vulgaire), c'est la nourriture. **Se faire une petite bouffe,** c'est préparer un repas sympa entre copains.

Un **gueuleton** est un grand repas de fête où on mange beaucoup. **Tout pour la gueule** est la devise des amateurs de bonne **bouffe.** Le mot **gueule** est correct pour parler d'un animal, comme dans l'expression **la gueule du lion**, mais insultant pour parler d'une personne: **il a une sale gueule.** Les **gourmands** sont des personnes qui ne peuvent pas résister aux bonnes choses. Les **gourmets** sont ceux qui apprécient les plats raffinés. Les **goinfres mangent comme des cochons** (*pigs*). **On se goinfre, on s'empiffre** (*one stuffs one's face*). **Casser la croûte** veut dire *to have a snack*.

Quand **on trinque** (*to clink glasses for a toast*), on dit **tchin, tchin!** ou **A la tienne! A la vôtre!** Au figuré, **trinquer** veut dire *to take the rap*. Si on boit trop, le lendemain on a **la gueule de bois** (*hangover*).

Les deux expressions suivantes sont utilisées en Afrique: un **poulet bicyclette** est un poulet de ferme, élevé au grand air et non dans une usine, et **un cadavre** est un poulet congelé.

● **Lecture 1** ●

Préparation à la première lecture

Les marchés en France   Dans toutes les villes de France il y a des marchés dits «couverts»—aussi appelés «des halles»—et des marchés en plein air,° qui ont lieu plusieurs fois par semaine dans des quartiers différents. Ces marchés sont très colorés et pleins d'odeurs et de parfums. On y trouve de tout: des fruits, des légumes, des fromages, de la viande, mais aussi des vêtements, des chaussures, des ustensiles de ménage, des produits exotiques, des fleurs. Certains font leur marché tous les jours pour avoir des produits frais. Bien sûr, il y a toujours des magasins spécialisés, boulangerie, boucherie, crèmerie, et autres, ainsi que des supermarchés, des centres commerciaux ou des grandes surfaces. Les produits biologiques sont de plus en plus en faveur.

en... outdoor

Le garde-manger   Avant que les glacières° ou les réfrigérateurs deviennent des appareils courants et abordables° dans les maisons françaises, on se servait, pour conserver les aliments, de «garde-manger», grandes boîtes aérées faites de grillage.°

iceboxes
affordable

wire mesh

Romain Gary (1914–1980)   est le pseudonyme de Romain Kacew. Né à Vilnius en Lituanie, il avait quatorze ans quand sa mère et lui sont venus s'établir en France, à Nice. Après des études secondaires à Nice et des études de droit à Aix-en-Provence et Paris, il s'est engagé dans l'aviation en 1938. Il a rejoint les forces du général de Gaulle en 1940 et a pris part à la bataille d'Angleterre et aux campagnes d'Afrique. C'est un héros plusieurs fois décoré. Après la guerre, il entre dans la carrière diplomatique. Il devient consul de France à Los Angeles.

Il a quitté la carrière diplomatique en 1961 pour se consacrer à ses publications. Son œuvre compte une trentaine de romans, essais et souvenirs. Depuis *Education européenne* (prix des critiques, 1945), traduit en vingt-sept langues, jusqu'aux quatre romans signés Emile Ajar, il a obtenu deux fois le prestigieux prix Goncourt pour *Les Racines du ciel* en 1956 (Romain Gary) et *La Vie devant soi* en 1975 (Emile Ajar). Un peu plus d'un an après le suicide de son ancienne épouse, Jean Seberg, en septembre 1979, il se donna la mort par arme à feu.

Plusieurs de ses livres ont été adaptés au cinéma, notamment *Clair de femme* (1979) par Costa-Gavras. *La Vie devant soi* fut adapté par Moshe Mizrahi sous le titre *Madame Rosa* (1977), qui remporta l'Oscar du meilleur film étranger.

Dans *La Promesse de l'aube*, Romain Gary fait le récit, un peu romancé, de sa vie d'enfant d'émigrée. Après plusieurs emplois de «survie», sa mère a pris la gérance d'un hôtel-pension à Nice, «Les Mermonts». Quand Romain devient étudiant en droit à Aix-en-Provence, il loge dans une chambre d'étudiant, sans réfrigérateur. Sa mère lui fait parvenir des provisions.

Du marché au garde-manger

Chaque fois que je reviens à Nice, je me rends au marché de la Buffa. J'erre longuement parmi les poireaux, les asperges, les melons, les pièces de bœuf,° les fruits, les fleurs et les poissons. Les bruits, les voix, les gestes, les odeurs et les parfums n'ont pas changé, et il ne manque que peu de chose, presque rien, pour que l'illusion soit complète. Je reste là pendant des heures et les carottes, les chicorées et les endives font ce qu'elles peuvent pour moi.[1]

pièces... sides of beef

Ma mère rentrait toujours à la maison les bras chargés de fleurs et de fruits. Elle croyait profondément à l'effet bienfaisant des fruits sur l'organisme [...].

Presque chaque jour, l'autocar de Nice m'apportait quelque victuaille prélevée sur les réserves de l'Hôtel-Pension Mermonts, et peu à peu, le toit autour de la fenêtre de ma mansarde[2] commença à ressembler à un étalage du marché de la Buffa. Le vent secouait les saucissons, les œufs s'alignaient dans la gouttière, au grand étonnement des pigeons; les fromages gonflaient sous la pluie, les jambons, les gigots, les rôtis faisaient des effets de nature morte° sur les tuiles. Rien n'était jamais oublié: ni les concombres salés, ni la moutarde à l'estragon, ni la khalva[3] grecque, ni les dattes, figues, oranges et noix, et les fournisseurs de la Buffa y joignaient parfois leurs improvisations: la pizza au fromage et anchois de M. Pantaleoni, [...] et des quartiers de bœuf° entiers que M. Jean m'expédiait personnellement [...]. La réputation de mon garde-manger fit son chemin, Cours Mirabeau,[4] et je pus me faire des amis: un guitariste-poète [...], un jeune étudiant-écrivain allemand [...], deux étudiants du cours de philosophie [...]. ●

faisaient... looked like still-life paintings

quartiers... beef quarters

---

[1] **il ne manque...** nothing is missing to give me the illusion [of being there as a child]. [The endives, etc., give all the help they can (to complete this illusion).] Note: **soit** is the subjunctive present of **être.**

[2] **Mansarde:** this word comes from the famous architect Mansart and means an attic room with a slanted ceiling.

[3] **Khalva:** a syrupy walnut dessert.

[4] **Cours Mirabeau:** the most important street in Aix-en-Provence, lined with trees and outdoor cafés, where the students and the tourists gather.

Compréhension du texte

Mots et structures

A. Relevez dans le texte les noms qui désignent des aliments et classez-les par catégorie: viandes, charcuteries, fruits, légumes, autres.

B. Trouvez l'intrus:

    a. les melons, les poireaux, les asperges, les carottes
    b. Nice, la Buffa, l'estragon, le Cours Mirabeau
    c. les dattes, les pigeons, les oranges, les figues, les noix
    d. le jambon, le gigot, la chicorée, le saucisson

Questions sur la lecture

1. Où se rend l'auteur quand il vient à Nice?
2. Qu'est-ce qui n'a pas changé?
3. Quel était selon la mère de Romain Gary l'effet des fruits sur l'organisme?
4. Que lui apportait l'autocar de Nice régulièrement?
5. Où Romain mettait-il ses provisions? Pourquoi?
6. Que trouvait-on dans son garde-manger?
7. Que lui envoyaient M. Pantaleoni et M. Jean?
8. Pourquoi s'est-il fait des amis?

Opinions

1. Selon vous, qu'est-ce qui constitue une nourriture saine?
2. Que trouve-t-on dans votre réfrigérateur?
3. Quels bruits pouvez-vous entendre au marché, quelles odeurs sentez-vous?

● Lecture 2 ●

Préparation à la deuxième lecture

La charcuterie On appelle ainsi non seulement tous les plats faits avec de la viande de porc, comme les saucisses, le saucisson, le jambon, ou le fromage de tête; ou d'autres animaux, comme le pâté de foie d'oie ou de foie de canard; mais aussi les magasins où on achète ces produits. Dans ces magasins on trouve aussi des plats tout préparés, des salades composées, des quiches, des pizzas, et le charcutier s'appelle alors «un traiteur».°   caterer

La gastronomie C'est l'art de bien manger: à la fois l'art du savoir-cuisiner et l'art du savoir-goûter. Elle fait partie du célèbre art de vivre français qui considère un bon repas fin et distingué comme propice au développement des plus beaux sentiments humains: l'amitié et l'amour. L'écrivain Brillat Savarin (1755–1826) publia un ouvrage important sur la gastronomie, *La Physiologie du goût* (1825), considéré par les Français comme «la bible des gastronomes». Avec humour, il établit les règles de l'art culinaire; ainsi il déclare: «Un repas sans fromage est une belle à qui il manque un œil».

Nancy Huston (1953–)   est née à Calgary au Canada. A l'âge de six ans ses parents ont divorcé et elle a été très affectée par cette séparation. Elle part d'abord aux Etats-Unis avec son père, puis en Allemagne. Elle revient vivre à Boston et fait des études à Sarah Lawrence College à New York. Elle arrive à Paris en 1973 et obtient une maîtrise (MA) à l'Ecole des Hautes Etudes en Sciences Sociales. Elle rencontre l'écrivain bulgare Tzvetan Todorov, avec qui elle se marie et a deux enfants. Elle vit à Paris depuis plusieurs années.

Nancy Huston a adhéré à la cause féministe du Mouvement de Libération des Femmes dans les années 70 et participé à la création de la revue *Sorcières*. En 1981 son roman *Les Variations Goldberg* a obtenu le prix Contrepoint. Elle a écrit depuis de nombreux romans et essais: *L'Empreinte de l'ange* (2000), *Cantiques des plaines* (1996) et *Nord perdu* (2004). Elle est totalement bilingue et consciente des difficultés à s'adapter à une autre culture.

La mémoire, l'identité et les liens entre les générations sont des thèmes fréquents dans son œuvre.

Festin étranger

FIN SEPTEMBRE 1959, pendant qu'à l'ouest du Canada mes parents divorçaient, la femme qui allait devenir ma belle-mère m'a amenée chez ses parents à elle en Allemagne, [...]. Le voyage fut une expérience interminable et violente: trois jours et trois nuits de train pour traverser le Canada, encore une journée pour descendre de Montréal à New York, et puis le bateau durant une semaine: une semaine de tempête ininterrompue (me sembla-t-il) [...]. Ensuite, à nouveau, de longues heures de train entre Rotterdam et Cologne, et d'autres heures en voiture, [...] avant d'arriver enfin à destination. . .

Le soir de notre arrivée, dans la maison qu'occupait la famille de ma nouvelle mère dans l'école du village où mon nouveau grand-père était instituteur, ma nouvelle grand-mère nous avait préparé un festin: charcuteries diverses et inouïes (langue, pâté de foie, fromage de tête), salades de choux et de betteraves, œufs au vinaigre, pains noirs, fromages durs et miasmatiques... Absolument tout ce qui se trouvait sur la table m'était étranger, pour ne rien dire des gens assis autour de la table, ni de la langue dans laquelle ils se parlaient... Etranger—*et aussi, pour cette raison, menaçant*. Je ne sais le dire autrement.

20 Me suis-je mise à pleurer? Ce qui est certain, c'est que j'ai gardé la tête baissée tout au long du repas, sans rien toucher à ce que l'on mettait dans mon assiette. Et Wilma, la jeune et jolie sœur cadette de ma nouvelle mère, a compris que j'étais dans un sale état. Vers la fin du repas, se levant subrepticement, elle a enfilé son manteau et quitté la maison. Une heure plus tard, [...] elle est revenue avec, sur le visage, un sourire triomphal... et, dans
25 la main, une boîte de Kellogg's corn flakes. Elle avait fait cinquante kilomètres en voiture pour les acheter. ●

Compréhension du texte

Mots et structures

A. Relevez dans le texte tous les mots qui décrivent le moment de l'année, de la journée, la durée.

B. Trouvez l'intrus:

    a. Montréal, Rotterdam, Kellogg, Cologne

    b. interminable, ininterrompue, inouïes, instituteur

    c. jambon, pâté de foie, fromage de tête, œufs au vinaigre

Questions sur la lecture

1. Où vivaient les parents de Nancy?
2. Pourquoi a-t-elle quitté son pays?
3. Qui l'a emmenée en Allemagne? Pourquoi?
4. Combien de temps environ dura le voyage jusqu'en Allemagne?
5. Quelle était la profession du nouveau grand-père?
6. Décrivez le festin préparé par la nouvelle grand-mère.
7. Quelle est la réaction de l'enfant devant le festin? Comment s'explique sa réaction?
8. Que fait Wilma? Pourquoi? Commentez son action.

Opinions

1. Quels sont, à votre avis, les autres éléments d'une culture nouvelle qui peuvent créer un choc?
2. Que peut-on faire pour rendre ce choc moins violent et s'adapter? Quels sont les événements dans la vie qui peuvent bouleverser un individu, créer des chocs et des crises?

Grammaire: *L'article*

 *Online Study Center*   General Resources

Formes

Il y a trois sortes d'articles en français: l'article défini, l'article indéfini et l'article partitif.

	masc.	fém.	pl.
article défini	le (l')	la (l')	les
contracté + **de**	du (de l')	de la (de l')	des
contracté + **à**	au (à l')	à la (à l')	aux
article indéfini	un	une	des
article partitif	du (de l')	de la (de l')	

1 L'article défini = **le, la, l', les** (*the*)

a. **Le** est masculin singulier, **la** est féminin singulier, **l'** précède un nom singulier qui commence par une voyelle ou un **h** muet, **les** est pluriel pour les deux genres.

	masc.	fém.		masc.	fém.
sing.	**le** dîner	**la** maison	*pl.*	**les** fromages	**les** salades
	l'animal	**l'**idée		**les** étalages	**les** asperges
	l'homme	**l'**héroïne			

b. Les articles **le** et **les** se contractent avec la préposition **à** (*to, at, in*) et avec la préposition **de** (*of, from, about*).

> à + le = au   de + le = du
> à + les = aux   de + les = des

A la, à l', de la, de l' ne sont pas contractés.

Vous parlez **au** professeur, **à la** secrétaire, **à l'**ambassadeur.

Vous parlez **du** beau temps, **des** saisons et **de la** pluie.

2 L'article indéfini = **un, une** (*a, an, one*), **des** (*any, some, several*)

	masc.	fém.		masc.	fém.
sing.	**un** livre	**une** page	*pl.*	**des** pigeons	**des** tuiles
	un enfant	**une** amie		**des** autocars	**des** arrivées

⬭ **Remarques:**

- On prononce **les**/lez/, **aux**/oz/, **des**/dez/ devant une voyelle ou un **h** muet.[1]

  les‿enfants   **aux‿amis**   **aux‿hôtels**   **des‿hommes**

- On prononce **les**/le/, **aux**/o/, **des**/de/ devant une consonne ou un **h** aspiré.[2]

  les/casseroles   **aux**/hiboux   **des**/héros

🅰 L'article partitif = **du, de la, de l'** (*some, any*)

    a. **Du** est la forme du masculin singulier, **de la** la forme du féminin singulier, **de l'** la forme du masculin et du féminin devant un nom singulier qui commence par une voyelle ou un **h** muet.

masc.	**fém.**
du travail	**de la** patience
de l'argent	**de l'**huile

    b. Il existe une forme rare pour le pluriel: **des.**

       des épinards, **des** pâtes

⬤ **Emplois généraux**

On emploie presque toujours un de ces trois articles devant un nom, et on répète l'article devant chaque nom.

L'ARTICLE DÉFINI

En anglais, souvent il n'y a pas d'article. En français on emploie l'article défini si le nom est déterminé par un possesseur (avec la préposition **de**) ou si le nom est un nom d'espèce, un nom abstrait, un nom qui désigne un groupe en général ou un nom mentionné plus tôt dans la phrase.

    Qui a pris **le** livre **de** Marie-Josée? (*possesseur*)

    Les pigeons vivent sur **les** toits. (*nom d'espèce*)

    L'ambition et **la** modestie sont souvent contradictoires. (*noms abstraits*)

    Les fruits et **les** légumes sont bons pour **la** santé. (*groupes généraux*)

---

[1] **H** is never pronounced. It is a remnant of Latin orthography.

[2] **H aspiré** indicates that no liaison or no elision takes place between the article and the noun. In dictionaries, words with **h aspiré** are preceded by an asterisk (***héros**). This pronunciation rule is being slowly eliminated by the French Academy, which now "tolerates" the liaison between certain nouns and articles: **les‿haricots** /lezaRiko/ as compared with **les / haricots** / leaRiko/.

L'ARTICLE INDÉFINI

Au singulier, l'article indéfini correspond à *a, an, one* en anglais.
Au pluriel, souvent en anglais il n'y a pas d'article. En français, on emploie **des** avec des noms qu'on peut compter, pour donner aux noms un sens de nombre indéterminé.

Vous avez **des** enfants?	*You have children?* (*any children*)
Ils ont **des** problèmes?	*They have problems?* (*some problems*)

L'ARTICLE PARTITIF

On emploie l'article partitif avec des noms qui ne peuvent pas être comptés mais qui peuvent être mesurés, fractionnés. En anglais, souvent il n'y a pas d'article, mais on peut mettre *some* ou *any* devant le nom singulier.

Je mange **du** pain avec **de la** marmelade et je bois **de** l'eau.	*I eat bread with marmalade and I drink water.*
Voulez-vous **du** cresson?	*Do you want **some** watercress?*
Vous avez **de** l'argent pour acheter ce gâteau?	*Do you have **any** money to buy this cake?*

(**Attention:**)   Il ne faut pas confondre:

du (**de + le** = *of the*)	le livre **du** professeur
du (*some*)	Je mange **du** pain.
des (**de + les** = *of the*)	les livres **des** élèves
des (pluriel de **un, une** = *some*)	Je mange **des** pommes. (objets qu'on peut compter)
des (pluriel de **du, de la** = *some*)	Je mange **des** épinards. (objets qu'on ne peut pas compter)

Exercices

A. Complétez les phrases suivantes avec un des mots de la liste et l'article qui convient.

ananas   laitue   poulet   bouteille de champagne   yaourts   œufs

Modèle: J'ai acheté _____ ; _____ est meilleur marché que le bifteck.
   *J'ai acheté **du poulet; le poulet** est meilleur marché que le bifteck.*

1. J'ai acheté _____ ; avec _____ j'ai fait une omelette.
2. J'ai acheté _____ ; pour assaisonner _____ j'ai préparé une vinaigrette.
3. J'ai acheté _____ ; _____ grecs sont excellents.
4. J'ai acheté _____ parce que c'était l'anniversaire de mes parents; j'ai mis _____ au réfrigérateur.
5. J'ai acheté _____ ; _____ est un fruit exotique.

B. Dites à qui vous parlez ou écrivez. Utilisez la préposition **à,** contractée ou non, avec l'article défini.

1. Je parle _____ professeur, _____ vendeuse, _____ coiffeur, _____ étudiants, _____ pharmacien, _____ personne qui téléphone, _____ enfants.
2. J'écris _____ mère de Julia, _____ directeur, _____ actrice, _____ cousin de mes parents, _____ danseuse, _____ petites filles de ma sœur.

C. Dites de quoi Nancy a parlé. Utilisez la préposition **de,** contractée ou non, avec l'article défini.

Elle a parlé _____ pays de sa naissance, _____ horrible voyage par le train, _____ tempête sur la mer, _____ arrivée en Allemagne, _____ famille de sa nouvelle mère, _____ charcuteries inouïes, _____ festin organisé par la grand-mère, _____ langue qu'elle ne comprenait pas, _____ boîte de Kellogg's corn flakes.

D. Mettez l'article partitif qui convient.

Au marché, j'ai acheté _____ pain, _____ salade, _____ eau minérale, _____ sucre, _____ farine, _____ beurre, _____ margarine, _____ bière, _____ crème fraîche, _____ huile, _____ vinaigre, _____ fromage, _____ viande, _____ poisson, _____ pâtes; heureusement j'avais _____ argent pour payer.

E. Complétez les phrases avec l'article qui convient.

Modèle: La maman de Romain revient du marché: elle sort **le** poulet, **la** salade, **les** fruits.
Ce soir, ils vont manger du poulet, de la salade, des fruits.

Romain examine ses provisions. Il a mis dans la gouttière _____ poireaux, _____ asperges, _____ saucisson, _____ pizza, _____ oranges, _____ moutarde et _____ gigot que sa mère lui a envoyés.

Ce soir pour son dîner, il va manger _____ asperges, _____ saucisson, _____ pizza, _____ oranges. _____ gigot, _____ poireaux et _____ moutarde ne sont pas au menu.

● **Emplois particuliers**

EMPLOIS SPÉCIAUX DE L'ARTICLE DÉFINI

On emploie l'article défini dans les cas suivants:

1 devant un nom de personne précédé de sa profession, de sa fonction ou d'un adjectif.

le docteur Spock	**le** président Chirac
la petite Sophie	**le** prince Charles

② devant un nom géographique: les noms de continents ou de régions, de pays, d'Etats ou de provinces, de fleuves, de montagnes, d'îles.

l'Asie	**la** France	**la** Seine	**la** Corse
l'Amérique du Nord, du Sud	**le** Manitoba	**le** mont-Blanc	**la** Martinique
le Midi	**le** Tennessee	**les** Alpes	

(**Remarque:**) L'article n'est pas employé devant ce nom de pays: Israël, et ces noms d'îles: Tahiti, Haïti, Hawaï (voir page 165).

③ pour indiquer la date, ou un jour habituel, ou la partie du jour.

> **le** premier avril, **le** 24 janvier
>
> **Le** lundi, elle va au supermarché.   (*On Mondays*)
>
> **Le** soir, les étudiants vont à la bibliothèque.   (*At night*)

(**Remarque:**) Il n'y a pas d'article dans la date précédée du jour, ou si on parle d'un jour précis.

> dimanche, 2 février
>
> Ils arrivent lundi (*this Monday*).

④ avec les verbes **aimer, adorer, détester, préférer.**

> Elle aime **la** salade et elle déteste **les** escargots.

⑤ dans les expressions de mesure, de poids (*weight*) ou de vitesse.

> J'ai payé ces tomates un euro **la** livre.   (*one euro a pound*)
>
> Elle ne gagne pas six dollars de l'heure.   (*six dollars an hour*)
>
> Le TGV roule à 300 kilomètres à l'heure.   (*300 kilometers per hour*)

⑥ avec les parties du corps, à la place de l'adjectif possessif (voir page 386).

> Romain a **les** yeux bleus et **les** cheveux bruns.
>
> Nancy, **la** tête dans son assiette, refuse de manger.

⑦ avec les langues et les matières d'enseignement.

> Marc est très intelligent: il étudie **le** japonais, **la** biologie et l'histoire européenne en même temps.

L'ABSENCE D'ARTICLE

Dans certains cas, on supprime complètement l'article:

① dans un proverbe ou un dicton.

> Noblesse oblige.
>
> Pierre qui roule n'amasse pas mousse. (*A rolling stone gathers no moss.*)

② devant un titre, une adresse, une inscription.

> Grammaire française   6, rue Paradis   Maison à vendre

3 avec certaines prépositions.

en

    Nous sommes **en** France.   Elle va **en** classe.   Il est **en** bonne santé.

avec, sans, comme et **sous** (si le nom qui suit est abstrait ou indéterminé)

    Les Indiens luttaient **sans** fusils (*guns*), mais **avec** courage.

    Il travaille **comme** secrétaire.

    L'actrice était **sous** contrat avec la MGM.

    Comme boisson, prenez du Coca.

4 dans beaucoup d'expressions idiomatiques comme **avoir faim, avoir soif,** etc.

    faire peur *to scare*   **faire attention** *to pay attention*   **perdre patience** *to lose patience*

5 dans une énumération, pour la vivacité de l'expression.

    Vieillards, hommes, femmes, enfants, tous voulaient le voir.

    Il reçoit des victuailles: pizzas, saucissons, fromages.

6 après **de** entre deux noms, si le deuxième nom est indéterminé.

    la classe **de** français   un livre **de** poche

7 avec le verbe **parler** et un nom de langue.

    Il **parle** français, elle **parle** chinois.

Exercice

F. Mettez l'article qui convient, ou mettez un X s'il ne faut pas d'article.

1. _____ docteur Gary a un papier à _____ main. 2. _____ premier janvier est _____ date importante. 3. Je vais aller _____ marché _____ samedi. 4. Elle a perdu _____ courage. 5. Aimez-vous _____ classe de français? 6. Tu parles _____ chinois? 7. Sur _____ monuments publics, en _____ France, on lit: _____ Liberté, _____ Egalité, _____ Fraternité. 8. On fait du ski dans _____ Alpes. 9. _____ mont-Blanc est la plus haute montagne d'Europe. 10. Il est sorti sans _____ chapeau, sans _____ parole. 11. Que prenez-vous comme _____ dessert? 12. Ils ont perdu _____ patience. 13. Oh! vous m'avez fait _____ peur. 14. _____ petite Suzanne a écrit ce livre toute seule. 15. J'aime _____ froid mais je déteste _____ pluie. 16. Il a eu _____ accident parce qu'il roulait à 150 kilomètres à _____ heure. 17. J'ai trouvé des oranges à deux euros _____ kilo. 18. Elle a tout perdu dans l'incendie: _____ maison, _____ meubles, _____ papiers personnels, _____ souvenirs, _____ vêtements, _____ photos, etc. 19. _____ président Lincoln est un des grands hommes de _____ histoire américaine. 20. Où habitez-vous?—J'habite _____ rue de Paris.

TRANSFORMATION DE L'ARTICLE EN **DE**

On met **de** à la place de **un, une, des, du, de la, de l'** dans les cas suivants:

1 dans une phrase négative.

Vous avez une piscine?	—Non, je n'ai **pas de** piscine.
Tu manges des champignons?	—Non, **jamais de** champignons.
Cette grosse dame mange du pain?	—Non, elle ne mange **plus de** pain.

(Exception:) On garde l'article avec **ce n'est pas, ce ne sont pas** et **pas un** qui signifie *not one single.*

Ce **n'est pas du** beurre, c'est de la margarine.

Je n'ai **pas un** sou.

(Attention:) Si la négation est partielle, on garde l'article complet.

Je **n'ai pas de l'**argent pour le dépenser à la roulette.	(J'ai de l'argent, mais pas pour...)
Il **n'a pas une** maison très pratique.	(Il a une maison, mais elle n'est pas pratique.)

2 avec une expression de quantité. Voici les principales expressions de quantité.

a. Certaines sont des *adverbes.*

beaucoup de	*much, many*	**trop de**	*too much, too many*
assez de	*enough*	**peu de**	*little few*
un peu de	*a few, a little*	**tant de**	*so much, so many*
tellement de	*so much, so many*	**autant de**	*as much, as many*
plus de	*more*	**moins de**	*less, fewer*

Il y avait **trop de** sel dans la soupe.

Les Français boivent **beaucoup de** vin.

b. Certaines sont des *noms.*

un bol de	*a bowl of*	**un kilo de**	*a kilo of*
une bouteille de	*a bottle of*	**une tasse de**	*a cup of*
une livre de	*a pound of*	**une tranche de**	*a slice of*
un verre de	*a glass of*	**une boîte de**	*a box (can) of*
un litre de	*a liter of*	**une douzaine de**	*a dozen (of)*

J'achète **une bouteille de** vin et **une boîte de** gâteaux salés.

c. Certaines sont des *adjectifs.*

plein(e) de, rempli(e) de	*full of, filled with*
couvert(e) de	*covered with*
entouré(e) de	*surrounded by*
garni(e) de, décoré(e) de, orné(e) de	*decorated with*

Les gouttières sont **pleines de** provisions.

La ville est **couverte de** neige.

Mais si le nom qui suit un adjectif de quantité est accompagné d'un adjectif descriptif, on garde l'article indéfini.

La ville est **couverte d'***une* neige épaisse.

③ On garde **de** + l'article entier (**du, de la, de l', des**) dans les expressions suivantes: **bien...** (*much, many*), **encore...** (*some, more*), **la moitié...** (*half*), **la plupart...** (*most*).

Marie a **bien de la** chance, mais sa sœur, Jeanne, a **bien des** soucis. — *Marie has **much** luck, but her sister, Jeanne, has **many** worries.*

Elle veut **encore du** café, **de la** crème. — *She wants **more** coffee, **more** cream.*

Il avait tellement soif qu'il a bu **la moitié de la** bouteille d'eau minérale. — *He was so thirsty that he drank **half of the** bottle of mineral water.*

Remarques:

- **Encore un** signifie *one more.*

  Je n'ai vraiment plus faim!—Oh! **encore un** petit gâteau? (*One more cookie?*)

- On emploie toujours **la plupart des** avec un nom pluriel et un verbe pluriel, sauf dans l'expression **la plupart du temps.**

  La plupart des Français mangent tard le soir. — *Most French people eat late at night.*

  La plupart du temps il fait très froid en hiver en Nouvelle-Angleterre. — *Most of the time it's very cold during the winter in New England.*

- Avec un nom singulier, *most (of)* se traduit par **la plus grande partie de.**

  La plus grande partie de la population a voté. — *Most of the population voted.*

④ On met **de** à la place de **des** devant un adjectif pluriel qui précède un nom.

des roses rouges   MAIS: **de** jolies roses

des fraises fraîches   MAIS: **de** belles fraises

Cette règle est un peu archaïque; elle appartient à la langue élégante, écrite ou parlée. Plus familièrement, on peut dire **des.**

des jolies roses   **des** belles fraises

> **Remarques:**

- Si l'adjectif est long et commence par une voyelle ou un **h** muet, l'emploi de **d'** est obligatoire; **des** est impossible.

    Il prend **d'excellentes** photos avec son appareil.

    Quand je bois trop, je fais **d'horribles** rêves.

- On garde **des** devant les noms composés comme *des* **grand(s)-mères,** *des* **après-midi,** ou devant des groupes «fixes» considérés comme des noms composés (*des* **petits pois,** *des* **jeunes gens**); mais à la forme négative on emploie **de.**

    pas de grand(s)-mères   **plus de** petits pois

- On a toujours **d'** devant **autres,** pluriel de **un autre, une autre.**

    Nous avons un sujet et **d'autres** choses à discuter.

Exercices

G. Mettez l'article qui convient, **un, une, du, de la,** ou **de.**

1. Aimez-vous le foie gras?—Non, je ne mange jamais _____ foie gras.
2. Ce n'est pas _____ vin, c'est _____ vinaigre.
3. Puisque je suis au régime, je ne prends pas _____ glace.
4. Robert se sent très seul; il n'a pas _____ ami.
5. Il n'a pas _____ grand appartement.
6. Votre beurre n'est pas frais.—Je n'ai pas _____ réfrigérateur.

H. Dans les phrases suivantes, mettez l'expression de quantité qui convient et changez l'article, si c'est nécessaire.

Modèle: Vous buvez du café.   (une tasse)
*Vous buvez **une tasse de** café.*

1. Dans le paquet, il y avait du champagne.   (deux bouteilles)
2. Ils ont mangé des fruits.   (un saladier)
3. Au marché, nous avons acheté des légumes frais.   (des quantités)
4. A la fin du repas, on sert des fromages.   (un plateau)
5. Le matin, je vous recommande de boire du jus de fruits.   (un verre)
6. Ils réclament du silence pour écouter la symphonie.   (un peu)
7. Il y a des gâteaux salés pour l'apéritif.   (une boîte)
8. Ces enfants devraient manger des bonbons.   (moins)

I. Refaites les phrases suivantes en introduisant l'expression de quantité ou l'adjectif entre parenthèses et en faisant les changements nécessaires.

1. Elle a pris du pâté de foie.   (encore)
2. Les Français boivent du vin à leurs repas.   (la plupart)

3. Jérôme a mangé les fruits.   (la moitié)
4. Avez-vous acheté des bouteilles de vin?   (autres)
5. Elle a reçu des notes à son examen.   (excellentes)
6. J'ai acheté des oranges au marché.   (grosses)
7. Ils ont des soucis avec leur chien.   (bien)
8. Avez-vous rencontré des gens au bal?   (jeunes)

EMPLOI DE L'ARTICLE INDÉFINI AVEC LES NOMS DE NATIONALITÉ, DE RELIGION, DE PROFESSION

1 A la 3ème personne, on a deux constructions avec le verbe **être** et les noms de nationalité, de religion, de profession:

> le sujet + **être** + le nom sans article

Nancy est canadienne.[1]   Elle est canadienne.

Ses cousins sont américains.   Ils sont américains.

> **c'est**
> **ce sont** } + l'article indéfini + le nom

C'est **une** Canadienne. Ce sont **des** Américains.

(**Remarques:**)

- Si l'adjectif **bon** ou **mauvais** qualifie le nom, les constructions sont les mêmes.

  Mme Leroy est bonne catholique. (*pas d'article*)

  Elle est bonne catholique. (*pas d'article*)

  C'est **une** bonne catholique. (*un article*)

- Si l'adjectif est autre que **bon** ou **mauvais,** seule la construction avec l'article indéfini est possible.

  Mme Diva est **une** chanteuse extraordinaire.   C'est **une** chanteuse extraordinaire.

2 Pour les autres personnes (**je, tu, nous, vous**), on a le choix.

  Je suis étudiant. Je suis **un** étudiant.

  Je suis bon étudiant. Je suis **un** bon étudiant.

Je suis étudiant répond à la question: **Qu'est-ce que vous faites?**
Je suis un étudiant répond à la question: **Qui êtes-vous?**

---

[1] En français, on ne met pas de majuscule parce que le mot est un adjectif.

(**Remarque:**)   Le verbe **devenir** suit la même règle que **être:**

> Il est devenu avocat.

● E x e r c i c e s ● ○

J. Mettez l'article qui convient, ou mettez un X s'il ne faut pas d'article.

1. Mark Twain est _____ écrivain.   2. C'est _____ écrivain américain.   3. Jean-Paul était _____ mauvais élève. Il est devenu _____ philosophe.   4. M. Collard est _____ pianiste. C'est _____ pianiste célèbre.   5. Est-ce que tu es _____ bon élève?   6. Camille Claudel était _____ sculpteur. C'était _____ femme sculpteur.   7. Elle était _____ amie de Rodin.   8. Debussy était _____ musicien.   9. Le nouveau grand-père de Nancy était _____ allemand et _____ instituteur.   10. La mère de Romain est née en Russie. C'est _____ russe.   11. Nancy Huston est _____ écrivaine canadienne.   12. Avez-vous entendu parler du docteur Schweitzer? C'était _____ docteur qui soignait les lépreux en Afrique.

K. Dites en français:

1. She is a dancer.   2. She is a remarkable dancer.   3. You are English?   4. No, we are Spanish.   5. My sister is a Protestant.   6. She is a very strict Protestant.   7. I am a good Frenchman.   8. He is a teacher.   9. He is a bad teacher.   10. He is an excellent teacher.   11. They are Jewish (**juif**).   12. She is a Jew from Israel.

EMPLOI DE L'ARTICLE AVEC **SE SERVIR DE, AVOIR BESOIN DE, AVOIR ENVIE DE**

L'emploi de l'article avec les noms qui suivent ces expressions est semblable (*similar*) en français et en anglais.

❶ de, d': Le nom qui suit représente une quantité indéterminée (*noncountable noun*). (En anglais: *some* ou pas d'article.)

Je **me sers de** beurre pour faire mon gâteau.	*I use butter to make my cake.*
J'ai **besoin d'**argent, de courage.	*I need (**some**) money, (**some**) courage.*
J'ai **envie de** silence.	*I would like to have silence.*

❷ d'un, d'une: Le nom qui suit représente un seul objet non-identifié. (En anglais: *a, an.*)

Je **me sers d'un** couteau.	*I'm using **a** knife.*
J'ai **besoin d'une** assiette.	*I need **a** plate.*
J'ai **envie d'un** Coca.	*I feel like (having) **a** Coke.*

❸ du, de la, de l', des: Le nom qui suit est un objet identifié. (En anglais: *the.*)

Je **me sers de la** voiture bleue.	*I'm using **the** blue car.*
J'ai **besoin du** dictionnaire.	*I need **the** dictionary.*
J'ai **envie des** derniers concombres.	*I want **the** last cucumbers.*

Exercice

L. Finissez les phrases suivantes. Employez **de, d', d'un, d'une, du, de la, de l'** ou **des**.

1. Pour faire du pain, un boulanger se sert...
   la farine, l'eau, le sel, des machines, un four (*oven*), l'énergie
2. Pour faire la cuisine, ma mère se sert...
   les légumes, la viande, l'huile, le beurre, les casseroles, un four à micro-ondes, une cuisinière à gaz
3. M. Horowitz est un pianiste célèbre; il avait souvent besoin...
   un nouveau piano, un manager, le travail régulier, une salle de concert
4. De quoi avez-vous envie quand il pleut, quand il fait froid? J'ai envie...
   le soleil, la chaleur, les vacances, un bon feu de cheminée
5. De quoi est-ce qu'on a envie quand on voyage au Sahara? On a envie...
   l'eau fraîche, l'ombre, une sieste au bord d'une piscine, un grand verre de Coca

Suppléments de grammaire

LES PRÉPOSITIONS À, EN, DANS

1. La préposition **à** signifie *at* ou *to*.

   Elle est **à** la maison.   *She's **at** home.*

   Elle va **au** magasin.   *She's going **to** the store.*

2. **En** signifie *in* ou *to* et s'emploie toujours sans article. **Dans** signifie **à l'intérieur de** (*inside, within*) et s'emploie toujours avec un article.

Nous sommes **en** classe.	*We're **in** class.*
Nous allons **en** classe.	*We're going **to** class.*
On ne fume pas **dans la** classe.	*Smoking is forbidden **in** the classroom.*
Nous sommes **en** ville aujourd'hui et nous retournons **en** ville demain.	*We're **in** town today and we're returning **to** town tomorrow.*
Nous nous promenons **dans la** ville.	*We're strolling **in** the city.*

LES PRÉPOSITIONS À, EN, DANS AVEC LES NOMS GÉOGRAPHIQUES

1. Les noms de villes

   a. On emploie **à** sans article devant les noms de ville.

   à Paris   à Montréal

   b. On emploie **au, à la** devant un nom de ville avec un article.

Le Havre	**au** Havre
Le Bourget	**au** Bourget
La Nouvelle-Orléans	**à La** Nouvelle-Orléans

c. On emploie **dans** devant le nom de ville seul avec le sens de **à l'intérieur de** ou si un article et un adjectif précèdent le nom de ville.

Je me suis promené **dans** Paris. J'habite **dans le vieux** Paris.

2 Les noms de pays

Le choix de la préposition devant les noms de pays dépend du genre du nom (si le nom est masculin ou féminin).

a. On emploie **en** (sans article) avec les noms de pays féminins.

en France   **en** Italie

(**Remarque:**) Les noms de pays terminés par un **-e** sont tous féminins, sauf **le Mexique.**

b. On emploie **en** (sans article) avec les noms de pays masculins à voyelle initiale.

en Iran   **en** Afghanistan

c. On emploie **au** avec les noms de pays masculins à consonne initiale.

au Maroc   **au** Japon   **au** Portugal   **au** Chili

d. On emploie **aux** avec les noms de pays pluriels.

aux Etats-Unis   **aux** Pays-Bas

3 Les noms de provinces françaises

a. On emploie **en** devant les noms de provinces féminins, ou les noms de provinces masculins à voyelle initiale.

en Normandie   **en** Bretagne   **en** Anjou

b. On emploie **au** ou **dans le** devant les noms de provinces masculins à consonne initiale.

au Berry   **dans le** Poitou

4 Les noms d'Etats américains et de provinces canadiennes

a. On emploie **en** devant les noms d'Etats américains ou provinces canadiennes féminisés:

la Virginie	**en** Virginie
la Californie	**en** Californie
la Colombie britannique	**en** Colombie britannique

ou **masculinisés** à voyelle initiale.[1] Voir le Student Website, Grammar References.

l'Oregon	**en** Oregon
l'Arizona	**en** Arizona

---

[1] Les Etats américains en **-ia** sont francisés et féminisés en **-ie.** On dit aussi **la Louisiane.** Les noms d'origine étrangère ou indienne en **-a** gardent le **-a** en français et restent masculins: **le Montana, le Nevada, le Manitoba,** etc.

b. On emploie **au** devant les noms d'Etats ou de provinces masculinisés à consonne initiale.

le Nevada	**au** Nevada
le Wisconsin	**au** Wisconsin
le Québec	**au** Québec

c. On emploie **dans l'état de** si le nom de l'état est aussi un nom de ville.

dans l'Etat de New York

> **Remarque:** On peut dire **dans l'Etat de** avec tous les Etats américains, et **dans la province de** avec toutes les provinces canadiennes.

en Californie *ou* **dans l'Etat de** Californie

au Québec *ou* **dans la province de** Québec

⑤ Les noms d'îles

a. Certaines îles sont considérées comme des noms de villes et ne prennent pas d'article. La préposition est **à**.

à Cuba   **à** Tahiti

b. Certaines îles sont considérées comme des noms de pays féminins et sont précédées de l'article: **la Corse, la Sicile**. La préposition est **en**.

en Corse   **en** Sicile

c. Certaines îles prennent la préposition **à** devant l'article **la**.

à la Martinique   **à la** Guadeloupe

Exercice

M. Où trouve-t-on les monuments ou les sites suivants? Choisissez la réponse correcte dans la liste donnée et ajoutez la préposition qui convient.

Modèle: Le château de Combourg est en Bretagne.

Bretagne	Normandie	Martinique	Pérou	Arizona
Chine	Salzbourg	Honolulu	Mexique	Hollande
Maroc	Portugal	Italie	Ecosse	Japon
Provence	Corse	Québec	Canada	Iran
Angleterre	Espagne	Venise		

1. la ville de Casablanca
2. la tour penchée de Pise
3. le monstre du Loch Ness
4. les pyramides de la Lune et du Soleil
5. les champs de tulipes et les moulins à vent
6. la Grande Muraille

11. la ville de Lisbonne
12. les ruines de Persépolis
13. le château de Combourg
14. la ville natale de Marcel Pagnol
15. le Grand Canyon
16. le château Frontenac
17. la ville natale de Napoléon

7. la maison où Mozart est né
8. le mont Fuji
9. la rivière Saint-Laurent
10. la tour de Londres

18. la montagne Pelée
19. le Machu Picchu
20. l'ancien volcan «Diamond Head»

LA PRÉPOSITION DE AVEC LES NOMS GÉOGRAPHIQUES

La préposition **de** signifie *from* quand on l'emploie avec un nom géographique.

1 Si on utilise **à** ou **en** pour dire *in* ou *to*, on utilise **de** ou **d'** pour dire *from*.

Il va...	Il revient...
à Paris	**de** Paris
à la Guadeloupe	**de la** Guadeloupe
en Italie	**d'**Italie
en Israël	**d'**Israël

2 Si on utilise **au** pour dire *in* ou *to*, on utilise **du** pour dire *from*.

Il va...	Il revient...
au Texas	**du** Texas
au Mexique	**du** Mexique

3 Si on utilise **aux** pour dire *in* ou *to*, on utilise **des** pour dire *from*.

Il va...	Il revient...
aux Etats-Unis	**des** États-Unis
aux îles Hawaï	**des** îles Hawaï

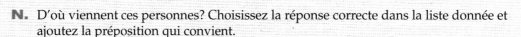

E x e r c i c e

N. D'où viennent ces personnes? Choisissez la réponse correcte dans la liste donnée et ajoutez la préposition qui convient.

Angleterre	Sicile	La Nouvelle-Orléans	Texas	Arkansas
Russie	Égypte	Normandie	Israël	Chili
Chine	Lorraine	Suisse	Grèce	
Tibet	Sénégal	Mexique	Monaco	

1. le prince Albert
2. Cléopâtre
3. Confucius
4. Platon
5. Ariel Sharon
6. Mariama Bâ

7. le général Pinochet
8. Guillaume Tell
9. Bill Clinton
10. George W. Bush
11. la Mafia
12. le dalaï lama

13. Tolstoï
14. Jeanne d'Arc
15. Maupassant
16. Tony Blair
17. Louis Armstrong
18. Montezuma

Synthèse

Online Study Center Improve Your Grade

Applications

I. Menus. Dans les phrases suivantes, mettez l'article qui convient, ou mettez un X s'il ne faut pas d'article.

1. Dans la salade, nous mettons toujours _____ vinaigrette. Marie fait _____ vinaigrette délicieuse. _____ vinaigrette est sur la table.
2. Au marché, j'achète _____ gros canard. Le samedi, nous mangeons toujours _____ canard. Le chat a mangé _____ canard!
3. Comme _____ dessert, nous prenons _____ fraises. N'oublie pas d'acheter _____ fraises! _____ fraises poussent au printemps.
4. Vous allez faire votre marché pour _____ repas d'anniversaire. Qu'est-ce que vous achetez? Qu'est-ce que vous préparez? Votre repas doit inclure _____ hors-d'œuvre, _____ plat principal, _____ salade, _____ dessert.

II. Chez le docteur. Vous avez mal au ventre. Le docteur vous demande ce que vous avez mangé la veille.

1. J'ai mangé… (côtes de porc, pommes de terre frites, salade de choux, pâté, fromages [trois sortes], choux à la crème).
2. Le docteur vous recommande un petit régime (*diet*). Ne mangez plus… (le beurre, le chocolat). Mangez moins… (la viande, le sucre, le sel).
3. Mangez plus… (les légumes, les fruits).
4. Buvez, ne buvez pas… (le vin, les jus de fruits, l'eau minérale, le lait).

III. Recettes de cuisine. Dans les recettes suivantes, mettez l'article qui convient, ou mettez un X s'il ne faut pas d'article.

1. **La bouillabaisse.** Pour faire une bouillabaisse, il faut _____ poissons, _____ oignons, _____ poireaux, _____ huile d'olive, _____ tomates, _____ basilic (*basil*), _____ ail, _____ pommes de terre, _____ sel, _____ poivre, _____ eau, _____ thym (*m.*).
2. **Un pot-au-feu.** Vous avez acheté au marché deux kilos _____ viande _____ bœuf, et _____ légumes suivants: _____ carottes, _____ navets (*turnips*), _____ poireaux, _____ céleri (*m.*), _____ oignons et _____ bouquet de fines herbes: _____ thym, _____ laurier (*m.*), _____ persil (*m.*). Vous mettez _____ viande, _____ oignon et _____ bouquet dans _____ eau froide. Vous faites bouillir pendant deux heures. Vous ajoutez ensuite _____ légumes. Vous laissez bouillir encore pendant une heure. Vous séparez _____ légumes cuits _____ (*from the*) bouillon (*m*) et vous servez _____ viande et _____ légumes avec _____ pommes de terre cuites à _____ vapeur (*f.*) (*steamed*). Servez ce plat avec _____ moutarde de Dijon.

IV. Inventaire. Vous avez aidé votre père à nettoyer le garage ou votre grand-mère à ranger son grenier (*attic*). Dites ce que vous avez trouvé, et employez l'article qui convient.

Il était plein… Il y avait beaucoup / peu… Nous avons trouvé… Nous avons jeté… Nous avons gardé…

Suggestions:

vieux vêtements	jouets	journaux	chaise de bébé
vieille bicyclette	phono	radio	pendule (*clock*)
poussière (*dust*)	bouteilles	photos	meubles

Activités Orales

1. Jeu de rôle. Choisissez un(e) partenaire. Vous projetez un voyage avec une(e) ami(e). Vous allez dans une agence de voyages et vous vous adressez à l'employé(e) (votre partenaire), qui essaie de vous vanter les différentes qualités de certains pays.

choix du pays	raisons de votre choix
faire du sport	visiter des monuments
apprécier les arts et la gastronomie	apprendre une langue se reposer

2. Discussion. Formez deux groupes de deux ou trois camarades. Un groupe préfère la cuisine traditionnelle américaine et l'autre, la cuisine ethnique. Vous comparez vos goûts.

le hamburger	le poulet-maïs	la glace
la pizza	les côtes de porc au barbecue	la tarte aux pommes
les escargots		le poisson cru (*raw fish*)
les cuisses de grenouille (*frogs' legs*)	les anguilles (*eels*)	les huîtres

3. Jeu de rôle. Choisissez un(e) partenaire. L'un(e) de vous joue le rôle d'un(e) Français(e) arrivé(e) dans votre pays récemment. Il (Elle) vous explique les difficultés d'adaptation. Il (Elle) vous décrit le choc culturel qu'il (elle) vit. Vous lui donnez des conseils sur la façon de faire face au choc culturel et de mieux s'adapter à la culture du pays d'accueil. Inversez les rôles.

Rédactions

1. Wilma raconte à une amie l'arrivée de Nancy chez ses nouveaux grands-parents.
2. Vous rentrez d'un voyage dans un pays exotique. Vous décrivez pour un ami quelques repas bizarres.
3. Quelle est l'importance de la nourriture dans la vie quotidienne? Comment par la nourriture peut-on établir des rites (*rituals*), renforcer les liens familiaux (*family ties*), célébrer une culture? Cherchez des exemples et mentionnez l'importance affective de la nourriture, les problèmes psychologiques créés par la nourriture, son excès ou son absence.
4. **Recettes favorites.** Quelles sont vos deux recettes favorites? Ecrivez une recette pour une personne qui ne compte pas les calories et une recette pour une personne qui veut faire attention à ce qu'elle mange.

Le comparatif et le superlatif:

La voiture et la moto

Le comparatif et le superlatif

La comparaison
  L'égalité
  La supériorité / L'infériorité
Le superlatif

Vocabulaire élémentaire

Noms

changement (*m.*) change
climat (*m.*) climate
couple (*m.*) couple
découverte (*f.*) discovery
écologiste (*m. ou f.*), **écolo** ecologist

influence (*f.*) influence
routine (*f.*) routine
toboggan (*m.*) toboggan
statut (*m.*) **social** social position
vacancier(-ière) vacationer

Adjectifs

florissant(e) flourishing
indestructible indestructible
inimaginable unbelievable

pédagogique pedagogical
saisonnier (-ière) seasonal

Verbes

acquérir to acquire
mesurer (*here*) to assess

multiplier to multiply
responsabiliser to make responsible

Vocabulaire actif

amplificateur (*m.*) amplifier
argent (*m.*) **de poche** allowance
aube (*f.*) dawn
bien (*m.*) **de consommation** consumer good
ça ne suffit plus it's no longer enough
certes indeed
clé (*f.*) key
convivialité (*f.*) social interaction
débris (*m. pl.*) rubbish
se débrouiller to manage, to muddle through
déchets (*m. pl.*) rubbish
dormir à la belle étoile to sleep outside
s'éclairer to brighten
ensoleillé(e) sunny
épisodique occasional
galet (*m.*) pebble
grâce à thanks to

gras (grasse) greasy
gueuler (*fam.*) to shout
jouir de to enjoy
matelas (*m.*) (*here*) beach mat
menu(e) small, tiny
mob (*f.*), **mobylette** moped
moniteur(-trice) instructor
moyen (*m.*) **de promotion** way to move forward
munir to provide
outil (*m.*) tool
parasol (*m.*) beach umbrella
passer son permis to obtain one's driver's license
pester contre to curse
piéton(-ne) pedestrian
plagiste (*m. ou f.*) beach attendant
ratisser to rake
réengager to rehire

réjouissant(e) entertaining
rendre un service to do a favor
saletés (*f. pl.*) junk, rubbish
terrain (*m.*) **d'entraînement** practice
  field

tumultueux (-euse) stormy
valorisant(e) prestigious
voile (*f.*) sailing

● Vocabulaire supplémentaire

accélérer to accelerate
casque (*m.*) helmet
changement (*m.*) **de vitesse** gear
changer de vitesse to switch gears
chauffard (*m.*) reckless driver
clignotant (*m.*) blinker
contravention (*f.*) ticket
démarrage (*m.*) start
démarrer to start (as in a car)
déraper to skid
doubler to pass
emboutir, rentrer dedans to crash into
en état d'ivresse under the influence
faire le plein to fill up
frein (*m.*) brake
freiner to put on the brakes

guidon (*m.*) handlebar
motard (*m.*) motorcycle driver or cop
phares (*m. pl.*) headlights
pneus (*m. pl.*) tires
pot (*m.*) **d'échappement** exhaust pipe
ralentir to slow down
réservoir (*m.*) **à essence** gas tank
selle (*f.*) seat
tableau (*m.*) **de bord** dashboard
tomber en panne to break down (as in
  a car)
tournant (*m.*) turn
virage (*m.*) turn
vitesse (*f.*) speed
vitesses (*f. pl.*) gears

Divers

débrouillard(e) resourceful
s'entraîner to train
entraîneur (-euse) coach, trainer

planche (*f.*) sailboard
râteau (*m.*) rake
vélo (*m.*) **de santé** exercise bike

Français en couleurs

Les Français parlent plus de leur **bagnole** que de leur voiture. On dit aussi **une tire.** Au Canada, on dit **un char,** et **un citron** pour une voiture qui ne marche pas. Si on a un accident, on dit: **il m'a (il m'est) rentré dedans** (il m'a embouti) et **j'ai bousillé ma bagnole** (*I wrecked my car*). On peut se faire **épingler** (*to catch*), ou **coller une contravention** (**un ticket,** au Canada). **Un chauffeur du dimanche** est un mauvais conducteur.

Les mots **super, hyper** renforcent n'importe quel adjectif et même un nom: **c'est hypercool, super bien, c'est une super nana.**

Ajoutez **vachement** devant un adjectif, et vous aurez un superlatif: **Il est vachement sympa.** Même effet si vous ajoutez **un max** après un verbe: **il bosse un max** veut dire qu'il travaille beaucoup. Ajoutez **d'enfer** après un nom et vous aurez un autre genre de superlatif: **C'est un boulot d'enfer.**

Le verbe **gueuler** (crier) est vulgaire, mais de plus en plus utilisé dans la langue courante. **On engueule quelqu'un** (*one bawls someone out*). Le mot **dégueulasse** (*disgusting*), vulgaire mais passé dans la conversation courante, est souvent contracté en **dégueu** ou **dègue.**

Les mots **paumé** (perdu, incapable, stupide) et **viré** (renvoyé de son travail) sont aussi des mots d'argot devenus courants.
Une personne qui aime les sports dangereux est **un casse-cou** et quelqu'un qui **bronze idiot** reste au soleil sans rien faire.

PLANTU
LE MONDE
Paris
FRANCE

CWS / CARTOONARTS INTERNATIONAL www.cartoonweb.com

● Lecture

Préparation à la lecture

Nice   Située au bord de la baie des Anges sur la Méditerranée, c'est la ville la plus ensoleillée de France. Elle est bordée d'une plage de galets. Sur les hauteurs, ses corniches° sont de pittoresques circuits, avec de nombreux virages «en épingles à cheveux».° En février, on célèbre Mardi gras. Il y a un carnaval animé, des défilés dans les rues et la ville est inondée de confettis.

cliff roads

en épingles... hairpins [hairpin turns]

Mobs et autres deux-roues   Le cyclomoteur ou vélomoteur est muni d'un moteur de moins de 50 cc. C'est le deux-roues supérieur à la bicyclette dont rêvent les jeunes Français. On dit aussi mob(ylette) ou solex, du nom de ces marques. On peut en conduire un sans permis à partir de quatorze ans. Mais, après seize ans, les jeunes rêvent tous d'aller plus vite et d'acquérir une moto. De 125 cc, on passe à 250 cc, puis à 450 cc (les cc indiquent la puissance° du moteur, donc la possibilité de vitesse). Les gros cubes représentent toutes les motos superpuissantes, généralement des étrangères: Honda, Yamaha, Suzuki, Harley-Davidson. Le port du casque est obligatoire.

power

La voiture et la conduite   Grâce à des radars placés sur les autoroutes, les «fous du volant»° qui font des excès de vitesse reçoivent automatiquement une contravention. Cette invention a fait diminuer considérablement les accidents mortels sur les routes de France. Mais malgré une campagne publicitaire agressive, beaucoup d'automobilistes conduisent encore trop vite et manquent de discipline: non-respect du code, abus des boissons alcoolisées.

fous du... crazy drivers

Nicolas Hulot (1956–)   est né dans une petite ville près de Lille, au nord de la France, dans une famille assez bourgeoise. Très tôt, il se montre «casse-cou».° Après la séparation de ses parents, il vit avec sa mère à Nice. Il montre très jeune une grande indépendance et un désir d'être «mobile». Il parcourt la France, puis le monde, pour faire du photo-reportage. Il devient ensuite reporter à la radio, puis à la télévision. Il anime l'émission célèbre «Ushuaïa». Du tremblement de terre° au Guatemala, de la guerre en Rhodésie, il rapporte des récits et des images qui montrent qu'il n'a pas peur du danger. C'est un cascadeur° qui fait des courses de moto, de hors-bord,° vole en ULM,° se fait parachuter au pôle Nord pour un reportage, descend les rapides du Zambèze en canot, affronte les troupeaux d'éléphants et d'hippopotames. C'est aussi un écologiste qui défend avec ardeur les beautés naturelles de la planète. Dans son livre *Les chemins de traverse,*° il raconte sa vie et ses expériences avec humour, vigueur et tendresse. Le danger lui a appris à respecter la force de la nature et à apprécier des moments exceptionnels qu'il décrit avec émotion et poésie. Son message est: «Il faut vivre chaque seconde comme si c'était la dernière.»

daredevil

tremblement... earthquake

stuntman

speedboat / **ULM (=Ultra Léger Motorisé)** Ultralight

chemins... backroads

Dans ce passage, il mentionne l'influence sur son caractère de plusieurs événements: le divorce de ses parents, la différence de climat et de géographie entre Lille et Nice, la mort de son père. Il décrit ses premiers «petits boulots», motivé par le désir d'avoir un moyen de locomotion° de plus en plus rapide.

moyen... means of transportation

Mobs, deux-roues, gros cubes...

Aujourd'hui, je mesure mieux l'influence des climats sur l'évolution d'un jeune homme normal [...]. Si mes parents étaient restés à Lille, si le couple Philippe-Monique avait été indestructible, je ne sais pas ce que je serais devenu.[1] Sans doute un médecin généraliste, plus ou moins en rade°

5 dans un cabinet gris.

Mais je vais découvrir mon premier outil de liberté parce que la mort de mon père me responsabilise [...] et parce que les confettis sont une des industries saisonnières les plus florissantes de France.

[*A Nice, le jeune Nicolas va découvrir les joies de la moto.*]

10 [...] On ne jouit pas du deux-roues de la même manière à Lille que sur les corniches ensoleillées, tumultueux toboggans avec arrivées épisodiques à l'hôpital.

Nice offre trois corniches dont les difficultés se multiplient. C'est l'un des plus pédagogiques terrains d'entraînement qui soit.

15 [*A l'occasion du carnaval de Nice, les enfants peuvent se faire de l'argent en vendant des confettis.*] Le paquet de confettis représente [...] la plus réjouissante plus-value° qui soit.

Février était pain béni° pour ces [...] enfants [...] désireux d'acquérir un bien de consommation. C'est beaucoup plus que de l'argent de poche [...],

20 c'est un moyen de promotion, la clé d'un changement de statut social, une découverte.

Grâce aux confettis ma condition change, ma vie s'éclaire, je ne suis plus piéton, j'ai une «mob». [...] Je n'exagère pas: la liberté de mouvement est l'une des plus essentielles. [...]

25 [...] Une mob [...] ça ne suffit plus dès qu'on a seize ans, puis dix-huit et la possibilité de passer son permis. Les confettis non plus.

Pour acquérir la moto, si possible la plus rapide dans ma catégorie financière, je fais le larbin.° C'est le prix de la liberté [...].

Si bien que j'ai réellement dormi sur le sable.

en... lost

source of benefits

pain...(*lit.*) consecrated bread; = godsend

je... I do subservient jobs

---

[1] **ce que...:** what would have become of me (*cond. past*); see page 339.

30　Celui de ma plage niçoise qui ressemble davantage à des galets qu'à celui des Salines[1] de Martinique. [...] Je dors à la belle étoile puisque je commence ma journée à cinq heures du matin.

　　Profession: plagiste. Ça veut dire ratisser les déchets à l'aube, papiers toujours très gras, débris, mégots;° je deviens écolo avant la diffusion du 35　mot, pestant contre les saletés, inimaginables, que les vacanciers multiplient. Disposer les matelas. [...] Planter les parasols. Servir à boire. Apporter les glaces. Rendre de menus services en espérant [...] le pourboire. [...] La routine.

　　Résultat du premier été: une superbe Honda 250 cc d'autant plus 40　excitante qu'elle est plus puissante que celles des copains, condamnés aux 125 cc. Le rêve. [...]

　　Il n'y a rien de plus conquérant° qu'une 250 cc?

　　Si, une 450 Honda [...]. Alors je me débrouille, très vite comme toujours. [...] Promotion non méritée, certes: moniteur de voile. [...] 45　Je me retrouve sur un ponton° à Juan-les-Pins,[2] armé d'un mégaphone [...] Un moniteur de voile, c'est plus valorisant qu'un plagiste. [...] Muni de cet amplificateur rustique [...] je gueule des ordres contradictoires [...].

　　Mes élèves étaient encore plus paumés° que moi, ce qui n'est pas peu dire.° Viré° normalement à la fin de l'été [...] je me fais réengager sur la 50　plage niçoise. [M]es touristes me paient mon gros cube. [...] ●

(marginal glosses)
cigarette butts

(here) powerful

pontoon

(argot) ignorant, lost / **ce qui...** to say the least *(argot)* Dismissed

Compréhension du texte

Mots et structures

A. Reconstituez l'ordre des phrases dans le texte.
1. Je me retrouve à Juan-les-Pins, armé d'un mégaphone...
2. Grâce aux confettis, ma condition change, ma vie s'éclaire, je ne suis plus un piéton, j'ai une «mob».
3. Profession: plagiste.
4. Résultat du premier été: une superbe Honda 250cc...
5. Mes touristes me paient mon gros cube.
6. Mais je vais découvrir mon premier outil de liberté parce que la mort de mon père me responsabilise.
7. Je dors à la belle étoile puisque je commence ma journée à cinq heures du matin.

---
[1] **celui des...:** la plage des Salines est faite de sable fin.
[2] **Juan-les-Pins:** a famous resort on the Côte d'Azur

B. Lisez attentivement le texte et corrigez les erreurs dans les phrases suivantes.

1. Les confettis sont une des industries saisonnières les moins florissantes de France.
2. C'est beaucoup moins que de l'argent de poche.
3. Nice offre une corniche...
4. Une mob, cela ne suffit plus dès qu'on a quatorze ans.
5. Un moniteur de voile c'est moins valorisant qu'un plagiste.

Questions sur la lecture

1. Quels événements dans la famille de Nicolas ont changé la direction de sa vie?
2. Pourquoi la ville de Nice a-t-elle un avantage sur Lille pour l'entraînement des motocyclistes? Expliquez «avec arrivées épisodiques à l'hôpital».
3. Comment est-ce que Nicolas et les jeunes garçons niçois pouvaient se faire de l'argent? Qu'est-ce qu'ils rêvaient d'acheter et pourquoi?
4. Avant seize ans, qu'est-ce qu'on a la permission de conduire? Qu'est-ce qu'on veut acquérir après seize ans et pourquoi?
5. Quels petits boulots a faits Nicolas pour gagner de l'argent et s'acheter une moto plus puissante?
6. Qu'est-ce que les vacanciers laissent sur la plage? En quoi consiste le travail du «plagiste»? Pourquoi Nicolas est-il devenu «écolo avant la diffusion du mot»?
7. Décrivez les activités du moniteur de voile.
8. Qu'est-ce que Nicolas a enfin acheté?

Opinions

1. Etes-vous d'accord avec Nicolas Hulot quand il dit que: «La liberté de mouvement est l'une des plus essentielles»? Quelle est votre liberté la plus essentielle?
2. Quels autres petits boulots peut-on faire quand on est adolescent pour gagner de l'argent? Qu'est-ce que vous désirez acheter avec vos économies?
3. Quel est votre moyen de transport actuel: une mob, une moto, une voiture, l'autobus? Comparez-le avec le moyen de transport qui vous semble idéal.

Grammaire: *Le comparatif et le superlatif*

Online Study Center   General Resources

La comparaison

La comparaison peut exprimer l'égalité (**aussi ... que, autant ... que**), la supériorité (**plus ... que**) ou l'infériorité (**moins ... que**).

L'ÉGALITÉ

Aussi ... que (*as ... as*) / **autant ... que** (*as much as, as many ... as*)

1 On exprime la comparaison d'égalité par **aussi ... que** placé autour d'un adjectif ou d'un adverbe. L'adjectif s'accorde avec le nom qu'il qualifie.

> La plage de Malibu est **aussi** belle **que** la plage de Cannes.
> *Malibu beach is **as** beautiful **as** the beach of Cannes.*

> Ta moto roule **aussi** vite **qu'**une voiture.
> *Your bike goes **as** fast **as** a car.*

2 On emploie **autant que** (pas séparés) après un verbe et **autant de ... que** autour d'un nom.

> Les vendeurs de confettis gagnent **autant que** les vendeurs de journaux.
> *Confetti sellers make **as much** money as newspaper sellers.*

> Nicolas a vendu **autant de** confettis **que** son frère.
> *Nicolas sold **as much** confetti **as** his brother.*

Remarques:

- Le deuxième mot de la comparaison est toujours **que**.
- Le pronom qui suit **que** est le pronom disjoint: **moi, toi, lui, elle, nous, vous, eux, elles** (voir chapitre 11 "Les pronoms disjoints"). Le verbe n'est pas répété.

  > J'ai **autant d'**argent de poche **que** toi.
  > *I have **as much** pocket money **as** you.*

  > Mon frère? Je suis **aussi** débrouillard **que** lui.
  > *My brother? I am **as** resourceful **as** he is.*

- Avec un verbe de forme composée, on peut placer **autant** après le participe passé ou entre l'auxiliaire et le participe passé.

  > Le moniteur a travaillé **autant que** vous.   Le moniteur a **autant** travaillé **que** vous.

- Les deux formules **aussi ... que** et **autant ... que** peuvent devenir **si ... que** et **tant ... que** après une négation. On a le choix.

  > Monique n'est pas **aussi** docile **que** sa sœur.

  > Tu ne t'entraînes pas **autant qu'**un nageur.

  > Monique n'est pas **si** docile **que** sa sœur.

  > Tu ne t'entraînes pas **tant qu'**un nageur.

Voici un tableau des constructions d'égalité.

$$\left.\begin{array}{l}\textbf{aussi}\\\textbf{pas si}\end{array}\right\} + \textit{adjectif ou adverbe} + \textbf{que}$$

$$\textit{verbe} + \left\{\begin{array}{l}\textbf{autant que}\\\textbf{pas tant que}\end{array}\right.$$

$$\left.\begin{array}{l}\textbf{autant de}\\\textbf{pas tant de}\end{array}\right\} + \textit{nom} + \textbf{que}$$

LA SUPÉRIORITÉ / L'INFÉRIORITÉ

Plus ... que (*more ... than*) / **moins ... que** (*less ... than*)[1]

1 On exprime la comparaison de supériorité ou d'infériorité par **plus ... que** ou **moins ... que** placés autour d'un adjectif ou d'un adverbe.

La Honda 450 est **plus** rapide **qu'**une voiture ordinaire.

Elle démarre **plus** rapidement **qu'**une mob.

Elle est **moins** performante **que** la Suzuki.

Il conduit **moins** vite **que** son frère.

2 On emploie **plus que, moins que** (pas séparés) après un verbe.

Le plagiste travaille **plus que** le marchand de glaces.

Le moniteur dort **moins que** le vacancier.

3 On emploie **plus de ... (que), moins de ... (que)** autour d'un nom. Il n'y a pas d'article devant le nom.

Est-ce qu'un piéton a **plus de** plaisir **qu'**un motocycliste?

Est-ce que les planchistes rencontrent **moins de** dangers **que** les alpinistes?

4 On emploie **plus de, moins de,** sans **que** devant un nombre ou un nom de quantité.

Elle met **moins d'**une heure pour aller de Cannes à Nice.

Voici un tableau des constructions avec **plus** et **moins.**

$$
verbe +
\begin{cases}
\begin{rcases} \textbf{plus} \\ \textbf{moins} \end{rcases} + adjectif \text{ ou } adverbe + \textbf{que} \\[2ex]
\begin{rcases} \textbf{plus que} \\ \textbf{moins que} \end{rcases} + nom \text{ ou } pronom \\[2ex]
\begin{rcases} \textbf{plus de} \\ \textbf{moins de} \end{rcases} + nom + \textbf{que (de)} \\[2ex]
\begin{rcases} \textbf{plus de} \\ \textbf{moins de} \end{rcases} + nombre
\end{cases}
$$

(**Remarques:**)

• Dans une expression précédée d'un nombre, la supériorité s'exprime par **de plus que, de plus;** l'infériorité par **de moins que, de moins.**

Mon frère a deux ans **de plus que** moi.   *My brother is two years **older** than I.*

J'ai gagné cent euros **de moins.**   *I earned a hundred euros **less.***

---

[1] Notez que **plus ... que** traduit la formule anglaise *adjective +* **er (faster)** ou **more** + *adjective (**more intelligent**).*

- Le mot **davantage** peut remplacer **plus,** généralement quand il est placé à la fin d'une phrase ou d'une proposition. **Davantage ... que** s'emploie quelquefois à la place de **plus ... que.**

  Il faut travailler **davantage.**

  Nicolas travaille **davantage** quand il a besoin d'argent.

  La plage de Nice ressemble **davantage** à la plage de Dieppe **qu'**à la plage de Cannes.

- On peut renforcer **plus** et **moins** par un adverbe, **bien** ou **beaucoup: bien plus, bien moins, beaucoup plus, beaucoup moins.**

  Les mobs sont **bien plus** nombreuses en France qu'aux Etats-Unis.

  Elles sont aussi **beaucoup moins** chères.

- On répète **de** après **que: plus de ..., moins de ... que de...**

  Les vacanciers laissent **plus de** mégots **que de** papiers gras sur cette plage.

5 meilleur

L'adjectif **bon** a un comparatif irrégulier.

	masc.	fém.
sing.	meilleur	meilleure
pl.	meilleurs	meilleures

(**Attention:**) Pour indiquer l'égalité et l'infériorité on emploie **aussi bon** et **moins bon.**

  La mob est-elle **meilleure** pour la santé **que** le vélo? Est-elle **aussi bonne?**

  Non, elle est **moins bonne** pour la santé.

6 mieux

L'adverbe **bien** a un comparatif irrégulier: **mieux.**

  Victoire nage **mieux que** Frédérique.

Pour indiquer l'égalité et l'infériorité, on emploie **aussi bien** et **moins bien.**

  Sylvie skie **aussi bien que** Justine, mais elle nage **moins bien que** Caroline.

7 moindre / plus petit

L'adjectif **petit** a un comparatif irrégulier, **moindre,** et un comparatif régulier, **plus petit.** On emploie **moindre** dans des situations abstraites; on emploie **plus petit** dans des situations concrètes.

  La gymnastique a une **moindre** importance en France **qu'**aux Etats-Unis. (*abstrait*)

  Une Honda est **plus petite qu'**une Cadillac. (*concret*)

Pour indiquer l'égalité et l'infériorité, on emploie **aussi petit** et **moins petit.**

8 pire / plus mauvais

L'adjectif **mauvais** a un comparatif irrégulier, **pire,** et un comparatif régulier, **plus mauvais.**

  Ma situation sociale l'an dernier était **pire que** cette année.

  Le sel est-il **plus mauvais** pour la santé **que** le sucre?

On emploie de préférence **pire** pour les situations abstraites et **plus mauvais** pour les situations concrètes, mais souvent les deux expressions sont interchangeables.

Le sel est-il **pire que** le sucre pour la santé?

Pour indiquer l'égalité et l'infériorité, on emploie **aussi mauvais** et **moins mauvais**.

(**Remarque:**) **Pire** est souvent le contraire de **mieux**.

—Est-ce que c'est **mieux** d'être riche et malheureux ou pauvre et heureux?

—C'est **pire** d'être riche et malheureux.

Voici un tableau des constructions de **bon, bien, mauvais** et **petit**.

	Supériorité	Egalité	Infériorité
bon	meilleur	aussi bon	moins bon
bien	mieux	aussi bien	moins bien
mauvais	pire / plus mauvais	aussi mauvais	moins mauvais
petit	moindre / plus petit	aussi petit	moins petit

Exercices

A. Faites des phrases exprimant l'égalité avec le vocabulaire donné en suivant les modèles.

Modèle: J'ai ... de l'argent de poche / Paul
*J'ai **autant** d'argent de poche **que** Paul.*

J'ai ...

1. des devoirs / Julia
2. de l'essence / Rosalie
3. de la chance / vous
4. des copains / mon frère

Modèle: Tu es ... intelligent / je
*Tu es **aussi** intelligent **que** moi.*

Tu es ...

5. travailleur / ta sœur
6. souriant / Pauline
7. ambitieux / ton frère
8. poli / touriste

Modèle: Elle conduit ... vite / vous
*Elle conduit **aussi** vite **que** vous.*

Elle conduit ...

9. prudemment / tu
10. follement / il
11. bien / je
12. lentement / ils

Modèle: il travaille / je
*Il travaille **autant que** moi.*

13. vous avez mangé / il   15. je ne buvais pas / tu
14. il ne dort pas / elle   16. nous n'avons pas couru / ils

B. Faites des phrases exprimant l'égalité avec le vocabulaire donné.

Modèles: Les femmes conduisent / bien / les hommes.
*Les femmes conduisent **aussi bien que** les hommes.*

Rémi a fait des économies / son frère
*Rémi a fait **autant** d'économies **que** son frère.*

1. Est-ce que les Américains conduisent / vite / les Français?
2. Les motos italiennes sont / populaires / les motos japonaises?
3. Cette plage contient / déchets / une poubelle.
4. Je me sens / tranquille / dans ma vieille Peugeot / une voiture de course.
5. Je crois que l'ULM / dangereux / le patin à roulettes.
6. Vous avez / espace vital / nous?
7. La France exporte / voitures / l'Allemagne.
8. Nicolas a vendu / confettis / son copain.

C. Faites des phrases exprimant la supériorité ou l'infériorité avec le vocabulaire indiqué.

Modèle: Les voitures américaines sont-elles / grandes / les voitures françaises?
*Les voitures américaines sont-elles **plus (moins) grandes que** les voitures françaises?*

1. Me voilà à Nice, enfin! Je me demande s'il y a / papiers gras sur la plage de Nice / sur une plage de Bretagne.
2. Et puis, le carnaval de Nice est-il / célèbre / le carnaval de Rio?
3. Les petits boulots d'été sont / variés à Lille / sur la Côte d'Azur.
4. Cette plage fait / 500 mètres de long. Quel travail pour ramasser les mégots!
5. J'ai un vélo Solex. Mais un cyclomoteur a / cylindres / une Honda 450. Alors je veux une moto!
6. Pour m'acheter ma moto, il faut que je travaille / deux heures par jour. Comme moniteur de voile?
7. Pas comme Frédéric qui n'est pas populaire: lui, il gagne / 100 euros de pourboire par semaine.
8. Je me pose la question: Une monitrice de voile gueule-t-elle / fort / un moniteur?
9. Enfin! J'ai ma moto. Je conduis à / 100 km à l'heure sur mon nouvel engin!
10. Et maintenant, ce serait génial de vivre aux Etats-Unis: là-bas, les autoroutes sont / nombreuses / en Europe.

D. Faites des phrases exprimant des comparaisons avec le vocabulaire donné.

Modèle: Le vin français est / bon / le vin chinois.
*Le vin français est **meilleur que** le vin chinois.*

1. Aux Etats-Unis les conditions de vie sont-elles / bonnes / en France?
2. Une Harley-Davidson roule / bien / une Honda.
3. Cet amplificateur fonctionne / bien / un mégaphone.
4. Les galets, c'est / un bon lit / le sable / pour dormir.
5. Ce parasol nous abrite / bien / une ombrelle.
6. La glace faite avec de l'eau est / bonne / la glace faite avec des œufs et du lait.

E. Faites des phrases exprimant des comparaisons.

Modèle: La France / petit / le Texas.
*La France est **plus petite que** le Texas.*

1. Les grains de sable / petits / des confetti.
2. Dormir à la belle étoile / mauvais / en été / en hiver.
3. Un tricycle / petit / une mob.
4. Laissez tomber les détails de / petit / importance.
5. L'inaction / mauvais / l'exercice pour la santé.

Le superlatif

Le superlatif est formé ainsi:

> l'article défini + l'adverbe de comparaison + l'adjectif
> **le, la, les**   **plus, moins**

le plus beau   **la moins** belle
les moins riches   **les plus** grandes

1. Si l'adjectif précède le nom, l'ordre des mots reste le même.

Est-ce que Versailles est **le plus beau** château de France?

2. Si l'adjectif est placé après le nom, il faut répéter l'article défini devant l'adjectif.

Les motos *les* **plus rapides** sont aussi *les* **plus chères.**

3. L'adjectif possessif peut remplacer l'article qui précède le nom, mais on garde l'article devant l'adjectif qui suit le nom.

Elle a mis **son plus beau** maillot de bain.

Je vais vous montrer mes photos de cascades **les plus réussies.**

4. Le complément du superlatif est toujours introduit par la préposition **de** (*in, of*). **De** se contracte avec **le** et avec **les: du, des.**

C'est le plus grand château **de** France.

Miss America est la plus belle fille **des** Etats-Unis, mais pas **du** monde.

⑤ Le superlatif peut aussi affecter (*apply to*) un verbe et un nom. Dans ce cas, on emploie **le plus** ou **le moins** avec un verbe et **le plus de** ou **le moins de** avec un nom. Cette construction se trouve le plus souvent avec l'expression d'insistance **c'est ... qui, c'est à ... que.**

C'est Jacqueline qui mange **le plus.**	*It's Jacqueline who eats **the most.***
C'est Pierre qui a **le plus de** courage.	*It's Pierre who has **the most** courage.*
C'est à Robert que nous avons donné **le moins d'**argent.	*It's Robert to whom we gave **the least** amount of money.*

⑥ **le meilleur**

L'adjectif **bon** a un superlatif irrégulier.

	masc.	fém.
sing.	meilleur	meilleure
pl.	meilleurs	meilleures

Les meilleures voitures viennent-elles du Japon?

⑦ **le mieux**

Le superlatif de l'adverbe **bien** est **le mieux, la mieux.** Le contraire est **le moins bien.**

C'est elle qui travaille **le mieux.**   C'est elle qui est **la mieux préparée.**

Pierre est l'étudiant qui comprend **le moins bien.**

⑧ **le plus petit / le moindre**

L'adjectif **petit** a deux superlatifs: **le plus petit, le moindre.** On emploie **le plus petit** dans des situations concrètes et **le moindre** dans des situations abstraites.

Georges est **le plus petit** des trois frères.   (*concret*)

Je n'ai pas **la moindre** idée de ce qui se passe.   (*abstrait*)

⑨ **le plus mauvais / le pire**

L'adjectif **mauvais** a deux superlatifs: **le plus mauvais, le pire.** On emploie **le plus mauvais** dans des situations concrètes et **le pire** dans des situations abstraites.

Vous n'êtes pas **le plus mauvais** élève.   (*concret*)

Dans **les pires** circonstances, elle garde son calme.   (*abstrait*)

⑩ On appelle superlatif absolu un adjectif ou un adverbe modifié par **très, bien, remarquablement, extrêmement.**

Vous êtes **très** fatigué.   Il conduit **extrêmement** vite.

(**Attention:**)   Certains adjectifs ne sont jamais utilisés avec ces adverbes.

excellent	merveilleux
extraordinaire	sensationnel
formidable	terrible
magnifique	

Mais on peut employer **tout à fait, vraiment** avec **extraordinaire** et **sensationnel.** On peut aussi ajouter les préfixes **archi-, extra-, hyper-, super-, ultra-,** devant un adjectif.

Son père est **archi-conservateur.**   Du sable **extra-fin.**   C'est un enfant **hyper-nerveux.**

Remarque: Dans la conversation les préfixes **extra-** et **super-** sont devenus des adjectifs avec le sens de: **extraordinaire** ou **excellent.**

Ce gâteau est **extra.**   J'ai vu un film **super.**

11 Voici des expressions idiomatiques:

de mal en pis	worse and worse
de mieux en mieux	better and better
faire de son mieux	to do one's best
faute de mieux	for lack of anything better
le pire	the worst
le plus vite possible	as fast as possible
tant mieux	so much the better
tant pis	so much the worse (too bad)

Remarque: On emploie parfois le subjonctif après le superlatif. Voir chapitre 18, "Le subjonctif après un pronom relatif".

C'est la fête **la plus** réjouissante **qui soit.**

E x e r c i c e s

F. Faites des phrases au superlatif avec le vocabulaire donné. (Attention à la contraction de **de** avec l'article.)

1. Le fromage français est / bon / le monde.
2. Est-ce que les Américains construisent les voitures / rapides / l'industrie automobile?
3. Les vêtements / élégants / France / sont fabriqués à Paris.
4. Los Angeles est / grande ville / les Etats-Unis.
5. Est-ce que le Manitoba est / province froide / le Canada?
6. Le poulet est-il le produit / cher / le supermarché?
7. Quel est le monument / vieux / le Québec?
8. C'est à Robert que j'ai écrit / des lettres.
9. Est-ce le blé ou le maïs qui est la culture / importante / la Saskatchewan?
10. Ce marchand vend les fruits / bon / le marché.

G. Traduisez les phrases suivantes.

1. Philippe is the one who speaks the best.   2. Francine is the one who sings the best.   3. What time is it?—I don't have the slightest idea.   4. Answer this letter

ASAP.   5. I like Madonna's songs. They are super!   6. Robert does not lend his most expensive books.   7. Hurry up!—I am doing my best.   8. I am extremely tired.   9. She is getting better and better. All the better!

H. Refaites ces phrases au superlatif avec un adverbe ou avec un préfixe comme **archi-, super-, hyper-, ultra-** ou **extra-**.

1. Les nobles étaient *royalistes*.   2. Vous êtes *gentils*.   3. Nous sommes *prudents* quand nous conduisons.   4. Il y a un exercice de diction française qui dit: «Les chaussettes de l'archiduchesse sont-elles *sèches*...»   5. Cet enfant est surdoué, *intelligent*.   6. Nous ne mangeons que du beurre *fin*.

Suppléments de grammaire

L'IDENTITÉ, LA DIFFÉRENCE, LA PROPORTION

1 **le même ... que / la même ... que** (*the same as*)

L'article change. L'adjectif s'accorde.

Ils ont **la même** moto et **les mêmes** problèmes **que** nous.

2 **comme** (*like / as*)

Comme est suivi d'un nom ou d'une proposition entière.

Elle mange **comme** un oiseau.

Vous allez faire **comme** je vous l'ai dit.

Voici quelques expressions courantes et imagées avec **comme:**

ennuyeux **comme** la pluie	fort **comme** un Turc / un bœuf
heureux **comme** un poisson dans l'eau	libre **comme** l'air
maigre **comme** un clou *(nail)*	malade **comme** un chien
sage **comme** une image	têtu *(stubborn)* **comme** une mule

On dit aussi:

aimer quelqu'un **comme** un frère, une sœur

se ressembler **comme** deux gouttes d'eau

traiter quelqu'un **comme** un chien

3 **différent de** (*different from*)

L'adjectif **différent** s'accorde; le mot qui suit est toujours **de, du, de la** ou **des.**

La région de Lille est **différente de** la région de Nice.

4 **de plus en plus** (*more and more*) / **de moins en moins** (*less and less*)

Ces expressions précèdent l'adjectif.

>   Ils veulent des motos **de plus en plus** rapides et **de moins en moins** chères.

5 **plus ... plus** (*the more . . . the more*) / **moins ... moins** (*the less . . . the less*) / **plus ... moins** (*the more . . . the less*) / **moins ... plus** (*the less . . . the more*)

On emploie **plus, moins** sans article au début de la phrase.

>   **Plus** elle mange, **plus** elle a faim.   **Moins** vous travaillez, **moins** vous gagnez.

On met le nom après le verbe, avec la préposition **de;** il n'y a pas d'article.

>   **Plus** on a **d'**enfants, **plus** on a **de** problèmes.

6 **d'autant plus (moins) ... que**

Cette expression signifie *all the more ... when*

>   J'ai **d'autant plus** peur de conduire **qu'** il pleut.
>
>   *I am **all the more** scared to drive **when** it rains.*

Exercices

I. Faites des phrases avec les expressions comparatives suivantes **(le, la, les même(s) ... que, différent(e) ... de, comme)** et les phrases suggérées. Suivez le modèle.

>   **Modèle:** Camille a acheté / les sandales / moi
>   *Camille a acheté **les mêmes** sandales **que** moi.*

1. Je suis né / à l'heure / mon cousin.
2. A l'école, les cours étaient ennuyeux / la pluie.
3. Quand j'étais petit, mes vacances à la montagne étaient / mes vacances au bord de la mer.
4. Et le vent en Bretagne est / le vent à Cannes.
5. Je me suis rendu compte qu'en France les ados n'ont pas / les distractions / aux Etats-Unis.
6. Il me fallait un engin à moteur. Mais, le prix d'une Honda 450 est / le prix d'une mob.
7. Alors, il faut que je travaille comme plagiste. Mais les touristes ne se conduisent pas / des écolos.
8. Enfin! J'ai ma moto. Sur ma moto je me sens libre / l'air!

J. Modifiez les phrases suivantes avec les expressions **de plus en plus** ou **de moins en moins.**

1. Les motos deviennent rapides et dangereuses.
2. Grâce à la vente des confettis, Nicolas sera riche.

3. A cause du phénomène «El Niño», l'océan Pacifique devient froid.
4. Parce qu'il a beaucoup de travail, le plagiste est fatigué.

K. Modifiez les phrases suivantes avec **plus ... plus, moins ... moins, plus ... moins** ou **moins ... plus**.

1. On voyage vers le sud. Le climat est chaud.
2. Les touristes jettent des saletés sur la plage. Les écolos sont contents.
3. Le moniteur de voile gueule. Les touristes tombent dans l'eau.
4. Il y a des virages sur la route. Il faut aller vite.

LA PRÉFÉRENCE

1 **plutôt / plutôt que / plutôt que de**

a. **Plutôt** signifie *rather*.

Cette jeune fille a une imagination **plutôt** romanesque (*romantic*).

b. **Plutôt que, plutôt que de** signifient *rather than*. On emploie **plutôt que** devant un nom; on emploie **plutôt que de** devant un infinitif. Souvent on combine **préférer** avec **plutôt que** et **plutôt que de.**

Nous allons acheter une voiture américaine **plutôt qu'**une voiture étrangère.

Cette année, ils sont restés aux Etats-Unis **plutôt que de** voyager en Europe.

Nous préférons acheter une voiture américaine **plutôt qu'**une voiture étrangère.

2 **aimer mieux**

Aimer mieux signifie **préférer.**

J'aime mieux les pays chauds que les pays froids.

Si **aimer mieux** est suivi d'un verbe à l'infinitif, la deuxième partie de la comparaison commence par ... **que de** ou ... **plutôt que de.**

Catherine **aime mieux se reposer** le dimanche **que d'**aller faire du sport.

Elle **aime mieux se reposer** le dimanche **plutôt que d'**aller faire du sport.

Exercices

L. Refaites les phrases suivantes avec **plutôt que** ou **plutôt que de** et les groupes entre parenthèses.

1. Nicolas redevient plagiste. (continuer à être moniteur)
2. Nous mangeons de la viande. (du poisson)
3. Ils choisissent de travailler sur un ordinateur. (une machine à écrire)

4. Vous allez dormir dans un motel. (à la belle étoile)

5. J'écoute de la musique classique. (du jazz)

M. Faites des phrases avec le vocabulaire suggéré en employant la formule **aimer mieux ... que de** ou **aimer mieux ... plutôt que de.**

1. Pauline / servir des glaces / ratisser le sable.

2. Malik / aller voir ses copains / faire ses devoirs.

3. Nous / respecter le code / recevoir un P.-V.

4. Ces jeunes gens / conduire une voiture de sport / être piétons.

5. Marguerite / lire un bon livre / sortir avec un garçon ennuyeux.

LES EXPRESSIONS CONDUIRE / ALLER EN VOITURE / MARCHER / ALLER À PIED

1 Le verbe *to drive* se dit **conduire** si le verbe est modifié par un adverbe de manière, un complément de lieu ou un objet direct.

Les Français **conduisent** vite.

En été, on **conduit** sur des routes encombrées.

Elle **conduit** sa petite Citroën.

2 Le verbe *to drive* se dit **aller en voiture** si le verbe est accompagné d'un complément de destination.

Ils **vont** à Paris **en voiture.**

3 Le verbe *to walk* se dit **marcher** avec un adverbe ou un complément de lieu et **aller à pied** avec un complément de destination.

Tu **marches** lentement.   MAIS: Je **vais à pied** à l'université.

Nous **marchons** dans la forêt.

Exercice

N. Faites des phrases avec le verbe qui convient.

(conduire/aller en voiture)

1. un camion
2. trop vite
3. du nord au sud de la France

4. une Peugeot
5. au supermarché tous les jours
6. ses enfants à l'école

(aller à pied / marcher)

7. à l'école
8. dans le parc pour te reposer
9. au bureau de tabac

10. lentement
11. avec ton chien
12. sur la plage

Synthèse

 **Online Study Center** **Improve Your Grade**

Applications

I. Vivre en France ou aux Etats-Unis? Vous avez la possibilité de choisir si vous allez vivre aux Etats-Unis ou en France. Comparez les avantages de la vie dans chaque pays. Puis donnez votre opinion.

> **Modèle:** Je me demande si / la vie est agréable
> *Je me demande si la vie est **plus agréable** aux Etats-Unis **qu'**en France.*
> *Je trouve que la vie est **plus agréable** en France.*

Je me demande si...   Je trouve que...

1. les gens sont accueillants, simples
2. les gens conduisent vite
3. on mange bien
4. il y a de la variété dans les menus
5. il y a des marchés en plein air
6. les vêtements sont chers
7. les écoles sont strictes
8. il y a des universités
9. on a construit des bibliothèques
10. les problèmes politiques sont nombreux
11. il y a du chômage
12. on sait bien s'amuser

II. Avec qui se marier? Françoise a trois copains. Elle veut se marier. Lequel de ses copains va-t-elle choisir? Elle pense à eux et les compare. Utilisez **très / énormément; plus / moins; aussi / autant** dans les phrases suivantes.

> **Modèle:** jaloux: Serge / Jean-Luc / Gilbert
> *Serge est **très** jaloux. Jean-Luc est **moins (plus) jaloux que** Gilbert.*

1. travailleur
2. beau
3. fidèle
4. fait bien la cuisine
5. aime les enfants
6. est en bonne santé
7. a de l'ambition
8. me rendra heureuse

III. Mme Grossous est immensément riche. Elle n'achète que ce qui est de qualité supérieure. Faites des phrases en suivant le modèle.

> **Modèle:** Elle porte des diamants / les bijoux chers.
> *Elle porte des diamants parce que ce sont les bijoux **les plus chers**.*

1. Elle mange du caviar / la nourriture / rare.
2. Elle porte des robes de chez Yves Saint Laurent / les vêtements / chic.
3. Elle conduit une Rolls / la voiture / élégante.
4. Elle voyage en Concorde / l'avion rapide / confortable.
5. Elle habite sur la Côte d'Azur / la région / recherchée par les gens riches.
6. Elle a un château / le type d'habitation / luxueux.
7. Elle s'embête à mourir / elle est la personne / intelligente / le monde.

IV. Enquête.   Vous voulez connaître les goûts d'un(e) ami(e). Vous lui posez des questions en suivant le modèle et vous écrivez ses réponses.

Modèle: livre / bon / lire
—*Quel est le meilleur livre que tu as lu?*—*Le meilleur livre que j'ai lu, c'est ...*

1. film / original / effrayant / voir
2. la nourriture / délicieux / manger
3. la mode / excentrique / connaître
4. la boisson / rafraîchissant / aimer boire
5. la philosophie / dynamique / trouver
6. l'injustice / révoltant / exister
7. la personne / intelligent / rencontrer
8. le souhait (*wish*) / ardent / faire

V. Un jeune homme impatient.   Complétez le texte suivant avec un mot ou une expression du vocabulaire indiqué.

faire mieux	conduire	extrêmement tôt	tomber en panne
la plus mauvaise	permis de conduire	un chauffard	un motard
le feu rouge	démarrer	la pire	freiner
accélérer	faire le plein	redémarrer	moteur
à toute allure	limite de vitesse	clignotant	doubler
une contravention	emboutir	doubler	

Jean-Paul est parti un matin _____ sur sa moto. Il a eu du mal à _____ parce que le _____ de sa moto était froid et parce qu'il utilise de l'essence de _____ qualité. Il avait grand peur de _____. En entrant sur la route nationale, il a oublié de mettre son _____ et une voiture qui roulait _____ l'a presqu' _____. En colère et pressé, Jean-Paul a _____ et a essayé de _____ la voiture. Mais un _____ qui passait par là l'a vu, l'a arrêté et lui a donné _____, parce qu'il n'avait pas respecté la _____. Heureusement, Jean-Paul avait son _____ dans sa poche.

Activités Orales

1. **Sondage.**   Interrogez quatre ou cinq camarades au sujet des petits boulots qu'ils ont faits pendant leur vie. Créez des questions que vous leur poserez en utilisant des comparatifs et des superlatifs: boulots intéressants, fatigants, humiliants, faciles, durs physiquement, pourboire, exploitation. Comparez vos résultats à ceux de vos camarades.

2. **Discussion.**   Organisez avec deux ou trois camarades une discussion sur le sujet suivant: Le monde est atteint d'une nouvelle maladie, la «championnite». Il faut, pour se sentir bien, exceller dans un domaine de sa vie personnelle: sports, carrière, études, talents artistiques, exceller, être le (la) meilleur(e), gagner le plus d'argent, avoir sa photo dans un magazine, paraître à la télé.

Rédactions

1. Vous envoyez un mél à un(e) ami(e) pour lui décrire votre nouveau moyen de locomotion.
2. Vous envoyez un mél à un(e) ami(e) pour lui donner la liste des différents petits boulots possibles dans votre région pendant l'été.
3. Quelle est votre opinion au sujet de la pollution et de la bataille que les écologistes livrent pour préserver notre planète? Que faites-vous personnellement pour recycler et contribuer à la préservation de l'environnement?

   gaz d'échappement des voitures / produits bio / pesticides / covoiturage (*carpooling*) / réchauffement de l'atmosphère

4. Expliquez la devise (*motto*) de Nicolas Hulot: «Il faut vivre chaque seconde comme si c'était la dernière.» Etes-vous d'accord? Avez-vous une ou plusieurs devises personnelles intéressantes qui vous inspirent dans votre vie?

La négation:

Laxisme ou discipline?

● Vocabulaire élémentaire

Noms

antenne (*f.*) antenna, feeler
autorité (*f.*) authority
bois (*m.*) wood, grove
bonbon (*m.*) candy
étranger(-ère) foreigner
hygiène (*f.*) hygiene
joujou (*m.*) toy

meuble (*m.*) piece of furniture
paradis (*m.*) paradise
poivre (*m.*) pepper
poste (*m.*) **de radio** radio receiver
tableau (*m.*) painting
terreur (*f.*) terror
théière (*f.*) teapot

Adjectifs

anarchique anarchic
autoritaire authoritarian
bouillant(e) boiling
corporel(le) corporal
enfantin(e) childish

inflexible rigid, unyielding
insignifiant(e) insignificant
raffiné(e) refined
redoutable fearsome

Verbes

battre to beat
chasser to chase
se contenter (de) to content oneself
(with)

flamber to flambé
frapper to hit
réduire to reduce

● Vocabulaire actif

canne (*f.*) (*here*) stick
case (*f.*) hut
châtiment (*m.*) punishment
crise (*f.*) **de rage** temper tantrum
dépourvu(e) deprived
douceur (*f.*) (*here*) kindness
d'un coup (*adv.*) all at once
faire régner to maintain
fréquenter (*here*) to visit
hormis (*adv.*) beside
la moindre the slightest
le peu de the little

mâcher to chew
manie (*f.*) strange habit
se mesurer à to pit oneself against
[someone]
ouvrage (*m.*) (*here*) book
paresser to laze about, to loaf
rattacher to connect
relié(e) bound
sévir to deal severely with
sucrerie (*f.*) sweet, candy
suspendre to hang
verser to pour

Vocabulaire supplémentaire

Online Study Center
General Resources

blague (*f.*) prank, practical joke
blagueur (-euse) joker, bigmouth
colère (*f.*) temper tantrum
coléreux (-euse) quick-tempered, irascible
correction (*f.*) thrashing
corriger to thrash
enfant (*m. ou f.*) **gâté(e)** brat
faire une blague to play a trick
fessée (*f.*) spanking
fesser to spank
fou (folle) maniac

fouet (*m.*), **martinet** (*m.*) whip
fouetter to whip
gâter un enfant to spoil a child
jouer un tour to play a trick
laxiste, permissif (-ive) permissive
maniaque fussy
Pas de blague! No messing around!
passion (*f.*) **morbide** mania
piquer une crise, une colère to have a tantrum
Sans blague! No kidding!

Français en couleurs

Souvent une phrase négative a plus de force qu'une phrase positive. C'est pour cette raison que dans la langue courante on dit plus souvent **c'est pas mal** ou **ça va pas mal** que **c'est très bien; ça va bien. C'est pas grave** veut dire que tout est parfait. L'expression **C'est pas évident** est utilisée pour dire que c'est une chose difficile à accomplir, à envisager. On dit **c'est débile; c'est dément,** pour critiquer une action ou un événement. Une personne qui reste inactive, ne travaille pas, **légumise; il est nul, elle est nulle** (stupide, inintelligent); **c'est un zéro.** Si quelqu'un vous ennuie ou vous irrite, **il ou (elle) vous gonfle.** D'une personne qui n'est pas fréquentable, ou qui n'a pas d'éducation, on dit: **c'est un plouc, il (elle) craint, il (elle) est craignos.**

Dans la langue des ados, les parents sont **le vieux, la vieille,** les vieilles personnes sont **un papy, une mémé.** Un **vieux schnock (schnoque)** signifie *an old blockhead,* **une vieille chouette,** *an old harpy.*

● Lecture ●

Préparation à la lecture

Médecins en Afrique à l'époque coloniale   Le père de Jean-Marie Le Clézio, dit l'Africain, est un de ces hommes généreux et idéalistes qui utilisaient leurs talents de médecins au service de l'aide humanitaire. Ils luttaient tous les jours contre la misère et les maladies. Vivant souvent dans des conditions précaires, ils portaient secours aux habitants des pays de l'Afrique colonisée. L'un d'eux s'appelle Albert Schweitzer (1875–1965). Né en Alsace, il construisit sa philosophie personnelle sur le respect de la vie et un profond désir de servir l'humanité. Il choisit une carrière de médecin missionnaire en Afrique où il fonda un hôpital en 1913. Il reçut le prix Nobel de la paix en 1952.

Médecins sans frontières   Suivant les mêmes principes, cette association naquit à la fin des années soixante, lors de la crise du Biafra. Aux côtés de la Croix-Rouge, ceux qu'on nommera plus tard les «French Doctors» portent assistance aux victimes de catastrophes naturelles et de conflits armés. Leur force: l'intervention clandestine, qui s'exprime dans les années quatre-vingt par «le droit d'ingérence humanitaire», une notion qui leur permet d'ignorer l'accord des gouvernements pour mieux secourir les populations en danger. Les Médecins sans frontières dénoncent les génocides, apportent une aide médicale et alertent aussi l'opinion internationale sur la violation des droits de l'homme: ainsi, en 1992 en Bosnie, au Rwanda en 1994, et plus récemment au Kosovo. Le 15 octobre 1999, l'association Médecins sans frontières reçut le prix Nobel de la paix.

Le Nigeria   Ce pays d'Afrique occidentale est situé sur le golfe de Guinée. Traversé par le fleuve Niger, il est bordé à l'est par le Cameroun, au nord par le Niger et à l'ouest par le Bénin. Au milieu d'autres pays autrefois colonisés par la France ou la Belgique, ce pays fut longtemps d'obédience anglaise et on y parle l'anglais. Ses villes principales sont Lagos et Abuja. Il a retrouvé son indépendance en 1960. En plus de cultures de cacao, de caoutchouc et d'arachide, le Nigeria contient des ressources très riches en pétrole, dont il est le premier producteur africain.

Jean-Marie Gustave Le Clézio (1940–)   est né à Nice d'une famille originaire de Bretagne émigrée à l'île Maurice au XVIIe siècle. Il a poursuivi des études universitaires dans sa ville natale où il reçut un doctorat en lettres. Il a écrit des poèmes, des contes, des romans, des nouvelles. Son premier roman, *Le Procès-verbal*, obtint le prestigieux prix Renaudot en 1963. Le jury de l'Académie Française lui décerna le Grand Prix Paul Morand pour son roman *Désert* (1980). Romancier inclassable, Le Clézio est l'un des écrivains de langue française les plus traduits dans le monde. Cet auteur mystérieux est à la recherche d'une beauté originelle que notre civilisation a perdue mais qu'il retrouve parmi les

Indiens du Mexique ou les hommes du désert. Son œuvre est souvent autobiographique.

L'Africain (2004) est l'histoire de deux découvertes simultanées: son père et l'Afrique, qui vont marquer son enfance. Pendant la Seconde Guerre mondiale, le père de Jean-Marie Le Clézio, médecin dans un village isolé du Nigeria, était resté bloqué en Afrique. Jean-Marie, son frère et leur mère ont vécu chez une grand-mère qui ne punissait jamais les enfants. Après la guerre, ils rejoignent leur père. Les premiers contacts sont difficiles. Le père a connu la maladie, la misère et une vie privée de tout confort. Il impose une discipline sévère. Il ne manifeste aucune indulgence envers les caprices des deux garçons. Père et fils s'opposent.

Un père inflexible

A l'âge de huit ans à peu près, j'ai vécu en Afrique de l'Ouest, au Nigeria, dans une région assez isolée où, hormis mon père et ma mère, il n'y avait pas d'Européens [...]. Dans la case que nous habitions [...] il n'y avait pas de miroirs, pas de tableaux, rien qui pût° nous rappeler le monde où nous avions vécu jusque-là. [...]

[...] Nous avions vécu, mon frère et moi, dans une sorte de paradis anarchique à peu près dépourvu de discipline. Le peu d'autorité auquel nous étions confrontés venait de ma grand-mère, une vieille dame généreuse et raffinée, qui était fondamentalement opposée à toute forme de châtiment corporel envers les enfants, lui préférant la raison et la douceur. [...]

[...] Nous avions carte blanche pour faire régner dans le petit appartement une terreur enfantine. Nous avons fait, dans les années qui ont précédé notre départ pour l'Afrique, des choses qui, avec le recul de l'âge,° m'apparaissent en effet assez terribles [...].

Je me souviens aussi d'avoir été pris par des crises de rage, parce qu'on me refusait quelque chose, un bonbon, un joujou, bref pour une raison tellement insignifiante qu'elle ne m'a pas marqué, une rage telle que je jetais par la fenêtre tout ce qui me tombait sous la main, jusqu'à des meubles. A ces moments, rien ni personne ne pouvait me calmer. [...]

[...] L'homme que j'ai rencontré en 1948, [...] je ne l'ai pas reconnu, pas compris. Il était trop différent de tous ceux que je connaissais, un étranger, et même plus que cela, presque un ennemi. Il n'avait rien de commun avec les hommes que je voyais en France dans le cercle de ma grand-mère, ces «oncles», ces amis de mon grand-père, [...] distingués, décorés, [...] bavards, porteurs de cadeaux [...].

L'homme qui m'est apparu [...] était inflexible, autoritaire [...]. Il était plein de manies et de rituels que je ne connaissais pas, dont je n'avais pas

rien... (*subj. passé de* **pouvoir,** see le Student Website, Grammar References) nothing that could

avec... with the benefit of hindsight

la moindre idée: les enfants ne devaient jamais parler à table sans en avoir eu l'autorisation, ils ne devaient pas courir, ni jouer ni paresser au lit. Ils ne pouvaient pas manger en dehors des repas, et jamais de sucreries. Ils devaient manger sans poser les mains sur la table, ne pouvaient rien laisser dans leur assiette et devaient faire attention à ne jamais mâcher la bouche ouverte. Son obsession de l'hygiène le conduisait à des gestes surprenants, comme de se laver les mains à l'alcool et les flamber avec une allumette. Il [...] ne buvait que du thé, ou même de l'eau bouillante (que les Chinois appellent du thé blanc) [...]. Hormis son poste de radio, rattaché à une antenne suspendue au travers du jardin, il n'avait aucun contact avec le reste du monde, ne lisait ni livres ni journaux. Sa seule lecture était un petit ouvrage relié de noir que j'ai trouvé longtemps après, et que je ne peux ouvrir sans émotion: l'*Imitation de Jésus-Christ*. [...] Bien entendu, il ne nous en parlait jamais.

Dès le premier contact, mon frère et moi nous sommes mesurés à lui en versant du poivre dans sa théière. Cela ne l'a pas fait rire, il nous a chassés autour de la maison et nous a sévèrement battus. Peut-être qu'un autre homme, je veux dire un de ces «oncles» qui fréquentaient l'appartement de ma grand-mère, se serait contenté d'en rire.° Nous avons appris d'un coup qu'un père pouvait être redoutable, qu'il pouvait sévir, aller couper des cannes dans le bois et s'en servir pour nous frapper les jambes. Qu'il pouvait instituer une justice virile, qui excluait tout dialogue et toute excuse. [...] Qu'il ne tolérait pas la moindre manifestation d'irrespect et n'accepterait aucune velléité° de crise de rage: l'affaire pour moi était entendue, la maison d'Ogoja était de plain-pied,° et il n'y avait aucun meuble à jeter par aucune fenêtre.

[...] Je suppose que c'est en arrivant à Ogoja que nous avons appris que le Père Noël n'existait pas, que les cérémonies et les fêtes religieuses étaient réduites à des prières, et qu'il n'y avait aucun besoin d'offrir des cadeaux [...]. ●

se serait... (*cond. passé*) would have merely laughed about it

vague desire, impulse **de plain-pied**... with only one floor, at street level

Compréhension du texte

Mots et structures

A. Classez les phrases suivantes en retrouvant l'ordre chronologique des actions du texte.
1. Je me souviens d'avoir été pris par des crises de rage.
2. Il ne buvait que du thé ou même de l'eau bouillante.
3. Nous avons appris que le Père Noël n'existait pas.
4. Son obsession de l'hygiène le conduisait à des gestes surprenants.
5. Le peu d'autorité auquel nous étions confrontés venait de ma grand-mère.
6. Il était inflexible, autoritaire.
7. Sa seule lecture était L'*Imitation de Jésus-Christ*.
8. A l'âge de huit ans j'ai vécu en Afrique.
9. L'homme que j'ai rencontré en Afrique en 1948, je ne l'ai pas reconnu, pas compris.

B. Trouvez les adjectifs de la colonne de droite qui correspondent à chaque nom de la colonne de gauche dans le texte.

1. carte
2. dame
3. région
4. terreur
5. châtiment
6. oncles
7. bouche
8. père
9. justice

a. redoutable
b. virile
c. enfantine
d. corporel
e. ouverte
f. raffinée
g. décorés
h. blanche
i. isolée

Questions sur la lecture

1. Où vivait Jean-Marie Le Clézio pendant la guerre et avec qui?
2. Quelle était l'atmosphère de la vie familiale chez la grand-mère de Jean-Marie Le Clézio?
3. Comment étaient les hommes qui fréquentaient le cercle de la grand-mère?
4. Comment est-ce que Jean-Marie enfant manifestait ses crises de rage? Qui pouvait le calmer?
5. Où Jean-Marie, son frère et leur mère sont-ils allés vivre après la guerre?
6. Donnez trois ou quatre adjectifs ou détails qui décrivent la personnalité du père.
7. Quelle blague est-ce que Jean-Marie et son frère ont faite pour se mesurer à leur père?
8. Quelle a été la réaction du père? Qu'a-t-il fait?
9. Que pensait-il des fêtes religieuses, de Noël...?

Opinions

1. Que pensez-vous de la réaction du père de Jean-Marie après la blague?
2. Dans quels pays, dans quelles cultures, à quelles époques punit-on les enfants physiquement?
3. Etes-vous en faveur des châtiments corporels? Pourquoi? Pourquoi pas?

Grammaire: *La négation*

 *Online Study Center*   General Resources

La négation en français est généralement en deux parties—**ne** et un autre mot. Dans la langue écrite, il faut employer **ne** dans tous les cas. Dans la conversation, **ne** est souvent omis.

> Il **ne** fume **pas,** il **ne** boit **jamais,** il **n'**a **aucun** vice.
>
> J'aime **pas** ça. Il a **jamais** fumé.

Formes

Voici la liste des expressions négatives les plus courantes.

ne ... pas, ne ... point	négation simple
ne ... personne	négation de **quelqu'un, tous**
ne ... rien	négation de **quelque chose, tout**
ne ... jamais	négation de **quelquefois, toujours** (*always*)
ne ... plus	négation de **encore, toujours** (*still*)
ne ... pas encore	négation de **déjà**
ne ... aucun	
ne ... pas un	négation de **un,** ou **tous les**
ne ... nul	
ne ... guère	négation de **beaucoup, très**
ne ... ni ... ni	négation de **et ... et, ou ... ou**

Emplois

1 **ne ... pas / ne ... point** (*not*)

a. Ces deux négations ont le même sens. **Ne ... pas** est l'expression la plus courante. **Ne ... point** est employé dans la langue littéraire.

b. La négation **ne ... pas** entoure le verbe à la forme simple. A un temps composé, la négation entoure l'auxiliaire. Le participe passé est placé après **pas.**

Je **ne** comprends **pas.**   Je **n'**ai **pas** compris.

A l'infinitif **ne** et **pas** ne sont pas séparés.

Il est désolé de **ne pas** comprendre.

Vous êtes vexé de **ne pas** avoir compris.

(**Remarque:**) Dans la langue littéraire on peut dire: de **n'**avoir **pas** compris.

c. Dans la langue littéraire on emploie **ne** sans **pas,** avec les verbes suivants: **oser, savoir, cesser, pouvoir.**

Je **ne sais** s'ils viendront.   Il **ne cesse** de pleuvoir.

Elle **n'ose** parler.   Vous **ne pouvez** comprendre.

d. Dans la langue familière on trouve **pas** sans **ne.**

J'ai **pas** faim.   Ils ont **pas** compris.

(**Remarque:**) Quand il y a des pronoms objets, **ne** précède tous ces pronoms.

Je **ne** leur en ai pas parlé.

② **ne ... personne** (*nobody, anybody*)

   a. **Personne** est la négation de **quelqu'un, tout le monde. Personne** a plusieurs fonctions.

Sujet	**Personne** n'a calmé l'enfant.
Objet direct	Nous n'entendons **personne**.
Objet indirect	Elle ne parle **à personne**.
Objet de prép.	Tu ne sors **avec personne**.

   b. Aux temps composés, **personne** est placé après le participe passé.

     Vous **n'**avez rencontré **personne**.

     A l'infinitif **ne** et **personne** sont séparés.

     Je suis triste de **ne** voir **personne**.

   c. **Personne,** sans **ne,** peut être employé dans une réponse elliptique, après la préposition **sans,** et dans la langue familière.

     Qui a téléphoné?—**Personne**.

     Elle va au café seule, **sans personne**.

     J'ai vu **personne**.

(**Attention:**) On ne combine pas **pas** et **personne**.

③ **ne ... rien** (*nothing, anything*)

   a. **Rien** est la négation de **quelque chose, tout. Rien** a plusieurs fonctions:

Sujet	**Rien** ne calme sa rage.
Objet direct	Elle ne mange **rien**.
Objet de prép.	Vous ne pensez **à rien**.

   b. Aux temps composés, **ne ... rien** entoure l'auxiliaire. Le participe passé se place après **rien**.

     Ils **n'**ont **rien** reçu comme cadeau pour Noël.

     A l'infinitif, **ne** et **rien** ne sont pas séparés.

     Ils sont déçus de **ne rien** recevoir.

   c. **Rien,** sans **ne,** peut être employé dans une réponse elliptique et après la préposition **sans,** et dans la langue familière.

     Qu'est-ce que vous avez dit?—**Rien!**

     Il est sorti **sans rien** dire.

     Tu comprends **rien**.

   d. Quand **rien** est suivi d'un adjectif, au passé on a le choix entre deux constructions:

     Je **n'**ai **rien** vu **d'**intéressant.   Je **n'**ai vu **rien d'**intéressant.

Attention: On ne combine pas **pas** et **rien.**

4 **ne ... jamais** (*never*)

a. **Jamais** est la négation de **quelquefois, une fois, toujours** (*always*), **souvent. Jamais** est un adverbe (il n'est ni sujet, ni objet).

b. **Ne ... jamais** entoure le verbe aux temps simples, l'auxiliaire aux temps composés.

Il **ne** fume **jamais.**   Il **n'**a **jamais** fumé.

A l'infinitif, **ne** et **jamais** ne sont pas séparés.

Je suis content de **ne jamais** tomber en panne.

c. **Jamais,** sans **ne,** peut se trouver dans une réponse elliptique, après la préposition **sans,** et dans la langue familière.

La grand-mère a-t-elle puni les enfants? **Jamais.**

Les garçons ont joué des tours **sans jamais** se faire prendre.

Tu te trompes **jamais?**

Dans une question **jamais,** sans **ne,** a le sens positif de *ever.*

Avez-vous **jamais** vu une si jolie femme?

d. Si **jamais** commence la phrase, on emploie **ne** devant le verbe. Il n'y a pas d'inversion du sujet et du verbe comme en anglais.

Jamais il **n'**oubliait de se laver les mains à l'alcool.

5 **ne ... plus** (*no more, no longer*)

a. **Ne ... plus** est la négation de **encore, toujours** (*still*).

Nous **n'**avons **plus** de miroir.   Les enfants **ne** parlent **plus** à table.

b. **Ne ... plus** entoure le verbe aux temps simples, et l'auxiliaire aux temps composés.

Ton père **ne** se fâche **plus.**   Vous **n'**avez **plus** piqué de colère?

A l'infinitif, **ne** et **plus** ne sont pas séparés.

Les parents de Jean-Marie sont heureux de **ne plus** être séparés.

Remarques:

- La négation de **aussi** est **non plus ne ... pas.**

  Elle **aussi** conduit vite. Elle **non plus ne** conduit **pas** vite.

- **Moi non plus (ni moi non plus)** signifie *Neither do I.*

  —Je ne suis pas en faveur des châtiments corporels.

  —**Moi non plus.**

6 **ne ... pas encore** (*not yet*)

    a. C'est la négation de **déjà**.

        Il **n'**a **pas encore** l'âge de conduire.

    b. **Ne ... pas encore** entoure le verbe aux temps simples; aux temps composés on place **pas encore** entre l'auxiliaire et le participe passé.

        Il **n'**a **pas encore** appris à conduire.

        A l'infinitif, **ne pas encore** ne sont pas séparés.

        Je suis surpris de **ne pas encore** avoir reçu sa lettre.

    c. On emploie **pas encore**, sans **ne**, dans une réponse elliptique et dans la langue familière.

        Tu es prêt?—**Pas encore.**

        Vous comprenez **pas encore?**

7 **ne ... aucun(e), ne ... pas un(e)** (*not one, not one single*)

    a. Ces expressions sont la négation de **un, des, les, tous les, quelques, plusieurs.**

    b. Ces deux expressions entourent le verbe aux temps simples. Aux temps composés, **aucun** est placé après le participe. **Pas** et **un** sont séparés et entourent le participe passé. Avec **aucun,** on n'emploie pas d'article.

        Il **n'**a **aucun** ami.   Il **n'**a **pas un** seul ami.

        Je **n'**ai vu **aucune** bonne pièce de théâtre.   Je **n'**ai **pas** vu **une** bonne pièce de théâtre.

    c. **Aucun** peut être adjectif ou pronom. Son féminin est **aucune.** Si **aucun** est pronom, il est accompagné de **en,** sauf s'il est sujet.

        Il **n'**y a **aucune** raison de se faire du souci. (*adj.*)

        Il **n'**y **en** a **aucune.** (*pronom objet, avec* **en**)

        Aucun de mes amis **ne** me comprend. (*pronom sujet, sans* **en**)

        Aucun ne me comprend. (*pronom sujet, sans* **en**)

    d. On emploie **aucun** seul dans une réponse elliptique, avec la préposition **sans,** et dans la langue familière.

        Tu as des devoirs à faire?—**Aucun.**   L'avion a atterri **sans aucun** problème.

        Il trouve **aucun** travail.

8 **ne ... nul(le)** (*fém.*) (*not one, not one single*)

    a. Cette expression est surtout employée dans la langue littéraire, un peu pompeuse, comme pronom ou adjectif.

        Nul n'est prophète en son pays.   Je **n'**ai **nulle** envie de vous voir.

    b. Dans la langue courante, **nul** apparaît dans l'expression **ne ... nulle part,** contraire de **quelque part, partout.** Aux temps composés, **nulle part** est placé après le participe passé.

        J'ai cherché mon portefeuille et je **ne** l'ai trouvé **nulle part.**

9 **ne ... guère** (*not ... too, not ... much or many*)

C'est la négation de **très, beaucoup.** C'est une expression de langue littéraire et on peut la remplacer par **pas très, pas beaucoup.**

> Elle **n'**est **guère** patiente avec ses enfants.   Vous **n'**avez **guère** de courage.

Dans la langue courante, on emploie souvent la négation **ne ... pas ... grand-chose,** qui signifie **pas beaucoup de choses.**

> Elle **ne** mange **pas grand-chose.**   Je **n'**ai **pas** compris **grand-chose.**
>
> Il **ne** pensait **pas** à **grand-chose.**   Tu **n'**as **pas** besoin de **grand-chose.**

(**Remarque:**) **Pas grand-chose** est l'objet direct du verbe. On emploie cette expression avec un verbe qui a un objet direct **(manger, entendre, comprendre, voir),** un objet indirect **(penser à)** ou un objet de préposition **(avoir besoin de).**

10 **ne ... ni ... ni** (*neither ... nor*)

a. C'est la négation de **ou ... ou, et ... et.** On peut trouver cette expression avec:

> | *des sujets* | **Ni** Pierre **ni** Paul **ne** lui parlent. |
> | *des objets directs* | Il **n'**aime **ni** les oranges **ni** les bananes. |
> | *des objets indirects* | Il **ne** parle **ni** à Pierre **ni** à Paul. |

b. L'article partitif disparaît après **ni.**

> Il lit **des** livres et **des** journaux.   Il **ne** lit **ni** livres **ni** journaux.

c. L'article défini reste après **ni.**

> Il aime **le** thé et **le** café.   Il **n'**aime **ni le** thé **ni le** café.

Tableau-résumé
Place des mots négatifs les plus courants

aux temps simples	aux temps composés	à l'infinitif
		Je suis désolé(e):
je **ne** vois **pas**	je **n'**ai **pas** vu	de **ne pas** voir
je **ne** voyais **rien**	je **n'**avais **rien** vu	de **ne rien** voir
je **ne** vois **jamais**	je **n'**ai **jamais** vu	de **ne jamais** voir
je **ne** vois **plus**	je **n'**ai **plus** vu	de **ne plus** voir
je **ne** voyais **personne**	je **n'**avais vu **personne**	de **ne** voir **personne**
je **ne** vois **aucun...**	je **n'**ai vu **aucun...**	de **ne** voir **aucun...**
je **ne** vois **rien** de...	je **n'**ai vu **rien** de...	de **ne** voir **rien** de...
	je **n'**ai **rien** vu de...	de **ne rien** voir de...

Exercices

A. Refaites les phrases suivantes en mettant les mots en italique à la forme négative.

1. Quand nous étions enfants, mon frère et moi habitions dans une maison où *il y avait un seul* tableau. *Nous avions aussi* des dessins accrochés au mur. *Quelqu'un* rangeait nos jouets *et* faisait le ménage. *Vous aussi, vous aviez* une aide ménagère? Plus tard, *nous avons eu de la difficulté* (employez **aucun**) à nous débrouiller seuls. Nous sommes contents *d'avoir eu besoin de quelqu'un.*

2. Le père de Jean-Marie est arrivé en Afrique où *il avait déjà visité* le Nigeria. Il *avait oublié* la beauté de ce pays. *Il a tout reconnu* dans le village où il avait vécu. *Un seul habitant* l'a appelé par son nom. *Toi aussi, tu te rappelles toujours* les détails de ton enfance avec précision? *Oui, je me souviens de tout.*

B. Vous êtes très déprimé(e); vous voyez tout en noir. Répondez en employant la négation entre parenthèses.

1. Avez-vous des amis?   (aucun)
2. Allez-vous quelque part ce week-end?   (nulle part)
3. Etes-vous pressé(e) de partir?   (guère)
4. Ecrivez-vous à votre famille?   (jamais)
5. Faites-vous un voyage en Italie ou en Espagne cet été?   (ni ... ni)
6. Voyez-vous quelque chose d'intéressant dans ce livre?   (pas grand-chose)
7. Fumez-vous?   (ne plus)
8. Avez-vous consulté un psychiatre?   (pas encore)
9. Une thérapie peut peut-être vous soulager?   (aucun)
10. Etes-vous sûr(e) de comprendre?   (rien)
11. Pouvons-nous vous aider?   (guère)
12. Avez-vous des enfants, des relations dans la région?   (ni ... ni)
13. Sortez-vous?   (plus)
14. Lisez-vous le journal?   (ne aucun)

NÉGATIONS COMBINÉES

Voici des combinaisons possibles entre **personne, rien, jamais, aucun, plus.**

jamais aucun	Il **n'a jamais aucun** ami.
	He never has a friend.
jamais personne	Il **ne** voit **jamais personne.**
	He never sees anybody.
	(cont.)

jamais plus	Je **ne** vous vois **jamais plus.**
plus jamais	Je **ne** vous vois **plus jamais.**
	I never see you anymore.
jamais plus aucun	Je **ne** vois **jamais plus aucun** ami.
	I no longer see any friends.
jamais plus personne	Je **ne** vois **jamais plus personne.**
	I no longer see anyone.
jamais plus rien	Elle **ne** dit **jamais plus rien.**
	She doesn't say anything anymore.
jamais plus rien ... personne	Je **ne** vais **jamais plus rien** dire **à personne.**
	I shall never say anything to anyone again.
	Je **ne** vais **jamais plus rien** faire **avec personne.**
	I shall no longer do anything with anyone.
jamais rien	Il **ne** mange **jamais rien.**
	He never eats anything.
plus personne	Je **ne** vois **plus personne.**
	I don't see anyone anymore.
plus rien	Je **ne** dis **plus rien.**
	I no longer say anything.
rien personne	**Ne** dites **rien à personne.**
	Don't say anything to anybody.

Exercice

C. Refaites les phrases suivantes avec le vocabulaire et les négations suggérés.

1. Le Clézio est une personne très discrète. Il / dire / rien / personne.
2. Comme les chameaux (*camels*) qui traversent le désert, elle / boire / rien / jamais.
3. Tu es vraiment perdu. Tu / comprendre / plus / rien.
4. La guerre a séparé les deux amis. Ils / se voir / jamais / plus.
5. Autrefois, tu m'aidais à faire le ménage. Maintenant tu / faire / jamais / plus / rien.
6. Christine a changé d'attitude. Elle / téléphoner / jamais / plus / personne.
7. Arrêtez de parler! Vous / écouter / jamais / personne.
8. Ces parents ont eu de la chance avec leurs enfants. Ils / avoir des problèmes / jamais / aucun.
9. Josette a perdu tout ce qu'elle avait. Elle / donner / jamais / plus / rien / personne.
10. Gabriel a appris qu'il était diabétique. Après cela, il / manger un bonbon / jamais / plus / aucun.

Suppléments de grammaire

① **quelqu'un, personne, quelque chose, rien** + **de** + adjectif

Quand ces quatre expressions sont employées avec un adjectif, il faut mettre **de** entre l'expression et l'adjectif. L'adjectif est toujours à la forme masculine.

> C'est **quelqu'un de gentil.**   Vous dites **quelque chose de vrai.**
>
> Je n'ai rencontré **personne d'intéressant.**   Elle n'a acheté **rien de cher.**

(**Remarque:**)   Quand une personne, une chose sont employées comme noms, on n'ajoute pas **de,** et l'adjectif est à la forme féminine.

> Voilà une personne intéressante.   Elle achète des choses chères.

Exercices

D. Répétez chaque adjectif avec **quelqu'un de, personne de, une personne.**

1. permissif   3. insignifiant   5. étranger
2. courageux   4. enfantin   6. chic

E. Répétez chaque adjectif avec **quelque chose de, une chose, rien de.**

1. positif   2. important   3. gris   4. évident   5. douteux

② **ne ... que / seulement** *(only)*

Ne ... que n'est pas une négation. C'est une expression de restriction. Elle entoure le verbe simple ou le verbe composé. On garde l'article complet.

> Je **ne** bois **que** de l'eau.   Je **n'**ai lu **qu'**une page.

a. *Only* se traduit par **ne ... que** ou **seulement** dans les cas suivants:

- quand il modifie un nom objet direct.

> *I like **only** milk.*   Je **n'**aime **que** le lait.
> Je'aime **seulement** le lait.

- quand il modifie un objet indirect.

> *He talks **only** to Pierre.*   Il **ne** parle **qu'**à Pierre.
> Il parle **seulement** à Pierre.

- quand il modifie un objet de préposition.

> *She sleeps **only** with tranquilizers.*   Elle **ne** dort **qu'**avec des tranquillisants.
> Elle dort **seulement** avec des tranquillisants.

- quand il modifie un infinitif objet avec **à** ou **de.**

*He thinks **only** of having fun.*	Il **ne** pense **qu'**à s'amuser.
	Il pense **seulement** à s'amuser.
*I ask you **only** to read this.*	Je **ne** vous demande **que** de lire cela.
	Je vous demande **seulement** de lire cela.

- quand il modifie un groupe de mots qui commence par une conjonction autre que la conjonction **que.**

*She sings **only** if one begs her to.*	Elle **ne** chante **que** si on la supplie.
	Elle chante **seulement** si on la supplie.

b. *Only* se traduit par **seulement** dans les cas suivants (**ne ... que** est impossible):

- si la conjonction qui suit est **que.**

*I **only** need you to talk to me.*	J'ai **seulement** besoin que tu me parles.

- avec un sujet sans verbe dans une phrase elliptique.

  Qui a compris?—**Seulement** Jean-Marie.

c. *Only* se traduit par **seul(e)** avec un sujet dans une phrase complète. **Seul** peut être placé avant ou après le nom.

  Seul Gérard (*ou* Gérard **seul**) a compris.   **Seule** Jeanne (*ou* Jeanne **seule**) est venue.

E x e r c i c e

F. Faites des phrases avec le vocabulaire suggéré et les groupes restrictifs: **ne ... que, seulement** ou **seul.**

Modèle: Mon père nous défendait de boire des jus de fruits. Nous / boire / de l'eau.
*Nous **ne** buvions **que** de l'eau.*

1. Quelle enfance! Quand j'étais petit, je détestais presque tous les légumes. Je / manger / des carottes.
2. Il faisait tellement chaud au Nigeria. Nous / se promener / le soir.
3. La maison était décorée? Non, il y / avoir / un tableau / au salon.
4. Mon frère et moi, nous ignorions les langues africaines. Alors, nous / parler / français.
5. Mon père était très austère et rigide. Il / boire / du thé ou de l'eau bouillante.
6. Mon père détestait les enfants insolents. Il / supporter les enfants / quand ils étaient obéissants.
7. Papa avait un chien qu'il avait dressé. Ce chien / obéir / à notre père.
8. Nous demandions peu de choses. Nous / demander / rester des enfants libres et sans contraintes.
9. Personne ne pouvait comprendre papa. Ma grand-mère / pouvoir / accepter cette sévérité.
10. Mon père n'était pas très aimé de sa famille. Ses malades africains / l'adorer.
11. Nous devions faire des devoirs tous les jours. Nous / se reposer / le dimanche.
12. Mais nous avons eu de la chance. Nous / rester / trois ans en Afrique!

3 **n'avoir qu'à / il n'y a qu'à**

L'expression **n'avoir qu'à** + un infinitif s'emploie avec un sujet personnel.

   Tu **n'**as **qu'à** demander à Agnès.   *All you need to do is ask Agnès.*

Avec un sujet impersonnel, **il n'y a qu'à** signifie *the only* (ou *the best*) *thing to do is ...*

   Il n'y a qu'à appeler la police.   *The only* (ou *The best*) *thing to do is to call the police.*

Dans la conversation familière, **tu n'as qu'à** est souvent contracté et prononcé **t'as qu'à** /taka/; **il n'y a qu'à** est contracté et prononcé **y a qu'à** /jaka/.

Exercice

G. Dites avec l'expression **n'avoir qu'à** ou **il n'y a qu'à** ce que ces personnes devraient faire (*ought to do*). Suivez le modèle.

   Modèle: Tu as faim? (manger)
   Tu n'as qu'à manger.

1. Vous avez soif? (boire un grand verre d'eau)
2. Ces étudiants sont fatigués de prendre l'autobus? (aller à bicyclette)
3. Ils toussent. (arrêter de fumer)
4. Cette jeune fille se trouve trop grosse? (manger moins de gâteaux)
5. Tu veux me parler demain? (téléphoner de bonne heure)
6. Il y a un incendie? (appeler les pompiers)
7. Le directeur n'est pas content de sa secrétaire. (la renvoyer)

4 **il s'agit de** (*it is about*)

a. Cette expression est toujours impersonnelle. Si en anglais on a un nom sujet pour *is about*, en français il faut utiliser **dans** + le nom devant le verbe impersonnel.

   Dans cette histoire, **il s'agit d'**un pompier qui éteint un incendie.   *This story is about a firefighter who extinguishes a fire.*

Attention!   Il est incorrect de dire ~~Cette histoire s'agit...~~

b. La question se formule ainsi: **De quoi s'agit-il?** (*What is it about?*)

5 Expressions avec **rien**

Ça ne fait rien. } **Ce n'est rien.**	*It does not matter.*
C'est tout ou rien.	*It's all or nothing.*
C'est trois fois rien.	*It's of no importance.*
(Je vous remercie.)—**De rien!**	*Don't mention it!*
Rien à faire!	*Nothing doing! Nothing can be done about it!*
Bon(ne) à rien	*Good-for-nothing*

E x e r c i c e

H. Dites en français:

1. This book is about a young boy and his father. 2. What is this novel about?
3. It is about life in Africa. 4. This book is about travels in Europe. 5. It does not matter. 6. It's of no importance.

Synthèse

Online Study Center **Improve Your Grade**

Applications

I. Tout va mal. Certains jours, tout va mal. Utilisez des négations dans les phrases suivantes.

Modèle: Je me suis levée tôt.
*Je **ne** me suis **pas** levée tôt.*

1. J'avais faim. Je voulais manger quelque chose.
2. Il y avait encore du café. Il y avait du lait et des céréales.
3. J'avais envie d'aller au marché.
4. Il faisait beau.
5. Quelqu'un m'a téléphoné pour sortir.
6. J'ai toujours envie de travailler le dimanche.
7. Tout marchait bien.

Continuez à dire, avec des négations, ce qui n'allait pas (voiture, démarrer, essence, supermarché ouvert, etc.).

II. Excuses. Une de vos amies vous écrit une lettre avec des excuses exagérées. Commencez les phrases par: **Je suis désolée, je suis navrée.**

Modèle: Je ne t'ai pas vu(e) hier.
*Je suis désolée de **ne pas t'avoir vu(e)** hier.*

1. Je ne t'ai pas parlé. 2. Je n'ai reçu aucun message de toi. 3. Je n'ai rien compris à nos projets. 4. Je n'ai pas encore rencontré tes parents. 5. Je n'ai vu personne.
6. Je ne suis pas allée à notre rendez-vous. 7. Je ne te vois plus. 8. Je n'ai jamais eu de chance.

A votre tour, dites pourquoi vous êtes désolé(e).

III. La famille Le Clézio.   Combinez les phrases suivantes en utilisant une négation avec l'infinitif. Suivez le modèle.

> **Modèle:** Jean-Marie est triste (de)   Il ne voit pas son père.
>   *Jean-Marie est triste de ne pas voir son père.*

1. La grand-mère demande à Jean-Marie (de)   Il ne se met pas en colère.
2. Le père avait l'habitude (de)   Il ne lisait aucun livre.
3. Le frère de Jean-Marie affirme   Il n'a rien vu.
4. La mère est contente (de)   Elle ne parle à personne.
5. Les oncles décident (de)   Ils ne viendront plus dîner.
6. L'enfant est étonné (de)   Il ne reçoit pas de punition.

IV. Restrictions et interdictions.   Dites ce que ces personnes ne font pas et les restrictions qu'elles sont obligées d'observer.

> **Modèle:** Patrick est végétarien. (manger de la viande, manger des légumes)
>   *Patrick est végétarien; il **ne** mange **pas** de viande, il **ne** mange **que** des légumes.*

1. Marie a de l'asthme.   (fumer; respirer à la montagne)
2. Emile déteste le froid.   (vouloir vivre à Paris; être heureux à la Martinique)
3. Pendant la guerre, les Français   (pouvoir acheter ce qu'ils voulaient; manger des rutabagas).
4. Avant un examen, nous   (sortir; dormir cinq heures par nuit).
5. Ce millionnaire est difficile.   (prendre le train; voyager dans son avion personnel)
6. Jeanine est amoureuse.   (dormir; penser à son petit ami)

Quelles restrictions et interdictions avez-vous dans votre vie (allergies; restrictions imposées par vos parents, etc.)?

V. Autre façon de parler.   Expliquez la personnalité de Franck en employant le verbe entre parenthèses et une négation.

> **Modèle:** Franck est courageux.   (avoir peur)
>   *Franck est courageux; il n'a peur de rien.*

1. Franck est timide.   (parler à)
2. Il ne lit pas beaucoup. (s'intéresser à)
3. Il reste toujours chez lui.   (avoir envie de sortir)
4. Il est égoïste.   (donner quelque chose à)
5. Au milieu d'un groupe de jeunes gens, il est silencieux.   (avoir quelque chose à dire)
6. Le soir, il est souvent seul.   (connaître quelqu'un avec qui sortir)
7. Il ne sort pas le week-end.   (assister à des boums, à des événements sportifs)
8. Il est plutôt menteur.   (dire toujours la vérité)
9. Je lui conseille d'aller voir un psychiatre.   (désirer changer)

Activités Orales

1. **Travail à deux.** Comparez avec un(e) camarade ce que vous pouvez ou ne pouvez pas faire dans votre famille. Utilisez des expressions négatives comme **moi non plus, aucun, personne, rien, jamais,** etc.

sortir tous les soirs	ne sortir que le samedi soir
rentrer à n'importe quelle heure	regarder la télé quand ça vous plaît
mettre le volume de votre stéréo très fort	

2. **Sondage.** Préparez un questionnaire sur les interdictions et les permissions qui existent en France, aux Etats-Unis et au Canada sur les points suivants: marcher sur les pelouses dans les parcs ou les jardins publics, conduire avant l'âge de 18 ans, boire du vin avant 21 ans, cueillir des fleurs sauvages, amener son chien dans un restaurant, téléphoner sur son portable, fumer dans sa voiture. Demandez à vos camarades ce qu'ils pensent de ces interdictions et permissions. Partagez vos résultats avec la classe.

3. **Débat.** Divisez la classe en deux groupes. Le groupe A imagine et explique le décor, l'éducation, la discipline, les conditions matérielles de Jean-Marie et son frère à Nice. Le groupe B imagine et explique les mêmes conditions de vie pour les enfants mais en Afrique dans le petit village d'Ogoja avec leur père médecin. Comparez les avantages et les inconvénients des deux situations pour les enfants.

4. **Débat.** Discipline: trop ou pas assez? Divisez la classe en petits groupes et discutez les questions suivantes:

   La discipline est-elle un marque d'amour ou un abus de pouvoir? Quels effets un manque ou un excès de discipline peuvent-ils avoir sur la vie adulte?

   Vocabulaire:

arrogance	maltraitance (*physical abuse*)
complexe d'infériorité	manque de confiance en soi
immaturité	paresse
intimidation	punitions
laxisme	timidité
	violence

Rédactions

1. Après son arrivée dans le village d'Afrique, Jean-Marie Le Clézio enfant écrit à sa grand-mère pour lui donner ses premières impressions sur sa vie avec son père. Utilisez beaucoup de négations.

2. Le père note dans son journal certaines remarques sur les deux fils qui viennent partager sa vie et qu'il connaissait à peine.

3. **Optimiste ou négatif?**   Imaginez un dialogue entre deux amis qui discutent de leurs études, de leur vie familiale, de leurs distractions, de leurs projets d'avenir. L'un est très optimiste et positif: il s'intéresse à tout, étudie plusieurs sujets, a de bons rapports avec sa famille, pratique plusieurs sports, espère voyager dans le monde, se marier, avoir une famille à lui. L'autre est pessimiste et négatif: il n'a aucun intérêt à ses études, il ne finit rien de ce qu'il commence, il est fâché avec sa famille, il est hypocondriaque et pas sportif, refuse de voyager, etc.

4. Vous écrivez une lettre à vos enfants en leur expliquant en termes négatifs les choses matérielles que vos parents n'avaient pas.

L'interrogation:
La publicité et les sondages

Vocabulaire élémentaire

Noms

assurance (*f.*) insurance
consistance (*f.*) consistency
jardin (*m.*) **public** public square
loisir (*m.*) leisure
parfum (*m.*) perfume, flavor
pâtes (*f. pl.*) pasta, noodles

politique (*f.*) politics
profession (*f.*) profession
publicité (*f.*) publicity
sirop (*m.*) syrup
technique (*f.*) technique

Adjectifs

alcoolisé(e) with alcohol
léger (-ère) light
récent(e) recent

Verbes

consister à to consist in, of
explorer to explore
interviewer to interview

Vocabulaire actif

administrer un questionnaire
   to conduct a survey
aspirateur (*m.*) vacuum cleaner
boisson (*f.*) drink, beverage
briquet (*m.*) cigarette lighter
cadre (*m.*) executive
conserves (*f. pl.*) canned goods
déchirer to tear
en boîte(s) canned
engrais (*m.*) fertilizer
en sachet(s) powdered
-express (*suffixe*) quick
faire confiance à to trust
faire tenir (les cheveux) to hold a set,
   the curl (*of one's hair*)
jardinage (*m.*) gardening
lessive (*f.*) laundry, wash; detergent

linge (*m.*) linens; laundry
machine (*f.*) **à laver** washing machine
matelas (*m.*) mattress
métier (*m.*) job
-minute (*suffixe*) quick
mousser to foam
moutarde (*f.*) mustard
onctueux (-euse) oily and smooth
ongles (*m. pl.*) nails (*of fingers, toes*)
papeterie (*f.*) stationery, stationery
   store
pressé(e) in a hurry
prêt(e) ready
purée (de pommes de terre) (*f.*)
   mashed potatoes
repassage (*m.*) ironing
retraite (*f.*) retirement

rideau (*m.*) drape, curtain
salir to make dirty
sécher to dry
selon according to
sous-vêtements (*m. pl.*) underwear
teindre to dye

tousser to cough
tout(e) fait(e) instant, ready-to-use
transports (*m. pl.*) **en commun** public transportation
vieux (*m. pl.*) old people
voiture (*f.*) **d'enfant** baby carriage

● Vocabulaire supplémentaire

La publicité

abonnement (*m.*) subscription
affiche (*f.*) poster
agence (*f.*) **publicitaire** advertising agency
brochure (*f.*) pamphlet
campagne (*f.*) **publicitaire** advertising campaign
catalogue (*m.*) catalogue
couplet (*m.*) **publicitaire** jingle
dépliant (*m.*) leaflet
échantillon (*m.*) sample
goût (*m.*) taste
lancement (*m.*) launch(ing)
lancer un **produit** to launch a product
mode (*f.*) fashion

panneau routier (*m.*) billboard
persuasion (*f.*) **sociale** public awareness
petites annonces (*f. pl.*) classified ads
promotion (*f.*) special offer
prospectus (*m.*) handout, leaflet
publicitaire (*m.*), publiciste (*m. ou f.*) publicist, person in advertising
réclame (*f.*) special offer
rendement (*m.*) productivity
slogan (*m.*) slogan
spécimen (*m.*) complimentary copy or item
spot (*m.*) **publicitaire** short advertising message
vanter un **produit** to praise, to speak highly of a product

Divers

brillantine (*f.*) brilliantine
fer (*m.*) **à repasser** iron
laque (*f.*) hair spray
lave-vaisselle (*m.*) dishwasher
luge (*f.*) sled
mousse (*f.*) foam, mousse
planche (*f.*) **à repasser** ironing board

repasser to iron
séchoir (*m.*) **à cheveux, sèche-cheveux** (*m.*) hair dryer
séchoir (*m.*) **à linge, sèche-linge** (*m.*) clothes dryer
soldes (*m. pl.*) sale
traîneau (*m.*) sled

Français en couleurs

Pour indiquer l'intérêt qu'on porte à la conversation, sans s'engager ou y participer activement, on peut demander **Ah bon?** ou s'exclamer **Ah bon!** Par exemple, à une déclaration comme: «Tu sais, je vais au Mexique, cet été», on répondra: **Ah, bon?**

En affaires, **le boss**, c'est le patron. **Un baratin** est un discours habile et trompeur pour convaincre quelqu'un d'acheter quelque chose. A un baratineur qui baratine on peut dire: **Arrête ton baratin!** (*Cut the chat*). On dit aussi **faire du boniment**.

Charrier, c'est exagérer, se moquer de quelqu'un. Exemple: «Tu as encore oublié de me rapporter mes bouquins? **Tu charries!**» **Rouler** quelqu'un, c'est le tromper. On dit aussi **rouler quelqu'un dans la farine** (*flour*).

Se faire arnaquer, c'est se faire escroquer (*to be swindled, to be had*). **Une occase** est une bonne affaire. Une entreprise qui réussit **fait un malheur** ou **un tabac**. Quand tout va bien, on dit **ça baigne** et on peut ajouter **dans l'huile. Un battant** est un ambitieux, qui fait tout pour réussir, et un objet **top-niveau**, c'est ce qu'on fait de mieux (*top of the line*). En français canadien **l'affaire est ketchup** veut dire «l'affaire arrive à propos» (*it's well timed*).

Jérôme : «Qu'est-ce qu'on mange ce soir pour dîner?»
Sylvie : «Soupe en sachets, purée toute faite, un peu de moutarde en tube, un yaourt. Quel parfum préfères-tu?»

● Lecture ●

Préparation à la lecture

La société de consommation   Au début des années soixante, en France, grâce au travail des générations passées, le niveau de vie° de la classe moyenne (environ 70% de la population) s'est élevé de façon remarquable. Chacun peut désormais espérer acheter un logement décent et confortable, une voiture, des appareils ménagers, la télévision, s'offrir des loisirs, une éducation avancée et des voyages.

niveau... standard of living

On assiste alors à une explosion des besoins° de la part des consommateurs. Les techniques économiques se développent. Cette période de richesse économique de l'après-guerre (1945–1973), nommée *les trente glorieuses,* a permis une amélioration générale des conditions matérielles de la population. Les Français entraient alors dans la société de consommation où ils se sont en moyenne plus enrichis que pendant tout le XIXe siècle!

needs

La publicité   La publicité joue un rôle très important dans la vie des consommateurs. Pour les joindre, elle utilise divers médias: journaux, affiches, panneaux routiers, télévision, internet. Elle informe les acheteurs potentiels des nouveaux produits lancés sur le marché (**publicité de lancement**); elle incite au moment des fêtes à acquérir certains produits saisonniers (**publicité de rendement**). Parfois, les producteurs d'un même produit se joignent pour faire de la **publicité collective.** La publicité sert aussi les associations gouvernementales ou privées qui organisent des campagnes sur la santé, la sécurité ou autre. Elle devient alors **publicité de persuasion sociale.** Ainsi une campagne de prévention des accidents de la route causés par une consommation excessive d'alcool offrait ce slogan publicitaire: «Un verre ça va. Trois verres, bonjour les dégâts.»

La publicité est une partie créative du monde des affaires. Elle utilise souvent l'humour pour convaincre les consommateurs de se décider à acheter un produit. L'écrivain Jean Cocteau a défini la publicité comme «la poésie du commerce».

Georges Pérec (1936–1982)   est né à Paris. Il a fait de bonnes études à Paris et en Tunisie. Son premier livre, *Les choses,* qu'il décrit comme «une histoire des années soixante», obtient le prix Théophraste-Renaudot en 1965. Après le succès de son premier roman, Pérec publie d'autres œuvres qui toutes présentent un aspect d'un problème de l'écriture. *Un homme qui dort,* qui paraît en 1967, est écrit à la deuxième personne du singulier. Dans *La disparition* en 1969, il supprime la lettre «e» dans le texte. Dans son œuvre principale, *La vie mode d'emploi* (1978), pour laquelle il reçoit le prix Médicis, Georges Pérec décrit tous les objets d'un immeuble, des caves aux greniers, mais aussi tous ses habitants, présents et passés, et toutes leurs aventures.

Dans cet extrait de *Les choses*, les deux personnages, Jérôme et Sylvie, ne peuvent pas échapper° aux tentations et aux exigences° de la société de consommation. Petit à petit, les choses envahissent leur vie, surtout les objets de consommation courante.° Remarquez comme Georges Pérec aime faire de longues listes d'objets et des inventaires.

avoid / demands

daily

Enquêtes-minute

Jérôme avait vingt-quatre ans, Sylvie en avait vingt-deux. Ils étaient tous deux psychosociologues. Ce travail, qui n'était pas exactement un métier, ni même une profession, consistait à interviewer des gens, selon diverses techniques, sur des sujets variés. Il s'agissait, la plupart du temps, d'aller
5   dans les jardins publics, à la sortie des écoles,[1] ou dans les HLM[2] de banlieue, demander à des mères de famille si elles avaient remarqué quelque publicité récente, et ce qu'elles en pensaient. Ces sondages-express, appelés testings ou enquêtes-minute, étaient payés cent francs. Ils passèrent quelques mois à administrer des questionnaires. Puis il se
10 trouva° un directeur d'agence qui, pressé par le temps, leur fit confiance: ils partirent en province, un magnétophone sous le bras.

il... there happened to be

Et pendant quatre ans, peut-être plus, ils explorèrent, interviewèrent, analysèrent. Pourquoi les aspirateurs-traîneaux° se vendent-ils si mal? Que pense-t-on, dans les milieux de modeste extraction,° de la chicorée?[3] Aime-
15 t-on la purée toute faite, et pourquoi? Parce qu'elle est légère? Parce qu'elle est onctueuse? Parce qu'elle est si facile à faire: un geste et hop?[4] Trouve-t-on vraiment que les voitures d'enfant sont chères? N'est-on pas toujours prêt à faire un sacrifice pour le confort des petits? Comment votera la Française? Aime-t-on le fromage en tube? Est-on pour ou contre les
20 transports en commun? A quoi fait-on d'abord attention en mangeant un yaourt: à la couleur? à la consistance? au goût? au parfum naturel? Lisez-vous beaucoup, un peu, pas du tout? Allez-vous au restaurant? Que pense-t-on, franchement, de la retraite des vieux? Que pense la jeunesse? Que pensent les cadres? Que pense la femme de trente ans? Que pensez-vous des
25 vacances? Où passez-vous vos vacances? Aimez-vous les plats surgelés?

canister vacuum cleaners / les milieux... in the lower classes

---

[1] Beaucoup de parents viennent attendre leurs enfants à 11 h 30 ou à 16 h30, à la fin de la matinée ou de la journée de classes.
[2] **Une HLM** (habitation à loyer modéré) est un grand bâtiment d'appartements, souvent modestes, où vivent des familles aux ressources limitées (on dit aussi des «tours» ou des «barres»).
[3] **la chicorée:** plante dont on fait griller les racines pour les mélanger au café. Elle donne au café un goût amer (*bitter*) que beaucoup de Français apprécient.
[4] **Hop** indique une action rapide.

Combien pensez-vous que ça coûte, un briquet comme ça? Quelles qualités demandez-vous à votre matelas? Pouvez-vous me décrire un homme qui aime les pâtes? Que pensez-vous de votre machine à laver? Est-ce que vous en êtes satisfaite? Est-ce qu'elle ne mousse pas trop? Est-ce qu'elle lave bien?
30 Est-ce qu'elle déchire le linge? Est-ce qu'elle sèche le linge? Est-ce que vous préféreriez° une machine à laver qui sécherait° votre linge aussi?

(cond. prés. de **préférer**) would prefer / *(cond. prés. de* **sécher**) would dry

Il y eut la lessive, le linge qui sèche, le repassage. Le gaz, l'électricité, le téléphone. Les enfants. Les vêtements et les sous-vêtements. La moutarde. Les soupes en sachets, les soupes en boîtes. Les cheveux:
35 comment les laver, comment les teindre, comment les faire tenir, comment les faire briller. Les étudiants, les ongles, les sirops pour la toux, les machines à écrire, les engrais, les tracteurs, les loisirs, les cadeaux, la papeterie, le blanc,° la politique, les autoroutes, les boissons alcoolisées, les eaux minérales, les fromages et les conserves, les lampes et les rideaux,
40 les assurances, le jardinage.

(here) linen

Rien de ce qui était humain ne leur fut étranger. ●

Compréhension du texte

Mots et structures

A. Répondez par vrai ou faux.
1. Jérôme et Sylvie étaient étudiants.
2. Ils interviewèrent surtout des mères de famille.
3. Ils allaient faire leurs interviews dans les supermarchés.
4. Ils firent ce travail pendant quatre ans.
5. Rien de ce qui était humain ne leur était étranger.

B. Trouvez huit mots qui font partie du lexique de l'alimentation et deux mots pour les appareils ménagers.

Questions sur la lecture
1. Quel âge avait Jérôme? Quel âge avait Sylvie?
2. Quel travail faisaient-ils?
3. En quoi consistait ce travail?
4. A quel type de public posaient-ils des questions?
5. Qui leur fit confiance et pourquoi?
6. Combien de temps passèrent-ils à administrer des questionnaires?
7. Que demandaient-ils aux mères de famille?
8. En général, à quels domaines appartenaient les questions?

Opinions
1. Pensez-vous que certaines questions de ces sondages peuvent s'adresser à un public américain ou canadien? Lesquelles? Quelles questions de ces sondages vous paraissent typiquement françaises et plutôt bizarres pour un public américain ou canadien?

2. Ajoutez à la liste de Sylvie et Jérôme cinq nouveaux produits ou sujets d'enquête qui n'apparaissent pas dans le texte mais qui sont importants pour vous.

3. Aimez-vous répondre à des interviews? Pourquoi ou pourquoi pas? Expliquez votre choix.

Grammaire: *L'interrogation*

Online Study Center   General Resources

● Généralités

Il y a plusieurs points à considérer quand on pose une question.

❶ Une question peut porter sur l'action exprimée par le verbe ou bien sur le sujet, sur l'objet direct ou sur les circonstances de l'action.

Vient-elle?	La question concerne l'action de **venir.**
Qui est venu?	La question concerne le sujet.
Que dit-elle?	La question concerne l'objet de **dire.**
Où allez-vous?	La question concerne l'endroit où on va.

❷ Dans une question, on a quelquefois un mot interrogatif; ce mot peut être un pronom, un adjectif ou un adverbe.

> **Qui** est venu? (*pronom*)
> **Quelle** heure est-il? (*adjectif*)
> **Pourquoi** pleures-tu? (*adverbe*)

❸ L'inversion de l'ordre des mots (sujet et verbe) caractérise une phrase interrogative. Il y a deux sortes d'inversions.

a. L'inversion peut être simple.

du nom:	Où travaille ton père?	(*verbe + nom sujet*)
du pronom:	Comment voyagez-vous?	(*verbe + pronom sujet*)

b. L'inversion peut être double[1] nom sujet + verbe + pronom sujet.

Ses **parents** travaillent-**ils** tous les deux?   **Sylvie** pose-t-**elle** beaucoup de questions?

---

[1] *Double* signifie qu'il y a deux sujets: le nom et le pronom qui répète le nom.

● L'interrogation sur le verbe

LA VOIX

On change l'intonation de la phrase. L'ordre des mots ne change pas. On ajoute un point d'interrogation. La réponse attendue est affirmative ou négative.

Il a bien travaillé.   Il a bien travaillé?

Vous partez demain.   Vous partez demain?

EST-CE QUE

On commence une phrase par **est-ce que.** L'ordre des mots ne change pas. On ajoute un point d'interrogation. L'intonation suit le schéma suivant.

Vous avez compris.   **Est-ce que** vous avez compris?

L'INVERSION

1 Le sujet est un pronom. On a l'inversion simple.
Pour tous les temps simples, on place le pronom sujet après le verbe, avec un trait d'union *(hyphen).* L'intonation est montante.

Etes-**vous** content?   Viendront-**ils?**

   a. Pour tous les temps composés, on place le pronom sujet après l'auxiliaire. Le participe passé est placé après le pronom.

     Sont-**ils** partis?   Avez-**vous** voyagé?

   b. A la forme négative, **ne ... pas (ne ... plus, ne ... jamais)** entourent le verbe au temps simple et l'auxiliaire du verbe composé.

     N'êtes-vous **pas** content?   **Ne** sont-ils **jamais** sortis?

2 Le sujet est un nom. On a l'inversion double.

    a. Aux temps simples, le nom sujet reste placé devant le verbe, et il est répété par un pronom après le verbe.

        Ce jeune homme court-**il** tous les jours?

    b. Aux temps composés, le nom sujet reste placé devant l'auxiliaire, et il est répété par un pronom placé entre l'auxiliaire et le participe passé.

        Le courrier est-**il** arrivé?

Remarques:

- Si le verbe se termine par une voyelle ou un **e** muet, on met un **-t-** (euphonique) devant **il** ou **elle**.

        Parle-**t**-il anglais?   Sera-**t**-elle à l'heure?   A-**t**-il eu peur?

- Pour les verbes pronominaux, le pronom réfléchi reste placé devant le verbe simple ou l'auxiliaire. (Voir Chapitre 12, "Place des pronoms aux temps simples").

        Se souvient-il?   **S'**est-il souvenu?   Votre ami **s'**est-il perdu?

- A la première personne du singulier du présent, quatre verbes seulement sont employés avec l'inversion: **avoir, être, pouvoir, savoir.**

        avoir: **ai-je**   pouvoir: **puis-je**   être: **suis-je**   savoir: **sais-je**

- Pour les autres verbes, on utilise **est-ce que.**

- **N'est-ce pas?** sert à demander une approbation. C'est la traduction de: *do you? doesn't he? did he? have they?* etc.

Remarque: Quand l'interrogation porte sur le verbe et quand la question est affirmative, la réponse ne peut être que **oui** ou **non.** Si la question est négative, **Oui** est remplacé par **Si!**

    N'avez-vous pas peur de la pollution? —**Si!**

Exercice

A. Sylvie doit compléter une enquête sur les sujets suivants pour obtenir des données sur des groupes précis de consommateurs. Aidez-la à compléter son enquête auprès d'un groupe de consommateurs en formulant les questions à poser. Mettez les phrases suivantes à la forme interrogative avec l'inversion du sujet.

    1. Les mères de famille ont remarqué les publicités récentes pour la marque «Kilavtou».
    2. Les mayonnaises préférées de votre famille étaient en pot ou en tube.

3. Ce parfum était vraiment naturel.
4. Dans votre famille, on aime le fromage blanc.
5. Vous aimeriez, Madame, manger tous les jours de la soupe en boîte.
6. Une personne en activité n'est pas toujours prête à préparer un repas complet le soir après le travail.
7. Ces repas tout préparés, l'usine les a bien emballés.
8. Les yaourts sont bons pour la santé.

● L'interrogation par mot interrogatif

L'ADJECTIF INTERROGATIF: QUEL, QUELLE, QUELS, QUELLES

L'adjectif interrogatif est toujours accompagné d'un nom; il s'accorde en genre et en nombre avec ce nom. Quand il y a une préposition, la préposition précède le groupe.

> **Quelles** fleurs préférez-vous?   A **quel** étudiant parlez-vous?

> **Quel** étudiant n'a pas compris?

L'adjectif interrogatif et le nom sont parfois séparés par **être**.

> **Quels** sont **les meilleurs yaourts?**

PRONOMS INTERROGATIFS D'IDENTITÉ

On pose une question sur l'identité d'une personne ou d'une chose. Les pronoms sont différents selon leur fonction grammaticale (sujet, objet ou objet d'une préposition). On a des formes courtes et des formes longues.

1 Formes courtes

	personnes	choses
sujet	qui	—
objet direct	qui	que
objet de prép.	à qui	à quoi
	de qui	de quoi
	avec qui	avec quoi

a. Personnes—**qui.** Quand on pose une question sur l'identité d'une personne, on a le pronom interrogatif **qui** dans tous les cas.

> **Qui** a fait une enquête?—**Pierre** a fait une enquête. *(sujet)*

> **Qui** avez-vous vu?—J'ai vu **Pierre.** *(objet direct)*

> **De qui** parlez-vous?—Je parle **de Pierre.** *(objet de prép.)*

b. Choses—**que, quoi.** Quand on pose une question sur l'identité d'une chose, il n'y a pas de forme courte pour le sujet. L'objet direct est **que.** L'objet de la préposition est **quoi.**

Que faites-vous?—Je fais **des sondages.** (*objet direct*)

Avec quoi écrivez-vous?—J'écris **avec un stylo.** (*objet de prép.*)

De quoi parlez-vous?—Je parle **de la publicité.** (*objet de prép.*)

❷ Emploi des formes courtes

a. Si **de** est une partie de l'article partitif (**de l', de la** ou **du**), le nom est un objet direct partitif et répond à la question **que.**

Je bois **de** l'eau.   **Que** buvez-vous?

b. Pour l'objet de la préposition, la préposition est toujours le premier mot de la phrase interrogative.

Avec quoi ...?   **Chez qui ...?**

c. Après **qui** et **quoi,** l'inversion est simple pour le pronom sujet, double pour le nom sujet.

De qui parlez-**vous?**   Avec quoi **cet enfant** écrit-il?

d. Après **que,** on a l'inversion simple du nom sujet.

Que fait **Marie?**   Que dit **le professeur?**

e. *Whose ... is?* peut se traduire de deux façons. Quand on exprime la parenté ou les relations entre personnes, on emploie **de qui** + être.

Whose brother is he?   **De qui est**-il le frère?

Quand on exprime la possession d'une chose, on emploie **à qui** + être.

Whose book is this?   **A qui est** ce livre?

❸ Formes longues

	personnes	choses
sujet	qui est-ce qui	qu'est-ce qui
objet direct	qui est-ce que	qu'est-ce que
objet de prép.	à qui est-ce que	à quoi est-ce que
	de qui est-ce que	de quoi est-ce que

a. Personnes—**qui est-ce qui, qui est-ce que.** On ajoute **est-ce qui** après **qui** (la forme courte du sujet), **est-ce que** après **qui** (la forme courte de l'objet direct et de l'objet de préposition).

Qui est-ce qui a téléphoné?

Qui est-ce que vous avez vu?

Avec qui est-ce que Marie a parlé?

b. Choses—**qu'est-ce qui, qu'est-ce que.** On ajoute **est-ce qui** après **que (qu')** pour obtenir la forme longue du sujet.

> **Qu'est-ce qui** arrive?—Un accident.

On ajoute **est-ce que** après **que** (la forme courte de l'objet direct) et après **quoi** (la forme courte de l'objet de préposition).

> **Qu'est-ce que** vous voyez?—Le ciel.

> **De quoi est-ce qu'**ils ont parlé?—De la température.

4 Emplois des formes longues

a. Il n'y a jamais d'inversion avec les pronoms à formes longues.

b. **Qu'est-ce qui** est la seule forme de pronom sujet pour les choses.

Tableau-résumé
Pronoms interrogatifs d'identité

		personnes	choses
	sujet	*who*	*what*
		Qui vient? **Qui est-ce qui** vient?	**Qu'est-ce qui** se passe?
	objet direct	*whom*	*what*
		Qui voyez-vous? **Qui est-ce que** vous voyez?	**Que** voyez-vous? **Qu'est-ce que** vous voyez?
	objet de prép.	*with whom*	*with what*
		Avec qui parlez-vous? **Avec qui est-ce que** vous parlez?	**Avec quoi** mangez-vous? **Avec quoi est-ce que** vous mangez?

Exercices

B. Sylvie doit terminer son enquête auprès des consommateurs. Aidez-la en mettant la forme correcte de l'adjectif interrogatif dans les phrases suivantes.

1. _____ qualités demandez-vous à un matelas?
2. _____ lessives préférez-vous?
3. _____ produit est-ce que votre mari va choisir?
4. _____ est la différence entre ces deux shampooings, d'après vous?
5. _____ livres avez-vous lus récemment?

6. A _____ papeteries achetez-vous le papier pour votre imprimante?

7. De _____ lecteur de CD se servent vos enfants?

8. _____ loisirs est-ce que votre famille pratique?

C. Posez des questions sur les groupes de mots en italique.

> **Modèle:** Ils mangent *de la moutarde en tube.*
>   *Que mangent-ils?*

1. Sylvie va faire *une enquête.*   2. *Jérôme* préférerait une machine à laver.   3. Elle a envie *d'un aspirateur-traîneau.*   4. Quand il mange du yaourt, il fait attention *au parfum.*   5. Vous aimez *les soupes en boîtes.*   6. Ils ont administré un questionnaire *aux mères de famille.*   7. Nous faisons la purée *avec des pommes de terre.*   8. Tu penses *à la retraite des vieux.*   9. Mireille promène *son bébé* dans une voiture d'enfant.   10. Le directeur a allumé son cigare *avec un briquet.*

D. Mettez dans l'espace vide le pronom interrogatif, forme longue, qui convient. Le groupe entre parenthèses vous indique la fonction du pronom.

> **Modèle:** _____ vous lisez? (un roman policier)
>   *Qu'est-ce que vous lisez?*

1. _____ on soigne la grippe?   (avec de l'aspirine, du repos, des jus de fruits)
2. _____ vous fait tousser?   (la fumée)
3. _____ Jérôme pose des questions?   (aux mères à la sortie des écoles)
4. _____ cette machine sèche?   (le linge)
5. _____ achète des plats surgelés?   (les gens qui n'aiment pas faire la cuisine)
6. _____ Sylvie a interrogé?   (ses camarades de bureau)
7. _____ se sert de ces produits?   (surtout les habitants de la campagne)
8. _____ le médecin vous a défendu de boire?   (des boissons alcoolisées)

E. Mettez dans l'espace vide le pronom interrogatif qui convient, forme longue ou courte.

> **Modèle:** _____ a téléphoné? (Pierre)
>   *Qui a téléphoné?*

1. _____ vous aimez?   (les gens intelligents)
2. _____ il recevait?   (des colles)
3. _____ fait-il confiance?   (au directeur)
4. _____ fait votre père?   (il est sociologue)
5. _____ s'occupait son frère?   (d'électronique)
6. _____ votre mère s'occupe?   (de ses vieux parents)
7. _____ on fait des sacrifices?   (pour ses enfants)
8. _____ aviez-vous besoin?   (de plus de loisirs)

PRONOMS INTERROGATIFS DE CHOIX

Pour choisir une personne ou une chose dans un groupe, on emploie le pronom **lequel, laquelle** (*which one?*).

> Vous avez lu tous les poèmes de Victor Hugo: **lequel** préférez-vous?

1 On accorde le pronom avec le nom qu'il représente.

	masc.	fém.
sing.	lequel	laquelle
pl.	lesquels	lesquelles

> Ils ont quatre fils; **lesquels** sont mariés?
>
> Voici des oranges: **laquelle** voulez-vous manger?
>
> Je vais lui acheter des fleurs: **lesquelles** coûtent le moins cher?

2 On contracte les prépositions **de** et **à** avec **le** et **les** de **lequel, lesquels, lesquelles**. Le résultat est **duquel, desquels, desquelles; auquel, auxquels, auxquelles**.

(**Attention:**) **De laquelle** et **à laquelle** ne sont pas contractés.

> Ils parlent des champions russes: **desquels** parlent-ils?
>
> Tu penses à un ancien petit ami: **auquel** penses-tu?
>
> Vous parlez à une amie: **à laquelle** parlez-vous?

3 On fait l'inversion après **lequel, laquelle,** etc., quand ils sont objets directs ou objets de préposition. Pour éviter l'inversion, on peut employer **est-ce que**.

> Je lui ai offert deux autos: **laquelle** conduit-elle?
>
> **laquelle est-ce qu'**elle conduit?

E x e r c i c e s

F. Mettez la forme correcte de **lequel** dans les espaces vides.

1. _____ de vos enfants est le plus affectueux? 2. Parmi toutes les marques de lessive, _____ achetez-vous? 3. Moi, j'aime les sous-vêtements confortables. Et vous, _____ portez-vous? 4. De tous les sirops pour la toux, _____ est-ce que votre docteur recommande? 5. Voilà de jolies lampes. _____ allez-vous acheter? 6. Ils ont contacté plusieurs compagnies d'assurance. _____ offre le meilleur contrat? 7. Vous vous êtes trompé de route? _____ cherchez-vous? 8. _____ de ces parfums vient de Paris?

G. Dans les phrases suivantes mettez la forme correcte de **lequel (de laquelle, duquel, desquels, desquelles, à laquelle, auquel, auxquels, auxquelles).** Ajoutez «est-ce que» si c'est nécessaire.

1. On produit des centaines d'engrais. _____ se sert cet agriculteur?   2. Vous avez plusieurs oncles. _____ vous pensez le plus souvent?   3. _____ de ces soupes en sachets a-t-on envie?   4. _____ de ces mères de famille les enquêteurs ont-ils parlé?   5. Elle écrit à tous ses enfants. _____ ne reçoit-elle jamais de nouvelles?   6. Parmi les transports en commun, _____ a-t-on le plus besoin?   7. Beaucoup de catastrophes nous menacent; _____ avez-vous surtout peur?   8. Voici deux plats de pâtes; _____ tu as ajouté du beurre?

COMMENT TRADUIRE *WHICH* OU *WHAT*?

Parce que *which* et *what* peuvent se traduire différemment en français, il faut les analyser correctement. Est-ce que *which* ou *what* est un adjectif ou pronom, sujet, objet direct, etc.? Comparez les phrases suivantes:

What is going on? **Qu'est-ce qui** se passe?	*(pronom sujet)*
What are you doing tonight? **Qu'est-ce que** vous faites ce soir?	*(pronom objet direct)*
What time is it? **Quelle** heure est-il?	*(adjectif)*
What is the difference? **Quelle** est la différence?	*(adjectif)*
Which book did you read? **Quel** livre avez-vous lu?	*(adjectif)*
Which one do you prefer? **Lequel** préférez-vous?	*(pronom de choix)*

QUESTIONS IDIOMATIQUES

Il y a plusieurs questions idiomatiques formées avec **qu'est-ce que** ou **que.**

1 **Qu'est-ce que c'est que ... ?**
Quand on pose une question sur un mot qu'on ne comprend pas ou pour obtenir une définition, on emploie **Qu'est-ce que c'est que.**

> **Qu'est-ce que c'est que** l'existentialisme?

2 **Que + avoir / Qu'est-ce que + avoir**
Que (ou **Qu'est-ce que**) + **avoir** traduit l'expression *What is the matter with . . . ?*

> **Qu'est-ce que tu as?** } *What is the matter with you?*
> **Qu'avez-vous?**
>
> **Qu'est-ce qu'il y a?**   *What is the matter?*

③ Que + devenir / Qu'est-ce que + devenir

Que (ou **Qu'est-ce que**) + **devenir** se traduit de la façon suivante:

> *Présent*
> **Qu'est-ce que** vous devenez?　　{ *What are you (have you been) up to?*
> 　　　　　　　　　　　　　　　　　{ *What's becoming of you?*
>
> *Passé*
> **Qu'**est devenue sa mère?　　*What has become of his mother?*
>
> *Futur*
> **Que** deviendras-tu?　　*What will become of you?*

(**Remarque:**) Le nom ou le pronom qui est l'objet de *to become of* en anglais est le sujet du verbe **devenir** en français.

Exercice

H. Complétez les phrases suivantes avec un équivalent du mot anglais *what*.

1. _____ fait briller vos cheveux?
2. _____ dites-vous?
3. _____ pousse dans votre jardin?
4. _____ est la différence entre ces deux lessives?
5. _____ il y a?
6. _____ avez-vous?
7. _____ est devenu cet ancien président?
8. _____ films avez-vous vus récemment?
9. _____ c'est qu'un briquet?
10. _____ heure est-il?
11. _____ sorte de pâtes achetez-vous?
12. _____ vous ennuie?

LES ADVERBES INTERROGATIFS

Les adverbes interrogatifs sont **où, quand, comment, combien, pourquoi.**

① Avec **où, quand, comment, combien,** si la phrase est composée simplement d'un verbe et d'un sujet, on a l'inversion simple du nom: adverbe + verbe + nom sujet.

> **Où** sont mes papiers?　　**Comment** dorment les chevaux?
> **Quand** commence le film?　　**Combien** gagne ton frère?

② Avec **pourquoi** on ne peut pas avoir l'inversion simple du nom; il faut employer l'inversion double. On peut avoir l'inversion simple du pronom.

> **Pourquoi** vos **enfants** crient-**ils?**　　**Pourquoi** pleure-t-**il?**

3 Si **où, quand, comment, combien** et **pourquoi** commencent une phrase du type «nom sujet + verbe + objet direct», il faut employer l'inversion double mais jamais l'inversion simple.

> **Où** le **professeur** a-t-**il** mis ses papiers?
>
> **Pourquoi** les **enfants** mâchent-**ils** du chewing-gum?

Avec tous ces adverbes interrogatifs la forme longue est toujours possible.

> **Comment est-ce que** vous avez enregistré cette conversation?

Remarque: Dans la conversation, très souvent le mot interrogatif (excepté **qui** sujet, **qu'est-ce qui** et **qu'est-ce que**) se place à la fin de la phrase.

Vous êtes resté **combien de temps?**	Ils partent **quand?**
Il est parti **à quelle heure?**	Ça coûte **combien?**
Cet instrument, ça sert **à quoi?**	Vous allez **où?**

Exercice

I. Faites des questions avec l'adverbe et le vocabulaire donnés. N'employez pas **est-ce que.** Mettez les phrases au temps indiqué.

1. Comment / lancer un produit / on / ? (présent)
2. Quand Jérôme / administrer un questionnaire / aux fermiers? (passé composé)
3. Où / se trouver / le prospectus? (imparfait)
4. Combien / coûter / les abonnements? (présent)
5. Pourquoi / le vendeur / ne pas vous donner un échantillon? (passé composé)
6. Quand / commencer / la campagne publicitaire? (passé composé)
7. Comment / Sylvie / faire marcher son caméscope? (présent)
8. Pourquoi / les centres commerciaux / ne pas lancer ce produit? (plus-que-parfait)

Suppléments de grammaire

1 Penser à / Que pensez-vous de ... ?

L'expression **penser à** signifie *to think of, about.*

> Je **pense à** mes amis, **à** mes vacances, **à** mon travail.

La phrase interrogative **Que pensez-vous de ... ?** signifie **Quelle est votre opinion sur ce sujet?** La réponse à cette question est: **Je pense** *que...*

> **Que pensez-vous** *des* aspirateurs-traîneaux?   —Je **pense** *qu'*ils sont très pratiques.

Exercice

J. Traduisez les phrases suivantes.

1. What are you thinking about?
2. I am thinking about the lost dog.
3. What do you think of this survey?
4. I think it is interesting.

2 Les dimensions

Voici plusieurs façons d'exprimer les dimensions.

a. La longueur et la largeur

Question: **Combien** mesure cette pièce?

Quelles sont les dimensions de cette pièce?

Réponse: Cette pièce a (*ou* fait) six mètres **de long,** trois mètres **de large** et quatre mètres **de haut.**

Cette pièce a (*ou* fait) six mètres **de longueur,** trois mètres **de largeur** et quatre mètres **de hauteur.**

b. La profondeur et l'épaisseur

Question: **Quelle** est la profondeur de cette rivière?

Quelle est l'épaisseur de ce mur?

Réponse: Cette rivière **a une profondeur de** deux mètres.

Cette rivière **est profonde de** deux mètres.

Ce mur **a une épaisseur de** cinquante centimètres.

Ce mur **est épais de** cinquante centimètres.

c. La distance

Question: Paris, **c'est à quelle distance de** Marseille?

Paris, **c'est à combien** (de kilomètres) **de** Marseille?

Quelle est la distance de Paris à Marseille?

Combien y a-t-il de Paris à Marseille?

Il y a combien de Paris à Marseille?

Réponse: Paris, **c'est à** 800 kilomètres de Marseille.

Il y a 800 kilomètres de Paris à Marseille.

d. Le système métrique

1 mètre = environ 1 *yard* (exactement 1 *yard* + 3.3 *inches*)
1 mètre = 100 centimètres; 1 centimètre = 0.39 *inch*
1 kilomètre = 1 000 mètres = 0.6213 *mile*
1 kilo(gramme) = 1 000 grammes = 2.2 *pounds*

Exercices

K. Donnez les dimensions (questions et réponses) de votre chambre, de la salle de classe, des fenêtres et des portes de la classe, de votre livre de français, de votre voiture. Si vous ne connaissez pas la dimension exacte, devinez.

L. Donnez la distance de votre ville à la capitale de l'Etat voisin ou la province voisine, de Paris à Londres (400 km), de Paris à New York (3 500 km), de Paris à Montréal (4 000 km), de Paris à Ottawa (4 500 km).

❸ L'approximation

On exprime l'approximation de deux façons:

a. par la terminaison **-aine** après certains nombres

une huitaine (de jours)	*about eight (days); about a week*
une dizaine (d'années)	*about ten (years)*
une quinzaine	*about fifteen; about two weeks*
une vingtaine	*about twenty*
une trentaine	*about thirty*
une quarantaine	*about forty*
une cinquantaine	*about fifty*
une soixantaine	*about sixty*
une centaine	*about one hundred*

Attention: Une **douzaine d'œufs** signifie exactement douze.

b. avec les expressions suivantes:

environ	*about, around*
un peu moins de	*a little less than*
un peu plus de	*a little more than*
près de, dans les	*around, approximately*
Elle a **environ** cinquante ans.	*She is **about** fifty years old.*
Cela coûte **dans les** mille euros.	*It costs **around** 1,000 euros.*

Exercice

M. Utilisez des expressions d'approximation dans les phrases suivantes.

1. Mon père a quarante ans.   2. Nous resterons à Paris huit jours.   3. Il y avait cent personnes à cette réunion.   4. Il y a vingt kilomètres de Paris à Versailles.   5. Douze œufs coûtent trois euros.   6. Elle a habité quinze ans en Afrique.

Synthèse

Online Study Center **Improve Your Grade**

Applications

I. Un petit curieux. Sylvie est sortie hier soir avec un jeune homme particulièrement intéressant. Un de ses amis lui pose des questions indiscrètes. D'après les réponses suivantes, écrivez les questions de ce petit curieux.

1. C'est Jérôme qui m'a présentée à ce jeune homme.
2. Il est né à Dakar.
3. Il fait des études de médecine.
4. Ses parents lui paient ses études.
5. Oui, il travaille aussi dans un restaurant.
6. Il fait du vélo et du tennis.
7. Il est passé me chercher hier soir vers sept heures.
8. Nous sommes allés manger au restaurant et ensuite nous sommes allés au cinéma.
9. Non, nous avons pris le métro.
10. Il m'a raccompagnée vers onze heures.
11. Oui, s'il me retéléphone.
12. Cela ne te regarde pas. Tu es trop curieux.

II. Stage à l'étranger. Vous faites partie d'un groupe d'étudiants qui va passer un mois dans une ville de France pour suivre des cours à l'université. Vous posez des questions à votre accompagnateur (accompagnatrice) (*group leader*) sur les points suivants:

1. *Vos cours:* l'endroit où ils ont lieu; le nombre d'heures de cours par semaine; le sujet des cours; les enquêtes;[1] etc.
2. *Le professeur:* son âge, sa personnalité, sa méthode d'enseignement, son apparence physique.
3. *Le logement:* l'endroit où il se trouve, ce qu'il y a dans votre chambre, la personne qui s'occupe du ménage, le prix du loyer, qui paie le téléphone, l'eau, l'électricité, le chauffage.
4. *Les repas:* l'endroit où on les prend, la qualité, ce qu'on mange, les heures, qui les prépare.
5. *La ville:* ses dimensions et sa population, les monuments historiques qui sont dans le voisinage, la vie économique.

A votre tour, trouvez cinq questions sur des sujets variés (distractions, sports, cinés, discothèques, musées, etc.).

---

[1] **enquêtes:** In some French-language courses abroad, students are required to conduct interviews with the merchants in the town or city where they are living.

III. **Une enquête sur un accident.** Il y a eu un accident dans la rue. Un agent de police pose des questions aux témoins pour savoir:

1. l'heure de l'accident.
2. qui est responsable.
3. quel conducteur est coupable d'inattention.
4. si quelqu'un a vu toute la scène.
5. ce que les personnes présentes ont vu.

Continuez l'enquête et utilisez votre imagination.

IV. **Préparatifs d'enquête.** Avant leur départ en province, Jérôme et Sylvie posent des questions au directeur de l'agence. Aidez-les à préparer leur questionnaire. Ils veulent être sûrs:

1. de ce qu'il faut qu'ils demandent aux mères de famille.
2. dans quelles villes ils doivent aller.
3. combien de temps ils doivent rester dans chaque endroit.

Continuez et écrivez au moins neuf questions.

Activités Orales

1. **Travail à deux.** Avec un(e) camarade créez une brochure ou un dépliant pour faire la publicité d'un objet de votre choix: disque compact, produit alimentaire, revue, etc.
2. **Jeu de rôle. La publicité devant le tribunal.** Divisez la classe en trois groupes. Le premier groupe, la défense, plaide en faveur de la publicité et explique les avantages qu'elle apporte dans notre vie quotidienne. Le deuxième groupe, l'accusation, dénonce les méfaits de la publicité. Le troisième groupe, le jury, délibère et donne son opinion au professeur qui rendra sa sentence.
3. **Travail à deux.** Trouvez des publicités de produits de la même catégorie (voitures, produits de beauté, etc.) en France et aux Etats-Unis. Décrivez les produits et comparez-les. Quelles différences culturelles dénotez-vous entre les deux pays?

Rédactions

1. Sylvie envoie un mél à une amie pour lui expliquer son nouveau travail et lui donne des exemples du questionnaire qu'elle utilise.
2. Le directeur de l'agence envoie un mél à Jérôme et Sylvie pour leur demander comment leur enquête progresse.
3. Quel effet la publicité a-t-elle sur vos décisions d'achat d'un objet, d'un service? Par quoi vous laissez-vous plutôt séduire: l'efficacité, la beauté, le rapport qualité-prix, la disponibilité, le fait que le produit soit à la mode? Expliquez et donnez des exemples.
4. Expliquez les cas où la publicité vous a incité(e) à acheter des produits. Racontez si vous avez été content(e) du résultat ou si au contraire la publicité était mensongère. Comment avez-vous réagi?

Les pronoms personnels:

La communication

Vocabulaire élémentaire

Noms

aide (*m.* ou *f.*) aide, assistant
autorités (*f. pl.*) authorities
cuisinier(-ière) cook
folie (*f.*) madness
maladie (*f.*) sickness

peine (*f.*) (*here*) sorrow
sang (*m.*) blood
squelette (*m.*) skeleton
tristesse (*f.*) sadness

Adjectifs

imbécile stupid

triste sad

Expressions

à bord on board
Ça me fait plaisir. It pleases me.

Il est comme ça. That's the way he is.
Tu te rends compte? Imagine!

Vocabulaire actif

ainsi que as well as
au bout de at the end of
au moment où at the time when
se blesser to injure oneself
cale (*f.*) ship's hold
école (*f.*) **communale** public school
ennuis (*m. pl.*) worries
équipage (*m.*) crew
exprès specially; on purpose
se faire du mauvais sang to worry
faire plaisir à to please
fantôme (*m.*) ghost
garder to keep
matelot (*m.*) sailor
mettre en quarantaine to (put in) quarantine

peste (*f.*) plague
plus loin further
plus tard later
plus tôt sooner
pont (*m.*) (*here*) deck of a ship
pourtant yet
préserver to protect
puisque since
ravi(e) delighted
remuer to move
se rendre compte (de) to realize
tous les jours every day
tout va bien everything is fine
toute la journée all day long
voilier (*m.*) sailing ship; sailboat

● **Vocabulaire supplémentaire** ⟨Online Study Center⟩
Online Study Center
General Resources

Le courrier—la poste

aux bons soins de in care of (c/o)
boîte (*f.*) **postale** P.O. box
bureau (*m.*) **de poste** post office
cabine (*f.*) booth
carte (*f.*) **postale** postcard
ci-joint herewith, enclosed
code (*m.*) **postal** zip code
colis (*m.*) parcel
coller to stick
courrier (*m.*) mail
destinataire (*m. ou f.*) addressee

enveloppe (*f.*) envelope
expéditeur(-trice) sender
facteur(-trice) mail carrier
faire suivre to forward
mandat (*m.*) money order
poste (*f.*) **restante** general delivery
poster to post, to mail
postier(-ière) post-office worker
timbre (*m.*) stamp

Les sentiments (*feelings*)

avoir de la peine to be sad
avoir de la peine à faire une chose to
 have a hard time doing something
avoir du chagrin to be grieved,
 distressed
avoir le cafard to feel gloomy, to have
 the blues
avoir le cœur gros to be very sad

déprimé(e) depressed
être à fond de cale to hit bottom
être au septième ciel to be in seventh
 heaven
être aux anges to be ecstatic
joyeux(-euse) happy
se mettre en colère to get mad

Français en couleurs

En français familier, on dit **un cuistot** pour un cuisinier.
En argot, pleurer, c'est **chialer.**
En langue ado, **tchatcher,** c'est parler avec quelqu'un, avoir une conversation.
Quand on est triste, **on a le cafard, on déprime.**

Dans les cas extrêmes, **on craque** (*can't take it any longer*), **on flippe, on débloque, on pète les plombs** (*one blows the fuses*). On parle **d'angoisse, de panique.**

L'expression **Bonjour, l'angoisse!** signifie que c'est très, très ennuyeux. Quelque chose qui **vous gonfle, vous plombe** est aussi une chose très ennuyeuse, qui vous dérange, vous fatigue.

L'expression **virer séropo** (*literally, to become HIV positive!*) veut dire avoir une réaction très violente, se fâcher très fort, comme dans **Mon biomane, si je me plante au bac, il vire séropo!** (*My father, if I flunk my exam, will get really mad!*)

A Marseille, quand on raconte trop d'histoires inventées, déformées, des **galéjades, on galèje,** et un **fada** est un homme un peu fou, idiot.

«Cher Papa, tu te plains souvent que je n'écris pas. C'est que je n'avais pas de nouvelles intéressantes. Mais là, figure-toi que...»

● **Lecture** ●

Préparation à la lecture

Marseille   Deuxième ville de France et deuxième port de France, Marseille est située au confluent des bouches du Rhône, de la Côte d'Azur et des collines des Alpilles.

L'humour du Midi   Les gens du Midi ont un humour et un vocabulaire spécial, des mots bien à eux, des exclamations colorées comme «Peuchère! Coquin de sort!». Ils aiment raconter des blagues et exagérer la vérité. D'une personne qui n'est pas crédible, on dit souvent: «Tu viens de Marseille, toi!»

Le provençal   Cette langue est parlée dans une vaste région du sud de la France, qui comprend la Provence et le Languedoc. Elle est étudiée dans les universités et illustrée par des écrivains, comme Frédéric Mistral. Issue de l'italien, elle a sa propre grammaire et des sons qui la distinguent du français courant. Elle est la marque d'une identité culturelle et linguistique remarquable.

Parlez-vous texto?   A l'époque actuelle, on ne s'écrit plus de lettre. Surtout chez les ados, le moyen de communication favori est le portable: 66 pour cent des ados, et 91 pour cent des 18–24 ans en ont un. On l'utilise moins pour se parler que pour s'envoyer des SMS ou des MSM. Cette messagerie instantanée permet aux ados d'affirmer leur identité, de montrer leur indépendance en communiquant en dehors de toute écoute. D'un pouce° agile, on tape sur les lettres et on se parle en texto, en employant des abréviations comme BJ (bonjour), Keske C (Qu'est-ce que c'est?), TuMM (tu m'aimes?), Toqp? (t'es occupé?), KLè le bl (Quel est le problème?) et bien sûr, quand on se quitte, A+ (à plus tard). Il y a aussi le «blog» (pour weblog), journal intime en ligne où on peut exposer sa vie et ses photos.

thumb

Marcel Pagnol (1895–1974)   est né à Aubagne, près de Marseille. Tout petit, assis au fond de la classe de son père instituteur, quand sa mère allait faire des courses, il a appris à lire tout seul. Il a écrit des pièces de théâtre (*Topaze, Marius, Fanny, César*), des scénarios de films, des souvenirs d'enfance (*Le Château de ma mère, La Gloire de mon père*), et il a dirigé ses propres films (*Manon des sources, La Fille du puisatier*). Il est devenu membre de l'Académie française. Les thèmes de ses livres et de ses films sont simples. Pagnol peint une certaine image de la Provence, son passé folklorique, parfois plutôt idyllique.

Pagnol était fasciné par le pouvoir des mots et leur sonorité. Il décrit avec vérité et tendresse les tics, les coutumes, la spontanéité du langage de ses compatriotes, leurs réparties pleines d'humour et de «blagues». Il a créé le mythe du «bon méridional».

C'est sur le vieux port de Marseille, dans le bar «La Marine», que Marcel Pagnol situe l'action de ses trois pièces de théâtre (trilogie), plus tard devenues des films, *Marius, Fanny,* et *César.*

César est propriétaire du bar «La Marine». Son fils Marius, garçon de café, rêve d'aventure. Après une idylle avec Fanny, la fille d'une marchande de fruits de mer sur le port, il s'est embarqué sur un voilier, vers l'Orient. César vient de recevoir une lettre de Marius, qui ne sait pas que Fanny, qui l'aime, est enceinte.° Fanny a dû se marier avec un homme plus âgé, Panisse, pour avoir un enfant légitime. Ni Marius ni César ne sont très instruits. Marius emploie des formules compliquées, comme les gens qui n'ont pas l'habitude d'écrire. César ne sait pas lire. C'est Fanny qui lui lit la lettre.

pregnant

La lettre de Marius

FANNY (*elle lit*): «Mon cher papa, pardonne-moi, mon cher papa, la peine que j'ai pu te faire: je sais bien comme tu dois être triste depuis que je suis parti, et je pense à toi tous les soirs...»

CÉSAR (*il parle au chapeau de paille*[1]): Bon. Il pense à moi tous les soirs,
5   mais moi, grand imbécile, je pense à toi toute la journée! Enfin,° continue.

Anyway

FANNY: «Pour dire de t'expliquer toute la chose et de quelle façon j'avais cette envie, je ne saurais pas te l'écrire.[2] Mais tu n'as qu'à demander à Fanny: elle a connu toute ma folie.»

10   CÉSAR (*il parle au chapeau*): Folie, c'est le mot. Ça me fait plaisir de voir que tu te rends compte!

FANNY: «Maintenant, laisse-moi te raconter ma vie... Quand je suis parti on m'avait mis aide-cuisinier.»°

on... they had
appointed me cook's
helper / il... (*fut.*)
there will be only

CÉSAR: Aide-cuisinier! Ils ont dû bien manger sur ce bateau! Au bout
15   d'un mois il n'y aura plus que° des squelettes à bord. Ça va être le bateau-fantôme...

FANNY: «Mais au bout de quelques jours, ils m'ont remplacé par un autre homme de l'équipage qui s'était blessé à la jambe en tombant dans la cale, et moi, j'ai pris sa place sur le pont.»

20   CÉSAR: Bon. Maintenant, attention, ça va devenir terrible!

---

[1] **il parle au chapeau de paille:** To hide his emotion, César talks to Marius's straw hat, which is hanging in a corner.

[2] **Pour dire ... l'écrire:** I don't know how to begin to explain the whole affair and how I got this desire (to go away).

FANNY: «Je ne t'ai pas écrit plus tôt parce que, en arrivant à Port-Saïd,[1]
   nous avons eu de gros ennuis. Comme un matelot de bord était mort
   d'une sale maladie, les autorités ont cru que peut-être c'était la peste,
   et on nous a mis en quarantaine.»

25 CÉSAR (*exorbité*°): La Peste! Tu entends, la peste! Coquin de sort!° La peste   (eyes) bulging /
   sur son bateau! Et dire que° quand un de ses camarades de l'école   **Coquin...** I'll be
   communale attrapait les oreillons,° je gardais M. Marius à la maison   damned! (*expression*
   pendant un mois, pour le préserver! Et maintenant il s'en va nager   *provençale*) / **Et...**
   dans la peste! De la peste jusqu'au cou!   When I think that /
       the mumps

30 FANNY: Mais il ne l'a pas eue, lui, puisqu'il vous écrit.

CÉSAR: Il ne l'a pas eue, mais il a bien failli l'avoir!° Continue, il y a   **il...** he almost got it
   quelque chose pour toi un peu plus loin...

FANNY: «Enfin, tout ça va très bien et j'espère que ma lettre te trouvera°   **(fut.)** will find
   de même,° ainsi que Fanny.»   **de...** in the same
       condition

35 CÉSAR (*affectueux*): Ainsi que Fanny! Tu vois qu'il pense toujours à toi.

FANNY: «Donne-moi un peu des nouvelles de sa santé et de son mariage
   avec ce brave homme de Panisse. Elle sera° sûrement très heureuse   (*fut. de* **être**) will be
   avec lui, dis-le-lui bien° de ma part.»   **dis...** be sure to tell her
       that

CÉSAR: Tu vois, dis-le-lui bien de ma part. Tu vois, il pense à toi.

40 FANNY: «Ecris-moi à mon nom: bord de la *Malaisie*. A Aden.[2] Nous y
   serons° le 15 septembre. Je t'embrasse de tout cœur. Ton fils   (*fut. de* **être**) will be
   Marius.»

CÉSAR (*avec émotion*): Ton fils, Marius.

FANNY: En dessous,° il y a: «Ne te fais pas de mauvais sang, je suis   **En...** Underneath
45 heureux comme un poisson dans l'eau.»

CÉSAR: Eh! oui, il est heureux... Il nous a laissés tous les deux et
   pourtant il est ravi... (*Fanny pleure. César se rapproche d'elle.*) Que
   veux-tu,° ma petite Fanny, il est comme ça... et puis, il faut se   **Que...** What do you
   rendre compte qu'il ne doit pas avoir beaucoup de temps pour   expect
50 écrire, et puis sur un bateau, c'est difficile; ça remue tout le temps,
   tu comprends... Evidemment, il aurait pu° mettre quelque chose de   **il...** (*cond. passé de*
   plus affectueux pour moi—et surtout pour toi... Mais peut-être que   **pouvoir**) he could
   juste au moment où il allait écrire une longue phrase exprès pour   have
   toi, une phrase bien sentimentale, peut-être qu'à ce moment-là,
55 on est venu l'appeler pour mesurer l'océanographique[3]? Moi,
   c'est comme ça que je me l'explique... Et puis, c'est la première
   lettre... Il y en aura d'autres! Té,° maintenant nous allons lui   **Té (provençal)** = Tiens
   répondre. ●

---

[1] **Port-Saïd:** an Egyptian port on the Mediterranean

[2] **bord de ... Aden:** aboard the *Malaisie* (the name of the ship) in Aden, a port in the Red Sea

[3] **mesurer**...: mesurer la profondeur de l'océan. César, comme beaucoup de personnes qui
   n'ont pas d'instruction, est impressionné par les mots qu'il ne comprend pas. Son emploi
   de l'adjectif «océanographique», un mot long, à la place du nom «océan», simple et court,
   produit un effet comique.

Compréhension du texte

Mots et structures

1. Relevez dans le texte les passages où il y a des verbes qui expriment des émotions.
2. Trouvez dans le texte les expressions qui expriment des exagérations.
3. Cherchez l'intrus:

   l'équipage, le bateau, la cale, le matelot, la lettre

   la peste, le poisson, les maladies, les oreillons

Questions sur la lecture

1. Comment est-ce que Marius a fait de la peine à son père?
2. Marius dit à son père: «... je pense à toi tous les soirs.» César dit: «... mais moi, grand imbécile, je pense à toi toute la journée.» Quelle est la différence? Qu'est-ce que la phrase de César exprime?
3. Marius était aide-cuisinier. Quelle opinion a César sur les talents de cuisinier de son fils?
4. Pourquoi est-ce que le bateau a été mis en quarantaine?
5. Quelles inquiétudes a César? Quel type de père était César quand Marius était enfant? Comment le savez-vous?
6. Les gens du Midi, particulièrement de Marseille, ont la réputation d'exagérer. En ce qui concerne la peste, comment est-ce que César, en Marseillais typique, exagère?
7. La lettre de Marius n'est pas très affectueuse. De qui est-ce que Marius parle surtout? Comment expliquez-vous cela?
8. Pourquoi est-ce que Fanny pleure?
9. Quelles excuses est-ce que César donne à Fanny pour expliquer pourquoi son fils n'a pas parlé d'elle?
10. Que vont faire César et Fanny?

Opinions

1. Est-ce que c'est difficile d'écrire des lettres? Aimez-vous écrire des lettres? Sinon, pourquoi pas? Quel plaisir reçoit-on, fait-on, quand on échange des lettres?
2. Quels sont les avantages et les inconvénients, pour communiquer, de la lettre, du coup de téléphone, du courrier électronique? Quel moyen préférez-vous et pourquoi?
3. Quelle est votre réaction quand vous avez de la peine: est-ce que vous vous mettez en colère, pleurez, riez, parlez fort, chantez? Donnez un exemple.

Grammaire: *Les pronoms personnels*

Online Study Center   General Resources

● Formes

Le pronom personnel remplace un nom de personne ou un nom de chose.

Jean voit **le professeur**.	Il **le** voit.
Vous aimez **les oranges**?	Vous **les** aimez?

La forme du pronom est déterminée par la fonction du nom qu'il remplace.

Sujet:	**Les étudiants** sont étonnés.	**Ils** sont étonnés.
Objet direct:	Tu comprends **la question?**	Tu **la** comprends?
Objet indirect (prép. **à**):	Vous parlez **à Robert**.	Vous **lui** parlez.
Objet de prép:	Elle habite **chez ses parents**.	Elle habite **chez eux**.

sujet	objet direct	objet indirect	objet de préposition (pronoms disjoints ou toniques)	pronoms-adverbes
je	me, m'	me, m'	moi	y
tu	te, t'	te, t'	toi	en
il	le, l'	lui	lui	
elle	la, l'	lui	elle	
nous	nous	nous	nous	
vous	vous	vous	vous	
ils	les	leur	eux	
elles	les	leur	elles	
on	se, s'	se, s'	soi	

Remarques:

- Les pronoms **y** et **en,** qui sont à l'origine des adverbes de lieu, ont des emplois spéciaux.
- Pour le pronom réfléchi **se, s',** voir page 271.
- Pour le pronom réfléchi **soi,** voir page 415.

Emplois

LES PRONOMS SUJETS

Les pronoms sujets sont **je, tu, il, elle, nous, vous, ils, elles, on.**

1 **Il** représente une personne masculine, un animal mâle ou une chose masculine.

Panisse écrit une lettre.	**Il** écrit une lettre.
Le bateau quitte le port.	**Il** quitte le port.

2 **Ils** est employé pour le masculin pluriel.

Les matelots sont occupés.	**Ils** sont occupés.
Les ports se trouvent sur la Méditerranée.	**Ils** se trouvent sur la Méditerranée.

3 **Elle** représente une personne féminine, un animal femelle ou une chose féminine.

La jeune fille est indépendante.	**Elle** est indépendante.
La peste est terrible.	**Elle** est terrible.

④ **Elles** est employé pour le féminin pluriel.

> **Les femmes** des matelots s'ennuient.   **Elles** s'ennuient.
>
> **Les nouvelles** sont bonnes.   **Elles** sont bonnes.

⑤ Pour **on,** voir page 36.

LES PRONOMS OBJETS DIRECTS

Les pronoms objets directs sont **me, m'; te, t'; le, l'; la, l'; nous; vous; les; se, s'.** Ils se placent, *devant* le verbe.

① **Le** (*him, it*) remplace un nom objet direct masculin, qui représente une personne, un animal ou une chose, déterminé par un article défini.

La (*her, it*) remplace un nom objet direct féminin, qui représente une personne, un animal ou une chose, déterminé par un article défini.

L' est l'élision de **le** ou **la** devant un verbe qui commence par une voyelle ou un **h** muet.

> Je vois **le tableau.**   **Je le** vois, je **l'**admire.
>
> Il préfère **la musique.**   Il **la** préfère, il **l'**aime.

Les (*them*) est la forme du pluriel pour le masculin et pour le féminin.

> Marius aime **les voyages.**   Il **les** aime.
>
> César lit **les lettres.**   Il **les** lit.

(**Remarques:**)

- A la place de l'article défini, le mot qui précède le nom peut être un adjectif possessif ou un adjectif démonstratif.

  > Elle étudie **ses** leçons.   Elle **les** étudie.
  >
  > Tu aimes **ce** livre?   Tu **l'**aimes?

- **Le** remplace aussi toute une proposition (*clause*) ou un adjectif.

  > Je vais dire **que tu as lu la lettre.**   Je vais **le** dire.
  >
  > Tu es **heureux?**   Tu **l'**es?

- Le pronom peut remplacer un seul nom ou un groupe de mots (*phrase*) qui représente une seule personne ou un seul objet.

  > Je rencontre **le moniteur.**   Je **le** rencontre.
  >
  > Je rencontre **le moniteur du cours de voile.**   Je **le** rencontre.
  >
  > Il a perdu **ses clés**   Il **les** a perdues.
  >
  > Il a perdu **les clés de la voiture de Jacques.**   Il **les** a perdues.

- Le pronom objet direct suivi de **voici** ou **voilà** interprète:

  > *Here I am! There they are!*   **Me** *voici!* **Les** *voilà!*

- L'ordre des mots à la forme négative est le suivant:

> sujet + **ne** + pronom + verbe + **pas**

Je **ne** les aime **pas.**   Vous **ne** l'avez **pas** vu?

2 Certains verbes qui se construisent avec une préposition en anglais ont un *objet direct* en français.

to look at:	**regarder**	Je regarde **la mer.**
		Je **la** regarde.
to look for:	**chercher**	Tu cherches **tes clés?**
		Tu **les** cherches?
to listen to:	**écouter**	Vous écoutez **le concert.**
		Vous **l'**écoutez.
to wait for:	**attendre**	Elle **m'**attend.
to ask for:	**demander**	Nous demandons **l'heure.**
		Nous **la** demandons.

Exercice

A. Refaites les phrases suivantes. Employez un pronom objet direct à la place des mots en italique. Attention à l'accord du participe passé.

Modèle: Je regarde *le voilier / tu / mes enfants.*
    Je **le** regarde.   Je **te** regarde.   Je **les** regarde.

1. Elle lit *la lettre / les cartes / le journal.*
2. Fanny a connu *Marius / je / nous.*
3. Ils ont remplacé *le matelot blessé / la directrice / les voyageurs.*
4. Je ne comprends pas *ce problème / cette histoire / ces enfants.*
5. Il a perdu *sa clé / son chien / ses notes de cours.*
6. Elles prenaient *l'avion / le bateau / la route.*
7. Il attend *ses lettres / tu / vous.*
8. Les matelots lavent *le pont / la cuisine / les cabines.*
9. Je cherche *le bureau de poste / les timbres / l'adresse de Marius.*
10. Nous regardons *la télévision / le documentaire / les danseurs.*

LES PRONOMS OBJETS INDIRECTS ET Y

On a un objet indirect si le verbe a la construction suivante: verbe + **à** + nom. Les pronoms objets indirects sont **me, m', te, t', lui, nous, vous, leur** et **y.** Ils se placent *devant* le verbe.

1 Tous ces pronoms objets indirects, sauf **y,** remplacent seulement des noms de personnes ou d'animaux qui ont la fonction d'objet indirect.

    a. Lui (*to him, to her*) remplace un nom masculin ou féminin singulier.

        Vous obéissez **à votre père?**   Vous **lui** obéissez?

        Je parle **à Francine.**   Je **lui** parle.

    b. Leur (*to them*) remplace un nom masculin ou féminin pluriel.

        Tu réponds **à tes parents.**   Tu **leur** réponds.

        Elle n'écrit pas **à ses amies.**   Elle ne **leur** écrit pas.

Voici d'autres verbes qui sont construits avec un objet indirect.

appartenir à (*to belong*)	Ce livre **m'appartient.**	*This book **belongs to me.***

demander à
(*to ask*)
	Tu demandes à ta mère quelle
	   heure il est.
		*You ask your mother what
		   time it is.*

	Tu lui demandes quelle heure il est.	*You **ask her** what time it is.*
dire à (*to tell*)	Elle dit à Jean-Paul de venir.	*She tells Jean-Paul to come.*
	Elle **lui dit** de venir.	*She **tells him** to come.*
écrire à (*to write*)	Tu écris à tes cousines.	*You write to your cousins.*
	Tu **leur écris.**	*You **write to them.***
obéir à (*to obey*)	Il obéit à ses parents.	*He obeys his parents.*
	Il **leur obéit.**	*He **obeys them.***
plaire à (*to please*)	Mon cadeau **vous plaît?**	*My present **pleases you?***
répondre à (*to answer*)	Je réponds au professeur.	*I answer the professor.*
	Je **lui réponds.**	*I **answer him** (or her).*
ressembler à (*to look like*)	Ton frère **te ressemble.**	*Your brother **looks like you.***
téléphoner à (*to telephone*)	Elle téléphone à sa tante.	*She telephones her aunt.*
	Elle **lui téléphone.**	*She **telephones her.***

2 Souvent le verbe a deux objets: l'objet direct qui représente une chose, l'objet indirect qui représente une personne.

        Marius écrit **une lettre à son père.**

        Vous envoyez **un télégramme à vos parents.**

Voici d'autres verbes qui sont construits avec un objet direct et un objet indirect.

acheter (*to buy*)	Nous achetons une voiture à notre fils.	*We buy a car for our son.*
	Nous **lui achetons** une voiture.	*We buy him a car.*
demander (*to ask*)	Je demande l'heure à la vendeuse.	*I ask the salesperson what time it is.*
	Je **lui demande** l'heure.	*I ask her the time.*
donner (*to give*)	Je donne le journal à mon voisin.	*I give my neighbor the newspaper.*
	Je **lui donne** le journal.	*I give him the newspaper.*
emprunter (*to borrow*)	Elle a emprunté mille euros à sa sœur.	*She borrowed one thousand euros from her sister.*
	Elle **lui a emprunté** mille euros.	*She borrowed one thousand euros from her.*
expliquer (*to explain*)	Le professeur de ski explique sa méthode aux enfants.	*The ski instructor explains his method to the children.*
	Le professeur de ski **leur explique** sa méthode.	*The ski instructor explains his method to them.*
prêter (*to lend*)	Tu prêtes ta voiture à ta sœur?	*You lend your car to your sister?*
	Tu **lui prêtes** ta voiture?	*You lend her your car?*
raconter (*to tell*)	Elle **me raconte** sa vie.	*She tells me her life story.*
rendre (*to give back, to return*)	Je rends à Pierre l'argent qu'il m'a prêté.	*I'm giving back to Pierre the money he lent me.*
	Je **lui rends** l'argent qu'il m'a prêté.	*I'm giving him back the money he lent me.*
vendre (*to sell*)	Il a vendu sa moto à son cousin.	*He sold his motorcycle to his cousin.*
	Il **lui a vendu** sa moto.	*He sold him his motorcycle.*

Pour l'emploi de deux pronoms ensemble, voir pages 254–255.

3 **Y** est souvent adverbe, mais peut aussi être pronom objet indirect.

   a. Comme adverbe, **y** remplace des noms de lieu avec **à, sur, dans, chez,** etc.

      Le bateau de Marius est **à Aden.**   Il **y** est.

      Vous restez **chez vous** ce soir?   —Oui, j'**y** reste.

b. Comme pronom, **y** s'emploie pour remplacer des objets indirects qui représentent une chose, un objet inanimé.

On répond **à une question.**   On **y** répond.

Les matelots obéissent **au règlement.**   Ils **y** obéissent.

(Attention:)   Quelques verbes suivis de **à** ont une construction spéciale. Ils n'utilisent pas le pronom objet indirect, mais le pronom disjoint (voir ci-dessous et les pages suivantes).

● E x e r c i c e ● ○

B. Votre ami français, Paul, vous raconte, à vous et vos amis, l'histoire de Marius, mais il a vraiment du mal à se concentrer et se trompe beaucoup. Refaites les phrases de Paul en remplaçant les expressions en italique par un pronom objet indirect ou **y.** Suivez le modèle.

Modèle: Je raconte maintenant l'histoire de Marius *à mon ami,* non, *à mes amis,* non *à vous tous.*
Je lui raconte maintenant l'histoire de Marius.
Je leur raconte maintenant l'histoire de Marius.
Je vous raconte maintenant l'histoire de Marius.

1. En partant pour l'Orient, Marius ne désobéit pas *à Fanny,* non, *à ses amis,* non, à *son désir.*
2. Marius fait de la peine *à sa petite amie,* non, *à moi,* non, *à son père.*
3. Il envoie une lettre *à ses amis,* non, *à toi,* non, *à son père.*
4. Marius ne raconte pas ses voyages *à son frère,* non, *à nous,* non, *à son père.*
5. Fanny lit la lettre de Marius *à ses sœurs,* non, *à moi,* non, désolé, *à César.*
6. J'espère que cette histoire fait plaisir *aux enfants,* non, *à vous tous,* non, *à toi.*
7. Alors, vous répondez *à nos attentes,* non, *à ce jeune homme,* non, *à ma question?*

LES PRONOMS DISJOINTS

Les pronoms disjoints sont **moi, toi, lui, elle, nous, vous, eux, elles, soi.** On utilise ces pronoms seulement pour remplacer les noms de personnes ou d'animaux.

❶ L'emploi le plus courant des pronoms disjoints est après une préposition; le groupe préposition + pronom disjoint est placé *après* le verbe.

Est-ce que ça vous intéresse de travailler   Est-ce que ça vous intéresse de travailler
pour ces gens?   **pour eux?**

Caroline est venue **chez moi.**

2 Avec certains verbes qui sont suivis de la préposition **à** + nom de personne, on ne peut pas employer les pronoms objets indirects devant le verbe. On répète la préposition **à** après le verbe et on emploie les pronoms disjoints.

> Il pense **à moi, à toi, à vous.**
>
> Je pense **à mon frère.**   Je pense **à lui.**
>
> Elle s'adresse **à ses parents.**   Elle s'adresse **à eux.**
>
> Je m'intéresse **à Christine.**   Je m'intéresse **à elle.**

(Attention:) Si le nom représente une chose ou un objet inanimé, on emploie **y.**

> Je fais attention **à ma santé.**   J'**y** fais attention.

Voici des verbes qui ont cette construction:

aller à	to go to	**s'adresser à**	to address oneself to
courir à	to run to	**s'habituer à**	to get used to
être à	to belong to	**s'intéresser à**	to be interested in
être habitué à	to be used to	**se fier à**	to trust
faire attention à	to pay attention to	**songer à**	to dream, to think about
penser à	to think of	**tenir à**	to value
rêver à	to dream of	**venir à**	to come to

Tableau-Résumé

verbes	noms de personnes		noms de choses
	pronom objet indirect	*pronom disjoint*	
obéir à, répondre à, etc.	me, te, lui nous, vous, leur		y + *verbe*
penser à, tenir à, etc.		moi, toi lui, elle	y + *verbe*
	verbe + **à** +	nous, vous eux, elles	

3 On emploie aussi les pronoms disjoints pour renforcer les pronoms sujets. On place le pronom disjoint au début de la phrase devant le pronom sujet, ou à la fin de la phrase.

> **Moi,** je ris, et **lui,** il pleure.
>
> Tu vas partir en vacances, **toi?**
>
> **Lui et moi,** nous sommes de grands amis.

Le pronom sujet disparaît et le pronom disjoint a la fonction de sujet dans les cas suivants:

a. avec plusieurs sujets

> **Lui et moi** avons fait un voyage ensemble.

b. dans l'expression **c'est ... qui**

> **C'est lui** qui fait la cuisine, **c'est moi** qui fais la vaisselle.

c. dans une réponse elliptique, sans verbe, et avec les adverbes **aussi** et **non plus**

Qui a parlé?	**—Moi, pas elle.**
J'ai le mal de mer.	**—Moi aussi.**
Elle n'a plus faim.	**—Lui non plus.**

d. avec **ni ... ni**

> **Ni lui ni elle** ne parlent français.

e. dans une comparaison (voir page 177)

> Vous parlez **plus** fort **que lui.**

④ On emploie les pronoms disjoints pour insister sur les pronoms objets directs ou indirects. On peut employer l'expression d'insistance **c'est ... que.** Pour insister sur l'objet indirect, on répète **à** devant le pronom objet disjoint.

Objet direct	Objet indirect
Personne ne **m'aime, moi.**	Je te parle, **à toi,** pas **à elle.**
C'est **toi** que je regarde.	C'est **à lui** que je pense.
Qui cherches-tu? **Eux, pas elles.**	A qui téléphones-tu? **À lui.**
Je ne trouve ni **lui,** ni **elle.**	Il n'obéit ni **à vous,** ni **à moi.**

Remarque: Il existe une autre forme de pronom disjoint: **soi.** Ce pronom s'emploie quand le sujet du verbe est un pronom indéfini, comme **on, chacun** (*each one*). Pour renforcer le sujet, on emploie la forme **soi-même; soi** s'emploie aussi après une préposition, ou dans une comparaison.

On peut le faire **soi-même.**

On est bien **chez soi.** Chacun **pour soi.**

On a souvent besoin d'un **plus petit que soi.**

Exercices

C. César essaie de se rappeler les derniers moments passés avec Marius avant son départ. Mais il n'a pas bonne mémoire, il hésite entre plusieurs possibilités. Refaites les phrases en remplaçant les expressions en italique par des pronoms disjoints. Suivez le modèle.

Modèle: C'est *à son ami*, ou bien, *à toi et moi*, ou bien encore *à Panisse et Fanny* que pense Marius.
C'est *à lui* que pense Marius.
C'est *à nous* que pense Marius.
C'est *à eux* que pense Marius.

1. Avant de partir pour l'Orient, Marius vient s'asseoir à côté *de ses neveux*, non, *de Fanny*, non, non, *de Marcel*.
2. Je ne voulais pas voir partir Marius. Nous nous sommes disputés à propos *du garçon de café*, non, *de sa petite amie*, non, *de (tu)*.
3. Marius a dit: «Nous, les enfants adultes, nous ne pouvons plus habiter *chez notre père*, non, *chez (vous)*, non, *chez nos parents*.»
4. Marius ne pouvait pas vivre *sans son frère*, non, *sans (vous)*, non, *sans Fanny*.
5. Le capitaine du bateau a donné un conseil à Marius: «Sur le bateau, pour faire bonne impression pendant les inspections, reste toujours *devant (je)*, non, *devant l'officier en second*, non, je veux dire, *devant les autres membres de l'équipage*.»
6. Fanny s'est sacrifiée *pour ses sœurs*, non, *pour sa mère*, non, *pour son enfant*.

D. Incorporez les pronoms suggérés dans les phrases suivantes.

Modèles: Tu parles / je /.   Elle pense / je /.
*Tu **me** parles.*   *Elle pense **à moi**.*

1. Je m'adresse / tu /. Je téléphone / tu /.
2. Je prête mon auto / ils /. J'écris / ils /. Je me fie / ils /.
3. Son fiancé tient / elle /. Il écrit / elle /. Il pense / elle /. Il téléphone / elle / tous les jours.
4. Cette bicyclette est / je /. Cette bicyclette appartient / je /. Julia a prêté cette bicyclette / je /.
5. Votre enfant ressemble / vous /. Votre enfant tient / vous /. Votre enfant répond / vous / gentiment.
6. Le professeur s'intéresse / tu /. Le professeur ne parle pas / nous /. Le professeur / dit d'aller au tableau / nous /.

E. Refaites les phrases suivantes en remplaçant le groupe en italique par un pronom indirect, un pronom disjoint ou **y**.

Modèle: Daniel pense *à son voyage*.
*Il **y** pense.*

1. Je parle *à Michelle*.
2. Ma cousine tient beaucoup *à ses grands-parents*.
3. Le commandant du bateau réfléchit *au problème*.

4. Marcel ne s'intéresse pas *aux mathématiques.*
5. Est-ce que vous vous fiez *à cette personne?*
6. Votre tableau ressemble *à un dessin de Picasso.*
7. Je prête mon voilier *à mes amis.*
8. Elle ne s'habitue pas *à ses nouveaux voisins.*
9. Ce château appartient *à la princesse.*
10. César pense *à son fils* tous les jours.

F. Dans les phrases suivantes, mettez le pronom qui convient dans l'espace vide. Dans certaines phrases le pronom anglais vous indique la personne.

1. _____, j'écris à mon père tous les jours; et _____, est-ce que tu écris à ton père aussi souvent que _____?
2. Les enfants n'ont pas de soucis, _____. _____ s'amusent pendant que les parents travaillent. _____, je trouve ça normal. Et _____, qu'en pensez-_____?
3. C'est _____ qui étudions le plus.—Pas du tout. Ni (*you*) _____ ni (*he*) _____ n'étudiez autant que (*I*) _____.
4. Ces femmes sont fatiguées de rester à la maison, _____. Elles désirent accompagner leurs maris, qui, _____, font des voyages, sortent, jouent au tennis.
5. Tu fais des économies, _____?—Oui, j'en fais. Ma sœur, _____, n'en fait pas. Elle est plus dépensière que _____ (*I*).
6. Tu es fatigué?—(*I*) _____ aussi.
7. Nous n'avons pas d'argent. (*They*) _____ non plus.
8. Ma chère Isabelle, c'est ___ que j'aime, c'est à _____ que je pense quand je suis en voyage, c'est _____ qui me rends heureux, c'est _____ qui avons de la chance.
9. Cet enfant est terrible. Il ne respecte ni son père ni sa mère; il n'obéit ni à _____ ni à _____.

LE PRONOM **EN**

En est le pronom qui remplace **de** + nom de chose ou **de** + infinitif. **En** précède immédiatement les verbes.

J'ai besoin **de chaussures.**	*I need some shoes.*
J'**en** ai besoin.	*I need **some.***
J'ai l'intention **de voyager.**	*I intend to travel.*
J'**en** ai l'intention.	*I intend **to do so.***

Remarque: **En** remplace **du** ou **des** + nom: (1) article partitif, (2) article indéfini pluriel ou (3) article contracté.

(1) Tu veux **du café?**	Tu **en** veux?
(2) Elle achète **des pommes.**	Elle **en** achète.
(3) Il se sert **du tire-bouchon.**	Il s'**en** sert.

1 On emploie **en** après les verbes suivis de **de**. Voici une liste de verbes courants:

s'approcher de	to approach	**prendre soin de**	to take care of
s'occuper de	to deal with	**profiter de**	to take advantage of
parler de	to talk about	**se servir de**	to use
se passer de	to do without	**se souvenir de**	to remember

On emploie aussi **en** avec les expressions formées avec **avoir,** et avec **être** suivi d'un adjectif.

- **avoir**

  avoir besoin de   **avoir l'habitude de** (*to be used to*)

  avoir peur de   **avoir l'intention de** (*to intend to*)

  avoir envie de

J'ai besoin **de vanille** pour cette recette.	*I need **vanilla** for this recipe.*
J'**en** ai besoin.	*I need **some**.*

- **être**

  être heureux de   **être triste de**   **être ravi de** (*to be delighted about*)

Elle était triste **de son départ.**	*She was sad **about his departure**.*
Elle **en** était triste.	*She was sad **about it**.*
Nous sommes heureux **de parler** français.	*We're happy **to speak** French.*
Nous **en** sommes heureux.	*We're happy **about it**.*

2 Quand ces verbes et ces expressions sont suivis d'un nom de *personne,* on a le choix de pronom: **de lui, d'elle, d'eux, d'elles** ou **en**. Si le nom représente une personne précise, on emploie le *pronom disjoint.* Si le nom est indéterminé (*indefinite*), on emploie **en**.

Je me souviens **de Marie.**	Je me souviens **d'elle.**
On a toujours besoin **d'amis.**	On **en** a toujours besoin.

3 **En** remplace **de** + nom après une expression de quantité comme **beaucoup de, assez de, trop de.** On répète l'expression de quantité après le verbe.

Tu as acheté **beaucoup de fruits.**	Tu **en** as acheté **beaucoup.**
Il boit **trop de lait.**	Il **en** boit **trop.**

En remplace aussi un nom qui suit un adjectif de quantité (**plusieurs, certains**) ou un nombre, sans **de**. Dans ce cas, on répète **plusieurs, certains** et on répète le nombre.

Il a écrit **plusieurs poèmes.**	Il **en** a écrit **plusieurs.**
Vous avez **une voiture?**	Vous **en** avez **une?**
Il prend **trois morceaux** de sucre.	Il **en** prend **trois.**

A la forme négative, **un** et **une** disparaissent. Les autres nombres sont répétés. Comparez ces phrases positives et négatives:

Ils ont acheté **un bateau**.	Ils **en** ont acheté **un**.
	Ils **n'en** ont **pas** acheté.
Nous commandons **cinq Cocas**.	Nous **en** commandons **cinq**.
	Nous **n'en** commandons **pas cinq**.

Exercice

G. Refaites les phrases suivantes avec **de lui, d'elle, d'eux, d'elles** ou **en** à la place du groupe en italique.

Modèle: Tu as mangé trois *gâteaux*.
*Tu **en** as mangé trois.*

1. Maurice a fait *de la peine* à son père.
2. Ce matelot attrapait beaucoup *de maladies*.
3. Ce jeune homme n'a pas besoin *de ses parents*.
4. Vous trouvez toujours mille *excuses*.
5. Tu as pris *des vitamines*?
6. Je ne me souviens pas *de cet écrivain*.
7. Célia s'occupe *de vieilles personnes*.
8. Il faut quatre sortes *de poissons* pour faire une bouillabaisse.
9. Pendant leurs vacances, ils ont fait plusieurs *excursions*.
10. J'ai peur *des moustiques*.

LES PRONOMS ENSEMBLE

L'ordre habituel de tous les pronoms *devant* le verbe est le suivant:

	me	le	lui	y	en
sujet (**ne**)	te	la	leur		
	nous	les			*verbe* (**pas**)
	vous				

Voici les combinaisons possibles.

objet indirect		objet direct	
me	nous	le	Il **me le** dit.
te	vous	+ la	Je **te la** donne.
		les	Nous **vous les** envoyons.

(cont)

objet indirect		objet direct	
le les	$\Big\}$ +	lui	Je **le lui** explique.
la		leur	Il **la leur** donne.
			Nous **les leur** envoyons.

objet indirect			
m′ nous			Il **m'en** donne.
t′ vous	$\Big\}$ + en		Elle **vous en** envoie.
lui leur			Je **lui en** parle.
			Il **leur en** apprend.

objet direct			
m′ nous			Vous **m'y** invitez.
t′ vous	$\Big\}$ + y		Ils **nous y** envoient.
l′ les			Elle **les y** expédie.
y	+ en		Il **y en a.**
			(On appelle cette règle *the donkey's rule,* à cause du son «hi-han».)

Remarque: Les combinaisons **me, te, nous, vous** (*obj. dir.*) avec **lui, leur** (*obj. ind.*) sont impossibles. Avec le verbe **présenter** (une personne à une autre personne), on peut dire:

Je **vous la** présente.   (**vous** = *obj. ind.*)

mais il faut dire:

Il **me** présente **à eux.**   Présentez-**nous à elle.**

Exercices

H. Refaites les phrases suivantes avec des pronoms personnels à la place des groupes en italique.

Modèle: Fanny lit *la lettre à César.*
Elle **la lui** lit.

1. Je donne *mon numéro de téléphone à Jacques.*   2. Le professeur *m'*explique *la difficulté.*
3. Elle ne dit pas *la vérité (truth) à sa mère.*   4. Vous donnez *votre adresse à des inconnus?*
5. Il rend *ses livres à Marianne.*   6. Le touriste demande *la clé au réceptionniste de l'hôtel.*
7. Le garçon apporte *l'addition aux clients.*   8. La serveuse *nous* apporte *le plateau de fromages.*   9. Votre père *vous* prête *sa voiture?*   10. Nous *te* demandons *ce service.*

I.   Refaites les phrases suivantes avec des pronoms personnels + **y** à la place des groupes en italique. Faites l'accord du participe passé si nécessaire.

> **Modèle:** J'expédie *les paquets en Amérique.*
> Je **les y** *expédie.*

1. Ces parents envoient *leur fils au meilleur collège.*   2. Nous invitons *nos cousins à notre mariage.*   3. Je n'ai pas vu *Georges à la bibliothèque.*   4. Tu as rencontré *ces gens au Club Med!*   5. Tu ajoutes *assez de sel dans la soupe.*   6. Vous mettez *un peu de curry dans la salade?*   7. On trouve *de bonnes affaires dans ce magasin.*   8. J'ai mis *les lettres à la boîte aux lettres.*

J.   Refaites les phrases suivantes avec des pronoms personnels + **en** à la place des groupes en italique.

> **Modèle:** Vous envoyez *des nouvelles à vos parents?*
> Vous **leur en** *envoyez?*

1. Tu *m'*achètes *une voiture* pour mon anniversaire?   2. Ces personnes riches donnent *des vêtements aux pauvres.*   3. J'emprunte *un peu d'argent à ma tante.*   4. Elle envoyait *des paquets de provisions aux prisonniers.*   5. Il ne sert pas *de vin à ses invités.*
6. Le garçon apporte *de la soupe au client.*   7. Mes parents ne *m'*ont pas donné *de cadeau* pour mon anniversaire.   8. Il *nous* a montré *des photos de son voyage à Aden.*

L'ORDRE DES PRONOMS À L'IMPÉRATIF

1 A l'impératif affirmatif, les pronoms suivent le verbe comme en anglais. On met un trait d'union entre les pronoms.

	O.D.	O.I.				
		moi (m')				
		toi (t')	y	en	Dites-**le-lui.**	Vas-**y.**
	le	lui			Envoyez-**la-nous.**	Donnez **m'en.**
verbe +	la	leur			Racontez-**la-moi.**	Occupez-**vous-en.**
	les					
		nous				
		vous				

Remarques:

- Les pronoms **me** et **te** deviennent **moi** et **toi,** sauf quand ils sont suivis de **en**: **m'en, t'en.**

- On utilise rarement la combinaison *O.D.* + **y** pour des raisons de sonorité (*sound*). On utilise **là** ou **cela** à la place de **y.**

Mettez-les **là.**	*Put them **there.***
Assieds-toi **là.**	*Sit **there.***
Intéresse-toi **à cela.**	*Get interested **in that.***
Habitue-toi **à cela.**	*Get used **to that.***

2 Pour l'impératif négatif, il faut suivre l'ordre habituel des pronoms comme dans le présent négatif et supprimer le pronom sujet.

  Vous **ne** lui en donnez **pas.**   **Ne** lui en donnez **pas.**

L'ORDRE DES PRONOMS OBJETS AVEC L'INFINITIF

3 Si le verbe est suivi d'un infinitif, le pronom objet de l'infinitif se place entre le verbe principal et l'infinitif, excepté avec les verbes **faire, laisser** et les verbes de perception (voir page 303).

Je vais lire **cette histoire.**	Je vais **la** lire.
Je veux voir **ce film.**	Je veux **le** voir.
Je peux manger **du poisson.**	Je peux **en** manger.

  MAIS:

Tu fais sortir **les chiens.**	Tu **les** fais sortir.

Exercices

K. Refaites les phrases suivantes avec des pronoms à la place des groupes en italique. Puis mettez ces phrases à l'impératif affirmatif, et à l'impératif négatif.

Modèle: Tu *me* donnes *le livre.*   *Tu **me le** donnes.*
  *Donne-**le-moi.***   *Ne **me le** donne pas.*

1. Vous *m'*achetez *un cadeau.*   2. Tu *lui* expliques *la leçon.*   3. Nous envoyons *des chocolats à Michelle.*   4. Tu lis *la lettre à ta grand-mère.*   5. Vous rendez *les affaires à votre frère.*   6. Vous *me* faites *de la monnaie* (*change*).   7. Tu mets *tes pieds sur la pelouse.*   8. Nous préparons *une surprise à nos parents.*

L. Refaites les phrases suivantes avec des pronoms personnels à la place des groupes en italique.

Modèle: Je vais *vous* montrer *mes films.*
  *Je vais **vous les** montrer.*

1. Le professeur de piano va féliciter *la petite fille.*   2. Est-ce que vous savez jouer *du violon?*   3. Elle va apprendre *le latin.*   4. Elle a peur de manger *des pâtisseries.*
5. Il voudrait acheter *un bateau.*   6. Vous voulez inviter *la jeune fille américaine?*
7. Tu peux *me* donner *cette permission.*   8. Nous n'avons pas oublié de téléphoner *à Dominique.*   9. Nous allons faire *un voyage.*   10. Je ne peux pas *te* prêter *d'argent.*

Suppléments de grammaire

1 Expressions idiomatiques avec les pronoms **en** et **y**

En et **y** apparaissent dans plusieurs expressions idiomatiques courantes.

a. en

en être (*to be at a point in a story, in a book*)	Où **en sommes-nous?**
en avoir assez (ou **marre**) (*to be fed up [with]*)	J'**en ai assez** de cette situation.
en vouloir à quelqu'un (*to bear a grudge*)	J'**en veux à** mon professeur, je lui **en veux.**
s'en aller (*to go away*)	On s'**en va?**
s'en ficher (*not to care*)	Elle **s'en fiche.** *She couldn't care less.*
ne pas s'en faire (*not to worry*)	Elle **ne s'en fait pas.** *She doesn't worry.*

b. y

y être (*to be ready*)	Vous **y êtes?** Ça **y est.** *That's it.*
y en avoir	Il **y en a.** *There is (are) some.*
y aller (*to go ahead*)	On **y va?** **Allons-y.** *Let's go.*
s'y connaître (*to know about something, to be an expert*)	Je **m'y connais.**
s'y faire (*to get used to something*)	Cette situation? Je **m'y fais.**
s'y prendre (*to go about something*)	Il répare sa voiture. Il sait **s'y prendre.**

Exercice

M. Choisissez dans la liste suivante l'expression idiomatique qui correspond aux définitions suivantes ou aux situations suggérées.

Je vous en veux.	Tu t'en fiches.	J'en ai marre.
Elle s'y connaît.	Tu t'y fais.	Allons-y!
Il en a assez.	Tu t'y prends bien.	Elle ne s'en fait pas.

1. Je suis en train de lire un livre très long, *La Vie de Mathusalem.* Je ne vais pas le finir.
2. Tu es très habile à réparer ta maison.
3. Josette vend des tableaux. Elle a une connaissance très étendue de la peinture.
4. Je suis fâché. Vous ne m'avez pas écrit pendant vos vacances. Je ne veux plus vous parler.
5. Tu as l'air indifférent. Tu ne te fais pas de soucis.
6. Il est fatigué de travailler tous les dimanches.
7. Tu t'habitues à ton travail?
8. Nous partons!

2 **faillir** + infinitif

On l'utilise de cette façon: on conjugue le verbe **faillir** au passé composé, puis on ajoute l'infinitif du verbe principal. Cette expression signifie **presque**.

Elle **a failli tomber.**	Elle **est** *presque* **tombée.**	*She **almost** fell.*
J'**ai failli répondre.**	J'ai *presque* **répondu.**	*I **almost** answered.*
Vous **avez failli avoir** un accident.	Vous **avez** *presque* **eu** un accident.	*You **almost** had an accident.*

E x e r c i c e

N. Refaites les phrases suivantes avec le verbe **faillir.**

1. Les Robinson ont presque tout perdu dans un naufrage. 2. Elle a presque fait le tour du monde. 3. Les Allemands ont presque gagné la Seconde Guerre mondiale. 4. Le champion est presque arrivé le dernier au marathon! 5. La tornade a presque touché la ville.

3 Formules de lettres

a. Au commencement d'une lettre, on emploie les formules suivantes:

- pour une personne connue

    Cher Monsieur,   Chère Madame,   Chère Mademoiselle,

    On ne dit jamais «Cher Monsieur Dupont» avec le nom de la personne.

- pour une personne inconnue et dans une lettre d'affaires

    Monsieur, Madame,

    On ne dit pas «cher». On peut aussi indiquer le titre.

    Monsieur le Ministre,   Madame la Présidente,

b. A la fin d'une lettre on emploie des formules différentes suivant (*according to*) les degrés d'affection:

- amour violent

    Mon amour, je t'embrasse passionnément.   Ma chérie, je te serre contre mon cœur.

- ami(e) intime

    Je t'embrasse affectueusement.   Baisers affectueux.   Bises.   Bisous.

- ami(e) moins intime

    Pensées amicales.   Pensées affectueuses.   Amicalement.

- ami(e) beaucoup moins intime

    Bien cordialement.   Bien sincèrement.   Amical souvenir.

- dans une lettre d'affaires

  Si vous ne connaissez pas la personne:

  Avec mes sentiments distingués.

  Avec ma considération distinguée.

  Si vous connaissez la personne:

  Avec mes meilleurs sentiments.

  (Avec) mes cordiales salutations.

- dans une lettre officielle

  Veuillez agréer, cher Monsieur (chère Madame)
  (*jamais le nom de la personne*), l'assurance   } = *Sincerely yours,*
  de mes sentiments distingués.

Synthèse

Online Study Center Improve Your Grade

Applications

I. Un beau voyage.   Vous rentrez de voyage. Une amie est impatiente de savoir ce que vous avez fait. Elle vous pose des questions. Vous répondez avec des pronoms.

Modèle: Tu vas *me* raconter *ton voyage?*
          *Oui, je vais **te le** raconter.*

1. Tu as pris le bateau?
2. Tu n'as pas pris l'avion?
3. Tu as visité beaucoup de pays?
4. Tu as acheté des souvenirs?
5. Tu m'as rapporté un cadeau?
6. Tu vas mettre ces masques africains sur tes murs?
7. Tu as rapporté ces objets d'art?
8. Tu as pris des photos?
9. Tu as rencontré des personnes intéressantes?
10. Tu as noté leur adresse?
11. Tu vas revoir ces personnes?
12. Tu vas retourner dans ces pays?

II. Un enfant modèle.   Quelles sont les qualités de cet enfant? Répétez les phrases suivantes avec des pronoms à la place des groupes en italique. Suivez le modèle.

Modèle: Cet enfant n'a pas *de problèmes.*
          Il n'en a pas.

1. Il n'a pas eu *toutes les maladies infantiles.*   2. Il obéit *à ses parents.* Il accepte *leur autorité.*
3. Il n'a pas besoin de voir *un conseiller financier.*   4. Il ne se moque jamais *de ses parents.*
5. Il respecte *ses parents;* il respecte *sa grand-mère.*   6. Il fait attention *à ce qu'on lui dit.*
7. Il fait *ses devoirs.*   8. Il ne fait pas *de peine à sa mère.*   9. Est-ce que cet enfant est un phénomène?   10. Je ne crois pas *qu'il existe.*

III. **Un enfant capricieux.** Donnez les réponses de l'enfant aux suggestions qu'on lui fait: il dit oui, puis il dit non. Employez des pronoms et des impératifs.

> Modèle: Voilà **du pain.**—Oui, donne ... / Non, ...
> *Oui, donne m'**en**. Non, ne m'**en** donne pas.*

1. Tu veux de l'eau? —Oui, apporte ... / Non, ...
2. Préfères-tu un Coca? —Oui, donne ... / Non, ...
3. Si nous allions au cinéma? —D'accord, ... / Non, ...
4. Tu as envie de regarder un film à la télé? —Oui, ... / Non, ...
5. Veux-tu aller faire du shopping? —Oui, ... / Non, ...
6. Je vais te montrer mes photos. —Oui, ... / Non, ...

IV. **Un bon médecin. Que fait-il?** Employez des pronoms à la place des groupes en italique.

1. Il prescrit *du repos à un malade surmené* (*overworked*). 2. Il envoie *une mère fatiguée à la campagne*. 3. Il prescrit *des calmants à un nerveux.* 4. Il envoie *une personne déprimée chez le meilleur psychologue de la ville.* 5. Il recommande *un régime à une personne trop grosse.* 6. Il donne *des fortifiants* (*vitamin supplements*) *à une personne sans énergie.* 7. Il défend *à un cardiaque* de boire *de l'alcool.* 8. Il félicite *le jeune sportif* qui n'a pas *de problèmes de santé.*

V. **De bons conseils.** Vous donnez des conseils à un ami qui prépare son voyage. Refaites les phrases avec des pronoms à la place des groupes en italique.

1. Tu dois prendre *ton billet.* 2. Tu dois réserver *ta place.* 3. Tu vas faire *ta valise.* 4. Tu vas emporter *des vêtements pratiques?* 5. Tu veux mettre *ton chat à l'hôtel pour chats?* 6. Tu veux fermer *le compteur d'électricité* (*electric meter*)? 7. Tu peux me prêter *ta voiture.* 8. Tu peux me laisser *les clés de ton appartement.*

VI. **Identification.** Refaites les phrases suivantes en remplaçant les pronoms par des noms ou des expressions.

1. Je la lui ai donnée.
2. Il n'en avait pas acheté.
3. Allons-y.
4. Vous en aviez discuté avec elle.
5. Y êtes-vous allé?
6. Tu n'es pas plus malin qu'eux.
7. Il n'y en a pas.
8. Tu en avais visité beaucoup avec elles.
9. Je vais le lui dire.
10. Racontez-la-nous.

Activités Orales

1. Enquête. Faites une enquête auprès de vos camarades sur la popularité des voyages en bateau: en a-t-on fait un ou rêve-t-on d'en faire un, et sur quelle sorte de bateau? Quels plaisirs et quels désavantages y a-t-il à voyager sur mer? Faites un rapport à la classe sur vos résultats.

> un voilier / une course / des régates / un cargo (*freighter*) / un paquebot (*liner*) / une croisière / une cabine / faire naufrage / une bouée de sauvetage / un canot

2. Jeu de rôle. Avec un(e) camarade, vous jouez le rôle d'un agent de voyage et de son (sa) client(e) qui n'a jamais pris l'avion et veut faire un voyage en Europe. Créez un dialogue: le (la) client(e) demande des renseignements et l'agent répond à ses questions sur les conditions du voyage.

une ligne aérienne: prendre son billet, réserver sa place

une agence de voyages: un charter, le passeport, les devises (*foreign currency*), les chèques de voyage (*traveler's checks*)

le douanier, la douanière: passer la douane (*customs*)

le départ: la carte d'embarquement (*boarding pass*), l'hôtesse de l'air, le steward, attacher sa ceinture, éteindre sa cigarette, le plateau-repas (*meal served on tray*), décoller (*to take off*), atterrir (*to land*), la piste d'envol (*runway*)

3. **Travail à deux.** Imaginez que Marius revient après plusieurs années d'absence et retrouve son père. Composez et jouez la scène. Quelles questions se posent-ils? Quels reproches César fait-il à Marius? Qu'est-ce que Marius veut savoir au sujet de Fanny?

Rédactions

1. Marius envoie un mél à son père pour lui demander s'il a bien reçu sa lettre et lui faire un résumé de ses activités depuis son départ.
2. Fanny envoie un mél à une amie pour lui confier son chagrin et lui annoncer qu'elle est enceinte et va probablement épouser un autre homme que Marius.
3. **Lettre d'affaires.** Vous voulez devenir steward ou hôtesse de l'air pour une compagnie aérienne française. Vous posez votre candidature (*apply for a job*).
4. **Lettre d'excuses.** Vous avez oublié de souhaiter son anniversaire à votre grand-mère. Vous lui écrivez pour vous excuser et vous faire pardonner de lui avoir fait de la peine.
5. **Lettre d'amour.** Vous êtes loin de votre petit(e) ami(e) et vous ne pouvez pas lui téléphoner. Vous lui écrivez pour exprimer vos sentiments sur votre solitude, votre manque, votre anxiété, et votre inquiétude en ce qui concerne sa fidélité.

Le verbe pronominal:
La télévision et le cinéma

Le verbe pronominal

Vocabulaire élémentaire

Noms

banc (*m.*) bench
classe (*f.*) **économique** economy class
foule (*f.*) crowd
immigré(e) immigrant
liane (*f.*) liana, creeper (plant)
pas (*m.*) step

passager (-ère) passenger
piscine (*f.*) pool
prairie (*f.*) field, meadow
récepteur (*m.*) receiver
silhouette (*f.*) silhouette

Adjectifs

fiévreux (-euse) feverish
inquiet (-ète) worried
muet (muette) mute, silent
musclé(e) muscular

radieux (-euse) radiant
réservé(e) reserved
sombre dark
torrentueux (-euse) torrential

Verbes

escorter to escort
être en vue to appear

s'immobiliser to stop in one's tracks
onduler to undulate

Expressions

à épisodes serial
en gros plan as a close-up shot

en suspense in suspense
pour l'occasion for the occasion

Vocabulaire actif

abrité(e) sheltered
actualités (*f. pl.*) news
s'assombrir to turn darker
avertissement (*m.*) warning
blessé(e) wounded
bombe (*f.*) **lacrymogène** tear gas
bouclier (*m.*) shield
chute (*f.*) fall
clignotement (*m.*) flickering
couteau (*m.*) knife
dentifrice (*m.*) toothpaste

se disperser to scatter
éclater to explode
élégante (*f.*) stylish woman
embrassade (*f.*) hugging and kissing
en surimpression superimposed
s'en tirer to get out of a difficult
    situation
fusée (*f.*) rocket
herbes (*f. pl.*) weeds, grass
lancer to throw
manifester to demonstrate

osseux (-euse) bony
parcourir to run through
pierre (*f.*) stone
se précipiter vers to run to
se présenter to come forward

provenir to come from
réserver to have in store
séance (*f.*) show
se taire to keep quiet
tranche (*f.*) slice

Vocabulaire supplémentaire

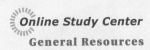

Online Study Center
General Resources

La télévision, la radio

chaîne (*f.*) channel
documentaire (*m.*) documentary
doubler to dub
dramatique (*f.*) television play
écouteurs (*m. pl.*) earphones
émission (*f.*) program
en direct live
feuilleton (*m.*) serial, soap opera
jeu (*m.*) **télévisé** television game

journal (*m.*) **télévisé** television news
météo (*f.*) weather report
petit écran (*m.*) television screen
présentateur (-trice) presenter,
  newscaster
reportage (*m.*) report, coverage
série (*f.*) serial
téléfilm (*m.*) television movie
téléspectateur (-trice) TV viewer

Le cinéma

court métrage (*m.*) short movie,
  one-reeler
dessin (*m.*) **animé** cartoon
film (*m.*) **d'épouvante** horror movie
film (*m.*) **de science-fiction** sci-fi movie
film (*m.*) **policier** mystery
long métrage (*m.*) long movie
maquilleur (-euse) makeup artist

metteur (*m.*) **en scène** director
producteur (-trice) producer
scénariste (*m. ou f.*) scriptwriter
scripte (*f.*) continuity girl
sous-titres (*m. pl.*) subtitles
travelling (*m.*) tracking
western (*m.*) western

Divers

assureur (*m.*) insurance agent
manifestation (*f.*) = **manif**
  demonstration

Français en couleurs

—Ce soir, au programme: film d'horreur.

En langage populaire, on regarde **la téloche** et on va au **cinoche**. **On se paye une toile** (**la toile** est l'écran). Un mauvais film est **un navet** (*a turnip!*). Un mauvais spectacle en général est **un four**.

Un spectacle gratuit est **à l'œil**. Si on veut entrer au ciné sans payer, on essaie de **resquiller** (*to sneak in or to cut in*). On est **un resquilleur** ou **une resquilleuse**.

Si on n'est pas content, **on râle, on rouspète** (*to grump*). On est **un râleur, une râleuse, un rouspéteur, une rouspéteuse**.

Dans une manif, il faut **faire gaffe** (faire attention). Quelquefois on se fait **tabasser** ou on se fait **passer à tabac** (*one is beaten up*) et on finit **au bloc,** c'est-à-dire en prison.

On dit populairement **se laver les crocs** pour se laver les dents et les enfants ont des **quenottes,** c'est-à-dire des petites dents.

Lecture 1

Préparation à la première lecture

Le Quartier Latin   Un des plus vieux quartiers de Paris, il est situé entre la Seine, le jardin du Luxembourg et la montagne Sainte-Geneviève, où se trouve le Panthéon. Il abrite plusieurs bâtiments célèbres: la Sorbonne, la Faculté de Médecine, la Faculté de Droit, le Lycée Henri IV. Il doit son nom au fait qu'à l'origine les étudiants qui y vivaient parlaient et étudiaient en latin. Traversé par le «Boul' Mich'» (le boulevard Saint-Michel), animé et coloré, il reste le centre d'activités intellectuelles, artistiques et parfois de contestations politiques ou sociales.

Les CRS   Ce sigle signifie «Compagnies républicaines de sécurité». Ses membres sont l'équivalent des *National Guards* aux Etats-Unis. Equipés de casques, de masques, de boucliers, ils se servent, à l'occasion, de matraques et de gaz lacrymogènes. Pendant une époque difficile (les années 60 et la guerre d'Algérie), les «manif» étaient fréquentes au Quartier Latin et il y eut des confrontations violentes entre les manifestants et les CRS.

Michel Tournier (1924–)   est né à Paris. Il a fait de nombreux voyages en Allemagne dans sa jeunesse et les manifestations fascistes de l'Allemagne d'Hitler ont marqué son imagination. Michel Tournier a eu plusieurs passions dans sa vie: la philosophie, puis la photographie, l'univers des médias (radio et télévision), puis finalement la littérature où l'on retrouve toutes ses passions. Son premier roman, *Vendredi ou les Limbes du Pacifique* (1967), a obtenu un très grand succès, ainsi que son deuxième roman, *Le Roi des Aulnes* en 1970. Il a aussi écrit un essai autobiographique, *Le Vent Paraclet*, en 1977 et des contes pour enfants, *Vendredi ou la Vie sauvage*, *Pierrot ou les Secrets de la nuit*. Dans *La Goutte d'or* (1986), Michel Tournier raconte la vie des immigrés qui s'installent dans un quartier populaire de Paris qui porte le même nom que le titre du livre. Dans l'extrait suivant, des immigrés, sur un bateau, regardent la télévision pour la première fois.

Premier contact avec la télévision

Le lendemain, il pouvait être midi quand un cri parcourut le bateau et rassembla les passagers dans la salle de restaurant: la télé! Sur trois récepteurs, une image sautait, disparaissait, revenait dans un clignotement fiévreux. La première image provenant directement de France! Une foule d'immigrés inquiète et attentive, des visages osseux, des yeux sombres attendent ce premier message de la Terre Promise. L'écran palpite,° s'éteint   quivers
et se rallume, un paysage, une silhouette, un visage ondulent, puis se stabilisent. On voit un couple marcher dans une prairie. Ils sont jeunes, beaux, amoureux. Ils se sourient. Deux enfants radieux se précipitent vers eux en écartant les herbes et les fleurs. Longue embrassade, bonheur. Soudain l'image s'immobilise. Un homme grave à lunettes apparaît en surimpression. Il tient à la main à hauteur de son visage un contrat d'assurance-vie. Ensuite on voit une jolie maison provençale. Devant la piscine, toute une famille prend son petit déjeuner en riant. Le bonheur. Cette fois, c'est grâce à la poudre à laver Soleil. Il pleut. Une élégante marche, abritée sous son parapluie. En passant devant la glace d'un magasin, elle se trouve si chic qu'elle se sourit. Comme ses dents brillent. Le bonheur. Il faut utiliser le dentifrice Briodent. Le petit écran s'assombrit. Plus rien. Les hommes et les femmes du bateau qui voyagent en classe économique se regardent. C'est donc cela la France? Ils échangent leurs impressions. Mais tout le monde se tait, car l'image reparaît. Une voix explique que, contre les étudiants qui manifestaient au Quartier Latin, les CRS ont fait usage de bombes lacrymogènes. Les policiers casqués, masqués et munis de boucliers en plexiglas ressemblent à des samouraïs japonais du Moyen Age. Les étudiants leur lancent des pierres, puis se dispersent en courant. Des fusées éclatent parmi eux. On voit en gros plan le visage inondé de sang d'une très jeune fille. L'écran s'éteint à nouveau.

Deux heures plus tard, les côtes de France étaient en vue. ●

Compréhension du texte

Mots et structures

A. Relevez les expressions qui expriment le temps dans le texte. (Exemple: *le lendemain*.) Indiquez les lieux mentionnés dans le texte. (Exemple: *sur le bateau*.)

B. Trouvez l'intrus.

elle s'éteint / elle se rallume / il tient / elle se sourit

un contrat d'assurance / la poudre à laver Soleil / le Quartier Latin / le dentifrice Briodent

CRS / fusées / samouraïs / policiers

Questions sur la lecture

1. Qui sont les passagers du bateau et où vont-ils?
2. Que représentent les trois premières images que montre la télé? Quel est le caractère commun de ces trois scènes?
3. Quels sont les produits que ces publicités veulent faire vendre?
4. Quelle dernière image paraît à la fin du programme? Où se passe la manifestation?
5. A quoi ressemblent les CRS? Pourquoi sont-ils ainsi vêtus? Comment se comportent-ils?
6. Que voit-on apparaître deux heures après?
7. Les premières images que présente la télévision expriment le bonheur. Par quel mot peut-on caractériser l'image de la jeune fille au visage en sang? Et l'image finale?

Opinions

1. Les images de publicité qui représentent un univers de perfection sont fréquentes. Trouvez deux ou trois autres exemples qui apparaissent sur les écrans au cours des émissions que vous regardez.
2. A votre avis, quelles réflexions peuvent échanger les immigrants?

● Lecture 2 ●

Préparation à la deuxième lecture

Le cinéma français   Grâce à l'invention des frères Lumière, le cinéma en France est né officiellement le 28 décembre 1895. Le cinéma, ou septième art, devient vite populaire. Dans ses studios, Georges Méliès reconstitue des actualités: le sacre d'Edouard VII, par exemple. A l'aide de trucages merveilleux, il tourne le célèbre *Voyage dans la lune* (1902). Abel Gance crée un cinéma grandiose dont *Napoléon* (1927) est un exemple. Le cinéma français est alors le plus puissant du monde jusqu'à la fin de la guerre de 1914–1918.

Au début des années 30, le cinéma muet fait place au cinéma parlant et révolutionne le cinéma français. A la Libération, *Les Enfants du paradis* de Marcel Carné est considéré comme l'un des meilleurs films de l'histoire du cinéma. Les ciné-clubs se multiplient, et la notion «d'auteur» s'impose. Dans les années cinquante naît le mouvement de la Nouvelle Vague. Une génération de jeunes metteurs en scène fait son apparition. Leurs scénarios simples reflètent les préoccupations et les problèmes sociaux de l'époque plutôt que des thèmes historiques ou littéraires. Jean-Luc Godard, François Truffaut, Jacques Rivette, Agnès Varda et d'autres choisissent comme décors des scènes de la rue et produisent des films à petits budgets.

De nos jours, le cinéma français se porte bien et le festival de Cannes et la cérémonie des Césars sont des événements importants qui font connaître et récompensent la production des meilleurs films sur la scène mondiale.

Albert Camus (1913–1960)   est né à Mondovi, aujourd'hui Deraan, en Algérie. Son père est mort à la guerre de 14–18. Elevé par sa grand-mère parce que sa mère devait travailler, il a vécu son enfance dans un quartier populaire d'Alger, où les pieds-noirs et les musulmans vivent côte à côte et forment des liens d'amitié. Installé en France pendant la seconde Guerre mondiale, il devient très vite célèbre après la parution de *L'Etranger,* un des livres les plus importants du siècle. Il écrit des essais (*Le Mythe de Sisyphe, L'Homme révolté*), des nouvelles (*L'hôte*), des articles dans le journal *Combat,* des romans (*La Peste, La Chute*) et des pièces de théâtre (*Les Justes, Caligula*). Il reçoit le prix Nobel de littérature en 1957.

Le passage suivant est extrait du *Premier Homme,* un livre autobiographique non terminé et publié seulement en 1994, quarante-quatre ans après la mort de Camus dans un accident de voiture. Jacques, qui représente le jeune Albert, se rappelle les bons moments de son enfance, quand il allait au cinéma (encore muet) avec sa grand-mère.

Au cinéma muet

Les séances de cinéma réservaient d'autres plaisirs à l'enfant [...]. La cérémonie avait lieu aussi le dimanche après-midi et parfois le jeudi. Le cinéma de quartier se trouvait à quelques pas de la maison [...].

Jacques escortait sa grand-mère [...].

5   Le cinéma projetait alors des films muets, des actualités d'abord, un court film comique, le grand film et pour finir un film à épisodes, à raison d'°un bref épisode par semaine. La grand-mère aimait particulièrement ces films en tranches dont chaque épisode se terminait en suspense. Par exemple, le héros musclé portant dans ses bras la jeune fille blonde et 10   blessée s'engageait sur° un pont de lianes au-dessus d'un cañon torrentueux. Et la dernière image de l'épisode hebdomadaire montrait une main tatouée qui, armée d'un couteau primitif, tranchait les lianes du ponton. Le héros continuait de cheminer° superbement malgré les avertissements [...] des spectateurs [...]. La question alors n'était pas de 15   savoir si le couple s'en tirerait°... mais seulement de savoir comment il s'en tirerait, ce qui expliquait que tant de spectateurs, arabes et français, revinssent° la semaine d'après pour voir les amoureux arrêtés dans leur chute mortelle par un arbre providentiel. ●

à... at the rate of

s'engageait... started walking on

to walk (*litt.*)

s'en... (*cond. prés.*) would get out of the predicament / (*subj. plus-que-parfait*) = **reviennent** (*litt.*)

Compréhension du texte

Mots et structures

A. Dites si les phrases suivantes sont vraies ou fausses. Si elles sont fausses, corrigez-les.

1. Le cinéma se trouvait loin de la maison.
2. Jacques allait au cinéma avec sa grand-mère.
3. Dans la salle de cinéma, il n'y avait que des spectateurs français.
4. Le cinéma projetait des actualités.
5. La grand-mère aimait particulièrement les films muets.

B. Donnez un mot ou un groupe de mots synonyme de chaque expression suivante.

Modèle: à quelques pas:
tout près, pas loin

escortait   hebdomadaire

projetait   actualités

les amoureux

Questions sur la lecture

1. Qui allait au cinéma avec Jacques?
2. Quels jours avaient lieu les séances de cinéma? Où se trouvait le cinéma?
3. Que voyait-on d'abord avant la projection du grand film?
4. Pourquoi est-ce que la grand-mère aimait particulièrement les films à épisodes?
5. Que voulaient dire les spectateurs au héros par leurs «avertissements»?

Opinions

1. Quand vous étiez jeunes, quels films alliez-vous voir? De quelles manières le cinéma a-t-il changé depuis votre enfance (films, rafraîchissements, public, etc.)?
2. Quels genres de films préférez-vous? La science-fiction, les films d'aventures, policiers, les drames psychologiques, les documentaires, les comédies? Quels films détestez-vous? Pourquoi? Quels sont vos acteurs ou actrices favoris? Aimez-vous les films étrangers en version originale? Pourquoi ou pourquoi pas?

Grammaire: *Le verbe pronominal*

Online Study Center

General Resources

Formes

1 On appelle un verbe *pronominal* parce qu'il est conjugué avec deux pronoms: le pronom sujet et un pronom qui répète le sujet (le pronom réfléchi).

a. A la première personne (**je, nous**) et à la deuxième personne (**tu, vous**) on a toujours les deux pronoms: sujet + objet.

je **me** lave   tu **te** dépêches

nous **nous** levons   vous **vous** aimez

b. A la troisième personne, le sujet peut être un nom ou un pronom (**il, elle, ils, elles, on**); le pronom répété est toujours **se.**

Jean **se** présente.   Il **se** présente.

Antoinette **s'**engage.   Elle **s'**engage.

Les enfants **se** disputent.   Ils **se** disputent.

Les amies **se** téléphonent.   Elles **se** téléphonent.

Les gens **se** souviennent.   On **se** souvient.

2 A l'infinitif, le pronom est **se** quand on donne simplement l'infinitif du verbe.

Conjuguez le verbe **s'***aimer* au présent.

Si l'infinitif du verbe pronominal suit un verbe conjugué, le pronom qui accompagne l'infinitif correspond au sujet.

Je ne peux pas **me** rappeler.	Nous allons **nous** rencontrer?
Tu vas **te** dépêcher?	Vous voulez **vous** marier.
Il essaie de **se** lever.	Ils décident de **se** séparer.

Exercice

A. Mettez les verbes entre parenthèses au présent.

Tu (se souvenir) de ce jour-là? Tout à coup, le ciel (s'assombrir), les oiseaux (se taire) dans les arbres, les enfants (s'inquiéter). Je (se rendre compte) qu'un ouragan (se diriger) vers nous. La pluie (se mettre) à tomber. Nous (se précipiter) vers la maison. La chienne (s'en aller) se cacher dans un coin. Je (se dépêcher) de fermer les fenêtres. Puis nous (se calmer) et nous (s'asseoir). Après la tempête, tout (s'apaiser). Nous (se regarder) et nous (se parler) en poussant un soupir de soulagement. Quelle peur nous avons eue!

Place des pronoms aux temps simples

1 A la forme négative, **ne** est placé entre les deux pronoms.

Je **ne** me rappelle **pas.**   Nous **ne** nous promenons **pas.**

2 A l'impératif négatif, le pronom sujet est supprimé.

Ne te fatigue **pas.**   **Ne** nous battons **pas.**   **Ne** vous inquiétez **pas.**

3 A l'impératif affirmatif, le pronom réfléchi est placé après le verbe. A la deuxième personne du singulier, ce pronom est **toi** (forme tonique ou disjointe).

Dépêchons-**nous.**   Amusez-**vous.**   Rappelle-**toi.**

4 Si le verbe pronominal est accompagné d'un autre pronom, le pronom réfléchi est placé avant l'autre pronom.

Je **m'**achète **ces chaussures.**	Je **me les** achète.
Il **s'**intéresse **à la musique.**	Il **s'y** intéresse.

A l'impératif affirmatif, l'ordre est le suivant:

le / la / les + pronoms réfléchis   pronoms réfléchis + y / en

Brossez-vous **les dents.**   Brossez-**les-vous.**

Achète-toi **des vêtements chauds.**   Achète-**t'en.**

⑤ Forme interrogative

On place le pronom sujet après le verbe. Le pronom répété est le premier mot du groupe. La formule est:

> pronom répété + verbe au temps simple + pronom sujet

Te regardes-tu?   **Se** lavera-t-il?   **Vous** amusez-vous?

(**Remarque:**) Il n'y a pas de forme interrogative à la première personne du singulier du présent. On emploie **est-ce que.**

⑥ Forme interrogative-négative

La négation entoure tout le groupe. La formule est:

> **ne** + pronom répété + verbe au temps simple + pronom sujet + **pas**

Ne te fatigues-tu **pas?**   **Ne** vous aimiez-vous **pas?**

Exercices

B. Mettez les phrases suivantes à l'impératif affirmatif, puis à l'impératif négatif. Remplacez les noms par des pronoms.

Modèle: Tu t'amuses.   *Amuse-toi.*   *Ne t'amuse pas.*

1. Tu t'habilles.   2. Nous nous reposons.   3. Vous vous dépêchez.   4. Tu t'inquiètes.   5. Nous nous promenons.   6. Vous vous asseyez.   7. Tu t'achètes une assurance-vie.   8. Vous vous coupez les cheveux.   9. Nous nous racontons nos aventures.   10. Tu te rappelles ce documentaire.

C. Mettez les phrases suivantes à la forme négative, à la forme interrogative, puis à la forme interrogative-négative.

Modèle: Ils se souviennent.   *Se souviennent-ils?*
          Ils ne se souviennent pas.   *Ne se souviennent-ils pas?*

1. Vous vous entendez.
2. Nous nous aimons.
3. Elles se parlent.
4. Tu te rappelles.
5. Elle s'amuse.
6. Il se repose.
7. Vous vous rendez compte.
8. Nous nous embrassons.
9. Tu te présentes.
10. Elle se trompe.

● Place des pronoms aux temps composés

① Forme affirmative
Au passé composé et aux autres temps composés, l'auxiliaire est toujours **être.**

> Je me **suis** promené. (*passé composé*)   Tu t'**étais** regardé. (*plus-que-parfait*)

② Forme négative
Ne se place entre les deux pronoms, **pas** après l'auxiliaire. La formule est:

> sujet + **ne** + pronom répété + auxiliaire +**pas** + participe passé

> Je **ne** me suis **pas** lavé.   Tu **ne** t'étais **pas** rasé.

③ Forme interrogative
Le pronom sujet se place immédiatement après l'auxiliaire. Le premier mot est le pronom répété, le dernier est le participe passé. La formule est:

> pronom répété + auxiliaire + pronom sujet + participe passé

> **T'es-tu** amusé?   **Vous** étiez-**vous** perdus?

④ Forme négative-interrogative
La négation entoure le groupe pronom + auxiliaire. La formule est:

> **ne** + pronom répété + auxiliaire + pronom sujet + **pas** + participe passé

> **Ne** vous êtes-vous **pas** ennuyés?   **Ne** s'étaient-ils **pas** connus?

● E x e r c i c e ● ○

D. Refaites les phrases suivantes au passé composé, au passé composé négatif, au passé composé interrogatif, puis au passé composé interrogatif-négatif.

Modèle: Tu t'amuses.   *Tu t'es amusé.*   *Tu ne t'es pas amusé.*
    T'es-tu amusé?   *Ne t'es-tu pas amusé?*

1. Vous vous aimez.
2. Ils se reconnaissent.
3. Elle s'explique.
4. Il se met en colère.

● **Sens**

❶ Il y a beaucoup de verbes pronominaux en français. Certains sont réfléchis (*reflexive*) et sont faciles à reconnaître car le sujet fait l'action sur lui-même.

Vous **vous** lavez.	*You wash **yourself**.*
Tu **te** parles quand tu es seule?	*Do you talk to **yourself** when you're alone?*

Voici des verbes réfléchis communs; ces verbes gardent le même sens que les verbes non réfléchis.

couper	to cut	**se couper**	to cut oneself
raser	to shave	**se raser**	to shave oneself
lever	to raise	**se lever**	to get up, to rise
coucher	to put to bed	**se coucher**	to go to bed
habiller	to dress	**s'habiller**	to get dressed
déshabiller	to undress	**se déshabiller**	to get undressed

(**Remarque:**) On emploie l'article défini devant les parties du corps quand on utilise les verbes réfléchis comme **se laver, se brosser** (*to brush*) (voir pages 386–388).

Laurent s'est brossé **les** dents, puis il s'est lavé **la** figure.	*Laurent brushed **his** teeth, then he washed **his** face.*

❷ Certains des verbes pronominaux sont réciproques (*reciprocal*): deux sujets font une action l'un sur l'autre (*on each other*) ou plusieurs sujets font une action sur d'autres personnes. Les pronoms se traduisent *each other, one another*.

Ils **s'aiment.**	*They **love each other**.*
Est-ce que vous **vous connaissez?**	*Do you **know each other?***
Ma cousine et moi nous ne **nous téléphonons** plus.	*My cousin and I no longer **telephone each other**.*

Voici des verbes réciproques communs; beaucoup de ces verbes gardent le même sens que les verbes non réciproques. Les verbes réciproques sont toujours au pluriel.

aimer	to love	**s'aimer**	to love each other
battre	to beat	**se battre**	to have a fight
écrire	to write	**s'écrire**	to write each other
embrasser	to kiss	**s'embrasser**	to kiss each other
marier	to marry off someone	**se marier**	to get married
quitter	to leave	**se quitter**	to leave each other
rencontrer	to meet	**se rencontrer**	to meet each other
téléphoner	to telephone	**se téléphoner**	to telephone each other
voir	to see	**se voir**	to see each other

(**Remarque:**)   **On se = Nous nous.**

> L'année dernière **on se** voyait tous les jours.   *Last year **we** saw **each other** every day.*

❸ La majorité des verbes pronominaux n'ont ni sens réfléchi ni sens réciproque.

a. Certains ont le sens passif (voir page 465).

> Ce journal **ne se vend pas** ici.   *This paper **is not sold** here.*
>
> Cela **ne se fait pas.**   *That **is not done.***

Voici des verbes pronominaux de ce type:

s'accorder	se dire	se placer
s'appeler	s'employer	se traduire
se comprendre	se faire	se trouver
se conjuguer	se manger	se voir

(**Remarque:**)   Ces verbes sont souvent employés au présent.

b. Quelques verbes pronominaux existent aussi sous la forme non pronominale et ils ont un sens différent.

> Je **passe** devant le magasin.   *I **walk by** the store.*
>
> Qu'est-ce qui **se passe?**   *What **is happening?***
>
> J'**entends** la musique.   *I **hear** the music.*
>
> Ils ne **s'entendent** pas.   *They don't **get along.***

Voici des verbes pronominaux de ce type:

aller	to go	s'en aller	to go away, to depart
attendre	to wait	s'attendre à	to expect
apercevoir	to see vaguely	s'apercevoir	to realize
demander	to ask	se demander	to wonder
douter	to doubt	se douter	to suspect
entendre	to hear	s'entendre	to get along
passer	to go by	se passer	to happen
servir	to serve	se servir de	to use
tromper	to deceive	se tromper	to be mistaken

c. Quelques verbes pronominaux n'existent pas sous la forme simple; ils n'existent que sous la forme pronominale.

> L'oiseau **s'envole.**   *The bird **flies away.***
>
> Le voleur **s'enfuit.**   *The thief **runs away.***

Voici des verbes pronominaux de ce type:

se dépêcher	to hurry	**se méfier**	to distrust
s'enfuir	to run away	**se moquer**	to make fun
s'envoler	to fly away	**se souvenir**	to remember
s'évanouir	to faint	**se taire**	to keep silent

Remarque: Les verbes **se rappeler** et **se souvenir** ont le même sens. **Se rappeler** est suivi de l'objet direct. **Se souvenir** est suivi de **de** + nom.

Tu te rappelles **la correction?** Tu te **la** rappelles?

Je me souviens **de l'histoire.** Je m'**en** souviens.

Exercices

E. Dans les phrases suivantes, mettez les verbes entre parenthèses au temps qui convient. Dites s'ils ont un sens réfléchi ou réciproque.

1. Tous les matins je (se réveiller, se lever, se préparer).
2. Hier soir, Jean-Paul (se déshabiller, ne pas se laver, se coucher).
3. Josée et Michel (s'aimer, s'embrasser beaucoup, se téléphoner tous les jours).
4. Quand nous étions jeunes, nous (s'acheter des bonbons et des gâteaux, se promettre de suivre un régime, ne pas se laver les dents tous les jours!).
5. L'an dernier vous (s'écrire tous les jours, se rencontrer régulièrement, se parler souvent).
6. Nous (se rencontrer dans un bal, se voir plusieurs fois, se marier au bout d'un mois!).
7. Marie-Claire (se maquiller, s'habiller élégamment, se plaire).

F. Complétez les phrases suivantes avec un des verbes de la liste, verbe simple ou verbe pronominal. Attention au temps!

Modèle: Aller / s'en aller: Je _____ à Paris; je _____ pour un mois.
Je vais à Paris; je m'en vais pour un mois.

entendre / s'entendre	douter / se douter	rappeler / se rappeler
tromper / se tromper	demander / se demander	trouver / se trouver
passer / se passer	attendre / s'attendre	manger / se manger
servir / se servir	apercevoir / s'apercevoir	

1. Tu _____ la musique? Tu _____ bien avec tes parents?
2. Nous _____ l'autobus depuis une heure. Nous ne _____ (imparfait) pas à un si long retard.
3. Tout _____, tout lasse, tout casse! Cette histoire _____ en Algérie.
4. Les naufragés _____ (passé composé) un bateau. Ils _____ (passé composé) qu'ils n'allaient pas mourir!

5. Marie _____ (imparfait) quelle heure il était. Elle _____ (passé composé) l'heure à un passant.

6. Est-ce que les frites _____ avec les doigts?—Non, chez moi, on ne _____ pas les frites avec les doigts.

7. Je suis venu vous voir lundi au lieu de mardi. Je _____ (passé composé) de jour! Cet homme est infidèle: il _____ sa femme.

8. Est-ce que vous _____ (passé composé) le médicament que vous cherchiez?— Non, ce médicament ne _____ pas en pharmacie.

9. Ma mère sait que je lui raconte des histoires. Elle _____ que je mens. Maintenant elle _____ de ma sincérité.

10. Mes amis ne _____ pas de leur salle à manger en été. Ils _____ leurs repas dans le jardin.

11. (*Au téléphone*) Je suis pressé, je vous _____ dans dix minutes. (*Plus tard*) Je ne _____ (passé composé) pas que je devais téléphoner à mon ami.

G. Remplacez les groupes en italique par un verbe pronominal au temps qui convient.

1. L'oiseau *a pris son vol.* Il _____.
2. Claudine a appris la mauvaise nouvelle et elle *a perdu conscience.* Elle _____.
3. *Allez un peu plus vite!* _____!
4. Les étudiants *arrêtent de parler.* Ils _____.
5. Je *n'ai pas confiance* en cet homme. Je _____ de lui.
6. Mon frère *fait* toujours *des plaisanteries* (*jokes*) à mon sujet. Il _____ de moi.
7. Le voleur a ouvert la porte de la prison et il *a pris la fuite.* Il _____.
8. *J'ai une bonne mémoire.* Je _____ de toute mon enfance.

Accord du participe passé

1 Pour les verbes réfléchis ou réciproques, on suit la règle de l'accord avec l'auxiliaire **avoir** (voir page 50). Le participe passé s'accorde avec l'objet direct placé avant le verbe.

a. Quand **se** (**me, te, nous, vous**) est objet direct, il y a un accord avec ce pronom, qui représente aussi le sujet.

Elle **s'**est v**ue**. Nous **nous** sommes aim**és**.

b. Quand **se** (**me, te, nous, vous**) est objet indirect, il n'y a pas d'accord.

Ils **se** sont téléphon**é**.   Vous **vous** êtes parl**é**.

Elle **s'**est achet**é** des chapeaux bizarres.   Nous **nous** sommes lav**é** les mains.

(**Remarque:**)   Le pronom réfléchi des verbes suivants est toujours objet indirect: au participe passé il n'y a pas d'accord avec le sujet.

s'acheter	se donner	s'offrir	se plaire	se sourire
se dire	s'écrire	se parler	se promettre	se téléphoner

   c. Quand **se** (**me, te, nous, vous**) est objet indirect et quand le verbe a un objet direct placé devant lui, le participe passé s'accorde avec cet objet direct.

          O.I.   O.D.

    Bernard **s'**est acheté **une voiture** de sport.

    MAIS:

                              O.D. O.I.

    Tu as vu **la voiture** de sport **qu'**il **s'**est acheté**e?**

2 Pour les verbes qui n'ont ni le sens réfléchi ni le sens réciproque, on accorde le participe passé avec le sujet.

    Les **tableaux** de Picasso se sont **vendus** pour des millions.

    La grand-mère s'est **souvenue** du dernier épisode du film.

    Vous ne vous êtes **aperçus** de rien?

Exercices

H. Mettez les phrases suivantes au passé composé.

    1. Elle se lave les cheveux. 2. Vous vous téléphonez? 3. Ils se voient, ils se disent bonjour, ils se parlent, ils se souviennent, ils se plaisent et ils se marient. 4. Marie-France, tu te brosses les dents? 5. Les deux jeunes gens se sourient. 6. Elles se promettent de s'écrire.

I. Mettez les phrases suivantes au passé composé. Faites attention à l'accord du participe passé.

    1. Les deux amies se connaissent pendant un voyage, se revoient à Paris, puis se disputent et se fâchent.

    2. Mes frères et moi, nous allons à la plage en été: nous nous allongeons au soleil, nous nous promenons au bord de la mer, nous nous baignons, nous nous amusons.

    3. La grand-mère s'ennuie à la soirée: elle s'impatiente, elle s'énerve, elle se sent furieuse d'avoir accepté l'invitation.

J. Mettez les verbes entre parenthèses dans les phrases suivantes au passé composé et accordez le participe passé si c'est nécessaire.

    1. Après la mort de Panisse, Marius et Fanny (se retrouvent).

    2. Ils n'ont pas oublié les promesses qu'(ils se font).

    3. Ils regrettent les choses désagréables qu'ils (se disent).

    4. Marius dit: «Sûrement les lettres que (nous nous envoyons) ne sont pas arrivées. Mais oublions les mauvais moments. Viens voir la voiture que je (m'achète) pour t'emmener en voyage. Et tiens... voici la bague que (je ne t'offre pas) avant de partir.»

5. Fanny répond: «Heureusement, j'ai gardé la robe que (je me fais) pour le mariage.»
6. Ils (se regardent) avec passion.
7. Ils (se tiennent) la main.
8. Ils (se promettent) de s'aimer toujours.

Suppléments de grammaire

 tout

a. **Tout** (*adjectif*) signifie *all, the whole.* Ses formes sont:

	masc.	*fém.*
sing.	**tout**	**toute**
pl.	**tous**	**toutes**

Il s'emploie devant le nom et un déterminant.

tout l'or   **toute** la famille
tous mes amis   **toutes** ces pièces

(Remarques:)

- **Tout,** avec un nom singulier sans déterminant, signifie *any, every, each.*
  tout homme   **toute** jeune fille
- **Tout ce qui, tout ce que** signifient *everything* (voir page 411).

b. **Tout (toute, tous, toutes)** peut être pronom. Dans ce cas, le **-s** de **tous** est prononcé: /tus/.
Il a fait les exercices de la page 8.—Quoi, **tous?**
On place le pronom entre l'auxiliaire et le participe passé, au temps composé.
Il a **tout** mangé. Je les ai **tous** vus.

c. **Tout** peut être adverbe. Il signifie **très.**
L'immigrant est **tout** étonné.
Il est invariable au masculin, mais il s'accorde au féminin.
Les **tout** petits enfants.   Elle est **toute** petite.
La maison est **toute** entourée d'arbres.

d. Expressions idiomatiques avec **tout.**

tout à fait	*completely*	à toute allure	*at full speed*
tout de suite	*right away*	tout à l'heure	*in a moment; a moment ago*
tout à coup	*suddenly*	en tout cas	*in any case*

Exercices

K. Répétez avec la forme correcte de **tout.** Le professeur dit à ses élèves:

1. Finissez la lecture.   2. Faites vos devoirs.   3. Gilles, efface le tableau.
4. Rangeons les bureaux.   5. Josiane, rapporte les livres à la bibliothèque.
6. Mettez la salle de classe en ordre.   7. Ne restez pas dehors pendant la récréation.
8. Ne parlez pas pendant l'étude.

L. Complétez les phrases suivantes avec la forme correcte de **tout.**

1. Il comprend *toute la leçon.* Il l'a _____ comprise.   2. Vous embrassez *tous vos amis?*—Oui, _____ .   3. Dans la maison, elle fait _____ elle-même.   4. J'ai lu *toutes ces nouvelles.* _____ m'intéressent.

M. Répétez avec **tout** adverbe.

1. Ils sont heureux.   2. Elles sont contentes.   3. Vous êtes bronzé.   4. Elle est énervée.   5. Tu es fatigué.   6. Tu es blanche.   7. Le ciel est bleu.   8. La mer est verte.

2 Expressions avec **coup**

Le mot **coup** entre dans la composition de beaucoup d'expressions courantes; en voici quelques-unes:

d'un seul coup	*all at once*	un coup de tête	*action on impulse*
tout à coup	*suddenly*	un coup de fil	*a phone call*
un coup d'œil	*a glance, a peek*	se donner un coup	*to run a comb*
un coup de main	*a [helping] hand*	de peigne	*through one's hair*
boire un coup (*fam.*)	*to have a drink*	un coup de foudre	*love at first sight*
un coup de soleil	*sunburn*	avoir un coup de	*to be taken by . . .*
un coup de tonnerre	*thunderclap*	cœur pour...	

Exercice

N. Traduisez les phrases suivantes. Utilisez une expression avec **coup.**

1. He gave me a phone call.   2. All of a sudden, I heard a clap of thunder.   3. You are red: you have a sunburn.   4. The child glanced at the screen.   5. Let's have a drink.   6. They met and got married the same day: it was love at first sight.   7. This package is heavy: come and help me.   8. In the morning, I comb my hair quickly.

Synthèse

Online Study Center Improve Your Grade

 Applications

I. **Au cinéma sur un paquebot.** Mettez les verbes du texte suivant au temps et au mode qui conviennent.

Les passagers (se rassembler) dans la salle de cinéma du bateau. Ils (se demander) quel film ils vont voir. Les enfants (ne pas se taire). Une mère leur dit: «(vous se calmer), (s'asseoir: vous) sur ces bancs et (se tenir tranquilles: vous).» Enfin l'écran (s'allumer), puis (s'éteindre). Les spectateurs (s'impatienter). Enfin l'image (se stabiliser). Un long métrage commence. Il est en anglais et sous-titré. Les enfants (s'énerver) et (se disputer). Un spectateur dit: «La barbe! je (s'ennuyer). Je (s'en aller). Allons (se promener) sur le pont. Je vais (se plaindre) au capitaine!»

II. **Action appropriée.** Dites ce que ces personnes font dans les situations indiquées.

Modèle: Christine est fatiguée: (s'asseoir / se reposer / se détendre)
  Christine est fatiguée: elle s'assied, elle se repose, elle se détend.

1. Jules et Jim sont des ennemis: (se haïr / se disputer / se battre / mais se réconcilier / s'embrasser).
2. Vous arrivez à la plage: (se déshabiller / se mettre en maillot de bain / s'allonger / se couvrir de crème solaire).
3. Nous avons faim: (se précipiter vers le frigidaire / se gaver [*to stuff oneself*] de chips / se faire une omelette).
4. Tu vas faire des courses dans un magasin de vêtements: (se regarder dans les glaces / se trouver chic / s'acheter plusieurs jeans / se laisser convaincre par la vendeuse).

III. **Une histoire d'amour.** Où est-ce que les deux amoureux se sont rencontrés? Qu'est-ce qu'ils se sont dit quand ils se sont vus?

se parler / se donner rendez-vous / se promener / se plaire / se jurer qu'ils allaient s'aimer toujours / se fiancer / se marier / se disputer / se séparer / se revoir / se réconcilier

IV. **Où est-ce que ça se passe?** Faites des phrases avec le vocabulaire suggéré pour dire où se passent les activités des diverses personnes. Variez les temps.

Modèle: *Je me baigne à la piscine.*

je	se promener	devant les exercices
Nicole	se brosser les dents	dans un magasin
nous	se faire un sandwich	dans la salle de bains
mes camarades de classe	se faire couper les cheveux	dans la forêt
Cédric	s'amuser	chez le coiffeur

les conducteurs	s'ennuyer	dans la cuisine
tu	s'acheter un pull	sur l'autoroute
vous	s'impatienter	au concert
les deux amies	se sentir frustré	à la surprise-partie

Activités Orales

1. Débat. Formez deux groupes: un groupe aime les publicités à la télé et l'autre préfère les chaînes qui offrent des programmes sans interruption. Discutez vos préférences.

montrer toute la pub	interrompre le film
répétition de la même pub	publicité stupide, amusante
renseignements sur les produits de consommation	

2. Jeu de rôle. Un étudiant joue le rôle d'un immigrant tout récemment arrivé aux Etats-Unis d'un pays du tiers monde. Un autre joue le rôle d'un Américain un peu blasé qui lui explique l'usage des objets électroniques modernes ou des gadgets qui n'existent pas dans son pays.

télévision	micro-ondes	portable	ordinateur	Ipod, playstation
lecteur de CD	aspirateur	magnétoscope	lave-vaisselle	caméra numérique

3. Sondage. Posez des questions à quatre ou cinq camarades pour savoir quel genre de films ils vont voir et faites une liste de leurs films préférés. Ensuite, faites un rapport à la classe sur les goûts et les choix de vos camarades.

Rédactions

1. Un des immigrants envoie un message à sa famille pour dire qu'il est bien arrivé et raconter ses premières impressions de la France (télé, manif').

2. La grand-mère a manqué la séance de cinéma, un jeudi. Jacques lui envoie un résumé de l'épisode qu'elle n'a pas vu.

3. **Expérience personnelle.** De quels épisodes de votre enfance vous souvenez-vous particulièrement? A quoi vous intéressiez-vous? De quoi vous occupiez-vous? Dans quelles circonstances vous êtes-vous amusé ou ennuyé? Vous êtes-vous blessé une fois, ou vous êtes-vous fait mal? Vous sentiez-vous heureux ou malheureux, généralement? Vous entendiez-vous mieux avec les enfants plus jeunes ou plus âgés?

4. **Suite.** Imaginez un autre épisode pour le film que Jacques et sa grand-mère ont vu. Comment les héros s'en sont-ils tirés? Comment sont-ils descendus de l'arbre... jusqu'au prochain «suspense»?

13
chapitre

L'infinitif:
Les vêtements et le sport

Vocabulaire élémentaire

Noms

calligraphie (*f.*) calligraphy
déception (*f.*) disappointment
dos (*m.*) back

insulte (*f.*) insult
poste (*m.*) (*here*) position
vicaire (*m.*) vicar

Adjectifs

inclus(e) included
pauvre poor

triomphant(e) triumphant

Verbes

commander to order
dévorer to devour

faire la loi to lay down the law

Vocabulaire actif

aller bien (*here*) to fit right, to suit
amabilité (*f.*) graciousness
arbitre (*m.*) referee
au lieu de instead of
bâton (*m.*) (*here*) hockey stick
se briser to break
chandail (*m.*) (*here*) sports jersey
chef (*m.*) **d'équipe** team captain
coup (*m.*) **de sifflet** whistle blow
débris (*m. pl.*) (*here*) pieces
déchiré(e) torn
enlever to take off
équipe (*f.*) team
érable (*m.*) maple tree
étroit(e) narrow, tight
se faire terrasser to get smashed
feuille (*f.*) leaf

feuilleter to leaf through
formule (*f.*), **bon** (*m.*) **de commande**
  ordering form
gant (*m.*) glove
larme (*f.*) tear
ligne (*f.*) **d'attaque** front line
mettre to put on
mite (*f.*) moth
papier (*m.*) **à lettres** stationery
partie (*f.*) game
patin (*m.*) skate
patinoire (*f.*) skating rink
porter to wear
prévenir to warn
soulagé(e) relieved
soupir (*m.*) sigh
troué(e) with holes

● Vocabulaire supplémentaire

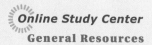

Online Study Center
General Resources

Vêtements unisexes

anorak (*m.*) winter jacket
baskets (*f. pl.*) basketball shoes
blouson (*m.*) windbreaker, bomber jacket
chemise (*f.*) shirt
chemise (*f.*) **de nuit** nightgown
jeans (*m. pl.*) jeans
pantalon (*m.*) pants

pyjama (*m.*) pajamas
robe (*f.*) **de chambre** dressing gown
short (*m.*) shorts
sous-vêtements (*m. pl.*) underwear
survêtement (*m.*) tracksuit, leisure suit
tee-shirt (*m.*) T-shirt
tennis (*f. pl.*) tennis shoes
veste (*f.*) jacket

Les sports

basket (*m.*) basketball (*sport*)
ballon (*m.*) ball
panier (*m.*) basket
bicyclette (*f.*) bicycle, bicycling
coureur (-euse) racer
étape (*f.*) stopping place
maillot (*m.*) **jaune** yellow T-shirt, winner of the day
pédaler to pedal
vélo (*m.*) bike
foot (*m.*) soccer
ballon (*m.*) **rond** football
terrain (*m.*) field
hockey (*m.*) hockey

but (*m.*) goal
crosse (*f.*) stick
palet (*m.*) puck
ski (*m.*) ski, skiing
bâton (*m.*) ski pole
neige (*f.*) snow
remonte-pente (*m.*) ski lift
station (*f.*) resort
tennis (*m.*) tennis
balle (*f.*) ball
court (*m.*) tennis court
filet (*m.*) net
raquette (*f.*) racket

Divers

entraînement (*m.*) practice, training

s'entraîner to practice (a sport)

Français en couleurs

Dans le domaine vestimentaire, on fait **du lèche-vitrines** (*window-shopping*), on soigne son **look,** on est **looké, sapé** (bien habillé) et parfois **overlooké,** c'est-à-dire trop bien habillé pour la circonstance, le contraire étant **sapé basic.** La mode des vêtements change vite chez les ados, mais les **pattes d'éph'** (*bell-bottoms*) ou **les futes** (*pantalons*) restent en faveur, ainsi que **les santiags** (*cowboy boots*), **les tongs** (*flip-flops*) et les **nikes,** prononcé [najk], pour les chaussures. **C'est vintage,** prononcé «vinetèdge», veut dire c'est authentique.

Ringard veut dire vieux, démodé. Quand on ne porte pas de vêtements, on est **à poil** (attention, **Au poil** veut dire Bravo!). Pour montrer son admiration, on dit: **Chapeau!**

Pour dire qu'on n'est pas bien dans sa peau, pas à l'aise dans sa vie, on dit: **on marche à côté de ses pompes** (*literally, one walks next to one's shoes*) ou **on est mal dans ses baskets.**

La plupart des mots dans le domaine du sport viennent de l'anglais, et on peut dire **le fitness** ou, en plus français, **la gonflette** comme pour gonfler (*to pump up*) ses muscles. On peut alors porter **un justaucorps string fluo** (*fluorescent bodysuit*).

EN PANNE

Pour les inscriptions au voyage-trekking en Himalaya, s'adresser au 6ème étage, à droite

—*Zut alors, l'ascenseur est encore en panne!*

● Lecture

Préparation à la lecture

Le français canadien   Les Canadiens de souche française, qui résident en majorité au Québec et dans la ville de Montréal, conservent beaucoup de traditions héritées de leur origine. Cette fidélité au français se manifeste dans la langue. Ils utilisent souvent des mots du vocabulaire des Français de France, mais parfois dans des sens différents. Ainsi un chandail, qui est en France un vêtement chaud, un tricot de laine,° est au Canada ce qu'on appelle «maillot» en France (le vainqueur du Tour de France porte le maillot jaune). Il y a d'autres exemples: au Québec on porte des chaussettes, mais des pantoufles° en France (en France, ce qu'on appelle «chaussettes» est *socks* en anglais). Au Canada, les bas sont des chaussettes françaises, mais en France on utilise ce mot pour dire *stockings*. Une veste au Canada est un gilet° en France.

    En revanche, tandis que les Français adoptent de plus en plus des mots directement de l'anglais, les Canadiens, eux, ont un équivalent bien français ou une adaptation. Un week-end en France c'est une fin de semaine au Canada. En France on mange du pop-corn, au Canada du maïs grillé. On fait du shopping en France, on magasine au Canada.

Les sports à l'école   Pendant longtemps, l'éducation physique et les sports n'ont pas eu dans les écoles françaises la place qu'ils occupent dans les écoles américaines. Il y a maintenant de trois à cinq heures par semaine de gym (éducation physique et sportive) obligatoires dans les collèges d'enseignement général et les lycées. Il n'y a aucun programme sportif dans les universités. Le ministère de l'éducation a récemment créé des sections «sports-études» qui permettent aux jeunes Français de faire jusqu'à huit heures de sport en plus par semaine et d'être sélectionnés dans des centres de recrutement. Mais, en général, les jeunes Français qui veulent faire du sport appartiennent à des clubs ou à des associations sportives privées, et on se rencontre d'un village ou d'une ville à l'autre pour des matchs, des compétitions. Le ski, le foot, le rugby, le tennis et la course à bicyclette sont les sports favoris des Français. Et tout jeune Français doit avoir ses rollers ou sa planche!

Le sport et la violence   On assiste récemment dans le monde international du sport à des manifestations de violence de plus en plus fréquentes: des injures racistes sont proférées, un goal° français bien connu crache au visage d'un arbitre marocain. Ces événements regrettables reflètent l'intolérance, le manque de respect et de civilité de certains individus alors que le sport est supposé apprendre le sens de la justice, la maîtrise de soi et la patience.

Marginal glosses:
tricot... sweater

slippers

vest

goalkeeper

Roch Carrier (1937-) est né dans le village de Sainte-Justine au Québec. Il a fait ses études à l'université de Montréal puis il a terminé son doctorat en littérature à la Sorbonne. Il reste un des écrivains les plus populaires et les plus lus au Canada. Roch Carrier a une carrière prolifique. Il est poète, romancier, dramaturge. Il a enseigné à l'université de Montréal et au collège militaire de Saint-Jean. Il est aussi devenu directeur du Conseil des arts puis bibliothécaire national du Canada, distinction intéressante pour un homme dont le village natal ne possédait pas de bibliothèque!

Son histoire la plus connue est *Le Chandail de hockey* (1979), qui a été portée à l'écran. C'est le récit en grande partie autobiographique de l'enfance de l'auteur. Les hivers sont longs au Canada. La vie des enfants est partagée entre trois lieux: l'école, l'église et la patinoire. Tous portent une admiration sans borne à Maurice Richard dit «la fusée», vedette de hockey sur glace qui fit la gloire des Canadiens de Montréal et inspira sa génération dans les années 1940–1950. Les jeunes joueurs imitent leur idole et portent le même «chandail» que lui, le maillot tricolore des Canadiens de Montréal.

Le chandail de hockey

Un jour, mon chandail des Canadiens de Montréal était devenu trop étroit; puis il était déchiré ici et là, troué. Ma mère me dit: «Avec ce vieux chandail, tu vas nous faire passer pour pauvres!»

5 [...] Elle commença à feuilleter le catalogue que la compagnie Eaton nous envoyait par la poste chaque année. [...] Ma mère n'aimait pas les formules de commande incluses dans le catalogue; elles étaient écrites en anglais et elle n'y comprenait rien. Pour commander mon chandail de hockey, elle fit ce qu'elle faisait d'habitude; elle prit son papier à lettres et elle écrivit de sa douce calligraphie d'institutrice: «Cher Monsieur Eaton,

10 auriez-vous l'amabilité de m'envoyer un chandail de hockey des Canadiens pour mon garçon qui a dix ans [...]? [...]»

[...] Deux semaines plus tard, nous recevions le chandail.

Ce jour-là, j'eus l'une des plus grandes déceptions de ma vie! [...] Au lieu du chandail bleu, blanc, rouge des Canadiens de Montréal, M. Eaton

15 nous avait envoyé un chandail bleu et blanc, avec la feuille d'érable au devant, le chandail des Maple Leafs de Toronto. J'avais toujours porté le chandail bleu, blanc, rouge des Canadiens de Montréal. Tous mes amis portaient le chandail bleu, blanc, rouge. Jamais dans mon village, quelqu'un n'avait porté le chandail de Toronto, jamais on n'y avait vu un

20 chandail des Maple Leafs de Toronto. De plus, l'équipe de Toronto se faisait terrasser régulièrement par les triomphants Canadiens.

Les larmes aux yeux, je trouvai assez de force pour dire: [...]

—J'pourrai jamais porter ça.[1]

—Pourquoi? Ce chandail-là te va bien... Comme un gant...

—Maurice Richard se mettrait jamais ça sur le dos...

—T'es[1] pas Maurice Richard. Puis, c'est pas ce qu'on se met sur le dos qui compte, c'est ce qu'on se met dans la tête...

—Vous me mettrez pas dans la tête de porter le chandail des Maple Leafs de Toronto.

Ma mère eut un gros soupir° désespéré et elle m'expliqua:

—Si tu gardes pas ce chandail qui te fait bien,° il va falloir que j'écrive° à M. Eaton pour lui expliquer que tu veux pas porter le chandail de Toronto. M. Eaton, c'est un Anglais; il va être insulté parce que lui, il aime les Maple Leafs de Toronto. S'il est insulté, penses-tu qu'il va nous répondre très vite? Le printemps va arriver et tu n'auras pas joué[2] une seule partie parce tu n'auras pas voulu[2] porter le beau chandail bleu que tu as sur le dos.

Je fus donc obligé de porter le chandail des Maple Leafs.

Quand j'arrivai à la patinoire avec ce chandail, tous les Maurice Richard en bleu, blanc, rouge s'approchèrent un à un pour regarder ça. Au coup de sifflet de l'arbitre, je partis prendre mon poste habituel. Le chef d'équipe vint me prévenir que je ferais plutôt partie° de la deuxième ligne d'attaque.

[*Mais, durant toute la partie, le chef d'équipe trouve des occasions de ne pas faire jouer le garçon.*]

—C'est de la persécution! C'est à cause de mon chandail bleu!

Je frappai mon bâton sur la glace si fort qu'il se brisa.

Soulagé, je me penchai pour ramasser les débris. Me relevant, je vis le jeune vicaire, en patins, devant moi:

—Mon enfant, ce n'est pas parce que tu as un petit chandail neuf des Maple Leafs de Toronto, au contraire des autres, que tu vas nous faire la loi. Un bon jeune homme ne se met pas en colère. Enlève tes patins et va à l'église demander pardon à Dieu.

[...] [J]e me rendis à l'église, je priai Dieu.

Je lui demandai qu'il envoie au plus vite cent millions de mites qui viendraient dévorer mon chandail des Maple Leafs de Toronto. ●

eut... sighed heavily
qui te... which fits you well **que...** (*subj. présent après* **falloir**) that I write

que je... (*cond. présent*) I would instead belong to

---

[1] **J' pourrai; T'es:** Dans la conversation, **Je** devient **J'**, **Tu** devient **T'**.
[2] **tu n'auras pas joué, tu n'auras pas voulu:** future past (**futur antérieur**) = you will not have played; you will not have wanted.

Compréhension du texte

Mots et structures

A. Relevez les mots dans le texte qui appartiennent au lexique du hockey sur glace.

B. Répondez par *vrai* ou *faux*.

1. Maurice Richard est le directeur de la compagnie Eaton.
2. Les enfants vivaient en trois lieux: l'école, l'église et la patinoire.
3. Dans le récit, Maurice Richard avait le même âge que les enfants du village.
4. Le chandail des Canadiens de Montréal de l'auteur était trop grand et sa mère le renvoya à la compagnie Eaton.
5. Monsieur Eaton était un Anglais.
6. La compagnie Eaton est une compagnie de vente par correspondance.
7. La mère de l'auteur le force à porter le chandail des Maple Leafs de Toronto.
8. L'auteur refuse d'abord de porter le chandail des Maple Leafs de Toronto et d'aller jouer au hockey à la patinoire.
9. Le vicaire ordonne à l'auteur de quitter le jeu et de se rendre à l'église pour prier Dieu.

Questions sur la lecture

1. Pourquoi faut-il acheter un nouveau chandail de hockey pour le jeune garçon?
2. Quelle phrase indique que la mère se soucie de l'opinion des autres?
3. Pourquoi est-ce que la mère n'aime pas remplir les formules de commande?
4. Qu'est-ce qui a causé la confusion de la compagnie Eaton et pourquoi Roch et sa mère ont-ils reçu un chandail des Maple Leafs?
5. De quelle couleur est le chandail de l'équipe des Canadiens de Montréal et de quelle couleur est le chandail des Maple Leafs de Toronto? Pourquoi Roch ne veut-il pas porter le chandail de l'équipe de Toronto?
6. Comment sa mère le persuade-t-elle de le porter quand même?
7. Quand Roch arrive à la patinoire, que font ses camarades? Que fait le chef d'équipe?
8. Pourquoi est-ce que Roch brise sa crosse de hockey?
9. Que lui dit le vicaire?
10. Quelle prière est-ce que le garçon fait à Dieu?

Opinions

1. Que représente l'uniforme d'une équipe de sport? Pensez-vous que c'est la mère qui a raison ou le refus du jeune garçon vous paraît-il logique?
2. Comment expliquez-vous l'action du chef d'équipe quand il empêche Roch de jouer?
3. La punition imposée par le vicaire vous paraît-elle injuste, méritée, douce ou cruelle?
4. En quoi réside l'humour du passage?

Grammaire: *L'infinitif*

Online Study Center General Resources

● Formes

En français, contrairement à l'anglais, quand on donne l'infinitif d'un verbe, on n'emploie pas de préposition: **aller** (*to go*), **venir** (*to come*).

L'INFINITIF PRÉSENT / L'INFINITIF PASSÉ

L'infinitif a deux temps.

le présent:	**manger**	**boire**	**aller**	**venir**
le passé:	**avoir mangé**	**avoir bu**	**être allé**	**être venu**

1 L'infinitif présent est caractérisé par sa terminaison.

-er	pour les verbes du 1er groupe	**donner**
-ir	pour les verbes du 2ème groupe	**finir**
	et pour certains verbes irréguliers	**dormir**
-re	pour les verbes du 3ème groupe	**vendre**
	et pour certains verbes irréguliers	**dire**
-oir	pour certains verbes irréguliers	**pouvoir**

2 L'infinitif passé se forme avec l'auxiliaire **avoir** ou **être** à l'infinitif: le participe passé suit les mêmes règles d'accord qu'au passé composé (voir page 50).

> Je suis content **d'avoir vu** cette pièce.
> Ces gens sont sympathiques: je suis ravi de *les* **avoir rencontrés**.

3 L'infinitif présent d'un verbe pronominal contient un pronom personnel qui se décline. On met ce pronom devant l'infinitif (voir page 272).

je vais **me reposer**	nous allons **nous reposer**
tu vas **te reposer**	vous allez **vous reposer**
il va **se reposer**	ils vont **se reposer**
elle va **se reposer**	elles vont **se reposer**

4 L'infinitif passé d'un verbe pronominal contient aussi le pronom personnel. Le participe s'accorde avec le pronom (voir pages 278–279).

> Après **m'être reposé(e), je** travaille.
> Après **t'être reposé(e), tu** travailles.
> Après **s'être reposé, il** travaille.
> Après **s'être reposée, elle** travaille.
> Après **nous être reposés(es), nous** travaillons.
> Après **vous être reposé(e)(s), vous** travaillez.
> Après **s'être reposés, ils** travaillent.
> Après **s'être reposées, elles** travaillent.

L'INFINITIF NÉGATIF

1 Les négations suivantes ne sont pas séparées devant l'infinitif présent ou l'infinitif passé:
ne pas, ne plus, ne jamais, ne rien, ne pas encore.

> La maman de Roch est fâchée de **ne rien** comprendre aux bons de commande.
>
> Cette maman est sûre de **ne jamais** avoir tort.
>
> Je suis étonné de **ne pas encore** avoir reçu ma commande.

2 Les négations de **ne ... personne, ne ... aucun** entourent l'infinitif présent ou l'infinitif passé.

> Les joueurs sont surpris de **ne** voir **personne** sur la patinoire, de **n'**entendre **aucun** bruit.
>
> Ce promeneur est ravi de **n'**avoir rencontré **personne** dans le parc.

Exercices

A. Refaites les phrases suivantes avec le verbe **refuser de** au temps qui convient et avec l'infinitif présent, en suivant le modèle.

Modèle: Je passe mes vacances à Paris.
*Je **refuse de passer** mes vacances à Paris.*

1. Roch porte le chandail à la feuille d'érable.
2. Tu restes assis sans jouer pendant tout le match.
3. Je me mets un vieux maillot sur le dos.
4. Nous avons écrit au directeur de la compagnie.
5. Les joueurs de hockey comprenaient la colère de Roch.
6. Ils prirent leur poste.
7. L'enfant s'est rendu à l'église.
8. Vous faites une prière?

B. Refaites les phrases suivantes avec **être content de** et l'infinitif passé, en suivant le modèle.

Modèle: Je passe mes vacances à Paris.
*Je **suis content d'avoir passé** mes vacances à Paris.*

1. Je reçois le chandail bleu, blanc, rouge.
2. Tu as marqué un but.
3. Il avait cassé son bâton.
4. Elle prévint son équipier à temps.
5. Nous avions vaincu l'équipe adverse.
6. La mère a écrit une lettre de sa belle calligraphie.
7. Vous jetez votre maillot déchiré.
8. Ils se sont félicités après la victoire.

C. Refaites les phrases suivantes. Mettez les infinitifs à la forme négative avec la négation indiquée entre parenthèses.

> **Modèle:** Claire préfère sortir avec Guy. (pas)
> *Claire préfère **ne pas** sortir avec Guy.*

1. Patrick est triste d'aller au mariage de sa cousine. (pas)
2. Tu es sûr d'avoir vu ce film? (jamais)
3. Paulette est fière de faire une faute à ses exercices. (aucun)
4. Raoul essaie d'oublier quelque chose pour ses cours. (rien)
5. Le vicaire décide de punir Roch sévèrement. (pas)
6. Je décide de me promener seule. (plus)
7. Ces deux amies promettent de se disputer. (jamais)
8. Vous vous plaignez d'avoir raison? (pas)
9. Mes amis regrettent d'avoir parlé à quelqu'un pendant la soirée. (personne)
10. Je regrette de vous avoir écrit. (pas encore)

● Emplois

On utilise l'infinitif plus souvent en français qu'en anglais. Souvent, l'infinitif en français est traduit par le *gerund* en anglais.

> Elle met son manteau avant de **sortir.**   *She puts on her coat before **going out.***

L'INFINITIF SEUL

① Employé seul (sans préposition), l'infinitif peut être sujet ou objet direct.

> *Sujet*
> **Se lever** tôt, c'est pénible.   ***Getting up** early is painful.*
> **Porter** un chandail de l'autre   ***To wear** a jersey from the other team, that's shameful!*
>   équipe, c'est la honte!
>
> *Objet*
> Nous aimons **marcher** sur la   *We like **walking** (or **to walk**) along the beach*
>   plage en hiver.   *in winter.*

(**Remarque:**)   On utilise **c'est** ou **ça** pour renforcer le sujet.

② On utilise l'infinitif, à la place de l'impératif, dans les recettes de cuisine, les prescriptions pharmaceutiques, les modes d'emploi des appareils, les recommandations (*suggestions*).

> **Faire sauter** les oignons et **ajouter** du vin blanc.
> **Agiter** ce médicament avant l'emploi.
> **Ne pas oublier** de vous entraîner tous les jours.

3 On utilise l'infinitif seul, comme objet direct, après un certain nombre de verbes courants: des verbes de mouvement, des verbes de volonté et de nécessité, des verbes d'opinion et de préférence. Si l'infinitif a un objet qui est un pronom personnel, ce pronom se place devant l'infinitif.

a. Verbes de mouvement

aller	**descendre**	**monter**	**sortir**
courir	**entrer**	**partir**	**venir**

Gérard **est parti** voir sa mère.   Il **est parti la** voir.
Gisèle **sort chercher** des allumettes.   Elle **sort en** chercher.

b. Verbes de volonté et de nécessité

désirer	**espérer**	**il faut**
devoir	**vouloir**	**il vaut mieux**

Voulez-vous partager ce morceau de gâteau?   **Voulez**-vous **le** partager?
Il vaut mieux ne pas aller au cinéma ce soir.   **Il vaut mieux** ne pas **y** aller.

c. Verbes d'opinion et de préférence

aimer	**croire**	**oser**	**préférer**
aimer mieux	**détester**	**penser**	**savoir**

Nous **aimons mieux** rester chez nous.   Nous **aimons mieux y** rester.
Gabrielle **déteste** écrire des lettres.   Gabrielle **déteste en** écrire.

Exercices

D. Refaites les phrases suivantes avec un infinitif sujet, en suivant le modèle.

Modèle: on entraîne les joueurs / être une bonne préparation
Entraîner les joueurs, c'est une bonne préparation.

1. on mange avant le match / ce n'est pas une bonne idée
2. vous battez l'adversaire / c'est possible?
3. on trouve la meilleure ouverture pour marquer le but / ce n'est pas facile
4. toi, tu écoutes les conseils de ton chef d'équipe / ça te sauve
5. on lit le livre sur les meilleures techniques de hockey / c'est obligatoire
6. ils restent sans défense / ça décourage les adversaires
7. nous attachons notre casque (*helmet*) de hockey / c'est impératif
8. vous rencontrez Maurice Richard si vous gagnez / ça vous plairait?
9. on attend l'équipe adverse qui est en retard / c'est irritant
10. on célèbre la victoire de l'équipe / ça vous fait plaisir?

E. Combinez les groupes suivants en mettant le deuxième verbe à l'infinitif.

Modèle: Vous voulez / vous conduisez votre fille à l'école?
*Vous voulez **conduire** votre fille à l'école?*

1. J'aime / je tape sur le palet.
2. Tu préfères / tu te lèves tard?
3. Ils pensent / ils partent en vacances demain.
4. Elle n'ose pas / elle discute avec sa mère.
5. Nous aimons mieux / nous nous servons de papier à lettres de couleur.
6. Ses parents doivent / ils achètent un micro-ordinateur.
7. Ses cousins espèrent / ils vont à la Martinique cet hiver.
8. Ils partent / ils font un voyage au Népal.
9. Antoinette a couru / elle a embrassé sa grand-mère.
10. Montez / prenez un verre avec nous.
11. Il vaut mieux / ne te décourage pas.
12. Savez-vous / vous vous servez d'une machine à photocopier?

L'INFINITIF PRÉCÉDÉ DE «A» OU DE «DE (D')»

Certains verbes sont suivis de la préposition **à,** d'autres verbes sont suivis de la préposition **de.** Il n'y a pas de règle pour déterminer l'emploi de à ou de de. Consultez l'Appendice ou le dictionnaire.

1 L'infinitif peut être précédé d'un verbe + **à.** Le verbe principal peut indiquer un effort, une direction, une aspiration. Voici quelques verbes courants (pour une liste plus longue, voir le Student Website, Grammar References).

aider à	to help	**se préparer à**	to get ready to
s'amuser à	to have fun	**réussir à**	to succeed in
apprendre à	to learn how to	**servir à**	to be of use in, for
chercher à	to seek to, to try to	**songer à**	to think about
se mettre à	to begin	**tenir à**	to insist on

2 L'infinitif peut être précédé d'un verbe + **de.** Un grand nombre de verbes pronominaux se trouvent dans ce groupe. Voici quelques verbes courants (pour une liste plus longue, voir le Student Website, Grammar References).

s'arrêter de	to stop	**être obligé de**	to be required to
avoir envie de	to want	**s'excuser de**	to apologize for
avoir honte de	to be ashamed of	**finir de**	to finish
avoir peur de	to be afraid of	**oublier de**	to forget to
se contenter de	to be content with	**promettre de**	to promise to
se dépêcher de	to hurry to	**refuser de**	to refuse to
essayer de	to try to		

3 Certains verbes ont les deux constructions et changent de sens.

se décider à	**décider de**
(*to make up one's mind to*)	(*to decide to*)
Il avait peur, mais il **s'est décidé à** plonger.	Nous avons **décidé d'**acheter une maison.
demander à	**demander** (à quelqu'un) **de**
(*to ask permission to*)	(*to ask [someone] to*)
Il **demande à** sortir.	Il **vous demande de** sortir.

(**Remarque:**) Les verbes **commencer** et **finir** ont deux constructions, avec **à** ou **de** et avec **par**. Leur sens change.

Il **commence à** pleuvoir.	J'ai **commencé par** faire mes maths.
It's **starting** to rain.	I **started with** my math homework.
Elle **a fini de** pleurer.	Elle **a fini par** comprendre.
She is **through** crying.	She **finally** understood.

4 Si l'infinitif a un objet direct ou indirect qui est un pronom, ce pronom est placé entre la préposition et l'infinitif.

Il a peur de parler **au professeur.**	Il a peur de **lui** parler.
Nous avons réussi à finir nos **devoirs.**	Nous avons réussi à **les** finir.
J'ai oublié d'acheter **du pain.**	J'ai oublié d'**en** acheter.

(**Remarque:**) Dans ce cas, on ne contracte jamais **à le, de le, à les, de les** parce que **le, les** sont des *pronoms*.

5 L'infinitif qui suit le verbe **être** et un adjectif peut être précédé de **à** ou de **de**.

a. à   Le sujet du verbe **être** est un nom (ou un pronom qui remplace ce nom) ou **ce** qui remplace une phrase, une idée déjà exprimée. Dans ce cas, l'infinitif ne peut pas avoir d'objet direct: il a un *sens passif*. On emploie **à**.

La leçon est **difficile à comprendre.**	Elle est **difficile à comprendre.**
The lesson is **difficult to understand.**	It is **difficult to understand.**
Marie ne s'est jamais mariée.	C'est **difficile à comprendre.**
Marie has never gotten married.	It's **difficult to understand (why).**

> sujet + **être** + adjectif + **à** + infinitif
> (nom, pronom ou **ce**)

b. de   Le sujet du verbe **être** n'est jamais un nom. Le sujet est **il** impersonnel ou **ce** (**ce** est plus fréquent que **il** [voir page 432]). Dans ce cas, l'infinitif peut avoir un objet direct: il a un *sens actif*. L'infinitif seul (ou l'infinitif + son objet direct) est le véritable sujet du verbe **être**. On emploie **de**.

C'est important de se reposer.	*It's important to rest.*
Il est (C'est) difficile de dormir le jour.	*It's difficult to sleep during the day.*

Il est (C'est) difficile de comprendre cette leçon.	*It's difficult to understand this lesson.*
Il est important d'étudier vos verbes.	*It's important to study your verbs.*

> sujet   + **être** + adjectif + **de** + infinitif
> (**il** impersonnel ou **ce**)

6 L'infinitif qui suit un nom peut être précédé de **à** ou de **de**.

a. à   On emploie **à** si en anglais la construction signifie *something that must be done to the preceding noun.*

une maison **à peindre**	*a house to paint*
un livre **à lire**	*a book to read*
une chanson **à chanter**	*a song to sing*
un film **à voir**	*a film to see*

b. de   On emploie **de** si l'équivalent en anglais est *of* + la forme *-ing* du verbe.

la pensée **de revenir**	*the thought of coming back*
la façon **de parler**	*the manner of speaking*
l'idée **de partir**	*the idea of going*
la nécessité **de lire**	*the necessity of reading*

On trouve souvent **de** avec les expressions de temps.

le temps **de travailler**	*the time to work*
le moment **de partir**	*the time to go*
l'heure **de dormir**	*the time to sleep*

L'INFINITIF AVEC D'AUTRES PRÉPOSITIONS

On emploie l'infinitif après les autres prépositions courantes. Souvent on utilise la forme *-ing* du verbe anglais pour traduire l'infinitif.

avant de		*before*		
sans	dormir	*without*	*sleeping*	
au lieu de		*instead of*		

Pour dormir, il prend des pilules.	***In order to sleep,*** *he takes pills.*
Sans dire un mot, elle est sortie.	***Without saying*** *a word, she left.*

> **Remarques:**

- **Après** est suivi uniquement de l'infinitif passé.

Après avoir bien **dîné,** ils ont fumé un cigare.	***After having dined*** *well, they smoked cigars.*
Après être partis, ils ont regretté ne pas être restés.	***After they left,*** *they were sorry they had not stayed.*

• La préposition **en** est suivie de la forme verbale en **-ant.** C'est le gérondif (voir page 479). **En** n'est jamais suivi de l'infinitif.

  Il chante toujours **en travaill*ant*.**   *He always sings **while working**.*

E x e r c i c e s

F. Refaites les phrases suivantes avec les verbes indiqués. Suivez le modèle.

> **Modèle:** Tu **vas faire** la sieste. Il **refuse**
> *Il **refuse de faire** la sieste.*

1. J'aime dormir tard le dimanche matin.
   Essayez / Elle ne réussit pas / Tu n'es pas obligé / Je tiens
2. Vous pouvez être puni.
   Elle ne cherche pas / Tu n'as pas honte / Vous risquez / Je refuse / Nous ne tenons pas
3. Je ne sais pas me servir d'un ordinateur.
   Avez-vous essayé? / Tu as appris / Nous nous amusons / Je décide / Il songe
4. Il faut vous acheter un maillot plus grand.
   Elle se décide / Nous oublions / Je promets / Il va m'aider / Ils ne tiennent pas
5. Je suis obligé de travailler dans un restaurant.
   Elle s'est arrêtée / Tu t'es mis / Vous refusez / Il a décidé / Je préfère

G. Dans les phrases suivantes, mettez la préposition qui convient: **à** ou **de.**

1. J'ai une maison _____ vendre.   2. Je n'aime pas sa façon _____ parler.   3. Avez-vous le temps _____ lire?   4. Ce livre est difficile _____ lire.   5. C'est impossible _____ lire quand il y a du bruit.   6. L'arabe et le chinois sont des langues difficiles _____ apprendre.   7. Ce n'est pas agréable _____ travailler dans une maison bruyante.   8. Tu n'es pas facile _____ convaincre.   9. C'est toujours pénible _____ entendre le bruit des voitures.   10. Le macramé? Ce n'est pas difficile _____ faire.   11. Il suffit _____ savoir faire des nœuds (*knots*).   12. Vos dessins sont très jolis _____ regarder, mais trop chers _____ acheter.   13. C'est bon _____ boire quand on a soif.   14. Ce n'est pas recommandé _____ boire avant de conduire.   15. La bière fraîche est bonne _____ boire.   16. Avez-vous le temps _____ regarder la télévision?   17. Non, d'ailleurs il n'y a pas beaucoup d'émissions intéressantes _____ regarder.   18. Dans cet immeuble, il y a trois appartements _____ louer.   19. C'est difficile _____ louer quelque chose quand on ne connaît pas le quartier.   20. Je n'ai pas encore eu l'occasion _____ voir *Mourir d'aimer*. C'est un film _____ voir.

H. Dans les phrases suivantes, mettez la préposition qui convient dans l'espace vide.

1. La mère de Roch a écrit une lettre à la compagnie Eaton _____ remplir un bon de commande. (au lieu de, avant de, pour)
2. Roch va à l'entraînement _____ apporter sa crosse. (après, pour, sans, en)
3. Les joueurs se relaxent _____ commencer à s'entraîner. (pour, avant de, sans)
4. Roch emprunte une crosse et s'entraîne beaucoup _____ pouvoir jouer dans le grand match. (après, pour, sans)
5. Les joueurs quittent la patinoire _____ s'être entraînés. (après, pour, sans, en)

FAIRE + INFINITIF

Cette construction signifie *to have something done, to make or to force someone to do something.*

> Ses parents **font construire** une maison.
> Le fermier **fait travailler** ses enfants.

Le nom qui suit l'infinitif peut être l'objet direct (on construit **une maison**) ou le sujet de l'infinitif (**les enfants** travaillent).

❶ Dans cette construction, l'infinitif suit immédiatement le verbe **faire.** Les pronoms qui remplacent l'objet direct ou le sujet de l'infinitif ont la forme du pronom personnel objet direct et se placent devant le verbe **faire.**

> **La maison?** Ses parents **la** font construire à la campagne.
> **Les enfants?** Le fermier **les** fait travailler.

(Attention:)

- A l'impératif, les pronoms se placent entre **faire** et l'infinitif.

  Faites-**la** construire. Fais-**les** travailler.

- Le pronom personnel de la première personne et de la deuxième personne du singulier est le pronom disjoint.

  Tu **me** fais rire. Fais-**moi** rire! Ne **nous** fais pas rire!

❷ Quelquefois, l'infinitif a un nom sujet et un nom objet direct. Dans ce cas, l'infinitif suit immédiatement le verbe **faire.** L'objet direct est placé après l'infinitif. Le sujet de l'infinitif devient «complément d'agent» accompagné de **à** ou de **par.**

> **Les enfants** (manger) des carottes.
> **Le secrétaire** (taper) le livre.

> Françoise fait manger des carottes   *Françoise makes **her children** eat carrots.*
>   **à ses enfants.**

> La romancière fait taper son livre   *The novelist has **her secretary** type her book.*
>   **par son secrétaire.**

La construction avec **à** signifie: Françoise a *l'autorité, le pouvoir* de faire manger des carottes à ses enfants.

La construction avec **par** signifie: Le secrétaire tape le roman pour la romancière, *à sa place.*

❸ Les pronoms **lui** et **leur** remplacent **à** + nom ou **par** + nom. Ils précèdent le verbe **faire.** On peut aussi avoir les pronoms **me, te, nous, vous** comme agents.

> Françoise **leur** fait manger des carottes.
> La romancière **lui** fait taper son roman.
> Il **me** fait ramasser toutes ses affaires.

Dans le cas où on a plusieurs pronoms, l'ordre des pronoms est normal (voir page 254).

Françoise **leur en** fait manger.

La romancière **le lui** fait taper.

Il **me les** fait ramasser.

Constructions possibles de **faire** avec l'infinitif:

$$\text{\textbf{faire} + infinitif + OD +} \quad \begin{matrix} \text{à} \\ \text{au} \\ \text{aux} \\ \text{par} \end{matrix} \quad \text{+ nom de l'agent}$$

(**Remarques:**)

- L'expression **se faire** + infinitif signifie *to have someone do something*.

  Je **me fais couper** les cheveux. Ils **se font terrasser.**

- Les groupes **faire faire** (*to have someone do*) ou **se faire faire** (*to have something done for your-self*) sont fréquents.

  Je **fais faire** mon ménage par une femme de ménage.

  Elle **s'est fait faire** une perruque avec ses propres cheveux.

- Si l'infinitif après **faire** est un verbe pronominal, **se** peut être supprimé.

  Je **fais (se) promener** les chiens.

- Au passé composé, le participe passé **fait,** suivi d'un infinitif, ne s'accorde jamais.

  Je les ai **fait** entrer.

Exercices

I. Faites deux phrases avec les groupes suivants et le verbe **faire.** Suivez les modèles.

Modèles: Le professeur / les étudiants travaillent.

*Le professeur **fait travailler** les étudiants.*

*Il **les fait travailler.***

Ses cousins / on a réparé leur voiture.

*Ses cousins **ont fait réparer** leur voiture.*

*Ils **l'ont fait réparer.***

1. La pluie / les touristes sont partis.
2. Mon associé / mon courrier ne suit pas.
3. Le clown / les enfants riaient.
4. La tempête / on a fermé les écoles.
5. Le chef d'équipe / Roch reste sur le banc.

J. Combinez les groupes suivants avec le verbe **faire,** en suivant le modèle. (Attention au temps!)

Modèle: Le froid / tu trembles.
*Le froid **te fait trembler.***

1. Ce film / elles ont pleuré.
2. Le jogging / vous avez maigri.
3. Le pain français / je grossissais.
4. Leurs récits de voyage / vous aviez rêvé.
5. Cette mauvaise expérience / je réfléchis.

K. Refaites les phrases suivantes avec des pronoms, d'abord à l'impératif affirmatif, puis à l'impératif négatif.

Modèle: Tu fais rire la petite fille.
***Fais-la** rire.*
*Ne **la fais** pas rire.*

1. Nous faisons cuire les haricots.   2. Tu fais sauter les oignons.   3. Vous faites laver votre voiture.   4. Nous faisons chauffer le beurre.   5. Vous faites brûler ma côtelette.   6. Nous faisons obéir nos enfants.

L. Combinez les groupes suivants d'abord avec **faire** et la formule **à** + agent ou **par** + agent, puis en utilisant des pronoms. Suivez le modèle.

Modèle: Le patron / la secrétaire tape son courrier.
*Le patron fait taper son courrier **par la secrétaire.***
*Il **le lui** fait taper.*

1. La tante / le bébé prend un bain.
2. La vieille dame / la bonne ne lave pas la vaisselle.
3. Le vicaire / les joueurs récitent une prière.
4. Ce monsieur / un domestique repasser ses jeans.
5. Ma sœur / la meilleure vétérinaire soigne son chien.

LAISSER + INFINITIF, VERBES DE PERCEPTION + INFINITIF

1 Le verbe **laisser** et les verbes de perception comme **regarder, entendre, écouter** et **sentir** ont aussi une construction avec l'infinitif, mais cette construction est moins stricte que la construction infinitive avec le verbe **faire.** Après **laisser, regarder,** etc., on peut placer le nom sujet de l'infinitif *avant* ou *après* le verbe, si l'infinitif n'a pas de complément.

Je laisse **le chien** sortir.	*ou*	Je laisse sortir **le chien.**
Tu regardes **les enfants** jouer.	*ou*	Tu regardes jouer **les enfants.**

(**Attention:**)   Si l'infinitif a un complément, l'ordre des mots est normal.

> **laisser**   + sujet de l'infinitif + infinitif + complément
> *ou*
> verbe de perception

Je laisse les enfants jouer **au parc.**

2 Quand les noms sont remplacés par des pronoms, ces pronoms sont placés avant **laisser** (ou le verbe de perception). Quand il y a deux pronoms, on peut aussi utiliser **lui, leur** comme dans la construction avec **faire.**

Je laisse **le chien** sortir. ⎫
Je laisse sortir **le chien.** ⎭ Je **le** laisse sortir·

Je laisse le **chien** manger ma **côtelette.** ⎰ Je **le** laisse **la** manger.
                                          ou
                                          Je **la lui** laisse manger.

3 Pour les formes négatives et impératives, ces verbes ont la même construction que **faire.**

Il **n'a pas** laissé jouer les enfants.

(**Remarque:**)   Au passé composé, le participe passé (**laissé, entendu, regardé**) suivi d'un infinitif ne s'accorde pas.

Comparez: Il les a laiss**és** seuls.
                 Il les a laiss**é** regarder la télé.

E x e r c i c e s

M. Faites des phrases en suivant le modèle avec les groupes suggérés.

Modèle: Je laisse / les voitures passent.
            *Je **laisse passer** les voitures.*
            *Je **laisse** les voitures **passer.***

1. Christine ne laisse pas / sa fille joue au hockey sur glace.
2. Il a senti / la colère montait.
3. Je regarde / les patineurs tombent.
4. Nous regardons / les touristes descendent du car.
5. Tu ne laisses pas / le chien dort avec toi?

N. Faites des phrases avec les verbes suggérés; ensuite remplacez les noms par des pronoms.

> **Modèle** Elle laisse / son mari va au marché.
> *Elle **laisse son mari aller** au marché.*
> *Elle **le laisse aller** au marché.*

1. Elles ont entendu / les enfants crient dans le jardin.
2. Tu as vu / les ballerines font des pirouettes?
3. Vous laissez / je lis la lettre de votre mère.
4. Nous écoutons / M. Rubinstein joue cette sonate.

Suppléments de grammaire

1 trop ... pour / assez ... pour

a. L'expression **trop ... pour** signifie *too (much) to*. On emploie **trop** avec un verbe, un adjectif ou un adverbe. On emploie **trop de** avec un nom.

Il a **trop bu pour** pouvoir conduire.	He *drank too much to* be able to drive.
Elle **est trop malade pour** venir en classe.	She is *too sick to come to class.*
Vous **êtes parti trop tard pour** arriver à l'heure.	You left *too late to arrive on time.*
Il a **trop de travail pour** sortir.	He has *too much work to go out.*

b. L'expression **assez ... pour** signifie *enough to*. On emploie **assez** avec un verbe, un adjectif ou un adverbe. On emploie **assez de** avec un nom.

Vous avez **assez travaillé pour** pouvoir vous reposer.	You have *worked enough to* (*be able to*) *rest.*
Roch n'a pas l'esprit **assez clair pour** contrôler sa colère.	Roch does not have a mind *clear enough to* control his anger.
Il ne court pas **assez vite pour** gagner la course.	He's not running *fast enough to win the race.*
Ils ont **assez d'argent pour** faire un voyage en Europe.	They have *enough money to* take a trip to Europe.

Exercice

O. Faites des phrases avec **trop ... pour** et **assez ... pour** et le vocabulaire indiqué.

trop ... pour

1. Jacques est paresseux / il range sa chambre.
2. Les joueurs canadiens ont honte / ils acceptent Roch dans l'équipe.
3. Il fait chaud / rester au soleil.
4. J'ai des devoirs / je sors ce soir.

assez ... pour

5. Je n'ai pas d'appétit / je mange tout le gâteau.
6. Cette jeune fille a du talent / elle joue dans une pièce.
7. Le vicaire est ferme / il impose la punition.
8. La mère de Roch a du cœur / elle comprend la réaction de son fils.

2 Prépositions et adverbes communs

Pour remplacer une préposition et un nom, on peut employer un adverbe qui correspond à la préposition.

Le chat monte **sur** la table.　　　　　　　Il monte **dessus.**
Quand il fait froid, nous préférons être **dans** la　　Nous préférons être **dedans.**
maison. **Hors de** la maison, on gèle (*freeze*).　　**Dehors,** on gèle.

Voici une liste des prépositions communes et des adverbes correspondants.

prépositions		adverbes
sur	on	**dessus**
au-dessus de	above	**au-dessus**
sous	under	**dessous**
au-dessous de	underneath	**au-dessous**
dans	in, inside of	**dedans**
hors de	out of, outside of	**dehors**

Exercice

P. Dans les phrases suivantes mettez la préposition ou l'adverbe qui convient: **sous, dessous, dessus, sur, au-dessus de, au-dessus, hors de, dehors,** etc.

1. Mets tes paquets _____ cette chaise. Mais le chat est couché _____! 2. _____ la table, il y a un tapis. Mets ton sac _____. 3. Les enfants africains sont impatients d'aller _____. Ils peuvent parler leur dialecte _____ l'école. 4. L'enfant est malade; il doit rester _____ sa chambre; il n'aime pas rester _____. 5. Mon appartement est situé _____ une boulangerie: les odeurs montent. _____, il y a une terrasse. 6. La solution des mots croisés est _____ la grille (*grid*). Quand vous cherchez les réponses, ne regardez pas _____.

Synthèse

Online Study Center   Improve Your Grade

 Applications

I. Les bons conseils.   Dites ce que ces personnes disent ou pensent, en combinant la première et la deuxième phrase. Suivez le modèle:

Modèle: La mère de Roch: mon fils a eu tort / il s'est mis en colère
Mon fils a eu tort de se mettre en colère.

1. La mère de Roch:

mon fils avait envie	il participe au match
mon fils a eu honte	il portait un maillot de l'équipe adverse
mon fils regrette	il n'a pas contrôlé sa colère

2. Le vicaire:

demandez à votre fils	il s'excuse
promettez-lui	vous ne le punissez pas
invitez-le	il explique la situation à ses camarades

3. Le directeur de la compagnie Eaton:

je m'excuse	je vous réponds en retard
il faut apprendre	servez-vous d'un bon de commande
je vous promets	j'échange le maillot

II. La meilleure chose à faire.   Que conseillez-vous à ces personnes qui ont des problèmes? Faites des phrases en suivant le modèle.

Modèle: un athlète qui prend des dopants (arrêter / se droguer)
Arrêtez de vous droguer!

1. un monsieur de cinquante ans qui est trop gros (essayer / maigrir)
2. une dame qui a de l'asthme (éviter / fumer)
3. une jeune fille qui va passer un examen (ne pas oublier / prendre des vitamines)
4. quelqu'un qui va prendre l'avion (se dépêcher / aller à l'aéroport)
5. un ami qui ne trouve pas de travail (continuer / chercher)
6. quelqu'un qui se plaint tout le temps (cesser / se plaindre)

A votre tour, avez-vous des conseils à donner à quelqu'un de votre entourage? (à vos parents, à votre prof, à votre meilleur[e] ami[e])

III. Tout seul ou avec l'aide d'un spécialiste?   Certaines personnes savent tout faire; d'autres se font aider par des spécialistes.

Modèle: Daniel révise (*tunes*) sa voiture lui-même; moi / un mécanicien
Moi, je fais réviser ma voiture par un mécanicien.

1. Robert plante des fleurs; vous / un jardinier
2. Marie-Claire nettoie sa maison; Chantal / une femme de ménage

3. Ma mère faisait ses robes; moi / une couturière
4. Vous repeignez votre maison; nous / un peintre
5. Suzie coupe les cheveux de ses enfants; Gabrielle / un coiffeur

Faites-vous faire certaines choses par quelqu'un d'autre? (vos devoirs, vos repas, le ménage dans votre chambre, etc.)

IV. Parents trop tolérants. Certains parents laissent leurs enfants faire ce qu'ils veulent. Refaites les phrases en suivant le modèle.

Modèle: Ils laissent / Leurs enfants sortent tous les soirs.
*Ils **les laissent sortir** tous les soirs.*

Ils laissent ...

1. Leurs enfants mangent dans leur chambre.
2. Ils empruntent leur voiture.
3. Ils amènent leurs copains à toute heure à la maison.
4. Ils mettent du désordre dans toute la maison.
5. Ils font du bruit toute la nuit.
6. Ils vident le réfrigérateur.
7. Ils se servent du téléphone à toute heure.

Que laissez-vous d'autres personnes faire? (votre sœur ou votre frère, un(e) ami(e), votre chien, etc.)

Activités Orales

1. **Débat.** La participation aux sports d'équipe peut développer des qualités morales (intégrité, convivialité, courage, etc.) ou au contraire encourager des traits de caractère négatifs (amour du gain, haine, jalousie, etc.). Divisez la classe en deux groupes. Un groupe présentera les avantages et l'autre les inconvénients du sport d'équipe.

2. **Enquête.** Faites avec deux camarades une enquête sur le sujet suivant et présentez les résultats à la classe: Achetez-vous parfois des articles par correspondance? Quelle qualité dans le service doivent rendre les sociétés de vente par correspondance? Connaissez-vous des sociétés de vente par correspondance? Décrivez leurs produits, leurs services. Quels sont les avantages ou les inconvénients pour le consommateur d'acheter par correspondance?

3. **Jeu de rôle.** Avec un partenaire, inventez et jouez le dialogue entre un client et un vendeur: vous avez commandé un objet par correspondance sur internet. On vous a livré un produit défectueux, ou il y a eu un retard de livraison, ou on a débité une quantité d'argent incorrecte sur votre compte Visa. Vous contactez le service des ventes de la société.

4. **Enquête.** Consultez vos camarades et établissez une garde-robe qui conviendrait pour différentes activités: vêtements pour l'école, les sorties, le sport, les différentes saisons, etc. Vous pouvez trouver des exemples dans les magazines de mode, sur les sites web des grands magasins (rayons vêtements, par exemple). Quels vêtements vous semblent ringards, à la mode, etc.?

Rédactions

1. La mère de Roch fait à une amie le récit du match où Roch n'a pas pu jouer et exprime ses regrets de lui avoir fait porter le chandail de Toronto.

2. La mère de Roch écrit une lettre à M. Eaton pour lui renvoyer le chandail.

3. **Choix de vêtement.**   Racontez, avec humour, un épisode de votre vie où on vous a forcé(e) à porter des vêtements qui ne vous allaient pas, ce qui a créé pour vous un embarras, un sentiment d'injustice ou de rejet de la part d'un groupe social.

4. **Réclamation.**   Lors d'un voyage en France, au Québec ou dans un pays francophone, vous avez acheté un objet de valeur. A la livraison, vous vous rendez compte qu'on vous a envoyé le mauvais article. Ecrivez la lettre de réclamation au magasin en n'oubliant pas de décrire l'objet, de donner la date de l'achat, le mode de paiement et ce que vous désirez que le magasin fasse.

Le futur:

La France occupée

Vocabulaire élémentaire

Noms

carte (*f.*) map
chaleur (*f.*) heat
épaules (*f. pl.*) shoulders
étoile (*f.*) star

frontière (*f.*) border
genou (*m.*) knee
nouilles (*f. pl.*) pasta, noodles
œil (*m.*) eye

Adjectifs

juif, juive Jewish
libre free

racial(e) racial
spontané(e) spontaneous

Verbes

avoir un geste to make a gesture
économiser to save
nier to deny

passer en inspection to inspect
plonger (*here*) to dip
récupérer to recover

Vocabulaire actif

à présent now
au fait by the way
avis (*m.*) notice
avoir du mal à (+ *inf.*) to have a hard time
à voix basse softly
avouer to confess
billes (*f. pl.*) marbles
blouse (*f.*) (*here*) smock, hairdresser coat
boutonnière (*f.*) lapel buttonhole
cartable (*m.*) old-fashioned schoolbag
chuchoter to whisper
cousu(e) (de coudre) sewn
se débrouiller to manage
descentes (*f. pl.*) (*here*) raids
s'en faire to worry

en plein(e) in the middle of
épingler to nick, (*litt.*) to pin
fuir to run away
floraison (*f.*) flowering
hocher la tête to nod
ils ne m'ont pas eu they did not catch me
portemanteau (*m.*) (*here*) coatrack
prendre un ton de voix to speak in a certain way
recensement (*m.*) census
régler ses affaires to settle one's business
se secouer to shake oneself
soucieux (-euse) worried
sous (*m. pl.*) money (*fam.*)
tablier (*m.*) pinafore, apron

Vocabulaire supplémentaire

Online Study Center
General Resources

L'occupation

dénoncer to give away
dénonciateur (-trice) informer
s'évader to escape

exode (*m.*) exodus
fusiller to shoot (execution)
maquis (*m.*) (*litt.*) bush underground

maquisard(e) member of the underground

occupant (*m.*) occupying forces

prendre le maquis to go underground

rafle (*f.*) police roundup

ravitaillement (*m.*) fresh supplies

renseignements (*m. pl.*) information

réseau (*m.*) network

résistance (*f.*) resistance

restrictions (*f. pl.*) rationing

saboter to sabotage

Divers

à mon avis in my opinion

à ton tour your turn

à voix haute aloud

chacun son tour each one in his turn

se faire épingler to be caught

ils m'ont eu I have been had

j'ai été eu I have been had

passer un bon moment to have a good time

Français en couleurs

On dit souvent **un frangin** pour un frère, **une frangine** pour une sœur. **Un beauf,** contraction de beau-frère, c'est un Français d'âge mûr, un petit bourgeois rétro, facho (*reactionary*). **Reprendre, retirer ses billes** veut dire se retirer d'une affaire. On parle d'un **stylo à bille** (*ballpoint pen*), et on dit **une drôle de bille** pour une drôle de tête!

On a vingt, trente **berges** ou **balais** (pour «ans»). Un **coucou** n'est pas seulement une fleur, c'est aussi une sorte d'oiseau, un petit avion pas très solide ou une sorte de pendule de bois (*cuckoo-clock*). L'expression **Coucou!** veut dire *Peekaboo.*

Pendant la Seconde Guerre mondiale, les Allemands étaient **les Boches** (attention, ce terme est devenu très insultant, au même titre que **youpins** pour désigner les juifs), **les collabos** étaient les Français qui collaboraient avec l'ennemi. **La planque** c'est une cachette, et **se planquer** veut dire parfois éviter de prendre part à l'action (*un planqué*).

Quand on se débrouille, on adopte **le système D** (habileté à se sortir des difficultés, quelquefois avec des moyens pas très honnêtes). On fait **du marché noir** pour trouver au prix fort des produits alimentaires rationnés ou rares. Aujourd'hui, travailler **au noir** veut dire travailler sans déclarer ses gains.

● **Lecture** ●

Préparation à la lecture

L'Occupation   Après la défaite de juin 1940, la France est occupée par les Allemands et divisée en deux: une zone occupée et une zone non-occupée (la zone nono ou libre), séparées par la ligne de démarcation. A Paris, les persécutions contre les juifs sont sévères. Un recensement permet de les localiser. Ils doivent porter l'étoile jaune et mettre une affiche sur leur boutique ou entreprise commerciale: «Coiffeur juif, Epicerie juive». Beaucoup d'entre eux essaient de s'échapper vers la zone libre où il y a encore une certaine sécurité. Mais il faut «passer la ligne» et éviter les contrôles.

STO, maquis   Les jeunes Français de vingt ans et plus sont obligés d'aller travailler en Allemagne: c'est le Service du Travail Obligatoire. Beaucoup refusent et prennent «le maquis». Ce mot, qui signifie à l'origine *scrub, bush,* est devenu synonyme de «résistance». Ils forment une armée secrète: les FFI (Forces Françaises de l'Intérieur), qui reçoit de l'aide de l'Angleterre et participera à la Libération. Dans tous les villages français, il y a des monuments à la mémoire des jeunes FFI qui ont été pris et fusillés.

Joseph Joffo (1931–)   est né à Paris. Son père était un émigré russe qui avait échappé aux persécutions du tsar contre les juifs et qui était devenu propriétaire d'un salon de coiffure à Paris. Les événements, pendant la Seconde Guerre mondiale, obligent Joseph à interrompre ses études. Il obtient son certificat d'études après la guerre et travaille comme coiffeur comme son père et ses frères. C'est en 1971, après un accident de ski qui l'oblige à s'immobiliser, qu'il va commencer à écrire ses souvenirs d'enfance, en particulier sa fuite avec son frère Maurice à travers la France occupée pour échapper aux persécutions nazies. Ses mémoires sont publiés sous le titre de *Un sac de billes,* qui paraît en 1973 et qui devient un grand succès littéraire, traduit en dix-huit langues et dont on fait un film. Joseph Joffo a publié de nombreux romans populaires, comme *Anna et son orchestre* (1975), *Baby-foot* (1977), *La vieille dame de Djerba* (1979), *Tendre été* (1981), *Simon et l'enfant* (1985), *Abraham Lévy, curé de campagne* (1988).

Le passage se situe au moment où tous les juifs sont obligés de porter une étoile jaune sur leur veston ou leur manteau et où le père décide d'envoyer ses deux jeunes garçons rejoindre leurs frères à Menton pour les protéger.

L'étoile jaune

Maman est assise sur la chaise derrière la table. Elle a un dé,° du fil° noir et ses mains tremblent. Elle sourit avec les lèvres seulement. [...] Maurice est immobile.[...] Il lisse° sur son revers gauche l'étoile jaune [...]:

thimble / thread

il... he smoothes down

JUIF

5   Maurice me regarde.

    —Pleure pas, tu vas l'°avoir aussi ta médaille. Bien sûr que je vais l'avoir, tout le quartier va l'avoir. Ce matin lorsque les gens sortiront ce sera le printemps en plein hiver, une floraison spontanée: chacun a son gros coucou° étalé à la boutonnière.

= ta médaille (*redondant*)

cowslip (flower)

10   Quand on a ça, il n'y a plus grand-chose à faire: on n'entre plus dans les cinémas, ni dans les trains, peut-être qu'on n'aura plus le droit de jouer aux billes non plus, peut-être aussi qu'on n'aura plus le droit d'aller à l'école. Ça serait pas mal° comme loi raciale, ça.
[*Maurice et Joseph partent peu après pour l'école communale avec leur étoile*
15 *jaune cousue sur leur veston. Leurs camarades les traitent de «youpins» et commencent à se battre avec eux. Après l'école, les deux frères retournent chez eux. Ils ne peuvent pas cacher qu'ils sont blessés.]*

Ça... (*cond. prés. de* **être**) It would be swell

    Papa accroche sa blouse au portemanteau derrière la porte de la cuisine. Nous ne mangeons plus dans la salle à manger pour économiser
20 la chaleur. Avant de s'asseoir à table, il nous passe en inspection. Mon oreille enflée, mon tablier déchiré, le genou de Maurice et son œil qui tourne doucement au violet-mauve.°

shade of purple

    Il plonge sa cuillère dans les nouilles, se secoue et s'extirpe un sourire° qui a du mal à arriver jusqu'à ses lèvres.

s'extirpe... smiles painfully

25   Il mâche, avale avec difficulté et regarde ma mère dont les mains tremblent de chaque côté de l'assiette.

    —Pas d'école cet après-midi, décrète-t-il.
Maurice et moi en° laissons tomber nos cuillères. Je récupère le premier.

because of this news

    —C'est vrai? Mais mon cartable?

30 Papa a un geste négligent.°

dismissive

    —J'irai le reprendre, ne t'en occupe pas. Cet après-midi vous êtes libres, mais rentrez avant la nuit, j'ai quelque chose à vous dire.
[*Plus tard, le père de Joseph parle à ses deux fils.]*

    —Oui, les garçons, vous allez partir, aujourd'hui, c'est votre tour...
35 Vous avez vu que les Allemands sont de plus en plus durs avec nous. Il y a eu le recensement, l'avis sur la boutique, les descentes dans le magasin, aujourd'hui l'étoile jaune, demain nous serons arrêtés. Alors il faut fuir.

    Je sursautai.

    —Mais toi, toi et maman?

40   —Henri et Albert sont en zone libre. Vous partez ce soir. Votre mère et moi réglons quelques affaires et nous partirons à notre tour.

Il eut un rire léger° et se pencha pour poser une main sur chacune de   **eut**... gave a laugh
nos épaules. —Ne vous en faites pas, les Russes ne m'ont pas eu à sept ans,
ce n'est pas les nazis qui m'épingleront à cinquante berges...

45   A présent, dit mon père, vous allez bien vous rappeler ce que je vais
vous dire. Vous partez ce soir, vous prendrez le métro jusqu'à la gare
d'Austerlitz et là vous achèterez un billet pour Dax. Et là il vous faudra
passer la ligne. Bien sûr, vous n'aurez pas de papiers pour passer, il faudra
vous débrouiller. Tout près de Dax, vous irez dans un village qui s'appelle
50   Hagetmau, là il y a des gens qui font passer la ligne. Une fois de l'autre
côté, vous êtes sauvés. Vous êtes en France libre. Vos frères sont à Menton,
je vous montrerai sur la carte tout à l'heure où ça se trouve, c'est tout près
de la frontière italienne. Vous les retrouverez.

La voix de Maurice s'élève.

55   —Mais pour prendre le train?

—N'aie pas peur. Je vais vous donner des sous, vous ferez attention de
ne pas les perdre ni de vous faire voler. Vous aurez chacun cinq mille francs.

Cinq mille francs! Quelle fortune!

Papa n'a pas fini, au ton qu'il prend je sais que c'est le plus important
60   qui va venir.

—Enfin, dit-il, il faut que vous sachiez° une chose. Vous êtes juifs, mais   (*subj. prés. de* **savoir**)
ne l'avouez jamais. Vous entendez: JAMAIS... A votre meilleur ami, vous   you must know
ne le direz pas, vous ne le chuchoterez même pas à voix basse, vous nierez
toujours. Vous m'entendez bien: toujours... ●

Compréhension du texte

Mots et structures

A. Identifiez les personnages du texte.
B. Trouvez cinq détails qui décrivent la vie difficile de la famille Joffo sous l'Occupation.

Questions sur la lecture

1. A quelle époque se passe cette histoire et dans quel endroit?
2. Qui sont les membres de cette famille et quelle est leur occupation?
3. Que coud la mère sur le veston des enfants? Pourquoi?
4. Quels détails montrent l'émotion de la mère?
5. Comment les camarades de Joseph et Maurice ont-ils insulté les enfants?
6. De quelles manières les Allemands persécutaient-ils les juifs?
7. Qui sont Henri et Albert? Où sont-ils?
8. Que décident les parents? Quel itinéraire les enfants devront-ils suivre?
9. Quelle somme d'argent recevront-ils de leur père?
10. Qu'est-ce que leur père leur demande de toujours nier? Pourquoi?
11. Pourquoi les parents ne vont-ils pas avec les enfants? Quand partiront-ils?

Opinions

1. Joseph pleure parce qu'il n'a pas encore «sa médaille». Quels autres détails montrent que Joseph est un très jeune enfant et qu'il ne comprend pas la gravité de la situation?
2. Quelle attitude a le père pour cacher son émotion, ne pas faire peur aux enfants? Que pensez-vous de sa décision devant les dangers qui menacent sa famille?
3. Trouvez dans le texte et commentez des détails amusants qui aident à alléger (*to lighten*) ces événements tragiques.

Grammaire: *Le futur simple*

Online Study Center General Resources

● Formes

❶ La majorité des futurs ont une formation régulière. On prend l'infinitif du verbe et on ajoute les terminaisons **-ai, -as, -a, -ons, -ez, -ont** qui sont identiques au verbe **avoir** (excepté **avons** et **avez**).

finir	**-ai**	je **finirai**
dormir	**-as**	tu **dormiras**
chanter	**-a**	il **chantera**
choisir	**-ons**	nous **choisirons**
sortir	**-ez**	vous **sortirez**
commencer	**-ont**	ils **commenceront**

❷ Pour les verbes en **-dre** et **-re,** le **-e** de l'infinitif tombe.

prendre	je **prendrai**
suivre	tu **suivras**

(**Remarques:**)

- Il y a toujours le son /ʀ/ au futur: /ʀe/, /ʀa/, /ʀɔ̃/.
- Les verbes en **-ir** (2ème groupe et certains verbes irréguliers) ne posent pas de problèmes de prononciation.
- Les verbes en **-er** (1er groupe) présentent des problèmes de prononciation. Par exemple: **don / ne / rai.** On écrit *trois* syllabes; on prononce *deux* syllabes /don-ʀe/; mais on écrit et on prononce trois syllabes dans les verbes comme **parlerai** et **montrerai.**[1]

---

[1] Ce problème de prononciation est expliqué dans le *Cahier,* au chapitre 14, et est accompagné d'exercices.

❸ Certains verbes ont des changements orthographiques au futur.

employer → j'**emploierai**	appeler → j'**appellerai**
acheter → j'**achèterai**	jeter → je **jetterai**

Remarques:

- **Payer** a deux formes: **paierai** ou **payerai**.
- **Envoyer** est irrégulier: **enverrai**.
- **Préférer:** l'accent ne change pas: je **préférerai**.

❹ avoir / être

avoir		être	
j'**aurai**	nous **aurons**	je **serai**	nous **serons**
tu **auras**	vous **aurez**	tu **seras**	vous **serez**
il, elle **aura**	ils, elles **auront**	il, elle **sera**	ils, elles **seront**

❺ Plusieurs verbes irréguliers ont un futur irrégulier.

aller	j'**irai**		
courir	je **courrai** /RR/	tenir	je **tiendrai**
mourir	je **mourrai** /RR/	venir	je **viendrai**
apercevoir	j'**apercevrai**	vouloir	je **voudrai**
recevoir	je **recevrai**	voir	je **verrai** /R/
devoir	je **devrai**	savoir	je **saurai**
pouvoir	je **pourrai** /R/		
s'asseoir	je **m'assiérai** *ou*		
	je **m'assoirai**		
faire	je **ferai**		
il faut	il **faudra**	ça vaut	ça **vaudra**
il pleut	il **pleuvra**		

Remarque: Le double **r** est parfois prononcé /R/, parfois /RR/.

Exercices

A. Ecrivez les phrases suivantes en mettant les verbes au futur simple.

1. D'abord, Véronique et Jérôme (finir leurs études, ensuite se fiancer, et se marier).
2. Après notre mariage, nous (aller à la banque, demander un prêt, acheter un terrain, faire construire une maison).

3. Demain, Joseph (porter une étoile jaune, avoir le droit d'entrer au cinéma, pouvoir jouer aux billes avec ses copains)?

4. Le père dit à ses garçons: «Vous (partir ce soir, prendre le métro, aller à la gare d'Austerlitz, prendre le train pour Dax).»

5. Avant de pouvoir conduire, tu (étudier le code de la route, passer ton permis et, après, conduire ma voiture).

6. Gabrielle a reçu beaucoup de cadeaux pour son diplôme: elle (écrire des lettres de remerciements, mettre des timbres sur les enveloppes, poster ses lettres).

B. Continuez les phrases suivantes en répétant les verbes au futur simple.

1. Aujourd'hui, il fait beau, il ne pleut pas, j'ai envie de sortir. Mais demain aussi, ...

2. En ce moment, vous êtes sûr de vous, vous savez votre leçon, vous pouvez répondre aux questions. Mais le jour de l'examen, est-ce que...?

3. En général, des enfants ne se rendent pas seuls à la gare, ils ne s'embarquent pas dans le train tous seuls, ils ne doivent pas se débrouiller. Mais dans l'histoire, les deux garçons...

4. Le père de Joseph et de Maurice dit à ses fils: «Dans toutes les circonstances, vous devez oublier votre race, vous ne l'avouez à personne, vous ne le dites même pas à votre meilleur ami. Même si les policiers vous interrogent...»

5. Tu es déprimé. Il faut te distraire. D'habitude, tu loues une vidéo, tu t'assieds dans un bon fauteuil, tu vois un bon film. Ce soir aussi,...

● Emplois

❶ On emploie le futur pour indiquer qu'une action va arriver (*is going to happen*).

> Un jour, tu **verras,** on **se rencontrera...**

(**Remarque:**) On emploie fréquemment **aller** + infinitif pour exprimer une action future proche (*in the immediate future*).

> Je **vais suivre** un cours pour apprendre à réparer ma voiture.

❷ Expressions adverbiales utiles pour le futur.

après	after, afterwards
bientôt	soon
dans une semaine, huit jours, un mois, un an	in a week, a month, a year
demain	tomorrow
ensuite	next, then
la semaine, le mois, l'année prochain(e)	next week, month, year
plus tard	later
tout à l'heure	later
un jour	someday

❸ On emploie le futur en français après les conjonctions de temps si le verbe principal est au futur ou à l'impératif (avec une idée d'action future). Voici quelques conjonctions de temps:

quand ⎫	when	**aussitôt que** ⎫	as soon as
lorsque ⎭		**dès que** ⎭	
tant que	as long as, since	**aussi longtemps que**	as long as

> **Dès qu'**il **arrivera,** nous nous **mettrons** à table.   *As soon as he arrives, we shall sit down to dinner.*
>
> **Quand** vous **aurez** le temps, **téléphonez**-moi.   *When you have time, give me a call.*

(**Attention:**)   En anglais, on emploie le présent dans le groupe subordonné.

❹ On emploie le futur après **si,** dans le sens de *whether,* quand on exprime une idée future (voir page 446)

> Je me demande **si** elles **s'amuseront** à ce match.
>
> Savez-vous **si** vous **prendrez** des vacances d'hiver?

❺ On emploie le *présent,* pas le futur, après **si** exprimant une condition.

> **S'il fait** beau, nous irons à la plage.

❻ Traduction de *will*

a. Avant de traduire *will,* il faut déterminer si c'est l'auxiliaire du futur ou une conjugaison du verbe **vouloir.**

> *Will you stay long in Paris?*   **Resterez-vous** longtemps à Paris? (*un futur*)
>
> *Will you please stay here?*   **Voulez-vous** rester ici, s'il vous plaît? (*une prière, une requête*)
>
> *Yes, I will.*   Oui, **je veux** bien.
>
> *No, I won't.*   Non, **je ne veux pas.**

b. Quand *will* indique en anglais une action habituelle, il se traduit en français par un présent.

> *This man **will** often **go** several days without eating.*   Cet homme **reste** souvent plusieurs jours sans manger.

Exercices ● ○

C. Répétez les phrases suivantes en mettant le verbe principal au futur. Attention au temps qui suit la conjonction!

1. Quand tu veux me voir, tu viens.   2. Si tu vas à Menton, tu retrouves tes grands frères.   3. S'il ne se soigne pas, il meurt.   4. Quand ils entendent la cloche, ils courent.   5. Il ne faut pas avouer quand on vous interroge.   6. Vous rencontrez mon frère ce soir?   7. Aussitôt qu'il se réveille, il prend son petit déjeuner.   8. Je me

demande s'ils bâtissent une nouvelle maison.   9. Dès que la sonnerie retentit, nous entrons en classe.   10. Tant qu'il y a des restrictions de chauffage, nous mangeons dans la cuisine.

D. Traduisez les phrases suivantes.

1. When Joseph and Maurice meet their brothers in Menton, they will be happy.
2. If there is no wind, how will we be able to windsurf?
3. Will you please lend me your Céline Dion record?—Yes, I will.
4. Will Charles and his girlfriend get married?
5. Joseph's father will often talk about his childhood in Russia.
6. I wonder if we will be lucky in **(à)** the lottery.
7. Mother, will you please buy me this sweatshirt?—O.K., I shall.

Grammaire: *Le futur antérieur*  **Online Study Center** General Resources

Formes

1 Le futur antérieur est le temps composé du futur. On prend l'auxiliaire **avoir** ou **être** au futur et on ajoute le participe passé.

verbes avec *avoir*	verbes avec *être*	
j'**aurai donné**	je **serai arrivé(e)**	je me **serai lavé(e)**
tu **auras pris**	tu **seras parti(e)**	tu te **seras réveillé(e)**
il, elle **aura vu**	il, elle **sera venu(e)**	il, elle se **sera dépêché(e)**
nous **aurons connu**	nous **serons allés(ées)**	nous nous **serons rencontrés(ées)**
vous **aurez choisi**	vous **serez descendu(e)(s)**	vous vous **serez vu(e)(s)**
ils, elles **auront parlé**	ils, elles **seront montés(ées)**	ils, elles se **seront aimés(ées)**

Elle **aura oublié.**   *She will have forgotten.*

2 On forme le futur antérieur interrogatif et le futur antérieur négatif comme les autres temps composés.

Auront-ils oublié leurs papiers?   Non, ils **n'auront pas fait** une chose aussi stupide.

❸ On accorde le participe passé dans les mêmes conditions que le participe passé du passé composé (voir page 50).

> Mettez au frigidaire les fruits **que** vous n'aurez pas mang**és**.
>
> Toute la famille se sera retrouv**ée**.
>
> Les parents et leurs enfants **se** seront téléphon**é**.

Exercices

E. Conjuguez les verbes entre parenthèses au futur antérieur pour exprimer ce qu'on aura accompli en l'an 2015.

1. Beaucoup de personnes (faire) un voyage interplanétaire.
2. On (découvrir) d'autres planètes.
3. On (pouvoir) voyager facilement sur la lune.
4. Il (être) possible de communiquer avec d'autres galaxies.
5. Des extra-terrestres (atterrir) sur la Terre.

F. La maman de Joseph rêve. Dites, au futur antérieur, ce qui aura changé en 1944.
«Nous sommes en 1942. En 1944, j'espère que la guerre (prendre fin), que les restrictions (disparaître), que mon mari (ne pas être obligé) d'aller dans un camp de concentration, qu'Henri et Albert (ne pas rejoindre le maquis), que les Allemands (rentrer) chez eux, que nous (se retrouver) à Menton et que la vie (reprendre) son cours normal.»

Emplois

❶ Employé seul, le futur antérieur exprime l'idée qu'une action sera terminée dans le futur.

J'aurai fini mes exercices à quatre heures.	*I shall have finished my exercises at four o'clock.*

❷ Le futur antérieur souligne la probabilité d'une action passée.

Jean-Paul n'est pas encore arrivé?	*Jean-Paul has not yet arrived?*
Il **aura manqué** son train.	*He must have missed his train.*
(Il **a probablement manqué** son train.)	*(He probably missed his train.)*

❸ On trouve le futur antérieur avec le sens d'une action terminée, après **si** dans le sens de *whether* (mais jamais après **si** exprimant une condition).

Si (*whether*)

Je me demande **si** j'**aurai** fini à cinq heures.

Si (*if*)

Si j'**ai fini** à cinq heures, j'irai au cinéma.

4 L'emploi le plus fréquent du futur antérieur est après les conjonctions **quand, après que, lorsque, aussitôt que, dès que** pour indiquer qu'une action future sera terminée avant une autre action future. Le verbe principal est au futur simple.

Quand j'**aurai terminé** mon travail, je **sortirai.**	*When **I finish** (**have finished**) my work, I **shall go** out.*
Une fois que vous **aurez compris** cette difficulté, nous **continuerons.**	*Once you **have understood** this difficulty, we **shall continue.***

> **Tableau-résumé**
> *Constructions avec* **quand, après que, aussitôt que, dès que**
>
> | | |
> |---|---|
> | **Quand** + *passé composé* | *présent* |
> | **Quand j'ai gagné** de l'argent, | je le **mets** à la banque. |
> | **Quand** + *plus-que-parfait* | *imparfait* |
> | **Quand j'avais gagné** de l'argent, | je le **mettais** à la banque. |
> | **Quand** + *futur antérieur* | *futur* |
> | **Quand j'aurai gagné** de l'argent, | je le **mettrai** à la banque. |

(**Remarque:**) L'auxiliaire du verbe avec **quand** est conjugué au même temps que le verbe principal.

Exercices

G. Mettez les verbes entre parenthèses au futur antérieur et indiquez le sens de votre phrase: action terminée dans le futur ou probabilité.

1. L'oiseau s'est envolé: quelqu'un (oublier) de fermer sa cage.
2. Dans dix ans, nous ne serons plus des adolescents: nous (grandir); nous (devenir) des grandes personnes; nous (se marier) peut-être.
3. Vous n'avez pas reçu la lettre de votre mère? Elle (oublier) de la mettre à la poste.
4. Dans dix ans, l'Irlande (trouver) la paix; les groupes qui se battent (se réconcilier).
5. Je ne trouve plus mes clés: est-ce que je les (laisser) au supermarché?
6. Dépêchez-vous! Vous rêvez! Vous (ne pas finir) votre examen à l'heure.

H. Construisez des phrases en suivant le modèle.

Modèle: Lorsque vous / prendre des vacances / vous / se sentir reposé.
*Lorsque vous **aurez pris** des vacances, vous vous sentirez reposé.*

1. Quand l'enfant / avoir sa médaille / il / ne plus pleurer.
2. Dès que Maman / trouver du fil noir / elle / coudre mon étoile jaune sur mon veston.

3. Quand le père / voir les genoux écorchés de ses fils / il / ne plus vouloir les envoyer à l'école.
4. Une fois que nous / manger dans la cuisine / nous / aller jouer aux billes dehors.
5. Quand Papa / nous montrer où se trouve Menton / nous / savoir bien trouver cette ville.
6. Une fois que les deux enfants / prendre le train pour Dax / les parents / être plus tranquilles.
7. Après que Joseph et Maurice / passer la ligne de démarcation / ils / pouvoir respirer.
8. Aussitôt que les parents / s'occuper de leurs affaires / ils / partir eux aussi.

I. Construisez deux phrases avec le vocabulaire indiqué en suivant le modèle.

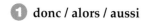

> **Modèle:** (tu) m'obéir / je / être satisfait (si / quand)
> *Si tu m'**obéis**, je serai satisfait.*
> *Quand tu m'**auras obéi**, je serai satisfait.*

1. (tu) réussir à cet examen / tu / pouvoir se reposer (si / aussitôt que)
2. (elle) recevoir ma lettre / elle / envoyer une réponse rapide (si / dès que)
3. (vous) écouter mes instructions / vous / ne pas les oublier (si / une fois que)
4. (les étudiants) répéter cette leçon vingt fois / ils / la savoir peut-être (si / après que)

Suppléments de grammaire

1 donc / alors / aussi

Ces trois mots expriment la même idée de conséquence (*so, therefore*).

a. On place **donc** après le verbe ou l'auxiliaire.

> Les persécutions deviennent plus dures, il n'y a **donc** pas d'autre solution que d'envoyer les enfants en zone libre.

(**Remarque:**) Dans la formule «Je pense, donc je suis», **donc** est placé devant le groupe verbal et il a une valeur de déduction mathématique.

b. Alors donne une idée de temps à la conséquence (*so, then*). On place **alors** au commencement de la phrase. C'est la formule la plus couramment employée.

> Ces deux jeunes gens ont envie de partir à l'aventure; **alors** ils vont bâtir un voilier.

c. Après **aussi** (*thus, consequently*), placé au début de la phrase, le sujet est inversé; c'est une formule de la langue écrite.

> Les lois raciales sont très strictes; **aussi la mère a-t-elle cousu** une étoile jaune sur les revers des manteaux de toute la famille.

d. **Aussi** dans le sens de *also* n'est jamais placé en première position; il est placé après le nom sujet, après le pronom disjoint ou après le verbe ou l'auxiliaire. Le sujet n'est pas inversé.

> Tu fais tes devoirs sur un ordinateur? Mon frère **aussi** en a un.

> Tu es fatigué? Moi **aussi.**

> Ils ont visité l'Europe; ils ont **aussi** voyagé en Afrique.

On peut employer **et aussi** au début d'un groupe.

> Ils ont visité l'Europe **et aussi** l'Afrique.

Exercice

J. Dans les phrases suivantes, placez **donc, alors** ou **aussi.**

1. Tout le monde a un coucou à la boutonnière, _____ c'est comme le printemps en plein hiver.
2. Les Allemands faisaient des descentes dans les quartiers juifs, _____ les habitants vivaient-ils toujours dans la terreur.
3. Papa nous donne cinq mille francs chacun, _____ nous nous sentons richissimes.
4. Il nous dit: «Cinq mille francs, c'est une somme énorme, _____ faudra-t-il faire attention à ne pas les perdre.»
5. Les Russes ne m'ont pas eu à sept ans, _____ ce n'est pas les nazis qui vont m'épingler à cinquante.
6. Les Allemands avaient passé une loi raciale, _____ les juifs étaient obligés de porter une étoile jaune.

❷ en / dans + les expressions de temps

a. **En** exprime le temps, la durée qu'il faut ou qu'il a fallu pour accomplir une action.

> Il a écrit sa rédaction **en** dix minutes.   *He wrote his essay **in** ten minutes.*

b. **Dans** exprime le début d'une action future.

> Ils partiront **dans** dix minutes.   *They will leave ten minutes **from now.***

Exercice

K. Mettez **en** ou **dans** dans les phrases suivantes.

1. Le docteur a dit à son malade de revenir le voir _____ deux semaines.
2. _____ deux semaines, j'ai pris six kilos.   3. Ils visiteront toute l'Europe ___ quinze jours?   4. _____ quatre jours nous partirons pour la Côte d'Azur.   5. Elle a appris tout le poème _____ cinq minutes.   6. La cloche va sonner _____ cinq minutes.

❸ Les citations (*Quotations*)

Si on rapporte un dialogue direct, la phrase qui présente la citation peut avoir deux formes.

a. Si la phrase précède la citation, l'ordre des mots est normal: sujet + verbe.

Roch demande: «Qui a vu mes patins?»

b. Si la phrase suit la citation ou est insérée dans la citation, l'ordre des mots est: verbe + sujet.

«Qui a vu mes patins?» **demande Roch.**

«J'aimerais bien savoir, **dit-il,** où sont mes patins.»

E x e r c i c e

L. Refaites les phrases suivantes en commençant par la citation.

1. Le père dit à ses deux fils: «Vous allez partir ce soir.»   2. Les deux enfants demandent: «Où irons-nous?»   3. Ils ajoutent: «Maman et toi, vous viendrez nous rejoindre?»   4. Le père répond: «Bien sûr, dès que nous aurons réglé nos affaires.» 5. Il pense: «Hélas, est-ce que je reverrai mes enfants?»

❹ Bien sûr que... Peut-être que...

Dans la conversation courante, on emploie souvent la tournure suivante:

un adverbe + **que** ou **qu'**

pour exprimer une affirmation, une certitude ou simplement une opinion:

Bien sûr que je vais l'avoir, mon étoile.   **Heureusement qu'**ils ont quitté Paris.

Voici quelques locutions courantes:

Bien sûr que	Of course	**Heureusement que**	Fortunately
Peut-être que	Maybe	**Sans doute que**	Undoubtedly
Sûrement que	Surely	**Voilà que**	And then suddenly
Même que	And to prove it...	**Dommage que** (+ subjonctif)	Too bad

E x e r c i c e

M. Dans les phrases suivantes, placez la locution de la liste ci-dessus qui convient.

1. Les deux enfants juifs se sont battus à l'école. _____ l'un a l'œil enflé et l'autre le genou déchiré.

2. Ils pensaient qu'ils avaient passé la frontière sans ennuis, mais _____ on leur a demandé leurs papiers.
3. La maman se fait du souci et imagine mille dangers: _____ mes deux garçons vont se perdre.
4. Ils ont dû donner beaucoup d'argent à l'homme qui leur a fait passer la ligne. _____ leur père leur avait donné cinq mille francs chacun.
5. Les parents sont dans une grande incertitude: _____ ils ne reverront jamais leurs enfants.

Synthèse

Online Study Center **Improve Your Grade**

Applications

I. A chacun son tour. Dans cette famille, chacun fait les corvées ménagères à son tour. Dites ce que chaque personne fera.

1. Jean-Paul dit: Cette semaine, c'est moi qui vide les poubelles, lave la voiture, donne à manger au chat, nettoie la cage du canari, passe l'aspirateur, mets le linge dans la machine à laver. La semaine prochaine c'est Monique qui videra...
2. Depuis des années, c'est ma mère qui fait les courses, prépare les repas, tond la pelouse (*mows the lawn*), paie les factures (*bills*), répare ce qui est cassé. A partir d'aujourd'hui, c'est toi qui...

II. Explications d'un retard. Henri et Albert sont à Menton où ils attendent l'arrivée de leurs jeunes frères. Mais entre la zone occupée et la zone libre, les communications ne sont pas bonnes. Ils font des suppositions (au futur antérieur) pour expliquer le retard des deux enfants.

1. Papa a changé d'avis et les a gardés avec lui à Paris.
2. Ils se sont trompés de train.
3. On leur a volé leur argent.
4. Les Allemands les ont arrêtés.
5. Un bombardement a détruit le train.
6. Ils n'ont trouvé personne pour leur faire passer la ligne.

A votre tour, trouvez deux raisons possibles pour le retard des deux enfants.

III. L'avenir de nos enfants. Des parents pessimistes se désolent du mariage de leurs enfants. Faites des phrases avec six verbes au futur, par exemple: **ne pas avoir assez d'argent, le mariage ne pas durer, rencontrer des difficultés, ne pas savoir,** etc.

Des parents optimistes se réjouissent du mariage de leurs enfants. Faites six phrases au futur avec des verbes comme **être heureux, avoir des petits enfants, construire une maison,** etc.

IV. Promesses électorales. Imaginez les promesses que fait un candidat aux élections pour gagner des votes.

Modèle: *Si je suis élu, je donnerai de l'argent aux écoles. Quand je serai maire, etc...*

Suggestions:

la ville devenir plus propre
ouvrir des crèches (*daycare centers*)
construire une maison de retraite
bâtir une piste pour «la glisse»
agrandir la bibliothèque
faire pousser des fleurs dans les squares

créer des abris (*shelters*) pour les sans-abri (*homeless*)
réduire les impôts
améliorer la circulation
(vous) voir une amélioration énorme de la qualité de vie

A votre tour, imaginez des changements pour une amélioration du niveau de vie de votre ville.

Activités Orales

1. **Sondage** Pour le jour de l'An, il est coutume de faire des résolutions pour changer certaines mauvaises habitudes. Quelles résolutions faites-vous, et quelles résolutions font vos camarades? Posez des questions à cinq ou six camarades et faites une liste des choses que vous et vos amis veulent changer dans différents domaines: le travail à l'école, les distractions, la lecture, les rapports avec votre famille, le sport, la façon de manger, la résistance à certaines tentations. Présentez votre rapport à la classe.

2. **Jeu de rôle.** Un(e) camarade joue le rôle d'un personnage célèbre de l'histoire du monde qui, encore jeune, désire connaître son avenir. Vous jouez le rôle d'une cartomancienne (*fortuneteller*). La cartomancienne peut se tromper.

Modèle: Marie-Antoinette, à dix ans: Est-ce que je me marierai un jour?
    La cartomancienne: Oui, vous vous marierez avec un roi; vous serez reine.
    Marie-Antoinette: Est-ce que je serai une reine populaire? etc.

3. **Discussion** Discutez par groupe de deux d'événements inattendus (*unexpected*), heureux ou malheureux, qui bouleverseront la vie quotidienne d'un enfant, d'une personne ou d'une famille. Expliquez les événements et leurs conséquences positives ou négatives dans la vie des individus.

Rédactions

1. Un des grands frères écrit à ses parents pour leur dire ce qu'il fera des enfants (bien s'occuper d'eux, les envoyer à l'école, etc.)
2. Le père répond à son fils pour lui dire ce que sa femme et lui feront pour rejoindre leurs enfants.
3. **Suite et fin.** Que feront les deux frères quand ils prendront le train? Comment passeront-ils la ligne? Comment retrouveront-ils leurs frères aînés? Que feront et penseront les parents après leur départ?
4. **Visions d'avenir.** Comment voyez-vous votre vie dans dix ans? dans vingt ans? Quels objectifs aurez-vous atteints? Quels progrès aurez-vous faits? Comment sera votre entourage, la société dans laquelle vous vivrez? Avez-vous une vue optimiste ou pessimiste de votre avenir?

Le conditionnel:

L'hôtellerie de tourisme

Vocabulaire élémentaire

Noms

bâtiment (*m.*) building
cabane (*f.*) shed
cyclone (*m.*) hurricane
fauteuil (*m.*) **roulant** wheelchair
investissement (*m.*) investment

lagon (*m.*) lagoon
pelouse (*f.*) lawn
réanimation (*f.*) resuscitation, intensive care
tournoi (*m.*) tournament

Adjectifs

approprié(e) suitable
diététique dietetic

diligent(e) speedy
distingué(e) refined

Verbes

se contenter de to content oneself with
déprimer to depress, to have a depression

se développer to grow
nécessiter to require
supporter to bear

Vocabulaire actif

accès (*m.*) **en pente** ramp
à fond de verre with a glass bottom
alentour all around
amarrer to moor
à moins de unless
au point où considering the situation where
avenant(e) attractive
céder to part with
colonie (*f.*) **de vacances** summer camp
confort (*m.*) **moderne** modern conveniences
creuser to dig
dépendances (*f. pl.*) outbuildings
encadré(e) surrounded
être d'une rentabilité to yield a profit
justement precisely, in fact
kinésithérapeute (*m.* ou *f.*), **kinési, kiné** physical therapist

kiosque (*m.*) pavillon
mettre des sous de côté to save money
monter (*here*) to set up
nid (*m.*) nest
pivoine (*f.*) peony
plein air (*m.*) outdoor
profond(e) deep
rendre (+ *nom* + *adj.*) to make (*something, someone* + *adj.*)
rentrer dans son argent to get one's investment back
scier to saw
sonner bien to have a nice sound
tel qu'il est as it is
terrain (*m.*) (*here*) plot
valide able-bodied

● **Vocabulaire supplémentaire** 〰️ *Online Study Center*
General Resources

Types de logements *(lodgings) de vacances*

auberge (*f.*) **de jeunesse** youth hostel
B&B (*m.*) bed and breakfast
cabanon (*m.*) cottage, cabin
camping (*m.*) **à la ferme** camping at a farm
caravane (*f.*) trailer
châlet (*m.*) mountain cabin
chambre (*f.*) **d'hôte** bed and breakfast

château (*m.*) castle
gîte (*m.*) **rural** self-catering cottage
logis (*m.*) **de France** elegant hotel
péniche (*f.*) barge
pension (*f.*) **de famille** boardinghouse
roulotte (*f.*) trailer (where gypsies live)
village (*m.*) **de vacances** (Club Méditerranée type) village

Jardins

allée (*f.*) path
arbre (*m.*) **fruitier** fruit tree
arroser to water
biner to hoe
binette (*f.*) hoe
cabane (*f.*) **à outils** toolshed
décorateur (-trice) decorator
désherber to weed
faire pousser to grow
jardin (*m.*) **potager** vegetable garden

massif (*m.*) clump of shrubbery
paysagiste (*m.* ou *f.*) landscaper
pelle (*f.*) shovel
plate-bande (*f.*) flower bed
râteau (*m.*) rake
tondeuse (*f.*) **à gazon** lawn mower
tonnelle (*f.*) gazebo, arbor
tuyau (*m.*) **d'arrosage** garden hose
verger (*m.*) orchard

Construire une maison

entrepreneur (*m.*) contractor
placement (*m.*) investment
promoteur (*m.*) developer

retaper (une maison) to fix up
terrain (*m.*) **vague** vacant lot

Mots pièges

faire vivre to support (financially)
je ne supporte pas le lait, la chaleur I can't stand heat, milk
soutenir to support (as a beam supports a roof)

Français en couleurs

—Dis-donc Jules, on en a fait de l'exercice, ce matin!

Un mot courant pour une maison, c'est **une baraque.** **Bouffer la baraque** signifie manger tout ce qu'on a; **casser la baraque,** c'est avoir du succès, pour un spectacle. **Une cage à lapins** est une petite maison, pas très élégante.

On dit **un appart** plutôt qu'un appartement. **Une piaule** est une chambre d'étudiant. On se demande: **Où tu crèches?** pour «Où tu habites?» Au Canada, une maison sale est **une bécosse** (de *backhouse*). On dort dans **un pieu, un plumard** (un lit, à l'origine fait de plumes), au Canada, dans **un pleuma.**

Un S.D.F. est une personne sans domicile fixe. **Un clodo** est un clochard (*hobo, homeless person*), **un bome** au Canada (de *bum*). **Il (elle) déraille, il (elle) perd la boule** signifient qu'une personne n'est plus logique, n'est plus capable de penser correctement.

● Lecture 1 ●

Préparation à la première lecture

L'île Maurice *(Mauritius)*   Située dans l'océan Indien, à l'ouest de Madagascar, cette île a été reconnue par les Portugais au début du seizième siècle. Elle fut d'abord, et pour peu de temps, néerlandaise, puis française de 1715 à 1814 (elle s'appelle alors «Isle de France»), puis elle devint britannique jusqu'à son indépendance en 1968. Mais l'influence française y est demeurée très forte. Si l'anglais est encore la langue officielle, le français est la langue pratiquée dans les échanges quotidiens par les différentes ethnies (Indiens, Chinois, métis) de la population. Beaucoup de familles sont les descendants des pionniers (bretons, en majorité) envoyés par Louis XV au dix-huitième siècle pour fonder dans cette île, alors déserte, une escale technique et maritime sur la route des Indes.

Le dodo   Cet oiseau maintenant disparu, sorte de gros dindon° fut décimé au seizième siècle par les Hollandais et est devenu l'animal emblématique de l'île. Le bal du dodo, un événement très sélectif, se tient encore tous les 31 décembre et rassemble la jeunesse blanche de l'île, dont les parents appartiennent au «Dodo's club», très fermé.

°turkey

Le troisième âge   Autrefois, on appelait les personnes âgées «les vieux». On fait maintenant une distinction entre «le troisième âge», une partie de la population, formée de retraités, en bonne santé, qui voyagent, font du sport, et participent à des activités variées (de 55 ans à 80 ans) et le «quatrième âge», ceux qui sont dans des maisons de retraite, souvent malades et moins actifs.

L'âge de la retraite étant fixé entre 55 et 60 ans, plusieurs industries comme le tourisme, les organisations de sport, les clubs ludiques° s'intéressent au troisième âge, un groupe dont le nombre grandit de plus en plus.

°où l'ou joue

Geneviève Dormann (1933-)   est née à Paris. Elle commence à publier dès 1957. Devenue journaliste pour gagner sa vie, elle est l'auteur de dix romans, dont plusieurs ont reçu des prix littéraires. Elle a aussi écrit trois biographies (sur Colette, sur Sophie Trébuchet, la mère de Victor Hugo et sur le poète Guillaume Apollinaire). Elle décrit des passions, des mœurs et des aventures singulières. Ses héroïnes sont des «battantes»,° tendres, aimantes, passionnées, pas toujours heureuses dans leurs choix. La langue de G. Dormann contient beaucoup d'images; elle est attentive, dit-elle, à ne pas ennuyer ses lecteurs et mélange le rire au sérieux.

°go-getters

Dans *Le bal du dodo*, prix du roman de l'Académie française en 1989, elle raconte les aventures contemporaines d'une jeune fille, «Bénie» (diminutif de Bénédicte), qui appartient à une grande famille d'origine bretonne.

Dans le passage suivant, Bénie vient d'hériter de sa grand-mère, Françoise de Carnoët, une vieille maison, l'Hermione. Sa tante Thérèse, irritée et jalouse de cet héritage, aurait voulu habiter la maison et essaie de conseiller sa nièce sur ce qu'elle devrait faire de la propriété.

Si j'étais à ta place...

Si j'étais à ta place, ma petite Bénie, voilà ce que je ferais: ou bien je vendrais la maison au gouvernement pour un bon prix avec ses dépendances; le bâtiment, même tel qu'il est, peut abriter une colonie de vacances, ou même, on pourrait y faire un hôpital, et je demanderais gentiment à l'oncle Loïc de me céder un terrain de l'autre côté de la route pour m'y faire construire une belle, belle maison toute neuve, sous dalle,° qui résisterait aux cyclones, avec tout le confort moderne, four à micro-ondes dans la cuisine, grande réserve d'eau et générateur électrique. Ou alors, je transformerais l'Hermione en hôtel de luxe, puisque le tourisme se développe rapidement. Cela nécessiterait des travaux, bien sûr, mais on pourrait t'aider. Un certain investissement même, car il faudrait faire creuser le lagon, trop peu profond pour y plonger ou amarrer des bateaux. A moins, bien sûr, de se contenter d'une belle piscine, qu'on pourrait creuser au bas de la pelouse, devant les filaos.° On pourrait installer un *boat-house* dans la vieille poudrerie et un bar de plein air dans le kiosque des amoureux. Le terrain devant la mer serait parfait pour les barbecues; il y a tout le bois nécessaire alentour. Tu vois ce que je veux dire, un genre de club Méditerranée en plus petit, en plus distingué, avec un ponton pour la pêche au gros, des planches à voile, des pédalos, bref, un club-hôtel de loisirs. Le *Club de l'Hermione,* ça sonne bien, non? Je suis sûre qu'il serait très vite d'une rentabilité certaine. Tu rentrerais dans ton argent. Qu'est-ce que tu en penses?

—Ce que j'en pense, dit Bénie. C'est que, justement, ma tante, vous n'êtes pas à ma place.

[*Plus tard, l'oncle Loïc s'est intéressé au projet de faire de «l'Hermione» un hôtel de luxe. Il pensait que beaucoup de touristes du troisième âge rempliraient les hôtels de l'île Maurice.*]

Et il décrivait alors une île Maurice envahie de vieillards plus ou moins valides, encadrés de services médicaux appropriés. Sur les plages, les planches à voile et les skis nautiques seraient remplacés par des pédalos et des bateaux [...] à fond de verre et toit isolant. On prévoyait des orchestres de tangos et des tournois de bridge ou de scrabble, des buffets diététiques, une infirmerie avec un centre de réanimation. On doublerait les kinésis. On installerait une pharmacie. Déjà les architectes travaillaient aux plans des futurs bâtiments, ajoutant des accès en pente pour les fauteuils roulants. ●

sous... under a slab

tropical trees

Compréhension du texte

Mots et structures

A. Trouvez les synonymes des expressions suivantes. Exemple: l'Etat = le gouvernement.

un centre de vacances   un café en plein air   attacher un bateau
le frère de ma mère   une petite baie   je suis certaine
de violentes tempêtes   faire un trou   un placement d'argent

B. Trouvez l'intrus.
1. l'hôtel, le bâtiment, le four à micro-ondes, l'hôpital
2. de l'autre côté, alentour, à moins bien sûr, devant la mer, au bas de la pelouse
3. je ferais, je vendrais, il y a, on pourrait, il serait

C. Relevez dans le texte les expressions qui appartiennent au vocabulaire de l'argent, du profit.

Questions sur la lecture

1. Si le gouvernement achetait la maison, que pourrait-on faire du bâtiment?
2. En quoi pourrait-on aussi transformer l'Hermione, avec des travaux?
3. Qu'est-ce que la tante installerait dans le lagon, ou au bas de la pelouse?
4. A quel club de vacances populaire ressemblerait l'Hermione? Nommez quatre ou cinq activités qu'on trouve dans un club de loisirs au bord de la mer.
5. Que pense Bénie des suggestions de sa tante?
6. A quoi servirait un toit isolant sur le bateau?
7. En général, quelles personnes pratiquent le ski nautique, la planche à voile? Quelles personnes font du pédalo?
8. Quel adjectif peut qualifier les activités suivantes: le tango, les tournois de bridge ou de scrabble?

Opinions

1. Comment vous paraissent les suggestions de la tante et les idées de l'oncle de Bénie? Quel est leur souci principal?
2. Y a-t-il dans la région où vous vivez des installations touristiques? Si oui, décrivez-les. Sinon, imaginez une station que vous aimeriez voir se créer. Se trouverait-elle à la mer, à la montagne, au bord d'un lac, dans une plaine? Quelles activités sportives ou ludiques préféreriez-vous?
3. Comment réagissez-vous aux suggestions que l'on vous fait? Pourquoi? Vous fâchez-vous si quelqu'un ne suit pas vos conseils?

● Lecture 2 ●

Préparation à la deuxième lecture

Dans son roman *Le pont Marida*, Georges Londeix rappelle les moments heureux de son enfance campagnarde, ses joies et aussi ses peurs d'enfant trop intelligent, un peu faible et triste. Il décrit la campagne aride et pas toujours fraternelle, les gens pittoresques du village, sa famille, son frère qui mourut dans la Résistance, et surtout sa mère, travailleuse, courageuse, gaie, qu'il admire et adore.

Georges Londeix (1932–)   est né dans un petit village du Massif central. Ses parents étaient des gens humbles. Le père, journalier,° partait chercher du travail loin de la maison. Il restait souvent plusieurs mois sans envoyer de nouvelles ni d'argent. La mère, courageuse et industrieuse, travaillait comme couturière à la journée dans les fermes. Lui-même, tout en allant à l'école du village, puis comme pensionnaire (grâce à une bourse scolaire) gagnait un peu d'argent comme vacher° ou chevrier.° Georges Londeix a écrit des romans souvent inspirés de séjours à l'étranger, *La camarade Madaka, Tonio Bicicleta,* et plus récemment *Un été 61 à l'ombre de la Maison Blanche.*

    Dans ce passage de son roman *Le pont Marida* (1985), il parle d'un certain Serrat, un associé de son père, un «bon à rien»° qui possédait une scierie° au bord de la rivière. C'est une misérable baraque de vieilles planches.

day worker

cowherd / goatherd

bon... good-for-nothing / sawmill

Les rêves de ma mère

Ma mère évoquait le temps, pour moi mythique, où mon père avait «roulé carrosse».° S'il avait su mettre quelques sous de côté, il aurait pu, lui qui aimait tant le bois, monter une véritable petite usine, au bord d'une petite rivière [...]. Elle rêvait, ma mère mais pas trop. Au point où nous en étions, elle se serait contentée de la cabane de Serrat. Elle aurait mis tant de roses autour et, aux fenêtres, de dahlias, de pivoines, de géraniums, de roses encore, qu'elle aurait fait de ce taudis un nid de bonheur. Gaie comme elle était—du moins en l'absence de mon père, car il ne supportait pas de la voir rire—, et diligente, et industrieuse, [...] elle aurait rendu la maison si avenante que chacun serait venu apporter son bois à scier ou acheter des planches. ●

roulé... lived in a high style

Compréhension du texte

Mots et structures

A. Qui sont les deux personnages principaux de ce récit?

B. Identifiez le personnage qui a fait ou a aimé les choses suivantes dans le texte. Cette personne....

    1. n'a pas économisé d'argent.   2. aimait le bois.   3. aimait les fleurs.   4. était gaie.
    5. ne supportait pas de voir une autre personne rire.   6. était diligente et industrieuse.
    7. aurait rendu la maison avenante.

Questions sur la lecture

    1. Où se passe l'histoire et quels sont les personnages?
    2. Comment savez-vous que le père n'a pas toujours été pauvre?

3. Pourquoi la mère rêve-t-elle d'une usine à bois?
4. Comment la mère aurait-elle transformé la cabane?
5. Quel succès aurait-elle eu en rendant la maison si avenante?

Opinions

1. Que pensez-vous de la personnalité du père? de la personnalité de la mère?
2. Si vous aviez eu une vieille cabane et un bout de terrain, qu'est-ce que vous en auriez fait?

Grammaire: *Le conditionnel présent*

Online Study Center

General Resources

Le conditionnel est la forme verbale qui correspond à l'anglais *would* + infinitif. Ce mode représente l'action comme la conséquence possible ou irréelle d'un fait supposé, d'une condition. Il est généralement employé dans la proposition principale d'une phrase avec la conjonction **si.** Il y a deux temps usuels au conditionnel, un présent et un passé.

> **Si** Bénie avait besoin de conseils, elle n'**irait** pas en demander à sa tante.
> *If Bénie needed advice, she **would** not **go** and ask her aunt.*
> **Si** j'avais su, j'**aurais** mieux **cultivé** mon jardin.
> *If I had known, I **would have taken** better care of my garden.*

Le conditionel présent et le conditionnel passé qu'on trouve après **si** ou **que** sont souvent appelés «futur du passé» ou «futur antérieur du passé». Ils n'expriment pas la condition, ils n'ont qu'une valeur de temps.

> Je pensais **que** le cyclone ne **toucherait** pas l'île.
> *I thought the cyclone **would** not **touch** the island.*
> Elle se demandait **si** sa grand-mère **aurait pensé** à elle.
> *She wondered **if** her grandmother **would have thought** of her.*

Remarque: Il existe aussi une 2ème forme du passé, qui est rare et employée seulement dans la langue littéraire archaïque, et un passé surcomposé conditionnel.

● Formes

1 La majorité des verbes ont un conditionnel régulier. On prend l'infinitif et on ajoute les mêmes terminaisons que pour l'imparfait.

finir	**-ais**	je **finirais**
dormir	**-ais**	tu **dormirais**
chanter	**-ait**	il **chanterait**
choisir	**-ions**	nous **choisirions**
sortir	**-iez**	vous **sortiriez**
commencer	**-aient**	ils **commenceraient**

2 Pour les verbes en **-re,** le **-e** final de l'infinitif tombe.

prendre	je **prendrais**
suivre	je **suivrais**

Remarque: Les problèmes de prononciation sont les mêmes que pour le futur: On prononce deux syllabes / dɔn-ʀɛ / dans **donnerais.** On prononce trois syllabes /paʀləʀɛ/, /mɔ̃tʀəʀɛ/ dans **parle̲rait, montre̲rait.**

3 Les verbes comme **employer, jeter,** etc., qui ont des changements orthographiques au futur, ont les mêmes changements au conditionnel (voir page 316.)

4 **avoir / être**

avoir		être	
j'**aurais**	nous **aurions**	je **serais**	nous **serions**
tu **aurais**	vous **auriez**	tu **serais**	vous **seriez**
il, elle **aurait**	ils, elles **auraient**	il, elle **serait**	ils, elles **seraient**

5 Les futurs irréguliers donnent des conditionnels irréguliers.

aller	j'**irais**	tenir	je **tiendrais**
courir	je **courrais** /ʀʀ/	venir	je **viendrais**
mourir	je **mourrais** /ʀʀ/	vouloir	je **voudrais**
apercevoir	j'**apercevrais**	voir	je **verrais** /ʀ/
recevoir	je **recevrais**	savoir	je **saurais**
devoir	je **devrais**		
pouvoir	je **pourrais** /ʀ/		
s'asseoir	je **m'assiérais** *ou*		
	je **m'assoirais**		
faire	je **ferais**		
il faut	il **faudrait**	ça vaut	ça **vaudrait**
il pleut	il **pleuvrait**		

Remarques:

- Le double **r** est parfois prononcé /ʀ/, parfois /ʀʀ/.
- La différence de prononciation entre les futurs (j'**irai,** je **serai,** etc.) et les conditionnels (j'**irais,** je **serais,** etc.) n'est pas très grande. C'est l'emploi des deux temps qui permet de les distinguer.

  Demain j'**irai** au marché.

  Si j'avais de l'argent, j'**irais** à Hawaï.

Exercices

A. Dans les phrases suivantes, mettez les verbes entre parenthèses au conditionnel.

> **Modèle:** Si j'avais des vacances, je (pars) au Mexique.
> *Si j'avais des vacances, je **partirais** au Mexique.*

1. Si je faisais un héritage, je (paie mes dettes, monte une petite usine).
2. Si Marie-Claire avait le choix, elle (écoute de la musique, ne regarde pas la télé).
3. Si nous avions des examens, nous (étudions, ne sortons pas tous les soirs).
4. Si tu avais des vacances, tu (pars au Club Med, fais du pédalo).
5. Si vous étiez moins paresseux, vous (vous réveillez tôt le matin, vous précipitez vers votre bureau).
6. Si Christophe mangeait moins de hamburgers-frites, il (ne grossit pas, a un corps d'athlète).
7. Si mes parents savaient que je n'ai pas de bonnes notes, ils (me punissent, m'empêchent de sortir).
8. Si Nicolas n'était pas content de sa moto, il (la revend, en achète une autre).
9. Si tu gagnais à la loterie, qu'est-ce que (tu dis, fais)?
10. S'il pleuvait, nous (n'allons pas nous promener, rentrons directement chez nous).

B. On peut toujours rêver. Chacun peut rêver et exprimer ce qu'il ferait s'il était une autre personne ou vivait dans d'autres conditions.

> **Modèle:** J'aimerais vivre en France. Je (parler français tout le temps).
> *Je **parlerais** français tout le temps.*

1. Jean-Paul aimerait être acteur. Il (vivre à Hollywood, obtenir un grand rôle, devenir célèbre).
2. Claudine aimerait être décoratrice et paysagiste. Elle (retaper des vieilles maisons, mettre des fleurs partout, créer des jardins magnifiques).
3. Thomas et Gérard aimeraient suivre des cours de cuisine. Ils (ouvrir un restaurant, apprendre des recettes délicieuses, pouvoir se régaler).
4. Nous aimerions avoir un magasin de vêtements. Nous (vendre des jeans haute couture, faire des affaires, être toujours bien habillés).
5. Sylvie aimerait être un peu plus intelligente. Elle (ne pas avoir à répéter cent fois les mêmes leçons, comprendre tout tout de suite, savoir répondre à tout).
6. Vous aimeriez être un grand sportif. Vous (s'inscrire aux jeux Olympiques, courir dans des compétitions internationales, recevoir des médailles).
7. J'aimerais faire de la politique. Je (devoir faire des études spéciales, pouvoir être secrétaire général d'un grand parti, combattre les injustices du monde).
8. Tu aimerais devenir agriculteur. Tu (choisir un pays fertile, s'installer au bord d'une rivière, acquérir de bonnes machines).
9. Nous aimerions faire du volontariat. Nous (s'engager avec «Médecins sans frontières», aller dans des pays où il y a la guerre, s'occuper des blessés et des malades).
10. Mes grands-mères aimeraient prendre des pilules d'immortalité. Elles (pouvoir rester jeunes et belles, ne pas tomber malades, ne pas mourir).

● Emplois

① L'emploi le plus courant du conditionnel est dans un système avec **si**. On a généralement deux parties: la condition (le groupe avec **si**) et la conclusion (le verbe au conditionnel).

> **Si** tu voulais, tu **pourrais** voyager avec moi.   *If you wished, you **could** travel with me.*

Le temps du verbe qui suit **si** est *l'imparfait*. Le verbe principal est au conditionnel présent. Dans cette construction, on n'emploie jamais le conditionnel après **si**. Cette construction est souvent employée pour exprimer un rêve d'avenir, un projet réalisable dans le futur.

> **Si** un jour je devenais riche, je **ferais**   *If one day I became rich, I **would take** a*
> le tour du monde.   *trip around the world.*

Elle exprime aussi qu'une action est impossible, irréalisable au moment où on parle.

> **Si** nous étions à Paris, nous **irions** sur   *If we were in Paris, we **would go** to the*
> Champs-Elysées après le cours.   *Champs-Elysées after class.*

② Après la conjonction **que**, et après **si** quand il a le sens de *whether*, on emploie le conditionnel présent avec un verbe principal au passé. Dans ce cas, la proposition qui commence par **que** ou **si** est toujours en 2ème position (voir discours indirect, page 447). Le conditionnel a une valeur de «futur dans le passé».

> La tante de Bénie a cru **qu'**elle **pourrait** influencer sa nièce.

> Les touristes handicapés se demandaient **si** l'hôtel **aurait** un accès en pente.

(**Remarque:**) Contractez **si il** en **s'il**; ne contractez pas **si elle**.

③ Le conditionnel présent des verbes **pouvoir, vouloir, aimer** indique une volonté atténuée, ajoute une nuance de politesse.

> **Pourriez**-vous fermer la porte?   ***Could** you close the door?*
> J'**aimerais** bien avoir trois enfants.   *I **would like** to have three children.*

Exercices ● ○

C. Mettez les verbes entre parenthèses au temps qui convient, imparfait ou conditionnel.

Modèle: Si tu (venir), je (être) content.
>   *Si tu **venais**, je **serais** content.*

1. Si tu (être) riche, que (faire)-tu de ton argent?
2. Si vous (aller) en Europe, quels pays (visiter)-vous?
3. Si nous (avoir) le choix, nous (préférer) vivre au bord de la mer.
4. Si Renée (recevoir) un héritage, elle (pouvoir) faire vivre toute la famille.
5. Si vos amis vous (déranger) toujours dans votre travail, est-ce que vous leur (pardonner)?
6. Si ta mère (pouvoir) installer des chambres d'hôtes dans votre grande maison, elle (devenir) l'esclave des touristes.

D. Faites des phrases de condition avec le vocabulaire suggéré, **si,** l'imparfait et le conditionnel.

1. Georges / ranger sa chambre / sa mère / le féliciter.
2. Les jeans / ne pas exister / comment s'habiller / les jeunes?
3. Vous / avoir envie de transformer votre maison / engager un décorateur?
4. Tu / prendre des cours de tango / nous / pouvoir danser ensemble.
5. Je / voyager à l'île Maurice / faire attention d'éviter la saison des cyclones.
6. Nous / mettre des fleurs dans notre jardin / se sentir plus heureux.

E. Refaites les phrases suivantes en mettant le verbe principal à l'imparfait. Suivez le modèle.

Modèle: Je sais que tu réussiras.
   *Je **savais** que tu **réussirais.***

1. Les parents ne savent pas s'ils auront un garçon ou une fille.
2. L'enfant rêve qu'il voyagera jusqu'au bout du monde.
3. Bénie se demande s'il faut faire creuser une piscine.
4. La tante est sûre que le club de loisirs sera d'une grande rentabilité.

F. Répétez au conditionnel ce que disent ces personnes quand elles veulent être polies.

1. Tante Thérèse et oncle Loïc, voulez-vous me donner des conseils?
2. Ma petite Bénie, tu peux vendre ta maison au gouvernement.
3. Mais ta tante et moi, nous aimons voir cette belle maison transformée en hôtel de luxe.
4. Tatie et tonton, pouvez-vous m'expliquer en détail ce que vous suggérez?

Grammaire: *Le conditionnel passé*

Online Study Center

General Resources

Formes

1 On conjugue l'auxiliaire **avoir** ou **être** au conditionnel présent et on ajoute le participe passé.

verbes avec *avoir*		verbes avec *être*
j'**aurais donné**	je **serais arrivé(e)**	je **me serais promené(e)**
tu **aurais pris**	tu **serais parti(e)**	tu **te serais lavé(e)**
il, elle **aurait vu**	il, elle **serait venu(e)**	il, elle **se serait rasé(e)**
nous **aurions connu**	nous **serions allés(ées)**	nous **nous serions**
vous **auriez choisi**	vous **seriez descendu(e)(s)**	**rencontrés(ées)**
ils, elles **auraient parlé**	ils, elles **seraient montés(ées)**	vous **vous seriez vu(e)(s)**
		ils, elles **se seraient aimés(ées)**

② On forme le conditionnel passé interrogatif et négatif comme les autres temps passés.

> Si tu avais eu le choix pour tes vacances, tu **aurais préféré** une caravane ou un village de vacances?

> Je ne sais pas. Une chose est certaine: je ne **serais** pas **allé** au Club Med.

Exercice ● ○

G. En mettant les verbes entre parenthèses au conditionnel passé, dites ce que chacun aurait fait.

1. Si j'avais été Cléopâtre, je (se faire refaire le nez, interdire les miroirs, abdiquer).
2. Si tu avais été Napoléon Bonaparte, tu (devenir empereur d'Europe, ne pas divorcer d'avec Joséphine, ne pas vendre la Louisiane).
3. Si vous aviez été Noé, vous (apprendre à nager, choisir une plus grande arche, emmener un vétérinaire).
4. Si les enfants avaient gouverné le pays, ils (abolir l'école, vouloir des parcs d'amusement, ne pas faire payer le cinéma).
5. Si les Allemands avaient occupé les Etats-Unis, beaucoup de gens (prendre le maquis, faire de la résistance, ne pas collaborer).
6. Si la mère de Georges n'avait pas été si diligente, personne (admirer son jardin, venir la voir dans sa cabane, lui acheter des fleurs).

● Emplois

SI EXPRIMANT UNE CONDITION

① L'emploi le plus fréquent du conditionnel est dans une construction avec **si**.

> Si tu avais trop travaillé, tu **serais** *If you had worked too hard, you **would have***
> **tombé** malade. ***become** sick.*

Le temps du verbe qui suit **si** est le *plus-que-parfait* quand le verbe principal est au conditionnel passé. Dans ce cas, on n'emploie jamais le conditionnel passé après **si**. Cette construction exprime l'idée qu'une action, un souhait ou une situation n'ont pas été réalisés. Souvent elle indique un regret.

> Si j'avais su, je ne **serais** pas **venu.** *If I had known, I **wouldn't have come.***

> Si le père avait été intelligent, il **aurait** *If the father had been intelligent, he **would***
> **apprécié** les talents de sa femme. ***have appreciated** his wife's talents.*

Tableau-résumé
Constructions avec *si* de condition

	Si +	verbe principal	signification
1.	**Si** + *présent* **Si** tu **veux** un ami,	*présent* ou *futur* ou *impératif* je t'en **trouverai** un.	*certitude*
2.	**Si** + *imparfait* **Si** tu **voulais**,	*conditionnel présent* tu **pourrais** essayer.	*action future possible, action présente impossible*
3.	**Si** + *plus-que-parfait* **Si** j'**avais su**,	*conditionnel passé* j'**aurais commencé** plus tôt.	*action passée impossible*

(**R e m a r q u e :**)   On peut avoir des combinaisons entre la construction 3 et la construction 2. Dans ce cas, l'action principale (**pourrions, serais**) est un résultat présent de la condition passée.

Si tu **avais fini** à quatre heures,   *If you **had finished** by four o'clock, we **could** go out.*
   nous **pourrions** sortir.

Si j'**avais écouté** vos conseils,   *If I **had listened** to your advice, I **would not be** sick.*
   je **ne serais pas** malade.

2 Après la conjonction **que** ou après **si** dans le sens de *whether,* le verbe est au conditionnel passé quand le verbe principal est lui-même au passé. Le conditionnel a une valeur de futur antérieur du passé.

Je croyais que vous **auriez terminé** plus tôt.   *I thought you **would have**
 finished sooner.*

Il se demandait s'il **aurait fini** avant minuit.   *He was wondering whether he **would**
 have finished before midnight.*

(**R e m a r q u e :**)   Dans ce cas, la proposition qui commence par **si** est toujours en 2ème position.

E x e r c i c e s

H. Faites des phrases avec le vocabulaire suggéré, en suivant le modèle.

Modèle: Si je (avoir) de la chance, je (réussir) à mon examen.
     *Si j'**avais eu** de la chance, j'**aurais réussi** à mon examen.*

1. Si la tante (ne pas être) si jalouse, elle (se taire).
2. Si Bénie (transformer) la maison en club de loisirs, ce (être) un bon investissement.
3. Si le lagon (être) plus profond, on (ne pas avoir besoin) de le creuser.
4. Si l'oncle Loïc lui (céder) un bout de terrain, elle (se faire) construire une belle maison neuve.
5. Si tu (mieux amarrer) ton bateau au ponton, le cyclone (ne pas l'emporter).
6. Si le père (mettre) de l'argent de côté, la mère (ne pas devoir) se contenter d'une cabane.

I. Refaites les phrases suivantes en commençant par un imparfait.

> **Modèle:** Je me demande si vous **aurez fini** à l'heure.
> *Je **me demandais** si vous **auriez fini** à l'heure.*

1. Je pense qu'il aura mal compris mes indications.   2. Il ne sait pas si la conférence aura intéressé le public.   3. Tu penses qu'il se sera perdu?   4. Nous sommes sûrs que l'avion aura pris du retard.

EMPLOIS STYLISTIQUES DU CONDITIONNEL

Il existe des emplois moins courants du conditionnel présent et du conditionnel passé, qui ont une valeur stylistique.

1 Dans le style des journaux et de la radio, le conditionnel marque un fait douteux, annonce une nouvelle dont on n'est pas encore sûr.

Une avalanche **aurait dévasté** un village de montagne.	*An avalanche **may have devastated** a mountain village.*
Il y **aurait** 250 morts.	*There **could be** (as many as) 250 deaths.*

2 Les enfants qui jouent et imaginent une situation disent:

Je **serais** le roi, tu **aurais** un cheval.	*I **would be** the king, you **would have** a horse.*
Il y **aurait eu** une guerre, on se **serait perdus** dans la forêt...	*There **would have been** a war, we **would have been lost** in the forest...*

> **Remarque:**   **Si** + imparfait ou plus-que-parfait s'emploie dans une phrase incomplète pour exprimer:

- *un souhait:* **Si** seulement il **faisait** moins de vent!
- *une suggestion:* **Si** nous **allions** en discothèque?
- *un reproche, un regret:* **Si** seulement tu m'**avais écouté!**

Le souhait et la suggestion sont exprimés par *l'imparfait;* le reproche, le regret sont exprimés par le *plus-que-parfait.*

Exercices

J. Mettez les phrases suivantes au conditionnel présent ou au conditionnel passé.

1. Un cyclone a ravagé les Philippines. Il y a des milliers de disparus.   2. Le prince Albert de Monaco a annoncé son prochain mariage.   3. Le chef d'Etat américain et le chef d'Etat russe ont signé un accord; le désarmement commence bientôt.

K. Mettez au conditionnel cette conversation entre deux enfants qui jouent.

1. —Moi, je suis la princesse. Toi, tu es mon serviteur.
2. —Non, je suis aussi un prince.
3. —Un méchant roi m'a enlevée et veut m'épouser.
4. —Je viens à ton secours, je te délivre et on se marie.

TRADUCTION DE *WOULD* ET *COULD*

1 *would* = action passée / action future
Action passée

a. Si l'action est habituelle et signifie *used to*, le verbe principal (en anglais le verbe qui suit *would*) se traduit en français par un imparfait.

*Every day we **would** go to the beach.*   Tous les jours, nous **allions** à la plage.

b. Si le verbe est une action achevée, on emploie le passé composé du verbe **vouloir.**

I asked her to sell her house, and she   Je lui ai demandé de vendre sa maison
   ***would not** do it.*   et elle **n'a pas voulu** le faire.

c. Si le verbe est descriptif et indique un état mental, on emploie l'imparfait de **vouloir.**

*He **wouldn't** do it [but finally I convinced*   Il ne **voulait** pas le faire [mais je l'ai
   him].   convaincu].

Action future

a. On emploie le conditionnel du verbe principal (en anglais, le verbe qui suit *would*) si une condition n'est pas exprimée, mais si on peut la rétablir mentalement.

***Would you go** to Mauritius [if you had the money]?*   **Iriez-vous** à l'île Maurice?

b. On emploie le conditionnel du verbe **vouloir** si *would* exprime une requête polie.

***Would you please** shut the door?*   **Voudriez-vous** fermer la porte?

2 *could* = **pouvoir** (action passée / action future)
Action passée

a. Quand *could* se réfère à un passé, on emploie le passé composé de **pouvoir** si l'action est unique, finale.

*He **couldn't** do it.*   Il **n'a pas pu** le faire.

b. On emploie l'imparfait de **pouvoir** si l'action est descriptive et interrompue.

*He **couldn't** do it, but I helped him.*   Il **ne pouvait pas** le faire, mais je l'ai aidé.

Action future

Quand *could* se réfère à un futur, on emploie le conditionnel du verbe **pouvoir.**

***Could** you come tomorrow?*   **Pourriez**-vous venir demain?

Exercices

L. Traduisez les phrases suivantes.

1. When I was young, my family and I **(nous)** would travel every year.   2. If you had the choice, would you go to London or Paris?   3. I asked my friend to come to the movies with us, but he would not.   4. When I lived in France, I would not go to the supermarket.   5. If I lived in France, I would buy French bread every day.

6. She would not jump into the water, so I pushed her.   7. Would you please make a reservation for me?   8. Would you go to Tahiti if you had enough money?

M. Traduisez les phrases suivantes.

1. Could you write your name here?   2. Since he could not do this exercise, I did it for him.   3. Several times, she tried to stand **(se tenir debout)** on skis, but she could not.   4. Couldn't you borrow some money from the bank in order to buy a house? 5. We could not meet **(se rencontrer)** in Paris during our trip.   6. The movie star could not understand why she had to **(devoir)** be on time.

Suppléments de grammaire

1 **aimer mieux** au conditionnel

  a. Cette expression signifie *would rather, would rather have.*

    Conditionnel présent
    J'**aimerais mieux** vous voir demain.   *I'd rather see you tomorrow.*
    Conditionnel passé
    J'**aurais mieux aimé** prendre le train.   *I'd rather have taken the train.*

  b. Si on veut exprimer sa préférence entre deux choix, on continue la deuxième partie de la phrase avec **que de, plutôt que de, au lieu de** et l'infinitif.

    J'aimerais mieux vous voir demain **que d'**attendre la semaine prochaine.
    J'aurais mieux aimé prendre le train **plutôt que d'**aller en voiture avec ce mauvais chauffeur.

Exercice
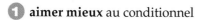

N. Faites des phrases avec **aimer mieux** au conditionnel présent ou au conditionnel passé et le vocabulaire suggéré.

1. Tante Thérèse / habiter l'Hermione / voir sa nièce en hériter.
2. Tante Thérèse et oncle Loïc / tirer profit de l'Hermione / la laisser en ruine.
3. Bénie, est-ce que tu / transformer l'Hermione en colonie de vacances / en faire un hôtel de luxe?

2 **faire mieux de** (au conditionnel) + infinitif

Le verbe **faire** au conditionnel présent ou au conditionnel passé suivi de **mieux de** signifie *I (you, she, we, etc.) had better.* Dans la deuxième partie de la phrase, on emploie **que de, plutôt que de, au lieu de.**

$$\textbf{Vous feriez mieux de } \text{travailler} \begin{Bmatrix} \textbf{que de} \\ \textbf{plutôt que de} \\ \textbf{au lieu de} \end{Bmatrix} \text{regarder la télé.}$$

Tu as mal à la tête? Tu **aurais mieux fait de** rester à l'ombre **au lieu de** marcher au soleil.

Exercice

O. Faites des phrases qui expriment un conseil avec l'expression **faire mieux** au conditionnel présent ou au conditionnel passé et le vocabulaire suggéré.

1. Elle / étudier ses leçons / bavarder au téléphone.
2. Il / ne pas se marier / fonder une famille si jeune.
3. Nous / transformer la maison en hôpital / la vendre au gouvernement.
4. Ce jeune homme / passer la nuit chez ses amis / conduire sa voiture après avoir bu.

3 devoir

a. Le verbe **devoir** avec un nom objet direct signifie *to owe*.

Françoise **doit** mille dollars à la banque.	*Françoise **owes** the bank one thousand dollars.*

b. Le verbe **devoir** avec un infinitif est un auxiliaire et a plusieurs sens:

• un sens de **probabilité** (*must, probably*). C'est son emploi le plus courant.

Il **doit faire** froid au pôle Nord.	*It **must be** cold at the North Pole.*
Tu as travaillé jusqu'à minuit? Tu **devais avoir** sommeil.	*You worked until midnight? You **must have been** sleepy.*
Il fait plus frais; il **a dû** pleuvoir cette nuit.	*It's colder; it **probably** rained last night.*

• un sens de **nécessité, d'obligation,** de **devoir moral** (*must, should, have to, ought to*). On peut conjuguer **devoir** à tous les temps:

présent:

Ils **doivent** faire faire des réparations à leur maison.	*They **have to** have their house repaired.*

imparfait:

Ma mère **devait** s'abstenir de rire en présence de mon père.	*My mother **had to** refrain from laughing in the presence of my father.*

futur:

Vous **devrez** penser aux cyclones quand vous ferez bâtir votre nouvelle maison.	*You will **have to** think of the hurricanes when you have your new house built.*

Tableau-résumé
Emplois du verbe *devoir*

	Probabilité	Obligation	Intention / Action future	Conseils	Reproches
Présent	Il **doit** faire beau. *The weather **must be** fine.*	Vous **devez** travailler davantage. *You **must** work harder.*	Je **dois** partir à huit heures. *I **am supposed** to leave at eight o'clock.*		
Passé composé	Vous **avez dû** avoir peur. *You **must have been** scared.*	Il **a dû** prendre un taxi. *He **had to take** a taxi.*			
Imparfait	Tu **devais** avoir faim. *You were **probably** hungry.*	Autrefois, les femmes **devaient** porter un chapeau dans la rue. *In the past, women **had to** wear a hat (while walking) in the street.*	Josette **devait** partir en vacances, mais elle a eu un accident (*projet manqué*). *Josette **was supposed** to leave for a vacation, but she had an accident.*		
Futur		Tu **devras** revoir le docteur. *You **will have to** see the doctor again.*			
Conditionnel présent				Tu **devrais** transformer ta maison. *You **should** (ought to) modify the house.*	
Conditionnel passé					Papa **aurait dû** mettre de l'argent de côté. *Daddy **should have** set money aside.*

passé composé:

Tous les hôtels étaient pleins; ils **ont dû** loger dans une chambre d'hôte.	*All the hotels were full; they **were obliged to** go to a B&B.*

conditionnel présent:

La tante dit: «Tu **devrais** transformer la maison en club de loisirs.»	*The aunt says: "You **ought to** transform the house into a leisure club."*

conditionnel passé:

Papa **aurait dû** consulter un meilleur kiné.	*Papa **should have** gone to see a better physical therapist.*

• une **intention** ou une **action future** au présent; un **projet manqué** à l'imparfait.

Nos amis **doivent** arriver demain à San Francisco.	*Our friends **are supposed to** arrive tomorrow in San Francisco.*
Marie **devait** venir nous voir, mais elle n'a pas pu.	*Marie **was supposed to** come and visit us, but she couldn't.*

(**Remarque:**) Dans tous les cas où **devoir** a un sens de **probabilité, nécessité, obligation, devoir moral**, on peut remplacer **devoir** par il **faut**, conjugué au temps nécessaire, et suivi du subjonctif (voir page 363):

Il faut qu'ils fassent...	**Il a fallu** qu'ils aillent...
Il fallait que ma mère s'abstienne...	**Il faudrait** que tu transformes...
Il faudra que vous pensiez...	**Il aurait fallu** que mon père soit...

Exercices

P. Modifiez les phrases suivantes en employant le verbe **devoir** avec l'infinitif des verbes en italique (attention, le verbe **devoir** est conjugué au temps du verbe en italique). Indiquez aussi le sens de votre phrase: probabilité, obligation, intention, conseil, opinion.

Modèle: Il *fait* froid au pôle Nord.
Il **doit** *faire froid au pôle Nord.* (probabilité)

1. La tante de Bénie rêvait d'hériter de la belle maison, mais la grand-mère *a changé* d'avis. Les héritiers *respectent* ses désirs. Si sa grand-mère ne lui avait pas laissé un héritage, Bénie *se serait contentée* d'une petite maison. Selon les suggestions de l'oncle Loïc, si l'Hermione est transformée en hôtel du troisième âge, on *installera* un service de réanimation.

2. Le soleil a brillé toute la journée. Il *faisait* beau au bord de la rivière. Vous êtes toute bronzée: vous *êtes restée* longtemps au soleil. Le soleil est dangereux, vous savez. Si vous vouliez vous protéger, vous *mettriez* de l'écran total (*sunblock*).

3. Notre été a été un désastre: nous *partions* en vacances à l'île Maurice, mais il y a eu un cyclone. Après ça, nous voulions partir en week-end ici et là. Alors, tous les vendredis, nous *nous préparions* à partir. Mais nous *restions* à cause du mauvais temps. Finalement, maman a eu une opération: elle ne *portera* pas d'objets lourds et nous *nous occuperons* d'elle pendant au moins deux mois.

Q. Refaites les phrases suivantes avec le verbe **devoir** pour exprimer un conseil, puis un reproche. Suivez le modèle.

> **Modèle:** Allons au Club Med.
> Nous **devrions aller** *au Club Med.*
> Nous **aurions dû aller** *au Club Med.*

1. Transforme ta maison en logis de France.   2. Louons un pédalo.   3. Elle s'achète un fauteuil roulant.   4. Ils rangent la tondeuse dans la cabane à outils.

Synthèse

Online Study Center   **Improve Your Grade**

Applications

I. Alternatives.   Avec le vocabulaire suggéré, dites ce que ces personnes feraient ou ne feraient pas dans certaines circonstances.

> **Modèle:** Les enfants manquent le train. (ils/ prendre le suivant, téléphoner à leurs parents)
> *Si les enfants manquaient le train, ils **prendraient** le suivant, ils **téléphoneraient** à leurs parents.*

1. Jacqueline hérite de la maison de sa grand-mère. (elle / y habiter, en faire un gîte rural)
2. Patrice trouve un portefeuille (*wallet*) dans la rue. (il / le rapporter à la police, le garder pour lui)
3. Tu vois un hold-up. (tu / poursuivre le voleur, faire semblant de ne rien voir)
4. Un ami vous demande de l'argent. (vous / lui en prêter, lui conseiller de trouver un boulot)

II. Certitudes ou ignorances.   Est-ce que ces personnes savaient ou ne savaient pas qu'elles feraient certaines choses?

> **Modèle:** Christophe Colomb / découvrir l'Amérique
> *Christophe Colomb ne savait pas qu'il **découvrirait** l'Amérique.*

1. Pasteur / inventer un vaccin si important
2. les Alliés / gagner la guerre
3. Jeanne d'Arc / le roi lui donner une armée
4. Marilyn / devenir une actrice célèbre

5. Camus / obtenir le prix Nobel
6. van Gogh / sa peinture se vendre si cher

A votre tour, dites ce que les personnes suivantes ne savaient pas: Picasso, Einstein, Amelia Earhart.

III. Mieux que toi. Un ami vous dit plus tard ce qu'il aurait fait à votre place dans certaines circonstances. Qu'est-ce qu'il dit?

> Modèle: Votre avion a eu du retard. (prendre un avion d'Air France)
> *Moi, à ta place, j'**aurais** pris un avion d'Air France.*

1. Vous avez perdu votre argent en voyage. (acheter des chèques de voyage)
2. Une de vos valises vous manque. (voyager avec un seul bagage de cabine)
3. Vous avez eu le mal de l'air. (prendre de la «dramamine»)
4. Vous avez attrapé la maladie des touristes au Mexique. (boire seulement de l'eau minérale)
5. La voiture de marque étrangère que vous avez louée ne marchait pas bien. (louer une voiture de marque américaine)
6. La pension de famille était trop chère. (aller dans un camping à la ferme)

Donnez d'autres exemples.

IV. Conséquences heureuses ou malheureuses. Une action passée peut avoir des conséquences présentes variées.

> Modèle: Si tu (ne pas avoir autant mangé), tu (ne pas avoir d'indigestion aujourd'hui).
> *Si tu n'**avais pas autant mangé**, tu n'**aurais** pas d'indigestion aujourd'hui.*

1. Si Richard (travailler dans sa jeunesse), il (être un retraité riche).
2. Si Josyane (ne pas avoir un accident de voiture), elle (ne pas être à l'hôpital le jour de son anniversaire).
3. Si tu (ne pas se marier si jeune), tu (profiter plus de la vie en ce moment) parce que tu (ne pas avoir tous ces enfants à élever).
4. Si elle (planter) un verger il y a dix ans, cet été elle (manger) un tas de fruits.

A votre tour, trouvez des conséquences présentes d'actions passées.

Activités Orales

1. **Enquête.** Conduisez une enquête auprès de vos camarades. S'ils héritaient d'une somme d'argent importante, quels changements aimeraient-ils faire dans leur logement actuel? Combien d'entre eux préféreraient une vieille maison pittoresque à retaper et combien choisiraient une belle maison neuve avec tout le confort moderne? Faites-leur justifier leur choix et présentez les résultats à la classe.

2. **Travail à deux.** Avec un(e) camarade préparez un rapport sur le développement du tourisme dans votre région. Quels seraient vos choix? Utilisez le plus de conditionnels possible.

Le lieu (décrivez-le: sa situation géographique, son climat, sa végétation, etc.)

L'hébergement (gîte rural, hôtel, village de vacances, chambre d'hôte, bateau aménagé, etc.)

Les circuits touristiques (les châteaux de la Loire, le Mont-Saint-Michel, la route des vins en Bourgogne, la Côte d'Azur)

Les événements saisonniers (carnaval, festival de musique, spectacles «son et lumière», fêtes religieuses, etc.)

Les sports (nautiques, alpinisme, randonnées, golf, voyage en ballon, etc.)

Les spécialités gastronomiques et les restaurants

Le tourisme de santé (thalassothérapie, cure thermale, relaxation, etc.)

3. **Discussion.**   On refait le monde, on change la réalité. Un étudiant pose une question à un camarade sur le modèle suivant:

> Modèle: Faisons une supposition: Christophe Colomb n'a pas découvert l'Amérique.
> Quel est le résultat?
> «Et si Christophe Colomb n'avait pas découvert l'Amérique, quel serait le résultat?»

Le camarade répond à cette question en imaginant les résultats, puis il pose à son tour une question à un autre camarade, et ainsi de suite.

Les Français n'ont pas perdu la Louisiane...

Tu es né à une autre époque...

Tu es un personnage célèbre, (lequel?)...

Tu dois encore vivre cent ans...

Un génie t'offre de réaliser trois de tes vœux...

Rédactions

1. Bénie écrit à une amie pour lui parler des suggestions de sa tante et de son oncle en ce qui concerne la maison qu'elle a héritée de sa grand-mère.
2. Une grand-mère n'est pas contente de ses vacances. Sa petite-fille lui envoie un mél pour lui dire où elle aurait pu aller (un club du troisième âge) et quelles activités elle y aurait trouvées à faire.
3. **Votre maison idéale.**   Où serait-elle située? Combien de pièces aurait-elle? Y aurait-il un jardin avec beaucoup de fleurs?
4. **Un autre pays, une autre époque.**   Dites ce que vous auriez fait si vous aviez vécu dans un autre pays, à une autre époque.

Le subjonctif:
A la recherche d'une identité

● Vocabulaire élémentaire

Noms
couverture (*f.*) cover
évasion (*f.*) escape

exposition (*f.*) exhibit, fair
rocher (*m.*) rock

Adjectifs
coutumier (-ière) customary

singulier (-ière) strange

Verbes
faire enrager to enrage, to make furious

s'identifier avec, à to identify with

● Vocabulaire actif

accueillir to welcome
agacer to irritate
ancien (*m.*) war veteran
anomalie (*f.*) abnormality
casque (*m.*) **colonial** tropical helmet
se coiffer to put on a hat
curieux (-euse) funny
émerveillé(e) in awe
entraîner to pull
équipée (*f.*) joyride
fauve (*m.*) wild animal
fossé (*m.*) ditch
inversement vice versa
jaser to gossip

pavillon (*m.*) building
pieds (*m. pl.*) **nus** bare feet
se prolonger to continue
rencontrer to fall upon
retenir to remember
rouquin(e) (*péjoratif*) red-haired
se sentir une parenté avec to feel related to
singe (*m.*) monkey
sinon except
témoigner to be a testimony
se tenir to take place
trompe (*f.*) trunk (of an animal)

● Vocabulaire supplémentaire  *Online Study Center*

Les identités ethniques
Cajun (de Acadien) French from Louisiana
créole person of European descent born in a former French colony (Antilles, Guyanas, Réunion)

métis (*adj. ou nom, m.*), **métisse** (*adj. ou nom, f.*) of mixed race
mulâtre (*m.*), **femme mulâtre (mulâtresse)** (*f.*) mulatto (born of a black and of a white parent)

Les traits physiques

basané(e) swarthy
bridés (*adj.*) slit (for eyes)
bronzé(e) tanned
busqué(e) hooked (for nose)
carré(e) square
chauve bald
crêpu(e) frizzy

épaté(e) round and flat (for nose)
frisé(e) curly
joufflu(e) fat-cheeked
lisse smooth
peau (*f.*) skin
raide straight
taches (*f. pl.*) **de rousseur** freckles

Français en couleurs

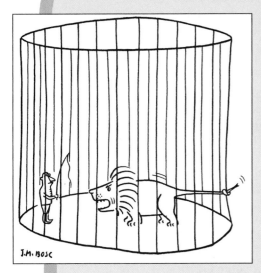

J.M. BOSC

Quand on est moqueur, on appelle **Poil de carotte** quelqu'un qui a les cheveux roux. On a des cheveux raides **comme des baguettes de tambour** (*drumsticks*) ou frisés **comme un mouton.** Quelqu'un est **blond comme les blés** (*wheat*). La couleur de la peau, la taille sont souvent comparées à des fruits ou à des objets inattendus. On est jaune **comme un citron,** rouge **comme une tomate** ou **comme un coq,** noir **comme un pruneau,** blanc **comme un linge** (*a rag*) ou **comme un cachet d'aspirine.** On est **gras comme un moine** (*monk*) et **maigre comme un clou** (*nail*).

Les noms d'animaux sont abondants dans les descriptions. On est fort **comme un bœuf,** bête **comme une oie** (*goose*), doux **comme un agneau** (*lamb*), laid, ou moche **comme un pou** (*louse*), vilain ou malin **comme un singe,** malade **comme un chien,** gai **comme un pinson** (*finch*) et heureux **comme un poisson dans l'eau.**

On peut être **haut comme trois pommes,** avoir **un cou de girafe, une mémoire d'éléphant** et **des yeux de biches.**

● Lecture ●

Préparation à la lecture

La Vendée   Cette province de France est située à l'ouest, sur la côte a-tlantique, au sud de la Loire. Les Vendéens se sont illustrés pendant la Révolution de 1789 en soutenant le roi contre les Républicains. La révolte des Chouans fut brutale et sanglante. Cette province garde de solides traditions catholiques et royalistes.

Le Cambodge   Ce pays faisait partie de l'Indochine française. Situé sur le golfe de Thaïlande, il est traversé par le fleuve Mékong et peuplé par les Khmers. Colonisé par la France à titre de «protectorat» en 1863, il ne retrouva son indépendance qu'en 1953. Actuellement, il se redresse lentement de la dictature meurtrière des Khmers Rouges. On y trouve une des richesses architecturales les plus admirées du monde, le temple d'Angkor.

L'esprit colonial et les Eurasiens   Beaucoup de soldats français de l'armée coloniale, partis pour conquérir les provinces d'Asie qui sont devenues l'Indochine française, eurent un changement d'attitude et de sentiments. Au début, ils se comportaient en «vainqueurs», pensaient être supérieurs aux «indigènes». Puis, ils tombaient sous le charme de ces pays d'Asie, du climat, de la nature, de la culture. Certains Français achetaient une compagne et fondaient une famille. Ils ramenaient parfois en France leurs enfants métis, eurasiens.

Michel Ragon (1924–)   est né en Vendée dans une famille pauvre. Autodidacte, ancien travailleur manuel, il a écrit de nombreux romans dont le plus célèbre est *Les mouchoirs rouges de Cholet* (1984), qui a reçu le prix Goncourt. A cinquante ans, il est devenu Docteur d'Etat à la Sorbonne et professeur d'enseignement supérieur.

Michel Ragon a aussi publié des critiques sur l'histoire de l'art, l'architecture et l'urbanisme, des chroniques sur l'histoire de la Vendée et une étude impressionnante sur l'histoire de la littérature prolétarienne en France. Deux romans, *L'accent de ma mère* et *Ma sœur aux yeux d'Asie*, sont autobiographiques.

Dans *Ma sœur aux yeux d'Asie*, Michel Ragon raconte l'histoire de son père, paysan vendéen parti au Cambodge, qui a ramené la petite Odette qu'il dit avoir adoptée. Michel et sa demi-sœur ont été élevés ensemble par la mère de Michel et la sœur du père, la tante Victorine, qui ignorent l'origine véritable de la petite fille.

Dans l'extrait suivant, Odette, maintenant jeune fille, mais atteinte de tuberculose et exilée dans un sanatorium, écrit à son frère, pour évoquer la visite de la fabuleuse Exposition coloniale de 1931 qu'elle a faite avec son père.

Une visite à l'Exposition coloniale

Mon petit frère chéri

[...] J'aurais tant aimé que tu sois près de moi. [...]

As-tu conservé le catalogue de l'Exposition coloniale? Tu le regardais souvent. J'ai visité cette exposition avec notre père en 1931. Mes seules vacances avec papa. Courtes, certes, mais quelle singulière équipée, qui ressemblait à une évasion. [...]

Tu ne te souviens plus de ce voyage à Paris, de papa et moi, qui fit tellement enrager à la fois ta mère et la tante Victorine? [...]

Que notre père veuille visiter l'Exposition coloniale, rien de plus naturel pour un ancien de l'infanterie de marine.° Mais qu'il choisisse de seulement m'emmener moi, qu'il écarte à la fois ta mère et toi, voilà qui faisait jaser.

Je m'en souviens encore, de l'Expo, comme si c'était hier. Et des affiches: «La grande France exotique vous accueille.»

J'étais émerveillée. Notre père aussi. [...]

Près de l'entrée de l'Expo, on passait devant le pavillon de Madagascar[1] puis, en allant vers l'Afrique occidentale française,[2] on rencontrait l'Indochine. [...] Mais le pavillon le plus extraordinaire, celui que l'on voyait partout, sur les couvertures des catalogues, sur les affiches, c'était le temple d'Angkor, avec ses si hautes tours. Au premier étage se tenait une exposition racontant l'histoire de l'Indochine elle-même.

Papa me promena longtemps dans ces expositions, m'expliquant, me faisant remarquer des détails. J'étais très contente, mais plus de me trouver avec lui, toute seule, que de regarder toutes ces choses trop nombreuses et trop compliquées.

Et puis, tout à coup, tout bascula. Devant une grande photo de paysannes cambodgiennes, pieds nus, avec leurs curieux cheveux en balai-brosse,° il me parla de ma mère.

Il me dit qu'elle s'appelait Sinoun, qu'elle était restée *là-bas;*° qu'il avait voulu que je voie le Cambodge; qu'après tout c'était aussi mon pays.

infanterie... marine corps

scrubbing brush
là-bas = au Cambodge

[1] **Madagascar:** Grande île de l'océan Indien, séparée de l'Afrique par le canal du Mozambique, c'est une ancienne colonie française. Elle est devenue un territoire d'outre-mer en 1946, puis la République démocratique de Madagascar en 1975.

[2] **Afrique occidentale française:** Cette fédération regroupa, de 1910 à 1958, les colonies du Sénégal, de la Mauritanie, du Soudan, de la Haute-Volta, du Niger, de la Guinée française, de la Côte d'Ivoire et du Dahomey.

Quelle stupéfaction! Je n'avais jamais pensé alors que je pouvais n'être pas aussi française que les autres. Même si on m'appelait Joséphine Baker,[1] à l'école, ça m'agaçait, bien sûr, mais de la même manière que les rouquines l'°étaient d'être appelées «Poil de carotte».[2] J'étais une Française avec une tête un peu différente, voilà tout. Et je m'identifiais vraiment mal à ces indigènes qu'on voyait sur les photos.

l'... = agacées

Papa me parlait du Cambodge avec tant de détails que je n'en retenais rien. Sinon que c'était un bon peuple, qui avait été autrefois une grande nation (Angkor en témoignait); que tout comme le Nil fertilisait l'Egypte, le Mékong vivifiait° le Cambodge; qu'il faudrait que je me souvienne que je n'étais pas annamite,[3] mais cambodgienne; qu'en réalité les Cambodgiens s'appellent des Khmers et leur pays le royaume de Kampuchéa. Je ne comprenais pas pourquoi papa me disait tout cela, ni surtout la gravité qu'il prenait° pour me le raconter. Je prenais peur qu'il lui soit venu l'idée de me ramener au Cambodge et de m'abandonner parmi des indigènes avec lesquels je ne me sentais aucune parenté. Ma famille se trouvait en Vendée. J'étais vendéenne, moi aussi. [...]

gave life to

la... the serious tone he used

L'Exposition se prolongeait par un parc zoologique, avec un grand rocher des singes et tous ces fauves qui semblaient en liberté derrière des fossés d'eau. Devant les éléphants, papa me dit qu'au Cambodge les éléphants vivaient en liberté, qu'il ne fallait pas voir ces animaux comme des anomalies, simplement ce qui nous paraissait anormal ici était normal *là-bas,* et inversement.

Comme les visiteurs plaisantaient lourdement sur les trompes et les oreilles de ces grosses bêtes, papa s'agaça,° m'entraîna par la main d'un geste brusque et me dit: «Ils trouvent comique tout ce qui n'est pas coutumier. Moi aussi, j'étais comme eux, à mes débuts à la colonie. Et maintenant ce sont les Français que je trouve comiques. Tristement comiques! Regarde tous ces imbéciles qui se sont coiffés d'un casque colonial pour visiter l'Expo. Tu as vu tout à l'heure la queue devant le marchand de casques, à la porte d'entrée. Des guignols.[4] [...] J'aurais tellement de choses à te dire! J'aurais cru qu'il ne fallait pas te parler du Cambodge, que chez les sœurs° tu deviendrais une vraie petite Française. Et c'est vrai, tu es devenue une vraie petite Française. Sans l'Expo, je n'aurais sans doute pas pensé à te montrer ce qui est quand même, aussi, ton pays. Enfin, le pays de ta mère. Alors ça m'a pris tout d'un coup.° Je me suis dit: il faut que je t'emmène voir le Cambodge.» ●

became irritated

chez... at a Catholic school

ça... it hit me all of a sudden

[1] **Joséphine Baker:** Très célèbre actrice de music-hall française d'origine américaine (Saint-Louis, 1910-Paris, 1975), elle fut chanteuse, danseuse, héroïne dans la Résistance, et mère adoptive de 12 enfants métis ou de couleur.

[2] **Poil de carotte:** héros d'une pièce de théâtre de Jules Renard, nom péjoratif qu'on donne à quelqu'un qui a les cheveux roux pour se moquer.

[3] **Annamite:** de la province d'Annam en Indochine française (voir chapitre 3).

[4] **des guignols = des personnes ridicules:** Guignol est un personnage de marionnettes lyonnaises.

Compréhension du texte

Mots et structures

A. Choisissez la bonne réponse.

1. Ce texte est: une lettre commerciale / une lettre personnelle / une lettre publicitaire pour l'Exposition coloniale.
2. La lettre s'adresse: à la mère d'Odette / au frère d'Odette / au lecteur.
3. Ce texte est extrait: d'un roman autobiographique / d'un journal / d'une pièce de théâtre.

B. Retrouvez le paragraphe qui correspond à chaque description suivante.

1. descriptions des pays représentés à l'Exposition
2. peur de l'abandon par le père d'Odette
3. visite du parc zoologique
4. vacances, seule avec son père
5. colère du père d'Odette en face du comportement des touristes
6. origines d'Odette

Questions sur la lecture

1. A quelle occasion Odette a-t-elle passé ses seules vacances avec son père?
2. Quel était le pavillon le plus extraordinaire de l'Exposition coloniale? Pourquoi?
3. De qui est-ce que le père parle à la petite fille, devant les photos de paysannes cambodgiennes? Comment s'appelait cette personne et que lui est-il arrivé?
4. Comment appelait-on la jeune fille à l'école? Pourquoi?
5. Où la petite fille a-t-elle été élevée et pourquoi se sentait-elle plus vendéenne que cambodgienne?
6. Quelle est la différence entre «annamite» et «cambodgienne»?
7. De quoi la petite fille a-t-elle peur, quand son père lui parle du Cambodge?
8. Où se trouve ce pays? Décrivez quelques-uns de ses aspects (géographie, histoire, autres). Quelle phrase montre l'attachement du père au Cambodge?
9. A propos de quoi les touristes font-ils des plaisanteries stupides? Que pense le père des touristes qui portent des casques coloniaux?
10. Pourquoi le père a-t-il voulu emmener la petite fille à l'Exposition coloniale?

Opinions

1. Pourquoi le fait que le père a emmené seulement la petite fille à l'Exposition coloniale a-t-il pu faire «jaser» les gens du village?
2. Que pensez-vous de l'épithète «guignols» pour décrire les touristes? Quels comportements des touristes peuvent parfois faire naître l'irritation parmi les habitants d'un pays? Donnez d'autres exemples. Faites la description d'un touriste parfait.
3. Quels sentiments éprouve la petite métisse vis-à-vis de son père, de ses camarades d'école? A quoi et à qui est-ce qu'elle s'identifie? Qu'est-ce qu'elle ressent quand son père lui dit que le Cambodge est aussi son pays?

Grammaire: *Le présent du subjonctif*

Online Study Center   General Resources

L'indicatif et le subjonctif sont des modes. L'indicatif est le mode des actions réelles. Il décrit les faits (*facts*). Le subjonctif est le mode des actions souhaitées, possibles, douteuses. En français, on emploie souvent le subjonctif: il est surtout utilisé dans les propositions subordonnées (*dependent clauses*). C'est le verbe principal ou la conjonction qui détermine si on a un subjonctif dans la proposition subordonnée.

Il faut qu'il **vienne.**   Je me prépare avant qu'il **vienne.**

Je veux qu'il **vienne.**   Il est possible qu'il **vienne.**

Je regrette qu'il **vienne.**   Je doute qu'il **vienne.**

En anglais, l'emploi du subjonctif est plus rare.

*I wish I **were** in France.*

*The students ask that the teacher **speak** slowly.*

*It is essential that you **be** attentive.*

Il y a quatre temps au subjonctif. Dans la langue courante, on emploie le présent et le passé. Dans la langue littéraire, on emploie aussi l'imparfait et le plus-que-parfait. Il n'y a pas de futur au subjonctif. C'est le présent du subjonctif qui donne l'idée du futur.

Je doute qu'ils **reviennent** à l'Expo.   *I doubt that they **will come** back to the Fair.*

● Formes

SUBJONCTIF RÉGULIER

La majorité des verbes ont un subjonctif régulier. On forme le subjonctif avec la 3ème personne du pluriel du présent. On enlève la terminaison **-ent** pour obtenir le «radical» (*root*) et on ajoute les terminaisons suivantes: **-e, -es, -e, -ions, -iez, -ent.**

1 Verbes réguliers

    a. Verbes du 1er groupe

        regarder   ils regardent   **regard-**

    b. Verbes du 2ème groupe

        finir   ils finissent   **finiss-**

    c. Verbes du 3ème groupe

        entendre   ils entendent   **entend-**

regarder	finir	entendre
regard-	**finiss-**	**entend-**
que je regard**e**	finiss**e**	entend**e**
que tu regard**es**	finiss**es**	entend**es**
qu'il, elle regard**e**	finiss**e**	entend**e**
que nous regard**ions**	finiss**ions**	entend**ions**
que vous regard**iez**	finiss**iez**	entend**iez**
qu'ils, elles regard**ent**	finiss**ent**	entend**ent**

(**Remarques:**)

- Pour les verbes du 1er groupe, les trois personnes du singulier et la 3ème personne du pluriel sont identiques à l'indicatif présent.
- Pour les verbes du 2ème et du 3ème groupes, la 3ème personne du pluriel est identique à l'indicatif présent.
- Pour les trois groupes de verbes, les formes **nous** et **vous** sont identiques à l'imparfait.
- Les verbes qui ont des changements orthographiques sont conjugués comme les verbes réguliers. Les formes pour **je, tu, il, ils** sont identiques à l'indicatif présent. Les formes pour **nous** et **vous** sont identiques à l'imparfait.

commencer	que je **commence**	que nous **commencions**
voyager	que je **voyage**	que nous **voyagions**
payer	que je **paie**	que nous **payions**
acheter	que j'**achète**	que nous **achetions**

préférer	que je **préfère**	que nous **préférions**
appeler	que j'**appelle**	que nous **appelions**
jeter	que je **jette**	que nous **jetions**

2 Verbes irréguliers

    a. La majorité des verbes irréguliers ont un subjonctif régulier.

dormir	que je **dorme**	que nous **dormions**
partir	que je **parte**	que nous **partions**
dire	que je **dise**	que nous **disions**
mettre	que je **mette**	que nous **mettions**

b. Les verbes suivants en **-ir, -oir** et **-re** qui sont irréguliers à l'indicatif présent ont deux radicaux au subjonctif présent: on utilise le radical de la 3ème personne du pluriel du présent pour **je, tu, il, ils** et l'imparfait pour **nous** et **vous**.

mourir	que je **meure**	que nous **mourions**
tenir	que je **tienne**	que nous **tenions**
venir	que je **vienne**	que nous **venions**
apercevoir	que j'**aperçoive**	que nous **apercevions**
devoir	que je **doive**	que nous **devions**
recevoir	que je **reçoive**	que nous **recevions**
boire	que je **boive**	que nous **buvions**
prendre	que je **prenne**	que nous **prenions**

c. Les verbes **croire, rire** et **voir** ont **-yi-** ou deux **-i-** aux personnes **nous** et **vous**.

croire	que je **croie**	que nous **croyions**
voir	que je **voie**	que nous **voyions**
rire	que je **rie**	que nous **riions**

Exercices

A. Refaites les phrases suivantes. Remplacez **Je vois** par **Il faut** et mettez le verbe au subjonctif.

Je vois...

1. que tu choisis un pavillon à visiter.
2. qu'elle emmène sa fille à l'Expo.
3. que les fauves habitent en liberté.
4. que nous trouvons le temps de regarder les girafes.
5. qu'ils attendent patiemment l'ouverture du zoo.
6. que j'étudie l'histoire de mon pays.
7. que vous jetez vos vieilles photos.
8. qu'elle réfléchit.
9. que vous vous parlez au téléphone.
10. que nous songeons à notre équipée.

B. Refaites les phrases suivantes. Remplacez **Je vois** par **Il faut** et mettez le verbe au subjonctif.

Je vois...

1. que tu te souviens de ce voyage.
2. que l'Expo reçoit beaucoup de visiteurs.

3. que vous comprenez les indigènes.
4. que vous apprenez la géographie de l'Indochine.
5. qu'il vient voir souvent les éléphants.
6. que vous reconnaissez l'œuvre du colonialisme.
7. que nous accueillons la petite métisse.
8. qu'Odette voit le pavillon de Madagascar.
9. que le bébé singe boit du lait.
10. que vous lisez la biographie de Michel Ragon.

SUBJONCTIF IRRÉGULIER

1 **avoir / être**

avoir		être	
que j'**aie**	que nous **ayons**	que je **sois**	que nous **soyons**
que tu **aies**	que vous **ayez**	que tu **sois**	que vous **soyez**
qu'il, elle **ait**	qu'ils, elles **aient**	qu'il, elle **soit**	qu'ils, elles **soient**

(**Attention:**) **Ait** et **soit** sont les seuls subjonctifs qui ne sont pas terminés par un **-e** à la troisième personne du singulier.

2 Les verbes du tableau suivant sont irréguliers au subjonctif. **Faire, pouvoir** et **savoir** ont un seul radical. **Aller** et **vouloir** ont deux radicaux.

faire	que je **fasse**	que nous **fassions**
pouvoir	que je **puisse**	que nous **puissions**
savoir	que je **sache**	que nous **sachions**
aller	que j'**aille**	que nous **allions**
vouloir	que je **veuille**	que nous **voulions**
		que vous **vouliez**[1]

3 Verbes impersonnels

falloir	qu'il **faille**
plaire	qu'il **plaise**
pleuvoir	qu'il **pleuve**
valoir	qu'il **vaille**

---

[1] **Veuillez** est l'impératif.

E x e r c i c e

C. Refaites les phrases suivantes. Remplacez **Je vois** par **Il faut** et mettez le verbe au subjonctif.

Je vois...

1. que tu fais attention au soleil.
2. qu'il peut voyager en Afrique occidentale.
3. que vous n'allez pas souvent à des expositions coloniales.
4. qu'elle veut nous accompagner.
5. que nous avons du courage.
6. que vous êtes à l'heure pour la conférence sur le temple d'Angkor.
7. qu'il pleut beaucoup.
8. que tu es patient.
9. que je sais ma leçon parfaitement.
10. que nous allons plus vite.
11. que j'ai de la chance à la loterie.
12. qu'ils sont moins moqueurs.

Emplois

On rencontre quatre emplois courants du subjonctif:

- le subjonctif après certains verbes de volonté, de nécessité, de sentiment, de doute
- le subjonctif après certaines conjonctions
- le subjonctif seul
- le subjonctif après un pronom relatif (voir page 412).

RÈGLES GÉNÉRALES

1 Les verbes qui expriment une volonté, une préférence, une nécessité, une émotion, un sentiment, un doute, une possibilité sont toujours suivis de **que** et du subjonctif, lorsque le verbe principal et le verbe subordonné ont des sujets différents.

<u>Odette</u> est triste **que** <u>son frère</u> ne **soit** pas près d'elle.

<u>Vous</u> désirez **que** <u>nous</u> **allions** visiter le pavillon d'Indochine?

2 Si le sujet du verbe principal est le même que le sujet du verbe subordonné, on a une construction avec l'infinitif.

<u>Odette</u> est triste d'**être** loin de son frère.

<u>Vous</u> désirez **visiter** le pavillon d'Indochine.

3 Si le verbe principal est un verbe impersonnel, il faut que le sujet du verbe subordonné représente un nom ou un pronom précis. Sinon on a une construction avec un infinitif.

<u>Il</u> faut qu'<u>Odette</u> écrive à son frère.

<u>Il</u> faut **visiter** tous les pavillons.

(**Remarque:**) Pour l'emploi de **de** ou **à** devant l'infinitif, ou l'emploi de l'infinitif seul, voir pages 295–298).

VERBES DE VOLONTÉ ET DE PRÉFÉRENCE

1 Voici quelques verbes de volonté et de préférence (Pour une liste plus longue, voir le Student Website Grammar References):

aimer mieux	to prefer	**souhaiter**	to wish
demander	to ask	**vouloir**	to want
désirer	to desire	**vouloir bien**	to be willing, to accept
proposer	to suggest		

Michel **désire** que les singes **soient** en liberté.   *Michel **wants** the monkeys to be free.*

Le petit garçon **souhaite** que ses parents le **comprennent**.   *The little boy **wishes** that his parents **understood** him.*

2 Le verbe **vouloir**

La construction du verbe **vouloir** (*to want*) est différente dans les deux langues.

En anglais on a: *I want you to* + infinitif.

En français on dit: **Je veux que vous** + subjonctif.

*I want you **to listen** to me.*   Je veux que vous m'**écoutiez**.

*They want us **to go away**.*   Ils veulent que nous **partions**.

VERBES IMPERSONNELS DE NÉCESSITÉ ET D'OPINION

1 Voici quelques verbes impersonnels de nécessité et d'opinion (voir aussi le Student Website):

il faut	**il est bon**	**il vaut mieux** (*it is better*)
il est nécessaire[1]	**il est essentiel**	**il est juste** (*faire*)
il est indispensable (*essential*)	**c'est inutile**	**c'est normal**

Il **vaut mieux** que vous **regardiez** dans le catalogue.

2 **Avoir besoin** (*to need*) est une expression courante qui n'est pas impersonnelle.

J'**ai besoin** que tu me **rendes** un service.

---

[1] Dans la langue parlée, on dit souvent **c'est** à la place de **il est.**

VERBES DE SENTIMENT ET D'ÉMOTION

Voici quelques-uns de ces verbes (voir aussi le Student Website).

avoir honte	to be ashamed	**être fier**	to be proud
avoir peur	to be afraid	**être heureux**	to be happy
c'est dommage	it's too bad	**être malheureux**	to be unhappy
être content	to be happy	**être ravi**	to be delighted
être désolé	to be sorry	**être surpris**	to be surprised
être ennuyé	to be sorry	**être triste**	to be sad
être étonné	to be surprised	**regretter**	to regret
être fâché	to be upset		

Le père **est fâché** que les touristes **soient** si ridicules.

L'enfant **est désolé** que son père **aille** seul au cinéma.

La petite métisse **a peur** que son père la **renvoie** au Cambodge.

VERBES DE DOUTE ET DE POSSIBILITÉ

1 Voici une liste de ces verbes:

douter	**il se peut**
il est douteux	**il semble** (*it seems*)
il est impossible	
il est possible	**nier** (*to deny*)

Je **doute** que votre chien **guérisse.**

Quand un verbe de doute est à la forme négative (ou interrogative), logiquement il exprime une certitude. Il est donc suivi de l'indicatif. Mais on peut aussi avoir le subjonctif

1. parce que l'habitude d'employer le subjonctif après le verbe "douter" est devenue automatique
2. pour nuancer la pensée: l'indicatif renforce l'idée de certitude, le subjonctif celle de doute.

Je doute qu'il aille à l'expo.

Je ne doute pas (= je suis sûr) qu'il ira à l'expo (ou qu'il aille).

2 Le verbe **attendre**

Les verbes **attendre que** (*to wait*) et **s'attendre à ce que** (*to expect*), qui n'expriment pas un doute, sont cependant construits avec un subjonctif.

J'**attends** que les enfants **fassent** leur prière.

Vous **vous attendez** à ce qu'il **pleuve.**

3 Le verbe **faire** à l'impératif

Pour exprimer une prière, un souhait (*wish*), on emploie le verbe **faire** à l'impératif, suivi du subjonctif.

> Mon Dieu, **faites que** je **réussisse** à mon examen.

4 Le verbe **comprendre**

Ce verbe a deux significations. Quand il veut dire **saisir par l'esprit, réaliser, se rendre compte,** il est suivi de l'indicatif.

> M. Ragon a compris que sa petite fille **avait** peur.

Quand il veut dire **sentir, ne pas être étonné,** il est suivi du subjonctif.

> Je comprends que vous **soyez** inquiet.

SUBJONCTIF OU INDICATIF?

Les verbes qui expriment une opinion, une déclaration, une certitude, et le verbe **espérer** (*to hope*) sont suivis de l'indicatif quand ils sont à la forme affirmative.

Voici une liste de ces verbes:

penser	**dire**	**être sûr, certain**
croire	**admettre**	**c'est évident**
trouver	**déclarer**	**il est probable**

> Je **pense qu'**il **va** pleuvoir.   Vous **êtes sûrs que** nous **avons** raison.
>
> Il **dit que** ses enfants **sont** des génies.   On **espère que** la situation **changera.**

Mais si ces verbes sont à la forme négative ou interrogative, ils expriment un doute; alors, on peut avoir le subjonctif. Cependant l'indicatif est toujours possible. C'est une différence de qualité de la langue. Langue soignée, élégante, écrite? on a le *subjonctif.* Langue simple, parlée? on a l'*indicatif.*

> Je **ne pense pas** qu'il **pleuve.**   (ou qu'il **va pleuvoir**)
>
> Il **ne dit pas** que ses enfants **soient** des génies.   (ou **sont**)
>
> **Etes-vous sûrs** que nous **ayons** raison?   (ou **avons**)

Tableau-résumé
Emploi de l'indicatif ou du subjonctif

Indicatif		Subjonctif	
opinion / certitude		*volonté*	
Je **crois** Je **dis** J'**affirme** J'**espère**	qu'il **vient.** qu'il **viendra.**	Je **désire** Je **veux** Je **souhaite**	qu'il **vienne.**
			(cont)

	nécessité		
	Il faut		qu'il **vienne**.
	sentiment / émotion		
	J'ai **peur**	⎫	
	Je suis **heureux**	⎬	qu'il **vienne**.
	Je suis **triste**	⎭	
	doute, incertitude		
	Je **doute**	⎫	
	Je **nie**	⎭	qu'il **vienne**.

opinion négative (langue courante)		*opinion négative (langue soignée)*	
Je ne **crois** pas	qu'il **viendra**.	Je ne **crois** pas	qu'il **vienne**.
Pensez-vous ⎱		**Pensez**-vous ⎱	
Espérez-vous ⎰	qu'il **viendra?**	**Espérez**-vous ⎰	qu'il **vienne?**

Remarque: Pour lui donner plus d'importance et créer un effet de style, on peut placer la proposition qui commence par **que** au début de la phrase. Dans ce cas le verbe est au subjonctif, même si le verbe principal demande un indicatif.

Rien de plus naturel **que** notre père **veuille** visiter l'Expo coloniale.

Que notre père **veuille** visiter l'Expo coloniale, rien de plus naturel.

Qu'il fasse beau demain, j'en suis tout à fait sûr.

Je suis tout à fait sûr **qu'il fera** beau demain.

Exercices

D. Faites des phrases avec les groupes donnés en suivant le modèle.

Modèle: Il veut / nous **travaillons** avec lui.
*Il veut que nous **travaillions** avec lui.*

1. Acceptez-vous / votre fille sort tous les soirs?
2. Il aime mieux / nous fumons dans le salon.
3. Ils défendent / tu bois du whisky.
4. Le président souhaite / le peuple français est d'accord.
5. La loi n'admet pas / on met des affiches sur ces murs.
6. Les jeunes mariés souhaitent / il fait beau pendant leur lune de miel.
7. Certaines personnes suggèrent / on met les fauves en liberté.
8. Le professeur désire / les étudiants savent bien leurs conjugaisons.

E. Faites des phrases avec les groupes donnés en suivant le modèle.

Modèle: Il est important / tu fais ton travail.
Il est important que tu fasses ton travail.

1. Il faut / tu prends ton billet d'avion en avance.
2. Il est nécessaire / tu suis un cours d'informatique.
3. C'est essentiel / elle apprend à conduire.
4. Il est inutile / vous emportez des pulls pour aller à Madagascar.
5. C'est nécessaire / il pleut en cette saison.
6. Nous n'avons pas besoin / nos amis nous font des cadeaux.
7. Il est indispensable / tu lis *Ma sœur aux yeux d'Asie*.
8. Elle a toujours besoin / on lui fait des compliments.

F. Faites des phrases avec les groupes donnés en suivant le modèle.

Modèle: J'ai de la peine / vous ne dites rien.
J'ai de la peine que vous ne disiez rien.

1. Je me réjouis / vous réussissez dans votre carrière.
2. C'est dommage / tu ne comprends pas l'histoire du colonialisme.
3. Je suis content / nous allons au zoo ensemble.
4. Maryse a peur / son fils a un accident.
5. Ulysse est étonné / son chien le reconnaît.

G. Recréez la conversation qu'initie M. Ragon avec sa femme sur le projet qu'il a d'emmener Odette à l'Exposition coloniale. Faites des phrases avec les groupes donnés en suivant le modèle.

Modèle: Il est important / nous parlons.
Il est important que nous parlions.

1. Est-il possible / je peux emmener Odette seule à Paris pour voir l'Expo?
2. Je doute / Michel est content de rester en Vendée.
3. Il est important / Odette connaît ses racines.
4. Attendons / Michel revient de l'école pour lui en parler.
5. Il est certain / les deux enfants s'aiment et vont tomber d'accord.
6. Alors, tu peux toujours espérer / ils ne vont pas se fâcher, mais moi je doute / c'est facile de convaincre Michel.
7. Tu n'as plus qu'à espérer / je gagne à la loterie, ainsi il se peut / nous y allons tous ensemble.

LE SUBJONCTIF APRÈS CERTAINES CONJONCTIONS

① Voici les principales conjonctions suivies du subjonctif (les autres conjonctions sont expliquées dans l'Appendice A):

à condition que	provided	**bien que**	although	**pour que**	in order that
à moins que	unless	**de peur que**	for fear that	**pourvu que**	provided
avant que	before	**jusqu'à ce que**	until	**sans que**	without

② Pour certaines de ces conjonctions, le subjonctif est logique parce que l'action qui suit n'a pas encore eu lieu, n'est pas encore réalisée **(jusqu'à ce que, avant que, pourvu que, pour que, sans que)** ou contient une émotion **(de peur que)**.

> Nous allons vous expliquer cette règle **jusqu'à ce que** vous la **compreniez**.
>
> Les enfants sont sortis du salon **sans que** je m'en **aperçoive**.
>
> Mets deux timbres sur ta lettre **de peur qu'**elle (ne) **soit** trop lourde.

③ On emploie le subjonctif avec les conjonctions **avant que, pour que, de peur que, sans que** quand on a deux sujets différents dans la proposition principale et dans la proposition subordonnée. Si les sujets des deux propositions représentent la même personne, on emploie une préposition et un infinitif.

avant que → avant de	**de peur que → de peur de**
pour que → pour	**sans que → sans**

J̲e me prépare **avant que** <u>nous</u> sortions.	*I get ready **before we go out**.*
J̲e me prépare **avant de sortir**.	*I get ready **before going out**.*
J̲e prends mon parapluie **de peur qu'**i̲l̲ **pleuve**.	*I take my umbrella **for fear it will rain**.*
Je prends mon manteau **de peur d'avoir froid**.	*I take my coat **for fear of being cold**.*
I̲l travaille **pour que** <u>sa famille</u> **puisse** vivre.	*He works **so that** his family **can** live.*
Il travaille **pour faire vivre** sa famille.	*He works **to enable** his family **to live**.*
I̲l est sorti **sans que** j̲e le **voie**.	*He left **without my seeing** him.*
Il est sorti **sans faire** de bruit.	*He left **without making** any noise.*

E x e r c i c e

H. Combinez les phrases suivantes avec la conjonction suggérée.

Modèle: Nous allons à l'Exposition coloniale demain / il ne pleut pas. (pourvu que)
*Nous allons à l'Exposition coloniale demain **pourvu qu'il ne pleuve** pas.*

1. Le père d'Odette emmène sa petite fille à l'Expo à Paris / sa femme peut faire des objections. (avant que)
2. Le père et sa fille quittent l'appartement / sa femme les voit. (sans que)
3. Il espère y aller en voiture / la voiture veut bien démarrer. (à condition que)
4. Le père d'Odette suggère: «Emportons des couvertures (*blankets*) / il fait froid si on pique-nique après la visite du zoo.» (de peur que)
5. Le père se dit: «Il ne faut pas que j'oublie mon portefeuille. On ne vous laisse pas rentrer à l'Expo / vous achetez un billet.» (à moins que)
6. Devant l'exposition cambodgienne, le père d'Odette lui a raconté son passé / elle a tout compris. (jusqu'à ce que)
7. Et pourtant, son père avait mis Odette dans une bonne école catholique / elle devient une vraie petite Française. (pour que)
8. Il a fait très chaud ce jour-là. Le père et la fille ont attrapé un coup de soleil / ils ont tous les deux un chapeau. (bien que)

LE SUBJONCTIF SEUL

1 Le subjonctif seul est rare. On le trouve dans des phrases toutes faites comme:

Vive le roi!	*Long **live** the King!*
Ainsi **soit**-il!	*So **be** it! or Amen!*

ou bien pour exprimer l'impératif à la 3ème personne du singulier et du pluriel.

Qu'elles **aillent** se promener!	*Let them **go** take a walk!*
Qu'il **fasse** ce qu'il veut!	*Let him **do** what he wants.*

2 Voici des expressions courantes contenant le subjonctif:

Que Dieu vous entende!	*May God hear you!*
Que Dieu vous bénisse!	*(May God) bless you!*
Soit![1]	*All right!*
Ainsi soit-il!	*Amen! or So be it!*
Advienne que pourra!	*Come [Happen] what may!*
Sauve qui peut!	*Run for your life!*
Coûte que coûte!	*At all costs!*
Grand bien vous fasse!	*A lot of good that will do you!*
Qu'il pleuve ou qu'il vente...	*Rain or shine . . .*

---

[1] Dans ce cas, le **t** de **soit** est prononcé.

Exercice

I. Employez une des formules ci-dessus comme réaction à la phrase donnée, pour compléter la phrase ou pour remplacer la partie de la phrase en italique.

Modèle: Je fume, je bois et je ne suis pas de régime!
Grand bien vous fasse!

1. La reine d'Angleterre arrive en Australie. Que crient les spectateurs du défilé?
2. Nous allons faire une promenade à la campagne, *même s'il pleut ou s'il fait du vent.*
3. Il y a un incendie dans un cinéma. Tout le monde essaie de se sauver.
4. Le lycéen pense: «Mon Dieu j'espère que vous m'entendez, si seulement je pouvais réussir au bac.»
5. Les parents de Jacques font des sacrifices pour qu'il fasse des études. Il aura un diplôme,...
6. C'est la fin d'une prière.
7. Le pape passe dans la foule et parle aux fidèles.
8. J'ai fait le maximum de révisions pour cet examen. Maintenant je suis fataliste. *On verra bien ce qui arrivera.*

Grammaire: *Le passé du subjonctif*

 **Online Study Center** General Resources

Formes

Le passé du subjonctif est régulier pour tous les verbes. On prend le passé composé de l'indicatif et on met l'auxiliaire **avoir** ou **être** au subjonctif.

verbes avec *avoir*	verbes avec *être*	
que j'**aie parlé**	que je **sois allé(e)**	que je **me sois lavé(e)**
que tu **aies vu**	que tu **sois venu(e)**	que tu **te sois réveillé(e)**
qu'il, elle **ait pris**	qu'il, elle **soit parti(e)**	qu'il, elle **se soit rasé(e)**
que nous **ayons fini**	que nous **soyons montés(ées)**	que nous **nous soyons vus(es)**
que vous **ayez entendu**	que vous **soyez descendu(e)(s)**	que vous **vous soyez regardé(e)(s)**
qu'ils, elles **aient ouvert**	qu'ils, elles **soient entrés(ées)**	qu'ils, elles **se soient reconnus(es)**

- Le passé du subjonctif du verbe **avoir** est: **que j'aie eu, qu'il ait eu,** etc.
- Le passé du subjonctif du verbe **être** est: **que j'aie été, qu'il ait été,** etc.

Exercices

J. Refaites les phrases suivantes avec **Je suis content que.**

1. Vous n'avez pas abandonné votre chien sur la plage. 2. Nous sommes allés au rocher des singes, au zoo de Vincennes. 3. Elle est restée dîner avec nous hier soir. 4. Il a trouvé une bonne situation. 5. Ils n'ont pas oublié le catalogue. 6. Elles sont sorties. 7. Tu as eu une bonne note. 8. Elle ne s'est pas moquée du petit rouquin. 9. Vous êtes rentré tôt. 10. Ils n'ont pas donné à manger aux fauves.

K. Faites des phrases avec les groupes donnés en suivant le modèle. Employez le passé du subjonctif.

Modèle: Je suis surpris / vous ne voyez pas Maurice au concert.
*Je suis surpris que vous **n'ayez pas vu** Maurice au concert.*

1. Je regrette / vous n'aimez pas l'exotisme de Joséphine Baker.
2. Il attend / nous choisissons une affiche.
3. Elle n'est pas sûre / son mari s'amuse bien dans cette équipée.
4. C'est dommage / vous faites enrager vos camarades.
5. Il est possible / elle se sent une parenté avec les indigènes.
6. C'est bizarre / il met son casque colonial à Paris.
7. Je suis content / vous ne trouvez pas ces grosses bêtes comiques.
8. Elle doute / tu accueilles tes cousins avec enthousiasme.

Emplois

Le subjonctif passé indique qu'une action s'est passée *avant* l'action du verbe principal même si le verbe principal est au passé.

> Tu es content: je t'**ai montré** le temple d'Angkor.

> Tu es content que je **t'aie montré** le temple d'Angkor.

> Elle avait peur: son ami **avait oublié** son pays natal.

> Elle avait peur que son ami **ait oublié** son pays natal.

CONCORDANCE DES TEMPS

1 Dans la langue parlée et dans la langue écrite simple, on emploie le subjonctif présent et le subjonctif passé.

a. Le subjonctif présent s'emploie pour indiquer que l'action du verbe subordonné a lieu en même temps ou après l'action du verbe principal, même si le verbe principal est au passé.

Je **suis** content:
- tu **prends** des vacances.
- tu **vas prendre** des vacances.
- tu **prendras** des vacances.

Je suis content que tu **prennes** des vacances.

Odette **était** contente: son frère
- lui **rendait** visite.
- **allait** lui rendre visite.

Odette **était** contente que son frère lui **rende** visite.

b. Le subjonctif passé s'emploie pour indiquer que l'action s'est passée avant l'action du verbe principal.

2 Dans la langue écrite littéraire, on a deux autres temps: le subjonctif imparfait et le subjonctif plus-que-parfait (voir le Student Website).

E x e r c i c e

L. Combinez les phrases suivantes. Employez le subjonctif présent ou le subjonctif passé.

1. Je suis surpris / vous n'avez pas entendu la nouvelle.
2. La petite fille a eu peur / son père la renvoie dans son pays natal.
3. Le président n'est pas sûr / son discours a été très clair.
4. Il avait voulu / elle connaît le Cambodge.
5. Tu regrettes / les oiseaux sont partis?
6. Nos parents ont été contents / nous leur avons écrit pendant nos vacances.
7. C'est possible / Michel n'a pas été émerveillé.
8. Ils ont été étonnés / nous sommes arrivés à l'heure.
9. Ça vous a plu / vos amis se souviennent de votre anniversaire?
10. Il est agacé / les touristes plaisantent lourdement.

Suppléments de grammaire

1 il faut

a. il faut + infinitif

L'expression **il faut** + infinitif s'emploie pour exprimer l'obligation, sans spécifier le sujet: *it is necessary to, one must.*

Il faut travailler pour vivre.   ***One must*** *work to make a living.*

Si on parle à une personne en particulier, cette expression signifie: *you must, you have to.*

Si tu veux réussir, **il faut** travailler plus.   *If you want to succeed, **you must** work harder.*

A la forme négative, **il ne faut pas** signifie *one (you) should not, one (you) must not.*

> **Il ne faut pas vous** (ou **se**) décourager.   *You (or one)* **must not** *become discouraged.*

You don't have to se traduit: **Vous n'avez pas besoin de.**

> *You don't have to bring a present.*   **Vous n'avez pas besoin d'**apporter un cadeau.

Au passé, *you didn't have to* se traduit: **Vous n'auriez pas dû / Il ne fallait pas.**

> *You didn't have to come.*   **Vous n'auriez pas dû / Il ne fallait pas** venir.

b. **Il faut** + nom ou pronom.

Le nom qui suit **il faut** est précédé de l'article indéfini ou partitif. Le nom de la personne est *objet indirect* et précédé de **à**. La forme du pronom de la personne est *objet indirect.*

> Il faut **du** temps, **de la** patience.
> Il faut **un** grand parc naturel aux animaux sauvages.
> Il **me (nous, lui, leur)** faut **de l'**argent.

c. L'expression **il me faut** + infinitif est archaïque et est souvent remplacée par **il faut que** + subjonctif.

> **Il me faut aller** en ville.   **Il faut que j'aille** en ville.

E x e r c i c e

M. Traduisez les phrases suivantes avec **il faut.**

1. You must not cry.   2. They need a big ditch.   3. I have to read this book.
4. You need time.   5. We must not forget.   6. One must not lose one's identity.
7. It is necessary to be patient.   8. This family needs a new house.   9. You have to get up early.   10. One must do it.

2 Verbes à double construction

Les verbes **demander** (*to ask*), **empêcher** (*to prevent*), **permettre** (*to permit*), **défendre** (*to forbid*) et **interdire** (*to forbid*) peuvent être suivis de deux constructions différentes.

a. avec **que** + subjonctif

> Je **demande** qu'on **fasse** moins de bruit.
> Vous **permettez** que je **sorte** une minute?
> Elle **défend** que les étudiants **se moquent** d'elle.

b. avec **de** + infinitif

> Je **demande** aux étudiants **de faire** moins de bruit.
> Elle **empêche** ses enfants **de sortir** tard le soir.
> Tu **permets** à ton chien **de dormir** dans ton lit?

> **Remarques:**

- **Empêcher** est suivi d'un nom *objet direct*.
- **Demander, permettre, défendre, interdire** sont suivis d'un nom *objet indirect*.

Exercice

N. Refaites les phrases suivantes avec les deux constructions: le subjonctif et l'infinitif.

Modèles: Je défends / vous parlez anglais en classe.
*Je **défends** que vous **parliez** anglais en classe.*
*Je vous **défends** de **parler** anglais en classe.*

1. Elle permet / son perroquet vole dans la maison.
2. Tu empêches / tes enfants se battent.
3. L'acteur interdit / les reporters le photographient.
4. Nous demandons au singe / il fait des grimaces.
5. La mère ne permet pas à son mari / il va à Paris seul avec sa fille.

Synthèse

Online Study Center Improve Your Grade

Applications

I. Obligations.   Que faut-il que ces personnes fassent? Suivez le modèle.

Modèle: Le père célibataire / élever son enfant seul.
*Il **faut qu'il élève** son enfant seul.*

1. Le père célibataire / faire manger le bébé / le changer / le conduire chez la nourrice / se lever la nuit quand le bébé pleure / se souvenir d'acheter du lait.
2. La grande sœur / aider ses petits frères / leur lire des histoires / les sortir au parc / leur faire un goûter.
3. La secrétaire parfaite / écrire des lettres pour le patron / connaître ses habitudes / répondre au téléphone / mettre ses dossiers en ordre / être aimable et sourire toujours.

II. Emotions appropriées.   A certaines situations correspondent certaines réactions émotionnelles. Faites des phrases avec un verbe de la colonne de gauche et un groupe de la colonne de droite.

Les parents...

1. sont contents   a. leur fils Marc a cassé leur stéréo.
2. sont désolés   b. Jean-Marie leur écrit.
3. sont furieux   c. Monique reçoit son diplôme d'avocate.
4. sont fiers   d. leurs enfants ne réussissent pas dans la vie.

5. sont surpris   e. leurs enfants font des bêtises.
6. regrettent   f. leurs enfants ont oublié leur anniversaire de mariage.
7. ont peur   g. Julie a eu un accident.
8. sont émus   h. on leur fait des compliments.

Dites de quoi vos parents sont contents, sont surpris, sont furieux, ont peur, etc.

III. Croyances et doutes. Dites ce que certaines personnes croient et ce dont (*what*) les autres doutent. Suivez le modèle.

Modèle: Les guerres / disparaître.
    *Les uns **croient** que les guerres **vont disparaître**.*
    *Les autres **doutent** que les guerres **disparaissent**.*

1. La vie sur la terre / devenir facile pour tous.
2. Les hommes politiques / être honnêtes.
3. Personne / ne plus avoir faim.
4. La pollution / être contrôlée.
5. Chacun / avoir une chance de réussir.

A votre tour, que croyez-vous, de quoi doutez-vous?

IV. Prières. Exprimez les prières que vous faites (ou que d'autres personnes font) dans certaines circonstances. Commencez par: «Mon Dieu, faites que...»

1. Vous, avant un examen: les questions sont faciles / je comprends ce qu'on me demande / je n'oublie pas de relire / le professeur est de bonne humeur quand il corrigera / je réussis.
2. Une personne craintive va chez le dentiste: cela ne fait pas trop mal / le dentiste me fait une piqûre / je n'ai pas besoin de revenir / la séance finit vite.
3. Un jeune homme timide avant une interview: ce patron me reçoit bien / mon apparence lui plaît / j'ai toutes les qualifications pour le job / je suis plein d'assurance.

Quelle prière faites-vous avant un événement spécial?

V. Chez le docteur. Votre cousin a des problèmes de santé. Le docteur lui fait certaines recommandations et lui défend certaines choses. Avec les verbes de la colonne de gauche et les groupes de droite, faites des phrases.

1. Il faut que   a. vous avez de l'asthme.
2. Il est évident   b. vous faites de l'exercice.
3. Je recommande   c. vous buvez du vin.
4. Il ne faut pas que   d. vous allez guérir.
5. Il est regrettable   e. vous mangez des légumes et des fruits.
6. Il est bon   f. vous avez toujours faim.
7. Je suggère aussi   g. vous vous couchez tôt.
8. Je suis certain   h. vous fumez.

Quelles recommandations vous fait le docteur? Que vous défend-il?

Activités Orales

 1. **Enquête.**   Interrogez vos camarades sur les zoos. Que pensent-ils des parcs zoologiques? Quels avantages et quels inconvénients les zoos offrent-ils pour les visiteurs et les animaux? Les conditions de vie des animaux dans les parcs zoologiques leur semblent-elles inhumaines? Faites un rapport à la classe.

 2. **Discussion.**   Il y a aussi beaucoup de familles formées d'enfants adoptés venant de tous les pays du monde. Quelles difficultés rencontrent ces enfants pour s'intégrer à une culture différente de la leur? Quels avantages et quels inconvénients y a-t-il à appartenir à deux cultures différentes? Formez un groupe de discussion et présentez les résultats à la classe.

 3. **Travail en groupe.**   Avec deux ou trois camarades, essayez de faire une liste des parties du monde où on parle français. Ces pays sont-ils d'anciennes colonies françaises? Sinon, d'où vient leur héritage français? Ensuite, vérifiez vos connaissances sur la carte à la fin du livre.

 Rédactions

1. Le père de Michel Ragon explique à son fils pourquoi il ne l'a pas emmené voir l'Expo avec sa sœur.
2. Odette raconte à son frère sa visite au zoo.
3. **Une lettre.**   Imaginez que la petite fille de l'histoire part pour retrouver sa mère au Cambodge. Après des recherches, elle écrit à son frère pour lui raconter son voyage, ce qu'elle a trouvé, et décrire ses impressions du pays de sa mère.
4. **Conformité.**   Il y a dans la société moderne un besoin de conformité. Il faut être, s'habiller, vivre «comme les autres». Que pensez-vous de cette attitude? Préférez-vous l'originalité?

Le possessif:

Le mariage et les cadeaux

● Vocabulaire élémentaire

Noms

antiquaire (*m.* ou *f.*) antique shop dealer
politesse (*f.*) courtesy

tour (*m.*) turn

Adjectifs

affectueux (-euse) affectionate
aimable friendly
confus(e) embarrassed
désagréable unpleasant

poli(e) polite
ravissant(e) ravishing, beautiful
semblable similar

Verbe

mélanger to mix

● Vocabulaire actif

amateur (*m.*) **d'art** art lover
au fond de (*here*) at the back of
bredouiller to stammer
corbeille (*f.*) basket
cuir (*m.*) leather
défiler to walk in file
marié (*m.*) groom
mariée (*f.*) bride
masse (*f.*) heap
merveille (*f.*) marvel
mouchoir (*m.*) handkerchief
murmurer to whisper
ne pas se sentir bien to feel faint

œuvre (*f.*) **d'art** work of art
parcourir to travel through
se payer la tête de quelqu'un to pull
  someone's leg
présenter to introduce
reconnaissant(e) grateful
remerciement (*m.*) thanks, thank-you
sacristie (*f.*) vestry
serrer to clench, to squeeze
service (*m.*) **à porto** set of Port wine
  glasses
suer to sweat
tel(le) such (a)

● Vocabulaire supplémentaire
Online Study Center
General Resources

Le mariage

alliance (*f.*) wedding ring
anniversaire (*m.*) **de mariage**
  (wedding) anniversary
autel (*m.*) altar
bague (*f.*) **de fiançailles** engagement
  ring

bénédiction (*f.*) **nuptiale** marriage
  ceremony
cérémonieux (-euse) formal,
  ceremonious (*speech, greeting, person,
  etc.*)
de cérémonie formal, ceremonial
  (*uniform, etc.*)

demoiselle (*f.*) **d'honneur** bridesmaid
se faire (se laisser) enlever pour se marier to elope
faire-part (*m.*) announcement
garçon (*m.*) **d'honneur** best man

jarretière (*f.*) garter
noces (*f. pl.*) **d'argent (d'or, de diamant)** 25th (50th, 60th) anniversary
sans cérémonie informal

Divers

antiquités (*f. pl.*) antiques
bijoutier (-ière) jeweler
bric-à-brac (*m.*) junk shop
brocante (*f.*) secondhand goods
désorienté(e) confused
emballer to wrap

embrouillé(e) confused
joaillier (-ière) jeweler
marché (*m.*) **aux puces** flea market
se moucher to blow one's nose
on s'y perd one is confused

Français en couleurs

Les garçons aiment **draguer** (*chasing*) et flirter. Si une fille est **un boudin** (*blood sausage*) ou **une mémère** (*old fashioned*), on ne s'intéresse pas à elle. Mais si elle est **canon** (magnifique), **BCBG** (=bon chic, bon genre; *high class*), on essaie d'**assurer cette nana** (*to seduce this girl*) et de **sortir avec** (*to go out with her*). Si elle accepte, on se sent **fortiche** (*strong*). Une jeune fille dit qu'elle a **un Jules** (un homme spécial dans sa vie).

Quand on sort ensemble, on se donne des noms comme **mon petit chou, mon lapin, mon biquet** (*kid*), **ma bichette, ma cocotte** (*chickadee*). On **se fait des mamours** (*to bill and coo*), on **se bécote** (*to smooch*). On **délire** (*goes into a frenzy*).

Mais si on ne s'aime plus, **on se largue** (on se quitte). On **se fait jeter** (**on se fait tèj**, en verlan), c'est quand l'un des deux amoureux abandonne l'autre.

Un vrai diamant, c'est **un caillou** (*a stone*). Mais les bijoux sans valeur, **c'est du toc** (*it's fake*).

Quand on s'évanouit, **on tombe dans les pommes. Aux pommes!** veut dire c'est réussi, et on dit **ma pomme, ta pomme,** pour: moi, toi.

Lecture

Préparation à la lecture

Les cartes (de visite)   En France, avant que l'usage du téléphone et des répondeurs devienne si important, on se rendait visite sans prévenir. Si la personne qu'on désirait rencontrer était absente, on laissait sa carte de visite, portant son nom et son adresse, souvent assez grande pour contenir un message. On utilise encore ces cartes pour accompagner un cadeau ou pour envoyer ses vœux de Nouvel An. Elles sont, petit à petit, remplacées par des cartes imprimées pour des occasions spéciales, ou par des messages électroniques.

Les cadeaux de mariage   Il n'y a pas en France d'événement correspondant à une *«bridal shower»*. On apporte son cadeau le jour du mariage ou on l'envoie avant la cérémonie. Les cadeaux sont exposés à la sacristie de l'église ou à l'endroit où a lieu le repas de mariage. La «corbeille» de la mariée est l'ensemble des cadeaux faits personnellement à la mariée et des cadeaux de grande valeur.

A Paris, beaucoup de mariages élégants, chez les familles riches, ont lieu dans certaines églises des quartiers «chic». La Madeleine, dans le quartier de l'Opéra, est l'une de ces églises.

François Boucher (1703–1770)   Ce grand artiste rococo est un décorateur spécialement connu pour ses miniatures et ses peintures délicates de scènes pastorales ou mythologiques.

Michelle Maurois (1924–1999)   est la fille du célèbre romancier et académicien André Maurois (1885–1967). Les livres de cette auteure de biographies, traductrice, romancière, reflètent les habitudes, la façon de vivre d'une certaine société «bourgeoise» qu'elle tourne parfois en dérision. Elle a reçu plusieurs prix littéraires, parmi lesquels un prix du roman de l'Académie Française en 1982 pour son roman: *L'encre dans le sang.*

M. et Mme Martin-Leduc sont invités au mariage de la fille de M. et Mme La Madière, un «grand» mariage. M. et Mme Martin-Leduc sont riches mais aussi un peu «radins»°; pour faire des économies, au lieu d'acheter un cadeau, ils envoient une petite boîte, une bonbonnière,° avec une jolie miniature peinte sur le dessus, qu'ils ont trouvée dans un placard.° Ils reçoivent de la part des parents de la mariée des remerciements exagérés.

stingy
candy box

closet

Le cadeau de mariage

—Sapristi,° dit Monsieur Martin-Leduc, en passant° la main dans° ses cheveux, crois-tu qu'il se paye notre tête?

—Je ne pense pas qu'il[1] oserait, dit sa femme. Ils sont peut-être simplement polis.

—C'est plus que de la politesse!

—Elle était gentille,° cette petite boîte, dit Madame Martin-Leduc, elle leur a peut-être fait plaisir...

—Non. Je pense, dit Monsieur Martin-Leduc, que La Madière veut être aimable; il doit avoir besoin d'un service.

—J'ai une idée, dit sa femme, ils ont peut-être mélangé les cartes... peut-être qu'on a mis notre carte avec quelque chose de très bien.°

—Oui, Rose, tu dois avoir raison; je n'y avais pas pensé. C'est parfait, dit Monsieur Martin-Leduc.

La cérémonie eut lieu le samedi à la Madeleine. Ce fut magnifique: il y avait la plus belle musique, les plus jolies fleurs. La mariée était ravissante, bref, c'était un grand mariage.

Madame Martin-Leduc [...] attendait avec son mari pour défiler à la sacristie. Il y avait des centaines de gens. Quand arriva le tour de Monsieur et Madame Martin-Leduc, Madame La Madière ouvrit ses bras:

—Ah! chers amis, dit-elle, comment vous remercier d'avoir gâté ainsi ces chers petits!

Et la jeune épouse présenta son mari:

—Chéri, ce sont Monsieur et Madame Martin-Leduc qui nous ont fait ce si beau cadeau!

—Bien peu de chose.°... Heureux que cela vous plaise [...], parvint à articuler Monsieur Martin-Leduc.

Ils sortirent, les dents serrées: Monsieur Martin-Leduc suait à grosses gouttes.°

—Ils ont sûrement changé les cartes, dit-il, ils n'oseraient pas se moquer de nous comme cela...

—Nous allons admirer les cadeaux d'abord, dit Madame Martin-Leduc.

—Je ne serais pas fâché° de voir le nôtre, dit son mari...

Il y avait une masse de cadeaux: des lampes, des vases, des services à porto, soigneusement rangés dans les boîtes entrebâillées° et accompagnés de cartes de visite.

—Nous ne retrouverons jamais notre bonbonnière là-dedans,° dit Madame Martin-Leduc. Allons toujours° voir la corbeille de la mariée.

---

good grief / **en...** running / through

pretty

quelque... some high-priced item

Bien... Practically nothing

heavily

Je... (*cond.*) I would not mind

half open

in there

at least

---

[1] Le père de la mariée

Sur une table, au fond de la pièce, étaient disposés les bijoux... Au milieu,
à côté du collier de perles, il y avait la bonbonnière de Monsieur et Madame
Martin-Leduc, dans sa boîte de cuir rouge, avec leur carte de visite.

—Qu'en penses-tu, Rose? demanda Monsieur Martin-Leduc...

Ils furent rejoints à ce moment-là par le frère de Monsieur La Madière,
grand amateur d'œuvres d'art.

—Ah mes amis! leur dit-il, comme vous avez gâté ma nièce: cette miniature de Boucher qu'on a montée° en bonbonnière est une des plus belles
qu'il m'ait été donné de voir.° On n'en connaît que deux ou trois au monde.
J'ai moi-même une collection de miniatures de cette époque, mais aucune ne
peut se comparer à celle-ci.° C'est une pièce unique. Je me demande comment vous avez pu découvrir une semblable merveille. Je parcours depuis
vingt ans les antiquaires d'Europe et n'ai rien vu de tel. [...]

—Euh! C'est-à-dire [...], bredouilla Monsieur Martin-Leduc, je suis
content que cela leur ait fait plaisir. [...]

—Plaisir! reprit Monsieur La Madière, vous pouvez être sûr que cela
leur a fait plaisir! Je donnerais toute ma collection pour ce trésor. [...] Mais
Madame, vous ne vous sentez pas bien. [...]

Madame Martin-Leduc était tombée lourdement sur une chaise et
portait son mouchoir à ses lèvres.

—C'est la chaleur, l'émotion, les fleurs. ●

qu'on...set into

qu'il... that I have had
the opportunity to
see

this one

Compréhension du texte

Mots et structures

A. Trouvez dans le texte les mots qui correspondent aux expressions suivantes en italiques.

> **Modèle:** *C'est une pièce rare.*
> *Cela correspond dans le texte à **c'est une pièce unique.***

1. Il *se moque de nous.*
2. C'est plus que *de la courtoisie!*
3. Ils ont *confondu* les cartes.
4. La jeune mariée présenta *son époux.*
5. Il *était en sueur.*
6. Les cadeaux étaient rangés dans des boîtes *partiellement ouvertes.*
7. Les bijoux étaient *étalés.*
8. Il *apprécie beaucoup les œuvres d'art.*
9. Je suis enchanté que cela *les ait rendus heureux.*
10. Elle *s'était écroulée sur une chaise.*

B. Identifiez l'objet d'après la définition donnée.

1. Elle contient des bonbons.
2. C'est dans ce lieu que l'on a célébré le mariage religieux.

3. On y met des fleurs coupées.
4. On se sert de cet objet pour se moucher.

Questions sur la lecture

1. Pourquoi M. Martin-Leduc pense-t-il que les parents de la mariée «se paient sa tête»?
2. Comment était la petite boîte, selon Mme Martin-Leduc?
3. Comment M. Martin-Leduc explique-t-il l'amabilité de M. La Madière? Quelle raison donne Mme Martin-Leduc?
4. Quels sont les détails qui indiquent que c'était un grand mariage?
5. Qu'est-ce que M. et Mme Martin-Leduc vont faire à la sacristie? Qui les remercie avec exagération? Quelle est la réaction de M. et de Mme Martin-Leduc? Comment interprètent-ils l'exagération?
6. Qu'est-ce qu'ils vont voir ensuite et où a-t-on placé la petite boîte?
7. Que dit le frère de M. La Madière? Pourquoi la boîte a-t-elle de la valeur? Que représente-t-elle, aux yeux de l'antiquaire?
8. Quelle réaction a M. Martin-Leduc? Quelle réaction a sa femme?

Opinions

1. A propos des remerciements exagérés qui sont faits à M. et Mme Martin-Leduc pour leur cadeau (la petite boîte), examinez les sentiments contenus dans les phrases: «il se paye notre tête»; «il doit avoir besoin d'un service»; «ils ont peut-être mélangé les cartes»; et trouvez la vraie raison des remerciements excessifs.
2. Quels sont les détails dans le texte qui permettent de replacer ce mariage à une certaine époque (avant-guerre) et dans une certaine classe sociale (bourgeois riches)? Comparez-les avec des situations plus modernes.
3. Quelle leçon ont reçue M. et Mme Martin-Leduc?

Grammaire: *L'adjectif possessif*

Online Study Center General Resources

● Formes

L'adjectif possessif est un mot qui précède le nom comme un article. Voici les formes de l'adjectif possessif:

	masc.	fém.	pluriel	
je	mon	ma	mes	*my*
tu	ton	ta	tes	*your (fam.)*
il, elle	son	sa	ses	*his, her, its*
nous	notre	notre	nos	*our*
vous	votre	votre	vos	*your*
ils, elles	leur	leur	leurs	*their*

1 Les formes **mon, ton, son** correspondent à l'article défini **le** et à l'article élidé **l'** (*m.* ou *f.*). C'est ce qui explique l'emploi de **mon, ton, son** devant un nom féminin qui commence par une voyelle ou un *h* muet.

mon cadeau	(**ton, son** cadeau)
mon époux	(**ton, son** époux)
mon amie	(**ton, son** amie)
mon habitude	(**ton, son** habitude)

2 Les formes **ma, ta, sa** correspondent à l'article **la.**

ma bonbonnière	**ta** femme	**sa** politesse

3 Les formes **mes, tes, ses** correspondent à l'article **les.**

mes parents	**tes** papiers	**ses** photos

● Emplois

1 On accorde **son, sa, ses** avec l'objet possédé (le nom qui suit). Le genre du possesseur n'est pas pris en compte.

> Dans **sa** chambre (**la** chambre), Bernard a **son** portable (**le** portable), **sa** calculette (**la** calculette), **ses** cassettes (**les** cassettes). Rosine aussi a **son** micro-ordinateur, **sa** calculette et **ses** cassettes dans **sa** chambre.

2 On emploie **notre, votre, leur** avec un nom singulier, masculin ou féminin, et **nos, vos, leurs** avec un nom pluriel, masculin ou féminin.

notre cadeau	**notre** carte	**nos** frères et **nos** sœurs
votre mariage	**votre** politesse	**vos** oncles et **vos** tantes
leur appartement	**leur** maison	**leurs** pieds et **leurs** mains

(**Attention:**) **Leur** (*adjectif possessif*) s'accorde en nombre; **leur** (*pronom personnel*) est invariable.

3 **Son, sa, ses, leur, leurs** peuvent avoir comme possesseurs des noms de choses; c'est la traduction de *its, their.*

> J'aime Paris, **ses** vieilles maisons, **son** atmosphère...
>
> Enlevez ces fleurs; **leur** parfum me donne mal à la tête.

4 On répète l'adjectif possessif devant chaque nom.

> **Mon** père et **mon** frère sont les témoins du marié.

(**Exception:**) Dans la langue administrative, parfois on ne répète pas l'adjectif.

> Ecrivez **vos** nom, prénoms et adresse.

⑤ Quand il y a un doute sur le genre du possesseur à la 3ème personne du singulier ou du pluriel, pour clarifier on peut employer la préposition **à** + un pronom disjoint (**à lui, à elle, à eux, à elles**) après le nom.

> Félix serait heureux de revoir **Stéphanie** avant **son** départ.
>
> (Le départ de **Félix?**—**Son** départ **à lui.**)
>
> (Le départ de **Stéphanie?**—**Son** départ **à elle.**)

A la 1ère ou à la 2ème personne du singulier ou du pluriel (**je, tu, nous, vous**) cette construction sert à insister sur le possesseur (**à moi, à toi, à nous, à vous**): en anglais on aurait des italiques, ou on insisterait avec la voix.

> Tu as **ton** téléphone **à toi?**   *You have **your** telephone?*

On peut aussi ajouter l'adjectif **propre** (*own*) entre le possessif et le nom; **propre** renvoie alors à la personne ou la chose qui fait l'action.

> Valérie a dit à son mari de s'occuper de **ses** affaires, de **ses propres** affaires (*his own*).
>
> Chaque fleur a **son propre** parfum.

⑥ L'adjectif **leur** s'emploie quand plusieurs personnes ou choses ont une possession en commun.

> Ces enfants adorent **leur** père.   Ces entreprises ont **leur** syndicat.

Leur indique aussi que chaque personne ou chose du groupe possède un objet.

> Dans cet autobus, tous les hommes fumaient **leur** pipe. (Chaque homme a **une** pipe.)
>
> Ils gagnent **leur** vie et préparent **leur** avenir. (Chacun a **une** vie, **un** avenir.)
>
> Tous les partis politiques ont **leur** secrétaire. (Chaque parti a **un[e]** secrétaire.)

⑦ Si le sujet est un mot indéfini comme **on, tout le monde, quelqu'un, chacun**, le possessif est **son, sa, ses**.

> **Tout le monde** doit gagner **sa** vie pour élever **ses** enfants.

E x e r c i c e s

A. Dans les phrases suivantes, remplacez l'article en italique par l'adjectif possessif qui correspond au sujet du verbe.

Modèle: J'ai apporté *le* cadeau.
*J'ai apporté **mon** cadeau.*

1. Les invités ont envoyé *les* cartes.   2. Elle parle à *la* mère.   3. Je mets toujours *les* lettres à cette poste.   4. M'as-tu donné *l'*adresse?   5. Yves a cassé *le* vase.   6. *Au* mariage, vous avez eu de la musique?   7. Les époux remercient *la* famille.   8. Nous allons voir *les* cadeaux.   9. Vous avez apporté *les* photos?   10. Tu ne viens pas?

*L'*auto est en panne? Prends *la* bicyclette.   11. Ces gens sont trop aimables. *La* politesse est excessive.

B. Refaites les phrases suivantes et employez le pronom tonique (**à moi, à toi, à lui, à elle, à nous, à vous, à eux, à elles**) après l'expression en italique.

Modèle: J'ai *mon appartement.*
        J'ai **mon** appartement *à moi.*

1. C'est *ton cadeau?*   2. *Mes parents* sont généreux.   3. Vous avez *votre auto?*
4. *Leurs enfants* vivent à la maison.   5. Nathalie? *Son mariage* a eu lieu à la Madeleine.   6. François? *Son mariage* a eu lieu à Notre-Dame.   7. Dans *notre église,* la sacristie est trop petite pour une réception.   8. C'est *sa famille* (la famille de Gérard) qui a offert aux jeunes mariés leur voyage de noces.   9. *Mon mariage* n'a pas eu lieu à l'église.

C. Dans les phrases suivantes, mettez l'adjectif possessif qui convient.

—Comment ça va, Annie?—Ça va, et vous Nicolas?—Très bien, merci. Vous savez, il y a un mois, quelqu'un a téléphoné pour vous envoyer 1. _____ souvenir et exprimer 2. _____ reconnaissance pour le service que vous lui avez rendu. —Qui était-ce?—Il n'a pas laissé 3. _____ nom.—Ah! Etrange. Au fait, vous savez que je me marie en juin? Ma tante et 4. _____ oncle, que vous connaissez bien, ne viendront pas à notre mariage civil. Mais 5. _____ cousins et 6. _____ cousines assisteront aux deux cérémonies.—Au mariage de ma cousine, vous vous souvenez, tout le monde avait apporté 7. _____ cadeaux à l'avance et envoyé 8. _____ félicitations par la poste. Et des quantités de photos avaient été prises. Ma cousine garde les photos de 9. _____ mariage dans 10. _____ album et 11. _____ mari en a un aussi. Et vos projets de voyage de noce sont faits?—Oui. On va d'abord à Marseille, pour voir 12. _____ vieux port, 13. _____ gare, 14. _____ vieux quartiers pittoresques et 15. _____ animation. Après, nous allons dans plusieurs villes en Italie. Nous visitons toujours les musées d'une ville. 16. _____ œuvres d'art nous intéressent. Puis c'est le retour au travail. Tout le monde doit travailler pour gagner 17. _____ vie!

EMPLOI DE L'ARTICLE POUR L'ADJECTIF POSSESSIF

1 On emploie l'article défini (**le, la, les**) à la place d'un adjectif possessif (**mon, ta, ses, notre,** etc.) avec certains verbes qui indiquent que l'action du possesseur est faite **sur son propre corps;** il n'y a pas de doute sur le possesseur. Ces verbes peuvent être **lever, baisser, ouvrir, fermer, hausser** (*shrug*), etc., ou des verbes pronominaux comme **se laver, se brosser, se maquiller, se raser, se casser,** etc.

Levez **la** main! (*votre*)   Je me lave **les** pieds. (*mes*)

Nous avons baissé **la** tête. (*notre*)   Tu te brosses **les** dents? (*tes*)

Ils ont ouvert **les** yeux. (*leurs*) Elle s'est cassé **la** jambe. (*sa*)

Ferme **la** bouche! (*ta*)

Mais si l'objet possédé est accompagné d'un adjectif qualificatif, il faut employer l'adjectif possessif.

Elle a baissé **ses grands** yeux. Ferme **ta jolie** bouche!

Tu as rasé **ta belle** barbe **rousse!**

Seuls les adjectifs **droit** et **gauche** font exception. On emploie l'article devant un nom accompagné de **droit** ou **gauche.**

Levez **la** main **gauche.** Elle s'est cassé **le** bras **droit.**

❷ On emploie un article défini à la place de l'adjectif possessif quand l'action sur une partie du corps est faite par une autre personne, et on ajoute un pronom personnel objet indirect (**me, te, nous, vous, lui, leur**) devant le verbe.

Gisèle est affreuse (*looks awful*); sa sœur **lui** a coupé **les** cheveux.

Je me suis blessé; le docteur **m'**a bandé **la** main.

Dans ce cas aussi, si le nom est accompagné d'un adjectif (autre que **droit** ou **gauche**), on garde l'adjectif possessif.

Sa sœur **lui** a coupé **ses longs** cheveux. Le docteur **m'**a bandé **ma** main **blessée.**

❸ On emploie l'article à la place de l'adjectif possessif devant le nom d'une partie du corps avec les expressions suivantes: **avoir mal à, avoir froid à, avoir chaud à, faire mal à, faire** ou **donner chaud** ou **froid à.**

(**Attention:**) La contraction **à** + **le** = **au; à** + **les** = **aux.**

Il n'a pas froid **aux** pieds. Cela me fait mal **au** cœur. Tu as mal **à la** tête?

Mais si le nom est accompagné d'un adjectif (autre que **droit** ou **gauche**), on garde l'adjectif possessif. Comparez ces deux phrases:

Tu as mal à **ton petit** cœur?

J'ai chaud **au** pied **droit** et froid **au** pied **gauche.**

❹ On emploie l'article défini à la place de l'adjectif possessif dans un complément descriptif formé d'un nom et d'un adjectif ou d'un nom et d'un complément de lieu, quand ce complément est placé après un nom ou un verbe, et est séparé de ce nom ou de ce verbe par une virgule (*comma*).

Le professeur, **les** mains dans **les** poches, marchait dans la classe.

Les élèves rêvaient, **les** yeux au plafond.

Ils sortirent, **les** dents serrées.

Comparez les exemples ci-dessus avec les exemples suivants (ce n'est pas un complément descriptif et il n'y a pas de virgule).

> Le professeur a mis **ses** mains dans **ses** poches.

> Elle a ouvert **ses** yeux pleins de larmes.

Cette règle s'applique aussi aux vêtements.

> Il est entré, **le** chapeau sur **la** tête.
> MAIS:
> Il a mis **son** chapeau sur **sa** tête.

5 Dans beaucoup d'expressions idiomatiques, l'article a une valeur de possessif.

(se) donner la main	to hold hands
perdre la mémoire	to lose one's memory
perdre la tête	to lose one's head
perdre la vie	to lose one's life
perdre la voix	to lose one's voice
perdre la vue	to lose one's eyesight
(se) serrer la main	to shake hands

Tableau-résumé
Emploi de l'article pour le possessif

L'article	*L'adjectif possessif*
verbes + partie du corps Levez **les** yeux!	*partie du corps + adjectif* Elle a levé **ses grands** yeux. MAIS: Levez **la** main droite, puis **la** gauche.
pronom object indirect + verbe + partie du corps Le docteur **lui** a bandé **la** main.	Sa sœur **lui** a coupé **ses** beaux cheveux. MAIS: Le docteur **lui** a bandé **la** main gauche.
avoir froid (chaud, mal) *+ à + partie du corps* J'ai **mal à la** tête.	J'ai **froid à mes** petits pieds. MAIS: J'ai **froid au** pied gauche.
complément descriptif **les** mains dans **les** poches *expression idiomatique* donner **la** main	

Remarque: Rappelez-vous! Avec le verbe **avoir** + une partie du corps et un adjectif descriptif, on emploie l'article défini en français, alors qu'il n'y a pas d'article en anglais.

Elle a **les** yeux bleus.   *She has blue eyes.*

Exercices

D. Dans les phrases suivantes, mettez l'article ou l'adjectif possessif qui convient.

1. En classe, levez _____ main avant de répondre.   2 Jérôme s'est cassé _____ bras droit pendant une partie de foot. Mais _____ bras gauche est en bon état. 3. Tu as vu Sophie? _____ mère lui a fait couper _____ cheveux.   4. Sophie a pleuré quand elle a dû faire couper _____ beaux cheveux blonds.   5. Le docteur m'a ausculté. Il m'a dit: «Ouvrez _____ bouche! Fermez _____ yeux! Baissez _____ tête!»   6. Jean-Paul n'a rien dit. Il a haussé _____ épaules.   7. Il a _____ épaules larges. Il porte son enfant sur _____ épaules.

E. Dans les phrases suivantes, mettez l'article ou l'adjectif possessif qui convient.

—Eh, fais bonne impression au repas, hein! Tu sais qu'un monsieur bien élevé ne doit pas garder 1. _____ chapeau sur 2. _____ tête! Et qu'est-ce que tu as? Tu as mal à 3. _____ main droite?—Oui. Je suis obligé de me servir de 4. _____ main gauche. —Alors, fais attention quand tu manges. —Oh, là, là... l'encens qu'on brûle dans les églises me donne mal à 5. _____ tête! Je suis contente qu'on soit sortis de l'église. Eh! Tu as remarqué quand la jeune mariée, 6. _____ visage couvert d'un voile, s'est avancée vers l'autel? C'était beau!—Ah, oui alors! Dis, tu savais que le père de la mariée était mort très jeune? Il a perdu 7. _____ vie dans un accident de voiture. —Non! Quelle tragédie! Et tu as vu? Les beaux-parents se sont serré 8. _____ main. Je croyais qu'ils ne se parlaient pas. Et puis, quand les invités sont allés voir les cadeaux, 9. _____ dents serrées, 10. _____ cœur battant? C'était à se tordre de rire!—Ah, regarde! La mariée va couper 11. _____ voile et en donner un morcreau à tous les invités! Vite, vite, approchons-nous.

Grammaire: *Le pronom possessif*

Online Study Center   General Resources

Formes

Le pronom possessif est un mot qui remplace un nom précédé d'un adjectif possessif. Il est formé de deux mots, l'article **le, la, les** et un autre mot, **mien, tienne, siens**, etc. Voici les formes du pronom possessif qui correspondent aux pronoms sujets et aux adjectifs possessifs.

Pronom sujet		Adjectif		Pronom		
	genre	*sing.*	*pluriel*	*sing.*	*pluriel*	
je	*masc.*	mon	mes	le mien	les miens ⎫	*mine*
	fém.	ma		la mienne	les miennes ⎭	
tu	*masc.*	ton	tes	le tien	les tiens ⎫	*yours*
	fém.	ta		la tienne	les tiennes ⎭	
il, elle	*masc.*	son	ses	le sien	les siens ⎫	*his, hers*
	fém.	sa		la sienne	les siennes ⎭	
nous	*masc.*	notre	nos	le nôtre	les nôtres ⎫	*ours*
	fém.	notre		la nôtre		
vous	*masc.*	votre	vos	le vôtre	les vôtres ⎫	*yours*
	fém.	votre		la vôtre		
ils, elles	*masc.*	leur	leurs	le leur	les leurs ⎫	*theirs*
	fém.	leur		la leur		

Remarques:

- Il y a un accent circonflexe sur le ô de le nôtre, la nôtre, les nôtres, le vôtre, etc. Le ô est fermé /o/. L'adjectif votre, notre, n'a pas d'accent circonflexe; le o est ouvert /ɔ/.

  Notre prononciation est meilleure que **la vôtre.**

- Dans **la leur, leur** est invariable.

Emplois

Les pronoms possessifs s'accordent avec les noms qu'ils remplacent.

1 **Le mien, le tien, le sien, le nôtre, le vôtre, le leur** remplacent un nom masculin singulier.

J'admire les cadeaux: **le vôtre** et **le nôtre** sont dans la corbeille. Jeannine a oublié **le sien.**

2 **La mienne, la tienne, la sienne, la nôtre, la vôtre, la leur** remplacent un nom féminin singulier.

J'ai fait ma communion; il n'a pas fait **la sienne.** Ils feront **la leur** ce printemps.

3 **Les miens, les tiens,** etc., remplacent un nom masculin pluriel.

Est-ce que vous préférez ses parents ou **les nôtres? Les leurs** sont plus libéraux que **les miens.**

④ **Les miennes, les tiennes,** etc., remplacent un nom féminin pluriel.

> Vos vacances sont plus longues que **les miennes.**

⑤ **Le sien** (*his, hers*) représente un objet **masculin** possédé par un homme ou par une femme; **la sienne** (*his, hers*) représente un objet **féminin** possédé par un homme ou par une femme.

> Annie a déménagé dans **mon appartement; le sien** n'avait pas de téléphone.
>
> Daniel est jaloux de **mon auto; la sienne** est toujours en réparation.

⑥ Les articles **le, les** qui composent les pronoms possessifs se contractent avec les prépositions **à** et **de.** On obtient:

> **au mien, aux vôtres, au tien,** etc. **(à + le, à + les)**
>
> **du mien, du nôtre, des leurs,** etc. **(de + le, de + les)**

> Je m'occupe de mes affaires et vous **des vôtres.**

Au féminin, **à la, de la** ne se contractent pas: **à la mienne, à la vôtre, de la sienne, de la leur.**

> Tu penses à ta mère, et moi **à la mienne.**
>
> Nous parlons de notre lune de miel, et eux **de la leur.**

Exercice

F. Remplacez les groupes entre parenthèses par un pronom possessif.

1. Ses enfants et (mes enfants) vont à la même école.   2. Il a perdu son chien l'année où j'ai perdu (mon chien).   3. Mes parents et (vos parents) vont faire un voyage ensemble.   4. Emballe mes cadeaux et (tes cadeaux).   5. Qui est le meilleur: votre docteur ou (leur docteur)?   6. Je pense à mon mari, pas (à votre mari).   7. Joséphine nous a donné des nouvelles de ses cousins et (de nos cousins).   8. Mon explication est plus logique que (ton explication).   9. Ton frère et (son frère) ont fait des études de médecine.   10. Serge et Suzanne se disputent: il veut inviter plus de membres de sa propre famille que (de sa famille à elle) à leur mariage.   11. Elle parle de ses maladies et ils parlent (de leurs maladies).   12. Il dit: «A votre santé!» et je réponds («A votre santé!»).

Suppléments de grammaire

1 Expressions idiomatiques avec le possessif

a. Les pronoms **les miens, les tiens, les vôtres,** etc. (au masculin pluriel) ont le sens spécial de **ma famille, mes parents, tes parents, vos parents.**

Il est rentré de voyage et il est revenu vivre près **des siens.**	*He returned from his trip and he came back to live near **his family.***
Mon bon souvenir **aux vôtres.**	*My regards to **your family.***

b. L'expression *... is mine (yours, his)* peut se traduire de deux façons.

est + à + moi (*pronom disjoint*): Dans ce cas on répond à la question *Whose ... is ... ?* Une personne identifie un objet et nomme son possesseur.

A qui est ce livre? —Il **est à moi.**

C'est + le mien (*pronom possessif*): Dans ce cas on répond à la question: *Is this yours?* On distingue deux ou plusieurs objets presque identiques, et on en reconnaît un.

Est-ce **le vôtre?** —Oui, c'est **le mien.**

(**Remarque:**) *To belong to* se dit **appartenir à.**

Ce livre **m'appartient.**

c. *A friend of mine, a friend of yours.* Ces deux expressions se traduisent ainsi:

un **de mes amis**	un ami **à moi**	un **de vos amis**	un ami **à vous**

Exercice

G. Dans les phrases suivantes, traduisez les expressions en italique.

1. Cette Française aime retourner dans son pays et passer des vacances parmi *her family.*
2. Vous avez vu ce cadeau magnifique dans la corbeille de la mariée?—*It's not mine.*
3. La grande maison blanche sur la colline, *does it belong to you?*—*Yes, it is mine.*
4. *A friend of mine* a été le témoin de la princesse de Monaco à son mariage.
5. Cet acteur célèbre est *a friend of yours?*
6. A la fin d'une lettre polie, qu'est-ce que vous écrivez? —*My regards to your family.*

2 Les matières

a. En quoi est … ?

Quand on veut savoir en quelle matière un objet est fait, on utilise la formule suivante:

> **En + quoi + être +** le nom?

Dans la question **En quoi est …** et dans la réponse avec le verbe **être,** seule la préposition **en** est possible.

En quoi est votre pull?—Il est **en laine.**	*"What is your sweater **made of?"** It is **made of wool."***
En quoi est le sac de Renée?—Il est **en plastique.**	*"What is Renée's purse **made of?"** "It is **made of plastic."***

b. En coton / de coton

Pour décrire la matière d'un objet sans verbe, comme complément descriptif, on peut utiliser deux formules:

> nom de l'objet + **en** + nom de matière
> nom de l'objet + **de** + nom de matière

Après le nom de l'objet, on a le choix entre **en** et **de.** La différence entre **en** et **de** n'est pas très importante.

Jacques achète un tee-shirt { **en coton.** / **de coton.** }   Marlyse porte un chemisier { **en soie.** / **de soie.** }

c. Noms de matières

Les autres objets

l'acier (*m.*) (*steel*)	l'aluminium (*m.*)	le fer (*iron*)
le zinc	le plastique	

Les bijoux

l'argent (*m.*) (*silver*)	l'or (*m.*) (*gold*)	le diamant
la perle	l'ivoire (*m.*)	le jade
le rubis		la turquoise

Les chaussures

le cuir	le caoutchouc (*rubber*)
la fourrure (*fur*)	le daim (*suede*)

Les maisons

la brique	le ciment (*cement*)	le plâtre
le bois (*wood*)	la pierre (*stone*)	la tuile (*tile*)
le béton (*concrete*)	le verre (*glass*)	le stuc

Les tissus des vêtements (*clothing material*)

le coton	l'acrylique (*m.*)	le synthétique	la fourrure
la laine	la soie	le nylon	

Exercice

H. Répondez aux questions suivantes.

1. Quels tissus préférez-vous pour les vêtements? En quoi sont les vêtements que vous portez en été? en hiver? En quoi sont les vêtements que vous portez aujourd'hui?
2. Avez-vous une montre? des bijoux? En quoi sont-ils?
3. Les maisons de différents pays sont faites de matériaux différents. Dans les villes, elles sont faites en béton, en brique; à la campagne, dans les pays nordiques, à la montagne, en bois. En quoi sont faites les maisons dans votre région? En quoi sont faits votre maison et les objets familiers qui vous entourent?

Synthèse

 *Online Study Center*   Improve Your Grade

Applications

I. Qu'est-ce que Marie-Josée a dans son sac? Employez l'adjectif possessif devant chaque nom.

un porte-monnaie	un chéquier
un carnet d'adresses	des clés
une trousse de maquillage (*makeup kit*)	une brosse à cheveux
un stylo	une calculette
des cartes de crédit	un paquet de Kleenex
des bonbons	un portable

Qu'est-ce que vous avez dans votre sac, dans vos poches, dans votre banane (*waist bag*)?

II. **Françoise et Christophe partent en vacances à Tahiti.**

1. Qu'est-ce qu'ils emportent dans leurs valises? Répétez les mots avec un adjectif possessif.

un drap de bain (*beach towel*)	une rabane (*straw mat*)
les bikinis	un appareil photo
des lunettes de soleil	un équipement de plongée (*scuba diving equipment*)
la crème solaire	les chapeaux en toile

Qu'est-ce que vous mettez dans votre valise?

2. Qu'est-ce que Françoise laisse?

le chien à la belle-mère	le chat chez la voisine
les enfants chez les parents	la perruche à la concierge

3. Qu'est-ce que Christophe donne?

l'adresse aux amis	le numéro de téléphone de l'hôtel à l'associé
la voiture au garagiste	les vêtements à nettoyer

III. **Toujours plus.** Josette a toujours besoin de surpasser tout le monde. Employez des pronoms possessifs en suivant le modèle.

Modèle: MARION: Moi, j'ai des skis excellents.
JOSETTE: *Et moi,* ***les miens*** *sont encore meilleurs.*

1. MARION: J'aime beaucoup ma voiture.
JOSETTE: _____ va plus vite.
2. MARION: J'ai fait mes devoirs en deux heures.
JOSETTE: Et moi, j'ai fait _____ en une demi-heure.
3. MARION: Je suis contente de ma composition.
JOSETTE: J'ai toujours une meilleure note que toi à _____.
4. MARION: J'ai 100 euros d'économies dans mon compte en banque (*bank account*).
JOSETTE: J'ai 200 euros dans _____.
5. MARION: Mes amis m'ont fait un cadeau pour mon anniversaire.
JOSETTE: _____ m'ont fait plusieurs cadeaux.
6. MARION: J'ai réussi à mon examen la troisième fois.
JOSETTE: Moi, j'ai réussi _____ la première fois.

IV. **Affection ou réserve?** Dites ce que font ou ne font pas ces personnes. Suivez le modèle.

Modèle: Jeannette embrasse toujours ses enfants. Marcelle n'embrasse jamais _____.
Marcelle n'embrasse jamais ***les siens.***

1. Pierre écrit à ses parents. Eric n'écrit pas _____.
2. Guy pense à sa grand-mère. Nous ne sommes pas attentifs _____.
3. Jacqueline téléphone à sa vieille cousine. Vous ne téléphonez pas _____.
4. Alain parle de son enfance. Tu ne parles pas _____.
5. Je n'oublie pas mon père pour son anniversaire. Marie oublie _____.
6. Tu achètes des cadeaux à tes parents pour Noël. Mes cousins n'achètent rien _____.

Activités Orales

 1. Discussion.   Parlez avec un ou deux camarades des différentes cérémonies qui ont lieu au cours de l'existence. Lesquelles avez-vous vécues? Auxquelles avez-vous participé? Où vous êtes-vous le plus amusés, le plus ennuyés?

> **le baptême:** le parrain (*godfather*), la marraine (*godmother*), le filleul (*godson*), la filleule (*goddaughter*), baptiser, la dragée[1]
>
> **la première communion** ou **la bar-mitsva**
>
> **les fiançailles:** le fiancé, la fiancée, la bague, le solitaire (*diamond ring*)
>
> **le mariage civil ou religieux:** le maire (en France), le juge (aux Etats-Unis), le témoin (*witness*), la bénédiction nuptiale, le pasteur, le curé
>
> **l'anniversaire de mariage:** les noces d'argent, d'or, de diamant, de papier (un an), de fer (six ans)

 2. Enquête.   Faire un cadeau est un art. Conduisez une enquête auprès de vos camarades pour savoir quels sont les cadeaux qu'ils reçoivent ou qu'ils donnent: cadeaux traditionnels, originaux, fantaisistes, ennuyeux, cadeaux qu'on fabrique soi-même, cadeaux qui demandent de l'imagination, personnes qui ont tout. Rapportez vos résultats à la classe.

3. Débat.   Formez deux groupes et conduisez une discussion sur différents aspects de «l'étiquette». Un groupe pense que ce n'est pas important de répondre à une invitation où on ne peut pas se rendre, de remercier pour un cadeau ou un don d'argent, d'envoyer ses vœux pour la nouvelle année ou un anniversaire. L'autre groupe pense que c'est nécessaire.

 Rédactions

1. L'antiquaire écrit à Mme Martin-Leduc pour lui demander de regarder dans ses placards au cas où elle aurait une autre petite boîte.
2. La jeune mariée écrit à une amie pour lui raconter la cérémonie de son mariage et décrire ses cadeaux.
3. **Mariage sans façons.**   Racontez un mariage simple, sans cérémonie, comme il y en a à notre époque. Quels cadeaux pratiques font les invités? Où a lieu le mariage? Comment sont habillés le marié et la mariée? Qu'est-ce qui se passe après la cérémonie? Où partent les jeunes mariés?
4. **Catastrophes.**   Racontez un mariage où tout se passe mal et où les catastrophes s'accumulent.

---

[1] This type of candy (sugar-coated almonds) is traditionally distributed at baptisms and weddings.

Les pronoms relatifs:

Revers de fortune

Vocabulaire élémentaire

Noms

couturier (*m.*) fashion designer
couturière (*f.*) seamstress
établissement (*m.*) school
gouvernante (*f.*) governess, nanny

maison (*f.*) **de couture** fashion house
pension (*f.*) (*here*) boarding school;
    tuition in a boarding school

Adjectifs

extravagant(e) wild, crazy

moqueur (-euse) teasing

Verbes

approcher (*here*) to come in contact with
s'endetter to go into debt
être à la charge de to be financially
    dependent on
faciliter to make easy

se nourrir de to eat (only specific food)
poser des problèmes to cause problems
tomber malade to become sick

Expression adverbiale

au lendemain de shortly after

Vocabulaire actif

à la veille de shortly before
à l'époque in those days
argenterie (*f.*) silverware
avoir du goût to have taste
avoir le goût de to taste like; to have a
    taste for
avoir un amour fou pour to be madly
    in love with
avoir une mémoire de fer to have a
    fantastic memory
bibelot (*m.*) knickknack
côtelette (*f.*) **d'agneau** lamb chop
cuisinière (*f.*) female cook
drôle de strange
élever la voix to raise one's voice
entreprise (*f.*) undertaking, business

faire du droit to go to law school
faire médecine to go to medical school
femme (*f.*) **de chambre** maid
force (*f.*) strength
gagner to earn
interne (*m. ou f.*) boarder (*in a school*)
jouer un rôle to play a part
mettre en pension to send to boarding
    school
propriété (*f.*) ownership; estate
se résoudre à to bring oneself to (*do
    something*)
sténodactylo (*f. ou m.*) stenographer-
    typist
valeur (*f.*) worth
voilà pour so much for

Vocabulaire supplémentaire

Propriété / location

agence (*f.*) **immobilière** real estate agency
à louer for rent
arrhes (*f. pl.*) deposit
à vendre for sale
caution (*f.*) security deposit
hypothèque (*f.*) mortgage

locataire (*m.* ou *f.*) tenant; roomer
location (*f.*) rental
louer to rent
loyer (*m.*) rent
propriétaire (*m.* ou *f.*) landlord, landlady
sous-louer to sublet

Finance / argent

affaire (*f.*) bargain
avoir les moyens de (+ *inf.*) to afford
billetterie (*f.*) Automated Teller Machine
bourse (*f.*) stock market
caisse (*f.*) **d'épargne** savings bank
cyber-boursier (*m.*) online trader
dépensier (-ière) extravagant
d'occasion secondhand
économiser, épargner to save money

engager to hire
faire des affaires to be in business
faire faillite to go bankrupt
investir to invest
marchander to haggle over
placement (*m.*) investment
revers (*m.*) **de fortune** financial setback
salaire (*m.*) salary, wages
taux (*m.*) **d'intérêt** interest rate

Divers

demi-pension (*f.*) half board

pensionnaire (*m.* ou *f.*) boarder

Français en couleurs

—*Si vous avez un petit budget, je peux vous montrer encore plus moche!*

En argot, il y a beaucoup de mots pour désigner l'argent: **le fric, le pognon, le pèze, le blé, la galette, l'oseille, le flouss** (ce mot vient de l'arabe), **des ronds, des pépètes.**

Quand on n'a pas d'argent, on est **fauché,** on est **sans un** (littéralement, sans un sou), on n'a **pas un rond,** on est **dans la mouise.**

Quand on doit se priver de quelque chose, on dit: **il faut se serrer la ceinture.** Quand on n'a plus du tout d'argent, **on est sur la paille.**

Si on a de la chance, on peut recevoir **un max de flot, un mega flot,** c'est-à-dire beaucoup d'argent, et si on dépense sans compter, **on jette l'argent par les fenêtres, on est un panier percé.** Quelqu'un qui n'aime pas dépenser son argent est **radin.**

Quelqu'un qui est riche **est bourré de fric, est plein aux as.** Au Canada on dit: **il est bien loadé.**

● Lecture ●

Préparation à la lecture

Corneille (1606–1684)   Il a vécu au siècle de Louis XIV et a écrit des tragédies. *Le Cid* est son œuvre la plus célèbre: elle est en vers et décrit les actions de jeunes gens remarquables par leur sens du devoir, de l'honneur, et par les qualités de leur «âme bien née»[1]. En France, très jeunes, les étudiants lisent et récitent par cœur des scènes entières. Dans la famille de Françoise, on répétait des passages du *Cid* que l'on considérait comme un catéchisme (instruction que les enfants reçoivent à l'église).

Les Grandes Ecoles   Créées par Napoléon, elles sont un des choix qui se présentent aux étudiants qui veulent faire des études supérieures. On y entre par concours; la sélection est sévère. On y fait des études financées par l'Etat. Ces études sont spécialisées: en humanités et littérature (Ecole Normale Supérieure qui se trouve à Sèvres pour les femmes, rue d'Ulm à Paris pour les hommes), en politique et administration (Ecole Nationale d'Administration ou ENA), en mathématiques (Ecole Polytechnique appelée familièrement l'X), etc. Ces écoles préparent une élite intellectuelle, et la plupart des membres du gouvernement sortent d'une de ces écoles.

Françoise Giroud (1916–2003),   de son vrai nom France Gourdji, est née à Genève, en Suisse, dans une famille d'origine turque. Elle a débuté comme sténodactylo, script-girl, assistante de plusieurs réalisateurs de films. Auteure de talent, elle a écrit des chansons, des scénarios de films, des interviews avec des personnalités parisiennes et un essai sur la jeunesse: «La Nouvelle Vague». Devenue journaliste, elle a dirigé la rédaction de la revue *Elle* et en 1953 elle a contribué à la fondation de *L'Express*. Elle fait preuve de° beaucoup de sens critique, de finesse, d'humour, et ses jugements politiques sont équilibrés et humains. Elle a été Ministre à la Condition féminine[2] sous la présidence de Giscard d'Estaing (1974–1981), et a fait beaucoup pour aider les femmes à prendre conscience de leurs droits. *Si je mens* est une biographie présentée sous la forme d'une interview: Françoise Giroud répond aux questions que lui pose une journaliste sur ce qu'elle a vu, vécu. C'est l'histoire d'une femme et d'une carrière.

fait... shows

---

[1] Le vers de Corneille dont il est question est le suivant: «... **mais aux âmes bien nées, / la valeur n'attend pas le nombre des années.**» (*Well-born people show their qualities early in life.*)

[2] Ministry responsible for improving the status and living conditions of women

Une enfance bizarre

—**Q**uel genre d'enfance avez-vous eu?

—Le genre bizarre.

—Bizarre? Pourquoi?

—Ce n'est pas facile à expliquer... Mon père a été essentiellement une absence, une légende. Une absence d'abord à cause de la guerre, puis d'une mission aux Etats-Unis dont il a été chargé par le gouvernement français, ensuite
d'une maladie que l'on ne savait pas soigner à l'époque et dont il est mort.
Cette maladie a duré des années pendant lesquelles je ne l'ai jamais vu. J'ai
eu pour lui un amour fou. On parlait de lui, à la maison, comme d'un héros
qui avait tout sacrifié à la France, ce qui paraissait d'ailleurs la moindre des
choses qu'il y avait à faire pour une âme bien née... Une âme bien née, où est-
ce déjà?... Dans Corneille... C'est un vers de Corneille que ma mère me réci-
tait quand j'avais quatre, cinq ans... «Aux âmes bien nées la valeur n'attend
pas le nombre des années.» Drôle de catéchisme...

Ma mère a été... la mère comme tout le monde en voudrait une. Belle,
gaie, tendre, moqueuse. Avec une force intérieure irréductible.° Souveraine,°   unyielding / Regal
vraiment. Elle a joué un rôle considérable non seulement dans ma vie, ce qui
est normal, mais dans celle° de tous les gens qui l'ont approchée, et jusque   = la vie
dans° le grand âge... Quoi encore? J'ai eu une grand-mère arrogante et dure,   jusque... even until
qui ne se nourrissait que de côtelettes d'agneau, jouait au bridge et mobili-
sait une personne pour lui brosser les cheveux pendant une heure chaque
après-midi. J'ai eu aussi une gouvernante anglaise, jusqu'à cinq ou six ans,
qui m'a enseigné qu'on ne doit jamais élever la voix, parler de soi et aborder° touch
des sujets personnels, ce qui ne va pas faciliter notre conversation.

Enfin, j'ai vu se désintégrer l'univers de mon enfance, après la mort de
mon père. Tout a été vendu, petit à petit. Les choses disparaissaient. Les
bibelots, les tapis, le piano. Un Bechstein[1] de concert, avec lequel j'avais
une relation très affectueuse. C'est peut-être pour cela que je n'ai aucun
goût de la propriété... Disparus aussi la gouvernante, bien sûr, la femme de
chambre, la cuisinière, un étage de l'appartement qui en avait deux, les
bijoux, l'argenterie...

Ma mère, qui savait tout faire, c'est-à-dire rien, a dilapidé les lam-   dilapidé... squandered
beaux° d'un héritage dans quelques-unes de ces entreprises extravagantes   what was left /
de «dame qui a eu des malheurs»°...   financial problems

La propriété transformée en hôtel, où l'on ne se résout pas à faire
payer les clients... La maison de couture où l'on commence par s'endetter   start-up costs / j'en... I
pour l'installation°... Sur les dettes, j'en connais un bout.°   know them well

Ma sœur et moi, nous avons été mises en pension. Une pension qui
était toujours payée avec retard naturellement. La situation de la petite

---

[1] **Bechstein:** a brand of piano

40 fille interne dans un établissement bien-pensant° dont la pension n'est pas payée, cela vous en apprend. J'ai appris et pour toujours.

    Ma sœur en° est tombée malade. Moi, j'ai trouvé assez vite la seule manière de supporter cela. C'était d'être première. Première en tout et avec insolence. «Petite effrontée»°, disait la directrice. Mais j'avais une mémoire 45 de fer. Alors les études ne me posaient pas de problèmes. De ce côté-là° les choses m'ont été faciles. Pour rien d'ailleurs... Je me racontais que je ferais du droit... ou l'Ecole de Sèvres... Ou peut-être médecine... Mais sept ans d'études... Huit même, après le premier bac. A la charge de qui? Alors, à la veille de mes quinze ans, un jour un peu plus sombre que les autres, j'ai 50 compris que tout cela était du domaine du rêve, que ma mère s'enfonçait° chaque jour davantage et que je n'avais qu'une chose à faire: travailler. Gagner ma vie. Apporter de l'argent à la maison au lieu d'en coûter. Je l'ai fait. Voilà pour l'enfance. ●

right thinking (Catholic)

because of it

insolent

De... As far as studies were concerned

was getting into deeper trouble

Compréhension du texte

Mots et structures

A. Identifiez le personnage du texte à qui s'appliquent les expressions suivantes.
1. ne pas parler de soi / ne pas parler de sujets personnels / ne pas parler fort
2. gagner sa vie / être première en tout / abandonner ses rêves
3. un héros / travail pour le gouvernement / maladie grave
4. belle / moqueuse / forte / dépense de l'argent

B. Trouvez l'intrus.
1. elle était belle / elle était forte / elle a fait des dettes / elle s'est remariée
2. insolente / excellente mémoire / bonne élève / fit l'école de médecine
3. centre de vacances / maison de couture / hôtel / propriété
4. héros / mort très vieux / malade / chargé de mission

Questions sur la lecture

1. Expliquez pourquoi le père de Françoise Giroud a été absent pendant son enfance. Où était-il? De quoi est-il mort?
2. Pourquoi le considérait-on comme un héros? Quelle valeur est devenue importante pour Françoise Giroud?
3. Décrivez la mère de Françoise. Comment a-t-elle joué un rôle important? Selon vous, que veut dire la phrase: «Ma mère, qui savait tout faire, c'est-à-dire rien.»?
4. Est-ce que Françoise a admiré sa grand-mère? Comment pouvez-vous définir sa personnalité?
5. Que lui a appris la gouvernante anglaise?
6. Quels sont les détails (objets, style de l'appartement, style de vie) qui indiquent que la famille avait été riche et est devenue pauvre?
7. Quels sont les différents moyens par lesquels la mère a essayé de gagner de l'argent? Comment savez-vous qu'elle n'a pas réussi?

8. A quel genre d'école sont allées Françoise et sa sœur? Pourquoi est-ce que la pension était payée avec retard?

9. A quelles études est-ce que Françoise rêvait? Pourquoi est-ce qu'elle a dû y renoncer? A quel âge est-ce qu'elle a décidé de gagner de l'argent et pourquoi?

Opinions

1. Que pensez-vous de la mère de Françoise Giroud? Comment savez-vous qu'elle n'avait pas le sens des affaires? Qu'aurait-elle dû faire pour éviter de s'endetter?

2. A votre avis, qui Françoise a-t-elle voulu remplacer dans sa famille? Quelle influence est-ce que son enfance a eue sur la direction qu'elle a prise dans sa vie?

3. Etes-vous à la charge de vos parents? Sinon qui paie vos études? Travaillez-vous et quel travail faites-vous?

4. Que pensez-vous de la vie de pension? Quels avantages et quels inconvénients la pension présente-t-elle?

Grammaire: *Les pronoms relatifs*

Online Study Center   General Resources

Un pronom relatif est un mot de liaison placé entre deux groupes de mots pour faire une phrase plus longue, sans répéter un nom.

>Donnez-moi **le livre. Le livre** est sur la table.

>Donnez-moi **le livre qui** est sur la table.

Le mot **livre** dans la 2ème phrase s'appelle *l'antécédent*.

Les principaux pronoms relatifs sont: **qui, que, dont, lequel.**

Le pronom relatif est généralement placé immédiatement après son antécédent.

En français, le pronom relatif est toujours exprimé; il ne disparaît pas comme parfois en anglais: *the book* [*that*] *I bought.*

● Formes

Le pronom relatif est le même pour les personnes et pour les choses, sauf pour l'objet de la préposition.

	personnes	choses
sujet	qui	qui
objet direct	que, qu'	que, qu'
objet de **de**	dont	dont
objet de prép.	[avec] **qui**	[avec] **lequel, laquelle,**
	[avec] **lequel, laquelle,**	**lesquels, lesquelles**
	lesquels, lesquelles	

● Emplois

Le pronom relatif, comme le nom qu'il remplace, a différentes fonctions: il est sujet, objet direct, objet de la préposition **de,** objet d'une autre préposition.

1 **Qui** (*sujet*): *who, which, that*

Qui est le pronom relatif sujet. Il remplace un nom de personne ou un nom de chose. **Qui** ne s'élide jamais.

> Françoise adorait son père, **qui** fut absent pendant son enfance.

> Il avait fait des voyages **qui** l'avaient enrichi.

2 **Que, qu'** (*objet direct*): *whom, which, that*

Que est le pronom relatif objet direct. Il remplace un nom de personne ou un nom de chose.

Que s'élide en **qu'** devant une voyelle ou un **h** muet.

> La jeune fille parlait de sa grand-mère, **qu'**elle n'aimait pas beaucoup.

> Ils ont vendu les bibelots **que** nous préférions.

(**R e m a r q u e :**) Avec **que,** le participe passé du verbe qui suit s'accorde avec l'antécédent.

> Je connais bien **la sténodactylo que** le directeur a engag**ée**.

3 Souvent, les deux groupes (la proposition [*clause*] principale et la proposition subordonnée relative) s'ajoutent l'un à l'autre. La proposition relative suit immédiatement l'antécédent.

> Gisèle a fait <u>un voyage</u> **qui** l'a intéressée.

> *Le Monde* est <u>un journal</u> **que** les intellectuels lisent.

Quelquefois, la proposition relative est insérée (*inserted*) dans la principale.

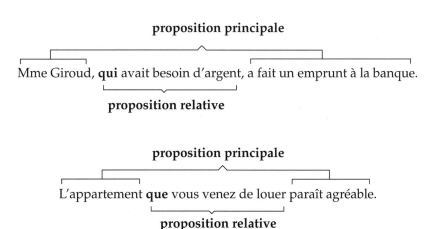

proposition principale

Mme Giroud, **qui** avait besoin d'argent, a fait un emprunt à la banque.

proposition relative

proposition principale

L'appartement **que** vous venez de louer paraît agréable.

proposition relative

4 **Dont** (*objet de* **de**): *whose, of whom, of which*

    a. **Dont** remplace **de** + un nom. **Dont** est placé immédiatement après l'antécédent. L'ordre des mots est toujours:

> **dont** + sujet + verbe + complément du verbe ou adjectif

        J'ai plusieurs amis **dont** les enfants s'intéressent aux ordinateurs.
        (dont = de mes amis)

        Ils vont envoyer leur fille à l'école **dont** je leur ai parlé. **(dont = de l'école)**

    b. **Dont** exprime une relation de possession

        Françoise, **dont** le piano a été vendu, étudie maintenant la guitare. **(dont = de Françoise)**

    ou une relation de parenté.

        J'ai un cousin **dont** le fils veut être matelot sur un voilier! **(dont = de mon cousin)**

    c. **Dont** est employé avec un verbe construit avec **de (avoir besoin de, se servir de, avoir peur de, avoir envie de, manquer de,** etc.).

        On achète souvent des choses **dont** on a envie et **dont** on n'a pas vraiment besoin.
        (dont = des choses)

    d. **Dont** est employé avec un adjectif construit avec **de (être content de, fier de, amoureux de, dégoûté de,** etc.).

        Les étudiants écrivent des rédactions **dont** ils sont fiers et **dont** le professeur n'est pas toujours satisfait. **(dont = des rédactions)**

    e. La proposition relative qui commence par **dont** peut s'ajouter à la proposition principale ou s'insérer dans la proposition principale.

        Nous avons un micro-ordinateur **dont** nous nous servons tous les jours.

        Daniel, **dont** le père était sportif, faisait du ski avec lui.

E x e r c i c e s

  A. Combinez les phrases suivantes: Mettez le pronom relatif qui convient: **qui** ou **que** (**qu'**).

    Modèles: J'écris souvent à **mon grand-père**. **Mon grand-père** habite à la campagne.
        *J'écris souvent à mon grand-père, **qui** habite à la campagne.*

        Elle téléphone à **son ami**. Elle ne voit pas souvent **son ami**.
        *Elle téléphone à son ami, **qu'**elle ne voit pas souvent.*

    1. Tout le monde aimait sa mère. Sa mère était tendre et moqueuse.
    2. Son père est mort d'une maladie. Personne ne savait soigner cette maladie, à l'époque.

3. Elle regrette le piano. On a vendu le piano.
4. On a renvoyé la gouvernante. La gouvernante n'enseignait rien aux enfants.
5. Ses parents n'ont pas d'argent pour la pension. Il faut payer la pension.
6. C'est Paul qui a fait cuire la côtelette d'agneau? J'ai mangé la côtelette.
7. Elle a mis l'argent à la caisse d'épargne. Elle a économisé l'argent.
8. Le monsieur est un agent d'assurances. Le monsieur vous a téléphoné.

B. Combinez les phrases suivantes avec **dont**.

> **Modèle:** Vous avez fait **un travail**. Vous pouvez être fier **de ce travail**.
> *Vous avez fait un travail **dont** vous pouvez être fier.*

1. Françoise ne voyait pas souvent son père. On parlait de son père comme d'un héros.
2. Il était parti pour une mission. Le gouvernement l'avait chargé de cette mission.
3. Ces personnes ont eu des revers de fortune. Elles ne veulent pas se souvenir de ces revers de fortune.
4. Françoise n'a pas fait les études. Elle rêvait de ces études.
5. Les côtelettes ne la rendaient pas malade. La grand-mère se nourrissait de côtelettes.
6. La brosse est très dure. Elle se sert de la brosse pour se brosser les cheveux.
7. Vous avez de la chance; vous réussissez toutes les choses. Vous vous occupez de ces choses.
8. J'aimerais bien acheter les bibelots. J'ai envie de ces bibelots.

5 **Lequel** (*objet de préposition*)

a. **Lequel** s'emploie après une préposition; il remplace un nom de personne ou un nom de chose. Il a les mêmes formes que le pronom interrogatif de choix.

	masc.	fém.
sing.	lequel	laquelle
pl.	lesquels	lesquelles

Mes amis ont une fille **pour laquelle** ils ont tout sacrifié.

Suzanne a un piano **sur lequel** elle fait des gammes (*scales*) tous les jours.

Voici des prépositions courantes qui précèdent ces pronoms:

dans	pour		parmi (*among*)
avec	entre		selon (*according to*)
chez	par	(*by, through*)	d'après (*according to*)

Remarque: Si l'antécédent est un nom de personne, on peut avoir **qui: avec qui, chez qui, sans qui.** (*Exception:* la préposition **parmi**; il faut dire **parmi lesquels**.)

> Elle a épousé un jeune homme **avec qui (lequel)** elle avait suivi des cours de biologie.

> A l'université, j'avais des amis **parmi lesquels** il y avait beaucoup d'étrangers.

b. Auquel, auxquels: contractions avec **à**
Si la préposition est **à**, on a les contractions suivantes: **auquel, auxquels, auxquelles.** Au féminin singulier, il n'y a pas de contraction: **à laquelle.**

> Elle a des parents **auxquels** elle n'écrit jamais.

> Voilà une solution **à laquelle** je n'avais pas pensé.

c. Duquel, desquels: contractions avec **de**
Si la préposition est longue et composée avec **de** (**au sujet de, à propos de,** etc.), on a les contractions suivantes: **duquel, desquels, desquelles.** Au féminin singulier, il n'y a pas de contraction: **de laquelle.**

> C'est une question **à propos de laquelle** nous ne sommes pas d'accord.

Si l'antécédent est un nom de personne, on peut employer **de qui** à la place de **duquel,** etc.

> Gabrielle avait un parrain, **à la charge de qui** ses parents l'ont laissée.

Attention: Avec les prépositions longues, il ne faut jamais employer **dont.**

> C'est agréable d'avoir des enfants **au sujet desquels** on ne se fait pas de soucis.

> L'Elysée est une grande propriété **à l'intérieur de laquelle** il y a des jardins magnifiques.

Voici des prépositions longues suivies de **de:**

au-dessus de	above	**en face de**	opposite
au-dessous de	below	**au sujet de**	about
au milieu de	in the middle of	**à l'intérieur de**	inside
à propos de	about	**à l'extérieur de**	outside
autour de	around	**à la charge de**	in the care of

d. Lequel comme sujet
On emploie **lequel, laquelle,** etc. comme sujets, dans un style littéraire, dans une phrase où il y a un doute sur l'antécédent, ou quand il y a plusieurs autres **qui.**

> Le propriétaire a renvoyé le chèque au locataire, **lequel** a dû payer un loyer plus élevé.

> Françoise a présenté sa mère à la directrice, **laquelle** n'a pas été très polie.

⑥ **Où** (*adverbe*): *where, in which, on which, etc.*

    a. Où remplace **dans lequel, sur laquelle,** etc.

        Je ne trouve pas le magasin **où** elle a acheté cet objet d'art.

    b. D'où (*from where, from which*) remplace **duquel, de laquelle,** etc.

        Connaissez-vous la ville **d'où** il vient?

    c. Par où (*through which*) remplace **par lequel, par laquelle,** etc.

        Il a des photos des pays **par où** il est passé pendant son voyage.

    d. Où signifie *when* dans les expressions suivantes:

        le jour **où,** l'année **où,** etc.   *the day **when**, the year **when**, etc.*

(Remarque:) Souvent, après un pronom relatif, on a l'inversion simple du nom sujet. L'ordre est: pronom relatif + verbe + nom sujet.

    Elle a vendu le bijou **que** lui **avait donné son ami.**

    Voilà la pension de famille **où vivaient les étudiants.**

Exercices

C. Mettez dans l'espace indiqué le pronom relatif qui convient: **qui** ou **lequel, laquelle, lesquels, lesquelles.**

    Modèle: Je rêvais de mon père pour ___ j'avais de l'admiration.
          *Je rêvais de mon père pour **lequel** (ou **qui**) j'avais de l'admiration.*

    1. Quelle enfance! A la pension, j'avais des camarades parmi ___ je me suis fait des amies pour la vie.
    2. J'avais une institutrice devant ___ j'étais paralysée de peur.
    3. Mais il y a les bons souvenirs: les arbres sous ___ nous pique-niquions quand j'étais petite étaient remplis d'oiseaux.
    4. Un de nos cousins avait une propriété derrière ___ il faisait pousser des kiwis que nous dégustions avec plaisir.
    5. J'avais quelques cousines aussi avec ___ ma sœur et moi passions nos vacances.
    6. Et puis, très vite il a fallu grandir et travailler. J'ai travaillé dans une maison de couture toute une année, pendant ___ j'ai beaucoup appris.

D. Mettez **à qui** ou **auquel, auxquels, auxquelles, à laquelle** dans l'espace indiqué.

    Modèle: La maison de couture ___ j'ai envoyé une demande d'emploi ne m'a pas répondu.
          *La maison de couture **à laquelle** j'ai envoyé une demande d'emploi ne m'a pas répondu.*

    1. Ma mère avait des difficultés ___ elle ne savait pas faire face.
    2. Alors, après mon année dans la maison de couture, pour continuer à gagner ma vie, j'ai voulu essayer le travail de bureau. Le premier bureau ___ je me suis adressée ne m'a jamais répondu. Mais j'ai persisté et vite trouvé un emploi.

3. Ma sœur, elle, après s'être rebellée contre mon père, ___ elle refusait d'obéir, a fini par s'entendre avec lui.
4. Elle a gardé beaucoup d'amies de pension ___ elle tient énormément.
5. Parmi ses amis, il y en a beaucoup ___ elle pense encore tous les jours.
6. Une amie ___ elle écrit tous les mois lui répond aussi régulièrement.

E. Combinez les phrases suivantes avec la préposition en italique + **qui** ou la forme de **lequel** qui convient.

> Modèle: Le locataire a parlé au propriétaire de son loyer. Il n'est pas d'accord *au sujet de* son loyer.
> *Le locataire a parlé au propriétaire de son loyer **au sujet duquel** il n'est pas d'accord.*

1. Suzanne a quitté ses parents. Elle ne voulait plus être *à la charge de* ses parents.
2. Ils ont loué un appartement. L'autoroute passait *à côté de* l'appartement.
3. Ma mère a ouvert une agence immobilière. *En face de* cette agence, il y a un marchand de glaces.
4. Josée et Michel sont partis pour faire le tour du monde. *En vue de* ce tour du monde ils avaient fait des préparatifs pendant des mois.
5. Dans cet ancien cratère il y a un lac. *Au milieu du* lac, on peut voir une île.
6. Cet acteur s'est fait construire un château. *A l'extérieur du* château, il y a une réserve d'animaux sauvages (*game preserve*).

F. Combinez les phrases suivantes. Utilisez **où, par où, d'où**.

> Modèle: Elle a porté ses dessins à la maison de couture. Elle les a laissés **à la maison de couture** pendant deux semaines.
> *Elle a porté ses dessins à la maison de couture **où** elle les a laissés pendant deux semaines.*

1. Elle n'aimait pas la pension. Elle a été interne dans cette pension.
2. J'ai vu beaucoup d'hôtels dans cette rue. Je suis passée par la rue.
3. On a revendu le piano au magasin. Il venait de ce magasin.
4. Je vais placer mon argent dans cette banque. Le taux d'intérêt est plus élevé dans cette banque.
5. Nous n'allons pas nous arrêter dans les pays. Vous êtes passés par ces pays.
6. Tu n'as jamais visité la province? Je viens de cette province.
7. Les amoureux célèbrent toujours le jour. Ils se sont rencontrés ce jour.

● Le pronom relatif sans antécédent

Quand le pronom relatif n'a pas de nom antécédent, on a les formes suivantes:

sujet	**ce qui**	what, that which
objet direct	**ce que**	what, that which
objet de **de**	**ce dont**	what, that of which, about which
objet de prép.	**ce à quoi,**	what, that to which, with which, without which
	avec quoi,	
	sans quoi	

❶ **Ce qui** est sujet; il représente une phrase entière qui précède ou annonce une idée exprimée plus loin et qui est parfois introduite par **c'est** ou **ce sont.**

> Ma mère m'a influencée, **ce qui** est normal.
> *My mother influenced me, **which** is normal.*

> **Ce qui** me plaît, c'est son accent.
> *What I like is her accent.*

❷ **Ce que** est objet direct; il signifie **la chose que, les choses que** (*what, that which*).

> Je ne comprends pas **ce que** vous dites.
> *I do not understand **what** you say.*

> **Ce que** je voudrais faire, c'est voyager.
> *What I would like to do is to travel.*

❸ **Ce dont** est objet de **de** et signifie **la chose dont, les choses dont** (*what, that of which*).

> Je lui ai donné **ce dont** elle avait envie.
> *I gave her **what (that of which)** she wanted.*

> **Ce dont** j'ai besoin, c'est de dormir.
> *What (That of which) I need is to sleep.*

❹ **(Ce) à quoi, avec quoi, sans quoi** sont objets de préposition; ils signifient **la chose à laquelle, avec laquelle, sans laquelle,** etc. Il faut ajouter **ce** au début d'une phrase.

> Je ne sais pas **avec quoi** elle vit.
> *I don't know **what** she lives on.*

> **Ce à quoi** je rêve en hiver, c'est une île du Pacifique.
> *What I dream of in winter is an island in the Pacific.*

❺ **tout ce qui, tout ce que, tout ce dont** = *everything*

> Je ne comprends pas **tout ce qu'**elle dit.   Il m'a donné **tout ce dont** j'avais besoin.

❻ **de quoi**

Le relatif **de quoi** se trouve dans les expressions suivantes: **avoir de quoi payer, vivre, manger** (*to have enough to pay, live, eat*), **donner de quoi manger** (*to give something to eat*).

> Dans certains pays, les gens n'ont pas **de quoi manger.**

> Quelques étudiants n'ont pas **de quoi payer** leur loyer.

(**Remarque:**) On entend souvent, en réponse à «Merci», l'expression «Il n'y a pas de quoi». Cela n'est pas recommandé. Il vaut mieux dire «De rien» ou «Je vous en prie».

Exercices

G. Complétez les phrases suivantes avec le pronom qui convient: **ce qui, ce que, ce dont.**

1. La mère de Françoise a joué un rôle important dans la vie de sa fille, _____ est normal.
2. Cet étudiant est très arrogant, _____ je ne supporte pas.
3. Françoise savait très bien _____ elle voulait.
4. Elle n'a pas compris _____ il est question.
5. _____ me plaît dans notre appartement, ce sont les deux étages.
6. On n'a pas dit à la grand-mère _____ était arrivé.
7. La femme de chambre ne fait pas _____ je lui dis.
8. _____ vous avez besoin, c'est de gagner votre vie.
9. Elle a eu une gouvernante anglaise, _____ est un signe de richesse.
10. _____ m'inquiète, c'est l'avenir de ma fille.

H. Dans les phrases suivantes, mettez le pronom qui convient: **à quoi, sans quoi, avec quoi,** etc.

1. Il a acheté trop de vêtements; il n'a plus _____ payer son loyer!
2. Je me demande _____ elle fait vivre sa famille.
3. Son mari ne lui dit jamais _____ il pense.
4. Envoyez-moi des cartes postales de votre voyage; _____, nous ne serons plus amis.

Le subjonctif après un pronom relatif

1 On trouve parfois le subjonctif après un relatif (voir page 362). Il faut que la proposition principale contienne:

a. **le seul, le premier, le dernier, le plus, le moins, le meilleur** (une expression qui indique la singularité, la supériorité).

Pierre est **le seul** étudiant **que** je **voie** tous les jours à la bibliothèque.

b. **je cherche...** (quelque chose qui n'existe peut-être pas).

Je cherche une personne **qui sache** parfaitement la grammaire française.

c. une expression négative de doute ou une expression interrogative.

Il n'y a pas une personne au monde **à qui** il **puisse** se confier.

Y a-t-il quelqu'un ici **qui connaisse** le fonctionnement de cette machine?

2 Quelquefois on a le choix entre le subjonctif et l'indicatif.

a. Le subjonctif indique une émotion, un doute, le sentiment que la chose qu'on cherche n'existe pas.

Elle **cherche** une bonne **qui puisse** vivre à la maison.

b. L'indicatif indique un fait réel; la chose qu'on cherche existe.

La police **cherche** un enfant **qui a disparu** depuis six mois.

E x e r c i c e s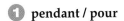

I. Faites des phrases avec un pronom relatif et le vocabulaire suggéré.

> **Modèle:** Gagarine / le premier homme / voler dans une fusée (*rocket*) autour de la terre.
> *Gagarine est le premier homme **qui ait volé** dans une fusée autour de la terre.*

1. Christophe Colomb / le premier navigateur européen / découvrir l'Amérique.
2. Le 15 avril / le dernier jour / on / pouvoir payer ses impôts.
3. Madame Curie / la première savante / on / donner deux prix Nobel.
4. Est-ce que Marilyn / la seule actrice / se suicider?
5. La Suisse / le seul pays / ne pas faire la guerre?
6. Est-ce que ce champagne / le vin le moins cher / tu / trouver dans ce magasin?

J. Faites des phrases avec un pronom relatif. Commencez chaque phrase par (1) **Je connais;** (2) **Je cherche.** Mettez le verbe qui suit au mode qui convient, indicatif ou subjonctif.

> **Modèle:** une femme de ménage / faire la cuisine.
> *Je connais une femme de ménage **qui fait** la cuisine.*
> *Je cherche une femme de ménage **qui fasse** la cuisine.*

1. un chanteur / vouloir donner un gala de charité.
2. des enfants / obéir à leurs parents.
3. un banquier / avoir de l'argent à nous prêter.
4. un mécanicien / être consciencieux.
5. une psychologue / pouvoir te conseiller.
6. une amie / prendre le temps de m'écouter.

Suppléments de grammaire

1 pendant / pour

Les prépositions **pendant** et **pour** signifient *for* devant une expression de durée.

a. Pendant signifie *for, during* et s'emploie quand l'action est passée et achevée,

> Le docteur a attendu ses honoraires (*payment*) **pendant** six mois.

ou quand l'action est au présent,

> Sa grand-mère se brosse les cheveux **pendant** une heure tous les jours.

ou quand l'action est au futur.

> Elle restera en pension **pendant** trois ans.

Remarque: On peut omettre **pendant** devant une expression de durée qui contient un nombre ou les expressions «**toute la journée, toute la nuit**», etc.

> Il a dormi une heure. Ils voyageront deux semaines.

b. Pour signifie *for* (*a period of time to come* or *in the future*) et s'emploie généralement après les verbes **partir, s'en aller, sortir, venir,** etc.

> Tu pars **pour** trois jours.
>
> Ils s'en vont **pour** deux semaines.

ou quand au verbe s'ajoute une idée d'intention, de but, de possibilité.

> Son père est parti **pour** deux ans en mission aux Etats-Unis.
>
> Nos locataires s'en vont à Tahiti **pour** trois mois et désirent sous-louer leur appartement.

(Remarque:)   **Pour** ne peut pas être omis.

Exercice

K. Mettez la préposition, **pendant** ou **pour,** ou mettez X dans l'espace vide.

1. Après son accident, Paul est resté à l'hôpital _____ trente-quatre jours.   2. Elle va avoir une opération. Elle entre à la clinique _____ deux jours seulement.   3. L'année prochaine, je resterai dans une pension de famille _____ trois semaines.   4. Le couturier est parti _____ deux semaines en Chine pour montrer sa collection.   5. Tous les jours, j'attends l'autobus _____ un quart d'heure au moins.   6. _____ mon absence, mon propriétaire a repeint mon appartement.   7. Avez-vous fait des provisions de champagne _____ la soirée du 31 décembre?   8. Josyane a écouté la radio _____ toute la nuit.   9. Sa gouvernante lui lisait des vers de Corneille _____ une heure tous les jours.   10. Mes cousins viendront nous voir _____ le week-end dans notre location au bord de la mer.

2 **quelque, quelques, quelqu'un, quelques-uns, quelques-unes**

a. Quelque, quelques sont adjectifs: ils accompagnent un nom.
Le singulier **quelque** signifie **un certain.** On le trouve dans des expressions courantes: **quelque chose, quelquefois, quelque part, quelque temps.**
Le pluriel **quelques** signifie **un petit nombre, plusieurs.**

> Nous avons **quelques** minutes pour écouter vos malheurs.

b. Quelqu'un est un pronom. Il signifie une personne indéterminée; la forme du féminin est rare et peu employée. L'adjectif qui suit **quelqu'un** est au masculin et accompagné de **de.**

> Ils ont rencontré **quelqu'un d'important** [= **une personne importante**].

c. Quelques-uns et **quelques-unes** sont des pronoms; ils signifient un petit nombre de personnes (hommes ou femmes) ou d'objets.

> Je vais vous présenter mes amis. **Quelques-uns** parlent français.
>
> Beaucoup d'Américaines sont sportives. **Quelques-unes** pratiquent plusieurs sports.

● **E x e r c i c e** ● ○

L. Complétez les phrases avec les mots suivants: **quelque chose, quelque temps, quelque part, quelqu'un, quelques-uns, quelques-unes.**

1. Hier, ils ont lu pendant _____. 2. Où ai-je mis mon stylo? Je l'ai perdu _____. 3. Ils ne comprennent rien à ce film. Et toi, tu comprends _____? 4. Elle a rencontré _____ de fascinant à la soirée. 5. Tous mes amis sont bilingues. _____ parlent même trois langues. 6. J'ai beaucoup de fleurs dans mon jardin. Cueillez-en _____. 7. Pour faire vivre sa famille, ce monsieur a fait beaucoup d'emprunts. Il en a remboursé _____. 8. Beaucoup de bonnes en France sont portugaises. _____ ont du mal à s'adapter. 9. Pour _____, nous allons nous passer de lave-vaisselle. 10. As-tu vu mes clés _____?—Non.

❸ **chaque, chacun, chacune**

   a. **Chaque** est adjectif, féminin ou masculin. Il n'y a pas de pluriel.

     chaque enfant   **chaque** après-midi   **chaque** fleur

   b. **Chacun** est un pronom masculin singulier (*each one*). **Chacune** est un pronom féminin singulier. Il n'y a pas de pluriel. Avec **chacun, chacune,** on doit employer le possessif **son, sa, ses** et le pronom **soi** (voir page 385).

     Chacun pour **soi** et Dieu pour tous.

     Les petites filles jouaient. **Chacune** avait **sa** poupée.

● **E x e r c i c e** ● ○

M. Complétez les phrases suivantes avec **chaque, chacun, chacune.**

1. _____ soir, ils font une promenade dans le parc. 2. Tous leurs enfants sont mariés. _____ a sa propre maison. 3. Mes filles ont eu _____ un bébé cette année. 4. Pour Noël, _____ enfant reçoit des cadeaux. 5. Les petites filles jouaient dans la neige. _____ avait sa luge (*sled*). 6. _____ doit se préoccuper de son avenir. 7. _____ employé dans cette usine reçoit un bon salaire. 8. _____ paie une cotisation (*contribution*) pour la retraite. 9. _____ année, il faut penser à payer ses impôts. 10. Cette grand-mère est généreuse. Elle fait un cadeau à _____ de ses petits-enfants.

Synthèse

 *Online Study Center* **Improve Your Grade**

 **Applications**

I. Votre appartement. Décrivez votre appartement à l'aide de pronoms relatifs.

> **Modèle:** C'est un appartement...
> Il nous plaît beaucoup.
> *C'est un appartement **qui** nous plaît beaucoup.*

C'est un appartement...

1. Nous l'avons cherché pendant longtemps.
2. Il est situé dans une rue calme.
3. Nous sommes très contents de cet appartement.
4. Le balcon de cet appartement donne sur un jardin charmant.
5. Dans cet appartement, il y a des tapis et même des bibelots.
6. Le loyer de cet appartement est raisonnable.
7. Nous espérons vivre longtemps dans cet appartement.

II. Une famille intéressante. Stéphanie vous parle des différentes personnes de sa famille. Reliez les phrases avec des pronoms relatifs.

> **Modèle:** Stéphanie parle de son enfance. Son enfance a été bizarre. Elle se souvient bien de son enfance.
> *Stéphanie parle de son enfance qui a été bizarre et dont elle se souvient bien.*

1. Elle nous parle de son père. Il a beaucoup voyagé. Elle ne le voyait pas souvent. Elle l'imaginait comme un héros. Elle rêvait de lui.
2. Elle nous parle de sa mère. Sa mère avait beaucoup de talents. Stéphanie l'admirait beaucoup. Elle sortait le dimanche avec sa mère, au théâtre, dans les musées.
3. Elle nous parle de son frère. Il ne faisait rien. Il racontait des histoires. A cause de ces histoires, il était puni.
4. Elle nous parle de son cousin Marius. Il est parti sur un voilier pour faire le tour du monde. Marius était plutôt délicat. Toute la famille s'inquiétait à propos de la santé de Marius.
5. Elle nous parle de sa grand-mère. Sa grand-mère avait une maison de couture. Elle a perdu cette maison de couture parce qu'elle n'avait pas le sens des affaires.
6. Elle nous parle de sa tante. Sa tante a gagné le gros lot à la loterie; grâce à ce gros lot, elle est partie à l'étranger; elle vit encore à l'étranger.

A votre tour, parlez d'un membre intéressant de votre famille, en employant beaucoup de pronoms relatifs.

III. Votre pays de rêve. Décrivez-le à l'aide de pronoms relatifs.

Modèle: C'est un pays...
   Il est situé dans un climat chaud.
   *C'est un pays **qui** est situé dans un climat chaud.*

C'est un pays...

1. Je rêve de ce pays tous les jours.
2. Dans ce pays, le soleil brille toute l'année.
3. Ce pays est rempli de fleurs et d'oiseaux.
4. Les habitants de ce pays sont amicaux.
5. Le gouvernement de ce pays est pacifiste.
6. Dans ce pays, on n'a pas besoin de travailler.
7. Je cherche ce pays sur la carte du monde.
8. Ce pays n'existe pas.

IV. Définitions. Définissez les lieux, les personnes ou les expressions suivants.

Modèle: La tour Eiffel. C'est un monument qui ... que ... dont ...
   La tour Eiffel, c'est un monument qui se trouve à Paris, que je n'ai pas encore visité, dont tout le monde parle.

1. La Californie, c'est une région qui ... où ... dont ...   2. Gérard Depardieu, c'est un acteur qui ... avec qui ... dont ...   3. Paris, c'est une ville qui ... que ... où ...   4. Les expériences nucléaires, c'est un sujet dont. . . sur lequel ... que...   5. Les Grandes Ecoles, ce sont des institutions que ... dont ... grâce auxquelles ...   6. Une agence immobilière, c'est un bureau où ... qui ... dont ...   7. Une caisse d'épargne, c'est un endroit que ... dont ... qui ...   8. Une hypothèque, c'est un document qui ... que ... par lequel ...

Activités Orales

1. Débat. Formez deux groupes: l'un pense que les salaires que reçoivent les personnes «riches et célèbres» sont justifiés, l'autre juge que ces salaires sont exagérés en fonction de la quantité de travail fourni.

   les acteurs de cinéma ou de télévision / les vedettes de sport / les chanteurs / certains écrivains / les best-sellers
   domestiques, voyages, propriétés, bateaux, avions personnels, impôts

2. Sondage. Posez des questions à plusieurs camarades: Quelles sont, à leurs avis, les causes de la pauvreté? Comment survivent les pauvres? Par quels moyens peuvent-ils sortir de leur condition? Faites un rapport sur vos résultats.

   le chômage (*unemployment*) / la paresse (*laziness*) / la malchance (*bad luck*) / les revers de fortune / la faillite (*bankruptcy*) / l'allocation (*f.*) chômage (*unemployment compensation*) / l'allocation (*f.*) familiale (*government subsidy to families*) / les mauvais placements (*bad investments*) / la bourse (*stock market*)

3. **Jeu de rôle.**   Vous imaginez que vous avez fait un petit héritage et vous allez consulter un conseiller financier pour placer cet argent et le faire profiter. Un(e) camarade joue le rôle du conseiller financier.

acheter du terrain   faire construire   retaper une maison

acheter des actions (*stocks*)   créer une entreprise

Rédactions

1. Françoise écrit à une amie pour lui dire pourquoi elle ne peut pas faire d'études et doit trouver un travail.
2. La mère de Françoise écrit à sa fille pour s'excuser de ses entreprises extravagantes.
3. **Mon enfance.**   Racontez votre enfance. Décrivez les membres de votre famille qui ont joué un rôle important dans votre vie. Ajoutez des détails—vrais ou inventés—sur la situation financière de vos parents et des membres de votre famille. Employez beaucoup de pronoms relatifs.
4. **Proverbe.**   On dit que l'argent ne fait pas le bonheur. Discutez cet adage.

chapitre 19

Les démonstratifs:
La famille et les finances

Vocabulaire élémentaire

Noms

billet (*m.*) bill (money)
caisse (*f.*) cash register
citron (*m.*) **pressé** fresh lemon juice

front (*m.*) forehead
vitrine (*f.*) shop window

Verbes

effacer to erase
fêter ça to celebrate (*without direct object*)
livrer to deliver
mettre à disposition to put (*something*) at (*someone's*) disposal

payer (un verre) to buy (a drink)
payer comptant to pay in full
payer en liquide to pay cash
réveiller to wake up

Expressions

ça se voit it shows
ça suffit! enough!
c'est dingue (c'est fou) comme it's weird how

chouette swell
là-dedans in there
pas la peine de no use to
plein de (*fam.*) a lot of

Vocabulaire actif

commande (*f.*) control (as of a car)
commettre une gaffe to blunder
décidément indeed
dès demain as early as tomorrow
essuyer to wipe
faire l'article to give the sales pitch
mensualité (*f.*) monthly payment, installment

récolte (*f.*) crop
rigoler (*fam.*) to laugh; to joke
se regonfler to regain confidence
tampon (*m.*) stamp
tapis (*m.*) **volant** flying carpet
vanter to praise
verdâtre greenish

Vocabulaire supplémentaire

Online Study Center
General Resources

acheter à crédit to charge
Ça coûte combien? How much is the charge?
compte (*m.*) **en banque** bank account
de seconde main secondhand
dettes (*f. pl.*) debts
devise (*f.*) currency
devoir de l'argent to owe money
d'occasion secondhand
échéance (*f.*) payment date
emprunt (*m.*) loan
emprunter to borrow
gratuit(e) free of charge

livraison (*f.*) delivery
livreur (*m.*) deliveryman
payer par carte de crédit to pay by credit card
payer par chèque to pay by check
prêt (*m.*) loan
relevé (*m.*) **de banque** bank statement
rembourser to reimburse
sans provision with insufficient funds, bouncing
supplément (*m.*) extra charge

Français en couleurs

Si on paie ponctuellement ses factures, on dit qu'on paie **recta**. Quand on a juste assez d'argent pour payer, on dit **c'est ric-rac**. Quelqu'un qui emprunte **tape: Il m'a tapé de cent euros.** Une personne qui fait des économies **met de l'argent à gauche, au frais.** Quelque chose qui est cher **coûte les yeux de la tête.** Au contraire, quelque chose qui n'est pas cher, on l'a pour **une bouchée de pain.** Au restaurant, si la note est exagérée, c'est **un coup de fusil.**

Quand on a de la chance, on a **la baraka** (mot arabe) ou **du pot, du bol.** La malchance, c'est, **la poisse.** On est **dans la panade** (*bread soup*) ou **la purée** (*mashed potatoes*).

Quand on est fatigué d'une chose, on **en a marre**, on **en a plein le dos**, on **en a ras l'bol.**

—*Alors là, je sais ce qu'il vous faut. Je ne vous en montre qu'une: ma meilleure affaire! Au prix de l'essence aujourd'hui, je vous garantis de sérieuses économies.*

● Lecture ●

Préparation à la lecture

Promenade dans Paris   La capitale a toujours été un des hauts lieux de la littérature et des arts et attire encore les écrivains et les artistes du monde entier. Elle a fait naître des œuvres célèbres, comme *Les Misérables* ou *Notre-Dame de Paris* de Victor Hugo. Julien Green, un écrivain de parents américains exilés, né à Paris, voue un vrai culte à sa ville natale. Il constate que Paris a la forme d'un cerveau. La plupart des livres d'Honoré de Balzac, écrivain du XIXème siècle, ont Paris pour décor. Elle est pour lui «la ville aux cent mille romans». Emile Zola, un autre écrivain de la fin du XIXème siècle, décrit les quartiers pauvres ou animés de la ville, comme le quartier des Halles—aujourd'hui transformé—qu'il appelle «Le ventre de Paris».

La Seine traverse Paris en formant des méandres, et on la traverse sur des ponts célèbres, pont Neuf, pont des Arts, pont de l'Alma, dont chacun a une histoire et un style particulier. Chaque rive a son caractère bien défini: «la rive gauche qui pense» (le quartier Latin, les Grandes Ecoles) et «la rive droite qui dépense» (le quartier de la Bourse, de l'Opéra, les Grands Magasins).

Les touristes «traditionnels» veulent voir le Louvre, Notre-Dame, la tour Eiffel. Mais le Paris secret, moins connu, se cache: les jardins du Palais-Royal en sont un exemple. Il y a aussi la Promenade plantée, aussi nommée la coulée verte, sur l'ancienne ligne du train Bastille-Vincennes, le Parc Montsouris, le Parc Monceau, le Canal Saint-Martin, l'Ile Saint-Louis.

La cohabitation ethnique   Chaque quartier de Paris présente un intérêt différent, une unité architecturale ou ethnique qui nous rappelle que cette ville était autrefois composée de villages. Dans le Marais, on trouve une communauté juive vivante et colorée, avec ses magasins «kosher». Dans le quartier de Belleville, qu'on appelle le Petit Saïgon, résident une majorité de Vietnamiens. Le quartier de la Goutte d'or est le fief des musulmans maghrébins et des noirs d'Afrique centrale, et le couscous est au menu de beaucoup de restaurants. Cette diversité ethnique est un des caractères importants du Paris moderne. La fraternité culturelle et les échanges entre diverses ethnies suggèrent plus qu'une possibilité de cohabitation dans la paix: une amitié, une relation affectueuse entre des personnes d'origine et de croyance différentes.

Eric-Emmanuel Schmitt (1960-),   un des jeunes auteurs les plus lus de sa génération, vit à Bruxelles. Il est normalien (titulaire du diplôme de l'Ecole Normale Supérieure; voir page 401), et docteur ès Lettres. Il a été maître de conférence en philosophie à l'université de Savoie. Connu d'abord par ses pièces de théâtre, jouées en France, en Belgique et en Suisse, il a reçu trois «Molières» (prix décernés aux meilleurs auteurs dramatiques). Sa pièce *Variations Enigmatiques* a été créée en France en 1996, puis jouée à Tokyo, Moscou, Berlin, Londres et Los Angeles. Il écrit aussi des romans. *Oscar et la dame en rose* est cité, d'après un sondage, comme «l'ouvrage qui a changé la vie des lecteurs». *Ma vie avec Mozart* est sorti en 2005 simultanément en France, en Corée, en Grèce, en Italie, en Suisse.

    Monsieur Ibrahim et les fleurs du Coran est à l'origine une pièce de théâtre tournée en film, avec l'acteur Omar Sharif (César du meilleur acteur en 2004) dans le rôle de M. Ibrahim. Dans ce récit, un adolescent juif, Moïse, dit Momo, abandonné par sa mère, puis par son père dépressif et suicidaire, vit seul dans un appartement d'un quartier pauvre de Paris. Il fait ses courses dans une épicerie du quartier tenue par un vieil homme d'origine turque, M. Ibrahim, qui ferme les yeux quand Momo n'a pas d'argent et lui vole des provisions. Petit à petit, le jeune garçon et le vieil homme s'attachent l'un à l'autre.

Promenade dans Paris[1]

Le lendemain, monsieur Ibrahim m'emmena à Paris, le Paris joli, celui des photos, des touristes. Nous avons marché le long de la Seine, qui n'est pas vraiment droite.

    —Regarde, Momo, la Seine adore les ponts, c'est comme une femme qui raffole° des bracelets.

    Puis on a marché dans les jardins des Champs-Élysées, entre les théâtres et le guignol. Puis rue du Faubourg-Saint-Honoré, où il y avait plein de magasins qui portaient des noms de marque, Lanvin, Hermès, Saint Laurent, Cardin...[2] ça faisait drôle, ces boutiques immenses et vides, à côté de l'épicerie de monsieur Ibrahim, qui était pas plus grande qu'une salle de bains [...].

    —C'est fou, monsieur Ibrahim, comme les vitrines de riches sont pauvres. Y a rien là-dedans.

    —C'est ça, le luxe, Momo, rien dans la vitrine, rien dans le magasin, tout dans le prix.

    On a fini dans les jardins secrets du Palais-Royal où là,° monsieur Ibrahim m'a payé un citron pressé [...].

    —Ça doit être chouette d'habiter Paris. [...]

    Le soir même, je suis allé retrouver monsieur Ibrahim et je lui ai dit en rigolant:

    —Alors, c'est quand que° vous m'adoptez, monsieur Ibrahim?

    —Mais dès demain si tu veux, mon petit Momo!

Margin glosses:
= adore

où là (*redundant repetition, used in speaking*)

c'est... (*colloquial, familiar*) = quand est-ce que

---

[1] dans Paris = *inside Paris* as opposed to à Paris, in Paris
[2] Noms de couturiers qui ont des boutiques de luxe

Il a fallu se battre. Le monde officiel, celui des tampons, des autorisations, des fonctionnaires agressifs lorsqu'on les réveille, personne ne voulait de nous. Mais rien ne décourageait monsieur Ibrahim. [...]

Le jour où on l'a eu, le papier, le fameux papier qui déclarait que j'étais désormais le fils de celui que j'avais choisi, monsieur Ibrahim décida que nous devions acheter une voiture pour fêter ça.

—On fera des voyages, Momo. Et cet été, on ira ensemble dans le Croissant d'Or° [...].

le Croissant d'Or = la Turquie

—On pourrait pas y aller en tapis volant, plutôt?

—Prends un catalogue et choisis une voiture.

—Bien, papa.

C'est dingue comme, avec les mêmes mots, on peut avoir des sentiments différents. Quand je disais «papa» à monsieur Ibrahim, j'avais le cœur qui riait, je me regonflais, l'avenir scintillait.°

= brillait

Nous sommes allés chez le garagiste.

—Je veux acheter ce modèle. C'est mon fils qui l'a choisi.

Quant à monsieur Ibrahim, il était pire que moi, question vocabulaire. Il mettait «mon fils» dans toutes les phrases, comme s'il venait d'inventer la paternité.

Le vendeur commença à nous vanter les caractéristiques de l'engin.°

= voiture

—Pas la peine de me faire l'article, je vous dis que je veux l'acheter.

—Avez-vous le permis, monsieur?

—Bien sûr.

Et là monsieur Ibrahim sortit de son portefeuille en maroquin° un document qui devait dater, au minimum, de l'époque égyptienne. Le vendeur examina le papyrus avec effroi, d'abord parce que la plupart des lettres étaient effacées, ensuite parce qu'il était dans une langue qu'il ne connaissait pas.

leather from Morocco

—C'est un permis de conduire, ça?

—Ça se voit, non?

—Bien. Alors nous vous proposons de payer en plusieurs mensualités. Par exemple, sur une durée de trois ans, vous devriez...

—Quand je vous dis que je veux acheter une voiture, c'est que je peux. Je paie comptant.

Il était très vexé, monsieur Ibrahim. Décidément, ce vendeur commettait gaffe sur gaffe.

—Alors faites-nous un chèque de...

—Ah mais ça suffit! Je vous dis que je paie comptant. Avec de l'argent. Du vrai argent.

Et il posa des liasses de billets sur la table, de belles liasses° de vieux billets rangées dans des sacs plastique. [...]

bundles, wads

—Mais... mais... personne ne paie en liquide... ce ... ce n'est pas possible...

—Eh bien quoi, ce n'est pas de l'argent, ça? Moi je les ai bien acceptés dans ma caisse, alors pourquoi pas vous? Momo, est-ce que nous sommes entrés dans une maison sérieuse?

—Bien. Faisons comme cela. Nous vous la mettrons à disposition dans quinze jours.

—Quinze jours? Mais ce n'est pas possible: je serai mort dans quinze jours!

Deux jours après, on nous livrait la voiture, devant l'épicerie... il était fort monsieur Ibrahim.

Lorsqu'il monta dedans, monsieur Ibrahim se mit à toucher délicatement toutes les commandes avec ses longs doigts fins; puis il s'essuya le front, il était verdâtre.

—Je ne sais plus, Momo.

—Mais vous avez appris?

—Oui, il y a longtemps, avec mon ami Abdullah. Mais...

—Mais?

—Mais les voitures n'étaient pas comme ca.

—Et votre permis de conduire, l'autre jour, qu'est-ce que c'était?

—Mm... une vieille lettre de mon ami Abdullah qui me racontait comment s'était passée la récolte. ●

Compréhension du texte

Mots et structures

A. Relevez dans le texte des expressions qui expriment le temps et le lieu.

> **Modèles:** *le lendemain (expression de temps),*
> *Monsieur Ibrahim m'emmena à Paris (lieu)*

B. Trouvez dans le texte:
1. une image poétique qui concerne la Seine et ses ponts. Commentez-la.
2. une deuxième image poétique concernant un moyen de transport autre que l'avion pour aller de Paris en Turquie. Commentez-la.

Questions sur le texte

1. Où se trouvent les magasins Lanvin, Hermès, etc.? Quelles sont leurs caractéristiques? En quoi sont-ils différents de l'épicerie de M. Ibrahim?
2. Dans quels quartiers de Paris M. Ibrahim et Momo se sont-ils promenés?
3. Qu'ont-ils fait ensuite aux jardins du Palais-Royal?
4. Pourquoi l'adoption de Momo est-elle si difficile? Quels sont les obstacles?
5. Quels sont les sentiments que M. Ibrahim et Momo expriment quand ils disent: «mon papa», «mon fils»?

6. Qu'est-ce que M. Ibrahim propose de faire pour «fêter ça»? Que vont-ils acheter et où vont-ils aller?
7. Expliquez l'humour contenu dans l'expression «en tapis volant».
8. Qu'est-ce que le vendeur demande à M. Ibrahim? Comment est le document que M. Ibrahim lui montre? Ce document, c'est quoi, en réalité?
9. Pourquoi M. Ibrahim s'impatiente-t-il chez le garagiste? Quelle est l'attitude du vendeur? Comment M. Ibrahim veut-il payer?
10. Pourquoi M. Ibrahim devient-il «verdâtre» quand il prend possession de la voiture?

Opinions

1. Que pensez-vous du commentaire de M. Ibrahim sur les vitrines des magasins riches et sur le luxe?
2. Quels sont les traits principaux de la personnalité de M. Ibrahim? Trouvez dans le texte trois ou quatre situations ou réflexions qui décrivent cette personnalité.
3. Quels sentiments éprouve Momo envers son nouveau père?

Grammaire: *L'adjectif démonstratif*

Online Study Center   General Resources

Il se place devant le nom comme un article. Il sert à montrer.

● Formes

Voici les formes de l'adjectif démonstratif.

	masc.	fém.	
sing.	ce, cet	cette	*this, that*
pl.	ces	ces	*these, those*

● Emplois

① Ce. On emploie **ce** au masculin singulier devant un nom à consonne initiale ou **h** aspiré initial.

　　ce paquet　　　**ce** Hongrois

② Cet. On emploie **cet** au masculin singulier devant un nom à voyelle initiale ou **h** muet initial. Le **t** est prononcé.

　　cet enfant　　　**cet** homme

③ Cette. On emploie **cette** devant tous les noms féminins singuliers.

　　cette dame　　　**cette** idée　　　**cette** halte　　　**cette** horreur

④ **Ces.** On emploie **ces** devant tous les noms pluriels, masculins ou féminins.[1]

ces paquets	**ces** Hongrois	**ces** horreurs
ces hommes	**ces** dames	**ces** enfants
ces haltes	**ces** idées	

⑤ Pour opposer deux personnes ou deux choses—l'une proche, l'autre éloignée—on ajoute **-ci** ou **-là** après le nom.

> **ce** livre**-ci** = *this book* (**here**)
>
> **ce** livre**-là** = *that book* (***there***)

Souvent, **-ci** et **-là** n'indiquent pas la proximité ou l'éloignement mais opposent simplement deux noms distincts.

> Qu'est-ce que vous préférez: **ce** tableau**-ci** ou **ce** tableau**-là?**

> [**Remarques:**]

- Le français est moins précis que l'anglais et on dit indifféremment **ce livre** pour ***this*** book ou ***that*** book.
- Voici des expressions courantes où l'adjectif démonstratif **ce** (sans **-ci** ou **-là**) a un sens bien précis:

> ce matin = *this morning*
>
> ce soir = *tonight*
>
> cette année = *this year*

- Comparez avec:

> ce matin-là = *that morning* (a very specific morning)
>
> ce soir-là = *that evening*
>
> cette année-là = *that year*

Exercice

A. Refaites les phrases suivantes en remplaçant l'article en italique par un adjectif démonstratif.

1. Mon fils, regarde! Voici le pont des Arts. *Le* pont est une voie piétonne.
2. Et tu as vu? La Seine n'est pas droite. *La* rivière fait des méandres.
3. Ah, le quartier du Louvre... il est ancien. Je connais bien *l'*endroit. Et toi? Non? Alors, allons-y!
4. Que tu es curieux, Momo! Tu voudrais voir toutes *les* expositions du Louvre?
5. As-tu visité *les* monuments? Non? Et *l'*église? Alors, visitons-les!

---

[1] Le **-s** de **ces** est prononcé /z/ devant une voyelle ou un **h** muet. Il n'est pas prononcé devant une consonne ou un **h** aspiré.

6. Eh bien! Nous en avons vu des choses! Allons donc prendre un verre dans les jardins du Palais-Royal. Je me demande pourquoi *les* jardins sont secrets.

7. *Le* citron pressé n'était pas assez sucré, hein?

8. Bon, reprenons le chemin du retour. Tu te souviens? Dans la vitrine d'Hermès, il n'y avait rien. Mais dans *la* vitrine, il y a beaucoup de choses, hein?

9. Alors, mon fils? Tu t'es bien amusé? *La* journée de visite de Paris t'a plu?

Grammaire: *Le pronom démonstratif*

Online Study Center   General Resources

Le pronom démonstratif remplace un nom accompagné d'un adjectif démonstratif. Il s'accorde en genre et en nombre avec le nom qu'il remplace.

● Formes

Il y a une forme simple et une forme composée.

	Forme simple		Forme composée	
	masc.	*fém.*	*masc.*	*fém.*
sing.	celui	celle	celui-ci	celle-ci
			celui-là	celle-là
pl.	ceux	celles	ceux-ci	celles-ci
			ceux-là	celles-là

Remarques:

- Les formes du pronom démonstratif sont comparables aux formes des pronoms disjoints.
  celui / lui   celle / elle   ceux / eux   celles / elles
- L'*adjectif* a une seule forme au pluriel: **ces.** Le *pronom* a deux formes au pluriel: **ceux** (*m.*) et **celles** (*f.*).

● Emplois

1 La forme composée **celui-ci, celle-ci / celui-là, celle-là**

a. On emploie la forme composée du masculin et du féminin pour opposer deux objets distincts quand on doit faire un choix,

Quelle robe vais-je mettre ce soir?   { Cette robe-ci ou cette robe-là?
                                        { **Celle-ci** ou **celle-là?**

ou pour décrire les qualités respectives de deux personnes, de deux objets différents.

Ces deux livres ont des qualités, mais **celui-ci** est plus intéressant que **celui-là.**

b. Cette forme traduit aussi *the latter* (**celui-ci, celle-ci**) et *the former* (**celui-là, celle-là**).

Pierre et son père se ressemblent beaucoup, mais **celui-ci** a les cheveux blancs, tandis que **celui-là** est blond.

2 La forme simple **celui, celle, ceux, celles**

On emploie la forme simple du pronom démonstratif principalement dans deux cas.

a. Avec un pronom relatif

celui qui	*the one who (that)*
celle que	*the one who (that)*
ceux dont	*those of whom (of which)*
celles à qui	*those to whom (to which)*
celles avec lesquelles	*those with whom (with which)*

Paris est un enchantement pour tous **ceux qui** la visitent.

b. Avec la préposition **de**

celui de }
celle de } *the one of, that of*

ceux de }
celles de } *the ones of, those of*

J'ai mes livres et **ceux de** Bernard. *I have my books and **Bernard's.***

Ma grand-mère et **celle de** Jeanne ont le même âge. *My grandmother and **Jeanne's** are the same age.*

C'est la traduction du cas possessif anglais: *Bernard's, Jeanne's.*

Exercices

B. Refaites les phrases suivantes en remplaçant les expressions en italique par des pronoms démonstratifs.

Modèle: Ce pont-là est plus haut que *ce pont-ci.*
Ce pont-là est plus haut que **celui-ci.**

1. Chez le marchand de voiture: Ce vendeur-là fait des gaffes. *Ce vendeur-ci* est plus habile.
2. Il vante les caractéristiques de cet engin-ci et de *cet engin-là*.
3. Cette voiture-ci est plus chère que *cette voiture-là*.
4. Le vendeur me dit que ces documents-ci sont illisibles et que *ces documents-là* sont plus clairs.
5. Il me demande si j'ai ces autorisations-ci et où sont *ces autorisations-là*.

6. Pour moi la question ne se pose pas non plus de savoir si je vais payer avec cette carte-là ou *cette carte-ci ou cette carte-là.*

7. J'ai mis mes dollars dans ce portefeuille-ci et mes euros dans *ce portefeuille-là.*

C. Complétez les phrases suivantes avec la forme simple du pronom démonstratif: **celui, celle, ceux, celles.**

1. Mes cousins ne savaient pas s'ils prendraient leur voiture ou _____ de leurs parents.

2. Nous comparons les avantages de la vie à Paris à _____ de la vie à la campagne.

3. L'employé du bureau d'adoption est plus aimable que _____ de la banque.

4. Je préfère le Paris des quartiers secrets à _____ des touristes.

5. Cet ouvrage parle de l'Egypte. _____ qui le lira y trouvera des renseignements sur ce pays.

6. J'ai perdu les clés de ma maison et _____ de ma voiture.

7. Je tenais beaucoup à ce miroir. C'est _____ que ma grand-tante m'a laissé en héritage.

8. Les conseils que je vous donne sont _____ que m'a donnés l'agence de voyages.

LA FORME NEUTRE DU PRONOM: CE, CECI, CELA (*THIS, THAT*)

Il existe une forme de pronom démonstratif qui n'est ni masculin, ni féminin. C'est la forme neutre **ce. Ce** est la forme simple: combiné avec **-ci** et **-là** ce pronom devient **ceci, cela.** Dans la langue familière, **cela** est contracté en **ça.**

(**Remarque:**)   Il n'y a pas d'accent sur **cela** ni sur **ça.**

❶ Ce. La forme **ce** apparaît dans **c'est, ce qui, ce dont,** etc.

❷ Ceci désigne un objet proche et **cela** un objet éloigné que l'on montre du doigt.

Aide-moi à laver la vaisselle: je laverai **ceci,** et tu laveras **cela.**

❸ Ceci annonce une phrase qui suit. **Cela (ça)** rappelle une phrase qui précède.

Ecoutez bien **ceci:** je commence à m'énerver!

Venez à minuit: **cela** ne me dérangera pas.

❹ Avec **cela** on emploie un verbe autre qu'**être.** Si le verbe est **être,** on a **ce** ou **c'.**

Venez à minuit: **c'est** important.   **Ce** n'est pas grave.

(**Exceptions:**)   Dans les expressions **cela m'est égal, cela m'est indifférent,** on emploie **cela** avec le verbe **être.**

Exercice

D. Complétez les phrases suivantes avec la forme correcte du pronom neutre: **ce, cela, ça, ceci.**

1. _____ est dingue comme Momo aime bien se promener avec moi!
2. _____ est vrai que notre quartier a _____ d'agréable: il a beaucoup de jardins publics.
3. Mais une longue promenade dans Paris, _____ est toujours une expérience pleine de surprises.
4. Cependant, marcher toute la journée dans une grande ville, _____ est fatigant et _____ demande de l'énergie.
5. Quand il pleut, _____ peut gâter votre plaisir.
6. Alors le métro a des avantages: _____ va plus vite que l'autobus.
7. Mais le mieux _____ est d'avoir une voiture.
8. _____ va me faire plaisir d'en chercher une dans le catalogue.
9. Si je paie comptant, _____ me fera économiser de l'argent.
10. Mais _____ qui inquiète Momo, _____ est que je n'ai pas de permis de conduire. Alors, tant pis, j'achète quand même une voiture.

C'EST / IL EST, ELLE EST (*IT IS*)

1 Si on peut poser la question **Qu'est-ce que c'est?**, la réponse est **c'est un (une, le, la)** ou **c'est des (ce sont des).**

On montre un livre: —**Qu'est-ce que c'est?**

—**C'est un** livre.

On montre des livres: —**Qu'est-ce que c'est?**

—**C'est des** livres. **Ce sont des** livres.

2 Si on peut poser les questions **Où est-il?, Où est-elle?, Comment est-il?, Comment est-elle?,** la réponse est **il est, elle est.**

On cherche un livre: —**Où est-il?**

—**Il est** sur la table.

(**Remarque:**)   On reprend dans la réponse les deux derniers mots de la question.

Qu'est-ce que **c'est?** —**C'est un...**   Où **est-il?** —**Il est...**

Comment **est-elle?** —**Elle est...**

3 Avec un adjectif, **c'est** est plus courant que **il est.** L'adjectif qui suit est toujours masculin singulier. **C'est** rappelle ce qui précède. **Il est** annonce un groupe qui suit.

Il est évident que vous avez raison.   (**C'est** *est possible.*)

Vous avez raison: **c'est** évident.   (**Il est** *est impossible.*)

Remarques:

- Si le véritable sujet du verbe **être** est un infinitif, on a **il est** ou **c'est** quand l'infinitif suit.

    Il est dangereux de **faire du ski** seul.
    C'est dangereux de **faire du ski** seul.

- On a **c'est** (jamais **il est**) quand l'infinitif précède.

    Vous aimez **faire du ski?** —Oui, **c'est** amusant, mais **c'est** dangereux.

- Il y a une attraction de l'adjectif démonstratif qui suit.

    C'est triste et beau, **cette** histoire.

- Cette construction-ci est plus courante que la construction suivante:

    Elle est triste et belle, **cette** histoire.

④ On emploie **c'est** ou **il est** avec les expressions de temps.

Comparez les phrases suivantes:

Il est	*C'est*
Il est l'heure.	**C'est** l'heure.
Quelle heure **est-il?**	Quel jour **est-ce?**
Il est midi.	**C'est** aujourd'hui mardi.
Il est tôt.	**C'est** tôt.
Il est tard. (*remarque dans l'absolu*)	Deux heures du matin, **c'est** tard pour aller se coucher.
Il est temps de partir.	

⑤ Pour l'emploi de **c'est** ou **il est, elle est** avec des noms de profession, de religion et de nationalité, voir page 161.

Exercice

E. Mettez la forme qui convient dans les phrases suivantes: **ce, cela** ou **il.**

1. _____ est toujours difficile de choisir _____ qu'on veut faire dans la vie.
2. _____ est indispensable de conduire lentement sur les routes de campagne.
3. Notre appartement est assez grand, mais _____ n'est pas confortable.   4. _____ est mercredi aujourd'hui. —Quelle chance! Pour moi, _____ est le meilleur jour de la semaine.   5. On dîne à dix heures du soir dans cette famille: _____ est tard pour les enfants qui vont à l'école le lendemain.   6. Quelle heure est-il? —Onze heures. _____ est tard, je vais me coucher.   7. _____ est temps que vous vous aperceviez de vos erreurs.   8. _____ est complètement idiot, cette politique du président. 9. Accumuler des dettes, _____ est toujours un risque.   10. Leur demande d'adoption a été refusée. _____ est dommage!

Suppléments de grammaire

1 manquer (*to miss, to lack*)

Le verbe **manquer** a plusieurs constructions et des sens différents.

a. Manquer + objet direct signifie *to miss* (*a train, a bus, a plane, a class, an event*).

Philippe **manque** toujours les cours de chimie.
Hier, j'**ai manqué** un excellent programme sur la Russie.

b. Manquer + **de** + nom sans article signifie *to lack.*

Vos parents **manquent-ils** d'intérêt pour les sports?
Cet enfant terrible **manquait** de discipline.
Ton gâteau **ne manque pas** de sucre?

> **Remarque:** **ne manquer de rien** = *to have everything*

c. Manquer + **à** + nom a plusieurs sens: *to fail; to break one's word; to be missed by* (*someone*).

Ce jeune homme **a manqué à** sa promesse de travailler mieux.	*This young man **failed** to keep his promise to work better.*
Il **a manqué à** sa parole de ne plus tricher.	*He **broke** his word not to cheat any more.*
Vous me **manquez**. Elle **manque à** ses parents.	*I **miss** you. Her parents **miss** her.*

> **Remarques:**

- Vous **me manquez** = *I miss you.* L'ordre en français est l'inverse de l'ordre en anglais.

- *I missed you* peut se traduire par **Je t'ai manqué** ou **Je vous ai manqué** seulement dans les circonstances suivantes: Vous quittez une fête juste avant qu'un de vos amis arrive. Il peut vous dire: «Je suis arrivé cinq minutes après ton départ. Je t'ai manqué».

d. Il manque (*verbe impersonnel*) + objet indirect signifie *to be missing, to be short.*

La caissière était inquiète: **il lui manquait** trente euros.	*The cashier was worried: **she was missing** thirty euros.*
Je ne peux pas acheter cette chaîne, parce qu'il **me manque** cent dollars.	*I can't buy this stereo because **I'm short** one hundred dollars.*

Exercice

F. Traduisez les groupes en italique.

1. Claire *missed her French class* hier.   2. Quand j'ai fait une longue randonnée, *I lack energy* pour sortir le soir.   3. Le père de Marie *lacked ambition.*   4. Cette bonne élève *did not fail to keep her promises.*   5. Quand elle est allée vivre aux Etats-Unis, *she missed her*

parents.   6. Qu'est-ce qu'on achète pour Noël à *somebody who has everything?*   7. *She broke her promise to stop smoking.*   8. *I miss my friends.*   9. Le directeur de la banque a dit à l'employé: *"We are short $5,000."*   10. *I am always short one hundred euros* à la fin du mois.   11. Le frère de Rosette *was always missing* les cours de maths.   12. J'ai essayé le jean, *but there were two buttons missing.*   13. Quand Juliette était à Paris, elle écrivait à René: *I miss you.*   14. Hier, *I missed the bus,* et je suis arrivé en retard.   15. Quand le père de Laurent est arrivé à la caisse, *he was short fifty euros* pour payer les commissions.

2 Verbes de mouvement

Plusieurs verbes de mouvement en anglais ont une traduction française différente s'ils sont employés seuls ou avec un complément de destination indiquant l'endroit où on va, un adverbe, un complément de lieu descriptif.

	Vers une destination	*Adverbe, complément descriptif, ou verbe seul*
to fly	**aller en avion**	**voler**
	Je **vais** à Paris **en avion.**	L'avion **vole** à 6 000 mètres.
to sail	**aller en bateau**	**naviguer**
	Vous **allez** en Europe **en bateau?**	Le voilier **navigue** sur la mer.
to ride a bike	**aller à bicyclette (à vélo)**	**rouler, faire du vélo**
	Je **vais** en ville **à bicyclette.**	Ne **roule** pas trop vite.
		Le dimanche, j'aime **faire du vélo.**
a horse	**aller à cheval**	**faire du cheval**
	Le cow-boy **est allé** au rodéo **à cheval.**	Ils **font du cheval** au Bois de Boulogne.
to ski	**aller à skis**	**skier, faire du ski**
	Autrefois, les petits Canadiens **allaient** à l'école **à skis.**	Ce champion **skie** vite.
		Elle **fait du ski** dans les Alpes.
to swim	**traverser à la nage**	**nager**
	Il **a traversé** la Seine **à la nage.**	Vous **nagez** bien.

Exercice

G. Traduisez les phrases suivantes.

1. In the Alps, some children ski to school.   2. They do not ski fast, but they like skiing.   3. Did you fly to Europe?   4. No, we went by boat.   5. This young athlete swam across the river.   6. In the country, one can ride a horse.   7. If you ride your bike to school, ride carefully.   8. This new plane flies fast.

Synthèse

 *Online Study Center* **Improve Your Grade**

Applications

I. Esprit de contradiction. Stéphanie et son fiancé vont faire des courses pour meubler leur futur appartement. Chaque fois que Vincent choisit quelque chose, Stéphanie n'est pas d'accord. Imaginez leur conversation à propos des objets suivants.

> **Modèle:** VINCENT: Moi, j'aime bien cette chambre à coucher.
> STÉPHANIE: *Moi, je préfère celle-là.*

1. le réfrigérateur
2. les chaises
3. la machine à laver
4. le buffet
5. les éléments de cuisine
6. la table de salle à manger
7. le divan
8. les fauteuils
9. la commode
10. l'aspirateur
11. les lampes
12. le micro-ondes

II. Indécision. Josyane va acheter des vêtements. La vendeuse lui montre ce qu'elle a. Josyane lui fait tout sortir.

> **Modèle:** Voulez-vous essayer...
> le manteau / qui est sur le mannequin
> *Oui, je veux essayer **celui-ci, celui-là** et aussi **celui** qui est sur le mannequin.*

Voulez-vous essayer...

1. les chaussures / qui sont dans cette boîte
2. la robe / qui est dans la vitrine
3. les pulls / qui sont sur les étagères
4. le pantalon / que je vois sur cette dame
5. la chemise de nuit / que j'ai vue dans le journal
6. la jupe / que vous portez
7. le jean / que cette jeune fille est en train d'acheter

III. Jalousie. Votre cousin est jaloux de tout. Il a envie de tout ce qu'il n'a pas.

> **Modèle:** Je n'aime pas... ma voiture / la voiture de Patrice
> *Je n'aime pas **ma** voiture. Je préfère **celle** de Patrice.*

Je n'aime pas...

1. mon vélo / le vélo de Marguerite
2. mes parents / les parents de Josée
3. ma chaîne stéréo / la chaîne de Victoire
4. mes skis / les skis de Robert
5. mes CD / les CD d'Alain
6. mon appartement / l'appartement de Jacqueline
7. ma vie / la vie de n'importe quelle autre personne

IV. Produits publicitaires.   Suivez le modèle. Faites des phrases avec un nom de la colonne de gauche et un groupe de la colonne de droite. Utilisez des pronoms relatifs.

Modèle: Achetez...le cadeau / vous aimez quelqu'un
*Achetez **ce** cadeau pour **celui** (ou **celle**) **que** vous aimez.*

Achetez...

1. le produit amaigrissant
2. la voiture
3. les boules quiès (*earplugs*)
4. les chocolats
5. le parfum Dior
6. les livres

a. la femme adore la vitesse
b. l'homme aime la lecture
c. des gens sont gourmands
d. les enfants de cette femme font du bruit
e. vous trouvez cet homme gros
f. les goûts de ces femmes sont raffinés

Activités Orales

1. **Jeu de rôle.**   Par groupes de trois, en vous servant des renseignements trouvés dans ce chapitre et ailleurs dans ce livre (chapitre 5, Les transports parisiens; chapitre 12, le Quartier Latin), organisez un jeu de rôle.

   Un étudiant joue le rôle d'un touriste «traditionnel» qui se rend à une agence de tourisme et qui veut visiter des monuments célèbres, classés. Un autre veut voir des quartiers insolites, des jardins secrets. Le troisième étudiant joue le rôle de l'employé à l'agence qui suggère ou déconseille des lieux de visites à Paris et en province.

2. **Défilé de mode virtuel.**   Avec une partenaire, trouvez sur Internet les sites de quelques grands couturiers français: Lacroix, Lanvin, Hermès, Saint-Laurent, Cardin. Sélectionnez les vêtements et les accessoires (chaussures, bijoux, sac à main, etc.) qui vous plaisent. Créez une garde-robe pour une jeune fille, un jeune homme, une dame BCBG = bon chic bon genre (*well-dressed and refined*), un homme d'affaires, ou autre. Décrivez et commentez vos créations en les présentant sous la forme d'un défilé de mode virtuel.

3. **Débat en groupe: l'adoption.**   Autrefois, on cachait aux enfants adoptés l'origine de leurs parents véritables. Quels sont les avantages et les problèmes que peut soulever l'adoption pour l'enfant? pour la famille biologique? la famille adoptive? Organisez un débat.

Rédactions

1. M. Ibrahim envoie un mél à son ami Abdullah pour lui annoncer qu'il a adopté Momo.
2. Momo écrit à un ancien camarade de classe pour lui annoncer qu'il a été adopté et que M. Ibrahim et lui ont acheté une voiture.
3. **Mauvaise affaire.** Racontez ou imaginez une scène où on essaie de vous vendre une voiture en mauvais état.
4. **Plus de dettes.** Un ami qui a des dettes vient vous voir et vous lui conseillez de faire des économies et de jeter ses cartes de crédit.

Le discours indirect:

Direction: la campagne

Le discours indirect

Phrases avec **que**

Phrases avec un mot interrogatif

Changements

Vocabulaire élémentaire

Noms

boule (*f.*) bowling ball
maison (*f.*) **de campagne** country
 house, weekend house

route (*f.*) **en terre** dirt road

Verbes

avancer to move forward
rater to miss

recevoir (*here*) to greet

Expressions

à cause de because of
à droite to the right
à gauche to the left
du tout at all

en vitesse in a hurry
tôt early
tout droit straight ahead
un, des tas de tons of

Vocabulaire actif

A table! Dinner is ready!
carrefour (*m.*) crossroads, intersection
crier après to shout at, to scold
cru(e) raw
cuit(e) cooked
embouteillage (*m.*) traffic jam
éviter to avoid
faire les gros yeux to glare
indications (*f. pl.*) directions
inscrire to write down

mûr(e) ripe
potager (*m.*) vegetable garden
rattraper son chemin to find one's way
 again
rigolo(te) (*fam.*) funny
sage good; wise
station-service (*f.*) gas station
tarder to delay
travaux (*m. pl.*) road repairs, roadwork
vert(e) green; unripe

Vocabulaire supplémentaire ⚙ *Online Study Center*
General Resources

les panneaux de signalisation

aire (*f.*) **de repos** rest area
céder le passage to yield
centre-ville (*m.*) downtown
chaussée (*f.*) **déformée** rough road
déviation (*f.*) detour
impasse (*f.*) dead end
interdiction (*f.*) **de stationner** no
 parking (sign)

passage (*m.*) **piétons** pedestrian crossing
péage (*m.*) toll
rond-point (*m.*) rotary
sens (*m.*) **interdit** wrong way
verglas (*m.*) ice
voie (*f.*) **sans issue** dead end
voie (*f.*) **unique** one-way street

Français en couleurs

En langue populaire, la campagne, c'est **la cambrousse** ou **le bled** (mot arabe). Quand on échange son adresse et son numéro de téléphone avec quelqu'un, on **se donne ses coordonnées.** Si on se trompe, on **se gourre,** et pour dire il faut faire attention, on dit **il faut faire gaffe** (Attention, **une gaffe** est *a faux pas!*).

Si on est en retard, on **est à la bourre,** et alors il faut **se grouiller,** se dépêcher, **faire fissa** (expression arabe). Une chose difficile, c'est **un casse-tête,** une personne ennuyeuse, c'est **un casse-pieds,** et si vous en avez assez d'elle, vous dites **Tu me casses les pieds!** Une situation dangereuse est un **casse-gueule.** Dans une discussion, si on veut dire à quelqu'un de se taire, on dit **Ferme-la!** ou **La ferme!** Une personne qui ne proteste pas **s'écrase** (*to pipe down*).

C'est pas d'la tarte veut dire que c'est une chose très difficile, et **c'est du gâteau** c'est une chose très facile (*piece of cake*).

Quand on annonce son départ, on dit souvent **Faut qu'j'y aille** (*time to go*) en trois syllabes.

C'est cuit veut dire c'est fini; **c'est du tout cuit,** *it's a cinch;* **il est cuit,** *he's done for.*

—*Ça t'ennuie si je fume?*

● **Lecture** ●

Préparation à la lecture

Résidence secondaire   Beaucoup de Français qui vivent dans des appartements, dans des grandes villes bruyantes et encombrées, ont un rêve: avoir une petite maison à la campagne où ils pourraient s'évader le week-end. Pour quelques-uns, ce rêve se réalise: on hérite une «cabane» de ses grands-parents, ou à force d'économies, on achète une «ruine» et on la retape,° on la rénove.° Enfin, on peut cultiver quelques fleurs, des légumes, inviter les amis moins chanceux à un «barbecue», et respirer l'air pur. Seule une famille sur dix possède une maison à la campagne.

fixes up / remodels

La pétanque   Ce jeu vient du sud de la France, mais s'est répandu maintenant dans tout le pays. Ce mot vient du provençal *ped tanco* (pieds joints°), car c'est ainsi qu'il faut se placer sur le terrain, plat et sablonneux. On peut y jouer à deux, ou en équipe de deux ou trois joueurs. Chaque équipe a le même nombre de boules. On lance d'abord une petite boule en bois, «le bouchon ou le cochonnet». Chaque joueur lance ensuite une boule métallique pour l'approcher le plus près possible du bouchon, soit en «pointant» (en lançant la boule vers le bouchon), soit en «tirant» (en déplaçant une boule proche du bouchon). La boule qui se trouve le plus près du bouchon «a le point».

pieds... feet together

René Goscinny (1926–1977)   est né à Paris et a vécu plusieurs années en Argentine. Il a fait divers métiers avant d'être journaliste. Il est le père du célèbre Astérix (personnage de bande dessinée) et a collaboré à un journal de jeunes: *Pilote.*

Les aventures du Petit Nicolas, illustrées par son ami Sempé, le dessinateur de bandes humoristiques, amusent les enfants et les adultes depuis 1954. Le petit Nicolas est âgé de huit ou dix ans. La popularité et l'humour de ses aventures viennent de ce que, souvent, l'enfant observe et ridiculise les défauts et les travers des grandes personnes.° Il montre plus de sagesse et de bon sens qu'eux.

grandes... = adultes

Dans cet extrait, Nicolas et ses parents sont invités à un déjeuner, un dimanche, chez des amis qui ont une maison à la campagne.

Un beau dimanche à la campagne

Nous sommes invités à passer le dimanche dans la nouvelle maison de campagne de M. Bongrain. M. Bongrain fait le comptable[1] dans le bureau où travaille Papa, et il paraît qu'il a un petit garçon qui a mon âge, qui est très gentil et qui s'appelle Corentin.

Moi, j'étais bien content, parce que j'aime beaucoup aller à la campagne et Papa nous a expliqué que ça ne faisait pas longtemps[2] que M. Bongrain avait acheté sa maison, et qu'il lui avait dit que ce n'était pas loin de la ville. M. Bongrain avait donné tous les détails à Papa par téléphone, et Papa a inscrit sur un papier et il paraît que c'est très facile d'y aller. C'est tout droit, on tourne à gauche au premier feu rouge, on passe sous le pont de chemin de fer, ensuite c'est encore tout droit jusqu'au carrefour, où il faut prendre à gauche, et puis encore à gauche, jusqu'à une grande ferme blanche, et puis on tourne à droite par une petite route en terre, et là c'est tout droit et à gauche après la station-service.

On est partis, Papa, Maman et moi, assez tôt le matin dans la voiture, et Papa chantait, et puis il s'est arrêté de chanter à cause de toutes les autres voitures qu'il y avait sur la route. On ne pouvait plus avancer. Et puis Papa a raté le feu rouge où il devait tourner, mais il a dit que ce n'était pas grave, qu'il rattraperait son chemin au carrefour suivant. Au carrefour suivant, ils° faisaient des tas de travaux et ils avaient mis une pancarte où c'était écrit: «Détour»; et nous nous sommes perdus; et Papa a crié après Maman en lui disant qu'elle lui lisait mal les indications qu'il y avait sur le papier; et Papa a demandé son chemin à des tas de gens qui ne savaient pas; et nous sommes arrivés chez M. Bongrain presque à l'heure du déjeuner, et nous avons cessé de nous disputer.

M. Bongrain est venu nous recevoir à la porte de son jardin.

[...] Papa lui a dit que nous nous étions perdus, et M. Bongrain a eu l'air tout étonné.

—Comment as-tu fait ton compte?° il a demandé.[3] C'est tout droit [...]. Et puis Mme Bongrain est arrivée, elle a enlevé son tablier et elle a dit:

—A table!

M. Bongrain était tout fier pour le hors-d'œuvre, parce qu'il nous a expliqué que les tomates venaient de son potager, et Papa a rigolé et il a dit

= on

fait... did you manage

---

[1] **fait**...= **est comptable** en langage enfantin.

[2] **ça...longtemps = il n'y avait pas longtemps.**

[3] **il a demandé:** In spoken language there is no inversion; in written language one would say **a-t-il demandé.**

35 qu'elles étaient venues un peu plus tôt, les tomates[1] parce qu'elles étaient encore toutes vertes. M. Bongrain a répondu que peut-être, en effet, elles n'étaient pas encore tout à fait mûres, mais qu'elles avaient un autre goût que celles que l'on trouve sur le marché. Moi, ce que j'ai bien aimé, c'est les sardines.

Et puis Mme Bongrain a apporté le rôti, qui était rigolo, parce que de-
40 hors il était tout noir, mais dedans c'était comme s'il n'était pas cuit du tout.

—Moi je n'en veux pas, a dit Corentin. Je n'aime pas la viande crue!

M. Bongrain lui a fait les gros yeux et lui a dit de finir ses tomates en vitesse et de manger sa viande comme tout le monde, s'il ne voulait pas être puni [...].

45 Après le déjeuner, on s'est assis dans le salon [...]. Moi, j'ai demandé à Corentin si on ne pouvait pas aller jouer dehors où il y avait plein de soleil. Corentin a regardé son Papa, et M. Bongrain a dit:

—Mais bien sûr les enfants. Ce que je vous demande, c'est de ne pas jouer sur les pelouses, mais sur les allées. Amusez-vous bien, et soyez
50 sages.

Corentin et moi, nous sommes sortis, et Corentin m'a dit qu'on allait jouer à la pétanque. On a joué dans l'allée; il y en avait une seule et pas très large. (*Mais une boule va dans la pelouse et M. Bongrain se met en colère; il punit Corentin et l'envoie dans sa chambre jusqu'au soir.*)

55 Nous ne sommes pas restés très longtemps, parce que Papa a dit qu'il préférait partir de bonne heure pour éviter les embouteillages. M. Bongrain a dit que c'était sage, en effet, qu'ils n'allaient pas tarder à rentrer eux-mêmes [...].

M. et Mme Bongrain nous ont accompagnés jusqu'à la voiture; Papa et
60 Maman leur ont dit qu'ils avaient passé une journée qu'ils n'oublieraient pas. ●

Compréhension du texte

Mots et structures

A. Trouvez dans le texte le contraire des expressions en italiques suivantes.
1. *à la ville*
2. *être indiscipliné*
3. M. Bongrain *avait vendu sa maison.*
4. C'est *très difficile d'y aller.*
5. On passe *au-dessus du pont.*

[1] **elles...tomates:** In conversational French, one frequently starts a sentence with a pronoun subject representing a noun that is repeated at the end of the sentence: «**Elles sont toutes vertes, vos tomates.**»

6. *tard le matin*
7. *Nous nous sommes retrouvés.*
8. Nous avons *continué de nous disputer.*
9. Elle *a mis son tablier.*
10. Je n'aime pas *la viande cuite.*
11. *partir tard*

B. Identifiez dans le texte le personnage qui manifeste les émotions ou fait les actions suivantes.
1. J'étais bien content parce que j'aime bien la campagne.
2. Il chantait puis s'est arrêté de chanter.
3. Il a crié après maman.
4. Il a eu l'air tout étonné.
5. Il était tout fier pour le hors-d'œuvre.
6. J'ai bien aimé les sardines.
7. Il a rigolé et il a dit que les tomates étaient vertes.
8. Allons jouer à la pétanque!
9. Il lui a fait les gros yeux.

Questions sur la lecture
1. Où est-ce que Nicolas et ses parents sont invités à passer le dimanche?
2. Qui est M. Bongrain?
3. Pourquoi Nicolas est-il content?
4. Où est située la maison de M. Bongrain? Comment y arrive-t-on?
5. Pourquoi la famille de Nicolas s'est-elle perdue? Pourquoi y a-t-il beaucoup de voitures? Pourquoi le père a-t-il crié? Après qui crie-t-il? Pourquoi?
6. Qu'est-ce qu'ils ont mangé comme hors-d'œuvre? De quoi M. Bongrain est-il fier? Pourquoi? Quelle remarque a fait le papa de Nicolas à propos des tomates?
7. Qu'est-ce que Nicolas a préféré?
8. Mme Bongrain a fait cuire son rôti dans un four à bois (*wood stove*). Comment est le rôti? Pourquoi est-ce que Corentin n'en veut pas?
9. Pourquoi le père de Nicolas veut-il rentrer tôt?

Opinions
1. Le père de Jean-Marie Le Clézio (chapitre 9) et le père de Corentin sont excessivement stricts et même cruels. Cette attitude parentale était courante jusque dans les années 80. Les parents modernes sont beaucoup plus indulgents et même parfois trop. Trouvez autour de vous des exemples d'attitude trop indulgente.
2. La journée que les parents de Nicolas passent à la campagne est pleine d'incidents. Pensez-vous qu'ils disent vraiment ce qu'ils pensent? Pourquoi ou pourquoi pas? Donnez des exemples de «mensonges par politesse».
3. Avez-vous préparé un repas où tout était raté, mauvais? Avez-vous assisté à un repas raté? Racontez cette catastrophe. Qu'est-ce que vous dites, ou faites, quand on vous offre quelque chose à manger qui n'est pas cuit ou que vous n'aimez pas?

Grammaire: *Le discours indirect*

Online Study Center General Resources

Dans un discours direct, on dit quelque chose ou on pose une question directement.

Corentin dit: «Je n'aime pas la viande crue!»

Le professeur a demandé: «Est-ce que vous comprenez?»

Dans un discours indirect, on rapporte indirectement les paroles d'une ou de plusieurs personnes ou on pose indirectement une question. Il n'y a pas de guillemets (*quotation marks*), pas de point d'interrogation. Pour marquer l'intonation la voix descend à la fin de la phrase.

Corentin dit qu'il n'aime pas la viande crue.

Le professeur a demandé si vous compreniez.

On peut avoir des phrases avec **que** et des phrases avec des mots interrogatifs. Certains changements se produisent quand on passe du discours direct au discours indirect.

● Phrases avec que

① La majorité des verbes qui rapportent le discours sont suivis de **que** + l'indicatif.

affirmer	to affirm	**expliquer**	to explain
ajouter	to add	**ignorer**	not to know
annoncer	to announce	**observer**	to observe
assurer	to guarantee	**promettre**	to promise
avouer	to confess	**remarquer**	to remark, note
constater	to observe	**se rendre compte**	to realize
crier	to shout	**répondre**	to answer
déclarer	to declare	**savoir**	to know
dire	to say		

Papa **dit que ce n'est pas** grave.

Je lui **explique que je ne suis jamais allé** à la campagne.

Papa **crie que Maman lit mal** les explications.

(**Remarques:**)

- Si le verbe principal est au présent, le verbe subordonné reste au même temps que dans le discours direct.

- Les réponses «**oui**» et «**non**» deviennent...**que oui,...que non** dans le discours indirect.

Je dis **que oui.**	*I say yes.*
Je réponds **que non.**	*My answer is no.*

❷ Quelques verbes sont suivis de **que** + le subjonctif (voir page 473).

| proposer⎱ suggérer⎰ | to suggest | dire demander | to tell⎱ to ask⎰ | *(expressing an order)* |

Ils **proposent** que nous **allions** à leur maison de campagne.

Je **dis** aux enfants qu'ils **fassent** moins de bruit.

Le professeur **demande** que les étudiants **sachent** leurs leçons.

E x e r c i c e

A. Faites des phrases en employant le discours indirect avec le vocabulaire suggéré. Mettez le premier verbe au présent.

Modèle: Je / savoir / vous / avoir une maison à la campagne
Je sais que vous avez une maison à la campagne.

1. Le papa de Nicolas / assurer / il / connaître la route
2. La maman / expliquer / il / devoir tourner à gauche
3. Le papa / admettre / il / se tromper
4. Nicolas / se rendre compte / ses parents / se disputer
5. M. Bongrain / déclarer / ce être facile de trouver son chemin
6. Mme Bongrain / annoncer / on / aller se mettre à table
7. Les parents de Nicolas / dire / ils / adorer le rôti
8. Corentin / demander / Nicolas / le suivre au jardin
9. Le papa de Corentin / proposer / nous / jouer à la pétanque
10. Les invités / avouer / ils / être ravis de leur journée

● Phrases avec un mot interrogatif

Après certains verbes, on a un mot interrogatif, mais il y a des changements dans la forme de certains mots et dans l'ordre des mots (inversion du sujet). Il n'y a jamais de subjonctif après un mot interrogatif.

❶ Questions portant sur le verbe

Quand la question porte sur le verbe (avec la voix, l'inversion du verbe ou **est-ce que**), on emploie **si** (*whether*) dans le discours indirect. Voici des verbes qui sont suivis de **si**.

| demander se demander | dire ignorer | savoir / ne pas savoir décider | être sûr remarquer |

$$\left.\begin{array}{l}\text{Dis-moi. Ton père chante?} \\ \text{Ton père chante-t-il?} \\ \text{Est-ce que ton père chante?}\end{array}\right\}\quad\text{Dis-moi **si** ton père chante.}$$

Dis-moi. Ton père chante?
Ton père chante-t-il?
Est-ce que ton père chante? } Dis-moi **si** ton père chante.

> (**Remarque:**) Il est possible d'avoir un futur après **si** dans le sens de *whether.* Un futur est
> impossible après **si** de condition (voir page 318).

J'aurai du travail?
Aurai-je du travail?
Est-ce que j'aurai du travail? } Je ne sais pas **si** j'aurai du travail.

2 Pronoms interrogatifs d'identité

    a. Pour les *personnes,* on emploie **qui** dans tous les cas.

        Je me demande **qui** a téléphoné. (*sujet*)
        Tu ne sais pas **qui** tu aimes. (*objet direct*)
        Nous ignorons **avec qui** elle sort. (*objet de prép.*)

> (**Remarque:**) Dans la langue courante on peut avoir la forme longue, mais ce n'est pas
> recommandé.

        Je voudrais savoir **qui est-ce qui** a téléphoné.
        Tu lui dis **qui est-ce que** tu aimes.
        Vous cherchez à savoir **avec qui est-ce qu'**elle sort.

    b. Pour les *choses,* on emploie le pronom sujet **ce qui** ou le pronom objet direct **ce que.** Le
    pronom objet de préposition est **quoi.**

        Je ne comprends pas **ce qui** se passe. (*sujet*)
        Dites-nous **ce que** vous faites. (*objet direct*)
        Je me demande **avec quoi** elle se coiffe. (*objet de prép.*)

> (**Remarques:**)

    • **Ce qui, ce que** sont les deux derniers mots de la forme longue: **qu'est-ce qui, qu'est-ce que.**
    • Dans la langue courante on peut avoir la forme longue, mais ce n'est pas recommandé.

        J'ignore **qu'est-ce qui** se passe.
        Elle sait **qu'est-ce que** vous faites.
        Je me demande **avec quoi est-ce qu'**elle se coiffe.

3 Les autres mots interrogatifs

    Les pronoms de choix **(lequel, laquelle),** les adjectifs **(quel, quels)** et les adverbes **(où,
quand, comment, pourquoi, combien)** ne changent pas.

        J'ignore **laquelle** de ses deux voitures elle va prendre.
        Je sais **quelle** heure il est.
        Je me demande **pourquoi** vous pleurez.

Exercices

B. Faites des phrases au style indirect en suivant le modèle.

Modèle: Je te demande. Est-ce que tu viens?
*Je te demande **si** tu viens.*

1. L'enfant demande à son père. Est-ce que je peux jouer dehors?
2. Le chanteur se demande. Est-ce que ma voix est assez forte?
3. Les élèves ignorent. Le professeur a-t-il corrigé les examens?
4. Dites-nous. Avez-vous assez d'argent pour vos vacances?
5. Ils ne savent pas. Retourneront-ils en France bientôt?
6. Demandez-lui. A-t-il trouvé facilement le chemin?
7. Avez-vous décidé? Allez-vous vous marier?
8. Nous ne sommes pas sûrs. Est-ce que nous devons tourner à droite ou à gauche?

C. Refaites les phrases suivantes en employant le discours indirect avec le verbe ou le groupe de mots entre parenthèses.

Modèle: Qu'est-ce qui fait ce bruit? (Il se demande)
*Il se demande **ce qui** fait ce bruit.*

1. Qu'est-ce qui est arrivé? (Nous ignorons)
2. Qu'est-ce que vous faites ce soir? (Dites-nous)
3. A qui avez-vous écrit? (Sait-il?)
4. Avec quoi est-ce que vous faites ce plat? (Expliquez-moi)
5. Qui est-ce qui a tout compris? (Je voudrais savoir)
6. Que mangent les moustiques? (Le professeur de sciences demande)
7. Quelle marque de sardines achetez-vous? (Dites-moi)
8. De tous les travaux ménagers, lequel est-ce qu'elle déteste le plus? (Demandez à votre mère)
9. Pourquoi les Bongrain sont-ils partis si tôt? (Je ne sais pas)
10. Quand vos tomates seront-elles mûres? (Savez-vous?)

---

4 Place du sujet dans le discours indirect

  a. Le pronom sujet n'est jamais placé après le verbe dans le discours indirect.

Discours direct	Discours indirect
verbe + pronom sujet	*pronom sujet + verbe*
Quand **viendrez-vous?**	Dites-moi quand **vous viendrez.**

b. Le nom sujet peut être placé après le verbe (ou avant le verbe) si le verbe n'a pas d'objet direct.

Discours direct	Discours indirect
verbe + nom sujet ou *nom sujet + verbe + pronom sujet*	*verbe + nom sujet* ou *nom sujet + verbe*
Combien { **gagne** ta mère? / ta mère **gagne-t-elle?** }	Dis-moi { combien **gagne ta mère.** / combien **ta mère gagne.** }

c. Le nom sujet ne peut jamais être placé après le verbe dans les conditions suivantes:

Si le verbe a un objet direct.

sujet   O.D.

Où ton **père** a-t-il acheté sa **voiture?**

sujet   O.D.

Je voudrais savoir où ton **père** a acheté sa **voiture.**

Avec les mots interrogatifs suivants: **qui** (*O.D.*) et **pourquoi.**

Qui Marie va-t-elle épouser?   Je sais **qui** Marie va épouser.

Pourquoi Jacques pleure-t-il?   Je sais **pourquoi** Jacques pleure.

Exercice

D. Refaites chaque phrase en employant le discours indirect avec le verbe ou le groupe de mots entre parenthèses. Donnez les deux constructions possibles si la place du sujet peut varier.

Modèle: Où habitent les Bongrain? (Je ne sais pas)
*Je ne sais pas où **habitent les Bongrain.***
*Je ne sais pas où **les Bongrain habitent.***

1. Quand tes parents arriveront-ils? (Tu vas nous dire)
2. A quoi jouent les enfants? (Je me demande)
3. Où le président ira-t-il en vacances? (Le reporter cherche à savoir)
4. Comment les électeurs voteront-ils? (Les ministres ignorent)
5. Pourquoi ce magasin est-il fermé? (Je ne comprends pas)
6. Combien Claire a-t-elle payé ces chaussures? (Sais-tu)
7. Lequel de ces deux desserts va-t-elle prendre? (Son mari lui demande)
8. A quelle heure le cours commence-t-il? (Nous voudrions savoir)

● **Changements**

❶ Quand on passe du discours direct au discours indirect, souvent les pronoms personnels et les adjectifs possessifs changent, comme en anglais.

> Renée déclare: «**Je** vais au concert avec **mon** amie.»
>
> Renée déclare **qu'elle** va au concert avec **son** amie.

❷ Quand on passe du discours direct au discours indirect, il se produit des changements dans les temps des verbes et dans les adverbes,[1] comme en anglais.

a. Si le verbe principal est au passé, les temps changent de la façon suivante:

Discours direct	Discours indirect
L'*imparfait*	reste *imparfait*.
Il **faisait** beau.	Il a dit qu'il **faisait** beau.
Le *présent*	devient *imparfait*.
Il **fait** beau.	Il a dit qu'il **faisait** beau.
Le *passé composé*	devient *plus-que-parfait*.
Il **a fait** beau.	Elle a dit qu'il **avait fait** beau.
Le *futur*	devient *conditionnel présent*.
Il **fera** beau.	Elle a dit qu'il **ferait** beau.
Le *futur antérieur*	devient *conditionnel passé*.
Il **aura fini** à deux heures.	Elle a dit qu'il **aurait fini** à deux heures.

b. A l'impératif, il y a les changements suivants:

Discours direct	Discours indirect
L'*impératif* (tu ou vous)	devient *infinitif*.
Arrête la voiture.	Elle lui a demandé d'**arrêter** la voiture.
L'*impératif* (nous)	devient *subjonctif présent*.
Allons au cinéma.	Elle a suggéré qu'ils **aillent** au cinéma.

c. Le subjonctif reste subjonctif.

> Il m'a dit: «Je veux que tu **viennes.**»
>
> Il m'a dit qu'il voulait que je **vienne.**

---

[1] Voir le Student Website, Grammar References.

Exercice

E. Faites des phrases en employant le discours indirect. Suivez le modèle.

> **Modèle:** J'ai demandé: «Il pleut?»
> *J'ai demandé* **s'il pleuvait.**

1. J'ai demandé à Corentin: «Tu viens dans le jardin?»
2. M. Bongrain nous a dit: «Ne jouez pas sur la pelouse.»
3. Le petit garçon a demandé à son papa: «Est-ce qu'on peut se servir de tes boules?»
4. Le père a répondu: «Oui, mais il faut que vous fassiez attention.»
5. Corentin a suggéré: «Allons derrière le garage, et jouons dans l'allée.»
6. L'enfant a promis à son père: «Nous serons sages, nous ferons bien attention.»
7. Il m'a demandé: «Tu as déjà joué à la pétanque?»
8. J'ai voulu savoir: «Qu'est-ce que tu dis? Tu te moques de moi?»
9. Je lui ai affirmé: «J'ai gagné plusieurs concours.»
10. Après la partie, j'ai dû admettre: «Corentin a gagné.»

Suppléments de grammaire

1 **avoir l'air / sembler / paraître**

Ces trois verbes ont le même sens: *to look, seem, appear.* Ils se construisent avec un adjectif

    Elle **a l'air** triste.   Elle **semble** triste.   Elle **paraît** triste.
ou avec un infinitif.

> Vous **avez l'air** de dormir.   Vous **semblez** dormir.   Vous **paraissez** dormir.

Remarques:

- Quand **avoir l'air** est suivi d'un infinitif, il faut ajouter **de.**
- **Il paraît que** est suivi de l'indicatif. Cette expression signifie: *It seems = The rumor is, I heard.*

    Il paraît qu'ils **vont** se marier.

- **Il semble que** (*It seems, but it's doubtful*) est suivi du subjonctif.

    Il semble que le président **ait regagné** des voix.

- **Il me semble, il lui semble, il vous semble** sont suivis de l'indicatif et signifient **je crois, il** ou **elle croit, vous croyez.**

    Il me semble que vous **avez maigri.**

Exercice

F. Traduisez les phrases suivantes en français.

1. It seems the socialists lost the elections.   2. They do not seem very happy. (*Faites cette phrase de trois façons.*)   3. It seems to me they have a chance to win.   4. I heard they will try again in four years.   5. Are you listening? You look as though you are sleeping.   6. I heard that you bought a new car.   7. It seems you did not understand this problem.

❷ faire semblant / prétendre

Faire semblant signifie *to pretend* et se construit avec **de** + l'infinitif.
   Vous **faites semblant de travailler,** mais vous rêvez.
Prétendre signifie *to claim* et se construit avec **que** + le verbe conjugué.
   Elle **prétend qu'**elle ne l'**oubliera** jamais.

Exercice

G. Traduisez les phrases suivantes en français.

1. She is pretending to listen, but she is sleeping.   2. They claim they visited all of Europe in a week.   3. Do not pretend you are crying.   4. You claim you do not have any money!

❸ Prépositions et adverbes communs (*suite*)

Voici d'autres prépositions courantes et des adverbes qui correspondent.

prépositions		*adverbes*
en haut de	on top of	en haut
en bas de	at the bottom of	en bas
à côté de, près de	beside, near	à côté, près
loin de	far	loin
autour de	around	autour
au milieu de	in the middle of	au milieu
au-delà de	beyond	au-delà
en face de	facing, in front of	en face

Exercice

H. Dans les phrases suivantes, mettez la préposition ou l'adverbe qui convient: **en haut de, en haut, en bas de, en bas,** etc.

1. Il y a un grand mur _____ des jardins de l'Elysée. Nous avons un petit jardin; _____, il n'y a pas de clôture (*fence*).

2. _____ l'arbre, il y avait des pommes; j'ai grimpé _____ pour les ramasser et je suis tombée.

3. Maurice est assis _____ un étudiant qui dort pendant la classe. Bien sûr, _____, il y a un radiateur.

4. _____ la rivière il y a un courant très fort. Il est préférable de nager sur les bords, pas _____.

5. Nous avons rendez-vous _____ l'église. Vous trouverez facilement. La gare se trouve de l'autre côte de la rue, juste _____.

6. Si vous voulez voyager _____ Zagora, il faut prendre une jeep ou un chameau (*camel*), parce qu' _____, c'est le désert.

7. Cette jeune fille n'aime pas vivre _____ ses parents. Elle n'est pas indépendante. Moi, quand je suis _____, je me débrouille.

8. _____ l'escalier il y a une porte. La cave est _____.

Synthèse

 *Online Study Center* **Improve Your Grade**

Applications

I. Une enquête. Des cambrioleurs ont été arrêtés alors qu'ils étaient en train de vider le coffre (*safe*) d'une banque. L'inspecteur de police les interroge. Il leur pose plusieurs questions. Mettez ces questions au discours indirect.

Il leur demande...

1. Comment avez-vous préparé votre vol?
2. Aviez-vous un plan de la banque?
3. De quoi vous êtes-vous servis pour percer le mur (*to drill a hole into the wall*)?
4. Est-ce que vous aviez des complices (*accomplices*)?
5. Combien de temps avez-vous mis pour arriver jusqu'au coffre?
6. Qu'est-ce qu'il y avait dans le coffre?
7. Qui est-ce qui a sonné l'alarme?
8. Que pensez-vous de l'idée de passer dix ans en prison?

II. Répète, s'il te plaît!   Vous rendez visite à votre grand-oncle qui est un peu dur d'oreille (*hard of hearing*); vous lui racontez votre dernier voyage de vacances et il vous fait tout répéter. Suivez le modèle.

> **Modèle:** aller à Tahiti
> *Qu'est-ce que tu dis?*
> **Je te dis que je suis allé(e) à Tahiti.**

1. rester au Club Med
2. faire de la plongée
3. apprendre à faire de la planche à voile
4. manger du poisson tous les jours
5. visiter le musée Gauguin
6. s'amuser énormément
7. te rapporter ce beau coquillage

III. Conversation dans la voiture.   Pendant le trajet pour aller chez les Bongrain, les parents de Nicolas ont une discussion. En suivant le modèle, répétez la conversation au discours indirect.

> **Modèle:** Maman a dit: «Je suis sûre que tu t'es trompé de route.»
> Maman a dit qu'elle était sûre qu'il s'était trompé de route.

1. La maman de Nicolas a dit: «Roule moins vite.»
2. Elle a demandé: «Tu as bien lu les indications de M. Bongrain?»
3. Elle a suggéré: «Tourne à droite après le feu rouge.»
4. Elle a voulu savoir: «Tu as fait le plein d'essence?»
5. Elle lui a conseillé: «Arrête-toi à une station-service et demande ton chemin.»
6. Le papa de Nicolas a répondu: «Je suis très prudent et je n'ai rien bu.»
7. Il a demandé à sa femme: «As-tu pris le portable avec toi?»
8. Il a suggéré à sa femme: «Appelle les Bongrain et dis-leur qu'on sera en retard.»
9. Il lui a conseillé: «Tais-toi parce que je m'énerve.»
10. Nicolas a supplié ses parents: «Ne vous disputez plus parce que je ne peux plus entendre la musique.»

IV. Où déjeuner?   Deux copains, Antoinette et Christophe, font un voyage en voiture. Ils cherchent un restaurant pour déjeuner. Récrivez leur conversation au discours direct, sous forme de dialogue.

1. Antoinette a dit qu'elle avait faim.   2. Elle a demandé à son copain de chercher un restaurant.   3. Christophe lui a dit de regarder elle-même sur la carte; il lui a demandé s'il y avait un village bientôt.   4. Antoinette a répondu qu'elle croyait que oui, mais qu'elle n'en était pas sûre.   5. Elle a ajouté qu'elle avait vu un grand panneau publicitaire.   6. Christophe lui a demandé ce qu'il y avait sur ce panneau.   7. Elle a répondu qu'elle avait vu La Bonne Auberge à 12 kilomètres.   8. Alors Christophe a suggéré qu'ils s'arrêtent à cette Bonne Auberge.   9. Antoinette a dit qu'elle voulait bien qu'on y prenne un repas, pourvu que ce soit bon.   10. Christophe a répondu qu'elle était trop difficile et que, dans ces conditions, on se passerait de déjeuner.

Activités Orales

1. Débat.   Formez deux groupes et discutez les avantages et les inconvénients de la vie à la ville et de la vie à la campagne.

La ville:

- **Les avantages:** les distractions, le théâtre, les musées, les expositions, les magasins, la vie culturelle et artistique, les soins médicaux
- **Les désavantages:** la nuisance, le bruit, la circulation, la pollution par la fumée des usines ou les produits chimiques, le crime, les mauvais quartiers, les transports en commun, la drogue, la promiscuité

La campagne:

- **Les avantages:** le grand air (*fresh air*), le silence, le calme, l'espace, la verdure, les produits frais, les légumes, les animaux qu'on élève: la poule, le lapin
- **Les désavantages:** l'absence de vie culturelle, l'isolement, la solitude, l'ennui

2. Jeu de rôle.   Vous êtes dans une voiture avec un copain (ou une copine) qui conduit et vous allez faire une excursion. Vous n'êtes pas d'accord avec la route qu'il (elle) prend et sa façon de conduire, et vous vous disputez.

3. Jeu de rôle.   Imaginez les incidents d'un voyage mémorable: oubli de passeport, pneu qui crève, mauvais temps, perte d'argent, cambriolage de la voiture, embouteillage, etc. Par groupe de deux, jouez la scène.

Rédactions

1. M. Bongrain écrit à un ami pour lui raconter la visite de la famille du petit Nicolas.
2. Le petit Nicolas se plaint à ses copains de la sévérité du papa de Corentin et du mauvais repas qu'il a fait.
3. Racontez une visite à la campagne ou des vacances de camping où vous avez eu conscience de la beauté, de la grandeur de la nature.
4. Dans la voiture, en rentrant de leur visite chez les Bongrain à la campagne, les parents du petit Nicolas font des commentaires sur les bons et les mauvais moments de cette journée. Ecrivez cette conversation comme si vous étiez le petit Nicolas.

Le passif:

Liberté et captivité

Le passif
Formes
Emplois

Vocabulaire élémentaire

Noms

cour (*f.*) court
querelle (*f.*) quarrel

royaume (*m.*) kingdom
sac (*m.*) bag

Adjectifs

désarmé(e) disarmed
endormi(e) asleep

vaincu(e) defeated

Verbes

s'apitoyer to pity, to feel compassion for
arriver à ses fins to succeed
disperser to scatter
dissimuler to hide, to conceal
filtrer to filter

prêter attention to pay attention
reprendre conscience to regain consciousness
reprendre son souffle to catch one's breath

Vocabulaire actif

à même la terre next to the ground
arracher to pull out from
atteindre to reach
se blottir to huddle, to curl up
commerçant (*m.*) **de traite** slave trader
cordelette (*f.*) thin cord
couverture (*f.*) blanket
destituer (d'une fonction) to dismiss, to remove (from office)
dévisager to stare at, to look hard at
effroyable frightening

enfer (*m.*) hell
envelopper to wrap
estrade (*f.*) platform
il fait jour it is becoming light
lien (*m.*) rope
mépriser to despise
prise (*f.*) capture
sort (*m.*) fate
supplier to beg
traversée (*f.*) crossing
tronc (*m.*) log

Vocabulaire supplémentaire

braconnier (*m.*) poacher
cartouche (*f.*) cartridge
chasse gardée (*f.*) private hunting ground
chasseur (*m.*) hunter
chevreuil (*m.*) deer

chien (*m.*) **de chasse** hound
fusil (*m.*) rifle
gibier (*m.*) game
meute (*f.*) pack of hounds
renard (*m.*) fox
safari (*m.*) safari

Divers

enlèvement (*m.*) kidnapping
esclavage (*m.*) slavery

esclave (*m.* or *f.*) slave
kidnappage (*m.*), **rapt** (*m.*) kidnapping

Français en couleurs

Si on se trouve dans une situation critique, **on est dans le pétrin.** On se fait du souci, **on se fait du mauvais sang, on se fait de la bile** ou **on se fait du mouron.** On peut **avoir le trac** (avoir peur, notamment avant un examen), mais plus souvent on **a la trouille**, on **a les boules.**

Si on a du courage, on **a du cœur au ventre,** on **frime** (*to put on an act, to show off*). Quand on manque de courage, on **se dégonfle** (*to chicken out*), on est **une lavette** (*a wimp*). Se rassembler pour affronter ensemble un obstacle, c'est **se serrer les coudes.** D'une personne toujours prête à aider les autres on dit **qu'elle a le cœur sur la main.**

● **Lecture** ●

Préparation à la lecture

Le commerce triangulaire   C'est d'Europe qu'est parti le commerce des
esclaves d'Afrique. Les colonies avaient besoin de «main d'oeuvre»°. Les   manpower
bateaux négriers° venaient d'Espagne, du Portugal, de France, du Dane-   slave traders
mark et de l'Angleterre. Ils transportaient aussi des armes, du tissu,° de la fabric
poudre à canon, des bijoux. De 1715 à 1789, il y eut 1.427 expéditions né-
grières à partir de Nantes, qui devint le premier port négrier de France.

L'île de Gorée   Cette petite île, longue de 900 m et large de 300 m, à trois
kilomètres au large de Dakar, était, il n'y a pas si longtemps encore, l'un
des entrepôts° de la traite négrière. Les chasseurs d'enfants et d'adultes   warehouses
ravageaient les villages et amenaient à Gorée (et dans d'autres forts) leurs
prises qui étaient ensuite achetées et embarquées vers le Nouveau Monde:
l'Amérique du Nord ou le Brésil. Ils étaient ensuite revendus dans des
marchés aux esclaves. A cette jolie petite île de Gorée, bien abritée des
alizés,° les bateaux, spécialement équipés pour cet odieux transport, vin-   trade winds
rent s'amarrer pendant quatre siècles. On peut encore visiter «la maison
des esclaves», qui constitue le principal vestige° de la pratique du com-   remains, trace
merce du «bois d'ébène» sur l'île. Elle servait à enfermer les victimes en attendant que l'on vienne les chercher. En 1978, l'île de Gorée a été inscrite
au patrimoine mondial de l'UNESCO.

Négrier   Ce mot désigne un commerçant de traite des esclaves d'Afrique.
L'adjectif «négrier» s'applique à un bateau, un port, une expédition, un
commerce. Le mot «nègre» est aussi péjoratif que *negro* en anglais, sauf
dans les expressions artistiques: Art nègre, Revue nègre. Dans les autres
cas, on utilise les mots «noir» ou «de couleur». En littérature, un nègre est
un *ghost writer*.

Maryse Condé (1945-)   est née à Pointe-à-Pitre, à la Guadeloupe. Elle
a vécu en Afrique, au Mali. Titulaire d'un doctorat de littérature comparée
de l'université de Paris III (Sorbonne) en 1975, elle a enseigné la littérature
négro-africaine, la littérature des diasporas noires dans des universités
françaises et américaines (Berkeley, Virginie, Maryland, Harvard). En plus
de *Ségou,* son best-seller, d'où est extrait le texte de ce chapitre, elle a écrit
des romans et des essais sur la civilisation africaine. *Moi, Tituba, sorcière* a
reçu le grand prix littéraire de la femme en 1986. En 1999, elle a reçu le prix
Marguerite Yourcenar,[1] destiné à récompenser une œuvre de fiction récente, publiée en français par un auteur résidant aux Etats-Unis.

---

[1] Marguerite Yourcenar (1903-1987), née à Bruxelles, femme de lettres de nationalités
française et américaine, auteure de poèmes, d'essais, de pièces de théâtre, de romans historiques ou autobiographiques. La première femme élue à l'Académie française (1980).

Le roman *Ségou* est l'histoire d'un royaume, situé entre Bamako et Tombouctou, autrefois florissant. Maryse Condé raconte la conquête de ce pays animiste par l'Islam, et les malheurs causés par ce choc historique dans la famille de Dousika Traoré, un noble de la tribu bambara. Traoré est le «diamou», qui veut dire nom de famille. Leur «totem» est la «grue couronnée».° **grue**...crowned crane

Naba est un des fils de Dousika. Un jour, il part pour une chasse au lion, armé d'un arc et de flèches.° **arc**...bow and arrows

Le rapt des enfants africains

L'histoire de Naba

Naba n'était pas loin. A peine à quelques heures de marche. Une dizaine de «chiens fous dans la brousse»[1] l'avaient capturé alors qu'il s'était éloigné de ses compagnons. Ces «chiens fous...» préféraient s'attaquer aux enfants, aisément effrayés, faciles à dissimuler dans un grand sac,
5 puis à transporter jusqu'aux marchés d'esclaves où ils étaient échangés contre une petite fortune. Naba était déjà trop fort puisqu'il avait près de seize ans.

Mais il était là, désarmé, car il avait déposé assez loin de lui son arc et
10 son carquois.° Il atteignait l'âge où les prises étaient fort appréciées des quiver commerçants de traite. Il était visiblement soigné, bien nourri. La tentation avait été trop forte [...]. Ils avaient endormi Naba, lui avaient solidement ligoté° les membres avec des cordelettes [...] et l'ayant enveloppé d'une tied up couverture, l'avaient jeté en travers de leurs montures.° **l'avaient**... had thrown him across the backs of their horses
15 Quand Naba reprit conscience, il se trouva donc dans une case dont = **fermée** la porte était obturée° par des troncs d'arbre. A la couleur de l'air qui filtrait, il réalisa qu'il allait bientôt faire jour. A côté de lui, endormis à même la terre, trois enfants de six ou huit ans, ligotés de la même manière que lui.
20 Jusqu'à une époque récente, la concession[2] de Dousika avait été pour lui et les autres enfants un univers douillet,° sourd à tous les bruits du cozy monde: guerre, captivité, commerce de traite. [...] A présent, brusquement, Naba découvrait la peur, l'horreur, le mal aveugle. Il avait souvent vu des captifs dans les cours de la concession paternelle [...], mais il ne leur avait
25 jamais prêté attention. Il ne s'était jamais apitoyé sur eux, puisqu'ils appartenaient à un peuple de vaincus qui n'était pas le sien. Allait-il connaître le même sort? Dépouillé° de son identité, livré à un maître, cultivant Stripped ses terres, méprisé de tous? Il tenta de s'asseoir. Ses liens l'en empêchèrent. Alors il se mit à pleurer comme l'enfant qu'il était encore.

---

[1] En langage bambara = kidnappeurs d'enfants
[2] **concession:** dans un village africain, un groupe de cases entouré d'un mur avec une porte qu'on peut verrouiller (*lock*)

30 *[Plus tard, Naba est devenu esclave au fort de Gorée. Il est jardinier dans une grande plantation. Comme il est baptisé et profite d'une certaine liberté, il visite souvent la prison des négriers dans laquelle les nouveaux captifs sont enfermés, en attendant d'être achetés ou expédiés ailleurs. Il leur donne des oranges.*

35 *Romana est une ancienne princesse de la tribu Yoruba. Elle raconte à un autre esclave l'histoire de son enlèvement et de sa rencontre avec Naba.]*

L'histoire de Romana

Je suis née à Oyo, dans le plus puissant des royaumes yorubas. Mon père avait d'importantes fonctions à la cour puisqu'il était un arokin,[1] chargé des récitations des généalogies royales. Nous habitions dans l'enceinte° du
40 palais. Puis un jour, victime des querelles, des intrigues d'ennemis, mon père a été destitué de ses fonctions. Notre famille a été dispersée. Je ne sais pas ce que sont devenus mes frères, mes sœurs. Moi, j'ai été vendue à des négriers et emmenée au fort de Gorée. Peux-tu imaginer la douleur d'être séparée de ses parents, arrachée à une vie de luxe et de bien-être? J'avais
45 alors treize ans à peine, j'étais une enfant. Alors dans ce fort abominable, parmi ces créatures promises comme moi à l'enfer, je ne cessais de pleurer. Je souhaitais mourir et je serais certainement arrivée à mes fins quand un homme est apparu. Il était grand, fort. Il portait à l'épaule un sac d'oranges. Il m'en a offert une et c'était comme si le soleil qui, depuis des
50 semaines, refusait pour moi de se lever, réapparaissait dans le ciel.

Pour moi, pour me protéger, cet homme a fait l'effroyable traversée. [...][2]

Puis nous sommes arrivés dans une grande ville sur la côte du Brésil. Peux-tu imaginer ce que c'est que d'être vendue? La foule qui vous dévisage
55 autour de l'estrade, les groupes de nègres blottis les uns contre les autres, l'examen des muscles, des dents, des parties sexuelles, le marteau du commissaire-priseur!° Hélas! Naba et moi, nous avons été séparés. [...] ●

dans... within the walls

le marteau... the auctioneer's hammer

Compréhension du texte

Mots et structures

A. Combien de personnages mentionne-t-on dans les textes? Identifiez-les.
B. Relevez les verbes d'action dans les deux paragraphes. Exemple: capturer.
C. Trouvez dans le texte les mots qui se rapportent à l'Afrique et décrivent des lieux, des objets. Exemple: la brousse.

---

[1] **arokin:** un sorcier africain
[2] ... de l'océan Atlantique, pour aller d'Afrique au Brésil. Naba a accompagné Romana dans ce voyage pour la protéger.

Questions sur la lecture

1. Que faisaient les «chiens fous» quand ils avaient capturé un enfant, et que devenait cet enfant?
2. Pourquoi est-ce que Naba était une prise exceptionnelle?
3. Quel type de vie a eu Naba avant sa capture? Comment ce bonheur a-t-il cessé?
4. Pourquoi ne s'est-il jamais apitoyé sur le sort des captifs qu'il voyait chez son père?
5. Quel type de vie a eu Romana?
6. Pour quelles raisons est-ce que son père a été destitué?
7. Qui est l'homme qui l'a accompagnée au Brésil pour la protéger? Comment les deux jeunes gens se sont-ils rencontrés?
8. Qu'est-ce qui est arrivé à Naba et à Romana après leur arrivée au Brésil?

Opinions

1. Est-ce normal qu'un enfant soit insensible à la vue de certains malheurs qui lui sont étrangers? Pouvez-vous trouver des exemples de situations semblables autour de vous?
2. Pouvez-vous déceler dans votre personnalité des traits de caractère, des goûts, des tendances positives et dignes d'admiration qui viennent de votre héritage ethnique?
3. Pouvez-vous vous rappeler un événement de votre vie qui a marqué le moment où vous êtes sorti(e) du narcissisme de l'enfance, de l'univers douillet familial, pour prendre conscience de la misère du monde et éprouver de la compassion?

Grammaire: *Le passif*

Online Study Center General Resources

Le passif est une forme verbale utilisée quand on veut montrer que le sujet est en train de subir l'action (*receive the action*) plutôt que de faire l'action. Quand on passe d'une construction active à une construction passive, l'ordre des mots, la forme du verbe changent de la façon suivante: le sujet de la phrase active devient l'agent de la phrase passive; l'objet direct de la phrase active devient le sujet de la phrase passive; le verbe devient composé et est conjugué avec le verbe **être**.

Comparez les phrases suivantes:

Un chien **mord** un enfant.	*A dog **bites** a child.*
Un enfant **est mordu** par un chien.	*A child **is bitten** by a dog.*

1 Le sujet **chien** est devenu l'agent **par un chien.**

2 L'objet direct **enfant** est devenu le sujet.

3 Le verbe **mord** est devenu **est mordu** (forme composée, auxiliaire **être**).

● **Formes**

On conjugue l'auxiliaire **être** au temps désiré et on ajoute le participe passé.

1 Voici le présent et le passé composé passifs du verbe **obliger.**

je **suis obligé(e)** (*I am obliged*)	**j'ai été obligé(e)** (*I have been, was obliged*)
tu **es obligé(e)**	tu **as été obligé(e)**
il, elle **est obligé(e)**	il, elle **a été obligé(e)**
nous **sommes obligés(ées)**	nous **avons été obligés(ées)**
vous **êtes obligé(e)(s)**	vous **avez été obligé(e)(s)**
ils, elles **sont obligés(ées)**	ils, elles **ont été obligés(ées)**

2 Voici les autres temps.

infinitif prés.:	**être obligé**	*infinitif passé:*	**avoir été obligé**
imparfait:	**j'étais obligé**	*plus-que-parfait:*	**j'avais été obligé**
futur:	je **serai obligé**	*futur antérieur:*	**j'aurai été obligé**
cond. prés.:	je **serais obligé**	*cond. passé:*	**j'aurais été obligé**
subj. prés.:	que je **sois obligé**	*subj. passé:*	que **j'aie été obligé**
passé simple:	**je fus obligé**		

Remarques:

- Aux temps composés du passif, il y a toujours trois mots pour le verbe.
- Le participe passé s'accorde avec le sujet; **été** reste invariable.

3 A la forme négative, la négation entoure l'auxiliaire du verbe **être.** A la forme interrogative, l'ordre des mots est le même que pour la forme interrogative des verbes actifs aux temps composés.

Son père **a-t-il été blessé?**   Non, il **n'a pas** été blessé.

Exercice

A. Mettez les phrases suivantes à la forme passive, en suivant le modèle.

Modèle: On découvre l'Amérique.
L'Amérique est découverte.

1. On a chassé les envahisseurs (*invaders*).
2. On a ligoté le cambrioleur.
3. On nous appelait au téléphone.
4. On te menacera de perdre ton permis.
5. On me met à la porte.

6. On les a séparés de leur famille.
7. On la vendra comme esclave.
8. Naba dit: «On m'a capturé pendant la chasse au lion.»
9. On les avait frappés pendant le voyage.
10. Les précautions? On les prenait soigneusement.
11. On détruisit la tribu.
12. Il est important qu'on ne me surprenne pas.
13. On a fait des projets d'évasion.
14. On destituera le père de ses fonctions.
15. On poursuivait les enfants dans la jungle.
16. Sur l'estrade, on vous dévisage.
17. On sauvait les animaux de l'incendie.
18. On nous appréciait pour nos qualités.
19. On bat le lion pour qu'il entre dans la cage.
20. On avait vaincu l'ennemi.

Emplois

La forme passive du verbe s'emploie dans certaines conditions décrites ci-dessous. On préfère souvent employer une construction active pour éviter le passif.

1 Seul un verbe transitif (suivi d'un objet direct) peut être mis au passif. L'objet direct devient le sujet du verbe passif.

O.D.	sujet
On fabrique une **voiture**.	Une **voiture** est fabriquée.

2 Un verbe intransitif (qui n'a pas d'objet direct) ne peut pas être mis au passif.

Tu **réponds** *à Marc.*   Vous n'**obéissez** pas *à vos parents.*

La forme passive est impossible: **Marc, vos parents** sont des *objets indirects* et un objet indirect ne peut pas devenir sujet d'un verbe passif.

3 Les verbes **dire, demander, promettre, défendre, interdire,** qui sont à la fois transitifs et intransitifs, suivent la règle suivante:

Ils peuvent être mis au passif quand ils ont un objet direct à la forme active.

On **dit** un **poème**.   Un **poème est dit**.

Elle **promet** une **récompense**.   Une **récompense est promise**.

Le docteur **interdit** la **cigarette** à son malade.   La **cigarette** lui **est interdite**.

Ils ne peuvent pas être mis au passif avec un sujet qui représente un nom de personne (comme cela est possible en anglais). Dans ce cas on emploie une tournure avec «on».

... dire à Paul de venir (*Paul was told*)   ***On* a dit à Paul** de venir.

... promettre aux enfants une surprise   ***On* a promis** une surprise **aux enfants.**
(*The children were promised*)

... interdire aux immigrants de voter   ***On* interdit aux immigrants** de voter.
(*The immigrants were forbidden*)

4 Le complément d'agent avec **par** ou **de**

On peut trouver les prépositions **par** ou **de** devant le complément d'agent.

L'enfant a été mordu **par** un chien.   Ce professeur est aimé **de** ses élèves.

Par est toujours possible devant l'agent du verbe passif; **de** n'est pas toujours possible.

On peut dire:

Ce professeur est aimé **de** ses élèves ou **par** ses élèves.

Il faut dire:

Pierre a été mordu **par** un chien.

Voici les nuances de sens entre **par** et **de.**

par	de
• **par** s'emploie avec des verbes qui indiquent une action physique:	• **de** s'emploie avec des verbes qui indiquent un sentiment, une émotion:
La voiture est tirée **par** un cheval.	Ce professeur est aimé **de** ses étudiants.
• **par** s'emploie avec des verbes pris au sens propre, concret:	• **de** s'emploie avec des verbes pris au sens figuré, souvent sans article:
L'explorateur a été dévoré **par** un lion.	Il est dévoré **de** chagrin.
• **par** s'emploie avec un nom déterminé:	• **de** s'emploie avec un nom seul, sans article:
La place est encombrée **par** les habitants du village.	La place est encombrée **d'**habitants.
	• **de** est la construction habituelle de certains verbes qui indiquent une quantité: **être rempli de, être entouré de, être couvert de, être orné de, être décoré de**

5 Faux passif / vrai passif

a. Souvent le passif est utilisé pour exprimer le résultat d'une action passée. C'est le verbe **être** (conjugué au temps désiré) et un participe passé qui a une valeur d'adjectif. L'agent n'est pas exprimé. C'est le faux passif.

Je **suis fatigué.**   La porte **était fermée.**

b. Le vrai passif exprime *une action en train de se produire.* Il y a généralement un agent exprimé ou sous-entendu.

Comparez les phrases suivantes:

Faux passif (résultat)	*Vrai passif (Action)*
La porte **est fermée.**	Tous les soirs, la porte de la banque **est fermée par un gardien.**
Ma voiture **est réparée.**	Ma voiture **a été réparée par le meilleur mécanicien.**
Le dîner **est servi.**	Tous les jours, le dîner **est servi par la bonne.**
L'ennemi **est battu.**	Cette pauvre femme **est battue par son mari.**

c. Souvent, même si le verbe exprime un vrai passif, l'agent n'est pas exprimé; l'identité de cet agent est évidente ou imprécise. Cet emploi est fréquent au passé composé, au plus-que-parfait ou au futur.

Le président **a été élu.** (*L'identité est évidente: par les électeurs.*)
Les routes **seront construites.** (*L'identité est imprécise.*)

6 Comment éviter le passif?

A part le faux passif, qui est très courant, le vrai passif est plus rare en français qu'en anglais.

a. On préfère souvent en français une phrase à la voix active, quand un passif est possible en anglais.

Ses amis l'**admirent** beaucoup. *He **is** much **admired** by his friends.*

b. Le pronom indéfini **on** est utilisé souvent comme sujet d'un verbe actif. Dans ce cas, **on** représente une ou des personnes indéfinies.

Au Québec **on parle** français. *In Quebec, French **is spoken.***

On n'a pas encore trouvé de remède contre le rhume banal. *A cure for the common cold **has not yet been found.***

c. On peut employer un verbe pronominal de sens passif (voir page 276).

Ça **ne se fait pas;** ça **ne se dit pas.** *This **is not done;** that **is not said.***

Exercices

B. Mettez les phrases suivantes au passif. Employez **de** ou **par** devant l'agent.

1. Un kidnappeur a volé l'enfant. 2. Autrefois, de nombreux poissons remplissaient la mer. 3. L'inquiétude dévorait cette mère anxieuse. 4. Des jardins superbes entourent la maison. 5. Un gangster armé avait attaqué la banque. 6. L'extinction menace plusieurs espèces d'animaux et de plantes. 7. Des passants encombraient la rue. 8. Les lions ont dévoré quelques moutons. 9. En hiver, une neige épaisse couvrira les montagnes. 10. Pendant cette nuit de camping, les moustiques nous ont piqués. 11. Des marchands envoyèrent des Africains comme esclaves en Amérique. 12. Les bombardements détruisirent beaucoup de villes en France.

C. Transformez les phrases suivantes avec un verbe pronominal ou avec **on**.

1. Il a été opéré hier.   2. Il a été trouvé assassiné.   3. Les timbres sont aussi vendus dans des bureaux de tabac.   4. Le dîner est servi à huit heures.   5. Ce poisson est mangé froid.   6. La question a été posée à Paul.   7. Ils ont été aperçus dans un bar. 8. Notre-Dame est à Paris.   9. Une piqûre lui a été faite.   10. Cette chose n'est jamais dite.   11. Au passé composé, les verbes pronominaux sont conjugués avec l'auxiliaire *être*.   12. Au Sénégal, les habitants parlent français.

Suppléments de grammaire

1 **entendre dire que / entendre parler de / avoir des nouvelles de**

a. Ces trois expressions sont la traduction de *to hear*. On utilise **entendre dire que** pour traduire *to hear that*.

I *heard that* Elisabeth is going to have a baby.	J'ai **entendu dire** qu'Elisabeth va avoir un bébé.

b. On utilise **entendre parler de** pour traduire *to hear about, to hear of*.

I never *heard of* this company.	Je n'ai jamais **entendu parler de** cette compagnie.

c. *To hear from someone* se dit **avoir des nouvelles de quelqu'un.**

Did you *hear from* Jerome?	Avez-vous eu **des nouvelles de** Jérôme?
Did you *hear from* him after his trip to Japan?	Avez-vous eu **de ses nouvelles** après son voyage au Japon?

Exercice

D. Mettez la forme correcte du verbe—**entendre dire que, entendre parler de, avoir des nouvelles de**—dans les phrases suivantes. Naba engage une conversation avec les autres enfants, captifs avec lui.

1. Vous avez (*passé composé*) _____ des kidnappeurs qui nous ont capturés?
2. Non, mais je (*présent*) _____ qu'ils sont sans pitié.
3. Et nous (*passé composé négatif*) _____ du petit Ossam qui était avec nous jusqu'à la semaine dernière.
4. Peut-être que nous (*futur*) _____ bientôt de sa triste aventure
5. Et toi? Tu (*passé composé*) déjà _____ de l'île de Gorée?
6. Non, on (*imparfait négatif*) _____ de rapts d'enfants dans mon village.
7. Les parents de Romana (*passé composé*) _____ qu'elle est au Brésil.
8. Espérons qu'ils (*futur*) _____ bientôt de leur fille.

2 **c'est pourquoi**

C'est pourquoi signifie *That's why, that's the reason.* On peut dire aussi **c'est la raison pour laquelle, c'est pour cette raison que.**

> Les recherches de ce savant sont importantes pour le monde entier; **c'est pourquoi** (ou **c'est la raison pour laquelle,** ou **c'est pour cette raison qu'**) il a reçu le prix Nobel.

(**Attention:**) On ne dit jamais ~~c'est la raison pourquoi~~.

E x e r c i c e

E. Combinez chaque phrase de la colonne de gauche avec celle de la colonne de droite qui correspond en utilisant la formule **c'est pourquoi** ou **c'est la raison pour laquelle.**

1. Naba a donné une orange à la jeune captive.
2. Naba a été baptisé.
3. Naba a l'air bien soigné et bien nourri.
4. Naba est encore un enfant.

a. Il pleure d'avoir été kidnappé.
b. Il a le droit de visiter les prisons d'esclaves.
c. Les voleurs d'enfants pensent qu'ils le vendront cher.
d. Le soleil a réapparu dans la vie de Romana.

3 **il reste / il me reste**

Le verbe impersonnel **il reste** signifie *there is . . . left.* **Il me reste** signifie *I have . . . left.* Dans cette dernière expression, **me** est objet indirect: Il **lui** reste = *he or she has left.* **Il ne reste plus de...** signifie *there is no more . . . left.*

> A cause de la pollution, **il reste** peu de poissons dans certains océans.
> **Il me reste du** travail à faire.
> **Il ne** vous **reste plus d'**argent.

E x e r c i c e

F. Répétez les phrases suivantes avec **il reste** ou **il + me, te, lui, nous + reste.**

Modèle: Il n'y a plus de lait dans le frigidaire.
Il ne reste plus de lait.

1. Les lions n'existent presque plus dans cette région de brousse.
2. J'ai cinq cents dollars à la banque.
3. Nous avons seulement une semaine de cours avant les vacances.
4. Nicolas Hulot ne trouve plus de terres à explorer.
5. Il y a encore des tigres blancs dans certaines régions de l'Inde.

Synthèse

Online Study Center Improve Your Grade

Applications

I. Leurs ancêtres sont venus d'Afrique.   En suivant le modèle, faites des phrases au passif et identifiez, dans la liste des réponses, la ou les personne(s) célèbre(s) dont il est question. (Attention au temps du verbe passif.)

Modèle: Il (élire) secrétaire général des Nations unies.
Il a été élu... Kofi Annan

Maya Angelou	Sydney Poitier	Ray Charles	Halle Berry
Martin Luther King, Jr.	Mariama Bâ	Condoleezza Rice	Josephine Baker
Scott Joplin	Muhammad Ali	Tina Turner	Maryse Condé
Morgan Freeman			

1. Sa musique (jouer souvent) dans des concerts de jazz.
2. (lire) par des générations futures d'étudiants.
3. (reconnaître) depuis longtemps comme un grand chanteur.
4. (choisir) par le Président comme la première femme afro-américaine secrétaire d'Etat.
5. Tu (surprendre) par son excentricité, (éblouir) par ses victoires d'athlète?
6. Ils (acclamer) comme des acteurs «hors classe».
7. (admirer) pour son courage, son message pacifiste.
8. Nous (enchanter) par sa voix, son énergie de danseuse.
9. Douze enfants de race différente (adopter) par cette Américaine admirable, qui a vécu en France.
10. Elle (récompenser) par un Oscar.

II. Un camping désastreux.   Récrivez le texte suivant et mettez les phrases entre parenthèses au passif.

1. Nous sommes partis pour camper. (D'abord, la circulation nous a retardés.) Nous sommes arrivés tard. (Les gens remplissaient le terrain de camping. On avait attribué [*given*] notre place à un autre groupe.)
2. Nous avons dû camper dans un endroit près des poubelles. (Les odeurs nous ont dérangés.)
3. (Pendant la nuit, les moustiques nous ont dévorés.)
4. (Puis la pluie nous a inondés.)
5. (Un grand coup de vent a renversé notre tente.)
6. Le matin, nous n'avons pas pu nous laver. (Les gens encombraient les toilettes. Quelqu'un avait cassé les robinets.)
7. Nous n'avons pas pu manger. (Les ours [*bears*] avaient mangé nos provisions.)
8. Nous sommes rentrés, très déçus. (Tous ces incidents nous ont découragés.)

Ajoutez trois autres désastres, en employant la forme passive.

III. **Un monde utopique.** Les phrases suivantes sont au passif. Mettez-les à la forme active pour dire ce qui se passera dans l'avenir.

1. Des voyages dans l'espace seront organisés.
2. Les gens seront guéris du cancer et du Sida par un vaccin.
3. Toutes les espèces animales et végétales qui sont en voie de disparition seront protégées.
4. La misère des peuples sous-développés sera diminuée.
5. Les conflits entre les peuples seront contrôlés par une armée internationale.
6. Des routes où il n'y aura plus d'accidents seront construites.
7. L'arrivée de toutes les catastrophes naturelles sera prédite par une machine spéciale.
8. Dans les maisons, la cuisine et le ménage seront faits par des robots.
9. Les impôts des pauvres seront payés par les riches.
10. La faim dans le monde sera éliminée.

Activités Orales

1. Discussion. Formez un groupe de trois ou quatre camarades et discutez ensemble des rapts d'enfants. Quelles sont les circonstances, quels sont les motifs des kidnappeurs, ce qu'ils souhaitent obtenir? Connaissez-vous des cas historiques célèbres?

une rançon   des recherches   un indice (*clue*)

2. Sondage. Demandez à trois ou quatre camarades quelles sont les différentes sortes d'esclavage moderne. Faites un rapport à la classe.

enfants forcés à travailler / dans quels pays? / femmes esclaves des travaux ménagers / émigrants et ateliers clandestins (*sweatshops*)

3. Débat. Organisez un débat entre un groupe qui est pour la chasse et un autre qui est contre.

la chasse considérée comme un sport / nécessité pour se nourrir / la chasse pour l'ivoire / la fourrure / les instincts de cruauté

Rédactions

1. Imaginez la conversation des kidnappeurs quand ils découvrent Naba.
2. Romana décrit sa rencontre avec Naba.
3. **L'esclavage aux Etats-Unis.** Que savez-vous de l'esclavage aux Etats-Unis? D'où sont venus les esclaves? Dans quelles conditions ont-ils voyagé? Comment vivaient les esclaves avant la guerre de Sécession? Et après?
4. **Cent ans après.** Naba et Romana se rencontrent dans une plantation dans le sud des Etats-Unis. Imaginez et racontez comment un de leurs descendants s'est inséré dans la société américaine moderne avec succès.

Les participes:
Voyages dans l'espace

Vocabulaire élémentaire

Noms

clairière (*f.*) clearing
règne (*m.*) (*here*) kingdom
sommet (*m.*) summit

son (*m.*) sound
teinte (*f.*) shade, hue
véhicule (*m.*) vehicle

Adjectifs

rectiligne straight

silencieux (-euse) quiet

Verbes

atterrir to land

survoler to fly over, to survey

Vocabulaire actif

s'accroupir to crouch
appel (*m.*) call
arête (*f.*) ridge
atterrissage (*m.*) landing
bordé(e) lined
chaloupe (*f.*) launch
creux (*m.*) hollow
empreinte (*f.*) print, mark
ému(e) moved
environner to surround
épreuve (*f.*) test
éprouver un besoin to have a need
éprouver une impression to have a feeling
gambade (*f.*) frolic
grisé(e) intoxicated

guetter to look for (as for a prey)
humecter to dampen
humer to smell
marmonner to mutter
mouette (*f.*) seagull
perruche (*f.*) parakeet
pesanteur (*f.*) gravity
piquer une tête to dive
planer to glide
pousser une exclamation to exclaim
rayonner to radiate
respirable breathable
rétrofusée (*f.*) retrorocket
scaphandre (*m.*) space suit
vaisseau (*m.*) **(spatial)** (space)ship
vautour (*m.*) vulture

Vocabulaire supplémentaire

Online Study Center
General Resources

Science-fiction

androïde (*m.*) android
darwinisme (*m.*) Darwinism
extraterrestre (*m. f.*) extraterrestrial
fantastique (*adj.* ou *nom, m.*) fantastic
galaxie (*f.*) galaxy
interstellaire interstellar

lunaire lunar
machine (*f.*) **à explorer le temps** time machine
Martien (*m.*) **Martienne** (*f.*) Martian
merveilleux (*m.*) the supernatural
mutant (*m.*) mutant

roman (*m.*) **d'anticipation** science fiction (events dealing only with the future)

satellite (*m.*) satellite
télépathie (*f.*) telepathy

Termes géographiques

aride dry
baie (*f.*) bay
campagnard(e) countrylike
chaîne (*f.*) **de montagnes** mountain range
col (*m.*) pass
colline (*f.*) hill
contrée (*f.*) region
désert (*m.*) desert
désolé(e) desolate
fertile fertile
fleuve (*m.*) river (that flows into the sea)

glacier (*m.*) glacier
golfe (*m.*) gulf
habité(e) inhabited
lac (*m.*) lake
littoral (*m.*) coastline
presqu'île (*f.*) peninsula
rive (*f.*) riverbank
rivière (*f.*) river (that goes to a larger river)
urbain(e) urban
vallée (*f.*) valley
volcan (*m.*) volcano

Français en couleurs

Dans la langue familière, une personne **débarque** quand elle n'est pas au courant d'une situation. Quelqu'un qui est **performant** est efficace, réussit bien. On entend de plus en plus souvent **pébé** (problème), pour difficulté ou ennui: **pas d'PB.** D'une personne qui se sauve on dit **qu'elle fiche le camp (foutre le camp,** qui est plus grossier et vulgaire, est très utilisé). Dans un endroit où il y a peu de monde on dit **qu'il n'y a pas un chat.** Pour demander à quelqu'un d'attendre on dit **Minute, papillon!** S'il fait froid, on dit qu'il fait **un froid de canard,** et dans ce cas on a **la chair de poule** (*goosebumps*). Dans un grand étonnement, on **ouvre les yeux comme des soucoupes** (*saucers*).

Beaucoup d'expressions familières utilisent des nombres: **en moins de deux** (rapidement), **faire les cent pas** (*to pace the floor*), **ne faire ni une ni deux** (ne pas hésiter).

On entend beaucoup, à la télé, ces deux expressions: **A la limite,** qui signifie *stretching things further,* et **dans la foulée,** *at the same time.*

Et bien sûr, on chante **cocorico** (le chant du coq) pour n'importe quelle victoire nationale dont on est fier.

—*C'est combien, le super?*

● Lecture ●

Préparation à la lecture

La science-fiction   Ce genre littéraire est lié à la science et à ses aspects irrationnels. Jules Verne (1828–1905) est un des premiers écrivains français qui a rendu les œuvres de science-fiction populaires à travers le monde. *Voyage au centre de la terre, Vingt mille lieues sous les mers, De la terre à la lune* font encore rêver les jeunes (et les moins jeunes) lecteurs et sont devenus des films très populaires. Longtemps dépassée par la science-fiction américaine (Ray Bradbury), la SF française a retrouvé du succès grâce à des auteurs comme Pierre Boulle et Gérard Klein. Mais surtout, de nos jours, c'est la BD (bande dessinée) qui est très en vogue, même auprès des adultes: Jean-Claude Mézières et la série *Valérian* et Isabelle Dethan.

On a longtemps considéré les progrès scientifiques et techniques comme sources de bien-être et de bonheur. Après les deux grands conflits mondiaux, les hommes ont découvert les dangers de l'énergie atomique, des armes bactériologiques et des manipulations génétiques. Ils ont compris que la science pouvait détruire. Les romans de science-fiction reflètent souvent les angoisses de l'homme devant un monde que la science ne peut pas contrôler.

Pierre Boulle (1912–)   est né en 1912 à Avignon. Il a fait des études scientifiques à Paris et a reçu un diplôme d'ingénieur.

Infatigable voyageur, il est devenu planteur en Malaisie puis a mené en Extrême-Orient une vie d'aventures qui forme la matière de son œuvre de romancier. Pendant la Seconde Guerre mondiale, il s'est battu en Indochine et en Birmanie après l'invasion japonaise. Ses expériences de guerre lui ont inspiré plusieurs de ses romans, en particulier *Le Pont de la rivière Kwaï* (1959) dont le film a connu un grand succès. Presque tous les romans de l'auteur sont empreints° de romantisme héroïque.   tinged with

La Planète des singes (1963) est un récit de science-fiction vite devenu célèbre à travers le monde grâce à son interprétation au cinéma. Ce roman a les caractéristiques d'un conte philosophique et moralisateur et exprime l'angoisse et les tensions créées par la guerre froide. Son pessimisme à l'égard de l'humanité est évident.

Le passage suivant est situé au début du roman. Trois Terriens arrivent dans une fusée en vue de la planète Soror dans le système de Bételgeuse: Ulysse Mérou, jeune journaliste brillant; le professeur Antelle, savant renommé et chef de l'expédition; son jeune assistant Arthur Levain et Hector leur chimpanzé, survolent la planète pour la première fois.

On a marché sur Soror

L'atterrissage   La planète était habitée. Nous survolions une ville; une ville assez grande, d'où rayonnaient des routes bordées d'arbres, sur lesquelles circulaient des véhicules. J'eus le temps d'en distinguer l'architecture générale: de larges rues; des maisons blanches, avec de longues arêtes rectilignes. Mais nous devions atterrir bien loin de là. Notre course nous entraîna d'abord au-dessus de champs cultivés, puis d'une forêt épaisse, de teinte rousse, qui rappelait notre jungle équatoriale. Nous étions maintenant à très basse altitude. Nous aperçûmes une clairière d'assez grandes dimensions, qui occupait le sommet d'un plateau, alors que le relief environnant était assez tourmenté.° Notre chef décida de tenter l'aventure et donna ses derniers ordres aux robots. Un système de rétrofusées entra en action. Nous fûmes immobilisés quelques instants au-dessus de la clairière, comme une mouette guettant un poisson.

Ensuite, deux ans après avoir quitté notre Terre, nous descendîmes très doucement et nous nous posâmes sans heurt° au centre du plateau, sur une herbe verte qui rappelait celle de nos prairies normandes.

Premier contact avec la planète   Nous restâmes un assez long moment immobiles et silencieux, après avoir pris contact avec le sol. Peut-être cette attitude paraîtra-t-elle surprenante, mais nous éprouvions le besoin de nous recueillir et de concentrer notre énergie. Nous étions plongés dans une aventure mille fois plus extraordinaire que celle des premiers navigateurs terrestres. [...] Nous sortîmes enfin de notre rêve.

Ayant revêtu nos scaphandres, nous ouvrîmes avec précaution un hublot de la chaloupe.° [...] Nous sortîmes de la chaloupe, accompagnés d'Hector. Le professeur Antelle tint d'abord à analyser l'atmosphère d'une manière précise. Le résultat fut encourageant: l'air avait la même composition que celui de la Terre, malgré quelques différences dans la proportion des gaz rares. Il devait être parfaitement respirable. Cependant, par excès de prudence, nous tentâmes d'abord l'épreuve sur notre chimpanzé. Débarrassé de son costume, le singe parut fort heureux et nullement° incommodé. Il était comme grisé de se retrouver libre, sur le sol. Après quelques gambades, il se mit à courir vers la forêt, sauta sur un arbre et continua ses cabrioles° dans les branches. Il s'éloigna bientôt et disparut, malgré nos gestes et nos appels.

Alors, ôtant nous-mêmes nos scaphandres, nous pûmes nous parler librement. Nous fûmes impressionnés par le son de notre voix, et c'est avec timidité que nous nous hasardâmes à faire quelques pas, sans nous éloigner de la chaloupe.

Il n'est pas douteux que nous étions sur une sœur jumelle de notre Terre. La vie existait. Le règne végétal était même particulièrement vigoureux. Certains de ces arbres devaient dépasser quarante mètres de

very irregular

sans... smoothly

hublot... porthole of the launch

not at all

cavorting

hauteur. Le règne animal ne tarda pas à nous apparaître° sous la forme de gros oiseaux noirs, planant dans le ciel comme des vautours, et d'autres plus petits, assez semblables à des perruches qui se poursuivaient en pépiant. D'après ce que nous avions vu avant l'atterrissage, nous savions qu'une civilisation existait aussi. Des êtres raisonnables—nous n'osions pas encore dire des hommes—avaient modelé la face de la planète. Autour de nous, pourtant, la forêt paraissait inhabitée. Cela n'avait rien de surprenant: tombant au hasard dans quelque coin de la jungle asiatique, nous eussions éprouvé° la même impression de solitude.

Avant toute initiative, il nous parut urgent de donner un nom à la planète. Nous la baptisâmes Soror, en raison de° sa ressemblance avec notre Terre.

Une découverte surprenante   Décidant de faire sans plus tarder° une première reconnaissance, nous nous engageâmes dans la forêt, suivant une sorte de piste naturelle. Arthur Levain et moi-même étions munis de° carabines [...]. Nous nous sentions légers et marchions allègrement, non que° la pesanteur fût° plus faible que sur la Terre—là aussi il y avait analogie totale—mais le contraste avec la forte gravité du vaisseau nous incitait à sauter comme des cabris.°

Nous progressions en file indienne, appelant parfois Hector, toujours sans succès, quand le jeune Levain, qui marchait en tête, s'arrêta et nous fit signe d'écouter. Un bruissement,° comme de l'eau qui coule, s'entendait à quelque distance. Nous avançâmes dans cette direction et le bruit se précisa.

C'était une cascade. En la découvrant, nous fûmes tous trois émus par la beauté du site que nous offrait Soror [...].

La vue de cette eau était si tentante que la même envie nous saisit, Levain et moi. La chaleur était maintenant très forte. Nous quittâmes nos vêtements, prêts à piquer une tête dans le lac. Mais le professeur Antelle nous fit comprendre que l'on doit agir avec un peu plus de prudence quand on vient seulement d'aborder le système de Bételgeuse. Ce liquide n'était peut-être pas de l'eau et pouvait fort bien être pernicieux. Il s'approcha du bord, s'accroupit, l'examina, puis le toucha du doigt avec précaution. Finalement, il en prit un peu dans le creux de sa main, le huma et en humecta le bout de sa langue.

«Cela ne peut être que de l'eau», marmonna-t-il.

Il se penchait de nouveau pour plonger la main dans le lac, quand nous le vîmes s'immobiliser. Il poussa une exclamation et tendit le doigt vers la trace qu'il venait de découvrir sur le sable. J'éprouvai, je crois, la plus violente émotion de mon existence. Là, sous les rayons ardents de Bételgeuse qui envahissait le ciel au-dessus de nos têtes comme un énorme ballon rouge, bien visible, admirablement dessinée sur une petite bande de sable humide, apparaissait l'empreinte d'un pied humain. ●

---

ne tarda... soon appeared to us

eussions... (*cond. passé*) = nous aurions éprouvé
en... = à cause de

sans... without further delay

étions... = avions des

non... not that / (*subj. imparf. de* être)

baby goats

rustling

Compréhension du texte

Mots et structures

A. Relevez dans le texte le vocabulaire qui appartient à l'exploration interplanétaire.

B. Trouvez dans la lecture des détails qui indiquent que la planète Soror ressemble à la terre.

Questions sur la lecture

1. Comment les astronautes savent-ils que la planète est habitée? Décrivez ce qu'ils voient.
2. Pourquoi doivent-ils atterrir loin de la ville?
3. Par quels moyens la chaloupe fait-elle son atterrissage? Que pensez-vous de ce procédé?
4. Pourquoi les astronautes restent-ils «un long moment immobiles et silencieux»? En quoi leur aventure est-elle plus extraordinaire que celle des premiers navigateurs terrestres?
5. Quelles précautions prennent-ils avant de faire leurs premiers pas sur la planète? Quel détail prouve que l'air est respirable?
6. Quels sont les signes qui indiquent qu'une civilisation existe sur la planète? Quelle première impression éprouvent-ils? Est-ce surprenant?
7. Que veut dire le nom de la planète?
8. Comment se manifestent: a. la prudence des explorateurs; b. leur enthousiasme?
9. Quelle première découverte font-ils et quelle est leur réaction?
10. Pourquoi la découverte de l'empreinte du pied humain est-elle si émouvante?

Opinions

1. Décrivez le relief de la région où vous habitez. Votre ville est-elle sur un plateau, dans une plaine, à la montagne? Y a-t-il des forêts, une rivière, des champs, etc.? Quels aspects de ce relief vous paraissent spectaculaires, attachants, grandioses, menaçants, déplaisants?
2. Quand on pourra voyager facilement sur d'autres planètes, aimerez-vous faire un voyage interplanétaire? Pourquoi ou pourquoi pas?
3. Quels sont les navigateurs terrestres et interplanétaires que vous admirez le plus? Pouvez-vous les nommer et raconter brièvement leurs exploits?

Grammaire: *Les participes*    *Online Study Center*   General Resources

On groupe sous le nom de participes des formes verbales variées: certaines ont une valeur d'adjectifs, d'autres ont une valeur de verbes avec un présent, un passé, un actif et un passif.

● Formes

	présent	passé	parfait
actif	parlant	parlé	ayant parlé
			étant arrivé
passif	étant fini	fini	ayant été fini

1 Le participe présent
Le participe présent actif se forme à partir de la première personne du pluriel du présent du verbe (nous **parl / ons**). On enlève la terminaison **-ons** et on ajoute la terminaison **-ant**.

donner:	nous **donn** / ons	**donnant**
finir:	nous **finiss** / ons	**finissant**
sortir:	nous **sort** / ons	**sortant**
prendre:	nous **pren** / ons	**prenant**

a. Seuls les verbes en **-cer** et **-ger** ont des changements orthographiques.

-cer → çant		**-ger → -geant**	
commencer	**commençant**	manger	**mangeant**

b. Pour les verbes pronominaux, on utilise le pronom réfléchi correspondant au sujet.

sing.	(je) **me** promenant	(tu) **te** promenant	(il/elle) **se** promenant
pl.	(nous) **nous** promenant	(vous) **vous** promenant	(ils/elles) **se** promenant

c. Il y a trois verbes qui ont un participe présent irrégulier.

être	**étant**	MAIS:	nous **sommes**
avoir	**ayant**	MAIS:	nous **avons**
savoir	**sachant**	MAIS:	nous **savons**

2 Le participe passé
Les formes du participe passé sont présentées dans le chapitre 2 (voir page 50).

3 Le participe passé composé
Le participe parfait actif est le «passé composé» du participe.
Il est formé avec le participe présent de l'auxiliaire **avoir** ou **être** + un participe passé.

a. **ayant** + le participe passé pour les verbes qui se conjuguent avec **avoir**

ayant vu	*having seen*
ayant appris	*having learned*
ayant dormi	*having slept*

b. **étant** + le participe passé pour les verbes qui se conjuguent avec **être**

étant allé	*having gone*
étant venu	*having come*
étant sorti	*having gone out*
s'étant levé	*having gotten up*
nous étant rencontrés	*having met*

4 Le participe passif

Le participe passif a une forme simple: le participe passé, et deux formes composées—le présent et le parfait—formées avec l'auxiliaire **être,** comme tous les passifs.

présent:	étant fini, étant perdu, étant compris *being finished, being lost, being understood*
passé:	fini, perdu, compris *finished, lost, understood*
parfait:	ayant été fini, ayant été perdu, ayant été compris *having been finished, having been lost, having been understood*

Remarques:

• Le participe passé s'accorde dans les mêmes conditions que le verbe passif (voir page 462).

• Les verbes pronominaux n'ont pas de passif.

La formation négative du participe

Au présent, **ne** et **pas** entourent le participe. Aux temps passés et au passif, **ne** et **pas** entourent l'auxiliaire.

ne donnant **pas**	**ne** se souvenant **pas**	
n'ayant **pas** vu	**n'**étant **pas** allé	**ne** s'étant **pas** promené
n'étant **pas** fini	**n'**ayant **pas** été perdu	

Exercices

A. Dans les groupes suivants, mettez les verbes au participe présent.

Les explorateurs... 1. vivre une aventure extraordinaire 2. ne pas savoir où ils sont 3. survoler une ville 4. apercevoir une clairière 5. atterrir sur la planète 6. vouloir sortir de la chaloupe 7. être très émus 8. baptiser la planète 9. enlever leurs scaphandres 10. se sentir légers 11. se mettre à se parler 12. ne pas perdre le nord 13. appeler Hector 14. courir vers la forêt 15. avancer dans la jungle 16. ne pas prendre de risques 17. s'accroupir près de l'eau 18. reconnaître un monde familier 19. découvrir l'empreinte d'un pied humain 20. s'endormir près d'une cascade... pour un sommeil bien mérité.

B. Dans les groupes suivants, mettez les verbes au participe parfait.

Les femmes astronautes... 1. voir les étoiles 2. savoir calculer l'altitude 3. ne pas finir de s'étonner 4. devenir impatientes 5. appeler le singe 6. aller chercher cet animal 7. commencer à s'inquiéter 8. faire les premiers pas sur la planète 9. ne pas pouvoir respirer 10. sortir de la chaloupe 11. revêtir leur scaphandre   12. recevoir un message   13. boire un peu d'eau   14. se rendre compte de leur chance   15. voyager sur Mars   16. ne pas vivre à la ville   17. se poser sans heurt   18. tenir à sortir les premières   19. se recueillir un moment   20. apercevoir des maisons

C. Dans les groupes suivants, mettez les verbes au participe passif, présent et parfait.

> **Modèle:** la clé (perdre)
> *la clé **étant perdue** / la clé **ayant été perdue***

1. la planète (habiter)   2. un terrain d'atterrissage (apercevoir)   3. la leçon (ne pas comprendre)   4. le hublot (ouvrir)   5. la conviction (acquérir)   6. le journal (lire)   7. la lettre (ne pas écrire)   8. l'exploration (permettre)   9. le singe (ne pas incommoder)   10. les astronautes (entourer)

● Emplois

Dans la langue courante, parlée ou écrite, on emploie le participe présent sous la forme du *gérondif*. On emploie aussi le participe présent et le participe passé sous la forme de l'*adjectif verbal*.

Dans la langue écrite, mais jamais dans la conversation, on emploie les autres participes.

EMPLOIS DANS LA LANGUE COURANTE

1 Le gérondif = **en —ant**

> **en** pleurant   **en** riant

(**Attention:**)   En anglais, la préposition varie: *in, by, with, while;* en français, c'est toujours **en.**

Le gérondif représente une action faite par le sujet du verbe principal, mais la terminaison **-ant** ne s'accorde pas. Le gérondif peut être suivi d'un complément.

> Françoise est une petite fille bien élevée: *Françoise is a well-behaved little girl:*
> elle ne parle pas **en mangeant.**   *she doesn't speak **while eating.***
> Je l'ai rencontré **en traversant** la rue.   *I met him **while crossing** the street.*

a. Le gérondif exprime l'idée que deux actions sont faites en même temps par la même personne.

> Il parle **en mangeant** (il parle et il mange).   *He talks **while eating.***

b. Il décrit la manière ou le moyen de faire une chose.

> Il a ouvert la porte **en donnant** des coups de pied.   *He opened the door **by kicking** (it).*

c. Il implique une condition nécessaire avant l'action principale.

> **En travaillant** plus, tu pourrais avoir de   ***By studying** more, you could*
> bonnes notes.   *get good grades.*
> (**Si tu travaillais** plus...)   (***If you studied** more...*)

d. Souvent le gérondif est précédé de **tout. Tout** renforce l'idée que deux actions ont lieu en même temps, et quelquefois s'opposent.

> **Tout en sautant** comme des cabris, les explorateurs avançaient.

E x e r c i c e

D. Refaites les phrases suivantes avec un gérondif.

1. Les explorateurs marchent et observent le relief en même temps. 2. Est-ce que vous fumez quand vous mangez? 3. Nous voyons des vautours et des perruches quand nous nous promenons dans la forêt. 4. On découvre des choses merveilleuses quand on voyage d'une planète à l'autre. 5. Ils ont pu s'offrir un voyage dans la lune; ils ont fait des économies pendant dix ans. 6. Tu réussirais plus facilement dans tes études si tu te concentrais un peu plus. 7. L'actrice a répondu aux questions indiscrètes; elle a souri en même temps. 8. Hector a manifesté son bonheur: il a fait des cabrioles. 9. Est-ce que ces enfants deviendront plus sages quand ils grandiront? 10. Quand nous découvrîmes la cascade, nous fûmes très émus.

2 L'adjectif verbal

Il peut avoir la forme du participe présent ou celle du participe passé. Il s'accorde avec le nom qu'il accompagne, comme un adjectif.

> Régine est une femme **charmante.**
> Le singe, **débarrassé** de son costume, faisait des pirouettes.

EMPLOIS DANS LA LANGUE ÉCRITE

1 Le participe présent

Le participe présent s'emploie uniquement (*only*) dans la langue écrite. Il ne s'accorde pas. Il a plusieurs sens.

a. Il correspond à une proposition relative.

> Ma mère, **croyant** que j'allais m'évanouir, m'a donné un verre d'eau.
> (Ma mère, **qui croyait...**)

> *My mother, **thinking** I was going to faint, gave me a glass of water.*
> (*My mother, **who thought. . .***)

b. Il indique un sens de causalité.

> **Etant** très riche, ce monsieur n'avait pas besoin de travailler.
> (**Comme il était...**)

> *Being very rich, this gentleman did not need to work.*
> (*Since he was . . .*)

c. Il indique que deux actions sont successives.

> **Prenant** son chapeau, il sortit.
> (Il **prit** son chapeau et il **sortit.**)

> *Taking his hat, he left.*
> (*He **took** his hat and he **left.***)

Tableau-résumé
Différences entre le participe présent et l'adjectif verbal

Le participe présent	*L'adjectif verbal*

C'est un verbe.
- il indique une action
- il ne s'accorde pas
- il peut avoir un objet direct
- à la forme négative on dit:
  ne croyant pas
- l'adverbe suit:
  croyant **toujours**
- l'orthographe des mots suivants varie:
  négligeant
  fatiguant
  différant
  convainquant

C'est un adjectif.
- il exprime une qualité, un état durable
- il s'accorde
- il n'a pas d'objet direct
- à la forme négative on dit:
  pas charmant(e) ou **peu charmant(e)**
- l'adverbe précède:
  elle est **toujours** charmante

  négligent
  fatigant
  différent
  convaincant

Convainquant sa mère de lui donner
de l'argent, elle a pu aller au cinéma.

Votre histoire n'est pas **convaincante.**

Exercice

E. Dans les phrases suivantes, mettez le verbe entre parenthèses à la forme qui convient: participe présent, gérondif ou adjectif verbal.

1. (Sortir) sa carabine de la chaloupe, le professeur prit la tête de l'expédition.
2. (Sortir) de la fusée, les astronautes ont pu respirer un air frais. 3. (Trembler) d'émotion, le Terrien s'est approché du Martien. 4. Le vieux chien se tenait à peine sur ses jambes (trembler). 5. Nous avons lu (trembler) le message trouvé dans la bouteille. 6. Les chevaux font le tour du corral (courir). 7. Dans la langue française (courir) il y a beaucoup de mots anglais. 8. Je ne croyais pas vous déranger (frapper) à la porte. 9. Il y a entre ces planètes une ressemblance (frapper). 10. (Frapper) dans ses mains, le professeur Levain a essayé de faire revenir le singe. 11. Denis a remis le lait au réfrigérateur, (négliger) de fermer la porte.
12. Cette femme de ménage est très (négliger).

2 Le participe passé composé
le participe passé composé s'emploie dans les mêmes conditions que le participe présent, mais il ajoute l'idée que l'action a été achevée avant l'action du verbe principal.

Cette pauvre femme, **ayant eu** beaucoup
d'ennuis, était devenue très sombre.

*This poor woman, **having had** many
problems, had become very gloomy.*
(. . . because she had had . . .)

S'étant levée, elle sortit.

Having gotten up, she left.
(After she got up. . .)

3 Le participe passé

Souvent, dans des phrases elliptiques, le participe passé composé est réduit au participe passé, après un nom ou après une expression comme **sitôt, une fois.**

> **Sitôt levée,** elle va faire une promenade. *As soon as she is up, she'll go for a walk.*
> **Une fois arrivés,** nous nous reposerons. *Once there (Once arrived), we will rest.*

> (**Remarque:**) Dans ce cas, le participe passé s'accorde avec le nom ou le pronom qu'il accompagne.

4 La proposition participe

C'est une construction de langue écrite et littéraire, qui remplace couramment une proposition subordonnée avec une conjonction. Elle est formée d'un nom sujet accompagné d'un participe (présent, parfait, passé ou passif). Le nom ne doit pas avoir d'autre fonction dans le reste de la phrase.

> **Ses enfants partant le lendemain en vacances,** M. Dupont décida de les accompagner.
> (**Comme ses enfants partaient...**)
> Un soir, **une panne l'ayant surpris sur la route,** il dut dormir dans sa voiture.
> (Un soir, **comme une panne l'avait surpris...**)
> **La tempête terminée,** nous sortirons faire une promenade.
> (**Quand la tempête sera terminée...**)

> *His children leaving the next day for a vacation,* Mr. Dupont decided to go along.
> (*Since his children were leaving...*)
> *One evening, **a breakdown having surprised him on the road,** he was forced to sleep in his car.*
> (*One evening, **since a breakdown had surprised him...***)
> *The storm (being) over, we shall go out for a walk.*
> (*When the storm is over...*)

E x e r c i c e

F. Refaites les phrases suivantes avec des propositions participes.

1. Comme ma porte d'entrée était fermée, je suis passé par la fenêtre. 2. Quand son examen a été terminé, le médecin a fait son diagnostic. 3. Comme les enfants sont très bruyants, on les envoie dans leur chambre. 4. Une fois que les fêtes de Noël seront passées, je me mettrai au régime. 5. Les jeunes gens ôtèrent leur scaphandre, et la petite troupe commença sa reconnaissance des lieux. 6. La pesanteur leur paraissait plus faible que sur la Terre, ils s'amusaient à sauter comme des cabris. 7. Quand leur exploration fut terminée, ils piquèrent une tête dans le lac. 8. Après que plusieurs heures furent passées, ils se sentirent fatigués.

PROBLÈMES DE TRADUCTION

1 *-ing* = le présent ou l'imparfait d'un verbe ou de l'expression **être en train de** + infinitif

> I *am reading.*   He *was reading.*
> Je **lis.**   Il **lisait.**
> Je **suis en train de lire.**   Il **était en train de lire.**

② *-ing* = un infinitif

La forme *-ing* du verbe anglais qui suit un autre verbe ou une préposition doit se traduire en français par l'infinitif (voir page 298).

*I like **reading**.*	J'aime **lire.**
*You enjoy **sleeping**.*	Tu as du plaisir à **dormir.**
*Instead of **playing**...*	Au lieu de **jouer**...

③ *-ing* = un nom

Un grand nombre de mots anglais en *-ing* se traduisent par des noms quand ils sont employés après les verbes **aimer, faire, préférer,** etc., ou quand ils sont sujets.

hiking **la marche**	Il fait de la **marche.**
swimming **la natation**	J'aime la **natation.**
skiing **le ski**	Vous préférez le **ski** ou la **luge?**
sledding **la luge**	
cross-country skiing **le ski de fond**	**Le ski de fond** redevient populaire.

④ Certains participes exprimant une position (*sitting, leaning, bending, kneeling, rising*) se traduisent par un participe passé si la position est déjà prise: **assis, appuyé, penché, agenouillé, levé.** Ils se traduisent par un participe présent ou un gérondif si le mouvement est en train de s'effectuer: **s'asseyant, s'appuyant, se penchant, s'agenouillant, se levant.**

Sitting (seated) on a small chair, the little girl ate her soup.	**Assise** sur une petite chaise, la petite fille mangeait sa soupe.
Sitting down on a chair, he started to cough.	**S'asseyant** sur une chaise, il commença à tousser.

Standing se dit **debout** (invariable) si on décrit une position déjà prise et **se levant** si on décrit le mouvement.

Standing up, he started talking.	**Se levant,** il commença à parler.
Standing on a chair, she tries to open the cupboard.	**Debout** sur une chaise, elle essaie d'ouvrir le placard.

Exercice

G. Traduisez les phrases suivantes.

1. I like skiing. 2. The astronauts enjoy walking. 3. Instead of trying, let's relax. 4. We dream while sleeping. 5. Without writing anything, she remembers everything. 6. Swimming is fun. 7. By working, you will succeed. 8. You prefer waiting? 9. Sitting on the grass, the little girl was crying. 10. Leaning against the window of the spaceship, the explorer observes the galaxy. 11. The musicians are not standing; they are sitting on chairs. 12. Kneeling in front of the queen, the knight (**le chevalier**) bent his head. 13. Hiking is becoming a popular exercise. 14. Standing up suddenly, I knocked over the chair. 15. Leaning over the balcony of our apartment, we see a beautiful view of Paris.

S u p p l é m e n t s   d e   g r a m m a i r e

1 **se mettre**

Avec le verbe **se mettre,** on forme plusieurs expressions idiomatiques. En voici quelques-unes.

se mettre...

à l'eau	to jump in the water	**s'y mettre**	to get started
à genoux	to kneel	**en colère**	to get mad
à table	to sit down at the table	**en marche**	to start walking *or* working (*car*)
au lit	to go to bed	**en route**	to start walking
au régime	to start a diet		
au travail	to start working		

E x e r c i c e

H. Mettez **se mettre** avec la formule qui convient dans les phrases suivantes.

1. A l'église, avant de faire une prière, on _____.
2. Nous faisons une randonnée: nous prenons un pique-nique, de l'eau et nous _____.
3. Tu te fâches souvent? Tu _____?
4. Il est paresseux. Il n'arrive pas à _____.
5. Le dîner est prêt! Les enfants, lavez-vous les mains et _____!
6. Je ne veux pas me baigner. Il fait trop froid pour _____.
7. Robert est trop gros. Il devrait _____.
8. Il faut vraiment que vous commenciez ce projet. Il faut que vous _____.
9. Je suis très fatiguée. J'ai mal à la tête et au cœur. Je vais _____ et appeler le docteur.

2 **n'importe lequel, n'importe quel / n'importe qui, quoi, où, comment, quand**
Ces expressions sont formées de mots indéfinis; elles s'emploient de la façon suivante:

a. **N'importe lequel** (*any one*) est un pronom; il désigne une personne ou une chose que l'on ne veut pas choisir.

Quel journal voulez-vous?—**N'importe lequel.**

b. **N'importe quel** (*any*) est un adjectif; il accompagne un nom.

Elle a acheté **n'importe quel** journal.

c. **N'importe qui** (*just anybody, anyone at all*) désigne une personne; ce pronom peut être sujet, objet direct ou objet de préposition.

N'importe qui vous le dira.	*Anybody will tell you that.*
Ce chien aime **n'importe qui.**	*This dog loves **just anybody.***
Je n'obéis pas à **n'importe qui.**	*I don't obey **just anyone.***
Il sort avec **n'importe qui.**	*He goes out with **just anybody.***

d. N'importe quoi (*just anything, anything at all*) désigne une chose. Ce pronom peut être sujet, objet direct ou objet de préposition.

N'importe quoi lui fera plaisir.	*Anything at all will please her.*
Tu bois **n'importe quoi.**	*You drink anything at all.*
Nous parlons de **n'importe quoi.**	*We talk of anything.*

e. N'importe où, comment, quand sont des expressions adverbiales; elles signifient *no matter where, how, when.* On ne peut pas commencer une phrase avec une de ces expressions. (Pour la traduction de *No matter who, which, where,* etc., au début de la phrase complexe, voir l' Appendice A, pages 501–502).

Je dors bien **n'importe où, n'importe comment, n'importe quand.**

(Attention:) On ne peut pas combiner **n'importe** avec **pourquoi** ou **combien.**

Exercice

I. Mettez la forme qui convient dans les phrases suivantes: **n'importe qui, quoi, lequel,** etc.

1. Les enfants mangent _____; ils ne choisissent pas leur nourriture.   2. Dans quelle chambre préférez-vous dormir? —Dans _____. Je n'ai pas de préférence.   3. Je lirai _____ livre si vous le choisissez.   4. Elle s'habille _____; elle n'a pas de goût.
5. _____ peut faire ce travail. —Oui, _____ idiot peut le faire.   6. J'ai tellement envie de faire un voyage sur une autre planète que je partirais _____, _____.
7. Mon chat dort sur la table, sur le tapis, sur mon lit; il dort _____.   8. Elle est trop sensible; _____ lui fait de la peine.

Synthèse

 Online Study Center Improve Your Grade

Applications

I. Circonstances.   Dans quelles circonstances ces actions ont-elles été accomplies? Utilisez des gérondifs.

Modèle: Pierre s'est cassé la jambe. / Il **est tombé** dans l'escalier.
*Pierre s'est cassé la jambe **en tombant** dans l'escalier.*

1. Marguerite a eu un accident. / Elle conduisait trop vite.
2. Patrice a perdu ses clés. / Il revenait du lycée.
3. Jacqueline a beaucoup maigri. / Elle a fait de l'exercice tous les jours.
4. Robert a gagné au loto. / Il a pris un billet chaque semaine.
5. Vous vous êtes rencontrés. / Vous alliez à l'opéra?

6. Nous avons trouvé cette maison. / Nous avons regardé les petites annonces dans le journal.
7. Ils ont pris cette décision. / Ils ont hésité.
8. Tu as appris le français. / Tu as écouté des cassettes?
9. Les robots ont commencé l'atterrissage. / Ils ont fait fonctionner un système de rétrofusées.
10. Ils sont sortis. / Ils ont ouvert le hublot.

II. Vacances idéales.   Décrivez les qualités de l'endroit où vous désirez passer vos vacances en remplaçant les groupes en italique par des adjectifs verbaux.

Modèle: Je veux trouver un endroit *où je puisse me reposer.*
        Je veux trouver un endroit **reposant.**

1. Je suis fatigué par une vie *qui me déprime.*   2. J'aimerais trouver un décor *qui me charme* avec des personnes *qui ne fassent pas de bruit.*   3. S'il y a des enfants à cet hôtel, j'aimerais *qu'ils obéissent* (qu'ils soient _____).   4. J'aimerais aussi participer à des excursions *qui m'intéressent,* et avoir des activités *qui me distraient.*   5. Je ne cherche pas une atmosphère *qui m'enivre,* ni *qui me passionne,* simplement une situation *qui me calme et me relaxe.*

III. Une chose à la fois.   Ecrivez, avec des propositions participes, ce que vous ferez ou ce que feront d'autres personnes une fois que vous aurez ou qu'elles auront terminé une première action.

Modèle: Une fois que j'**aurai terminé** mes études, je chercherai du travail.
        Une fois **mes études terminées,** *je chercherai du travail.*

1. Une fois qu'on aura voté le budget, le gouvernement distribuera l'argent.
2. Dès que l'automne arrive, les oiseaux migrateurs s'envolent vers les pays chauds.
3. Sitôt que le morceau a été joué, les musiciens rangent leurs instruments dans leurs étuis.
4. Sitôt que le film a commencé, les enfants réclament du popcorn.
5. Une fois que les examens étaient passés, nous prenions des vacances.
6. Dès que l'air de la planète a été analysé, les explorateurs peuvent sortir de la fusée.
7. Une fois que vous aurez exploré la forêt, vous n'aurez plus ce sentiment de solitude.
8. Aussitôt qu'ils furent tombés d'accord sur la ressemblance de la planète avec la Terre, ils la baptisèrent Soror.

IV. Difficultés d'argent.   Gérard a des difficultés d'argent. Décrivez ce qui cause ses ennuis. Utilisez des participes.

Modèle: Il a acheté trop de vêtements / il n'a plus d'argent.
        Ayant acheté *trop de vêtements, il n'a plus d'argent.*

1. Il ne sait pas établir un budget / il n'a jamais assez d'argent.
2. Il est désorganisé / il ne pense pas aux dépenses importantes.
3. Il n'a pas prévu certaines dépenses / il doit emprunter de l'argent.
4. Il a perdu son chéquier / il ne peut pas écrire de chèques.
5. Il ne sait pas bien compter / il n'arrive pas à payer ses factures.
6. Il ne s'est pas soucié de noter ses dépenses / il ne peut pas remplir sa déclaration d'impôts.

7. Il est trop généreux avec ses amis / il ne garde rien pour lui.
8. Il n'a pas une profession très lucrative / il ne gagne pas assez.

Activités Orales

1. Jeu de devinettes.   L'un de vous décrit par des «circonlocutions» les objets suivants; l'autre devine de quel objet il s'agit.

un ordinateur	une voiture	une fusée	la télévision
un réfrigérateur	le métro	un fax	un robot
un aspirateur	un avion	le courrier électronique	

Utilisez les expressions suivantes:

Pour remplacer le mot: un truc, un machin, une chose.
Pour indiquer son emploi: Ça sert à..., c'est fait pour..., on s'en sert pour...,
Pour indiquer les circonstances de son usage: On s'en sert en...
Pour indiquer en quelle matière l'objet est fait: Il est en...
Pour le comparer à un autre objet: Ça ressemble à..., c'est une espèce de..., c'est comme une sorte de...

Exemple: le téléphone: C'est un truc de forme oblongue, qu'on tient à la main: on parle à un bout, on écoute à l'autre bout; ça sert à communiquer à distance; on entend la voix d'une personne qu'on ne voit pas.

2. Débat.   Formez deux groupes et discutez le genre «science-fiction». Un groupe aime ce genre, l'autre ne l'aime pas. Trouvez des titres de livres, de films, de programmes de télé qui ont enthousiasmé les uns, ennuyé les autres.

thèmes fréquents / public favori / bandes dessinées

3. Sondage.   Interrogez cinq camarades pour savoir ce qu'ils pensent de la recherche spatiale. Est-ce un domaine de recherche important, ou bien pensent-ils que c'est de l'argent gaspillé (*wasted*), quand il y a tant de misère dans le monde?

Rédactions

1. Le jeune journaliste Ulysse Mérou envoie un mél à la Terre pour dire qu'ils ont atterri sur une nouvelle planète et il la décrit.
2. Une jeune fille écrit au professeur Antelle pour lui demander de faire partie de sa prochaine expédition.
3. **Suite.**   Imaginez une suite à l'histoire ou, si vous avez vu le film *La planète des singes,* racontez les aventures de ses héros.
4. **La Terre en l'an 2500.**   Imaginez ce que sera la Terre dans 500 ans.

Appendice A

La phrase complexe

Définitions

Une phrase est un groupe de mots autour d'un verbe conjugué (c'est-à-dire un verbe qui n'est ni un infinitif ni un participe). *Une phrase simple* se compose d'un seul verbe conjugué, ou de plusieurs verbes, reliés entre eux par une virgule ou par une conjonction de coordination: **et, mais, donc.** Généralement, il n'y a pas de subjonctif dans une phrase simple.

Il **a bu** son café **et** il **a allumé** une cigarette, **mais** il ne m'**a** pas **parlé.**

Une phrase complexe se compose d'au moins deux verbes conjugués. Les deux verbes sont reliés par un mot de subordination. Le verbe qui est seul s'appelle le verbe principal. Le verbe qui est introduit par un mot de subordination s'appelle le verbe subordonné. Le verbe principal peut être à l'indicatif ou au conditionnel—jamais au subjonctif. Le verbe subordonné peut être à l'indicatif, au conditionnel ou au subjonctif.

Le mot de subordination peut être:

1 Un pronom relatif: **qui, que.** Le subjonctif est rare dans les propositions relatives (voir page 412).

2 Un mot interrogatif: **qui, ce que, comment, pourquoi** (voir pages 445–446). Les verbes qui suivent les mots interrogatifs ne sont jamais au subjonctif.

3 Une conjonction.

    a. La conjonction **que** introduit un verbe subordonné qui complète l'idée du verbe principal. Le verbe subordonné se met à l'indicatif après certains verbes tels que **penser que, croire que.** Il est au subjonctif après les verbes principaux tels que **vouloir que, douter que** (voir page 368).

    b. D'autres conjonctions de subordination expriment une circonstance:

        le temps: Quand l'action principale se produit-elle?

        la cause: Pourquoi l'action principale se produit-elle?

        la conséquence: Quel est le résultat de l'action principale?

        la condition: Dans quelles conditions l'action principale se produit-elle?

        le but: Dans quel but l'action principale se produit-elle?

        l'opposition: Malgré quelles circonstances l'action principale se produit-elle?

    La liste complète de ces conjonctions est: **comme, quand, si,** ou une expression formée avec **que (avant que, pour que, bien que,** etc. excepté **est-ce que** ou **ne ... que**).

    Plusieurs conjonctions ont déjà été étudiées dans les chapitres précédents. Ce chapitre complète l'étude de la phrase complexe en groupant les conjonctions d'après leur sens et en spécifiant l'emploi du subjonctif ou de l'indicatif. Pour les conjonctions suivies du subjonctif, ce chapitre présente à la fin de chaque section l'alternative de constructions simples qui ne nécessitent pas l'emploi du subjonctif: soit des prépositions suivies d'un nom ou d'un infinitif, soit des conjonctions suivies de l'indicatif, soit, dans la langue écrite, l'emploi d'une proposition participe.

Remarque: Il y a une règle générale importante en ce qui concerne les conjonctions (**que** et certaines conjonctions de subordination) suivies du subjonctif: Il faut avoir un sujet différent pour le verbe principal et le verbe subordonné. Si le sujet des deux verbes est le même, on emploie une construction simple avec un infinitif.

Conjonctions de temps

Les conjonctions de temps sont très nombreuses. Pour les classer, il faut considérer si l'action principale a lieu *avant*, *pendant* ou *après* l'action subordonnée.

Si elle a lieu *avant*, l'action subordonnée est au subjonctif. Si elle a lieu *pendant* ou *après*, l'action subordonnée est à l'indicatif, mais il y a des problèmes de temps.

avant *subjonctif*	**pendant** *indicatif*	**après** *indicatif*
avant que	pendant que	après que
en attendant que	alors que	quand
jusqu'à ce que	tandis que	lorsque
	lorsque	aussitôt que
	quand	dès que
	tant que	une fois que
	aussi longtemps que	à peine que
	comme	
	à mesure que	
	en même temps que	
	chaque fois que	
	depuis que	

CONJONCTIONS SUIVIES DU SUBJONCTIF

A. *L'action principale a lieu avant l'action subordonnée.*

1 **avant que** (*before*)

> Les profs et les élèves nettoient la classe **avant que** l'inspecteur vienne faire sa visite.
>
> Gisèle lit tout un livre **avant de s'endormir.**

Remarque: Après **avant que,** on peut avoir **ne** explétif devant le verbe. L'emploi de **ne** n'est pas obligatoire.

> Faites vacciner votre chien contre la rage **avant qu'**il *ne* soit trop tard.

2 **en attendant que** (*while waiting for, to*)

> Jacques lit le journal **en attendant que** le café **soit** prêt.
>
> Philippe lit le journal **en attendant d'entrer** dans le cabinet du dentiste.

3 **jusqu'à ce que** (*until*)

Avec cette conjonction on peut avoir le même sujet pour le verbe principal et le verbe subordonné.

> Nicolas répète son poème **jusqu'à ce qu'**il le **sache.**

Quand l'action principale et l'action subordonnée sont faites par la même personne, on peut employer la préposition **jusqu'à** + l'infinitif. Cette construction n'est pas très fréquente.

Jacques a travaillé **jusqu'à tomber** de fatigue.

Jusqu'au moment où a la même signification que **jusqu'à ce que,** mais se construit avec l'indicatif.

Christine restera au soleil **jusqu'au moment où** elle **sera** complètement déshydratée.

(Remarque:)   *Not until* se traduit par **pas avant que.**

Ne partez **pas avant que** je sois prête!

CONJONCTIONS SUIVIES DE L'INDICATIF

B. *L'action principale et l'action subordonnée ont lieu en même temps.*

❶ **pendant que / alors que / tandis que** (*while*)
Alors que et **tandis que** (prononcé / tãdikə/) ont parfois un sens d'opposition dans le temps (*whereas*).

Il mange de la viande **tandis que** nous nous **nourrissons** de légumes.

❷ **lorsque / quand** (*when*)
Lorsque a le même sens que **quand. Quand** est plus employé dans la conversation.

Lorsque (**Quand**) Sylvie et Jérôme **sont rentrés** de province, ils ont donné leur
rapport au directeur.

❸ **tant que / aussi longtemps que** (*as long as*)
Ces conjonctions s'emploient de la même façon, souvent avec un futur.

Tant que
Aussi longtemps que } je **vivrai,** je me rappellerai ce voyage extraordinaire.

❹ **comme** (*as, just as*)
Avec le sens de *as, just as,* **comme** est toujours suivi de l'imparfait. Le verbe principal est à l'imparfait, au passé composé ou au passé simple.

Comme je **sortais** de chez moi, le facteur est arrivé avec un paquet.

❺ **à mesure que** (*as*)
C'est une conjonction courante. Elle signifie que deux actions progressent ou changent en même temps dans la même proportion ou en sens inverse.

A mesure que Daniel **grandissait,** il devenait plus indépendant.

❻ **en même temps que** (*at the same time*) / **chaque fois que** (*each time*)

En même temps que Azouz **écrivait** sa rédaction, sa sœur écoutait la radio.

Chaque fois que Fatima **quitte** l'Algérie, elle pleure.

❼ **depuis que** (*since*)

Depuis que Maryse **a** un diplôme de la Sorbonne, ses camarades ne se moquent
plus d'elle.

(Remarque:)   Quand *since* a un sens de cause, on le traduit par **puisque** ou par **comme** (voir
page 493).

C. *L'action principale a lieu après l'action subordonnée.*

① **après que, quand, lorsque** (*after*) / **aussitôt que, dès que** (*as soon as*) / **une fois que** (*once*)
Avec ces conjonctions, l'emploi des temps suit la règle de concordance suivante: le verbe principal est à un temps simple qui correspond au temps composé du verbe subordonné. Cette concordance est très stricte. L'auxiliaire du verbe subordonné et le verbe principal sont au même temps.

> **Après que** le chat **est parti,** les souris **dansent.**
>
> **sera parti,** **danseront.**
>
> **était parti,** **dansaient.**

⟨ **Remarques:** ⟩

- Si le verbe principal est au passé composé, le verbe subordonné est au passé surcomposé.
  > **Après que** le chat **a été parti,** les souris **ont dansé.**
- Si le verbe principal est au passé simple, le verbe subordonné est au passé antérieur.
  > **Après que** le chat **fut parti,** les souris **dansèrent.**

② **à peine . . . que** (*hardly . . . when*)

a. Avec **à peine,** il y a deux constructions possibles.

> **A peine** est le premier mot de la proposition subordonnée et on a l'inversion du verbe; **que** commence la proposition principale.
>
> **A peine** étions-nous sortis **qu'il** a commencé à pleuvoir.

⟨ **Remarque:** ⟩ On a l'inversion simple du sujet si le sujet est un pronom. On a l'inversion double si le sujet est un nom.

> **A peine** les enfants étaient-ils sortis **qu'**il a commencé à pleuvoir.

On peut aussi placer **à peine** après l'auxiliaire du verbe subordonné. Dans ce cas on ne fait pas l'inversion du sujet.

> Nous étions **à peine** sortis **qu'**il a commencé à pleuvoir.

b. Avec cette conjonction, on n'a pas la concordance des temps employée avec **après que, aussitôt que,** etc.

$$\text{à peine} + \text{plus-que-parfait} \qquad \text{que} + \begin{cases} \text{passé composé} \\ \text{passé simple} \\ \text{imparfait} \end{cases}$$

$$\textit{A peine } \textbf{étions-nous sortis } \textit{qu'}\text{il} \begin{cases} \textbf{a commencé} \\ \textbf{commença} \\ \textbf{commençait} \end{cases} \text{à pleuvoir.}$$

c. La proposition subordonnée précède toujours la proposition principale.

CONSTRUCTIONS SIMPLES DE TEMPS

1 La préposition **à** avec un nom peut remplacer une proposition avec **quand.**

> **quand** il arriva → à son arrivée
>
> **quand** il partit → à son départ

2 Les prépositions **avant, après, depuis, jusqu'à** + nom peuvent remplacer les conjonctions et verbes subordonnés quand le sujet des deux verbes est le même.

> **Après** mon retour, je suis allé faire une promenade.
>
> **Jusqu'à** sa mort, il a travaillé dur.

3 Les prépositions **avant de, après, en attendant de** + l'infinitif peuvent remplacer les conjonctions et verbes subordonnés quand le sujet des deux verbes est le même.

> **Avant de** regarder, il mit ses lunettes.
>
> **Après** avoir enlevé son chapeau, il nous tendit la main.

4 La proposition participe est aussi une construction simple, mais elle appartient à la langue écrite (voir page 482).

> **Une fois les informations terminées,** nous passons à table.

Conjonctions de cause

La cause et la conséquence sont inséparables. Comparez les phrases suivantes:

> Vous avez mauvaise mine. / Vous fumez trop.

Vous avez mauvaise mine est le résultat, la conséquence. **Vous fumez trop** est la raison, la cause. On peut exprimer la cause ou la conséquence par une conjonction de subordination.

> *Cause:*   Vous avez mauvaise mine **parce que** vous fumez trop.
>
> *Conséquence:*   Vous fumez **tellement que** vous avez mauvaise mine.

Pour exprimer une *cause* on a plusieurs conjonctions. La plupart sont suivies de l'indicatif. Deux sont suivies du subjonctif.

indicatif	subjonctif
parce que	soit que ... soit que
puisque	ce n'est pas que ... mais
comme	
du moment que	
étant donné que	
sous prétexte que	
maintenant que	
si ... c'est que	

CONJONCTIONS SUIVIES DE L'INDICATIF

1 **parce que** (*because*)

Cette conjonction exprime la cause simple. Attention à la différence entre la construction de **parce que** + verbe et la construction de **à cause de** + nom.

Daniel s'est rasé la tête { **parce que** c'est la mode.
{ **à cause de** la mode.

2 **puisque / comme** (*since*)

Ces conjonctions expriment des causes qui sont évidentes pour la personne qui parle. On les place généralement au début de la phrase.

Puisque nous passons par Montréal, allons rendre visite au cousin Jules!

Comme Bertrand n'avait pas consulté son calendrier, il avait (a) manqué un rendez-vous important.

Remarques:

- *Since* qui indique le temps se dit **depuis que** (voir page 490).

  Depuis que Claire ne fume plus, elle court plus vite et plus longtemps.

- **Comme** qui indique le temps s'emploie seulement avec l'imparfait (voir page 490).

3 **du moment que** (*since*)

Cette conjonction a le même sens que **puisque.**

Du moment que votre mère vous a donné la permission de conduire sa voiture, je ne peux rien dire.

Attention: **Du moment que** n'exprime pas le temps.

4 **étant donné que** (*since*)

Cette conjonction s'emploie dans une langue oratoire ou mathématique.

Etant donné que A + B = C, C est plus grand que A ou B.

5 **sous prétexte que** (*under the pretext that*)

Cette conjonction indique un prétexte, une cause prétendue.

M. Bongrain conduit sa voiture à 120 kilomètres à l'heure, **sous prétexte qu'**il ne veut pas arriver en retard. (En réalité, il aime conduire vite.)

Sous prétexte de est la préposition qui correspond à cette conjonction. Elle est suivie d'un infinitif.

Sous prétexte de travailler, il s'enferme dans sa chambre.

6 **maintenant que** (*since . . . now*)

Cette conjonction combine une idée de cause et une idée de temps.

Maintenant que vous avez dix-huit ans, vous pouvez voter.

7 **si ... c'est que** (*if . . . it is because*)

Cette expression met la conséquence en évidence, avec **si** au commencement de la phrase.

Si Azouz se sent seul, **c'est qu'**il n'a pas de frère.

CONJONCTIONS SUIVIES DU SUBJONCTIF

1 **soit que ... soit que** (*whether . . . or because*)
Cette conjonction est suivie du subjonctif.

> Les nappes de ce restaurant ne sont jamais bien blanches, **soit que** la blanchisserie **se serve** d'une lessive de mauvaise qualité, **soit que** leur machine **ne marche pas** bien.

Dans la langue courante on peut remplacer **soit que ... soit que** par **soit parce que ... soit parce que** avec l'indicatif.

> Les nappes de ce restaurant ne sont jamais bien blanches, **soit parce que** la blanchisserie **se sert** d'une lessive de mauvaise qualité, **soit parce que** leur machine **ne marche pas** bien.

2 **ce n'est pas que ... mais** (*it is not that . . . but*)
Cette conjonction est constituée de deux parties. On emploie le subjonctif après **ce n'est pas que** et l'indicatif après **mais**.

> **Ce n'est pas que** ce restaurant **soit** mauvais, **mais** il y **a** vraiment trop de bruit.

CONSTRUCTIONS SIMPLES DE CAUSE

1 **à cause de** + nom est la construction la plus courante.

2 **sous prétexte de** + l'infinitif

3 **grâce à** (*thanks to*), **de** (*of, from*), **à force de** (*by dint of, owing to*) + nom

> Frédéric a pu faire des études **grâce à** ses parents.
>
> Tu vas mourir **de** froid si tu sors dans le blizzard.
>
> **A force d'**obstination, Bénédicte a obtenu son diplôme d'avocate.

> **Remarque:** Il n'y a pas d'article devant le nom qui suit **à force de** et **de**.

4 **à force de** + l'infinitif

> **A force de supplier** son père, Climbié est allé faire des études en France.

5 **tant / tellement** (*because . . . so much*)
Ces adverbes signifient **parce que ... beaucoup.** On les place devant le deuxième verbe, après une virgule.

> Vous allez grossir, **tellement** vous mangez de bonbons.
>
> (... **parce que** vous mangez **beaucoup** de bonbons.)

● Conjonctions de conséquence

La majorité des conjonctions de conséquence sont suivies de l'indicatif. Deux sont suivies du subjonctif.

indicatif	subjonctif
tant ... que	assez ... pour que
si ... que	trop ... pour que
tellement ... que	
tel ... que	
de sorte que	
de manière que	
de façon que	
si bien que	
au point que	

CONJONCTIONS SUIVIES DE L'INDICATIF

1 **tant ... que / si ... que / tellement ... que** (*so . . . that, so much . . . that*)
Ces conjonctions expriment un degré dans la conséquence.

a. On emploie **tant** avec un verbe ou un nom précédé de **de.**

Ce jeune homme a **tant** bu **qu**'il refuse de conduire sa voiture.

Fanny a **tant de** chagrin **qu**'elle ne peut plus lire la lettre de Marius.

b. On emploie **si** avec un adjectif ou un adverbe.

Il faisait **si** chaud cet été **que** nous n'avions plus d'énergie pour travailler.

Vous conduisez **si** vite **que** vous aurez un accident un de ces jours.

c. On peut employer **tellement** à la place de **tant** ou de **si** dans tous ces cas, mais on évite la rencontre de **tellement** avec un autre adverbe en **-ment** pour des raisons d'euphonie (par exemple: **tellement rapidement**).

Ce jeune homme a **tellement** bu **qu**'il refuse de conduire sa voiture.

Fanny a **tellement de** chagrin **qu**'elle ne peut plus lire la lettre de Marius.

Il faisait **tellement** chaud cet été **que** nous n'avions plus d'énergie pour travailler.

Vous conduisez **tellement** vite **que** vous aurez un accident un de ces jours.

d. On emploie **tellement** devant une expression qui contient une préposition et un nom.

J'étais **tellement** en colère **que** je tremblais.

2 **un tel ... que / une telle ... que** (*such a . . . that*); **de tels ... que / de telles ... que** (*such . . . that*)
Ces conjonctions s'emploient avec un nom. Elles signifient **un si grand, une si grande, de si grands, de si grandes.**

Le président a **une telle** résistance **qu**'il n'est jamais fatigué.

Ils ont fait **de telles** dépenses pendant leur voyage **qu**'ils n'ont plus d'argent.

❸ **de sorte que / de manière que / de façon que** (*so that*)
Ces trois conjonctions ont la même signification; elles s'emploient surtout dans la langue écrite; elles ont deux constructions.

a. Suivies de l'indicatif, elles expriment la conséquence.

Le professeur parle $\left\{\begin{array}{l}\textbf{de sorte qu'} \\ \textbf{de manière qu'} \\ \textbf{de façon qu'}\end{array}\right\}$ on l'**entend** bien

b. Suivies du subjonctif, elles indiquent un but (voir page 499).

Parlez fort **de sorte qu'**on vous **entende.**

❹ **faire en sorte que** (*to manage so that*)
Cette expression contient toujours le verbe **faire** et est toujours suivie du subjonctif.

Faites en sorte que tous les invités **soient présentés** aux mariés.

❺ **si bien ... que / au point ... que** (*so that*)
Si bien ... que et **au point ... que** signifient *so that* et sont suivis de l'indicatif.

Il a plu tout l'été **si bien que** nous **n'avons pas pu** nous baigner.

Josée s'est sentie malade **au point (à tel point) qu'**elle **a dû** rentrer chez elle.

CONJONCTIONS SUIVIES DU SUBJONCTIF

assez . . . pour que / trop . . . pour que (*enough to; too much, too many to*)
Ces deux conjonctions doivent s'employer avec deux sujets différents.

Vous avez **assez** d'argent **pour que** *nous* allions tous au cinéma.

Il y a **trop** de moustiques dehors **pour que** *nous* dînions au jardin.

Si le verbe principal et le verbe subordonné ont le même sujet, on emploie les prépositions **assez ... pour** et **trop ... pour** avec l'infinitif.

Vous avez **assez** d'argent **pour** faire un voyage.

Daniel a **trop** peur des moustiques **pour** dîner dehors.

CONSTRUCTIONS SIMPLES DE CONSÉQUENCE

❶ **faire en sorte de** + l'infinitif

Ils **ont fait en sorte de** se rencontrer à Paris.

❷ **assez ... pour** et **trop ... pour** + l'infinitif

❸ **alors, donc** et **aussi** (*so, therefore*) + l'indicatif

Le sens et l'emploi de ces expressions sont étudiés à la page 322.

(Remarque:) On emploie **alors** au début de la proposition et **donc** après le verbe.

François se couche tard, **alors** il ne peut pas se lever le matin.

Ces gens n'ont pas d'enfants; ils peuvent **donc** voyager quand ils veulent.

4 **par conséquent** (*consequently, therefore*), **c'est pourquoi, c'est la raison pour laquelle** (*that's why*) + l'indicatif

    a. Par conséquent s'emploie dans un raisonnement mathématique, logique.

        San Francisco se trouve sur une faille (*fault*), **par conséquent on peut** s'attendre à un tremblement de terre.

    b. C'est pourquoi et **c'est la raison pour laquelle** sont employés plus couramment.

        Cet écrivain a appris à se servir d'un micro-ordinateur, **c'est pourquoi il a terminé** son livre si vite.

Conjonctions de condition

La conjonction de condition la plus courante est **si.** Il y a d'autres conjonctions qui expriment des nuances de sens variées (en anglais *under the condition, on condition, supposing that, provided*, etc.).

    En français, la majorité des conjonctions de condition sont suivies du subjonctif, mais il y en a une qui demande le conditionnel.

indicatif	subjonctif		conditionnel
si	à condition que	à moins que	au cas où
	à supposer que	soit que ... soit que	
	pourvu que	que ... que	

CONJONCTION SUIVIE DE L'INDICATIF

si

Cette conjonction a été étudiée en détail au chapitre 15. **Si** est suivi de l'indicatif. Le verbe principal est au conditionnel.

        Si tu te **trouvais** dans un embouteillage, est-ce que tu t'**énerverais?**

CONJONCTIONS SUIVIES DU SUBJONCTIF

1 **à condition que** (*on condition that*)

        Je ferai le ménage **à condition que** tu **fasses** le dîner.

    Si le verbe principal et le verbe subordonné ont le même sujet, on peut avoir **à condition de** + l'infinitif.

        J'irai voir ce musée **à condition d'avoir** le temps.

2 **à supposer que** (*supposing that*)

Cette conjonction a une autre forme: **en supposant que.**

        Nos cousins achèteront une maison, **à supposer que** (**en supposant que**) la banque leur **fasse** un prêt.

3 **pourvu que** (*provided that*)

        J'aime Noël **pourvu qu'**il y **ait** de la neige.

Pourvu que + le subjonctif, sans verbe principal, s'emploie dans une exclamation (*If only . . . !*).

> **Pourvu qu**'il **fasse** beau dimanche!

4 **à moins que** (*unless*)

> Elle fait son marché le samedi **à moins que** le frigidaire **soit** vide avant.

Avec cette conjonction, dans la langue littéraire, on emploie **ne** explétif.

> Ils sortent tous les dimanches **à moins qu**'il **ne** pleuve.

A moins de + un infinitif s'emploie si le verbe principal et le verbe subordonné ont le même sujet.

> Elle aura toujours des problèmes, **à moins de se faire soigner.**

5 **(soit) que** ... **(soit) que** ... (*whether . . . or*)

> Elle court deux kilomètres par jour, **(soit) qu'il pleuve** ou **(soit) qu'il fasse** froid.

On évite d'employer **soit qu'il soit** pour des raisons d'euphonie.

(**Remarque:**) Cette conjonction peut aussi avoir le sens de la cause (voir page 494).

CONJONCTIONS SUIVIES DU CONDITIONNEL

1 **au cas où** (*in case* [*that*])
Cette conjonction s'emploie avec le conditionnel.

> Vous allez en Europe en automne? Emportez des vêtements chauds **au cas où** il **ferait** froid.

2 **des fois que** (*in case* [*that*])
Dans la conversation, **des fois que** (avec un conditionnel) remplace souvent **au cas où.**

> Prenez un maillot de bain **des fois qu**'il y **aurait** une piscine à ce motel.

CONSTRUCTIONS SIMPLES DE CONDITION

1 **à condition de** et **à moins de** + l'infinitif

> Tu sortiras ce soir **à condition de rentrer** tôt.

2 **en cas de** + nom

> **En cas d**'interruption de service des bus, on recommande d'aller à bicyclette.

3 On peut avoir deux verbes au conditionnel qui se suivent.

> **J'aurais** de l'argent, je ne **travaillerais** plus.
>
> (Si j'**avais** de l'argent, je ne **travaillerais** plus.)

● Conjonctions de but

Le but est un résultat qu'on souhaite obtenir ou éviter. Toutes les conjonctions de but sont suivies du subjonctif.

afin que	de sorte que	de peur que
pour que	de manière que	de crainte que
	de façon que	

CONJONCTIONS SUIVIES DU SUBJONCTIF

1 **afin que / pour que** (*in order that*)
Ces deux conjonctions ont le même sens. **Afin que** appartient à la langue littéraire. **Pour que** est plus courant.

> Napoléon institua le blocus continental **afin que** l'Angleterre **soit** isolée de l'Europe.

Si le verbe principal et le verbe subordonné ont le même sujet, on a les prépositions **afin de** et **pour** + l'infinitif.

> Elle prend des somnifères **afin de** mieux **dormir.**
> Elle prend des somnifères **pour** mieux **dormir.**

2 **de sorte que** (*so that*)
De sorte que avec le subjonctif exprime le but à atteindre.

> Parlez plus fort **de sorte qu'**on **puisse**   *Speak louder **so that** one **can** hear you at the*
> vous entendre du fond de la salle.   *back of the hall.*

La préposition qui correspond à **de sorte que** est **en sorte de,** que l'on emploie exclusivement avec le verbe **faire.** Elle est suivie d'un infinitif.

> **Faites en sorte d'**arriver à l'heure.   ***Try to*** *arrive on time.*

3 **de manière que, de façon que** (*so that*)
Ces conjonctions ont le même sens que **de sorte que.** Elles s'emploient surtout dans la langue écrite.

> Elle a travaillé toute la nuit **de manière que** (**de façon que**) sa rédaction **soit** parfaite.

Si le verbe principal et le verbe subordonné ont le même sujet, on emploie les prépositions **de manière à, de façon à** + l'infinitif.

> Elle a travaillé toute la nuit **de manière à finir** sa rédaction.

> **Remarque:**   **De sorte que, de manière que, de façon que** + l'indicatif ont un sens de conséquence (voir page 496).

4 **de peur que, de crainte que** (*for fear that*)
On peut employer **ne** explétif après ces deux conjonctions. Dans le cas où le verbe principal et le verbe subordonné ont le même sujet, on emploie les prépositions **de peur de** et **de crainte de** + l'infinitif.

> Elle ne veut plus vivre dans ce quartier, **de peur que** (**de crainte que**) son
> appartement **ne** soit cambriolé par des voleurs.

> Nous nous sommes fait vacciner **de peur d'attraper** la grippe.

CONSTRUCTIONS SIMPLES DE BUT

1 **pour, afin de** + l'infinitif

2 **faire en sorte de** + l'infinitif

③ **de manière à, de façon à** + l'infinitif

④ **de peur de, de crainte de** + l'infinitif

⑤ Deux prépositions de but qui n'ont pas de conjonctions correspondantes: **dans l'intention de** (*with the intention of*) + l'infinitif et **en vue de** (*for the purpose of*) + nom.

> Ils font des économies **dans l'intention de faire** un voyage.
>
> ... **en vue d'une expédition** au pôle Sud.

● Conjonctions d'opposition

L'opposition est une conséquence illogique, en contradiction avec la cause.
Si on dit:

> Je suis malade; je reste au lit.

on exprime un rapport de *cause-conséquence*. Mais, si on dit:

> Je suis malade; je viens en classe.

on exprime une *opposition*.

La plupart des conjonctions d'opposition sont suivies du subjonctif. Trois sont suivies du conditionnel et une de l'indicatif. Attention: toutes ces conjonctions ont un sens proche (*although, even though, however, whatever*, etc.).

indicatif	subjonctif		conditionnel
même si	quoique	tout ... que	quand même
	bien que	si ... que	quand bien même
	quoi que	encore que	alors même que
	où que	quel que	
	pour ... que	quelque ... que	

CONJONCTION SUIVIE DE L'INDICATIF

même si (*even though, even if*)
Même si s'emploie comme **si.**

> **Même s'**il ne **fait** pas beau, nous ferons une randonnée.

CONJONCTIONS SUIVIES DU SUBJONCTIF

① **quoique / bien que** (*although*)
Ces deux conjonctions ont le même sens et le même emploi.

> **Quoique** je **sois** malade, je viens à l'université.
>
> **Bien que** je **sois** malade...

⸨ **Remarques:** ⸩

- **Quoique** est un seul mot, **bien** et **que** sont séparés. Le sujet des deux verbes peut représenter la même personne.

- Souvent après **quoique** et **bien que** le verbe **être** et son sujet sont éliminés et on a la construction:

> **quoique** + adjectif
> **bien que** + adjectif

> **Quoique malade,** elle vient à l'école.

- Dans la langue courante, on emploie **quoique** avec l'indicatif ou le conditionnel.

> M. et Mme Bongrain sont contents de leur nouvelle maison, **quoiqu**'il leur **faudra** du temps pour s'installer.

2 **quoi que** en *deux* mots (*whatever*)
Il ne faut pas le confondre avec **quoique** (*although*).

> **Quoi que** tu **fasses, quoi que** tu **dises,** j'irai   *Whatever* you do, *whatever* you say . . .
> où je veux aller.

3 **où que** (*wherever*)

> **Où que** vous **alliez,** j'irai avec vous.   *Wherever* you go . . .

4 **pour ... que / tout ... que / si ... que** (*however* + adjective)
Ces trois expressions entourent un adjectif.

> **Pour grands que** soient les rois, ils ne sont que des hommes.

> **Toute riche qu**'elle soit, elle est restée simple.

> **Si vieux que** soit mon père, il fait son jardin tout seul.

Si . . . que a une construction spéciale. On peut supprimer **que** et faire l'inversion du pronom sujet.

> **Si** vieux **soit-il**, il fait son jardin tout seul.

(**Remarques:**)

- Avec **tout ... que,** l'indicatif est possible.

> **Tout** fatigué **que** vous **êtes,** vous continuez à travailler comme un fou.

- A la place de **si ... que,** on a quelquefois **aussi ... que.**

> **Aussi** riche **qu**'on **soit,** on a souvent des problèmes.

5 **encore que** (*even though, although*)
Encore que s'emploie avec le subjonctif ou l'indicatif.

> Ma grand-mère est en excellente santé **encore qu**'elle ne **soit** plus très jeune.

> ... **encore qu**'elle n'**est** plus très jeune.

6 **quel que soit** (*however, whatever*)
Cette conjonction appartient à la langue littéraire. **Quel** est un adjectif; il s'accorde avec le nom. Le verbe est toujours **être.** Le dernier mot est un nom.

> **quel** (adjectif) + **que** + **être** + nom

> **Quel que soit mon état de santé,** je   *Whatever my state of health may be. . .*
> viens à l'université.

> **Quelles que soient les difficultés,** il fera ce travail.

7 **quelque ... que** (*however* + adjective)
Cette conjonction est construite comme **pour ... que, tout ... que, si ... que** avec un adjectif.

> **Quelque fragile que** soit cette statue, elle ne se cassera pas.

Dans une langue littéraire, **quelque** s'emploie avec un nom. Dans ce cas, il s'accorde.

> **Quelques difficultés** que vous rencontriez, vous les surmonterez.

CONJONCTIONS SUIVIES DU CONDITIONNEL

quand même, quand bien même, alors même que (*even though*)
Ces conjonctions sont suivies du conditionnel.

> **Quand bien même** vous **essaieriez** de partir plus tôt, vous serez en retard.

CONSTRUCTIONS SIMPLES D'OPPOSITION

1 **quoique** ou **bien que** + adjectif

2 **malgré** + nom

> **Malgré de mauvaises critiques,** cette romancière a reçu le prix Goncourt.

3 **avoir beau** + l'infinitif

> Cette romancière **a eu beau recevoir** de mauvaises critiques, elle a reçu le prix Goncourt.

4 Des conjonctions de coordination: **et, mais**
On peut renforcer **et** ou **mais** avec **quand même,** placé immédiatement après le verbe.

> Je suis malade, **et (mais)** je viens **quand**   *I'm sick, **but** I'm coming to do my work*
> **même** faire mon travail.   *anyway.*

5 Des adverbes d'opposition: **pourtant, cependant**

> Il pourrait se permettre de prendre des vacances, **pourtant** il ne manque pas une journée de travail.

● Répétition d'une conjonction

Dans une phrase complexe longue, au lieu de répéter la conjonction, on emploie **que.** Si la conjonction prend le subjonctif, on a le subjonctif après **que.**

> Elles ont mangé **jusqu'à ce que** les provisions **soient** épuisées et **que** le frigidaire **soit** vide.

Si la conjonction prend l'indicatif, on emploie l'indicatif après **que.**

> **Quand** le soleil **se couche** et **que** la lumière **change,** ce paysage devient magnifique.

Pour répéter la conjonction **si,** on emploie **que** suivi du subjonctif.

> **Si** vous me téléphonez et **que** vous n'**ayez** pas de réponse, essayez encore.

Tableau-résumé
Emploi des conjonctions et constructions simples

	temps	cause	conséquence	condition	but	opposition
subjonctif	°avant que °en attendant que jusqu'à ce que	soit que... soit que... ce n'est pas que ... mais	°assez ... pour que °trop ... pour que	°à condition que à moins que pourvu que soit que ... soit que etc.	°afin que °pour que °de sorte que °de peur que etc.	quoique bien que pour ... que tout ... que si ... que etc.
indicatif	°après que pendant que etc.	parce que puisque comme etc.	tant ... que si ... que tellement ... que de sorte ... que etc.	si		même si etc.
conditionnel				au cas où		quand bien quand bien même alors même que
constructions simples	à + nom avant + nom avant de + inf. après + nom après + inf. passé jusqu'à + nom etc.	à cause de tant tellement etc.	assez ... pour + inf. trop ... pour + inf. alors donc etc.	à condition de à moins de etc.	pour afin de de peur de + inf. dans l'intention de en vue de etc.	quoique + adj. malgré + nom avoir beau et mais pourtant etc.

°Attention aux deux sujets.

Appendice B

La conjugaison du verbe

Conjugaisons régulières / avoir, être

Infinitif et Participes	*Indicatif*		
	présent	*imparfait*	*passé simple*

1. verbes en **-er**
 parler
 (*to speak*)
    parlant
    parlé
	je parle
	 tu parles
	 il/elle/on parle
	 nous parlons
	 vous parlez
	 ils/elles parlent
		je parlais
		 tu parlais
		 il/elle/on parlait
		 nous parlions
		 vous parliez
		 ils/elles parlaient
			je parlai
			 tu parlas
			 il/elle/on parla
			 nous parlâmes
			 vous parlâtes
			 ils/elles parlèrent

	passé composé j'ai parlé	*plus-que-parfait* j'avais parlé	

2. verbes en **-ir**
 finir
 (*to finish*)
    finissant
    fini
	je finis
	 tu finis
	 il/elle/on finit
	 nous finissons
	 vous finissez
	 ils/elles finissent
		je finissais
		 tu finissais
		 il/elle/on finissait
		 nous finissions
		 vous finissiez
		 ils/elles finissaient
			je finis
			 tu finis
			 il/elle/on finit
			 nous finîmes
			 vous finîtes
			 ils/elles finirent

	passé composé j'ai fini	*plus-que-parfait* j'avais fini	

3. verbes en **-re**
 perdre
 (*to lose*)
    perdant
    perdu
	je perds
	 tu perds
	 il/elle/on perd
	 nous perdons
	 vous perdez
	 ils/elles perdent
		je perdais
		 tu perdais
		 il/elle/on perdait
		 nous perdions
		 vous perdiez
		 ils/elles perdaient
			je perdis
			 tu perdis
			 il/elle/on perdit
			 nous perdîmes
			 vous perdîtes
			 ils/elles perdirent

	passé composé j'ai perdu	*plus-que-parfait* j'avais perdu	

4. verbe
 pronominal
 se laver
 (*to wash*
 oneself)
    se lavant
    lavé
	je me lave
	 tu te laves
	 il/elle/on se lave
	 nous nous lavons
	 vous vous lavez
	 ils/elles se lavent
		je me lavais
		 tu te lavais
		 il/elle/on se lavait
		 nous nous lavions
		 vous vous laviez
		 ils/elles se lavaient
			je me lavai
			 tu te lavas
			 il/elle/on se lava
			 nous nous lavâmes
			 vous vous lavâtes
			 ils/elles se lavèrent

	passé composé je me suis lavé(e)	*plus-que-parfait* je m'étais lavé(e)	

	Conditionnel	*Impératif*	*Subjonctif*
futur	*présent*		*présent*
je parlerai	je parlerais		que je parle
tu parleras	tu parlerais	parle	que tu parles
il/elle/on parlera	il/elle/on parlerait		qu'il/elle/on parle
nous parlerons	nous parlerions	parlons	que nous parlions
vous parlerez	vous parleriez	parlez	que vous parliez
ils/elles parleront	ils/elles parleraient		qu'ils/elles parlent
futur antérieur	*passé*		*passé*
j'aurai parlé	j'aurais parlé		que j'aie parlé
futur	*présent*		*présent*
je finirai	je finirais		que je finisse
tu finiras	tu finirais	finis	que tu finisses
il/elle/on finira	il/elle/on finirait		qu'il/elle/on finisse
nous finirons	nous finirions	finissons	que nous finissions
vous finirez	vous finiriez	finissez	que vous finissiez
ils/elles finiront	ils/elles finiraient		qu'ils/elles finissent
futur antérieur	*passé*		*passé*
j'aurai fini	j'aurais fini		que j'aie fini
futur	*présent*		*présent*
je perdrai	je perdrais		que je perde
tu perdras	tu perdrais	perds	que tu perdes
il/elle/on perdra	il/elle/on perdrait		qu'il/elle/on perde
nous perdrons	nous perdrions	perdons	que nous perdions
vous perdrez	vous perdriez	perdez	que vous perdiez
ils/elles perdront	ils/elles perdraient		qu'ils/elles perdent
futur antérieur	*passé*		*passé*
j'aurai perdu	j'aurais perdu		que j'aie perdu
futur	*présent*		*présent*
je me laverai	je me laverais		que je me lave
tu te laveras	tu te laverais	lave-toi	que tu te laves
il/elle/on se lavera	il/elle/on se laverait		qu'il/elle/on se lave
nous nous laverons	nous nous laverions	lavons-nous	que nous nous lavions
vous vous laverez	vous vous laveriez	lavez-vous	que vous vous laviez
ils/elles se laveront	ils/elles se laveraient		qu'ils/elles se lavent
futur antérieur	*passé*		*passé*
je me serai lavé(e)	je me serais lavé(e)		que je me sois lavé(e)

Infinitif et Participes	Indicatif		
	présent	*imparfait*	*passé simple*
5. verbe passif **être aimé** (*to be loved*) étant aimé ayant été aimé	je suis aimé(e)	j'étais aimé(e)	je fus aimé(e)
	passé composé	*plus-que-parfait*	
	j'ai été aimé(e)	j'avais été aimé(e)	
	présent	*imparfait*	*passé simple*
6. **avoir** (*to have*) ayant eu	j'ai tu as il/elle/on a nous avons vous avez ils/elles ont	j'avais tu avais il/elle/on avait nous avions vous aviez ils/elles avaient	j'eus tu eus il/elle/on eut nous eûmes vous eûtes ils/elles eurent
	passé composé	*plus-que-parfait*	
	j'ai eu	j'avais eu	
	présent	*imparfait*	*passé simple*
7. **être** (*to be*) étant été	je suis tu es il/elle/on est nous sommes vous êtes ils/elles sont	j'étais tu étais il/elle/on était nous étions vous étiez ils/elles étaient	je fus tu fus il/elle/on fut nous fûmes vous fûtes ils/elles furent
	passé composé	*plus-que-parfait*	
	j'ai été	j'avais été	

Conjugaisons irrégulières

Infinitif et Participes	Indicatif		
	présent	*imparfait*	*passé simple*
1. **aller** (*to go*) allant allé	je vais tu vas il/elle/on va nous allons vous allez ils/elles vont	j'allais tu allais il/elle/on allait nous allions vous alliez ils/elles allaient	j'allai tu allas il/elle/on alla nous allâmes vous allâtes ils/elles allèrent
2a. **s'asseoir** (*to sit*) asseyant assis	je m'assieds tu t'assieds il/elle/on s'assied nous nous asseyons vous vous asseyez ils/elles s'asseyent	je m'asseyais tu t'asseyais il/elle/on s'asseyait nous nous asseyions vous vous asseyiez ils/elles s'asseyaient	je m'assis tu t'assis il/elle/on s'assit nous nous assîmes vous vous assîtes ils/elles s'assirent

	Conditionnel	**Impératif**	**Subjonctif**
futur	*présent*		*présent*
je serai aimé(e)	je serais aimé(e)		que je sois aimé(e)
		sois aimé(e)	
		soyons aimé(e)s	
		soyez aimé(e)(s)	
futur antérieur	*passé*		*passé*
j'aurai été aimé(e)	j'aurais été aimé(e)		que j'aie été aimé(e)

futur	*présent*		*présent*
j'aurai	j'aurais		que j'aie
tu auras	tu aurais	aie	que tu aies
il/elle/on aura	il/elle/on aurait		qu'il/elle/on ait
nous aurons	nous aurions	ayons	que nous ayons
vous aurez	vous auriez	ayez	que vous ayez
ils/elles auront	ils/elles auraient		qu'ils/elles aient
futur antérieur	*passé*		*passé*
j'aurai eu	j'aurais eu		que j'aie eu

futur	*présent*		*présent*
je serai	je serais		que je sois
tu seras	tu serais	sois	que tu sois
il/elle/on sera	il/elle/on serait		qu'il/elle/on soit
nous serons	nous serions	soyons	que nous soyons
vous serez	vous seriez	soyez	que vous soyez
ils/elles seront	ils/elles seraient		qu'ils/elles soient
futur antérieur	*passé*		*passé*
j'aurai été	j'aurais été		que j'aie été
tu auras été	tu aurais été		que tu aies été
il/elle/on aura été	il/elle/on aurait été		qu'il/elle/on ait été
nous aurons été	nous aurions été		que nous ayons été
vous aurez été	vous auriez été		que vous ayez été
ils/elles auront été	ils/elles auraient été		qu'ils/elles aient été

		Conditionnel	**Impératif**	**Subjonctif**
passé composé	*futur*	*présent*		*présent*
je suis allé(e)	j'irai	j'irais		que j'aille
	tu iras	tu irais	va	que tu ailles
	il/elle/on ira	il/elle/on irait		qu'il/elle/on aille
	nous irons	nous irions	allons	que nous allions
	vous irez	vous iriez	allez	que vous alliez
	ils/elles iront	ils/elles iraient		qu'ils/elles aillent
je me suis assis(e)	je m'assiérai	je m'assiérais		que je m'asseye
	tu t'assiéras	tu t'assiérais	assieds-toi	que tu t'asseyes
	il/elle/on s'assiéra	il/elle/on s'assiérait		qu'il/elle/on s'asseye
	nous nous assiérons	nous nous assiérions	asseyons-nous	que nous nous asseyions
	vous vous assiérez	vous vous assiériez	asseyez-vous	que vous vous asseyiez
	ils/elles s'assiéront	ils/elles s'assiéraient		qu'ils/elles s'asseyent

Infinitif et Participes	Indicatif		
	présent	*imparfait*	*passé simple*
2b. **s'asseoir** assoyant	je m'assois tu t'assois il/elle/on s'assoit nous nous assoyons vous vous assoyez ils/elles s'assoient	je m'assoyais tu t'assoyais il/elle/on s'assoyait nous nous assoyions vous vous assoyiez ils/elles s'assoyaient	
3. **battre** (*to beat*) battant battu	je bats tu bats il/elle/on bat nous battons vous battez ils/elles battent	je battais tu battais il/elle/on battait nous battions vous battiez ils/elles battaient	je battis tu battis il/elle/on battit nous battîmes vous battîtes ils/elles battirent
4. **boire** (*to drink*) buvant bu	je bois tu bois il/elle/on boit nous buvons vous buvez ils/elles boivent	je buvais tu buvais il/elle/on buvait nous buvions vous buviez ils/elles buvaient	je bus tu bus il/elle/on but nous bûmes vous bûtes ils/elles burent
5. **conduire** (*to lead*) conduisant conduit et composés	je conduis tu conduis il/elle/on conduit nous conduisons vous conduisez ils/elles conduisent	je conduisais tu conduisais il/elle/on conduisait nous conduisions vous conduisiez ils/elles conduisaient	je conduisis tu conduisis il/elle/on conduisit nous conduisîmes vous conduisîtes ils/elles conduisirent
6. **connaître** (*to be acquainted with*) connaissant connu et composés	je connais tu connais il/elle/on connaît nous connaissons vous connaissez ils/elles connaissent	je connaissais tu connaissais il/elle/on connaissait nous connaissions vous connaissiez ils/elles connaissaient	je connus tu connus il/elle/on connut nous connûmes vous connûtes il/elles connurent
7. **courir** (*to run*) courant couru	je cours tu cours il/elle/on court nous courons vous courez ils/elles courent	je courais tu courais il/elle/on courait nous courions vous couriez ils/elles couraient	je courus tu courus il/elle/on courut nous courûmes vous courûtes ils/elles coururent
8. **craindre** (*to fear*) craignant craint joindre	je crains tu crains il/elle/on craint nous craignons vous craignez ils/elles craignent	je craignais tu craignais il/elle/on craignait nous craignions vous craigniez ils/elles craignaient	je craignis tu craignis il/elle/on craignit nous craignîmes vous craignîtes ils/elles craignirent
9. **croire** (*to believe*) croyant cru	je crois tu crois il/elle/on croit nous croyons vous croyez ils/elles croient	je croyais tu croyais il/elle/on croyait nous croyions vous croyiez ils/elles croyaient	je crus tu crus il/elle/on crut nous crûmes vous crûtes ils/elles crurent

		Conditionnel	Impératif	Subjonctif
passé composé	*futur*	*présent*		*présent*
	je m'assoirai	je m'assoirais		que je m'assoie
	tu t'assoiras	tu t'assoirais	assois-toi	que tu t'assoies
	il/elle/on s'assoira	il/elle/on s'assoirait		qu'il/elle/on s'assoie
	nous nous assoirons	nous nous assoirions	assoyons-nous	que nous nous assoyions
	vous vous assoirez	vous vous assoiriez	assoyez-vous	que vous vous assoyiez
	ils/elles s'assoiront	ils/elles s'assoiraient		qu'ils/elles s'assoient
j'ai battu	je battrai	je battrais		que je batte
	tu battras	tu battrais	bats	que tu battes
	il/elle/on battra	il/elle/on battrait		qu'il/elle/on batte
	nous battrons	nous battrions	battons	que nous battions
	vous battrez	vous battriez	battez	que vous battiez
	ils/elles battront	ils/elles battraient		qu'ils/elles battent
j'ai bu	je boirai	je boirais		que je boive
	tu boiras	tu boirais	bois	que tu boives
	il/elle/on boira	il/elle/on boirait		qu'il/elle/on boive
	nous boirons	nous boirions	buvons	que nous buvions
	vous boirez	vous boiriez	buvez	que vous buviez
	ils/elles boiront	ils/elles boiraient		qu'ils/elles boivent
j'ai conduit	je conduirai	je conduirais		que je conduise
	tu conduiras	tu conduirais	conduis	que tu conduises
	il/elle/on conduira	il/elle/on conduirait		qu'il/elle/on conduise
	nous conduirons	nous conduirions	conduisons	que nous conduisions
	vous conduirez	vous conduiriez	conduisez	que vous conduisiez
	ils/elles conduiront	ils/elles conduiraient		qu'ils/elles conduisent
j'ai connu	je connaîtrai	je connaîtrais		que je connaisse
	tu connaîtras	tu connaîtrais	connais	que tu connaisses
	il/elle/on connaîtra	il/elle/on connaîtrait		qu'il/elle/on connaisse
	nous connaîtrons	nous connaîtrions	connaissons	que nous connaissions
	vous connaîtrez	vous connaîtriez	connaissez	que vous connaissiez
	ils/elles connaîtront	ils/elles connaîtraient		qu'ils/elles connaissent
j'ai couru	je courrai	je courrais		que je coure
	tu courras	tu courrais	cours	que tu coures
	il/elle/on courra	il/elle/on courrait		qu'il/elle/on coure
	nous courrons	nous courrions	courons	que nous courions
	vous courrez	vous courriez	courez	que vous couriez
	ils/elles courront	ils/elles courraient		qu'ils/elles courent
j'ai craint	je craindrai	je craindrais		que je craigne
	tu craindras	tu craindrais	crains	que tu craignes
	il/elle/on craindra	il/elle/on craindrait		qu'il/elle/on craigne
	nous craindrons	nous craindrions	craignons	que nous craignions
	vous craindrez	vous craindriez	craignez	que vous craigniez
	ils/elles craindront	ils/elles craindraient		qu'ils/elles craignent
j'ai cru	je croirai	je croirais		que je croie
	tu croiras	tu croirais	crois	que tu croies
	il/elle/on croira	il/elle/on croirait		qu'il/elle/on croie
	nous croirons	nous croirions	croyons	que nous croyions
	vous croirez	vous croiriez	croyez	que vous croyiez
	ils/elles croiront	ils/elles croiraient		qu'ils/elles croient

Infinitif et Participes	*Indicatif*		
	présent	*imparfait*	*passé simple*
10. **cueillir**	je cueille	je cueillais	je cueillis
(*to pick*)	tu cueilles	tu cueillais	tu cueillis
cueillant	il/elle/on cueille	il/elle/on cueillait	il/elle/on cueillit
cueilli	nous cueillons	nous cueillions	nous cueillîmes
	vous cueillez	vous cueilliez	vous cueillîtes
et composés	ils/elles cueillent	ils/elles cueillaient	ils/elles cueillirent
11. **devoir**	je dois	je devais	je dus
(*to owe,*	tu dois	tu devais	tu dus
to have to)	il/elle/on doit	il/elle/on devait	il/elle/on dut
devant	nous devons	nous devions	nous dûmes
dû, due	vous devez	vous deviez	vous dûtes
	ils/elles doivent	ils/elles devaient	ils/elles durent
12. **dire**	je dis	je disais	je dis
(*to say, to tell*)	tu dis	tu disais	tu dis
disant	il/elle/on dit	il/elle/on disait	il/elle/on dit
dit	nous disons	nous disions	nous dîmes
	vous dites	vous disiez	vous dîtes
et composés	ils/elles disent	ils/elles disaient	ils/elles dirent
13. **dormir**	je dors	je dormais	je dormis
(*to sleep*)	tu dors	tu dormais	tu dormis
dormant	il/elle/on dort	il/elle/on dormait	il/elle/on dormit
dormi	nous dormons	nous dormions	nous dormîmes
	vous dormez	vous dormiez	vous dormîtes
s'endormir	ils/elles dorment	ils/elles dormaient	ils/elles dormirent
14. **écrire**	j'écris	j'écrivais	j'écrivis
(*to write*)	tu écris	tu écrivais	tu écrivis
écrivant	il/elle/on écrit	il/elle/on écrivait	il/elle/on écrivit
écrit	nous écrivons	nous écrivions	nous écrivîmes
	vous écrivez	vous écriviez	vous écrivîtes
et composés	ils/elles écrivent	ils/elles écrivaient	ils/elles écrivirent
15. **faire**	je fais	je faisais	je fis
(*to do, to make*)	tu fais	tu faisais	tu fis
faisant	il/elle/on fait	il/elle/on faisait	il/elle/on fit
fait	nous faisons	nous faisions	nous fîmes
	vous faites	vous faisiez	vous fîtes
et composés	ils/elles font	ils/elles faisaient	ils/elles firent
16. **falloir**	il faut	il fallait	il fallut
(*to be necessary*)			
fallu			
17. **fuir**	je fuis	je fuyais	je fuis
(*to flee*)	tu fuis	tu fuyais	tu fuis
fuyant	il/elle/on fuit	il/elle/on fuyait	il/elle/on fuit
fui	nous fuyons	nous fuyions	nous fuîmes
	vous fuyez	vous fuyiez	vous fuîtes
s'enfuir	ils/elles fuient	ils/elles fuyaient	ils/elles fuirent

		Conditionnel	Impératif	Subjonctif
passé composé	*futur*	*présent*		*présent*
j'ai cueilli	je cueillerai	je cueillerais		que je cueille
	tu cueilleras	tu cueillerais	cueille	que tu cueilles
	il/elle/on cueillera	il/elle/on cueillerait		qu'il/elle/on cueille
	nous cueillerons	nous cueillerions	cueillons	que nous cueillions
	vous cueillerez	vous cueilleriez	cueillez	que vous cueilliez
	ils/elles cueilleront	ils/elles cueilleraient		qu'ils/elles cueillent
j'ai dû	je devrai	je devrais		que je doive
	tu devras	tu devrais		que tu doives
	il/elle/on devra	il/elle/on devrait		qu'il/elle/on doive
	nous devrons	nous devrions		que nous devions
	vous devrez	vous devriez		que vous deviez
	ils/elles devront	ils/elles devraient		qu'ils/elles doivent
j'ai dit	je dirai	je dirais		que je dise
	tu diras	tu dirais	dis	que tu dises
	il/elle/on dira	il/elle/on dirait		qu'il/elle/on dise
	nous dirons	nous dirions	disons	que nous disions
	vous direz	vous diriez	dites	que vous disiez
	ils/elles diront	ils/elles diraient		qu'ils/elles disent
j'ai dormi	je dormirai	je dormirais		que je dorme
	tu dormiras	tu dormirais	dors	que tu dormes
	il/elle/on dormira	il/elle/on dormirait		qu'il/elle/on dorme
	nous dormirons	nous dormirions	dormons	que nous dormions
	vous dormirez	vous dormiriez	dormez	que vous dormiez
	ils/elles dormiront	ils/elles dormiraient		qu'ils/elles dorment
j'ai écrit	j'écrirai	j'écrirais		que j'écrive
	tu écriras	tu écrirais	écris	que tu écrives
	il/elle/on écrira	il/elle/on écrirait		qu'il/elle/on écrive
	nous écrirons	nous écririons	écrivons	que nous écrivions
	vous écrirez	vous écririez	écrivez	que vous écriviez
	ils/elles écriront	ils/elles écriraient		qu'ils/elles écrivent
j'ai fait	je ferai	je ferais		que je fasse
	tu feras	tu ferais	fais	que tu fasses
	il/elle/on fera	il/elle/on ferait		qu'il/elle/on fasse
	nous ferons	nous ferions	faisons	que nous fassions
	vous ferez	vous feriez	faites	que vous fassiez
	ils/elles feront	ils/elles feraient		qu'ils/elles fassent
il a fallu	il faudra	il faudrait		qu'il faille
j'ai fui	je fuirai	je fuirais		que je fuie
	tu fuiras	tu fuirais	fuis	que tu fuies
	il/elle/on fuira	il/elle/on fuirait		qu'il/elle/on fuie
	nous fuirons	nous fuirions	fuyons	que nous fuyions
	vous fuirez	vous fuiriez	fuyez	que vous fuyiez
	ils/elles fuiront	ils/elles fuiraient		qu'ils/elles fuient

Infinitif et Participes	*Indicatif*		
	présent	*imparfait*	*passé simple*
18. **lire**	je lis	je lisais	je lus
(*to read*)	tu lis	tu lisais	tu lus
lisant	il/elle/on lit	il/elle/on lisait	il/elle/on lut
lu	nous lisons	nous lisions	nous lûmes
	vous lisez	vous lisiez	vous lûtes
élire	ils/elles lisent	ils/elles lisaient	ils/elles lurent
19. **mentir**	je mens	je mentais	je mentis
(*to lie*)	tu mens	tu mentais	tu mentis
mentant	il/elle/on ment	il/elle/on mentait	il/elle/on mentit
menti	nous mentons	nous mentions	nous mentîmes
	vous mentez	vous mentiez	vous mentîtes
sentir	ils/elles mentent	ils/elles mentaient	ils/elles mentirent
20. **mettre**	je mets	je mettais	je mis
(*to put*)	tu mets	tu mettais	tu mis
mettant	il/elle/on met	il/elle/on mettait	il/elle/on mit
mis	nous mettons	nous mettions	nous mîmes
	vous mettez	vous mettiez	vous mîtes
et composés	ils/elles mettent	ils/elles mettaient	ils/elles mirent
21. **mourir**	je meurs	je mourais	je mourus
(*to die*)	tu meurs	tu mourais	tu mourus
mourant	il/elle/on meurt	il/elle/on mourait	il/elle/on mourut
mort	nous mourons	nous mourions	nous mourûmes
	vous mourez	vous mouriez	vous mourûtes
	ils/elles meurent	ils/elles mouraient	ils/elles moururent
22. **naître**	je nais	je naissais	je naquis
(*to be born*)	tu nais	tu naissais	tu naquis
naissant	il/elle/on naît	il/elle/on naissait	il/elle/on naquit
né	nous naissons	nous naissions	nous naquîmes
	vous naissez	vous naissiez	vous naquîtes
	ils/elles naissent	ils/elles naissaient	ils/elles naquirent
23. **ouvrir**	j'ouvre	j'ouvrais	j'ouvris
(*to open*)	tu ouvres	tu ouvrais	tu ouvris
ouvrant	il/elle/on ouvre	il/elle/on ouvrait	il/elle/on ouvrit
ouvert	nous ouvrons	nous ouvrions	nous ouvrîmes
offrir, couvrir,	vous ouvrez	vous ouvriez	vous ouvrîtes
souffrir	ils/elles ouvrent	ils/elles ouvraient	ils/elles ouvrirent
24. **partir**	je pars	je partais	je partis
(*to leave*)	tu pars	tu partais	tu partis
partant	il/elle/on part	il/elle/on partait	il/elle/on partit
parti	nous partons	nous partions	nous partîmes
	vous partez	vous partiez	vous partîtes
et composés	ils/elles partent	ils/elles partaient	ils/elles partirent

		Conditionnel	Impératif	Subjonctif
passé composé	*futur*	*présent*		*présent*
j'ai lu	je lirai	je lirais		que je lise
	tu liras	tu lirais	lis	que tu lises
	il/elle/on lira	il/elle/on lirait		qu'il/elle/on lise
	nous lirons	nous lirions	lisons	que nous lisions
	vous lirez	vous liriez	lisez	que vous lisiez
	ils/elles liront	ils/elles liraient		qu'ils/elles lisent
j'ai menti	je mentirai	je mentirais		que je mente
	tu mentiras	tu mentirais	mens	que tu mentes
	il/elle/on mentira	il/elle/on mentirait		qu'il/elle/on mente
	nous mentirons	nous mentirions	mentons	que nous mentions
	vous mentirez	vous mentiriez	mentez	que vous mentiez
	ils/elles mentiront	ils/elles/mentiraient		qu'ils/elles mentent
j'ai mis	je mettrai	je mettrais		que je mette
	tu mettras	tu mettrais	mets	que tu mettes
	il/elle/on mettra	il/elle/on mettrait		qu'il/elle/on mette
	nous mettrons	nous mettrions	mettons	que nous mettions
	vous mettrez	vous mettriez	mettez	que vous mettiez
	ils/elles mettront	ils/elles mettraient		qu'ils/elles mettent
je suis mort(e)	je mourrai	je mourrais		que je meure
	tu mourras	tu mourrais	meurs	que tu meures
	il/elle/on mourra	il/elle/on mourrait		qu'il/elle/on meure
	nous mourrons	nous mourrions	mourons	que nous mourions
	vous mourrez	vous mourriez	mourez	que vous mouriez
	ils/elles mourront	ils/elles mourraient		qu'ils/elles meurent
je suis né(e)	je naîtrai	je naîtrais		que je naisse
	tu naîtras	tu naîtrais	nais	que tu naisses
	il/elle/on naîtra	il/elle/on naîtrait		qu'il/elle/on naisse
	nous naîtrons	nous naîtrions	naissons	que nous naissions
	vous naîtrez	vous naîtriez	naissez	que vous naissiez
	ils/elles naîtront	ils/elles naîtraient		qu'ils/elles naissent
j'ai ouvert	j'ouvrirai	j'ouvrirais		que j'ouvre
	tu ouvriras	tu ouvrirais	ouvre	que tu ouvres
	il/elle/on ouvrira	il/elle/on ouvrirait		qu'il/elle/on ouvre
	nous ouvrirons	nous ouvririons	ouvrons	que nous ouvrions
	vous ouvrirez	vous ouvririez	ouvrez	que vous ouvriez
	ils/elles ouvriront	ils/elles ouvriraient		qu'ils/elles ouvrent
je suis parti(e)	je partirai	je partirais		que je parte
	tu partiras	tu partirais	pars	que tu partes
	il/elle/on partira	il/elle/on partirait		qu'il/elle/on parte
	nous partirons	nous partirions	partons	que nous partions
	vous partirez	vous partiriez	partez	que vous partiez
	ils/elles partiront	ils/elles partiraient		qu'ils/elles partent

Infinitif et Participes	Indicatif		
	présent	*imparfait*	*passé simple*
25. **peindre**	je peins	je peignais	je peignis
(*to paint*)	tu peins	tu peignais	tu peignis
peignant	il/elle/on peint	il/elle/on peignait	il/elle/on peignit
peint	nous peignons	nous peignions	nous peignîmes
	vous peignez	vous peigniez	vous peignîtes
	ils/elles peignent	ils/elles peignaient	ils/elles peignirent
26. **plaire**	je plais	je plaisais	je plus
(*to please*)	tu plais	tu plaisais	tu plus
plaisant	il/elle/on plaît	il/elle/on plaisait	il/elle/on plut
plu	nous plaisons	nous plaisions	nous plûmes
	vous plaisez	vous plaisiez	vous plûtes
et composés	ils/elles plaisent	ils/elles plaisaient	ils/elles plurent
27. **pleuvoir**	il pleut	il pleuvait	il plut
(*to rain*)			
pleuvant			
plu			
28. **pouvoir**	je peux, puis	je pouvais	je pus
(*to be able*)	tu peux	tu pouvais	tu pus
pouvant	il/elle/on peut	il/elle/on pouvait	il/elle/on put
pu	nous pouvons	nous pouvions	nous pûmes
	vous pouvez	vous pouviez	vous pûtes
	ils/elles peuvent	ils/elles pouvaient	ils/elles purent
29. **prendre**	je prends	je prenais	je pris
(*to take*)	tu prends	tu prenais	tu pris
prenant	il/elle/on prend	il/elle/on prenait	il/elle/on prit
pris	nous prenons	nous prenions	nous prîmes
	vous prenez	vous preniez	vous prîtes
et composés	ils/elles prennent	ils/elles prenaient	ils/elles prirent
30. **recevoir**	je reçois	je recevais	je reçus
(*to receive*)	tu reçois	tu recevais	tu reçus
recevant	il/elle/on reçoit	il/elle/on recevait	il/elle/on reçut
reçu	nous recevons	nous recevions	nous reçûmes
	vous recevez	vous receviez	vous reçûtes
et composés	ils/elles reçoivent	ils/elles recevaient	ils/elles reçurent
31. **rire**	je ris	je riais	je ris
(*to laugh*)	tu ris	tu riais	tu ris
riant	il/elle/on rit	il/elle/on riait	il/elle/on rit
ri	nous rions	nous riions	nous rîmes
	vous riez	vous riiez	vous rîtes
sourire	ils/elles rient	ils/elles riaient	ils/elles rirent

		Conditionnel	Impératif	Subjonctif
passé composé	*futur*	*présent*		*présent*
j'ai peint	je peindrai	je peindrais		que je peigne
	tu peindras	tu peindrais	peins	que tu peignes
	il/elle/on peindra	il/elle/on peindrait		qu'il/elle/on peigne
	nous peindrons	nous peindrions	peignons	que nous peignions
	vous peindrez	vous peindriez	peignez	que vous peigniez
	ils/elles peindront	ils/elles peindraient		qu'ils/elles peignent
j'ai plu	je plairai	je plairais		que je plaise
	tu plairas	tu plairais	plais	que tu plaises
	il/elle/on plaira	il/elle/on plairait		qu'il/elle/on plaise
	nous plairons	nous plairions	plaisons	que nous plaisions
	vous plairez	vous plairiez	plaisez	que vous plaisiez
	ils/elles plairont	ils/elles plairaient		qu'ils/elles plaisent
il a plu	il pleuvra	il pleuvrait		qu'il pleuve
j'ai pu	je pourrai	je pourrais		que je puisse
	tu pourras	tu pourrais		que tu puisses
	il/elle/on pourra	il/elle/on pourrait		qu'il/elle/on puisse
	nous pourrons	nous pourrions		que nous puissions
	vous pourrez	vous pourriez		que vous puissiez
	ils/elles pourront	ils/elles pourraient		qu'ils/elles puissent
j'ai pris	je prendrai	je prendrais		que je prenne
	tu prendras	tu prendrais	prends	que tu prennes
	il/elle/on prendra	il/elle/on prendrait		qu'il/elle/on prenne
	nous prendrons	nous prendrions	prenons	que nous prenions
	vous prendrez	vous prendriez	prenez	que vous preniez
	ils/elles prendront	ils/elles prendraient		qu'ils/elles prennent
j'ai reçu	je recevrai	je recevrais		que je reçoive
	tu recevras	tu recevrais	reçois	que tu reçoives
	il/elle/on recevra	il/elle/on recevrait		qu'il/elle/on reçoive
	nous recevrons	nous recevrions	recevons	que nous recevions
	vous recevrez	vous recevriez	recevez	que vous receviez
	ils/elles recevront	ils/elles recevraient		qu'ils/elles reçoivent
j'ai ri	je rirai	je rirais		que je rie
	tu riras	tu rirais	ris	que tu ries
	il/elle/on rira	il/elle/on rirait		qu'il/elle/on rie
	nous rirons	nous ririons	rions	que nous riions
	vous rirez	vous ririez	riez	que vous riiez
	ils/elles riront	ils/elles riraient		qu'ils/elles rient

Infinitif et Participes	Indicatif		
	présent	*imparfait*	*passé simple*

32. **savoir**
(*to know*)
  sachant
  su
	je sais
	tu sais
	il/elle/on sait
	nous savons
	vous savez
	ils/elles savent
		je savais
		tu savais
		il/elle/on savait
		nous savions
		vous saviez
		ils/elles savaient
			je sus
			tu sus
			il/elle/on sut
			nous sûmes
			vous sûtes
			ils/elles surent

33. **suivre**
(*to follow*)
  suivant
  suivi
 	
et composés
	je suis
	tu suis
	il/elle/on suit
	nous suivons
	vous suivez
	ils/elles suivent
		je suivais
		tu suivais
		il/elle/on suivait
		nous suivions
		vous suiviez
		ils/elles suivaient
			je suivis
			tu suivis
			il/elle/on suivit
			nous suivîmes
			vous suivîtes
			ils/elles suivirent

34. **tenir**
(*to hold, to keep*)
  tenant
  tenu
	je tiens
	tu tiens
	il/elle/on tient
	nous tenons
	vous tenez
	ils/elles tiennent
		je tenais
		tu tenais
		il/elle/on tenait
		nous tenions
		vous teniez
		ils/elles tenaient
			je tins
			tu tins
			il/elle/on tint
			nous tînmes
			vous tîntes
			ils/elles tinrent

35. **vaincre**
(*to conquer*)
  vainquant
  vaincu
 	
et composés
	je vaincs
	tu vaincs
	il/elle/on vainc
	nous vainquons
	vous vainquez
	ils/elles vainquent
		je vainquais
		tu vainquais
		il/elle/on vainquait
		nous vainquions
		vous vainquiez
		ils/elles vainquaient
			je vainquis
			tu vainquis
			il/elle/on vainquit
			nous vainquîmes
			vous vainquîtes
			ils/elles vainquirent

36. **valoir**
(*to be worth*)
  valant
  valu
	je vaux
	tu vaux
	il/elle/on vaut
	nous valons
	vous valez
	ils/elles valent
		je valais
		tu valais
		il/elle/on valait
		nous valions
		vous valiez
		ils/elles valaient
			je valus
			tu valus
			il/elle/on valut
			nous valûmes
			vous valûtes
			ils/elles valurent

37. **venir**
(*to come*)
  venant
  venu
 	
et composés
	je viens
	tu viens
	il/elle/on vient
	nous venons
	vous venez
	ils/elles viennent
		je venais
		tu venais
		il/elle/on venait
		nous venions
		vous veniez
		ils/elles venaient
			je vins
			tu vins
			il/elle/on vint
			nous vînmes
			vous vîntes
			ils/elles vinrent

38. **vivre**
(*to live*)
  vivant
  vécu
 	
survivre
	je vis
	tu vis
	il/elle/on vit
	nous vivons
	vous vivez
	ils/elles vivent
		je vivais
		tu vivais
		il/elle/on vivait
		nous vivions
		vous viviez
		ils/elles vivaient
			je vécus
			tu vécus
			il/elle/on vécut
			nous vécûmes
			vous vécûtes
			ils/elles vécurent

		Conditionnel	Impératif	Subjonctif
passé composé	*futur*	*présent*		*présent*
j'ai su	je saurai	je saurais		que je sache
	tu sauras	tu saurais	sache	que tu saches
	il/elle/on saura	il/elle/on saurait		qu'il/elle/on sache
	nous saurons	nous saurions	sachons	que nous sachions
	vous saurez	vous sauriez	sachez	que vous sachiez
	ils/elles sauront	ils/elles sauraient		qu'ils/elles sachent
j'ai suivi	je suivrai	je suivrais		que je suive
	tu suivras	tu suivrais	suis	que tu suives
	il/elle/on suivra	il/elle/on suivrait		qu'il/elle/on suive
	nous suivrons	nous suivrions	suivons	que nous suivions
	vous suivrez	vous suivriez	suivez	que vous suiviez
	ils/elles suivront	ils/elles suivraient		qu'ils/elles suivent
j'ai tenu	je tiendrai	je tiendrais		que je tienne
	tu tiendras	tu tiendrais	tiens	que tu tiennes
	il/elle/on tiendra	il/elle/on tiendrait		qu'il/elle/on tienne
	nous tiendrons	nous tiendrions	tenons	que nous tenions
	vous tiendrez	vous tiendriez	tenez	que vous teniez
	ils/elles tiendront	ils/elles tiendraient		qu'ils/elles tiennent
j'ai vaincu	je vaincrai	je vaincrais		que je vainque
	tu vaincras	tu vaincrais	vaincs	que tu vainques
	il/elle/on vaincra	il/elle/on vaincrait		qu'il/elle/on vainque
	nous vaincrons	nous vaincrions	vainquons	que nous vainquions
	vous vaincrez	vous vaincriez	vainquez	que vous vainquiez
	ils/elles vaincront	ils/elles vaincraient		qu'ils/elles vainquent
il a valu	il vaudra	il vaudrait		qu'il vaille
je suis venu(e)	je viendrai	je viendrais		que je vienne
	tu viendras	tu viendrais	viens	que tu viennes
	il/elle/on viendra	il/elle/on viendrait		qu'il/elle/on vienne
	nous viendrons	nous viendrions	venons	que nous venions
	vous viendrez	vous viendriez	venez	que vous veniez
	ils/elles viendront	ils/elles viendraient		qu'ils/elles viennent
j'ai vécu	je vivrai	je vivrais		que je vive
	tu vivras	tu vivrais	vis	que tu vives
	il/elle/on vivra	il/elle/on vivrait		qu'il/elle/on vive
	nous vivrons	nous vivrions	vivons	que nous vivions
	vous vivrez	vous vivriez	vivez	que vous viviez
	ils/elles vivront	ils/elles vivraient		qu'ils/elles vivent

Infinitif et Participes	Indicatif		
	présent	*imparfait*	*passé simple*
39. **voir**	je vois	je voyais	je vis
(*to see*)	tu vois	tu voyais	tu vis
voyant	il/elle/on voit	il/elle/on voyait	il/elle/on vit
vu	nous voyons	nous voyions	nous vîmes
	vous voyez	vous voyiez	vous vîtes
revoir, prévoir	ils/elles voient	ils/elles voyaient	ils/elles virent
40. **vouloir**	je veux	je voulais	je voulus
(*to wish, to want*)	tu veux	tu voulais	tu voulus
voulant	il/elle/on veut	il/elle/on voulait	il/elle/on voulut
voulu	nous voulons	nous voulions	nous voulûmes
	vous voulez	vous vouliez	vous voulûtes
	ils/elles veulent	ils/elles voulaient	ils/elles voulurent

● A p p e n d i c e   C ● ○

Les nombres

Les nombres cardinaux

1 à 100

1 un/une	16 seize	52 cinquante-deux, etc.
2 deux	17 dix-sept	60 soixante
3 trois	18 dix-huit	61 soixante et un
4 quatre	19 dix-neuf	62 soixante-deux, etc.
5 cinq	20 vingt	70 soixante-dix
6 six	21 vingt et un	71 soixante et onze
7 sept	22 vingt-deux, etc.	72 soixante-douze, etc.
8 huit	30 trente	80 quatre-vingts
9 neuf	31 trente et un	81 quatre-vingt-un
10 dix	32 trente-deux, etc.	82 quatre-vingt-deux, etc.
11 onze	40 quarante	90 quatre-vingt-dix
12 douze	41 quarante et un	91 quatre-vingt-onze
13 treize	42 quarante-deux, etc.	92 quatre-vingt-douze, etc.
14 quatorze	50 cinquante	100 cent
15 quinze	51 cinquante et un	

		Conditionnel	Impératif	Subjonctif
passé composé	*futur*	*présent*		*présent*
j'ai vu	je verrai	je verrais		que je voie
	tu verras	tu verrais	vois	que tu voies
	il/elle/on verra	il/elle/on verrait		qu'il/elle/on voie
	nous verrons	nous verrions	voyons	que nous voyions
	vous verrez	vous verriez	voyez	que vous voyiez
	ils/elles verront	ils/elles verraient		qu'ils/elles voient
j'ai voulu	je voudrai	je voudrais		que je veuille
	tu voudras	tu voudrais	veuille	que tu veuilles
	il/elle/on voudra	il/elle/on voudrait		qu'il/elle/on veuille
	nous voudrons	nous voudrions		que nous voulions
	vous voudrez	vous voudriez	veuillez	que vous vouliez
	ils/elles voudront	ils/elles voudraient		qu'ils/elles veuillent

---

100 à 1.000.000.000.000

100	cent	1600	seize cents,
101	cent un, etc.		mille six cents
200	deux cents	1700	dix-sept cents,
201	deux cent un, etc.		mille sept cents
1000	mille	1800	dix-huit cents,
1001	mille un, etc.		mille huit cents
1100	onze cents,	1900	dix-neuf cents,
	mille cent		mille neuf cents
1200	douze cents,	2000	deux mille (invariable)
	mille deux cents	2100	deux mille cent, etc.
1300	treize cents,	10.000	dix mille
	mille trois cents	100.000	cent mille
1400	quatorze cents,	1.000.000	un million de
	mille quatre cents	1.000.000.000	un milliard de
1500	quinze cents,	1.000.000.000.000	un billion de
	mille cinq cents		

Remarques:

- Si **un mille** signifie *mile*, c'est un nom, et on a un **-s** au pluriel: **deux milles.**
- On a un point en français (10.000) là où on a une virgule en anglais pour indiquer le millésime: 10,000.

Les nombres ordinaux

1er (ère)	premier (ère)	12ème	douzième
2ème	deuxième ou second(e)	13ème	treizième
3ème	troisième	14ème	quatorzième
4ème	quatrième	15ème	quinzième
5ème	cinquième	16ème	seizième
6ème	sixième	17ème	dix-septième
7ème	septième	18ème	dix-huitième
8ème	huitième	19ème	dix-neuvième
9ème	neuvième	20ème	vingtième
10ème	dixième	21ème	vingt et unième
11ème	onzième	22ème	vingt-deuxième, etc.

Les fractions

1/2	un demi, une demie	3/4	trois quarts
1/3	un tiers	4/5	quatre cinquièmes, etc.
1/4	un quart	0	zéro
1/5	un cinquième	0,1	un dixième
1/6	un sixième, etc.	0,2	deux dixièmes
2/3	deux tiers		

Remarques:

- On a une virgule en français (0,15) là où en anglais on a un point (0.15).
- *Half* se traduit de différentes façons:

  half of this cake   la moitié de ce gâteau
  half-dead   à moitié mort
  halfway   à mi-chemin
  half an hour   une demi-heure
  an hour and a half   une heure et demie

Vocabulaire

à to; for
 ~ bord on board
 ~ cause de because of
 ~ demi; ~ moitié halfway
 ~ droite to the right
 ~ épisodes serial
 ~ gauche to the left
 ~ grosses gouttes heavily
 ~ la campagne in the country
 ~ l'époque in those days
 ~ l'étranger abroad
 ~ la fin finally
 ~ la main in one's hand
 ~ la veille de shortly before
 ~ louer for rent
 ~ lunettes with glasses
 ~ même la terre next to the ground
 ~ mesure que as
 ~ moins de unless
 ~ mon avis in my opinion
 ~ mon tour for my part
 ~ présent now
 ~ table! Dinner is ready!
 ~ ton tour your turn
 ~ toute allure (at) full speed
 ~ vendre for sale
 ~ voix basse softly
 ~ voix haute aloud
(s')abattre to fall upon
aboiement (*m.*) barking
abonnement (*m.*) subscription
aboyer to bark
abrité(e) sheltered
accélérateur (*m.*) accelerator
accélérer to accelerate
accès (*m.*) **en pente** ramp
(s')accroupir to crouch
accueil (*m.*) welcome
acheter à crédit to charge
acquérir to acquire
actualités (*f. pl.*) news
addition (*f.*) bill
administrer un questionnaire to conduct a survey
affaire (*f.*) bargain; (*f. pl.*) business
s'affairer to fuss
affectueux (-euse) affectionate
affiche (*f.*) poster
affronter to face
agacer to irritate
agence (*f.*) agency
 ~ immobilière real estate agency
 ~ publicitaire advertising agency
aide (*m. ou f.*) aide, assistant
ail (*m.*) garlic
aimable friendly
aîné(e) older
ainsi que as well as
aire (*f.*) **de repos** rest area
alcool (*m.*) alcohol
alcoolisé(e) with alcohol
alentour all around
allée (*f.*) path
aller bien to fit right, to suit; to be in good health
aller mieux to feel better
alliance (*f.*) wedding ring

allonger to stretch
allumer to light
allumette (*f.*) match
amabilité (*f.*) graciousness
amarrer to moor
amateur (*m.*) **d'art** art lover
amende (*f.*) fine
ami(e) friend
amplificateur (*m.*) amplifier
amuse-bouche (*m.*) hors d'oeuvre
anarchique anarchic
anchois (*m. pl.*) anchovies
ancien (*m.*) war veteran
androïde (*m.*) android
âne (*m.*) donkey
animalerie (*f.*) pet shop
anniversaire (*m.*) birthday
 ~ de mariage (wedding) anniversary
anomalie (*f.*) abnormality
anorak (*m.*) winter jacket
antenne (*f.*) antenna, feeler
antiquaire (*m. ou f.*) antique shop dealer
antiquités (*f. pl.*) antiques
s'apercevoir to realize
appel (*m.*) call
appeler to call
s'appliquer to apply oneself
apprendre par cœur to memorize
approcher to come in contact with
s'approcher to come near
approprié(e) suitable
après-midi (*m. ou f.*) afternoon
arbitre (*m.*) referee
arbre (*m.*) tree
 ~ fruitier fruit tree
arc (*m.*) bow
arête (*f.*) ridge
argent (*m.*) **de poche** allowance
argenterie (*f.*) silverware
aride dry
arracher to pull out from
arrhes (*f. pl.*) deposit
(s')arrêter to stop
arrière (*m.*) back seat
arrivée (*f.*) arrival
arriver to arrive
 ~ à destination to finally arrive
 ~ à ses fins to succeed
arroser to water
asperge (*f.*) asparagus
aspirateur (*m.*) vacuum cleaner
assiette (*f.*) plate
(s')assombrir to turn dark
assurance (*f.*) insurance; self-confidence
assurer to ensure, to provide
atelier (*m.*) workshop
atteindre to reach
atterrir to land
atterrissage (*m.*) landing
au at, in
 ~ beau milieu right in the middle
 ~ bout de at the end of
 ~ coin at the corner
 ~ fait by the way
 ~ fond de at the bottom of; at the back of
 ~ lendemain de shortly after

 ~ lieu de instead of
 ~ moment où at the time when
 ~ point où considering the situation where
aux bons soins de in care of (c/o)
aubaine (*f.*) godsend
aube (*f.*) dawn
auberge (*f.*) inn
 ~ de jeunesse youth hostel
aussi (*adv.*) too, also
autel (*m.*) altar
autobus (*m.*) bus (in town)
autocar (*m.*) bus (between towns)
autoritaire authoritarian
autorité (*f.*) authority
autorités (*f. pl.*) authorities
autoroute (*f.*) freeway
autour de around
autre (*adj.*) other
avancer to move forward
s'avancer to go forward
avant (*prép., adv.*) before
avenant(e) attractive
avertir to warn
avertissement (*m.*) warning
avis (*m.*) notice
avocat(e) lawyer
avoir to have
 ~ de la peine à faire une chose to have a hard time doing something
 ~ de la peine to be sad
 ~ du chagrin to be grieved, distressed
 ~ du goût to have taste
 ~ du mal à (+ *inf.*) to have a hard time
 ~ envie to desire, to feel like
 ~ honte to be ashamed
 ~ le cafard to feel gloomy, to have the blues
 ~ le cœur gros to be very sad
 ~ le goût de to taste like; to have a taste for
 ~ les moyens de (*inf.*) to afford
 ~ lieu to take place
 ~ mal to ache, to hurt
 ~ un amour fou pour to be madly in love with
 ~ un geste to make a gesture
 ~ une mémoire de fer to have a fantastic memory
avouer to confess

B&B (*m.*) bed and breakfast
bagnole (*f.*) (*fam.*) car
bague (*f.*) ring
 ~ de fiançailles engagement ring
baie (*f.*) bay
baisser to lower
 se ~ to bend down
balancer to swing
balayer to sweep
balle (*f.*) ball (for tennis)
ballon (*m.*) ball (for football, basketball)
 ~ rond football
banc (*m.*) bench
bande (*f.*) bunch, gang; strip
banlieue (*f.*) suburb
barbe (*f.*) beard

barrière (*f.*)   fence
basané(e)   swarthy
basket (*m.*)   basketball (sport)
baskets (*f. pl.*)   basketball shoes
bateau (*m.*)   boat
bâtiment (*m.*)   building
bâton (*m.*)   hockey stick; ski pole
    ~ d'encens   incense stick
battre   to beat
bavard(e)   talkative
bénédiction (*f.*) **nuptiale**   marriage
    ceremony
berger (*m.*) **allemand**   German shepherd
bête (*f.*)   animal; (*adj.*) stupid
betterave (*f.*)   beet
bibelot (*m.*)   knickknack
bicyclette (*f.*)   bicycle, bicycling
bien (*m.*)   good
    ~ de consommation   consumer good
bien entendu (*adv.*)   of course
bienfaisant(e)   salutary
bijoutier (*m.*)   jeweler
bilan (*m.*) **de santé**   check up
billes (*f. pl.*)   marbles
billet (*m.*)   bill (money), ticket
billetterie (*f.*)   Automated Teller
    Machine
biner   to hoe
binette (*f.*)   hoe
blague (*f.*)   prank, practical joke
blagueur (-euse)   joker, bigmouth
blessé(e)   wounded
blesser   to wound
    se ~   to injure oneself
blessure (*f.*)   wound
se blottir   to huddle, to curl up
blouse (*f.*)   scrubs, smock, hairdresser
    coat
blouson (*m.*)   windbreaker, bomber
    jacket
bœuf (*m.*)   ox
bois (*m.*)   wood, grove
boisson (*f.*)   drink, beverage
boîte (*f.*) **postale**   P.O. box
bombe (*f.*) **lacrymogène**   tear gas
bon (*m.*) **de commande**   ordering form
bonheur (*m.*)   happiness
bonhomme (*m.*)   old fellow
bonbon (*m.*)   candy
bordé(e)   lined
bouche (*f.*)   mouth
boucher (-ère)   butcher
boucher   to block
    se ~ les oreilles   to put one's fingers in
    one's ears
bouclier (*m.*)   shield
bouillant(e)   boiling
boule (*f.*)   bowling ball
bouleversé(e)   upset
bourse (*f.*)   stock market
bout (*m.*)   bit
bouteille (*f.*)   bottle
boutonneux (-euse)   full of pimples
boutonnière (*f.*)   lapel buttonhole
braconnier (*m.*)   poacher
braquage (*m.*)   holdup
bredouiller   to stammer
bric-à-brac (*m.*)   junk shop
bricoler   to do odd jobs
bridés (*adj.*)   slit (for eyes)
se briser   to break
brillantine (*f.*)   brilliantine

briquet (*m.*)   cigarette lighter
brocante (*f.*)   secondhand goods
brochure (*f.*)   pamphlet
bronzé(e)   tanned
brousse (*f.*)   bush
bruissement (*m.*)   rustle
bruit (*m.*)   noise
bruyant(e)   noisy
brûler   to burn
bûche (*f.*) **de Noël**   yule log (dessert)
buffle (*m.*)   buffalo
bureau (*m.*)   desk, office
    ~ de poste   post office
busqué(e)   hooked (for nose)
but (*m.*)   goal

Ça coûte combien?   How much is the
    charge?
ça ne suffit plus   it's no longer enough
ça se voit   it shows
Ça suffit!   Enough!
ça y est (*expr.*)   that's it
cabane (*f.*)   shed
    ~ à outils   toolshed
cabanon (*m.*)   cottage, cabin
cabine (*f.*)   booth
cacher   to hide
cadavre (*m.*)   corpse
cadeau (*m.*)   present
cadet(te)   younger
cadre (*m.*)   executive
caisse (*f.*)   cash register
caisse (*f.*) **d'épargne**   savings bank
Cajun (de Acadien)   French from
    Louisiana
calcul (*m.*)   simple math
    ~ mental   sums
calculette (*f.*)   calculator
cale (*f.*)   ship's hold
calligraphie (*f.*)   calligraphy
calomniateur (-euse)   slanderous
calomnie (*f.*)   slander
calomnier   to slander
calomnieux (-euse)   slanderous
cambriolage (*m.*)   burglary
cambrioler   to burglarize
camécospe (*m.*)   video camera
campagnard(e)   countrylike
campagne (*f.*)   country side, campaign
    ~ publicitaire   advertising campaign
camping (*m.*) **à la ferme**   camping at a
    farm
canard (*m.*)   duck
cancre (*m.*)   bad student, dunce
canne (*f.*)   stick
cantine (*f.*)   cafeteria
caravane (*f.*)   trailer
caresser   to pet
carnet (*m.*)   notebook
carré(e)   square
carrefour (*m.*)   crossroads, intersection
cartable (*m.*)   old-fashioned school bag
carte (*f.*)   map
    ~ des vins   wine list
    ~ postale   postcard
cartomancienne (*f.*)   fortune teller
cartouche (*f.*)   cartridge
case (*f.*)   hut
caserne (*f.*)   military barracks
casque (*m.*)   helmet
    ~ colonial   tropical helmet
casseroles (*f. pl.*)   pots and pans

catalogue (*m.*)   catalogue
cauchemar (*m.*)   nightmare
caution (*f.*)   security deposit
céder   to part with
    ~ le passage   to yield
célébrer   to celebrate
cendre (*f.*)   ash
cendrier (*m.*)   ashtray
centre-ville (*m.*)   downtown
cérémonieux (-euse)   formal,
    ceremonious (speech, greeting, person,
    etc.)
certes   indeed
chacun(e) (*pron.*)   every one
    ~ son tour   each one in his turn
chahut (*m.*)   rumpus
chahuter   to kick up, to tease
chaîne (*f.*)   channel
    ~ (stéréo)   (hifi) stereo
    ~ de montagnes   mountain range
châle (*m.*)   shawl
châlet (*m.*)   mountain cabin
chaleur (*f.*)   heat
chaloupe (*f.*)   launch
chambre (*f.*)   bedroom
    ~ d'hôte   bed and breakfast
chance (*f.*)   luck
    avoir de la ~   to be lucky
chandail (*m.*)   sports jersey
changement (*m.*)   change
    ~ de vitesse   gear
changer de vitesse   to switch gears
chanson (*f.*)   song
chant (*m.*)   song
chanter   to sing
chapeau (*m.*)   hat
chaque (*adj.*)   every
chasse (*f.*)   hunting
chasse gardée (*f.*)   private hunting
    ground
chasser   to chase
chasseur (*m.*)   hunter
chat (*m.*)   cat
château (*m.*)   castle
châtiment (*m.*)   punishment
chaton (*m.*)   kitten
châtrer   to neuter
chatte (*f.*)   female cat
chaud(e)   warm, hot
chauffard (*m.*)   reckless driver
chaussée (*f.*)   road
    ~ déformée   rough road
chaussette (*f.*)   sock
chaussures (*f. pl.*)   shoes
chauve   bald
chef (*m.*) **d'équipe**   team captain
cheminée (*f.*)   fireplace, chimney,
    smokestack
chemise (*f.*)   shirt
    ~ de nuit   nightgown
chenil (*m.*)   kennel
chercher   to look for
chevreuil (*m.*)   deer
chez (*prép.*)   at the house of
chien (*m.*)   dog
    ~ de chasse   hound
chienne (*f.*)   female dog
chiffres (*m. pl.*)   numbers
chiot (*m.*)   puppy
chouette (*f.*)   owl; (as an exclamation)
    swell
chou (*m.*)   cabbage

chuchoter to whisper
chute (*f.*) fall
ciel (*m.*) sky
ci-joint herewith, enclosed
citron (*m.*) lemon
~ **pressé** fresh lemon juice
clairière (*f.*) clearing
classe (*f.*) **économique** economy class
clé (*f.*) key
client (*m.*), **cliente** (*f.*) customer
clignotant (*m.*) blinker
clignotement (*m.*) flickering
climat (*m.*) climate
cloche (*f.*) bell
cochon (*m.*) pig
~ **d'Inde** guinea pig
code (*m.*) **postal** zip code
cœur (*m.*) heart
(se) coiffer to put on a hat; to comb one's hair
col (*m.*) pass
colère (*f.*) temper tantrum
coléreux (-euse) quick-tempered, irascible
colis (*m.*) parcel
colle (*f.*) glue, detention
coller to stick
colline (*f.*) hill
colonie (*f.*) **de vacances** summer camp
comblé(e) gratified, fulfilled
commande (*f.*) control (as of a car)
commander to order
commerçant (*m.*) **de traite** slave trader
commettre une erreur to make a mistake
commettre une gaffe to blunder
composer le numéro to dial the number
comprimé (*m.*) pill
comptable (*m. ou f.*) accountant
compte (*m.*) **en banque** bank account
compteur (*m.*) meter
concombre (*m.*) cucumber
conduire to lead
conduite (*f.*) driving habit
confort (*m.*) **moderne** modern conveniences
confus(e) embarrassed
congélateur (*m.*) freezer
connaissance (*f.*) acquaintance
conserves (*f. pl.*) canned goods
consistance (*f.*) consistency
consister à to consist in, of
construire to build (to start)
contempler contemplate
(se) contenter (de) to content oneself (with)
contourner to go around
contraire (*m.*) opposite
contravention (*f.*) ticket
contrée (*f.*) region
convenir to suit
convivialité (*f.*) social interaction
contravention (*f.*) ticket
copier to crib
corbeille (*f.*) basket
cordelette (*f.*) thin cord
corporel(le) corporal
corps (*m.*) body
correction (*f.*) thrashing
correspondance (*f.*) change, transfer point
corriger to thrash
cortège (*m.*) parade
côtelette (*f.*) **d'agneau** lamb chop

(se) coucher to set (sun); to go to bed (person)
coudre to sew
coup (*m.*) blow
~ **de foudre** love at first sight
~ **de sifflet** whistle blow
coupable guilty
couple (*m.*) couple
couplet (*m.*) **publicitaire** jingle
cour (*f.*) school yard, court
coureur (-euse) racer
courriel (*m.*) e-mail
courrier (*m.*) mail
court (*m.*) tennis court
cousu (de coudre) sewn
couteau (*m.*) knife
coutume (*f.*) tradition
coutumier (-ière) customary
couturier (*m.*) fashion designer
couturière (*f.*) seamstress
couverture (*f.*) blanket, cover
craie (*f.*) chalk
crèche (*f.*) manger
créole (*m. ou f.*) person of European descent born in a former French colony (Antilles, Guyanas, Réunion)
crêpu(e) frizzy
creuser to dig
creux (*m.*) hollow
cri (*m.*) shout
crier to shout
~ **après** to shout at, to scold
crise (*f.*) **de rage** temper tantrum
croc (*m.*) tooth
croire à to believe in
croisement (*m.*) cross road
crosse (*f.*) stick
cru(e) raw
cuiller (cuillère) (*f.*) spoon
cuir (*m.*) leather
cuisinier (*m.*) cook
cuisinière (*f.*) female cook
cuisse (*f.*) thigh
cuit(e) cooked
culpabilité (*f.*) guilt
curieux (-euse) funny
cyber-boursier (*m.*) online trader
cyclone (*m.*) hurricane

darwinisme (*m.*) Darwinism
datte (*f.*) date (fruit)
de of
~ **cérémonie** formal, ceremonial (uniform, etc.)
~ **seconde main** secondhand
d' occasion secondhand
d' un coup (*adv.*) all at once
déballer to unwrap
(se) débarrasser de to get rid of
débris (*m. pl.*) rubbish, pieces
débrouillard(e) resourceful
se débrouiller to manage, to muddle through
décédé(e) deceased
déception (*f.*) disappointment
déchets (*m. pl.*) rubbish
déchirer to tear
décidément indeed
décorateur (*m.*), **décoratrice** (*f.*) decorator
décoré(e) decorated
découverte (*f.*) discovery
découvrir to discover

défilé (*m.*) parade
défiler to walk in file
défunt (*m.*), **défunte** (*f.*) deceased
(au) dehors outside
démarrage (*m.*) start
démarrer to start (as in a car)
demi-pension (*f.*) half board
demoiselle (*f.*) **d'honneur** bridesmaid
dénoncer to give away
dénonciateur (*m.*), **dénonciatrice** (*f.*) informer
dentifrice (*m.*) toothpaste
dépendances (*f. pl.*) outbuildings
dépensier (-ière) extravagant
dépliant (*m.*) leaflet
déplorable deplorable, terrible
déposer to put down
dépourvu(e) deprived
déprimer to depress, to have a depression
déraper to skid
dès demain as early as tomorrow
désagréable unpleasant
désarmé(e) disarmed
descendre to come down, to go down
descentes (*f. pl.*) raids
désert (*m.*) desert
désespoir (*m.*) despair
désherber to weed
désolé(e) desolate
désorienté(e) confused
dessin (*m.*) drawing
~ **animé** cartoon (at the movies)
~ **humoristique** (in a book)
destinataire (*m. ou f.*) addressee
destituer (d'une fonction) to dismiss, to remove (from office)
dettes (*f. pl.*) debts
deuil (*m.*) mourning
devant (*prép., adv.*) in front of
dévaster to ravage
(se) développer to grow
déviation (*f.*) detour
dévisager to stare at, to look hard at
devise (*f.*) currency
devoir (*m.*) duty; **devoirs** (*m. pl.*) homework
devoir de l'argent to owe money
dévorer to devour
diététique dietetic
diligent(e) speedy
dinde (*f.*) turkey
~ **farcie aux marrons** turkey stuffed with chestnuts
dînette (*f.*) doll's dish set
directeur (*m.*), **directrice** (*f.*) school principal
disperser to scatter
se ~ to scatter
dispute (*f.*) fight
(se) disputer to have a fight, to argue
dissimuler to hide, to conceal
distingué(e) refined
divorcer to divorce
dizaine (*f.*) about ten
doigt (*m.*) finger
don (*m.*) gift
donner to give
doré(e) golden
dormir to sleep
~ **à la belle étoile** to sleep outside
dos (*m.*) back

doubler to pass
douceur (*f.*) kindness
douillet (-te) cosy, easy, soft
douloureux (-euse) painful
dressé(e) erected
dresser to train
 se ~ to sit up
droit(e) right, straight
drôle de (+ *nom*) strange
du tout at all
dur(e) hard

eau (*f.*) water
écarter to set, push aside
échantillon (*m.*) sample
échéance (*f.*) payment date
(s')éclairer to become light, to brighten
éclater to explode
école (*f.*) school
 ~ communale public school
écolier (-ière) elementary school student
écologiste (*m. ou f.*), **écolo** ecologist
économiser to save
écouteurs (*m. pl.*) earphones
écran (*m.*) screen
épargner to save money
effacer to erase
effrayé(e) scared
effroyable frightening
élégante (*f.*) stylish woman
élève (*m. ou f.*) student
élever la voix to raise one's voice
emballer to wrap
embouteillage (*m.*) traffic jam
emboutir to crash into
embrassade (*f.*) hugging and kissing
embrouillé(e) confused
émerveillé(e) in awe
émission (*f.*) program
empêcher to prevent
emploi (*m.*) **du temps** schedule
empreinte (*f.*) print, mark
emprunt (*m.*) loan
emprunter to borrow
ému(e) moved
en in
 ~ boîte(s) canned
 ~ état d'ivresse under the influence
 ~ gros plan as a close-up shot
 ~ plein(e) in the middle of
 ~ pleine forme shipshape
 ~ sachet(s) powdered
 ~ surimpression superimposed
 ~ suspense in suspense
 ~ vitesse in a hurry
s'en aller to go away, to leave
 ~ faire to worry
 ~ tirer to get out of a difficult situation
encadré(e) surrounded
encre (*f.*) ink
s'endetter to go into debt
s'énerver to get excited
endormi(e) asleep
enfant (*m. ou f.*) child
 ~ gâté brat
enfantin(e) childish
enfer (*m.*) hell
enfiler to slip into
enflé(e) swollen
engager to hire
 s'~ to enter; to enlist
engrais (*m.*) fertilizer

enlèvement (*m.*) kidnapping
enlever to take off
ennuis (*m. pl.*) worries
s'ennuyer to get bored
enregistrer to record
ensoleillé(e) sunny
ensuite next
entendre to hear
enterrement (*m.*) funeral
entraînement (*m.*) practice, training
entraîner to pull
 s'~ to practice (a sport); to train
entraîneur (-euse) coach, trainer
entrée (*f.*) dish between first course and main dish
entrepreneur (*m.*) contractor
entreprise (*f.*) undertaking, business
envahir to invade
enveloppe (*f.*) envelope
envelopper to wrap
environner to surround
épaté(e) surprised; round and flat (for nose)
épaules (*f. pl.*) shoulders
épingler to nick; (*litt.*) to pin
épisodique occasional
épouser to marry
épousseter to wipe out, to dust
épouvantable awful
époux, épouse spouse
épreuve (*f.*) test
éprouver un besoin to have a need
éprouver une impression to have a feeling
équipage (*m.*) crew
équipe (*f.*) team
équipée (*f.*) joyride
érable (*m.*) maple tree
errer to wander
esclavage (*m.*) slavery
esclave (*m. ou f.*) slave
escorter to escort
espoir (*m.*) hope
essai (*m.*) attempt
essuyer to wipe
estrade (*f.*) platform
estragon (*m.*) tarragon
étable (*f.*) stable
établissement (*m.*) school
étagère (*f.*) shelf
étalage (*m.*) display, stand
étape (*f.*) stopping place
état (*m.*) condition
étoile (*f.*) star
étrange strange, odd
étranger (-ère) foreign
étranger (-ère) foreigner
être (*m.*) being
être to be
 ~ à fond de cale to hit bottom
 ~ à la charge de to be financially dependent on
 ~ amoureux (-euse) de quelqu'un to be in love with someone
 ~ au septième ciel to be in seventh heaven
 ~ aux anges to be ecstatic
 ~ d'une rentabilité to yield a profit
 ~ distrait(e) to be distracted
 ~ en vue to appear
étroit(e) narrow (limited), tight
étui (*m.*) holster

s'évader to escape
évasion (*f.*) escape
éviter to avoid
évoquer to recall
exaucer to answer (a prayer)
s'exercer to practice
exode (*m.*) exodus
expéditeur (*m.*), **expéditrice** (*f.*) sender
explorer to explore
exposition (*f.*) exhibit, fair
exprès specially; on purpose
-express (*suffixe*) quick
extraterrestre (*m.*) extraterrestrial
extravagant(e) wild, crazy

faciliter to make easy
facteur (*m.*), **factrice** (*f.*) mail carrier
(se) fâcher to get mad
faire to do, to make
 ~ confiance à to trust
 ~ des affaires to be in business
 ~ des compliments to congratulate
 ~ des études to go to college
 ~ du droit to go to law school
 ~ enrager to enrage, to make furious
 ~ face to face
 ~ faillite to go bankrupt
 ~ l'article to give the sales pitch
 ~ la cour à quelqu'un to court, to woo someone
 ~ la loi to lay down the law
 ~ le plein to fill up
 ~ les gros yeux to glare
 ~ médecine to go to medical school
 ~ nuit noire to be pitch-dark
 ~ plaisir à to please
 ~ pousser to grow
 ~ régner to maintain
 ~ signe to wave
 ~ son chemin to gain ground
 ~ suivre to forward
 ~ tenir (les cheveux) to hold a set, the curl (of one's hair)
 ~ un procès to sue
 ~ une blague to play a trick, to blunder
 ~ vivre to support (financially)
 se ~ braquer to be the victim of a holdup
 se ~ enlever pour se marier to elope
 se ~ du mauvais sang to worry
 se ~ épingler to be caught
 se ~ terrasser to get smashed
faire-part (*m.*) announcement
falaise (*f.*) cliff
fantastique (*adj. ou nom m.*) fantastic
fantôme (*m.*) ghost
fauteuil (*m.*) armchair
 ~ roulant wheelchair
fauve (*adj.*) fawn-colored; (*m.*) wild animal
féculents (*m. pl.*) legumes
femme (*f.*) woman
 ~ de chambre maid
 ~ de ménage cleaning lady
fenêtre (*f.*) window
fer (*m.*) **à repasser** iron
fertile fertile
fessée (*f.*) spanking
fesser to spank
festin (*m.*) feast, large meal
fête (*f.*) holiday, party

fêter to celebrate
feu (*m.*) fire
~ **d'artifice** fireworks
feux (*m. pl.*) traffic lights
feuille (*f.*) leaf
feuilleter to leaf through
feuilleton (*m.*) serial, soap opera
fiançailles (*f. pl.*) engagement
fiancé, fiancée fiancé, betrothed
ficelle (*f.*) string
fier (fière) proud
fierté (*f.*) pride
fiévreux (-euse) feverish
figue (*f.*) fig
fil (*m.*) thread
file (*f.*) line
filet (*m.*) net
filtrer to filter
fixer dans les yeux to stare at
flamber to flambé
fleuve (*m.*) river (that flows into the sea)
floraison (*f.*) flowering
florissant(e) flourishing
foi (*f.*) faith
foie (*m.*) liver
~ **gras** goose liver pâté
folie (*f.*) madness
fonctionnaire (*m. ou f.*) civil servant
foot (*m.*) soccer
force (*f.*) strength
formule (*f.*) ordering form
fort(e) strong, loud
fossé (*m.*) ditch
fou (folle) maniac crazy
fouet (*m.*) whip
fouetter to whip
fouiller to search
foule (*f.*) crowd
four (*m.*) oven
~ **à micro-ondes** microwave
fournisseur (*m.*) merchant
fourrière (*f.*) pound
frapper to hit
frein (*m.*) brake
freiner to put on the brakes
fréquenter to visit
frère (*m.*) brother
frisé(e) curly
fromage (*m.*) cheese
front (*m.*) forehead
frontière (*f.*) border
fuir to run away
fumée (*f.*) smoke
fumiste (*m. ou f.*) phony
fusée (*f.*) rocket
fusil (*m.*) rifle
fusiller to shoot (execution)

gagner to earn
galaxie (*f.*) galaxy
galet (*m.*) pebble
gambade (*f.*) frolic
gant (*m.*) glove
garçon (*m.*) **d'honneur** best man
garde-manger (*m.*) larder
garder to keep
gare (*f.*) train station
gâter un enfant to spoil a child
gémir to whine
genou (*m.*) knee
gens (*m. pl.*) people
gentiment nicely

gibier (*m.*) game
gigot (*m.*) **d'agneau** leg of lamb
gîte (*m.*) **rural** self-catering cottage
glace (*f.*) mirror; also ice cream
glacier (*m.*) glacier
glisser to slip
golfe (*m.*) gulf
gonfler to inflate
goût (*m.*) taste
goutte (*f.*) drop
gouttière (*f.*) gutter
gouvernante (*f.*) governess, nanny
grâce à thanks to
grand-place (*f.*) main village square
gras (grasse) greasy
gratuit(e) free of charge
grave serious
grenier (*m.*) attic
griffer to scratch
grippe (*f.*) flu
grisé(e) intoxicated
grogner to growl
guetter to look for (as for a prey)
gueule (*f.*) mouth
gueuler (*fam.*) to shout
guichet (*m.*) booth
guidon (*m.*) handlebar

habité(e) inhabited
hamster (*m.*) hamster
haut(e) high
herbes (*f. pl.*) weeds, grass
hériter to inherit
hocher la tête to nod
hockey (*m.*) hockey
honnête honest
honte (*f.*) shame
honteux (-euse) shameful
hormis (*adv.*) beside
hors-d'œuvre (*m.*) first course
hublot (*m.*) porthole
huile (*f.*) oil
huître (*f.*) oyster
humecter to dampen
humer to smell
hygiène (*f.*) hygiene
hypothèque (*f.*) mortgage

(s')identifier avec, à to identify with
ignorer not to know
île (*f.*) island
il était une fois once upon a time there was
Il fait beau. The weather is nice.
Il fait jour. It is becoming light.
Il fait mauvis. The weather is bad.
imbécile stupid
immigré(e) immigrant
(s')immobiliser to stop in one's tracks
impasse (*f.*) dead end
imper, imperméable (*m.*) raincoat
(s')installer to take place
inclus(e) included
indestructible indestructible
indications (*f. pl.*) directions
inflexible rigid, unyielding
influence (*f.*) influence
inimaginable unbelievable
injuste unjust
injustice (*f.*) injustice
inquiet (-iète) worried
s'inquiéter to worry
inscrire to write down

s'~ to register
insignifiant(e) insignificant
inspecteur (*m.*), **inspectrice** (*f.*) supervisor
instituteur (*m.*), **institutrice** (*f.*), **instit'** elementary school teacher
insulte (*f.*) insult
interdiction (*f.*) **de stationner** no parking (sign)
interdire to forbid
interminable endless
internaute (*m. ou f.*) websurfer
interne (*m. ou f.*) boarder (in a school)
interstellaire interstellar
interviewer to interview
inversement vice versa
investir to invest
investissement (*m.*) investment
invité(e) guest
ivre intoxicated

jambes (*f. pl.*) legs
jardin (*m.*) garden
~ **potager** vegetable garden
~ **public** public square
jardinage (*m.*) gardening
jarretière (*f.*) garter
jaser to gossip
jeans (*m. pl.*) jeans
jeu (*m.*) game
joaillier (*m.*) jeweler
joie (*f.*) joy
se joindre à to join
joue (*f.*) cheek
jouer to play
~ **à** to play (a game)
~ **de** to play (an instrument)
~ **un rôle** to play a part
~ **un tour** to play a trick
joufflu(e) fat-cheeked
journal (*m.*) newspaper
~ **télévisé** television news
jouir de to enjoy
joujou (*m.*) toy
journée (*f.*) entire day
joyeux (-euse) happy
jubiler to gloat
juge (*m. ou f.*) judge
jugement (*m.*) sentence
juif, juive Jewish
juré (*m.*) jury member
jurer to swear
jury (*m.*) jury
justement precisely, in fact
kidnappage (*m.*) kidnapping
kinésithérapeute (*m. ou f.*), **kinési, kiné** physical therapist
kiosque (*m.*) pavillon

lac (*m.*) lake
lacet (*m.*) shoelace
là-dedans in there
lagon (*m.*) lagoon
lait (*m.*) milk
lancement (*m.*) launch(ing)
lancer to start, to throw
~ **un produit** to launch a product
langue (*f.*) tongue
lapin (*m.*) rabbit
laque (*f.*) hair spray
larme (*f.*) tear
lave-vaisselle (*m.*) dishwasher
laxiste permissive

lécher to lick
lecteur (*m.*) **de cassettes** CD player
léger (-ère) light
légumes (*m. pl.*) vegetables
lendemain (*m.*) day after
lessive (*f.*) laundry, wash; detergent
(se) lever to stand up, to get up, to rise (sun)
lèvre (*f.*) lip
liane (*f.*) liana, creeper (plant)
libre free
lien (*m.*) rope
ligne (*f.*) **d'attaque** front line
ligoter to tie up
linge (*m.*) linens; laundry
lisse smooth
litière (*f.*) litter box
littoral (*m.*) coastline
livraison (*f.*) delivery
livrer to deliver, to hand over
livreur (*m.*) deliveryman
locataire (*m. ou f.*) tenant; roomer
location (*f.*) rental
logis (*m.*) **de France** elegant hotel
loi (*f.*) law
loisir (*m.*) leisure
louer to rent
lourd(e) heavy
loyer (*m.*) rent
luge (*f.*) sled
lunaire lunar
lune (*f.*) moon
  ~ de miel honeymoon

mâcher to chew
machine (*f.*) machine
  ~ à explorer le temps time machine
  ~ à laver washing machine
magnétophone (*m.*) tape recorder
maillot (*m.*) jersey
  ~ jaune yellow T-shirt, winner of the day
main (*f.*) hand
maintenir to maintain
maison (*f.*) house
  ~ de campagne country house, weekend house
  ~ de couture fashion house
maître (*m.*), **maîtresse** (*f.*) schoolteacher
maladie (*f.*) sickness
malgré in spite of
malheur (*m.*) unhappiness
malhonnête dishonest
mandat (*m.*) money order
manger to eat
maniaque fussy
manie (*f.*) queer habit
manifester to demonstrate
manteau (*m.*) coat
maquis (*m.*) (*litt.*) bush underground
maquisard(e) member of the underground
marchander to haggle over
marché (*m.*) market
  ~ aux puces flea market
marcher to walk
marié (*m.*) groom
mariée (*f.*) bride
(se) marier (avec) to marry, to get married with
marin (*m.*) sailor
marmonner to mutter

martinet (*m.*) whip
Martien, **Martienne** (*f.*) Martian
masse (*f.*) heap
massif (*m.*) clump of shrubbery
matelas (*m.*) mattress, beach mat
matelot (*m.*) sailor
matière (*f.*) matter subject
médicament (*m.*) medecine, drug
meilleur(e) better
mélanger to mix
mêlé(e) à mingled, mixed with
(se) mêler de to get involved in
mener une vie to lead a life
mensonge (*m.*) lie
mensualité (*f.*) monthly payment, installment
menteur (-euse) liar
mentir to lie
menu(e) small, tiny
méprise (*f.*) error
mépriser to despise
mériter to deserve
merveille (*f.*) marvel
merveilleux (*m.*) the supernatural
mésaventure (*f.*) misfortune
mesquin(e) petty
messe (*f.*) mass
mesurer to assess
  (se) ~ à to pit oneself against (someone)
métier (*m.*) job
métis (*adj. ou nom, m.*), **métisse** (*adj. ou nom, f.*) of mixed race
metteur (*m.*) **en scène** movie director
mettre to put on
  ~ à disposition to put (something) at (someone's) disposal
  ~ des sous de côté to save money
  ~ en marche to start
  ~ en pension to send to boarding
  ~ en quarantaine to (put in) quarantine
  (se) ~ à to begin
  se ~ à genoux to kneel
  (se) ~ en colère to get mad
meuble (*m.*) piece of furniture
meute (*f.*) pack of hounds
miauler to meow
mince thin (slim)
minuit midnight
-minute (*suffixe*) quick
minutieusement meticulously
miroir (*m.*) mirror
mite (*f.*) moth
mob (*f.*), **mobylette** moped
mode (*f.*) fashion
moindre (le ~, la ~) the slightest
monde (*m.*) world, group, crowd
moniteur (*m.*), **monitrice** (*f.*) instructor
monter to set up
moqueur (-euse) teasing
se moquer de to make fun of
morceau (*m.*) piece
mordre to bite
mort (*f.*) death; (*m.*) dead man
morte (*f.*) dead woman
mot (*m.*) word
motard (*m.*) motorcycle driver or cop
mouchoir (*m.*) handkerchief
se moucher to blow one's nose
mouette (*f.*) seagull
mourant(e) dying

mousse (*f.*) foam, mousse
mousser to foam
moutarde (*f.*) mustard
moyen (*m.*) way
  ~ de promotion way to move forward
muet (muette) mute, silent, speechless
mulâtre (*m.*), **mulâtresse** (*f.*) mulatto (born of a black and of a white parent)
multiplier to multiply
munir to provide
mur (*m.*) wall
mûr(e) ripe
murmurer to whisper
musclé(e) muscular
mutant (*m.*) mutant

n'importe quoi just anything
naître to be born
naviguer to sail, to surf (the web)
ne pas se sentir bien to feel faint
nécessiter to require
neige (*f.*) snow
négrier (*m.*) slave trader
nettoyage (*m.*) cleaning
nettoyer to clean
nid (*m.*) nest
nier to deny
noces (*f. pl.*) wedding ceremony
  ~ d'argent (d'or, de diamant) 25th (50th, 60th) anniversary
noir(e) dark, black
noix (*f.*) walnut, nut
nombreux (-euse) numerous
se nourrir de to eat (only specific food)
nouilles (*f. pl.*) pasta, noodles

obliger to force
occupant (*m.*) occupying forces
odeur (*f.*) smell
œil (*m.*) eye
œufs (*m. pl.*) eggs
œuvre (*f.*) **d'art** work of art
oie (*f.*) goose
oiseau (*m.*) bird
onctueux (-euse) oily and smooth
onduler to undulate
ongles (*m. pl.*) nails (of fingers, toes)
ordinateur (*m.*) computer
ordonnance (*f.*) prescription
oreille (*f.*) ear
oser to dare
osseux (-euse) bony
oto-rhino-laryngologie (*f.*) nose and throat specialty
oubli (*m.*) omission
oublier to forget
ouest (*m.*) west
outil (*m.*) tool
ouvrage (*m.*) work, book
paille (*f.*) straw
paix (*f.*) peace
palet (*m.*) puck
panier (*m.*) basket
pancarte (*f.*) sign
panneau (*m.*) **routier** billboard
pantalon (*m.*) pants, trousers
papeterie (*f.*) stationery, stationery store
papier (*m.*) **à lettres** stationery
paquet (*m.*) package
par terre on the ground
paradis (*m.*) paradise
parasol (*m.*) beach umbrella

parce que (*conj.*) because
parcourir to travel through
pardonner to forgive
pare-brise (*m.*) windshield
pareil (pareille) equal, similar, same
paresser to laze about, to loaf
parfum (*m.*) perfume, flavor
parler to speak
parmi among
parole (*f.*) word
partie (*f.*) game
parvenir to succeed
pas (*m.*) step
pas la peine de no use to
passage (*m.*) **piétons** pedestrian crossing
passager (*m.*), **passagère** (*f.*) passenger
passer to pass, to go by
  ~ en inspection to inspect
  ~ son permis to obtain one's driver's license
  ~ un bon moment to have a good time
  ~ un moment to spend some time
  se ~ de to do without
passion (*f.*) **morbide** mania
pâté (*m.*) **de foie** liver paté
pâtes (*f. pl.*) pasta, noodles
patin (*m.*) skate
patinoire (*f.*) skating rink
patte (*f.*) paw
pauvre poor
pavillon (*m.*) building
payer to pay
  ~ un verre to buy (a drink)
  ~ comptant to pay in full
  ~ en liquide to pay cash
  ~ par carte de crédit to pay by credit card
  ~ par chèque to pay by check
  se ~ la tête de quelqu'un to pull someone's leg
pays (*m.*) country
paysagiste (*m. ou f.*) landscaper
péage (*m.*) toll
peau (*f.*) skin
pédagogique pedagogical
pédaler to pedal
peine (*f.*) sorrow punishment
pelle (*f.*) shovel
pelouse (*f.*) lawn
péniche (*f.*) barge, house boat
penser to think
pension (*f.*) boarding school; tuition in a boarding school
  ~ de famille boardinghouse
pensionnaire (*m. ou f.*) boarder
pépier to chirp
perdre to lose
perle (*f.*) pearl
permissif (-ive) permissive
perruche (*f.*) parakeet
persuasion (*f.*) **sociale** public awareness
pesanteur (*f.*) gravity
peser to weigh
peste (*f.*) plague
pester contre to curse
pétard (*m.*) firecracker
petit malin (*m.*) crafty one
petit small
  ~ écran television screen
  ~ malin crafty one
  avoir des ~s to have babies

petites annonces (*f. pl.*) classified ads
peu (*adv.*) little
  le ~ de the little
  ~ importe never mind, it does not matter
phares (*m. pl.*) headlights
pied (*m.*) foot
  ~s (*m. pl.*) **nus** bare feet
pierre (*f.*) stone
piété (*f.*) devotion
piéton (*m.*), **piétonne** (*f.*) pedestrian
piquer to sting
  ~ une crise, une colère to have a tantrum
  ~ une tête to dive
piscine (*f.*) pool
pivoine (*f.*) peony
place (*f.*) town, village square
placement (*m.*) investment
plage (*f.*) beach
plagier to plagiarize
plagiste (*m. ou f.*) beach attendant
plaisanter to joke
planche (*f.*) board, sailboard
  ~ à repasser ironing board
planer to glide
plat (*m.*) dish
  ~ du jour today's special
  ~ de résistance main course
plate-bande (*f.*) flower bed
plein(e) full
plein air (*m.*) outdoor
plein de (*fam.*) a lot of
pleurer to cry
pleuvoir to rain
plonger to dive, to dip
  se ~ dans to get absorbed in
pluie (*f.*) rain
pneus (*m. pl.*) tires
poche (*f.*) pocket
poils (*m. pl.*) animal hair, human body hair
poireau (*m.*) leek
poisson (*m.*) fish
poivre (*m.*) pepper
poli(e) polite
politesse (*f.*) courtesy
politique (*f.*) politics
pont (*m.*) deck of a ship also bridge
portable (*m.*) cell phone
portefeuille (*m.*) wallet
portemanteau (*m.*) coatrack
porter to carry, to wear
porteur (-euse) carrier
portillon (*m.*) gate
poser des problèmes to cause problems
poste (*f.*) post office
  ~ restante general delivery
poste (*m.*) position
  ~ de radio radio receiver
poster to post, to mail
postier (*m.*), **postière** (*f.*) post-office worker
pot (*m.*) **d'échappement** exhaust pipe
potager (*m.*) vegetable garden
pouffer de rire to giggle
poule (*f.*) hen
poulet (*m.*) chicken
poupée (*f.*) doll
pour l'occasion for the occasion
pourboire (*m.*) tip, gratuity
poursuivre en justice to sue

pourtant yet
pousser to push
  ~ une exclamation to exclaim
prairie (*f.*) field, meadow
prélever to take from
premier (ière) (*adj.*) first
prendre to take
  ~ garde to be aware (to watch out)
  ~ le maquis to go underground
  ~ un ton de voix to speak in a certain way
prescrire to prescribe
présenter to introduce
préserver to protect
presqu'île (*f.*) peninsula
pressé(e) in a hurry
  être ~ de to be in a hurry to
pressing (*m.*) dry cleaning
prêt (*m.*) loan
prêt(e) ready
prêter to lend
  ~ attention to pay attention
prévenir to warn
prier to pray
prière (*f.*) prayer
prise (*f.*) capture
procès (*m.*) lawsuit, court action
  ~ verbal (P.-V.) (*m.*) ticket
produit (*m.*) **bio** organic produce
profession (*f.*) profession
profiter to take advantage
profond(e) deep
se prolonger to continue
promoteur (*m.*) developer
promotion (*f.*) special offer
propre clean; own
propriétaire (*m. ou f.*) landlord, landlady
propriété (*f.*) ownership; estate
prospectus (*m.*) handout, leaflet
provenir to come from
publicitaire (*m.*), **publiciste** (*m. ou f.*) publicist, person in advertising
publicité (*f.*) publicity
puisque since
pull (*m.*) sweater
punition (*f.*) punishment
purée (de pommes de terre) (*f.*) mashed potatoes
pyjama (*m.*) pajamas

quai (*m.*) platform
quarantième fortieth
quartier (*m.*) neighborhood
querelle (*f.*) quarrel
queue (*f.*) tail

racial(e) racial
radieux (-euse) radiant
raffiné(e) refined
rafle (*f.*) police roundup
ragoût (*m.*) casserole
raide straight
ralentir to slow down
ramasser to pick up
rame (*f.*) train
rappeler to remind (to call to mind)
rapporter to be profitable
rapt (*m.*) kidnapping
raquette (*f.*) racket
(se) rassembler to gather
râteau (*m.*) rake
rater to miss

ratisser   to rake
rattacher   to connect, to reconnect
rattraper   to catch
    ~ son chemin   to find one's way again
ravi(e)   delighted
ravissant(e)   ravishing, beautiful
ravitaillement (*m.*)   fresh supplies
rayon (*m.*) **de lumière**   ray of light
rayonner   to radiate
réanimation (*f.*)   resuscitation, intensive care
recensement (*m.*)   census
récent(e)   recent
récepteur (*m.*)   receiver
recevoir   to receive, to welcome to greet
réclamation (*f.*)   complaint
réclame (*f.*)   special offer
récolte (*f.*)   crop
reconnaissant(e)   grateful
récompense (*f.*)   reward
reconnaître   to recognize
reconstruire   to rebuild
rectiligne   straight
recueillement (*m.*)   respectful meditation
récupérer   to recover
redevenir   to turn back into
redoutable   fearsome
réduire   to reduce
réengager   to rehire
regarder   to look at
régler ses affaires   to settle one's business
se regonfler   to regain confidence
règne (*m.*)   kingdom
rejoindre   to join again, to go back to
réjouissances (*f. pl.*)   festivities
réjouissant(e)   entertaining
relevé (*m.*) **de banque**   bank statement
relié(e)   bound
rembourser   to reimburse
remerciement (*m.*)   thanks, thank-you
remettre   to put back
remonte-pente (*m.*)   ski lift
remuer   to move
renard (*m.*)   fox
rencontrer   to fall upon
rendement (*m.*)   productivity
rendre   to give back
rendre (+ *nom* + *adj.*)   to make (something, someone + adj.)
    ~ un service   to do a favor
    se ~   to go
    se ~ compte de   to realize
renseignements (*m. pl.*)   information
rentrer chez soi   to return home
    ~ dedans   to crash into
    ~ dans son argent   to get one's investment back
repassage (*m.*)   ironing
repasser   to iron
répondre   to answer
reposer   to put down
reprendre   to take back
    ~ conscience   to regain consciousness
    ~ son souffle   to catch one's breath
se rendre   to go
se rendre compte (de)   to realize
réseau (*m.*)   network
réservé(e)   reserved
réservoir (*m.*) **à essence**   gas tank
résistance (*f.*)   resistance

se résoudre à   to bring oneself to (do something)
respirable   breathable
respirer   to breathe
se reposer   to rest
responsabiliser   to make responsible
ressembler à   to look like, to sound like
restes (*m. pl.*)   leftovers
restrictions (*f. pl.*)   rationing
retaper (une maison)   to fix up
retenir   to remember
retentir   to ring
retraite (*f.*)   retirement
rétrofusée (*f.*) retrorocket
réunis (*m. pl.*) assembled
réussir   to succeed
réveiller   to wake up
    se ~   to wake up
se retrouver   to find oneself
réveillon (*m.*)   Christmas Eve (New Year's Eve) dinner
rêver   to dream
revers (*m.*) **de fortune**   financial setback
rhume (*m.*)   cold
rideau (*m.*)   drape, curtain
rigoler (*fam.*)   to laugh; to joke
rigolo(te) (*fam.*)   funny
rire   to laugh
rive (*f.*)   riverbank
rivière (*f.*)   river (that goes to a larger river)
riz (*m.*)   rice
robe (*f.*) **de chambre**   dressing gown
rocher (*m.*)   rock
roman (*m.*)   novel
    ~ d'anticipation   science fiction (events dealing only with the future)
rompre   to break off
rond-point (*m.*)   rotary
ronronner   to purr
rose   pink
rôti (*m.*)   roast
rouge   red
rougir   to blush
roulotte (*f.*)   trailer (where gypsies live)
rouquin(e) (*péjoratif*)   red-haired
route (*f.*) **en terre**   dirt road
routine (*f.*)   routine
royaume (*m.*)   kingdom
rupture (*f.*)   breaking up (of an engagement)

sable (*m.*)   sand
saboter   to sabotage
sac (*m.*)   bag
sacristie (*f.*)   vestry
safari (*m.*)   safari
sage   good; wise
saisonnier (-ière)   seasonal
salaire (*m.*)   salary, wages
sale   dirty, poor
saletés (*f. pl.*)   junk, rubbish
salière (*f.*)   salt shaker
salir   to make dirty
salive (*f.*)   saliva
salle (*f.*) **d'attente**   waiting room
sang (*m.*)   blood
sans   without
    ~ blague   no kidding
    ~ cérémonie   informal

~ provision   with insufficient funds, bouncing
santé (*f.*)   health
santon (*m.*)   ornamental figure
sapin (*m.*) **de Noël**   Christmas tree
satellite (*m.*)   satellite
saucisse (*f.*)   sausage
saucisson (*m.*)   salami
sauver   to save
savoir   to know
scaphandre (*m.*)   space suit
scie (*f.*)   saw
scier   to saw
séance (*f.*)   show
se secouer   to shake oneself
sécher   to dry
séchoir (*m.*) **à cheveux, sèche-cheveux** (*m.*)   hair dryer
séchoir (*m.*) **à linge, sèche-linge** (*m.*)   clothes dryer
secouer   to shake
seigneur (*m.*)   lord
selle (*f.*)   seat
selon   according to
semaine (*f.*)   week
semblable   similar
sens (*m.*) **interdit**   wrong way
se sentir   to feel
    ~ mal   to feel ill
    ~ mieux   to feel better
    ~ fiévreux   to feel feverish
    ~ une parenté avec   to feel related to
    ~ plus mal   worse
serpent (*m.*)   snake
serrer   to hold tight, to clench, to squeeze
service (*m.*)   favor
    ~ à porto   set of Port wine glasses
servir de   to act as, to be used as
    se ~ de   to use
seul(e)   alone
sévir   to deal severely with
short (*m.*)   shorts
SIDA (*m.*)   Aids
siège (*m.*)   seat
silencieux (-euse)   quiet
silhouette (*f.*)   silhouette
singe (*m.*)   monkey
singulier (-ière)   strange
sinon   except
sirop (*m.*)   syrup
ski (*m.*)   ski, skiing
slogan (*m.*)   slogan
sœur (*f.*)   sister
soir (*m.*)   evening
sol (*m.*)   ground
soldat (*m.*)   soldier
solde (*f.*)   soldier's salary
soldes (*m. pl.*)   sale
soleil (*m.*)   sun
sombre   dark
sommet (*m.*)   summit
somptueux (-euse)   magnificent
son (*m.*)   sound
sonner bien   to have a nice sound
sonnerie (*f.*)   bell
sort (*m.*)   fate
sortie (*f.*)   exit, time when school finishes
sortir   to get out, to pull out
soucieux (-euse)   worried
se soucier de   to worry about
soulagé   relieved

se soulever to get up
souliers (*m. pl.*) shoes
soupçon (*m.*) suspicion
soupir (*m.*) sigh
sourd(e) deaf
sourire to smile
souris (*f.*) mouse
sous (*m. pl.*) money (*fam.*)
sous-louer to sublet
sous-titres (*m. pl.*) subtitles
sous-vêtements (*m. pl.*) underwear
soutenir to support (as a beam)
SPA (société protectrice des animaux)
  (*f.*) SPCA
spécimen (*m.*) complimentary copy or
  item
spectacle (*m.*) show
spontané(e) spontaneous
spot (*m.*) **publicitaire** short advertising
  message
squelette (*m.*) skeleton
station (*f.*) resort
  ~ **service** (*f.*) gas station
statut (*m.*) **social** social position
sténodactylo (*m. ou f.*) stenographer-
  typist
subitement suddenly
sucre (*m.*) sugar
sucrerie (*f.*) sweet, candy
suer to sweat
suivi(e) de followed by
sujet (*m.*) topic
supplément (*m.*) extra charge
supplier to beg
supporter to bear, to stand, to tolerate
sursauter to jump
survenir to occur, to happen
survêtement (*m.*) tracksuit, leisure suit
survoler to fly over, to survey
suspendre to hang
système (*m.*) **immunitaire** immune
  system

tableau (*m.*) blackboard; painting
  ~ **de bord** dashboard
tablier (*m.*) pinafore, apron
taches (*f. pl.*) spots, stains
  ~ **de rousseur** freckles
tampon (*m.*) stamp
tandis que (*conj.*) while
tant que as long as
tapis (*m.*) **volant** flying carpet
tarder to delay
tas (*m.*) heap, pile
  un ~ **de** a pile, lots of
tasse (*f.*) cup
taux (*m.*) **d'intérêt** interest rate
technique (*f.*) technique
tee-shirt (*m.*) T-shirt
teindre to dye
teinte (*f.*) shade, hue
tel qu'il est as it is
tel(le) such (a)
télépathie (*f.*) telepathy
téléspectateur (trice) (*m.*)**, téléspectatrice**
  (*f.*) TV viewer
témoigner to be a testimony

tempête (*f.*) storm
tendre to hand out
se tenir to take place
tennis (*f. pl.*) tennis shoes
tenter to try
terrain (*m.*) plot, field
  ~ **d'entraînement** practice field
  ~ **vague** vacant lot
terreur (*f.*) terror
tête (*f.*) head
théière (*f.*) teapot
ticket (*m.*) ticket
timbre (*m.*) stamp
toboggan (*m.*) toboggan
toit (*m.*) roof
tomber to fall
  ~ **amoureux (-euse) de quelqu'un** to
    fall in love with someone
  ~ **en panne** to break down (as in a car)
  ~ **malade** to become sick
tondeuse (*f.*) **à gazon** lawn mower
tonnelle (*f.*) gazebo, arbor
torrentueux (-euse) torrential
tôt early
toujours (*adv.*) always
tour (*m.*) turn; (*f.*) tower
tournant (*m.*) turn
tourner to turn, to stir
tournoi (*m.*) tournament
tousser to cough
tout all
  ~ **au long de** during the whole
  ~ **de suite** right away
  ~ **droit** straight ahead
  ~ **va bien** everything is fine
tout(e) fait(e) instant, ready-to-use
toux (*f.*) cough
tranche (*f.*) slice
traîneau (*m.*) sled
traîner to lie about, to be left around
tranquillement quietly
transports (*m. pl.*) **en commun** public
  transportation
travaux (*m. pl.*) road repairs, roadwork
traversée (*f.*) crossing
traverser to cross
tremblant(e) trembling, shaking
triomphal(e) triumphant
triomphant(e) triumphant
tribu (*f.*) tribe
triste sad
tristesse (*f.*) sadness
trompe (*f.*) trunk (of an animal)
tronc (*m.*) log
troué(e) with holes
se trouver to be
tuer to kill
tuile (*f.*) tile, red ceramic shingle
tumultueux (-euse) stormy
tuyau (*m.*) **d'arrosage** garden hose

urbain(e) urban
usine (*f.*) factory
vacancier (-ière) vacationer
vacarme (*m.*) loud noise
vaincre to vanquish
vaincu(e) defeated

vaisseau (*m.*) **(spatial)** (space)ship
valable valid
valeur (*f.*) worth
valide able-bodied
vallée (*f.*) valley
valorisant(e) prestigious
vanter to praise
  ~ **un produit** to praise, speak highly
    of a product
vautour (*m.*) vulture
véhicule (*m.*) vehicle
veille (*f.*) the day before
vélo (*m.*) bike
  ~ **de santé** exercise bike
venir to come
vent (*m.*) wind
ventre (*m.*) stomach. belly
verdâtre greenish
verger (*m.*) orchard
verglas (*m.*) ice
verser to pour
vert(e) green, unripe
veste (*f.*) jacket
vêtu(e) de dressed in
veuf (*m.*)**, veuve** (*f.*) widower, widow
vicaire (*m.*) vicar
victuailles (*f. pl.*) provisions
vide empty
vieillard (*m.*) old man
vieux (*m. pl.*) old people
village (*m.*) **de vacances** (Club
  Méditerranée type) village
vinaigre (*m.*) vinegar
vinaigrette (*f.*) salad dressing
virage (*m.*) turn
visage (*m.*) face
vitesse (*f.*) speed; (*f. pl.*) gears
vitre (*f.*) windowpane; (*f. pl.*)
  windows
vitrine (*f.*) shop window
vivre to live
  ~ **d'amour et d'eau fraîche** to live on
    love alone
voie (*f.*) way, road
  ~ **sans issue** dead end
  ~ **unique** one-way street
voilà pour so much for
voile (*f.*) sailing
voilier (*m.*) sailing ship; sailboat
voir to see
voiture (*f.*) car
  ~ **d'enfant** baby carriage
voix (*f.*) voice
vol (*m.*) robbery
  ~ **à l'arraché** snatching
  ~ **à l'étalage** shoplifting
  ~ **à la tire** pickpocketing
volcan (*m.*) volcano
voler to rob
voleur (*m.*)**, voleuse** (*f.*) thief
voyage (*m.*) trip
  ~ **de noces** honeymoon trip

wagon (*m.*) train car

yeux (*m. pl.*) eyes

zélé(e) zealous

Index

Acknowledgments

Text Credits

p. 18: From *Climbié* by Bernard Dadié. Copyright © 1956. **pp. 20–21:** *Page d'écriture*, by Jacques Prévert from *Paroles*. Copyright © Éditions Gallimard. Reprinted with permission. **p. 42:** *Déjeuner du matin*, by Jacques Prévert from *Paroles*. Copyright © Éditions Gallimard. Reprinted with permission. **p. 44:** Reprinted by permission from *Une si longue lettre* by Mariama Bâ. Copyright © 1979. **pp. 64–65:** *La petite Tonkinoise*, by Suzanne Prou. Copyright © 1986 Calmann-Lévy. **pp. 83–84:** *Le Gône du Chaâba*, Azouz Begag. Copyright © Éditions du Seuil, 1986. **p. 101:** From *Collection Folio-Policier* by Didier Daerinckz. Copyright © 1984 Éditions Gallimard. Reprinted with permission. **pp. 120–121:** From *Le Voyage En France* by Benoit Duteurtre. Copyright © 2001 Éditions Gallimard. Reprinted with permission. **p. 148:** From *La Promesse de l'Aube* by Romain Gary. Copyright © 1980 Éditions Gallimard. Reprinted with permission. **pp. 150–151:** From *Nord Perdu* by Nancy Houston. Copyright © Actes Sud 1999. Reprinted with permission. **pp. 174–175:** From *Les Chemins de Traverse* by Nicholas Hulot. Copyright © Éditions Jean-Claude Lattes, 1989. Reprinted with permission. **pp. 196–197:** From J.M.G. LeClézio, *L'Africain*. Copyright © 2004 Mercure de France. Reprinted with permission. **pp. 218–219:** Extrait de Georges Pérec, *Les choses*. Reproduit avec la permission des Éditions Julliard. **pp. 240–241:** Extrait de Marcel Pagnol, *Fanny*. Reproduit avec la permission de Jacqueline Pagnol. **p. 268:** *La goutte d'or*, by Michel Tournier. Copyright © 1986 Éditions Gallimard. Reprinted with permission. **p. 270:** *Le premier homme* by Albert Camus. Copyright © 1994 Éditions Gallimard. Reprinted with permission. **pp. 289–290:** *Tirée du livre Le Chandail de Hockey de Roch Carrier*. Copyright © 1984 Sheldon Cohen: illustrations, publié par Les Livres Toundra. **pp. 313–314:** From *Un sac de billes*, by Joseph Joffo. Copyright © Éditions Jean-Claude Lattès, 1973. **p. 332:** From *Le Bal du Dodo* by Genevieve Dormann. Copyright © 1989 Éditions Albin Michel. **p. 334:** From *Le pont Marida* by Georges Londeix. Reprinted by permission of the author. **p. 355–356:** From *Ma sœur aux yeux d' Asie* by Michel Ragon. Copyright © 1982 Éditions Albin Michel. Reprinted with permission. **pp. 381–382:** Extrait de Michelle Maurois, *La table des matières*, reproduit avec la permission de Librairie E. Flammarion. **pp. 402–403:** Extrait de Françoise Giroud, *Si je mens*, reproduit avec la permission des Éditions Stock. **p. 423–425:** From *Monsieur Ibrahim et Les Fleurs du Coran* by Eric-Emmanuel Schmitt. Copyright © 2004, Éditions Albin Michel. Reprinted with permission. **pp. 441–442:** Sempé et Goscini, *Le petit Nicolas et les copains*. © Éditions Denoël. Reproduit avec la permission des Éditions Denoël. **pp. 459–460:** Extrait de Maryse Condé, *Ségou*. Reproduit avec la permission des Éditions Robert Laffont. **pp. 474–475:** Extrait de Pierre Boulle, *La planète des singes*. © Presses-Pocket, 1963. Reproduit avec la permission des Éditions Julliard.

Photo Credits

p. 13: © Ulrike Welsch; **p. 39:** © Getty Images; **p. 59:** © John Schults/Reuters/Corbis; **p. 79:** © Alain Nogues/Corbis; **p. 96:** Owen Franken; **p. 115:** © Nicholas Gouhier/Corbis Sygma; **p. 144:** © Owen Franken/Corbis; **p. 169:** Shaun Egan/Getty Images; **p. 172:** © Plantu. Reprinted with permission by Cartoonists and Writers Syndicate. All Rights Reserved.; **p. 192:** © Patrick Robert/Sygma/Corbis; **p. 194:** © Pessin. Reprinted with permission by Glenat. All Rights Reserved.; **p. 213:** UGC/Studio Canal+/The Kobal Collection; **p. 235:** Photofest; **p. 263:** Jihan Ammar/AFP/Getty Images; **p. 284:** Dave Sanford/Getty Images; **p. 309:** Bettmann/Corbis; **p. 327:** © Kelly-Mooney Photography/Corbis; **p. 351:** © Kevin R. Morris/Corbis; **p. 353:** © J. M. Bosc; **p. 377:** Ian Berry/Magnum Photos; **p. 379:** © Wolinski. Reprinted with permission.; **p. 397:** © Massimo Listri/Corbis; **p. 419:** Thinkstock/Index Stock; **p. 437:** age fotostock/Superstock; **455:** © M. ou Me. Desjeux, Bernard/Corbis; **p. 470:** 20th Century/Zanuck Co/The Kobal Collection.